Drug Research Series

禁毒研究丛书

国家出版基金项目
NATIONAL PUBLICATION FOUNDATION

苏智良 著

中国毒品史

上海社会科学院出版社
SHANGHAI ACADEMY OF SOCIAL SCIENCES PRESS

前言

毒品的出现和发展，与人类社会的历史密不可分。

在漫长而寂寞的古代、中世纪，后来被判定为毒品的鸦片、大麻等东西，都曾为人类的繁衍、进化、生活提供过帮助；古柯也曾为印第安人创造无比灿烂的文化与建筑助过一臂之力。而由罂粟汁熬成的鸦片，作为良药的历史比作为毒品的历史要长得多。即使是后来人们谈虎色变的吗啡，也是至今为止，人类最能信赖的镇痛药物。

但是，人类由发现鸦片的止痛疗疾作用而进一步享用成瘾后，便自尝恶果了。

尤其是在中国。

近代中国思想家魏源曾指出："鸦片流毒，为中国三千年史未有之祸。"[①]的确，在中国悠久、璀璨的文明史上，没有第二种商品像鸦片那样，震撼过这个古老的中央帝国的根基，并给她带来难以估量的灾难与耻辱。"东亚病夫"这个屈辱的称号，正是鸦片在近代中国泛滥之后，西方人加在中国人头上的。

一、毒品在中国

中国的鸦片与罂粟，都是在唐初由阿拉伯商人朝贡献给中国皇帝而逐渐流传开来的。那时的中国，正是铁马金戈、国威远播的盛世。在阿拉伯世界被视为圣品的"底也伽"，到了物产丰盈、珍品云集的盛唐，似乎并没有掀起任何波澜，它只是为体系博大而内涵深邃的中华药库增添了一味良药，仅此而已。由唐至明的600余年间，罂粟与鸦片的药理与作用，被历代名医日益认识并逐渐推广。

明朝是中国历史上又一个八方来朝、国力强盛的封建帝国，四野的朝贡、奇珍的献纳，再加上太平盛世的观念，宫廷中弥漫着奢侈、纵欲的风气，鸦片正是在

---

① 魏源：《海国图志》，卷三十七。

这种追求享乐的氛围里成了贵族们热衷的“神品”，连皇帝也莫能例外。从此，吃鸦片由贵族而民间、由宫廷而四野，社会上形成了一个吃鸦片的阶层。

清中叶后，由于英国东印度公司确立向中国倾销鸦片的政策，也由于吸食法的东渐，烟毒日炽，吸食者增加到 200 万人。中英之间关于鸦片贸易的矛盾与冲突，终于酿成了 1840 年的鸦片战争。随着中国的失败，鸦片如潮水般地涌入中国，被称为“洋烟”的外国鸦片在 19 世纪 80 年代达到了最高潮。

与此同时，罂粟种植与土烟生产在中国士大夫们“稍分洋烟之利”的口号下而剧增猛长。到 20 世纪初叶，在多难的中国近代史上，又添上了几个苦涩的纪录：罂粟种植最广，鸦片产量最多，吸毒人口最众。尤其严重的是，鸦片与吸毒并非仅是一般的社会问题，它是西方与中国外交的一个基本纠结点，也是清朝财政的重要来源，它深刻而全面地侵入社会的肌体，影响着中国的政治、军事与经济，也与千百万中国人的生活发生了千丝万缕的联系。到了民国时期，因政令不一，中央和地方的军阀为扩大地盘，纵容并鼓励种植罂粟，毒害民众，以至百业凋敝，田土荒芜，民不聊生。据笔者的研究，20 世纪 20 年代后期，中国的烟祸达到空前绝后的地步：罂粟种植面积为 8 000 万亩，鸦片总产量达 6 万吨，为各国鸦片产量的 10 倍，而吸食各类毒品者达 8 000 万人。

问题还不仅如此。在那个时代里，毒品成了市场流通中最基本和最重要的商品之一，毒品与黄金同价，鸦片可充当一般等价物，烟土被称为“黑粮”；吸毒成为全民族 16.8%人口生活中不可或缺的部分，50%以上的中国人的生计、生活不同程度地依赖毒品，而五花八门的烟税更是成为中央和地方财政的重要来源，各种政治势力为争夺罂粟种植地、鸦片运输通道和烟税而连年混战；在百年近代史上，毒品的影响力渗透到政治、经济、军事、外交、民众生活等社会各个领域和官僚、士兵、商人、知识分子、学生、农民、城市劳动者等社会各阶层。毒品几乎无处不在，无时不有，它已经成为中国社会肌体上的一个毒瘤。

二、毒品与帝国主义

毒品在中国的流毒，与外国帝国主义密不可分。帝国主义向中国倾销毒品经历了前后两个阶段。

鸦片是西方列强打开中国中世纪大门的敲门砖。18 世纪末，英国为了平衡三角贸易，违反人道，向中国走私鸦片，由此导致中国烟患泛滥。自 1800 年英国东印度公司确立鸦片政策到 1839 年鸦片战争爆发前，以英因为主的殖民者共向中国输入 638 119 箱鸦片，掠夺了 6 亿多银元；到 1917 年英国名义上停止对华输出鸦片止，外国共向中国推销、走私的鸦片、吗啡、海洛因和红丸等毒品，折合鸦片共约 7 023 119 箱，由此从中国掠走了价值 6 616 345 219 银元。这数量如同天文数字般的鸦片，不仅毒害了数以千万计的中国人，还从中国夺走了远比商业利润、战争赔款多得多的财富。

前期以英国推销鸦片为主，到民国时期，日本已取代英国成为向中国输入毒品最多的国家，而且多走私烈性毒品。自甲午战争以后，日本先是在台湾实行鸦片专卖政策，继又向大陆走私吗啡、红丸、海洛因。为此，日本在国内种植罂粟，如和歌山县每年生产 11 吨鸦片；以后，又在朝鲜的京畿、江原、咸南和咸北等地勒种罂粟。从本土到殖民地，日本帝国主义构筑成世界最大的毒品王国。尤其是发动侵华战争后，毒品便成为日本帝国主义征服中国人民的武器，在东北、内蒙古各地，日军和伪政权逼使农民大量种植“杨贵妃”——罂粟。宏济善堂成为垄断毒品交易的机构，在日军占领区，土行烟馆充斥城乡各处，“中国人经营的各种鸦片店，为了对付可能蒙受的困难，每天出 2—3 日元，至少雇用 1—2 名日本人或朝鲜人保镖。这样，这些店就被赋予了悬挂日本国旗的权力”，以至于出现了一些中国的瘾君子以为日本国旗是鸦片商标的笑话。[①] 据统计，在日军占领区内，鸦片产量达 2 万吨，至少有 3 200 万中国人吸食各类毒品。

这一痛苦、耻辱、灾难般的历史，中国人是永远不应该忘记的。

三、中国历史上的三次禁烟运动

自毒品在中国泛滥成灾后，禁烟便成了中国政府治政的中心任务之一。1729 年，雍正皇帝颁布了中国也是世界上第一个禁烟法令。从此，禁烟之声缕缕不绝。1839 年，在道光皇帝的推举信任之下，林则徐发动了中国历史上第一次大规模的禁烟运动。以虎门销烟为代表的禁烟壮举，有力打击了外国殖民者的贩毒行动，向全世界表明了中国人民坚定的禁烟决心，这也是世界历史上第一次大规模的禁毒运动。

清末民初，中国政府又发动了第二次禁烟运动。这场运动分前后两期，前者是晚清新政的一部分，以挽救垂亡的政权；后者是民初政府除旧布新的措施，以巩固新生的制度：两者虽初衷不一，但却是一场社会改革运动的上下篇。这场运动前后十年，在民众的踊跃参与下，取得很大成果：罂粟种植锐减，烟馆大量封闭，吸毒者纷纷戒除，尤其是外交上，阻止了英国的印度鸦片的合法进口，在近代禁烟史上写下了浓墨重彩的一笔。

但好景下长，自 1917 年军阀割据与混战后，毒祸再起。军阀们采取各种极

① 江口圭一著，宋志勇译：《日中鸦片战争》，天津人民出版社 1995 年版，第 111—112 页。

其卑劣的手段，禁弛交替，只征不禁，遂使毒品更加泛滥。南京国民政府登台后，烟政几经变化，先是“寓禁于征”，实质也是征而不禁。1935 年推出《六年禁烟计划》，分阶段禁烟，尽管各地阳奉阴违有之，但在步履姗姗之中，仍有些起色。到中日战起，已无暇顾及，毒卉再起，日占区更是烟雾重重。抗战胜利后不久，内战再开，国民党重心全在内战，对烟政既无心也无力，以至毒祸延续。1949 年时，罂粟种植面积仍达 2 000 万亩，吸毒者仍有 2 000 万人。

自清中叶禁烟后，在长达 220 年的时间里，历届政府均高喊禁烟，中国不仅是发布禁烟令最早的国家，也是发布禁烟令最多的国家。但正是在形形色色、五花八门的禁烟令中，烟毒走向了泛滥，达到了高潮。毒祸屡禁不止的原因，概而言之主要是国家政治长期动荡，号令不一，各行其是；各级政府因贪图鸦片烟税而见利忘义，动摇于禁弛之间，政风腐败，官吏贪赃枉法，使禁烟徒有虚名；列强或凭借条约的庇护或武装干涉，大肆向中国走私毒品，破坏中国的禁烟。因此，尽管绵延百年的禁烟运动曲折悲壮，可歌可泣，但毒品问题一直没能根本解决。这项事关中华民族生存与发展的任务，历史地落到了中国共产党人的肩上。

1949 年中华人民共和国成立后，中央人民政府即以高度的责任感和周密的部署，凭借对社会的有效控制、强大的军事力量和廉洁高效的干部队伍，发动了第三次禁烟运动。仅仅用了三年时间，帮助千百万烟农改种作物，帮助 2 000 万烟民脱瘾新生。危害中国百年的毒品问题被扫进了历史的垃圾箱，1953 年中国政府庄严宣布，中国已是一个“无毒国”。

四、毒品在近代中国蔓延及屡禁不止的原因

近代中国是世界上吸毒人口最多、毒品危害最烈的国家。以鸦片为例，其在中国流行之盛，传播之广，危害之烈，超过世界任何其他国家。那么，毒品为什么会在中国百年流行，是什么原因导致中国人吸食毒品的呢?

毫无疑问，帝国主义的侵略和中国反动政府的腐败无能，是毒品普遍流行并长期泛滥的主要原因。这一点正如中央人民政府政务院在 1950 年 2 月 24 日发布的《关于严禁鸦片烟毒的通令》中指出的：“自帝国主义侵略我国，强迫输入鸦片，危害我国已有百余年。由于封建买办的官僚军阀的反动统治，及其荒淫无耻的腐烂生活，对于烟毒，不但不禁止，反而强迫种植，尤其在日本帝国主义侵略下，曾有计划地实行毒化中国，因此戕杀人民生命，损耗人民财产，不可胜数。”[①]帝国主义——先是英国，继之日本，对中国倾销毒品，以及中国政府腐败无能，贪

---

① 《禁毒工作手册》，上海三联书店 1993 年版，第 97 页。

赃枉法，客观上造成中国毒品成灾。

笔者以为，除此之外，我们还需要从社会生活环境、民族精神等方面深入探析毒品屡禁不止的原因。今天，正在奔向现代化的中国人，需要跳出狭隘的文化视角，需要站得更高更远，透过历史的表象去思考，拨开历史的迷雾来反省。有无深刻的历史反省力，将关系到一个民族的真正的前途。一个伟大的民族只有对她所经历的苦难和挫折、历史的阴暗面和社会的病态问题进行深刻反省之后，才可能战胜自身的弱点与惰性，从而超越自我，勇敢地走向未来、走向新的辉煌。

中国人追求享受的风气刺激了毒品的泛滥。清朝的中国存在着一个优裕的等闲阶层，他们借助毒品来享乐、纵欲。以鸦片为例，他们并不满足一般的一榻横陈，而是形成了“鸦片文化”。鸦片必要云南出产的麻栗坝精品，烟膏必是潮州帮调制的冷笼佳膏，还须掺入珍珠粉、野山参之类。连烟具也极其讲究，枪有宝石枪、虾须枪、象牙枪、沉香枪，灯有太原灯、琉璃灯、宝石灯。他们不仅把吸毒作为一种上等悠然的享受，作为浮靡生活的一方面，而且还是比官斗阔、显示等第的方式。媒人说媒，以日吸几钱烟膏为衡量家财的标准；遇红白喜事，以排出多少张烟榻为场面大小。在中国这样一个官本位的国度里，统治阶层对毒品的追求，对下层社会具有强烈的示范效应和导向作用。

客观上，鸦片比较适合东方人的性格与口味。与大麻类、可卡类毒品的兴奋作用截然不同，鸦片类毒品的特征是使激动得到镇定，让紧张变得放松，把分散加以集中，使人的心智达到无烦恼、无忧虑的解脱、宁静和平衡状态；仿佛可以远离人世的喧嚣、竞争、厮杀与骚动，进入一种无忧无虑的超脱境界。鸦片的这一特性与中国人的哲学与性格较为合拍。自古以来，在中国人的内心深处，老庄消极避世的思想可谓深入人心，庄周的梦蝶与鸦片所造成的意境，在社会功能上是十分吻合的。因此，许多中国人把鸦片烟膏当作了不可缺少的消遣物，可以不食白粮吃黑粮，除了它的成瘾性外，是因为鸦片能最大程度上满足避世、安静、自慰心理。

鸦片在晚清至民国这个衰世的流行与泛滥，还与中国所处的时代与地位有关。中国人自古以来信仰中华中心主义，数千年来，武威四布、疆域辽阔、物产丰盈，巩固了这种华夷思想。但鸦片战争后，中国一败再败于西方列强，接踵而至的割地赔款、丧权辱国，使国人陷入痛苦的深渊，但又寻不到摆脱落后的出路。于是，这种绝望、无奈的心态与鸦片一拍即合，整个统治阶级如鸵鸟般把一颗头颅埋入黑甜的鸦片里，让它来麻醉肉体，麻醉灵魂。

国民的贫困及素质低下也是毒品流行的原因之一。生活于底层的劳动人民，难得温饱，没有正当的娱乐活动来疏解生活的艰辛与痛苦，也缺乏来自社会的关心以慰藉苦难的心灵，于是，具有麻醉功能的毒品便成了下层民众寻求解脱的佳方良药。在吗啡、鸦片、红丸的作用下，他们暂时忘却了饥馑的儿女、沉重的债务、贫困的耻辱、渺茫的前途。在这个意义上，毒品充当了物质化的宗教。不仅如此，在缺医少药的山区、农村，鸦片、吗啡是穷人能找到的价廉物美的唯一药品。毒品所具有的镇痛、麻醉、收敛的作用，对常见的各种疼痛、腹泻、咳嗽、创伤等有疗效，有的还效验明显。于是，对下层民众来说，鸦片之类便成了包医百病的救命良药。在许多地方，这成为下层民众吸毒的主要原因。而由于缺少科学知识，一旦成瘾，便不能自拔，从而受到贫困与毒瘾的双重煎熬。

五、近代外国鸦片入口的数量估计

自 1800 年英国东印度公司确立向东方输出鸦片的政策以后，中国日益沦为殖民者推销毒品的主要对象。要精确地计算出百余年间外国输入中国的鸦片数量，是相当困难的工作。其原因不仅在于毒品输运的走私性质，使这项贸易的统计最零散最不全；还在于毒品贸易的复杂性。如进入东南亚的鸦片，经常通过民间渠道而运入中国，而中国进口的毒品也会再走私出国，凡此等等，给研究带来了极大的困难。笔者在前人研究的基础上，力图勾描出近代外国鸦片进口数量的变化（见图 0－1）。

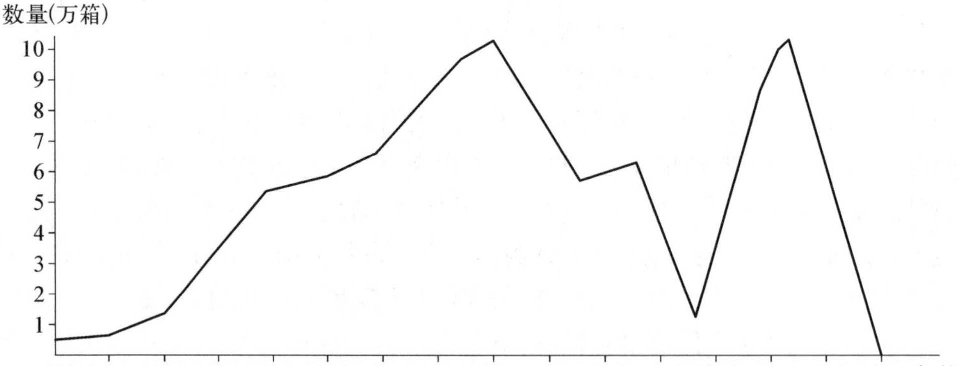

图 0－1　外国鸦片及其他毒品输入中国的数量示意图

综合而言，从 1800 年到鸦片战争前夕，外国共向中国输入鸦片达 638 119 箱，价值 6.01 亿银元。战后，鸦片走私迅速得以恢复，并很快超过战前的数量。到 1880 年，印度鸦片的出口量达到 10 万箱，估计有 80%以上流入中国，若加上波斯等其他国家的鸦片走私，输入中国的鸦片已接近 10 万箱。此后，输入中国的印度鸦片每年维持在 5 万—6 万箱之间。1907 年，在中国人民和国际舆论的压力下，英国被迫与清朝政府签订禁烟条约，每年递减一成，到 1917 年禁绝。但到20世纪20年代后,中国军阀混战,毒品再度泛滥。外国的毒品也再度大举侵入中国。除了印度、土耳其等国的鸦片每年仍有大量走私进入以外,日本等国还组织吗啡、海洛因等烈性毒品的走私。这样,尽管海关统计中的鸦片贸易已经消失,但实际上毒品的输入比昔日有过之而无不及。如1923年,仅印度烟土入华就达140万磅,土耳其鸦片达120万磅,波斯土达160万磅。据伍连德的估计,1926年输入中国的鸦片为40吨,[①]实际数字还远不止此。到20世纪30年代初,输入中国的鸦片、吗啡、海洛因等毒品折算成鸦片每年约达10万箱,即500万公斤。抗战结束后,外国鸦片的走私有所减少,但在上海等地,仍有大宗的毒品走私进入。外国毒品的输入直到中华人民共和国成立才停止。

六、中国近代种植罂粟面积、土烟产量和吸毒者的数量

近代中国政府没有作出真正意义上的国民经济核算和统计,因此,近代中国国民经济发展、生产和流通、财政赋税诸方面统计资料的缺乏,是困扰史学工作者的一大难题。同样,也给本专题的研究带来了很大的困难。笔者在尽可能收集资料的基础上,对必须阐述清楚的三个基本问题作了初步的考证与估计。

第一,中国近代罂粟种植面积。罂粟的栽培,早在宋元时期就已出现了。但有规模的种植始于清嘉庆年间(1796—1820),到道光初年,已蔓延至广东、湖南、云南、四川、贵州、山西、陕西、甘肃、浙江、福建等省。鸦片战争后,四川、云南、贵州、甘肃和陕西五省的罂粟种植面积已超过100万亩。19世纪60年代,在一批士大夫以土烟抵制洋烟主张的倡导下,罂粟如原野烈火,从此几乎无省不栽,无地不有。到19世纪80年代,全国罂粟种植面积约为1 330万亩,占全国耕地面积的1.6%,进入了中国种植罂粟的第一个高潮。清末禁烟前,罂粟种植面积达1 871万亩,实际情况可能还不止此数。

1906年清政府实行禁烟,各省厉行禁种,取得成效。据统计,1909年时,鲁、晋、陕、闽、浙五省的罂粟栽种面积各为近百万亩,已减少75%。种植面积最多的四川省也大大减少。但1917年后,各地军阀纷起,勒逼农民植烟,遂进入中国种植罂粟的第二个高潮。1925年,罂粟地增至1 800万亩。以后在军阀混战的岁月里,种植亩数继续飞速上升。到1929—1933年间,全国植烟面积达到8 000万亩,占全国耕地面积的6.1%。产量最大的省份为四川、陕西、云南、甘肃。有些地区的罂粟种植面积占耕地面积的80%—90%。甘肃省的罂粟收益,一度占

① 《拒毒月刊》,第24期。

农业总产值的 90%。[①] 中国成了名副其实的“罂粟王国”，以致一些外国人将罂粟花称之为中国的“国花”，国内也有人不无讽刺地建议定罂粟花为“国花”，因为确实没有一种花朵像它那样普遍地开放。

1935 年，国民政府实行“六年禁烟计划”，有步骤、分阶段地减种罂粟，从而使毒苗栽种面积有所下降。在四川省，种烟面积由 1935 年的 24 820 公顷减至 1937 年的 16 277 公顷。但自“九一八”事变后，日军占领区内的毒卉日趋扩大。国统区也远没达到 1939 年重庆政府宣布的全国罂粟“均已一律禁绝”，在川西、甘肃、云南边缘地带，罂粟面积还在扩大之中，全国的毒卉面积在 2 500 万亩以上。

抗日战争结束后，罂粟种植情况较为复杂。东北等地被中国共产党控制后，罂粟种植基本被铲除，随着解放区的迅速扩大，全国的罂粟种植面积也在缩小之中。但尽管如此，直到国民党失败、离开大陆为止，罂粟仍是最重要的农产品之一，种烟面积仍有 2 000 万亩。新中国成立后，经过三年扎实细致的禁毒运动，罂粟才被彻底铲除了(见图 0－2)。

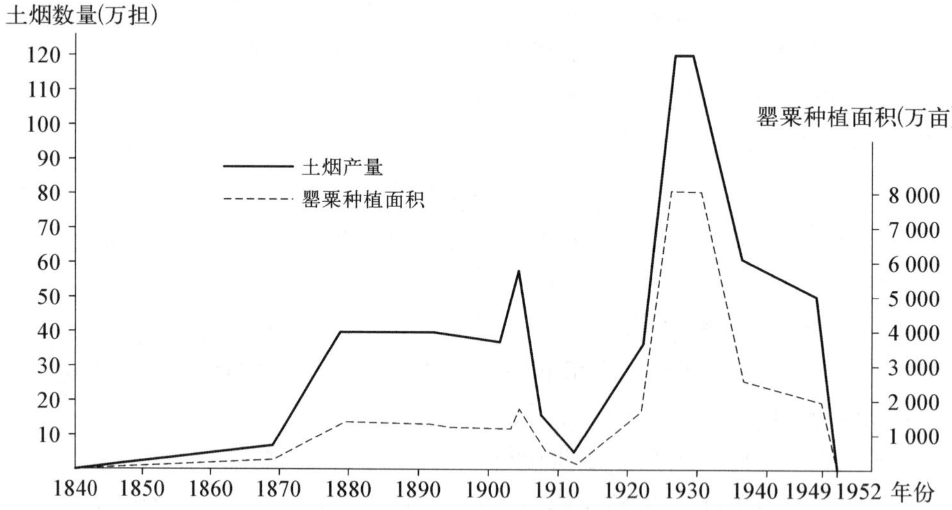

图 0－2　中国近代罂粟种植面积和土烟产量变化示意图

第二，中国近代自产鸦片的数量。自产鸦片又称土烟，是在罂粟种植扩大后增长起来的。在鸦片战争前夕，仅云南一省就已有数千担鸦片的产量。估计全国鸦片产量不会低于 5 000 海关担。鸦片战争后即增至 15 000 担。19 世纪 60 年代后随着罂粟种植面积的剧增，土烟产量也飞速提高。如四川一地，1869 年

① 李文治：《中国近代农业史资料》，第 1 辑，三联书店 1957 年版，第 464 页。

土烟产量为 7 500 担，到 1879 年时已增至 177 000 担。全国土烟 1866 年为 5.5 万担左右，1870 年达 7.7 万担，1880 年总产量已达 40 万担，约为进口鸦片的 4 倍。1906 年总产量为 376 000 担。清末民初，第二次禁烟运动发动后，鸦片产量大大下降，1910 年时下降到 15 万担左右。民国初年的产量更少。但自 1917 年后，随着罂粟的蔓延，土烟产量呈直线上升。1925 年时已恢复到清末 1906 年的产量水平。1929—1933 年间，每年鸦片产量为 120 万海关担。这一数字超过当时世界各国鸦片产量的 10 倍。关于这一时期中国的鸦片总产量，中外研究者常引用四川禁烟当事人谢藻生的回忆。谢指出，在 1917—1934 年间，仅四川省每年的鸦片产量就达 100 万担。[①] 笔者统计各县的产量，这一数字基本无误。但如果以高出全国平均数的每亩生产 2 公斤鸦片计，需要 2 500 万亩耕地；如果以全国平均数的每亩 1.5 公斤鸦片计，更需要 3 330 万亩耕地；而四川全省总耕地仅 8 000 万至 9 000 万亩。[②] 问题的症结是数量单位“担”有误。民国防区时代，四川军阀各自为政。所用的“担”重量混乱，且远小于海关担(50 公斤)。如涪陵、万县、奉节、开县等地一担为 35 公斤，丰都一担为 39 公斤，东乡县一担为 37 公斤，有些地方更少。[③] 因此，笔者估计四川省鸦片最高产量约为 30 万海关担，其植烟土地约为 800 万亩。而全国鸦片亩产最高为贵州荔波，达 800 两，该县产烟 5 万担。[④] 后一数字还不是最高的，在 1930 年前后，四川涪陵、丰都两地鸦片产量都曾达到 10 万担以上。

抗战前期，由于日军在占领区推行毒化政策，鸦片总产量约有 40 万担，再加上国统区边缘地区的鸦片，总计鸦片有 60 万担左右。1942 年以后，产量有所下降。到 1949 年时，鸦片总产量仍有 50.5 万担之多。中华人民共和国成立后经过卓有成效的禁烟，才彻底铲除了烟毒(见图 0－2)。

第三，近代中国吸毒人口估计。关于吸毒人口，尽管历史上留有一些材料。但一方面残缺不全，另一方面有些只计算吸鸦片者，而忽略了吸食吗啡、红丸、海洛因等毒品的人数。当然要精确作出统计是极其困难的，在此根据对各类资料的研究梳理，尽可能地勾画出一个大致的轮廓。

鸦片战争前，中国吸食鸦片的人口在 200 万人以上。19 世纪 50 年代时已增至 300 万人。此后在日益增加的洋烟和土烟的双重熏染下，吸食鸦片的人数连续上升。到 80 年代，吸食洋烟土烟者约 2 000 万人，占全国人口的 5%。这个

---

① 谢藻生：《昔忆四川烟祸》，《四川文史资料选辑》，第 10 辑。
② 许道夫编：《中国近代农业生产及贸易统计资料》，上海人民出版社 1983 年版，第 8—9 页。
③ 英税务司霍伯森著，李孝同译：《重庆海关 1891 年调查报告》。
④ 许达生：《苛捐杂税问题》，《中国经济》，第 1 卷，第 5 期。

数字到1906年前没有什么大的变化。清末禁烟后吸毒者有所减少。到辛亥革命后，约降至最低点。进入军阀混战时代后，土烟大增，再加上吗啡、海洛因等烈性毒品的大量进口，吸毒者再度剧增。1929—1934年间，中央及地方不仅没有行之有效的禁烟措施，相反还鼓励种、贩、吸，从而使中国的毒祸达到空前地步，总计全国吸食各类毒品的人数不会少于8 000万人，占全国总人口的16.8%。1935年后，吸毒者略有减少。但抗战时期由于日军号召、纵容沦陷区民众吸毒，因此仅沦陷区的瘾君子就达3 200万人。加上国统区等地的吸毒者，人数显然仍超过4 000万。到1949年中华人民共和国成立时，全国的吸毒者仍有2 000万人(见图0-3)。经过三年的禁烟禁毒运动，这些人基本上戒除了毒瘾，吸毒阶层才从历史上消失了。

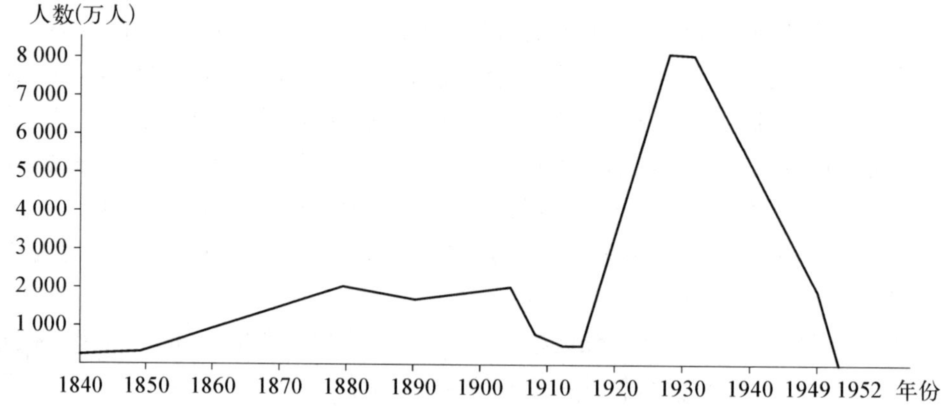

图0-3 中国近代吸毒人数统计示意图

七、毒潮再起　扫毒正酣

展望全球，毒品的泛滥，目前已成为世界性公害。在20世纪80年代末，全球的毒品交易额高达5 000亿美元，仅次于世界军火交易。据世界卫生组织统计，全球至少有2亿—3亿人吸毒。在一些国家，贩毒集团至今仍在与政府展开贩毒与禁毒的旷日持久的战争。为解决日趋严重的毒品问题，1987年6月，联合国麻醉品滥用与非法贩运问题会议确定每年的6月26日为国际反毒品日。1990年2月，联合国召开首次反毒品大会，宣布1991—2000年为联合国禁毒年。1995年，在纪念联合国成立50周年的大会上，禁毒再度成为各国首脑关注的焦点。

中国无毒国的称号保持了30年，自20世纪80年代初起，在国际毒潮的侵袭下，尤其是金三角贩毒集团实施毒品北上，建立“中国通道”后，毒品再度像瘟疫一样在中华大地蔓延开来。

简言之，当代的毒品犯罪具有以下特点。一、毒品犯罪日益严重。20 世纪 80 年代中期，还主要是毒品的过境贩运问题，而到 90 年代初，国内种植、制造毒品日益扩大，出现“双向流通”。二、贩毒案件直线上升。1988 年，中国公安机关查获的毒品犯罪案 268 起，到 1992 年已达 69 060 起，4 年中猛增至 257 倍。三、毒品种类由近代以鸦片为主，升级换代到以海洛因为主，吗啡、鸦片、大麻、精神类药物并举的情况，还出现了危害更大的“冰”、安非他明等新品种。四、贩毒地区不断扩大，20 世纪 90 年代，波及全国 700 多个县市，到 21 世纪初，全国已难以寻找到未被毒品污染的净土。在有些地方形成地下贩运、批发、零售的供销网络。五、贩毒组织呈现日新月异的集团化、职业化、武装化和国际化趋势。

20 余年来，中国政府为扫除毒患进行了不懈的努力。1981 年，国务院就指示各地严厉打击贩毒犯罪；1991 年，中国成立国家禁毒委员会，颁布《关于禁毒的决定》；2008 年，《禁毒法》正式实施。各地公安、海关、边防和法院等部门在缉毒反毒战线，取得了令人瞩目的成绩。

但由于种种因素，毒品不但没有消灭，反而有扩大、泛滥的趋势。摆在中国政府和人民面前的禁毒任务依然十分严峻。尽管 1996 年中国登记在册的吸毒者为 100 多万人，还不到总人口的千分之一，远低于鸦片战争前吸毒人口的比例；更比 1929 年时吸毒人口占总人口的 16.8%要低得多。但是，毒品蔓延的迅速，吸毒者人数的急剧上升(见图 0-4)，毒品泛滥所引发的各种犯罪问题，昔日“东亚病夫”的耻辱，近代屡禁不止的教训，这一切都告诉我们，决不可掉以轻心。

一场关系中华民族生存与发展的制服毒魔的斗争，正在展开。

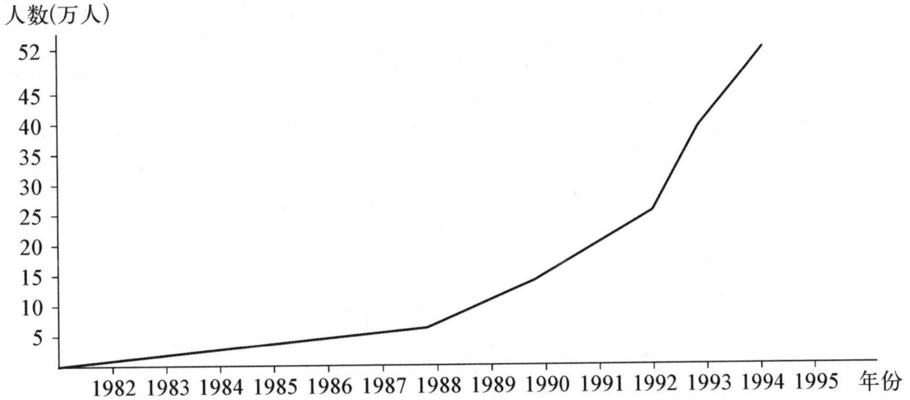

图 0-4　1982—1995 年中国吸毒人数示意图

资料来源：《人民日报》，1992 年 6 月 26 日；1996 年 4 月 4 日。原野：《大地狱》。

目　录

CONTENTS

目　录

CONTENTS

图表目录

图

表

第一章　毒品及其历史

后来被人们称为毒品的物质，种类不少，并与人类的进化与发展相伴。罂粟、大麻、古柯等植物，曾为人类战胜恶劣的环境，抵御病菌、疾病的侵袭发挥过重要作用。但一旦人类要利用这些物质来享乐纵欲，那么就会带来无尽的灾难。

第一节　毒品和毒品的种类

毒品的概念　毒品是指被国家依法管制的、能够使人形成瘾癖的麻醉药品和精神药品。由于各国法律的不同，所以对毒品的范围确定也有所不同。

一般来说，毒品在低于中毒剂量时，大多可作药物。在缺医少药的古代，现在被称作"罪恶之源"的毒品，大多因其有着不可替代的治病去痛、强身壮体的功能，而被用于救死扶伤，受到先人的崇拜。一些麻醉毒物在某些民族的发展中，还曾经起过不可低估的作用。

但是，具有毒品性质的药物如果使用过长、剂量过大，使用者就会产生对该药物的心理和身体的依赖性，这就是"成瘾"。成瘾在禁毒学上叫作"药物依赖"，就是指某些物品足量使用后，使人形成习惯性的病态嗜好，即人体对该物品的依赖性。它具有三个特征：第一，药物耐受性，即指不断地使用同一种药物以后其效果退化，需要加大剂量才能获得与以前同样的或相似的效果；第二，身体的依赖性，即指在某一段时间内不断服用某种药物带来的生理上的变化，需要继续服用这种药物来维持身体上的生存性需要；第三，心理的依赖性，即指毒品服用者精神上需要某种毒品，一般就是指习惯。

成瘾后一旦停止使用该药物，就会有不安、起鸡皮疙瘩、打呵欠、流泪、流涕、出冷汗、瞳孔放大、震颤、腹部痛性痉挛、失控性排粪、呕吐、收缩压和直肠温度增高、呼吸速率增加等症状，重者会引起惊厥、呼吸衰竭甚至死亡。

毒品的分类　按国际惯例，人们一般将毒品分为麻醉品和精神药物两大类。

按照现代医学的定义，麻醉品是指对中枢神经有麻醉作用，连续使用后易产生身体依赖性、能成瘾癖的药品，它有鸦片类（如鸦片、吗啡、海洛因及人工合成的药品，如杜冷丁等）、可卡因和大麻等3个分支；精神药物则是指直接作用于中枢神经系统，使之兴奋或抑制，连续使用能产生依赖性的药品，它包括镇静催眠药和安定药、中枢兴奋剂和致幻剂等3个分支（表1-1）。

表1-1 毒品的分类

类　型	主　要　化　合　物
鸦片类	鸦片、吗啡、海洛因、杜冷丁、美沙酮等
古柯类	古柯叶、古柯膏、可卡因
大麻类	大麻烟、大麻树脂、大麻油
兴奋剂	苯丙胺、甲苯丙胺、利他灵、苯甲吗啉
抑制剂	巴比妥类、苯二氮䓬类、安眠酮等
致幻剂	LSD、PCD、三甲氧苯乙胺、二乙色胺等

这些毒品中，前三类可谓最古老也是最庞大的三大家族，其活力至今不衰；而后三类则是近百年才陆续走上毒品舞台的，但其品种变化和扩展速度之快，早已令世人惴惴不安。

联合国在《1961年麻醉品单一公约》《修正1961年麻醉品单一公约的1972年议定书》《1971年精神药物公约》和《禁止非法贩运麻醉药品和精神药物公约》等文件中，分别附列了经联合国经济社会理事会麻醉品委员会认定的毒品和制毒物质，所包括的毒品及其直接前体（制毒初级产品、主要化合物和化学媒介物）达100余种。

据联合国的报告，目前全球至少有5 000万人染上麻醉品药瘾，每年约有10万人因此而死亡。

毒品服用者从成瘾到死亡的过程是极为痛苦的。许多资料记录了此类成瘾者的自述。中国早期话剧和电影《黑籍怨魂》曾描写道："一个人被鸦片束缚住了，任你是拔山举鼎的英雄，钢浇铁铸的罗汉，只要烟瘾一发，顿时骨软筋酥，连一些气力都没有。"一名戒毒所中的女海洛因瘾者曾对采访她的记者这样描述瘾发后的状况："一旦发瘾而找不到毒品，就像发狂的野兽拼命吼叫，用头在墙上狠撞，鲜血四溅，一次竟砸碎玻璃，抓起玻璃碎片，割开自己的动脉血管。"日本一个安非他明瘾者则自述：注射安非他明仅三个月，即脸色苍白，体内脂肪浮出，即使用肥皂洗也洗不掉，且食欲渐失，变得瘦骨嶙峋；头皮像被扒开一样，一触头皮即痛，皮肤上像有虫在叮咬那样不自在，虽生犹死。

既然毒品有如此之毒性，那么为何人们还要不惜重金服毒，自戕生命呢？这是因为毒品具有使肌体兴奋、产生快感的特殊功能。

毒品引起快感的生理奥秘 毒品正如神话中的女妖，它既有吮脂吸血的凶残，复具有狐媚诱人的魅力，使意志薄弱的人们情不自禁地落入它的圈套。

随着分子生理学的进步，毒品引起快感的生理秘密已被医学界揭开。原来在人体中，能给人带来快感和幻觉的是与中脑—视床下部—大脑边缘系—大脑新皮层连贯的 A10 神经。A10 神经可分泌一种叫作二羟基苯丙氨酸（Dihydroxyphenylalanine）的物质。这种物质是一切快感之源。其构造与一些毒品如安非他明几乎完全一致。

另外，人脑中还有一种与吗啡相似的物质叫内肽啡（Endorphin）的物质，它不仅具有比吗啡强 10 倍的镇静作用，而且还有助于分泌出二羟基苯丙氨酸。二羟基苯丙氨酸和内肽啡是直接、间接地给人带来快感的脑内物质。而毒品进入人体后，能复制这两种物质，并带来快感，这就是毒品之所以能媚惑人类的关键所在。然而，这种人工快乐的取得，是由人体生理机能——血液循环与脑功能受到巨大破坏为代价的。人体内的血液循环，需要不断地补充氧气，而毒品能在短时间内进入血液，大幅度地增强供氧，极大地提高身体的力量与兴奋度，并产生快感；但当其作用消失后，体内的氧气突然供应不足导致血液缺氧，败坏身体内的铁质，反过来削弱正常的供氧机能，这时必须重复使用毒品，才能刺激体内氧气的再生，久之，如不靠毒品刺激，血液循环即是凝滞状态，而产生各种极为痛苦的症状，成瘾者将会感受临近死亡的体感而不得不再次使用毒品。这就是毒品之所以会让人体产生药物依赖症（或称毒瘾）的生理机制。

吗啡的诞生 至今为止，罂粟及其提炼物是影响人类的最重要、最大量的毒品（关于罂粟与鸦片的历史，将在第二节中专门论述）。

远古以来，鸦片一直被各国医界用于镇痛，尽管它的效果并不令人满意。19世纪初，随着医学化学的发展，医学家从鸦片中提取出了吗啡，由此给人类带来了福音与灾难。

鸦片含有 7%—14%的吗啡。1803 年，法国医学家塞昆（Sequin）首次从鸦片中提取出吗啡。到 1806 年，德国化学家泽尔蒂尼（F.W.A. Sertiiner）也完成了同样的实验。19 世纪 20 年代，J.M.古兰德和 R.罗宾逊共同提出了化学分子式为 $C_{17}H_{19}O_3$ 的吗啡生物碱。然后到了 1832 年，法国化学家皮埃尔，让·罗比凯又从鸦片中分离出甲基吗啡，即可待因。从而完成了吗啡的发明过程。

吗啡为浅黄色、棕色、白色或无色的结晶粉末，具有神奇的中枢性镇痛作用。吗啡临床用于急性疼痛，如严重外伤、烧伤及某些剧烈疼痛，如肾绞痛、胆结石、癌症等。它也具有镇静作用，可用于麻醉前给药。另外，还有很强的止咳作用，以及使服用者产生难以名状的欣快感。[①] 它最常见的使用方法是注射给药，但口服也同样有效果。

由于这种生物碱具有如此奇特的效果，泽尔蒂尼给它取了一个美丽的名字——“马非斯”(Morphine)。这个马非斯是希腊神话中手持罂粟果的男孩，他是善良的睡神，但又是凶险的死神的儿子。这一名称恰如其分地反映了吗啡的性质。

吗啡的问世，轰动了整个欧洲医学界。那正是一个战火纷飞的年代，各国间的争权夺地的血战正在把大批的伤兵拖向死亡的深渊；有了吗啡之后，医生们从死神手中抢救了无数士兵的生命。美国南北战争时，吗啡作为镇痛剂已在美军中广泛使用。第一次世界大战的空前猛烈战火更使吗啡风靡世界。时至今日，世界卫生组织(WHO)仍把吗啡视为缓解后期癌症剧痛的唯一推广药品，因为吗啡的镇痛作用在自然存在的化合物中是独一无二的。因此，在读者阅读本书时，世界各国数以百万计的癌症病人，正靠注射 10 毫克吗啡液而使剧痛得到缓解或静静地走向死亡。

Morphine 在 19 世纪末传入中国时，被译为“吗啡”。较早利用吗啡治病的是旅居上海的欧洲籍医生。如英国人施德之(Star. talbot)将大黄、丁香、吗啡等制成“施德之神功济品水”，作为广谱药物使用。这种能使人“飘飘欲仙”的药水曾在上海滩风靡一时，并流传全国。[②] 在近代中国，吗啡曾在民间被广泛地应用于治病解痛。1994 年，笔者在西南边陲调查时，一位曾经拥有两家土膏店的老人言：老辈很早就传下一法，土膏店熬制鸦片烟膏时光长了，大锅的边沿会积有一种浅黑色的稠状物，此物最能解疼，且能速治胃炎、头痛、咳嗽，是上品中的上品。店中多将此物刮入一个个小盒，然后馈赠达官贵友，或高价出售。这种稠状物因为经过反复熬制，所含生物碱多，纯度高，实际已类似吗啡了。

但正当人们还在庆幸吗啡的诞生之时，正直的医学家们很快又为此而恐慌起来。因为他们在临床应用中发现，吗啡不仅对循环、呼吸、肠胃系统有副作用，而且具有比鸦片更大的成瘾性。当一些人用吗啡解除了鸦片的毒瘾后，又发觉染上了吗啡瘾，而且由于吗啡比鸦片纯度高，更加便于使用，所以吗啡的戒除更难，毒瘾传播率更高。美国南北战争后，由于官兵们过分依赖吗啡，以致首次出现了群体吗啡瘾者。直到今天，吗啡仍是世界上最主要的毒品之一。

海洛因的功与过 19 世纪六七十年代，在英国等欧洲国家，吗啡瘾者大量

---

① *Atias of Spectral Data and Physical for Organic Compounds* 2ed.m505, 1975.

② 《上海近代西药行业史》，上海社会科学院出版社 1988 年版，第 28 页。

涌现,他们给社会带来了新问题。为了解决吗啡的毒瘾,人们开始研究新的药品。1874 年,英国人 G.R.莱特首先从吗啡中提炼出新的药品,德国人紧随其后完善了生产法。1898 年,德国人德里赛(Dreser)给新药品起名 Heroin,意为“英雄的”。在近代中国,人们把 Heroin 译为“海洛因”。

海洛因亦称“盐酸二乙酰吗啡”,其镇痛能力可达到吗啡的 4—8 倍,因此,当海洛因一问世,立刻被广告商们吹嘘为对付吗啡瘾的妙药,止痛的极品。但为了解决吗啡毒瘾而研制新药的人们却没有预料到,研制出来的海洛因是一种更毒的药品,表现在成瘾过程迅速,只要偶尔注射一两次即会上瘾,而且难以戒除,使用一旦过量还会因呼吸受到抑制而死亡。

海洛因是用化学方法对吗啡进行一番特殊处理后得到的。海洛因多为白色或无色粉末,也有浅灰褐色、深褐色等。因其纯度不同而分为 1—4 号。1 号海洛因为粗制吗啡的棕色结晶;2 号海洛因是未经过精制的质量较次的海洛因碱,不含咖啡因一类的添加剂,颜色呈淡灰色或深灰色;3 号海洛因又称“香港石”“棕色糖”“白龙株”等,其所含的二乙酰吗啡为 25%—45%,颜色通常呈棕色或深灰色;4 号海洛因是一种经过多次净化精制后得到的纯度较高的海洛因盐酸盐,其二乙酰吗啡的含量高达 90%,呈白色或透明的无味粉末,通常极细,以至擦在皮肤上会消失,如纯度下降它也会是浅黄色或棕色的粉末,甚至是颗粒状。为方便运输,也能制成块状。

这种“英雄的”药品一问世,立即引起了医学界的争议。由于海洛因的副作用超过了它的医疗价值,因此美国首倡禁止制造或进口海洛因。到 1953 年,首先发明了海洛因生产工艺的英国政府,也悄悄地将它从《英国药典》中删去了。现在,尽管世界各国大多已明令禁止使用海洛因,但它就像钻出了瓶子的魔鬼,在地球的各个角落以难以抑制的势头肆虐开来。在当今的世界里,海洛因的制造与走私,仍在毒品中占据重要地位。

古柯简史 古柯(Coca)是一种生长在南美洲安第斯山区的古柯科植物,主产地在秘鲁、玻利维亚、巴西、智利和哥伦比亚等国。古柯一般株高 2.4 米,叶呈卵形,边缘光滑,味似茶叶;花小,呈淡黄白色,花序生于一短柄上,浆果为红色;在理想条件下,一株古柯树的采摘期至少可保持 30—40 年。古柯叶受人重视的秘密,就在于它含有生物碱——可卡因。古柯与美洲三大古代文明:玛雅、阿兹特克和印加文化有着密不可分的关系。

大约 25 000 年前,美洲大陆还是蛮荒之地。亚洲的一支蒙古人种,奔向太阳升起的方向,为了寻找水源,追逐食物,他们越过狭窄的白令海峡,逐渐散布到整个美洲,这就是印第安人。由于美洲大陆幅员辽阔,环境差异较大,他们在生存过程中，分成了数不清的部落，说着 1 700 种语言。在公元前 1500 年左右，生活在墨西哥南部、危地马拉和洪都拉斯一带的玛雅人逐渐兴起。他们的农业相当发达，种植着玉米、马铃薯、可可、烟草、棉花和剑麻等，并且已发现了古柯叶的神奇作用。玛雅人留下了辉煌灿烂的建筑，尤其是在今墨西哥尤卡坦半岛的奇琴伊扎地区。约在公元 4 世纪时，玛雅人在该地区以玛雅金字塔为中心，创造了令后世叹为观止的文化精华。玛雅金字塔共 15 层，高达 60 米，整个坛庙用几万块巨型花岗石堆砌而成，每块重达 1 吨。而在玛雅人居住过的帕嫩克古城，考古学家竟发现了重达 40 吨的整块石棺板。这些巨型建筑是如何建造的呢？要知道它的主人是当时只会使用石器的玛雅人！

阿兹特克人以创造在地面绘有巨画的阿兹特克文明（Aztec civilization）而闻名。同样，他们也以巨型建筑给自己竖起了丰碑。在他们的首都特诺奇蒂特兰（意为“仙人掌之地”，在今墨西哥城），到处是神庙、宫殿、花园和大道，城市中心是大神庙，其基部长 100 米，宽 90 米，高 50 米，神坛上有重达 10 吨的花岗石[①]，而 1790 年在墨西哥中心广场发现的“第五太阳石”，直径 4 米，重约 120 吨，上面刻有阿兹特克宗教传说中创世以来的历史图像。这座巨大的宗教礼拜建筑群又是怎样矗立的呢？

印加文明也同样蕴藏着令现代人不解之谜。早在公元前 10 世纪，印加人就生活在秘鲁高原，后来他们在那里建立了印加帝国。帝国的首都库斯克古城建在海拔 3 000 米高的山顶上，城墙均用黑色巨石砌成，有的石块重达 200 吨。在马丘比丘遗迹，有许多宫殿、神庙、观象台、墓地和桥梁遗迹，仅各种建筑的台阶就达 3 000 级，被称为世界建筑奇迹之一。[②] 印加人还修筑了两条由首都通向全国的驿道，道路宽 40—60 米，南北长 3 000 英里，路上设有跨越山谷的巨藤吊桥，最长的有 60 米。[③] 它们把帝国联结为一个整体，使它成为古印第安人史上最大的帝国。

早在 3 000 年前，古印第安人就已有了咀嚼古柯叶的习惯，他们时常将草木灰及石灰石掺入古柯叶，然后放入嘴中咀嚼，这样不仅能解除疲劳，消痛祛病，而且能增强耐饥渴的能力，使人斗志昂扬，并具有幸福感。因此，古印第安人外出时，往往带着一袋古柯叶去与大自然搏击。虽然我们没有任何现存的记载可以明了印第安人是用什么巧妙的方法和惊人的力量建造了这些宏伟的建筑，但在

① 景振国：《古代美洲的玛雅文化》，商务印书馆 1983 年版，第 43 页。

② 欧亨尼奥 · 陈-罗德里格斯，白凤森等译：《拉丁美洲的文明与文化》，商务印书馆 1990 年版，第 45、268 页。

③ 任雪芳：《印第安人史话》，商务印书馆 1981 年版，第 11—12 页。

现当代的体育界、思想界因服用兴奋剂等而创造出种种令人瞠目结舌的体能和思维的奇迹，似乎隐隐可以印证那些巨大建筑的由来。

古印第安人已懂得使用古柯叶作麻醉剂。印加人的外科医术，尤其是穿颅术在当时处于世界领先的地位。医师们先以古柯叶和酒精对病人进行麻醉，然后用刀打开头盖骨，取出因头部受伤而造成的骨头碎片。考古证明，当时确有很多患者在使用了这种麻醉剂后手术痊愈。① 可见在当时的社会，古柯的应用不论是在技术，还是在范围上，都具有相当的水准和规模了。

古柯与可口可乐 1492 年哥伦布来到了美洲，此后欧洲人纷纷进军新大陆搜罗财富。16 世纪中叶，西班牙人入侵印加帝国，对印第安人进行了残忍无比的杀虐，同时也发现了古柯叶的特殊作用。于是，西班牙人热烈地鼓动印第安人种植与食用古柯叶，以此来麻醉他们，瓦解其反抗的意志。这无疑进一步加深了印第安人喜食古柯的传统习惯，只是，在生存状态发生剧变以后，印第安人食古柯的需求准线，也跟随着发生了偏差。不过，直到今日，700 万印第安人仍遍植古柯树，用这种神奇的树叶来抵御寒冷、疾病和贫困。

另一方面，西班牙人把古柯作为牟利的物品而廉价收购。当西班牙人将古柯与白银一起运回欧洲时，欧洲社会立即以狂热的姿态来迎接，于是，嚼食古柯叶之风很快就在欧洲弥漫开来了。1859 年，一位奥地利化学家从古柯叶中首次提取了生物碱——可卡因，1884 年，美国籍奥地利裔眼科医生卡尔·科勒首次将可卡因用于局部麻醉。可卡因迅速成为人们的嗜好品，在可卡因的早期崇拜者中，我们可以找到像神探福尔摩斯的“父亲”柯南·道尔、精神分析法的创始人弗洛伊德等一大批名人。闻名遐迩的大侦探福尔摩斯经常要靠可卡因来刺激他的神经，帮助他从纷繁复杂的案件中寻找线索。而弗洛伊德则需要用可卡因来启动他的精神分析。在欧美，新闻媒介把可卡因宣传得神乎其神，说它是摆脱饥饿、睡眠和疲劳的神品。甚至有些美国医生扬言，此药能够减少瘾君子对鸦片和酒精的需求量。由于当时法律还没有对可卡因进行任何规定与限制，致使可卡因很快成了药店、杂货铺、餐厅等商店里的畅销品。

不仅如此，掺和可卡因的饮料也上市了。1863 年，巴黎开始发卖一种含有可卡因的饮料。三年后，制造商 J. S. 彭伯顿发明了一种掺有可卡因成分的饮料，名为佛兰姆气·奥布可乐，公司簿记员 F. 鲁滨逊替它起了一个响亮的名字：Coca—Cola，译成中文即可口可乐。1892 年，美国可口可乐公司成立，从此可口可乐畅销世界各地。尽管它的配方几经修改，也早已不含可卡因了，但它至今仍

---

① 刘文龙：《古代美洲的印加文化》，商务印书馆 1983 年版，第 42 页。

是全球销量第一的饮品。

1885 年，美国底特律和纽约的几家公司开始出售纯净的可卡因及 15 种古柯制品，其中有古柯雪茄、可卡因吸入剂、古柯甜酒、可卡因晶粒和针剂。后来这股可卡因旋风越刮越盛，以致商家不得不从巴黎进口一种用酒和古柯配制的饮料“马里亚尼”来缓解人们对可卡因的需求。这种古柯调和物问世后，在社会上大受好评，发明家爱迪生、作家易卜生、左拉，甚至罗马教皇利奥八世，都是它的忠实饮用者，并给予了高度的评价。实际上也就是可卡因的神奇在起作用了。

“高温暗火”可卡因　可卡因的英文原名为 Cocaine，又称古柯碱。它是微细、雪白的结晶粉状生物碱，具有阻断神经传导的奇妙作用，可以刺激大脑皮质，产生欣快感及视、听、触等幻觉；医学上用来作局部麻醉药，作为麻醉剂和止血剂，至今仍被广泛用于眼部、鼻腔、颈部、喉咙和气管等精细部位的手术；还能治疗牙痛和哮喘。但是，可卡因也有成瘾性，一般用药数周即可产生惯性，严重的会出现失眠、食欲不振、恶心及消化系统紊乱等症乃至病变为偏执狂型精神病；大剂量刺激脊髓会引起呼吸衰竭而死亡。美国洛杉矶大学精神病学专家罗纳德·辛柯博士曾形象地说明它的危害：“过量的可卡因会在大脑里燃烧起一股高温暗火。”这种药品的毒性直到 20 世纪初才被人们所认识。1890 年，医学专家第一次记录了可卡因成瘾的病案。1896 年美国康涅狄克州医学会指出了病人对可卡因的依赖性，并建议只有医师才可以使用可卡因。1903 年《纽约时报》刊文指出，可卡因作为鼻吸入剂，其危险性远比鸦片严重。

当医学界判断可卡因为成瘾的有害药物时，它已在欧美各地蔓延开来了。尤其是在美国，这种本来具有医用价值的药物，因为认识上的误差，再加上一些利欲熏心的商业经营，终于逐渐变成了具有毁灭性的毒品。

通常，国际贩毒业将可卡因称为 snow 或者 coke，他们对可卡因这种“高温暗火”所产生的利润仍不满足，而不断生产纯度更高的新品种。20 世纪 70 年代美国出现了速效可卡因，人们称其为 PCP，因其味比可卡因更浓烈而受人欢迎，80 年代流行于美国与美洲其他国家。据记载，1985 年，因吸用 PCP 而丧命的美国人达 194 人。80 年代，贩毒者又推出新品“可烈可”(Crack)，它由可卡因提炼而成，属于一种增效可卡因。可烈可放入特制的玻璃烟斗内抽吸，一边吸一边还能听到清脆悦耳的爆裂声。在美国这种爆裂声在纽约、芝加哥等 10 余个城市都能听到。吸毒者们称可烈可为“石子”“棒球”“霹雳”，它对人体的刺激远比可卡因强烈。据统计，美国曾有 2 300 万人吸食可烈可，而且这种行为一度还成为美国上流社会的时髦风尚，鸡尾酒会的第一道菜就是一份可烈可。吸食可烈可的经济负担是惊人的，一个可卡因中等瘾者，每年需付出 33 600 美元，而吸食可烈可的价格还要高 3—6 倍。当然,他们付出的除了金钱外,还有前途、健康乃至生命。

大麻的起源与流布 大麻(Marihuana)属双子植物纲金缕梅亚纲大麻科,原生于东亚和中亚,为一年生的草本植物,其中尤以印度大麻(Cannabis)最有名。大麻的名词演变悠久而曲折。大麻的梵文为 Blanga 或 Gangika,该词的语根是 an,至今犹留存于印度欧罗巴语及闪族的语言之中,波斯语为 Beng,孟加拉语为 Ganga,日耳曼语及拉丁语为 Hanf,英语为 Hemp,法语为 Chanvre,克勒特语称 Kanas,希腊语与拉丁语相同叫 Cannbis,而阿拉伯语叫作 Cannab。由此可见,这种植物在世界漫游的时间之早与范围之广了。

根据希罗多德的考证,3 000 多年前的大月氏人已经会利用大麻了,叙利亚国王海埃罗第二(Hiero Ⅱ)曾购置大麻以为航船的绳索。罗马人最早述及大麻的是流西利列(Lucilius)。早慧的古埃及人已会用大麻来治病了,他们将大麻煮沸,然后让病人吸入蒸气,即可缓解病痛。考古学家已发现古埃及的木乃伊不少是用大麻包裹的。

大麻的传播由大月氏人开始,其时约在公元前 1500 年。此后欧洲人也开始使用大麻。① 近代以来人们在里海以南、西伯利亚、吉尔吉斯、贝加尔湖、达乎尔等处发现了大量野生大麻。考古成果表明,大麻不仅仅始产于亚洲,在美洲也发现了大麻的痕迹,如在印加文明的遗迹中,令人惊异地找到一种叫作"奇洛奇"的吸食大麻的工具。

作为毒品被使用的大麻有 3 个部分:第一是大麻草,包括茎、叶、花和种子;第二是大麻脂,从大麻植物雌花开花结果的顶端及近地面的茎部获取,所含四氢大麻酚含量最高,可达 25%—28%;第三是大麻油,从大麻草中提炼获得,呈深绿色,约含有效成分 9%。

大麻脂的主要成分是四氢大麻素(又称四氢大麻醇),它可以影响中枢神经系统,引起欣快感,继之发生心率加快、不安或倦睡。大剂量使用能影响简单的运动技能和知觉。急性中毒会引起幻视、焦虑、抑郁、情绪突变、妄想等精神症状。如药用则可降低青光眼患者的眼内压。

"通向天国的向导" 大麻的主要功能是能产生幻想的欣快感,因而被称为"通向天国的向导""给可怜人的慰问神品"。

与波斯人、突厥人一样,阿拉伯人也很早就知道用大麻叶捣烂成汁,饮后能使人麻醉,飘飘欲仙;当时把大麻称作 benk。阿拉伯人还从埃及人那里学会了

---

① 德空多尔著,俞德浚、蔡希陶译:《农艺植物考源》,商务印书馆 1940 年版,第 91—92 页。

将大麻放在开水里烧煮，然后吸入蒸气，以缓解疾病。阿拉伯的“哈沙辛”(Hashish)教派宣扬暴力，以暗杀手段来铲除政敌和异教徒，所谓的“哈沙辛”的原意就是“服用大麻的人”。古代的教长每每先让教徒们服食大麻，等到药力发作、产生幻觉时，再派遣他们出击杀人。

中国栽种大麻的历史相当悠久。在公元前2800年已栽培大麻以取纤维[①]。《尔雅》《书经》中分别将雌雄大麻称之为“宜”“草”，可见那时的人已知大麻雌雄异株的特性。日本有的学者认为中国古代的“麻沸散”中含有大麻的成分[②]。汉武帝建元年间(公元前140—前135年)，张骞出使匈奴，曾到过西域的大月氏、大夏、乌孙等国，后携胡麻等而归。此后胡麻被列为药材，主用于麻醉，方法是捣汁饮之。苻秦方士王嘉所撰的《拾遗记》称，胡麻汁“饮之能致神仙”。后种植极广。直到清末民初时，云南、四川的少数民族仍普遍种植这种植物。[③]

新大陆发现后，非洲奴隶和西班牙人把大麻植物以及使用的方法带到了南美洲。20世纪初开始，含有大麻树脂的药物纷纷问世，被广泛用作止痛和镇静药物。但医学界很快发现这类制剂非但不能给治疗带来稳定的作用，相反使患者症状更加严重。于是，国际社会开始禁止大麻，1925年签订的《国际鸦片公约》是第一个管理印度大麻的国际贸易条约。20世纪30年代，大麻脂被美国青年广泛接受，成为社会问题。1937年美国政府颁令限制大麻的使用。但在战后的美国，大麻仍十分流行。随着60年代“嬉皮士”现象的出现，整个欧洲也受到感染，此后大麻的滥用又被推向了世界各国，在中东、非洲、南美等地泛滥开来。

尽管大麻曾被医学界用来降低青光眼患者的眼内压，以及缓解晚期癌症患者的疼痛，但世界卫生组织已于1954年、1957年两次作出印度大麻无任何治疗价值的结论。1965年该组织又指出：“滥用印度大麻对社会所造成的危害，表现为服药者个人不能克尽其社会职能，且变得更容易做出非社会和反社会的行为，从而给社会造成经济损失。”到20世纪60年代，多数国家已加强了对大麻的贸易和使用的限制，并对非法拥有、出售或贮藏者课以重罚。据联合国的材料，在70年代每年约有21.5万公斤的大麻脂被各国政府查封。但大麻仍以地下的方式，为瘾君子们所服用，仅在美国，估计每年消耗量就达400万公斤之巨。

事实上，大麻在成瘾性方面是所有毒品中最微弱的。联合国有关组织也曾指出：“大麻不是成瘾性药物，但是依赖性药物。”[④]大麻服用者实际上在心理上

---

① 《简明不列颠百科全书》，第二卷，第390页。
② 转引自蔡小洪：《世界毒品之战》，北京昆仑出版社1988年版，第26页。
③ 《羌族社会历史调查》，四川社会科学院出版社1986年版，第51页。
④ 《简明不列颠百科全书》，第二卷，第391页。

引起了依赖，即使是长期使用者，只要停用 2—4 周即可消除其影响，而不会像停用吗啡、海洛因那样出现生理症状而死去活来。至今为止，没有证据表明大麻能引起持久的精神障碍，但是长期服用它可引起个人的注意力不集中及丧失社会责任心。另外，吸食大麻会经常感染支气管炎、鼻咽炎、哮喘等疾病，并伴有畏光、心动过速、脑功能降低、生殖能力和免疫能力减弱，易致癌，易患精神错乱等症。

此外，非成瘾性但可列为依赖性药物的还有麻黄与曼陀罗。麻黄(Ephedraccae)是裸子植物，属麻黄科，有 40 多个种类，为多年生灌木。它生长于多沙地带、沙漠或干燥山地，分布于中国北方及亚洲、美洲及欧洲的干旱地区，麻黄的茎叶含有 1%—2%的生物碱，主要是麻黄碱，又称麻黄素(Ephedrine)。麻黄碱对骨骼肌有抗疲劳作用，对支气管平滑肌有良好的解痉作用，是治疗哮喘的特效药；它对心血管系统具有重要影响，能使冠状血管扩张，增加冠脉流量，对心脏也有强大的兴奋作用。如大剂量使用可以兴奋大脑皮质和皮质下中枢，引起精神兴奋。①

中国古代医家曾利用麻黄来煎汤制丸，医治头痛发热、气喘、风痹不行、伤寒感冒等症。这些在《伤寒论》《金匮要略》《千金方》《本草》等著名药书中均有详录。由于麻黄具有重要的医疗价值，因此，近代外国医商曾在中国大量收购麻黄草，如英国人在上海开设的宝威大药行，在 1910 年后每年收购麻黄，多时达 100 万斤，然后运回英国制成麻黄素片，再返销中国。② 由于麻黄素具有强大的兴奋作用，因此在许多国家被人们作为兴奋剂或毒品而广泛使用。从麻黄草中提炼出的麻黄素是一种蜡状固体、结晶或颗粒物质，掺入其他化学物品后就能充作毒品。

曼陀罗为茄科植物，有白曼陀罗(Datura Metel L)、毛曼陀罗(D. Innoxia Mill)等品种，主产于中国的江苏、浙江、四川等地，古代医师用于治疗慢性哮喘、痹痛、祛风、止痛、跌打损伤、风湿性关节炎等。古人已知其种子有剧毒，可引起口干、肤红、头晕、瞳孔放大、昏睡等症，重者甚至会引起呼吸停止而死亡。

曼陀罗含有 0.22%—0.5%生物碱，主要有阿托品(Atropine)等。在医学上它能抑制腺体的分泌并扩散瞳孔，一般用于平滑肌痉挛、胃与十二指肠溃疡、眼科诊治等临床治疗。但由于阿托品的过量使用能引起心率加速、兴奋和幻觉，因此亦受到吸毒者们的欢迎。

此外，茄科植物莨菪(Hyoscyamus niger L)以及天仙子、华山参、天棚子等均含有阿托品等生物碱，是医界慎用的药品。

---

① 谢成科：《药用植物学》，人民卫生出版社 1986 年版，第 198 页。
② 《上海近代西药行业史》，上海社会科学院出版社 1988 年版，第 33 页。

安非他明和"冰" 1919年，一位日本化学家合成了第一种人工合成兴奋剂——苯丙胺，即安非他明(Amphetamine)。该药为无色、流动、缓慢挥发性液体，初被用于治疗成人肥胖症及小儿运动机能亢进。1932年，有人开始吸食苯丙胺，兴奋剂的滥用问题由此产生。但是在20世纪20年代，人们并没有认识它具有如此严重的副作用。1933年，美国人开始批量生产，它被人们视为哮喘病的克星。美国联邦食品医药局鉴定安非他明是"具有良好效率的特效药"①。但是，随着它具有的强大的短暂时间内提升脑力作用逐渐被人们发现而出现了滥用的趋势。美国的学生们为应付考试、长途驾驶员为抵抗疲劳，都会随便地吞服这种药片，结果出现了妄想性精神障碍的中毒症。第二次世界大战时，各国为提高士气和官兵的耐久力也在军队内推广使用。日本在朝鲜殖民地设厂大量生产这种兴奋剂，并提供给军队，到战争末期，约有200万日本人在吸食安非他明。战后，韩国继承了日本人的技术而成为世界安非他明的制造中心。20世纪60年代后又传至中国台湾，遂使台湾的毒瘾者剧增，并大量返销日本等地。1951年，日本颁布《觉醒剂取缔法》，才使得这一公害的蔓延有所减缓。但是，安非他明至今仍是亚洲最主要的毒品之一。

与安非他明相同，"冰"毒也是毒品家族中的"后起之秀"。"冰"是一种晶体安非他明类的强烈兴奋剂，化学名称为甲基苯丙胺盐酸盐，又称去氧麻黄素。由于其物理形状呈透明结晶状，故被称为"冰"或"晶"，纯度达98%或100%。

"冰"于战前由一位日本化学家提炼而成，它对人体的中枢神经能产生各种作用，加上"冰"第一次使用便会上瘾，因此，它被称为毒品之王。其实，它能大量耗损体力和免疫功能，长期服用会导致精神失常、情绪低落及疲倦，损害肺、肾和肝，严重者甚至死亡，因此对人体具有极大的破坏性。

战后在美国、日本、韩国等国和中国台湾等地已有人服用"冰"毒，到20世纪80年代"冰"毒逐渐盛行起来。初在夏威夷泛滥成灾，接着席卷美洲大地。据统计，美国吸食"冰"的人数与可卡因瘾者大致相同，约占吸毒人数的5%至10%。

新兴的致幻剂 今日，新的毒品正层出不穷，致幻剂正在日益受到吸毒者的青睐。

致幻剂(Hallueinogen)能影响中枢神经系统、引起感觉和情绪上的变化，导致自我歪曲和思维分裂，它使服用者对时间和空间概念发生改变，并引起错觉、幻想和妄想。致幻剂有天然产物和人工合成之分。其中最常见的有麦角二乙胺、苯环己哌啶、二甲色胺(DMT)、三甲氧苯乙胺等。

---

① 《これはシャンプだ》,《週刊大众》(日本)，1992年第2期。

麦角二乙胺即LSD,它于1938年由瑞士化学家艾伯特·霍夫曼合成。五年后霍夫曼在用本品合成麦角新碱时,偶然发现了它对神经的作用。从此,这种可产生持续幻觉的LSD毒品即在亚、欧、美区域流行。

LSD作用极强,口服0.05 mg于一小时内即可产生特有的感觉障碍和情绪与思维过程的改变。在数小时里,服用者外貌如常,但时空概念混乱,物体的形状与颜色似乎都变了,音乐里有一种或数种颜色,似乎还有味觉等,服用者好像经历了一次愉快的旅行。服用者还会出现“反刍”现象,即停用后,还可能在数日、数月甚至数年时间内重新感觉到幻觉的出现。

常见的LSD为液体或粉末状物质,无色无味。由于其用量极微,毒品贩子常将其吸附在印有特殊图案的吸水纸上出售。

苯环己哌啶(即PCP)是一种合法生产的动物麻醉剂,在非法的地下制药厂或实验室内也能制造这种药品。由于它具有廉价、易得、“欣快感强”的特点,在欧美、亚洲年轻的服毒者中甚为流行,被称为“天使粉末”。

PCP影响中枢神经系统,小剂量服用能产生与大多数抑制剂相类似的镇静效果;中等剂量会出现感觉障碍,产生痛觉缺失和感觉缺失现象;而大剂量则会导致惊厥、昏迷甚至死亡。

PCP近十年来才跃上毒品舞台的前沿,但已造成极大的危害。由于PCP使吸毒者对疼痛感觉迟钝,精神错乱,无力辨别方向,所以坐以待毙。在服用PCP所引起的奇怪举动中丧生的人数比这种毒品自身毒性导致死亡的人数还要多。这些PCP的服用者往往因辨别方向的能力缺乏而在浅水中溺死,从大楼的窗口摔下,与慢速度的汽车相撞而压成肉饼,在大火中毙命,等等。

此外,像半合成的麻醉镇痛药如二氢吗啡、可待因、乙基吗啡、异可待因、二氢可待因、氢化吗啡酮、甲基二氢吗啡酮、氢化可待因酮、氧吗啡酮、氧可酮等,以及全合成麻醉镇痛药如吗啡喃衍生物、美散痛衍生物、哌替啶衍生物等,几乎都因其特殊的效用而被贩毒商推广。值得注意的是,当前形形色色的催眠药、镇静药、抗忧郁症药和抗惊厥药等,正在被国际贩毒商吸收用来作为新的毒品品种和巨额利润之源。

第二节　罂粟的世界种植史

罂粟的植物特征　罂粟属被子植物木兰亚纲(Magnoliidae)罂粟目(Papaverales)罂粟科(Papaveraceae),为草本植物,也有少量为灌木或小乔木,共有50属700余种，主要分布在北温带，即亚洲、欧洲、非洲东部和北部等地。中国有 30 属 260 余种。而能生产鸦片的唯有鸦片罂粟。

鸦片罂粟(Papaver Sonmiferum)是一种美丽的植物，一般秋种夏收，高 4—5 尺，叶大而光滑，呈绿色，初夏开花，一株罂粟开 5—8 朵花，单生枝顶，花大而艳丽，有红、黄、白、粉红、紫等色；花片有二，雄蕊多而雌蕊仅一枝，如壶状。果实为蒴果，内有种子如粟粒，故名。果未熟时，用刀在其绿色的果皮上割开一道口子，白色的汁液就会顺着刀口慢慢地流出，两三天后，这种牛奶状乳胶逐渐变干，呈胶浆状，颜色由白变黑，这就是生鸦片(raw opium)。一般，一个罂粟头上只能得到半克鸦片，因此，500 克鸦片大约需要 1 000 个罂粟果。

生鸦片具有强烈的、令人作呕的气味(近似氨或发酵的尿味)，味极苦。然而，生鸦片经过烧煮、发酵、去渣，制成条状、板片状或块状后成为熟鸦片，外表光滑柔软，有油腻感，色有棕色或黄色，吸食时，熟鸦片发出强烈的香甜气味。

罂粟的化学成分 罂粟全草均含有生物碱，而又以其乳汁为最多，含生物碱约达 20%，包括罂粟碱(Paparerine)、野罂粟碱(Nudicauline)、原鸦片碱、古拉林、吗啡、可待因等 30 余种生物碱类物质。

罂粟可主治多种疾病，能镇痛、止咳、定喘、止泻。根据现代医学的经验，精制后的罂粟碱主要有以下一些功能：第一，心血管作用，能长时间地舒张冠状血管及增加冠脉流量，还能松弛各种平滑肌，尤其是大动脉平滑肌，可抑制心肌兴奋及抗心律失常，还有降压和收缩子宫的作用。第二，利胆作用，能增加胆汁分泌量和胆红素胆盐等的含量。第三，抗癌作用，它在 25 μg/ml 浓度时，可使癌细胞停止增生，经治疗的细胞致瘤性减少。第四，可抑制血小板的凝聚。第五，临床治疗，用于心绞痛、心肌梗死痛、肠绞痛、动脉栓塞性疼痛、脑栓塞、脑血管意外、心脏期前收缩、室性心动过速及断指再植等。①

利用罂粟治病止痛，是人类的一大发明，已有数千年的历史。直到 19 世纪末阿司匹林问世前，欧洲各国对付疼痛的唯一的镇痛剂就是鸦片，因此，鸦片在人类医学史上具有十分重要的地位。1994 年，笔者在西南诸地做调查时，不少老人告诉我说，年轻时此地家家备有数十、近百年的鸦片老货。逢家人胃病喘咳、疲劳疼痛，便取出一点陈烟膏，溶于开水，饮下即愈。遇患重病，则用半粒米大小的陈年生鸦片吞服，病情就会得到缓解。甚至有老人悄悄耳语：家中至今仍藏有些许陈年鸦片。

但是，鸦片具有很强的副作用，即不管你怎样使用，它都具有强烈的麻醉性

① 《美国化学文摘》，47：5011C，1953；88：58072H，1978。

和刺激作用，如施用过度，必至毒死。大量服用鸦片生物碱后，30—60分钟内便会出现中毒症状。鸦片或吗啡的中毒有慢性和急性两种，无论哪种都是因引起中枢神经系统发生变化而导致的。在急性中毒者的脑部，有着急性脑细胞坏死，内部组织破裂出血的症状；而慢性中毒者在相当长的时间内能够保持职业和智力活动，但剂量增大、烟瘾渐深后，则会变得消瘦不堪，面无血色，目光发直，瞳孔缩小，失眠，丧失意志力；继之脑细胞先出现脂肪化，然后导致坏死。另外，肝肾等器官也会形成脂肪变异和淤血而全身浮肿，严重者会死亡。

罂粟的故乡 人类种植和利用罂粟的历史可以追溯到远古时期。

罂粟原产于地中海东部山区以及小亚细亚、埃及等地。早在石器时代晚期，生活在那里的人们已经栽培罂粟作为食物，其苗可用来做菜肴。后来他们逐渐发现，有着娇艳花叶的罂粟不仅令人赏心悦目，而且其果浆具有麻醉作用。于是，人们在罂粟果未成熟时将它的外壳割破，采集乳汁晒干，制成膏状药物。尤其是在各种祭祀庆典中，罂粟碱的作用，更使本来就诡秘难测的神道巫术披上了一层令人生畏的色彩。

距今6 000年前，人类文明已经在埃及萌芽成长了。公元前3100年，哈姆族人在埃及建立了早期王朝，在埃及生命之源的尼罗河畔，肥沃的土地，加上晴空丽日、闷热干燥的气候，十分适宜罂粟的生长。医学发达的埃及人自然不会对遍地生长的罂粟熟视无睹。早在公元前1500年前，埃及就有了第一部药物志《埃伯斯纸草书》，里面记载了877个药方，其中就有用罂粟的果浆治伤和防止婴儿夜哭的记录。[①] 鸦片被写成 shepen 或者 shepenon。在1872年，考古学家曾发掘出公元前1500年前的药方，上面记载：小儿长哭，取未成熟的罂粟果捣烂，连服四日可治愈。同时，还发现了女皇依基斯的治头痛的药方：胡萎、苦艾、杜松和鸦片。[②] 由此可见，人类制作鸦片的可靠历史，可以追溯到3 500年前。因为鸦片的神奇功能，罂粟一直是古埃及最重要的农作物之一，并被人称为“神花”。[③] 在埃及的象形文字中，罂粟籽被写成 pequer。[④]

古希腊的罂粟花 地中海东部是罂粟的原产地之一，过去有人认为，希腊人对罂粟的利用，显然是受到古埃及人的影响。希腊人把许多埃及文明带回了欧洲，其中也包括对罂粟的使用。但随着希腊等地考古的进展，人们也提出了希腊

---

① 莫赫塔尔：《非洲通史》，第2卷，中国对外翻译出版公司1984年版，第125页。

② 马场鱿：《阿片东渐史》，满洲事情案内所1941年版，第41、194页。

③ 阿甫基耶夫：《古代东方史》，三联书店1956年版，第145页；司徒卢威编：《古代的东方》，人民教育出版社1955年版，第100页。

④ E.A.W. Budge, *An Egyption Hieroglyphic Dictionary*, Vol. 1, p.252.

人独立发现和开发对罂粟的使用的观点。

在迈锡尼文明(公元前1600—前1200年)的遗址里,我们可以看到用罂粟向女神进献的壁画,有些金属针的针头被做成了罂粟蒴果的形状,罂粟被视为一种神树。随着迈锡尼文明的扩张,罂粟也从希腊半岛传播到周邻的地中海其他地区。在古希腊的麦田里,夹生着艳丽无比的罂粟,因为人们知道食其籽粟可增进食欲,所以他们往往把罂粟籽和在麦粉里做成面包。[①] 为表达对罂粟的赞美,人们让执掌农业的司谷女神手里拿着一枝罂粟花,这类雕塑在古希腊的艺术品中并不鲜见,而且他们对罂粟药用功能也有了认识。在古希腊有一则关于罂粟制药的神话,一天,司谷女神Demeter外出憩息时,见到一个男孩有疾,即在野地里采罂粟制成乳汁,男孩饮后即愈。[②] 在古希腊罗马的雕塑中,司谷女神的手里常握着罂粟。事实上,到公元前400年时,希腊人已懂得用鸦片来安神止痛,最常用的方法就是将罂粟汁拌在其他的食物里,食后"能安神止痛,多眠忘忧"。[③] 在古希腊的神话中,有一个统管死亡的魔鬼之神叫作许普诺斯,其儿子玛非斯手里拿着罂粟果,守护着酣睡的父亲,免得他被吵闹声惊醒。这则故事反映了当时希腊人对罂粟的麻醉作用的认识。因此,同时代的希腊医学之祖希波克拉底斯(Hippocrates)已把罂粟归入了药品。公元前4世纪时,植物学家弗拉斯多(Theophrastus)已能从罂粟中提取汁液了。到了公元前1世纪,作家迪奥斯哥莱底斯(Dioscorides)竟已能区别从罂粟花中取出的汁液与从罂粟果中取出的汁液成分上的不同。[④]

不仅如此,希腊人甚至已能制作鸦片了。《荷马史诗》成书于公元前9世纪,诗圣荷马在《奥德赛》里,叙述了一个因鸦片而中毒的故事。故事中还写到,敌人向希哥多耳攻击,一箭击中希哥多耳之弟的前胸,其弟头低垂而昏厥,荷马形容如罂粟花低垂于花园中。也许在那个时候起,希腊人就有了嗜好鸦片的习俗。

稍后,罂粟在希腊被作为食物使用了。根据修昔底德的记载,公元前431—公元前404年,希腊爆发了著名的伯罗奔尼撒战争,以雅典为首的提洛同盟与以斯巴达为首的伯罗奔尼撒同盟展开厮杀。公元前425年,雅典人将斯巴达的军队包围在一个海岛上,受到围困的斯巴达军队面临饥饿威胁,军官号召寻找食

---

① 德空多尔:《农艺植物考源》,商务印书馆1940年版,第239页。

② 艾约瑟:《罂粟源流考》,《万国公报》第9册,1889年。

③ 李圭:《鸦片事略》,中国近代史资料丛刊:《鸦片战争》(六),上海人民出版社1957年版,第138页。

④ 《大英百科全书》,第11版,第20卷,第130页。

物，这样，有些人“拖着装有罂粟、蜂蜜及亚麻仁粉等混合食品的皮袋”，偷偷地潜水登上了岛。[①]

古罗马的医学是在希腊科学的强大影响下成长起来的，所以在古罗马时代，罂粟早已超出观赏和作为粮食的意义的范围。罗马早期的历史学家提图斯·李维(T. Livsius，前59年至公元17年)写道，罂粟是一种麻醉剂。[②] 罂粟被开发成了一种重要的调味品，在甜点心烤好后，再撒上罂粟籽，非常流行。罂粟籽放在酒里喝下可以治疗腹泻，鸦片与玫瑰油混合外涂，可以治疗头痛。拉尔古斯(公元1世纪在世)著有药剂学的著作，第一次明确记载了鸦片的制作方法。[③] 此书记载了罂粟的产地，各地对罂粟的不同称呼，鸦片的加工方法、药用和鉴别等。鸦片制作通常有两种方法。一是古希腊人所采用的，将蒴果和叶子等做成“罂粟汁”，其缺点是鸦片的药效不是很大。另一种是用刀割蒴果提取罂粟汁液，干燥后保存。这种采集鸦片的方法，与后来印度、土耳其、伊朗和中国等地的方法几乎相同。古罗马人将罂粟称为 Papaver。

公元2世纪，名医盖伦(130—201年)已将鸦片视为万能药品。他认为，鸦片可以抗毒，医疗慢性头痛、头昏、耳聋、羊癫风、中风、眼睛失明、嗓子哑、气喘、咳喘、吐血、呼吸困难、腹痛、黄疸病、结石、泌尿疾病、发烧、水肿病、麻风病、妇科疾病、忧郁症、瘟疫等。

另据近代传教士艾约瑟所说，罗马王达耳贵尼欲取伊都利亚国时，先定下诡计：鞭挞王子，让王子去诈降。王子降后被伊都利亚国民拥为统领，尽管他大权在握，但没有良策可献此城，遂遣使者求计于父亲；当时达耳贵尼正在花园中，即操刀将高大的罂粟花砍下数枝，使者返城复命，王子领会了父亲之意，把城中主要的将臣除去，然后献城得胜。[④] 可见在希腊罗马的时代里，罂粟的种植是很普遍的。

两河流城和古代波斯　两河流域，即幼发拉底河和底格里斯河流域，是古代文明的重要发源地之一，其地理位置相当于今日的伊拉克。它的北边是亚美尼亚高原，东侧是伊朗高原，山岭环绕，炎热干燥，那里也是罂粟的原产地之一。根据保留至今的古代医学文献，巴比伦人在医疗药物方面也有丰富的知识积累。他们用动物、植物和矿物加工成各种药物，其中包括罂粟。当然他们认为疾病是恶魔造成的，医疗也就和巫术魔法混杂在一起了，在服用药物或按摩灌洗时，他

---

① 修昔底德：《波罗奔尼撒战争史》，第282页。
② 利瓦略夫：《古代罗马史》，三联书店1957年版，第20—23页。
③ 苏联大百科全书选译：《古代罗马》，三联书店1959年版。
④ 艾约瑟：《罂粟源流考》，《万国公报》第9册，1889年。

们口中却时常念着咒语。近代以来的考古发现，证明在新亚述国王阿苏尔巴尼帕(公元前7世纪后期)时代，医书上已经有"ukus－rim"等表示罂粟、鸦片的文字。考古学家表述当时采集鸦片的场景：清晨，妇女、男孩和女孩用小铁刀将罂粟裂口上的汁液刮下，集中在一只小陶盆中，然后再在阳光下将陶盆里的鸦片进行加工，直到它变稠变硬为止。①

两河流域东侧的伊朗中亚细亚被山脉与高原包围，在东南部的帕米尔高原上，数千年前就有东伊朗的埃兰人居住。公元前2000年时，埃兰已成为西亚强国。那里是典型的大陆性气候，也生长着野生的罂粟，人们已学会了用罂粟来治病。到10世纪时，药用的罂粟栽培面积已显著扩大。19世纪因为纳入对外贸易，栽培量剧增。1870年左右，波斯鸦片的良好品质被确认后，波斯鸦片销路大开，于是，农民们为利润所驱，其他传统农作物几乎全被罂粟所代替。这种倾向在100多年中有增无减，第一次世界大战时，出口量是1859年的27倍。由于罂粟是波斯到处可见的植物，因此吸食鸦片蔚然成风。据《在狮子与太阳帝国》一书的作者威尔士称，那时有75%的波斯老人吸食鸦片。② 直到1920年，鸦片仍是波斯重要的出口产品，它排在石油、绒毯之后居第三位。

综上所述，约在2 000年前，将罂粟或鸦片作为主剂的药品已在埃及、希腊、罗马、波斯、土耳其等地流行，后又流传到威尼斯、伊斯坦布尔等地。而在把罂粟和鸦片推广到东方社会的过程中，阿拉伯人起了决定性作用。

阿拉伯帝国对罂粟的利用与推广 阿拉伯人世居于亚洲西南的阿拉伯半岛，在公元前数世纪已建立了奴隶制城邦国家。自穆罕默德的继承人第一任哈里发统一了半岛后，便开始对外扩张。他于公元636年占领了大马士革，次年攻克波斯首都，然后占领巴勒斯坦，征服埃及。7世纪末入侵印度，扫平突尼斯、阿尔及利亚。8世纪初，又东进阿富汗和印度西北部，形成了横跨欧亚非三大洲的阿拉伯帝国。

阿拉伯帝国积极吸收古希腊罗马的文化成就，其中包括关于鸦片的知识。至晚在征服时期，阿拉伯人已会使用大麻了，他们将大麻叶制成兴奋剂供给军队，以增强战斗力。不久，他们又汲取了埃及和希腊对罂粟的使用。在1 000年前，他们已懂得从罂粟中提取鸦片烟膏，用于麻醉和消毒，促使病人安眠，减少痛苦，而且还将鸦片作为"鼓舞勇气药"，在战斗前夕令官兵服用。战士们奋勇作战，在庞大帝国的建立过程中，发挥了超乎想象的作用。这也是鸦片作为毒品首

① 转引自龚缨晏：《鸦片的传播与对华鸦片贸易》，东方出版社1999年版，第17页。
② 马场鯱：《阿片东渐史》，满洲事情案内所1941年版，第194页。

次在世界舞台上的重要表演。此后，由于伊斯兰教严禁饮酒，鸦片便成为最好的代用品而为大众所嗜好。[①]

阿拉伯的重要药典有伊本·西拿的《医典》和拉齐的《医学集成》。拉齐(865—925年)是中世纪最负盛名的临床医师，他在为巴格达医院选址时，先把一些肉条挂在首都的各处，以其开始腐烂的时间先后来确定环境与空气对医院的适宜程度。他的《医学集成》总结了希腊、波斯、印度等国成就，是一部名副其实的医学百科全书，其中自然也有对罂粟的记载。此时，鸦片除了作止泻药外，它的成瘾性也已被发现了。在名医侯乃伊德《眼疾十论》里，已将罂粟和鸦片作为医治眼科疾病的重要药物。在他配制的眼药膏中，就已加入鸦片。此后鸦片的副作用也被人们所认识，有著作描绘鸦片中毒的症状：四肢麻木，声音发颤，眼睛下陷，记忆缺失。

在阿拉伯帝国里，罂粟被广泛地种植，许多植物学著作中，都有关于罂粟栽培的文字。而且，随着帝国向东方的扩展，罂粟也推进到了沃野千里的恒河流域。中世纪时，小亚细亚盛产鸦片，也是鸦片吸食习俗最流行的地方。

鸦片名称之嬗变 希腊医学始祖希波克拉底是把罂粟作为药材而写入植物学的第一人。他走方行医，足迹遍及希腊各地，成为一个学识渊博的大师。不仅如此，他留下的《誓言》至今仍是医学工作者的职业信条，被世界医协大会定为国际医务道德的准则。希氏把罂粟称为 δπσsμηκωγσs，即罂粟汁液。

鸦片，梵文称 Chosa，拉丁语为 Opos. Mekonos，后由 δπσs(汁液)嬗变为希腊语的 öπωγ 和拉丁语的 Opio。现在英、法、德三种语言中的 Opium，西、葡两国语的 Opio，意大利语中的 Oppio 等均表示“鸦片”，也都是承袭了希腊语和拉丁语而来的。中世纪时阿拉伯帝国扩展到了欧洲，阿拉伯人传袭希腊医术，转呼 öπωγ 为 Afion。此后，他们将罂粟传入波斯，在波斯文里，Afion 又变成了 Abyum 或 Apyum。在印度，鸦片在印地语中被称作 afim，在梵文中叫作 apaynum，这些是从阿拉伯语转译而来的。

亚洲诸国的鸦片 安息是西亚的一个古国，公元前2世纪时，国势日盛。那时候的安息人已在使用鸦片了。考古学家在米特拉达梯国王的软糖方子里，发现了鸦片的成分。[②] 南亚诸国中，印度自被阿拉伯人侵占后，受阿拉伯人的影响，罂粟被广泛地种植起来，9世纪后，食鸦片已成为印度人的生活方式的一部分了。

---

① 李圭：《鸦片事略》，中国近现代史资料丛刊：《鸦片战争》(六)，上海人民出版社1957年版，第138页。

② 阿里·玛扎海里：《丝绸之路——中国波斯文化交流史》，中华书局1993年版，第463页。

此后，罂粟和鸦片继续向东传播到东南亚。15世纪初，马六甲的伊斯兰政权统治时期，亦已流行鸦片了。苏丹阿栏瓦丁（1477—1488年在位）就是一个鸦片瘾者。而鸦片是从红海地区大量进口的。末代苏丹马哈茂德（1488—1511年）更是一个声名狼藉、整日沉湎于鸦片的统治者。那个时期，马六甲的贸易是以爪哇为中心展开的，来自阿拉伯和波斯的货物中，产自亚丁和麦加的大宗鸦片是必不可少的。人们无视伊斯兰教禁食鸦片的规定，仍大食鸦片。在荷兰占领时期，印度尼西亚的毒品泛滥达到高潮，而这些鸦片是由旅居印尼的中国商人们包租专卖的。① 殖民地政府从中抽得大量税收。

1820年，葡萄牙人来到了曼谷，他们带来了鸦片。此后英国人也进入了暹罗，英国人对当地政府施加压力，1855年4月《英暹条约》签订，规定输入暹罗的鸦片享受免税，但鸦片必须卖给由暹罗政府指定的鸦片包税商人。后来美、法也取得了同样的权利。这样，在条约的保护下，鸦片源源不断地从印度进入暹罗，在英国的压力下，国王拉玛四世成立了一个王室鸦片专卖公司，租赁给一位华人富商经营鸦片专卖业务。1890年，鸦片在暹罗的输入品中，仅次于棉纺品而占第二位（7%）。1913年，从印度进口的鸦片竟达到了147吨，鸦片烟馆和零售铺从1880年的1 200家猛涨到1921年的3 000家，吸毒者也增加到了20万人。② 鸦片买卖的景气虽然能给政府带来大量的税收，但也引起了白银外流，以及币制的紊乱。于是，国王拉玛四世决定禁烟，首先对瘾者进行罚款，宣布"吸食鸦片的暹罗人如拒绝罚款，将处死刑"③。禁烟阻止了西方国家的不平等贸易，减轻了西方对暹罗经济的不利影响，对保持暹罗的独立具有十分重要的作用。

但其邻邦越南没有如此幸运。19世纪60年代，法国占领越南后，即实行鸦片专卖制度，1862年法国人成立了一个鸦片专卖公司，由华商负责从印度进口鸦片，而上缴政府的鸦片税竟达10%。④ 于是商人们只能不断提高价格。到1900年，法国每年已可获得600万元的毒品税了。为征得更多的税金，法国人鼓励越南民众吸毒，甚至在穷乡僻境也到处悬挂着"R.O."⑤字样的招牌。同时，法国人还通过庙会和交换礼物，与山区的土司们建立交情，让土司们去驱使山胞种植罂粟，缴纳鸦片。当20世纪20年代全世界都在反对"罪恶的鸦片"时，唯独

---

① 萨努西·巴尼：《印度尼西亚史》，下册，商务印书馆1972年版，第481、498页。
② 阿尔弗雷德·W.麦考、卡瑟琳·B.丽德：《海洛因内幕》，北京警官出版社1989年版，第48页。
③ 尼·瓦·列勃里科瓦：《泰国近现代史纲》，商务印书馆1974年版，第219页。
④ 阿尔弗雷德·W.麦考、卡瑟琳·B.丽德：《海洛因内幕》，北京警官出版社1989年版，第22页。
⑤ 法语 Regie Opium，即鸦片烟馆。

法国人对这种谴责熟视无睹，反而增加了鸦片税在税收中的比例。到 1938 年，鸦片税已占殖民地全部税收的 15%，这个比例在东南亚名列榜首。在越南，瘾君子占全国人口的 2%，而在上层社会，瘾君子的比例要达到 20%。法国后来还将鸦片专卖推广到整个印度支那。他们唯一要提防的是中国云南马帮的走私活动，因为这种走私会减少法国人在鸦片上的收益。1914 年，法国人曾对云南马帮的活动进行了严厉的打击，于是，云南马帮曾领导当地成千上万的山民起来反抗，他们甚至还占领了老挝的一个省，直到法军援兵赶到后，云南马帮才被迫退回中国。法国纵容土司栽罂粟的政策，一直延续到第二次世界大战结束。①

在缅甸，18 世纪 80 年代的法律规定，凡吸食鸦片者，处以死刑。但随着英国人的到来，东印度公司缅甸分公司的成立，罪恶的鸦片也开始泛滥了。1852 年，英国开始从印度大量进口鸦片，并通过政府控制的鸦片垄断组织投放市场。1878 年，英国议会通过法案，开始削减鸦片消费。自此，缅甸人吸毒被视为违法，而中国人和印度人吸毒则毫无问题。在与云南接境的缅甸掸邦，生活于崇山峻岭的山民部落开始伐木烧林，种植罂粟，成为鸦片生产的新崛起者。1923 年，掸邦通过鸦片法案，规定烟农必须注册登记，由官方收购全部鸦片，1926 年时，该地的鸦片生产达到 37 吨。此后，萨尔温江畔的罂粟日益兴旺，最终成了全球瘾君子顶礼膜拜的“圣地”——金三角的一部分了。

此外，在西方殖民者的经营下，新加坡、马来群岛等地也流行起鸦片。17 世纪时，新马地区的华人就已形成粤商和闽商两大集团，他们为得到利润最丰的鸦片贸易承包权而竞相争夺。而失败者便采取走私的方法，以损害包税人的利益，并逐渐把鸦片带入中国沿海地区。殖民者们更是大量倾销鸦片，遂使中国陷入了黑潮毒雾之中。②

大约在公元 7 世纪，罂粟种植技术传入了印度，到 8 世纪时，印度人已经掌握了提取鸦片的方法。此后，阿富汗的加兹纳王朝和古尔王朝先后进入印度，使印度北方地区迅速伊斯兰化。鸦片也逐渐流行，1509 年，当葡萄牙人阿尔布凯克(Albuquerque)到达印度时，印度的鸦片生产已相当可观了，大量的鸦片被阿拉伯裔人和印度土商出口到缅甸、马来半岛、东印度群岛和中国等地。莫卧儿帝国的阿克巴统治时期(1556—1605)，鸦片收入已成为帝国一项稳定的财税收

① 陈辉燎：《越南人民抗法八十年史》，第一卷，三联书店 1973 年版，第 284 页。

② 黄麟根：《威尔士亲王的包税制，1805—1830 年》，载《南洋学报》，第 19 卷，第 1—2 辑，1965 年；约翰·G. 布切：《马来联邦包税制度的不动产转让》，载《现代亚洲研究》，第 17 卷，第 3 期，1983 年。

入。[1] 如麻洼鸦片，又称孟买鸦片，产自印度西北腹地的麻洼高原，主要是拉吉普塔那和中印度各邦。

因此，亚洲为害惨烈的鸦片毒灾，完全可以说是西方殖民者为了其贪婪的利欲，采取卑劣的手段强加于当地人民而造成的。

① David Edward Owen, *British Opium Policy in China and India*, Aechon Books, 1968, p.5.

第二章　鸦片在古代中国的流布

中国并不是罂粟的原产地，在西方广为知晓的中国罂粟，实际上是郁金香。[①] 因此罂粟及其制品鸦片，都是从国外传入的。罂粟传入中国之后，对古代中国人的社会生活究竟产生了哪些重要影响？

第一节　唐宋元时代的罂粟及其药用

拂霖国的底也伽　罂粟及其制品的传入，始于唐代。

《旧唐书》列传第198卷载："乾封二年（公元667年）拂霖遣使献底也伽。"经德国学者夏德（Friedrich）以及中国学者岑仲勉等的研究，"拂霖"是伊兰语Frwm、突厥文Purum等的译音。拂霖也称大秦，即东罗马帝国，其中心位置约在今叙利亚。唐时，由于阿拉伯人的大举扩张，拂霖已成为阿拉伯帝国的一个省。[②]

"底也伽"（古音为te ya ka），是当时西方的珍贵药品。[③] 据阿拉伯史家称，底也伽相传是公元前2世纪由小亚细亚本都王国的国王米特拉达悌六世研制成功的。上等的底也伽产自伊拉克的巴格达。[④] 西方自古就认为，底也伽是万能的解毒药，这种由600种物质制成的丸状药，其作用可解除除蝮蛇毒以外的一切毒物之中毒。它的主要成分是：鸦片、龙涎香、缩砂、肉豆蔻、肉桂等，鸦片是其中的重要成分。[⑤]

由上可知，含有鸦片成分的"底也伽"，是阿拉伯人传入中国的。

唐代时，正在急速扩展中的阿拉伯与中国的贸易往来十分频繁。据史书记载，唐时，阿拉伯向中国派遣正式使者的就有37次。[⑥] 阿拉伯人主要是经陆海

---

① 阿里・玛扎海里著，耿昇译：《丝绸之路——中国波斯文化交流史》，中华书局1993年版，第121页。

② 夏德：《大秦国全录》，商务印书馆1925年版，第38、123页。

③ 希腊语为θηριαπα。（F. Hirth：China and the Roman Orient，p.227.）

④ 夏德：《大秦国全录》，商务印书馆1925年版，第38、123页。

⑤ 夏德：《大秦国全录》，商务印书馆1925年版，第122页。

⑥ 《旧唐书・大食记》。

两路前来中国的。陆路由著名的丝绸之路进入长安，海路则是经马六甲海峡到达广州、泉州、扬州等地。[①] 成书于10世纪上半叶的不朽名著《一千零一夜》，也反映了西亚与中国的经济往来和文化交流。而且，这种交流的规模即使是在交通十分发达的今天看来，也令人叹为观止。那时在长安、广州、泉州等地经商的阿拉伯人不下万人。如天宝年间(742—756年)，刘展作乱，平卢副大使田神功到扬州镇压，曾“大掠居人资产”，“商胡大食、波斯等商旅死者数千人”[②]。由此可见阿拉伯人之众。阿拉伯人带来了象牙、棉花、白糖、宝铁等特产，也带来了罂粟和含有鸦片的药物。

乾封二年阿拉伯使者贡献底也伽，为文献上可征的含有鸦片的物品进入中国之最早记录。但中国人对鸦片的认识却要早于这一文献记载。由苏敬等编修的《唐本草》，成书于高宗显庆四年(659年)，内载“底也伽”：底也伽，味辛苦，平，无毒，主百病，中恶客忤邪气，心腹积聚。出西戎(云是诸胆作之，状似久坏丸药，赤黑色。胡人时将至此，亦甚珍贵，试用有效。新附)。[③] 这本世界上第一部官修药典的成书，比史载的阿拉伯人献底也伽还要早8年，而且明确地记载了它的药用效果。当然严格而言，作为解毒药的底也伽，虽含有鸦片，并非纯鸦片。根据欧洲来华传教士的记录，在17世纪的大马士革，“土人制一药甚良，名的里亚加，能治百病，尤解诸毒。有试之者，先觅一毒蛇咬伤，毒发肿胀，乃以药少许咽之，无弗愈者。各国甚珍异之”。[④] 北宋苏颂所编的《图经本草》记：“又有底也伽，是西戎人用诸胆和合作之，状似久坏丸药，赤黑色，今南海或有之。”[⑤]可以推测，宋朝时，是由海路输入底也伽的。直到清代，外国还有向中国朝廷进献底也伽的记录。

通过底也伽在中国的流传史，我们知道了，在公元7世纪的上半叶，即唐朝初时，底也伽——一种含有鸦片成分的药品——已进入中国了。

“马前初见米囊花” 阿拉伯人在献底也伽的同时，也将罂粟送到了中国。对鸦片史颇有研究的中华国民拒毒会会长罗运炎指出：“罂粟的种子，即由阿拉伯商人，携入中国。”[⑥]不久，中国人就开始种植罂粟了。成书于开元时期(714—741年)的《本草拾遗》中，作者陈藏器引述前人嵩子之言说：“罂粟花有四叶，红

---

① 桑原鹭藏著，杨练译：《唐宋贸易港研究》，商务印书馆1925年版，第38页。罗运炎：《中国鸦片问题》，上海兴华报社1929年版，第1页。

② 《旧唐书·邓景山传》;《新唐书·田神功传》。

③ 《新修本草残十一卷》。

④ 艾儒略：《职方外纪》，卷一，中华书局1966年版。

⑤ 苏颂：《图经本草》，第434页。

⑥ 罗运炎：《中国鸦片问题》，上海兴华报社1929年版，第1页。

白色，上有浅红晕子，其囊形如箭头，中有细米。”[①]生活于文宗时期（827—840年）的郭橐驼，也具有种植罂粟的经验。他在《种树书》里写道：“莺粟九月九日及中秋夜种之，花必大，子必满。”

由于罂粟花异常娇艳，唐人们已开始种植作为观赏花卉了。郭震有诗《米囊花》：“开花空道胜于草，结实何曾济得民。却笑野田禾与黍，不闻弦管过青春。”[②]诗人雍陶在《西归斜谷》中唱道：“行过险栈出褒斜，历尽平川似到家，万里愁客今日散，马前初见米囊花。”[③]以上的“莺粟”“米囊”都是罂粟的别称。郭橐驼为长安人，郭震虽是魏州贵乡人（今河北大名人），却担任安西（在天山以北）大都护和朔方（今宁夏灵武）大管家，雍陶是成都人，由此可见，至少那时的陕西、新疆、宁夏、四川等地已经种植罂粟了。但，雍陶所言的“初见”，又表明罂粟的种植尚不普遍。生活在晚唐时代的张钴在《江南杂题三十首》中写道：“碧抽书带草，红节米囊花。”[④]由此可知，江南地区也开始种植罂粟了。

罂粟不仅可供观赏，其果实的罂粟籽似也有人开始品尝了。唐诗人李贞白有《咏罂粟子》诗云：“倒徘双陆子，希插碧牙筹。既似栖牛乳，又如铃马兜。既槌并瀑箭，直是有来由。”[⑤]

而到了宋代，罂粟又被称为“鼓子花”。鼓子花还被用作妓女的别称。原来宋人尚淡雅而不喜浓艳，故将艳丽的米囊花形容姿容不佳的妓女。《山樵野语》载词人张先晚年在杭州时“多为官妓作词，而不及龙靓”。所以有诗曰：“天兴群材十样花，独分颜色不堪夸。牡丹芍药人题遍，自分身如鼓子花。”又王元之被谪齐安郡，见当地“民物荒凉，营妓（宦妓）有不佳者”，便作诗感叹：“忆昔西都看牡丹，稍无颜色便心阑。而今寂寞山城里，鼓子花开亦喜欢。”

“鱼饼”和“佛粥” 进入了宋代后，中国人对罂粟的认识更加深入，其种植也日益普遍。如苏颂在《图经本草》里写道：“罂粟花处处有之，人多莳以为饰，花有红白二种，微腥气，其实形如瓶子，有米粒极细。圃人隔年粪地，九月布子，涉冬至春始生，苗极繁茂，不尔则不生，生亦不茂，俟瓶焦黄乃采之。”[⑥]可见宋人对罂粟的植物特征、种植及采摘已有一定的认识了。

罂粟在唐代时还仅仅是观赏植物，而到了宋代，医家已用它来治病消灾。在杨士瀛的《直指方》、王穋的《百一选方》、王硕的《易简方》、林洪的《山家清供》等

① 《古今图书集成·博物汇编草木典》。
② 《御定全唐诗》（文渊阁四库全书本），卷66，页5。
③ 《全唐诗》，第870卷。
④ 张钴：《江南杂题三十首之四》，《全唐诗补编》，卷8。
⑤ 《全唐诗》，第518卷。
⑥ 《本草纲目》，第23卷。

医书里均以罂粟的壳蒴为治病妙剂。宋徽宗的中医官通直郎寇宗奭在《本草衍义》中指出："罂粟米性寒，多食利二便动膀胱气，服石人研此水煮，加蜜作汤饮甚宜。"[①]杨士瀛的《直指方》载："粟壳治痢，人皆薄之固矣，然下痢口久腹中无积痛止涩者，岂容不涩不有此剂，何以对治乎。"王碆视罂粟为赤白泻痢之特效药，其方法是将罂粟子、壳炒而研为末，然后加蜜制成丸，每服30粒必愈。谢采伯为宋理宗皇后叔伯，他在《密斋笔记》中云："罂粟红白两种，痔下者随色用之即愈。"辛弃疾(稼轩)曾患有此疾，后遇一异僧以陈年罂粟煎全料人参败毒散，吞下威通丸十余粒，此后即愈。[②] 由此可见，宋代已有用罂粟花治疾疗病了。

至南宋，名医林洪创新药——罂粟饼。其法是将罂粟洗净磨乳，去渣然后煮沸，收聚后入极小囊压成块，用时以红曲水酒蒸后取出，制成薄而小的鱼片状，即为罂粟饼。此后，"鱼饼"一词，一再被宋元明代的医生们所引用。《易简方》记载："罂粟制痢如神，但性紧涩，多令呕逆，故人畏而不敢服。"[③]可见王硕已认识其副作用，并且提出了抵消副作用的良方："令醋制加以乌梅则用得其法矣。"还可与四君子药合用，"不致闭胃妨食而获奇功也"。这种认识是十分难能可贵的。

罂粟不仅为医家所重视，还得到了民间百姓的欢迎，人们普遍视罂粟子煮粥为大补之物。刘翰在《开宝本草》中记录了民间的这种习惯："罂粟子一名米囊子，一名御米，其米主治丹石发动，不下饮食，和竹沥煮作粥，食极美。"[④]将罂粟子称作"御米"，一方面可推断它已进入皇宫，另一方面也可见其珍贵。实际上民间使用已越来越广泛了。苏轼有诗道："道人劝饮鸡苏水，童子能煎莺粟汤。"[⑤]其弟苏辙有《种药苗诗》，所记甚详："筑室城西，中有图书，窗户之余，松竹扶疏，罂小如罂，粟小如粟。与麦皆种，与麦皆熟。……研为牛乳，烹为佛粥。老人气衰，饮食无几，食肉不消，食菜寡味，柳锤石钵，煎以蜜水，便口利喉，调肺养胃……"[⑥]苏颂指出粟粥还可治消化不良，徽宗时的诗人谢迈有《咏罂粟花》七言绝句二首，其中对罂粟的医药功用云："铅膏细细点花梢，道是春深雪未消，一斛千囊苍玉粟，东风吹作米长腰。"[⑦]所以，罂粟在宋代，竟成了医疗与食补兼而有之的物品。

金元时的罂粟方 金元的医家承宋朝之传统，已普遍用罂粟主治咳嗽及泻

---

① 《本草纲目》，第23卷。
② 雷瑨：《蓉城夜话》，中国史学会编：《鸦片战争》(一)，上海人民出版社1957年版，第305页。
③ 王硕：《易简方》。
④ 《本草纲目》，第23卷。
⑤ 《古今图书集成·博物汇编草木典》。
⑥ 《古今图书集成·博物汇编草木典》。
⑦ 《古今图书集成·博物汇编草木典》。

痢。金代名医刘河间在《宣明方》中记载:“罂粟壳治咳嗽,甚效。”到元初,忽必烈于1270年设广惠司,专门制造阿拉伯药剂,供他自己和亲信、卫士使用。1292年,元人又在两都——大都和上都分设“回回药物院”,所用之药当然也包括罂粟。[①]

译自波斯文的《回回药方》由元代传入中国,它是唐中叶西方伊斯兰医药传入中国后中国人编撰的一部伊斯兰医药百科全书。在所存的《回回药方》里,我们至少可以找到含罂粟的马准方等5方药剂,当时写作“樱粟子”或“御米子”。此外,在残存目录中,还可找到以罂粟为名的11个药方。罂粟主要作为一种治疗瘫痪、中风、咳嗽、泻痢等症的药物。此外,罂粟也可做成饼、散、水服用。鸦片则称为“阿夫荣”或“阿肥荣”,显然是因为阿拉伯语、波斯语的影响。在《回回药方》里,含有鸦片的药方多达38方。且对鸦片的副作用也有一定的认识。[②] 可见,在元代,鸦片已传入中国。

元代的李杲号东垣,受业于张元素,为名震一时的医师,他善用罂粟治病,认为它有收敛固气的作用。[③] 危亦林的《得效方》则提倡用罂粟壳治久泻。对罂粟认识最深的当数名医朱震亨,朱字彦修,号丹溪。他指出:“今人虚劳咳嗽,多用粟壳止勤,湿热泄沥者,用之止涩;其止病之功虽急,杀人如剑,宜深戒之。”[④]由此可见,元代人既已认识了罂粟碱的特效,同时又指出其有害的副作用,对罂粟的毒性有了进一步的了解。而且我们可以从“杀人如剑”这四个字里,推测出那时社会上已有了不少因罂粟中毒而死亡的事例了。

元初,蒙古人远征印度,那时的印度已盛产鸦片,因此蒙古人得胜而返时,也带回了大量的战利品——鸦片,一时,“士农工贾无不嗜者”。[⑤] 这可能是中国社会流行服食鸦片最早的成文的记录了。

第二节 明清时代的鸦片

“鸦片”一词的出现 尽管宋、元时期,人们对罂粟的医学功用已相当了解,但那时尚无“鸦片”一称,也还不懂得鸦片的制法。明代时期,四川、陕西、甘肃以

---

① 冯家升:《从历史上看阿拉伯与中国的友好关系》,《光明日报》,1955年6月9日。

② 王孝先:《丝绸之路医药交流研究》,新疆人民出版社1994年版,第310页;龚缨晏:《鸦片的传播与对华鸦片贸易》,东方出版社1999年版,第58—71页。

③ 《本草纲目》,第23卷。

④ 《本草纲目》,第23卷。

⑤ 陈寿彭译辑:《阿芙蓉考》。

及贵州等地都植有罂粟。1638年,徐霞客在贵州贵定县发现大片的罂粟花盛开,十分欣赏,他在《徐霞客游记》中记载:“莺粟花殷红,千叶簇,朵盛巨而密,丰艳不减丹药也。”①时人栽种罂粟主要是为了观赏和药用,直到明代成化年间(1465—1488年),才有了制作鸦片的记载。

王玺在《医林集要》中记载:“阿芙蓉是天方国种红罂粟花,不令水淹头,七八月花谢后,刺青皮取之者。”又云:“鸦片治久痢不止,罂粟花花卸结壳后三五日,午后于壳上,用大针刺开外面青皮十余处,次日早津出,以竹刀刮在瓷器内,阴干,每用小豆大一粒,空心温水化下,忌葱蒜姜水,如热渴以蜜水解之。”②

这是中国有关鸦片制作的重要记载。王玺作为封疆大吏,曾任甘肃总督达二十余年,在那里他有可能长期与穆斯林接触,从他们那里了解阿拉伯的物产、医术、习俗等。他的记录是极为重要的。其后有名医李挺的《医学入门》,书中写道:“鸦片一名阿芙蓉,即罂粟花未开时,用针刺十数孔,其津自出,次日以竹刀刮在瓷器内,待积取多了,以纸封固,晒二七日,即成鸦片矣,性急可多用。”从这两则记录可以判断,那时的医家已懂得取罂粟之液,制成鸦片,配作药剂了。张时彻于1550年完成的《摄生众妙方》中记载,用鸦片、黄连、木香、白术合为“治痢疾良方”,“服此无不止之”。③

“阿芙蓉”一词是从阿拉伯语Afyun音译而来的,而“鸦片”一词的直接来源,一般认为是英语Opium,其同义词还有雅片、阿片、阿扁等别称;但也有认为可能是阿拉伯语—波斯语Afyun的音译。最常用的是“鸦片”一词,而在受伊斯兰教影响较深的地区,如云南,直到民国时期仍称芙蓉,芙蓉即是阿芙蓉的简称。另外,罂粟的别称还有藕宾和苍玉粟等。④

综上所述,中国人知道罂粟至少已有1 300年的历史,懂得罂粟的药用已有900多年的历史,而会制作鸦片也已有500余年的历史了。

《本草纲目》中的鸦片 王玺的《医林集要》行世百年后,伟大的医学大师李时珍总结了前人的经验成就,编成《本草纲目》,这部成书于万历十四年(1584年)的医学巨著,详细记载了关于罂粟与鸦片的知识。李时珍把“阿片”作为正名。而把“鸦片”作俗名解。至于阿芙蓉,他根据自己的理解认为:“阿,方音称我也。以其花色似芙蓉而得此名。”⑤

---

① “丹”指牡丹,“药”指芍药。

② 日本外务省:《阿片事情调查书》,第5页。

③ 张时彻:《摄生众妙方》,卷5。

④ 日本外务省:《阿片事情调查书》,第5页。

⑤ 《本草纲目》,第23卷。

明代时，中国人对鸦片的医学作用的认识，已达到相当的高度。李时珍指出："阿芙蓉前代罕闻，近方有用者。云是罂粟花之津液也。罂粟结青苞时，午后以大针刺其外面青皮，勿损里面硬皮，或三五处，次晨津出，以竹刀刮，收入瓷器，阴干用之。"采集方法与后来完全相同了。根据李时珍的调查和实践，鸦片可以用来治疗各种泻痢、风瘫、百节病、正头风、痰喘、久咳、劳咳、吐泻、噤口痢、热痛、脐下痛、小肠气、膀胱气、血气痛、胁痛、噎食、女人血崩、血不止、小儿慢脾风等二十余种病痛。有趣的是李时珍还告诫说：赤痢须用红花罂粟，而白痢须用白花罂粟。

另外，李时珍已记载了鸦片对性功能的作用，他指出，鸦片"能涩丈夫精气"，因此"俗人房中术用之"。

从《本草》来看，中国人对罂粟的认识，仍属于药用范围，鸦片制成，尚没有流变为瘾君子之物。但"俗人房中术用之"的事实，已明白无误地表明，时人已懂得鸦片对性功能的作用，并且借助它的药力来纵欲了。从中我们已可窥见明代衍变中的风气了。

"乌香"与明神宗　明代时，尽管中国人已懂得从罂粟割浆取鸦片，但主要来源仍采自国外。当时的东南亚一带，因西方殖民者的倡导，多种植罂粟。《明会典》载：暹罗、爪哇、榜葛赖等地多产乌香，即鸦片，他们时常将"乌香"即鸦片作为贡品献给中国皇帝。据史书记载，暹罗国曾进贡给中国皇帝200斤乌香，给皇后100斤。① 直到民国时，有些地方仍称鸦片为乌香。

由于鸦片有奇效，因此它才成为外国向中国输入的重要商品。明政府已将它列入纳税之药物，明神宗万历十七年(1589年)，鸦片首次被列入关税货物的范围："阿片每十斤税银二钱。"②万历四十三年(1615年)的《货物抽税现行则例》中规定：每10斤鸦片的税银为1钱7分3厘。随着鸦片输入的增多，民间渐出现了吃鸦片者。成化年间(1465—1488年)，已有街市上贩卖鸦片的记载了。到了正德年间(1506—1522年)，在广东、福建沿海，当地富绅地主食用鸦片已屡见不鲜。

鸦片是一种成瘾物品，一旦成为社会供应物，其需求量必急速上升，故随着吸食者人数的增多，鸦片的价格也直线上涨。有时因需求太大，价格奇昂，竟至于一两黄金换取一两鸦片。③ 明代后期，不仅民间食用鸦片日众，而且在京城与宫廷也日益盛行。王玉海的《续绀珠集》记载，郑和之徒自西洋携回"碗药"，当时

---

① 俞正燮：《癸巳类稿》，第14卷。
② 张燮：《东西洋考》，卷7，页13。
③ 邹流绮：《启祯野乘》。

中贵多嗜之。这"碗药",就是鸦片。

鸦片特有的醉生梦死而飘飘欲仙的舒畅感,令朝廷贵族为之倾倒。甚至连皇帝也不能免。徐伯龄的《蟫精隽》曾说,宪宗曾令臣下出而收买鸦片——"合甫融":"成化癸卯,尝令中贵出海南、闽浙、川陕,近西域诸处收买之。其价与黄金等。"[①]从中可见,"合甫融"已成为一种价格高昂的商品,且不少地区出产,还能直接向西方各国购买。而万历皇帝明神宗就是一个开此先例的"鸦片皇帝"。他在朝四十八年,竟长年不视朝政,户部主事董汉儒说:"神圣御宇亦且二十三年,何始勤而终怠,国是日非。频年深宫,群臣罕能窥其面。"[②]则究其原因,乃是"中乌香之毒"[③]。由于长期吸毒,体质变坏,明神宗颁谕旨说:"朕自夏感受湿毒,足心疼痛,且不时眩晕,步履艰难。"[④]连性格也变得残酷暴虐。而许熙重则把皇帝吃鸦片的责任推在奸臣身上。他在《神宗大事纪要》中指出:"帝之倦于正朝,多年不见臣工。实为奸臣毒药所蛊。"[⑤]究竟是万历自己求取,还是"奸臣"有意用毒,尚待研究,但万历皇帝是个鸦片瘾者,应是一个事实。这一论断亦为新中国成立后的考古成就所证实。1958 年中国考古学界对定陵进行了大规模发掘后,科学家对万历皇帝朱翊钧的头盖骨作了化验,发现有较多的吗啡成分残留。

也就是在万历皇帝时代,一位官员最早明确记载了中国人自己生产鸦片。他就是谢肇淛,曾任广西右布政使,在云南为官时,他写过《滇略》,在这部云南风情录里,他写道:"哈芙蓉,夷产也,以莺粟汁和草乌合成之。其精者为鸦片,价埒黄金,可疗泻痢风虫诸症,尤能坚阳不泄,房中之术多用之。然亦有大毒,滇人忿争者,往往吞之即毙。"[⑥]可见,那时的云南已有制造鸦片的。

烟草与鸦片 鸦片的早期流行,一定程度上与明末禁吸烟草有关。

烟草原产于美洲,自 1492 年哥伦布发现美洲烟草后,烟草逐渐传入欧亚大陆。约在万历年间(1573—1619 年),烟草由菲律宾传入台湾、漳州和泉州地区,[⑦]人称"淡肉果"或"淡苋菰"。据《台湾府志》记载:"淡苋菰晒而切之,以筒烧吸,能醉人。原产湾地,明季漳人取种回栽,今名为烟,达天下矣。"[⑧]此后,很快

---

① 徐伯龄:《蟫精隽》(《文渊阁四库全书》版),卷 10,页 14—15。

② 《万历邸钞》,万历二十三年乙未卷。

③ 转引自俞正燮:《癸巳类稿》。

④ 《明神宗实录》,卷 413,页 11;卷 414,页 10。

⑤ 雷瑨写道:"相传明神宗御极三十年,不召见群臣,即为此物所累。"(《鸦片战争》,第 1 册,第 292 页。)

⑥ 谢肇淛:《滇略》,卷 3。

⑦ 张介宾:《景岳全书》。

⑧ 余文仪:《台湾府志·土特门》。

流行于全国,“开门七件事,今则增烟而八矣”[①]。烟草的地位竟与米、面、油、盐、酱、醋、茶相并而列,可见其影响之深。

烟草的吸食方法除鼻烟外,主要分旱烟与水烟两种。关于旱烟烟筒的起源,史家一般认为出自美洲。1535 年出版的《印第安通史》说:印第安人的酋长使用一种状如丫的管子,将有丫的两端插入鼻孔,在管子的另一端装着燃烧的烟草。英国在 17 世纪中叶已使用长杆子小窝窝的烟斗,形状类似清代延续至今的旱烟袋。后来其风习传入荷兰,遂使荷兰人吸烟日盛。1689 年荷兰王子威廉二世同玛丽结婚而戴上英国皇冠时,嘴上仍叼着他的长杆旱烟袋。荷兰人来东方殖民后,旱烟传到东南亚,又从那里传入中国。初中国人用竹管吸食,[②]闽粤一带多设烟桌,“烟草初行市井间,设小桌子列烟具及清水一碗,凡来食者,吸烟毕,即以清水漱口,投钱桌上而去”[③]。后其风日烈,公共烟具化为无数私人携带物,人手一具,泛滥于社会。

水烟法传说首创于土耳其。那时的国王苏丹深居宫闱,嫔妃们每天簇拥着抽水烟袋,享人间荣华。又有一说创于波斯。那里的人们发明水管吸烟法,用水来过滤烟草的毒素,一时大受欢迎。后来,水烟传至阿拉伯,而阿拉伯人又传入南洋群岛,逐渐遍及东方各地。波斯人用青铜或紫铜制作烟筒,印度人则喜欢用可可壳或泥土做的烟具。

水烟袋稍晚于鼻烟、旱烟而传入中国。据《食烟考》载:“水烟者,起于甘肃之兰州。兰州五泉山下产烟草。既制必隔水吸之,入腹而后吐,醉人尤易。其器曰壶,其烟必瓷锡器盛着抽水烟袋,盖湿食也。”[④]

明末吸烟已遍及大江南北,崇祯年间(1628—1644 年)有大臣奏曰:百姓到处喊吃烟,“烟”“燕”相通,吃“燕”(北京)岂非造反?于是,崇祯十年(1637 年)诏令全国禁止吸烟。翌年又令:“凡私有兜售淡婆姑及售与外人者,不论多寡,均斩首示众。”禁令极严,有一进京赶考的举人就因携带烟草而被砍头,此后令禁更甚。崇祯十三年(1640 年),又下令民间私种者处刑。

然而,众多的吸烟者烟瘾已经养成,烟草被禁后,鸦片便成了最为便利与合适的替代品,更何况在此以前,已有许多人将烟草与鸦片混吸了,从而大大刺激了鸦片的流行。1793 年 8 月 16 日,英国马戛尔尼使节团到达通州,该使节团的秘书乔治·斯当东(Sir George Leonard Staunton)记录道:“中国官员对于吃饭

---

① 陈琮:《烟草谱》。
② 张燮:《东西洋考》。
③ 张岱:《陶庵梦忆》。
④ 《食烟考》。

真是过于奢侈了。他们每天吃几顿饭，每顿都有荤菜许多道。空闲的时候，他们就吸烟或者嚼槟榔。他们有时把一些香料放进烟内，有时放进一些鸦片。”①

鸦片盛行的另一原因是统治阶层的示范效应。明中叶后，外国鸦片数量大增，从史料来看，鸦片最早由外国进口，接风气者，自然是皇宫的贵族。当时，人们视鸦片的不可名状的欣快感为神奇，故将它作为一种高雅耗钱的娱乐，有钱者自然步趋，所以它是以一种高级享受的姿态出现在中国社会的。但这种“享乐”的特殊在于它的成瘾性。时髦数次之后，即欲罢不能，“上有所好，下必甚焉”。而“示范效应”的结果，却是统治阶级始料不及的。明中叶后，鸦片由药用品而衍变为享乐的奢侈品，它从一个侧面折射出中国封建社会由盛转衰、由先进变为落后的历史进程。

另外，鸦片使用方法的改进，也刺激了鸦片的消费，这就是吸食法的推广。

鸦片食用方法的变迁 综上所述，中国古代已有煮佛粥、磨乳汁、服生鸦片等用法。此外，在国外还有一些其他用法，如法国人用罂粟榨油，据说香美无比；印度人一般取干鸦片制成饼，嚼食款客；作为药品，则是将鸦片和以白糖、藏红花等混合制成药丸吞服；也有把鸦片融在开水里服下；英国人则喜欢喝鸦片茶。

尽管方法各种不一，但在长达数千年的时间里，人类基本上只知道生食鸦片；直到 17 世纪，苏门答腊人变生食为熟吸，才完成了鸦片吸食史上的飞跃性的变革。

苏门答腊地处热带，中世纪时，因缺医少药，霍乱瘟疫流行。自阿拉伯人将鸦片传入后，因它能缓解病痛，祛湿避瘴而受到土人的欢迎，鸦片即很快流行起来了。富者服用上等鸦片，而贫寒之家则将罂粟的花枝茎叶磨制成劣等鸦片，溶入开水中服用。②

到了 17 世纪前期，苏门答腊人取鸦片浆液蒸熟，再滤去残渣，与烟叶混合制成丸子，然后放在竹管里就火吸食，有些人则只吸鸦片，从而形成了吸食法。

时荷兰人入侵东南亚，从印度等地运来大量的鸦片，使爪哇一带的吸食鸦片之风渐盛。此后随着殖民者的东进，荷兰人把鸦片连同吸食的方法传到了中国东南沿海，同时，在爪哇一带经商的中国人也将鸦片吸法带回台湾、厦门等地，“自兹以后，我国人遂沾染吸食鸦片恶习”。③ 那么，吸食法何时传入我国的呢？大约是在明末。生活于明末清初的文人曾羽王在日记中写道：“余幼时闻有鸦片

---

① 斯当东著，叶笃义译：《英使谒见乾隆纪实》，上海书店出版社 2005 年版，第 271 页。
② 艾约瑟：《罂粟源流考》，《万国公报》1889 年，第 12 期。
③ 余文仪：《台湾府志 · 土产门》。

烟之名，然未见有吸之者，只福建人吸之。”[①]但是，至迟在乾隆年间(1736—1796年)，中国人已流行用烟枪吸食鸦片了，是年出版的《台湾采风图考》，已明确记载了鸦片吸食法。

吸食法的传播带来了深刻的社会后果，在此以前的生食法，因进入人体的吗啡毒素较少而危害较轻；而吸食法使吗啡毒素深入肌骨，危害加深；不仅如此，吸食法使鸦片那种忘却烦忧、自我麻醉的舒畅感得以充分展示，从而深得追求者的青睐，称赞鸦片的好处在于“其气芬芳，其味清甜，值闷雨沈沈，或愁怀渺渺，矮榻短檠对卧递吹，始则精神焕发，头目清利，继之胸膈顿开，兴致倍佳，久之骨节欲酥，双眸倦豁，维时拂枕高卧，万念俱无，但觉梦境迷离，神魂骀宕，真极乐世界也”[②]。这样，使用者对鸦片的依赖性也就大大加深了，而一旦成瘾，则难以戒除，这样就使得鸦片烟毒越来越广，并且最终成为中国的社会问题，甚至使这个古老、文明的国家蒙受了难以估量的耻辱与灾难。

---

① 《曾羽王日记》。

② 中国史学会编：《鸦片战争》(一)，第296页。

第三章　罪恶的鸦片贸易

15世纪地理大发现后，欧洲人来到东方。他们开始涉足鸦片贸易，将印度鸦片运送到东南亚，并在印度尼西亚等地种植罂粟，逐渐将鸦片运入中国。在与东方的贸易中，英国人喜欢上了中国的瓷器、茶叶和丝绸，从而处于长期入超境地，为了平衡贸易，英国人终于发现鸦片这个工具，于是鸦片被大量运到中国的海岸。

鸦片与烟草混合吸食的方法，首先出现于印度尼西亚，此后由西方殖民者传播到中国东南沿海。鸦片本"臭恶可憎"，吃鸦片一直难以逾越感官障碍，而新的吸食方法的出现，使鸦片的大规模流行成了可能。

第一节　葡萄牙人对华输入鸦片时期

印度鸦片小史　公元7世纪末，强盛的阿拉伯人进入了印度，并把它划入帝国的版图。在征服印度的过程中，阿拉伯人带去了罂粟和鸦片。

恒河流域雨量充沛，土地肥沃，夏季炎热，喜爱温热气候的罂粟在此生长良好。自此以后，在长达1 100年的时期里，罂粟一直是这块次大陆的一种稳定而重要的作物。

自8世纪起，鸦片不仅是印度人日益依赖的药物和食品，而且吃鸦片渐渐成为人们的普遍嗜好。早在中国唐代所译的《毗奈耶杂事律》中已记载了印度人抽鸦片的特殊方式：用两碗相合，底上穿孔，中置鸦片及火，然后以长铁管插在孔中而吸之。[①]

荷兰人林斯·霍退伍在1598年写的《东西印度航海故事》中记载了印度到处可见的食用鸦片的习惯。大人们还给小孩服食鸦片，甚至给珍贵的家畜吃鸦片。例如印度人多有让大象在家看门、带孩子的风俗，主人定期给大象吃鸦片，大象有瘾后，便不会逃亡。

---

① 俞正燮：《癸巳类稿》。

由于社会对鸦片的需要量大增，从而刺激了罂粟的种植，在孟加拉一带形成了罂粟主要种植区，由当地的藩王所控制。除孟加拉以外，各地都有鸦片的生产作坊。于是，印度政府便对罂粟的种植和鸦片的贩卖制定了严格的税收制度，从此鸦片税成为印度政府财政的重要来源。这种专卖制度形成于莫卧儿王朝穆加尔帝国时期。帝国的第三代皇帝阿克巴（Akbar，1542—1605 年在位）统治时，征服了大片的土地，建立了中央集权的政府，他为了敛取更多的财富而推行鸦片专卖制度。此后，印度次大陆进入了鸦片泛滥的时期。从贩夫走卒到贵族大臣，人人钟情于鸦片，而且宫廷成了鸦片的巢穴。

这种状况在西方殖民者相继侵入印度后，变得更加严重，在殖民者的策划下，印度最终成了世界鸦片的主要生产中心。

葡萄牙人来到东方 在欧洲人中，葡萄牙人最先利用 15 世纪末地理大发现的成果，打破了阿拉伯人对印度洋的控制，他们于 1498 年进入印度，1510 年占领果阿（Goa，一译卧亚），翌年占领马六甲，还先后侵占了科伦坡、爪哇、加里曼丹等地。葡萄牙人在果阿设置驻印度总督，在马六甲、斯里兰卡等地设省督，进行殖民统治与贸易管理。[①] 葡萄牙人来到印度洋地区后，马上注意到当地的鸦片买卖。麦哲伦的堂兄弟巴伯沙已看到，印度的统治者及贫民，均食用鸦片。对于统治者来说，鸦片不仅是种奢侈品，而且还可用于政治目的，如毒死政敌。他讲述了这样一个故事，坎贝国王怕自己的继承人遭敌人毒杀，所以先让王子服用鸦片，并不断加大剂量。最后，王子便百毒不侵，甚至“当一只苍蝇落在王子身上时，苍蝇马上死去，并暴胀起来”。对于百姓而言，鸦片也是家庭必备的药品。还有人用鸦片作春药，妇女则服用它来反抗沉重的男权：“她们将鸦片溶在一些油中喝下，在睡眠中死去，感受不到死亡。”[②]他非常敏感地注意到，中国人已从东南亚进口鸦片。他写道，在马六甲，各国商人云集于此，他们运来了各种各样的货物，其中包括“鸦片、玫瑰水、银朱……，所有这些，在爪哇都是非常珍贵的”。在这些商人中，还有中国人，“中国人也是很棒的航海者……他们运载着各种货物来到马六甲……他们回程时，装上产自坎贝德种种药材，主要有 afiam（即我们所说的鸦片 opium）、洋艾、藏红花等”。[③]

1513 年，葡萄牙商人首次抵达中国沿海，接着驻马六甲省督又两次遣人来华，谋求与中国建立贸易关系。1517 年安来乃德率领葡船和马来船来到广东屯

---

① 吴世璜编：《印度尼西亚史话》，印尼耶城世界出版社 1951 年版，第 108—111 页。

② 转引自龚缨晏：《鸦片的传播与对华鸦片贸易》，东方出版社 1999 年版，第 89—90 页。

③ 王叔任：《印度尼西亚古代史》，下册，中国社会科学出版社 1987 年版，第 692 页；温斯泰德：《马来亚史》，商务印书馆 1959 年版，第 65—68 页。

头、南头等处。[1] 1553年葡萄牙人进入了澳门，到1557年，葡萄牙人收买明朝官员，盖屋赁地，将澳门窃取为居留地。

《中华帝国对外关系史》的作者马士研究后指出："开始流入中国的外国鸦片是葡萄牙人从果阿和达曼(Daman)贩运来的。"[2]该两地是葡萄牙人在印度西北岸的租界地，葡人从当地土邦政府那里收购鸦片，然后运往广州。[3] 当时，鸦片是作为药品而合法进入中国的，葡人只需向粤海关纳税，即可合法贸易。从果阿和达曼输入中国的鸦片逐渐增多，鸦片在中国的上流社会里流行起来，鸦片瘾者增加，生活日益奢靡。

中国政府为了抑制烟毒的泛滥，在康熙二十七年(1688年)提高了鸦片的进口税，每百斤征税银3两，又分头银2两4钱5分。尽管税率比以前提高了1.5倍，但这种努力并无多少实效，到雍正年间(1723—1736年)，每年进口的鸦片已达到200箱，按每箱50公斤计算，即达10 000公斤，由此可见中国已初步形成了一个吸食鸦片的阶层。为了解决这个社会问题，在雍正七年(1729年)，中国政府颁布了查禁鸦片的谕旨。

澳门——300年鸦片走私中心 1729年前，尽管鸦片入口要纳税，但因为税率不重，且进口鸦片不论多寡均属合法，因此，可以推断那时葡萄牙人走私鸦片的情况并不多见；但1729年之后，一些葡商为牟取暴利，公然违反中国政府的禁烟令，发动了大规模的鸦片走私。

葡萄牙人把澳门作为桥头堡，并充分利用中国政府对他们的货船不进行检查的条件而大量走私。最常见的手法是将鸦片藏在商船的船底而偷偷地带入，进入澳门后，鸦片或卸在岸上，或囤在船中，然后找中国鸦片商人接洽，双方谈妥价格后，即由中国鸦片商驾船到澳门，将鸦片偷运入内地。这样，中国鸦片商的行动成了整个鸦片走私贸易中的重要环节，因此，澳门的葡萄牙当局为确保走私的成功，对中国鸦片商的活动进行保护。如澳门到泉州是鸦片走私的热线，为了防止中国官方的缉私与海盗的抢劫，澳葡当局竟以武装舰船护航。

这种走私不仅给葡萄牙人带来了横财，使他们获得了向巴西及欧洲贩运中国货物的现银，而且葡萄牙海关还可以征得可观的税金。当遇到麻烦时，葡商们自然不会忘记行贿于某些中国官吏以使他们放行。

这样，鸦片走私量便不断上升了。

---

① 严中平：《老殖民主义史话》，北京出版社1984年版，第506页。
② 马士：《中华帝国对外关系史》，第1卷，北京三联书店1957年版，第197、198页。
③ 格林堡：《鸦片战争前中英通商史》，商务印书馆1961年版，第99、104页。

直到1773年,中国的鸦片市场一直操在葡萄牙人的手里。经过半个世纪的经营,每年向中国进口的鸦片已增至1 000箱(1767年的进口数)。此后由于西班牙人、英国人的后来居上,葡人渐处劣势,但这并不是说葡人就此金盆洗手了。1817年英国东印度公司曾对葡萄牙船输入澳门的麻洼鸦片有过统计:

摄政王号	388箱
安吉利卡号	396箱
贝利沙里奥号	4箱
安乔斯号	227箱
总计	1 015箱[①]

可见,他们仍没有放弃利润最丰的鸦片走私,不仅如此,还利用澳门这一基地与东印度公司进行对抗。当东印度公司对前往加尔各答的葡萄牙鸦片船课以重税时,澳门当局以牙还牙,也不准对手将鸦片搬运上岸。[②] 但最终双方为了共同的利益还是携手合作了。按照协议,运至澳门的每一箱鸦片,需向葡人纳税25元。在19世纪初,英国东印度公司经澳门输入中国的鸦片已相当可观(见表3-1)。

表3-1　东印度公司由澳门运入广州的鸦片统计

年　代	鸦片名称	数　量	
1817	孟加拉鸦片	1 950箱	2 340 000元
	麻洼鸦片		78 100元
1818	孟加拉鸦片	1 800箱	1 820 000元
	麻洼鸦片	1 800箱	1 215 000元
1819	孟加拉鸦片	1 417箱	1 852 200元
	麻洼鸦片	900箱	1 080 000元
1820	孟加拉鸦片	2 721箱	
	麻洼鸦片	2 791箱	

资料来源:马士:《东印度公司对华贸易编年史,1635—1834》第3卷,第328、344、365、383页。

当时的"澳门为华洋商聚集之所,洋楼囤贮烟土,久成弊薮"。[③] 这是人人皆知的事实。例如威加(Veiga)的泮瓦母子公司和派里拉公司分别与英国的鸦片

① 马士著,区宗华译:《东印度公司对华贸易编年史(1635—1834)》,第3卷,第322页。
② 格林堡著,康成译:《鸦片战争前中英通商史》,第104页。
③ 《清实录·宣宗实录》,卷326,页7。

贩查顿和颠地有联系。[①]

此后到1887年，中葡两国订立《和好通商条约》，允许葡人"永居管理"澳门。[②] 澳门由此成为有条约依据的葡萄牙"殖民地"。从此，澳门进一步成了鸦片贩运、藏污纳垢之地，在1946年7月正式实行禁烟之前，澳门一直是东方鸦片毒品的走私中心之一。

西班牙人的东来 16世纪时，基督教国王的统治使西班牙结束了漫长的中世纪，国力渐盛，遂步葡萄牙人之后尘而进军东方。1571年西班牙人强占了吕宋(今菲律宾)，其领土横跨四大洲，形成了世界上第一个殖民帝国。1575年西人派了两个传教士到达福建，[③]此后又占领了台湾的鸡笼(基隆)和淡水。由于葡萄牙人阻挠他们在广东经商，中国政府曾一度开放漳州、厦门作为西班牙人的贸易口岸。时厦门、泉州和福州的商人大批地奔赴菲律宾，非常积极地展开贸易，从而动摇了西班牙人的优势。西人开始对华人进行迫害，1603年，吕宋诸岛上的22 000华人几乎都死在了西班牙殖民者的屠刀下。26年后这一惨剧再度重演。

西班牙人在向东方扩展的过程中，把从美洲带来的烟草传到了菲律宾，约在1620年前后，烟草又被到菲律宾经商的福建人带回了故乡，此后，又传到了台湾。台湾是丛林密布、疟疾流行的地方。西班牙殖民者对付恶劣环境与热湿疾病的药方是把烟草、鸦片和砒霜混合使用，这种方法逐渐流行起来后，又经西班牙在中国的主要据点厦门而传播到中国各地。

荷兰人与鸦片吸食法的传播 荷兰人脸白须红，《明史》称其为"红夷"。荷兰虽国土狭小，但到16世纪靠造船、航海起家，日益富强。1581年脱离西班牙的统治，成为资本主义强国。他们觊觎东方的财富，于1595年到达了印度，同年占领了爪哇。他们也是在印度首先接触到鸦片的，林希霍腾在他的著作中写道：印度不少人每天都要吃鸦片，否则就是死去；吃鸦片的人总是处于昏昏欲睡中，"他们吃很多的鸦片，是因为在劳动中不会感到劳累与烦躁，不过他们主要是为了纵欲而吃鸦片"。[④]

1601年荷兰派商船来到广州，为与其他各国竞争庞大的东方市场，荷兰的6个商会于次年联合成立了荷兰东印度公司。1605年，荷兰又依靠迅速膨胀的海

---

① 格林堡著，康成译：《鸦片战争前中英通商史》，第104页。

② 《清末外交史料》，第74卷，第14页。

③ 黄叔敬：《台湾使槎录》，引自高拱乾《台湾府志》。

④ D.E. Owen. *British Opium Policy in China and India*, pp.2－3. 转引自龚缨晏：《鸦片的传播与对华鸦片贸易》，东方出版社1999年版，第58—71页。

军击败了葡萄牙舰队，逐渐取得了远东地区的制海权。但在争夺澳门的较量中仍处下风，因此他们加紧闯入中国和日本的步伐。

1604 年，荷兰人驾两艘大舰直抵澎湖，他们伐木筑屋，要求开市，遭福建疆吏拒绝，后经交涉才退去。此后又于 1622 年重兵压境，侵占澎湖与台湾，在台南构筑兰遮城和赤嵌城等，直到 1661 年，才被郑成功的大军击败而退出台湾。

在 1624—1661 年荷兰人盘踞台湾时期，鸦片与烟草拌和吸食的方法由爪哇经台湾、厦门而传入中国内地。

原来，1619 年荷兰人进兵爪哇岛上的咬留巴（Batavia，即巴达维亚，今雅加达）作殖民大本营，却遭到土著居民的顽强抵抗。于是，为了对付“轻捷善斗”的土人，荷兰人从印度运来鸦片，诱其吸食。实际上此前的爪哇土人早就从阿拉伯人那里学会了使用鸦片，荷兰人只不过是起了推波助澜的作用。结果土人食鸦片成瘾，体质日渐虚弱，无力继续对抗，而且又依赖荷兰人供应鸦片，于是，咬留巴被荷兰殖民者所占领。1670 年起，荷兰人垄断了印度尼西亚的鸦片贸易，从中得到大量的收入。

在爪哇，“人分三等”，荷兰人为统治者；中国商贩，人称唐人，地位居中；土著居民最低下。据史料记载，当时的殖民政府曾规定“红毛（即荷兰人——引者）及唐人无得吃鸦片，犯则重罚不宥，然唐人往往窃食”，这是刊于乾隆二十五年的《台湾府志》的记载。[①] 爪哇的唐人多是福建漳、泉、厦门之人，据史书记载：唐人中很少有不食鸦片者，他们认为给来客递上鸦片烟，是对客人的最大敬意，因此，在爪哇的鸦片瘾者中，华人占大多数。[②] 为攫取利润，荷兰人不久实行了鸦片专卖制度，而鸦片的承包人是控制印度尼西亚商业的中国人。据说华人的承包始于 1745 年，第一个承包商叫王恩安。[③] 久而久之，他们“有怀其土入中国，依法制烟，流毒漳、泉、厦门”。[④] 后又蔓延至台湾。

当时在台湾的大陆人已有 5—6 万，[⑤]他们又将鸦片带到了大陆各地。随清军进入台湾的蓝鼎元记录了台湾日益严重的鸦片问题：“鸦片烟，不知始自何来，煮以铜锅，烟筒如短棍，无赖恶少群聚夜饮，遂成风俗。饮时以蜜糖诸品及鲜果十数碟佐之，诱后来者。初赴饮不用钱，久则不能自已，倾家赴之矣。能通宵不寐，助淫欲；始以为乐，后遂不可复救。一日辍饮，则面皮顿缩，唇齿缺露，脱神欲

---

① 黄叔敬：《台湾使槎录》，引自高拱乾《台湾府志》。
② 林天佑：《三宝垄历史》，暨南大学华侨研究所刊印，第 170、111 页。
③ 林天佑：《三宝垄历史》，暨南大学华侨研究所刊印，第 170、111 页。
④ 黄叔敬：《台湾使槎录》，引自高拱乾《台湾府志》。
⑤ 朱契编著：《中华人民开发台湾反抗斗争史略》，湖北人民出版社 1955 年版，第 11 页。

毙，复饮乃愈。然三年之后，无不死矣。闻此为狡黠岛夷诳倾唐人财命者。愚夫不悟，传入中国已十余年，厦门多有，而台湾特甚，殊可哀也。”①

笔者发现，荷兰人在向台湾输入鸦片的同时，他们也将鸦片从孟加拉和比哈尔运到东南亚诸岛，并流入广东，时间是16世纪初以后。② 荷兰人因是帮助清廷“剿灭”郑成功的功臣，因此取得了自由航运权，遂利用自由航运权肆无忌惮地向中国输送鸦片。③ 到17世纪70年代，荷兰每年从印度收购35吨鸦片运往东南亚和中国。1800年后，已增加到58吨。由此看来，与荷兰人向中国销售鸦片的数量相比，东南亚华人的作用是微乎其微的。与此同时，罂粟开始在爪哇一带培植，并被大力推广。后来罂粟也从爪哇传入了台湾，传入了福建。④

关于鸦片的吸食方法，也有人指出，爪哇人除了发明了“烟草与鸦片拌食”以外，从一开始就单独吸食鸦片了。那里的土人喜欢以水管吸食烟草，初偶然将鸦片溶于水中吸之，“倍觉愉快，因发现鸦片吸食之法”。一般认为，鸦片吸食法最早出现于荷兰人统治下的印度尼西亚。其后，荷兰人把这一方法传入台湾，“复由台湾传入漳、泉、厦门。自兹以还，我国人遂沾染吸食鸦片之恶习”。⑤ 在清朝末年，有人说吸食法为乾隆年间，广州一尼姑所创。⑥ 这一民间传说的可信度不高。即使成立，年代亦大大迟于荷兰人东方殖民时代。因此，鸦片吸食法是外国传入中国的。

1780年，荷兰因美国革命而卷入对英国的战争，从而削弱了在东方的势力，英国商人逐渐确立了在东南亚和中国沿海的商业优势。1781年，无力挽回颓势的荷兰人将在印度的权势毫无保留地拱手让给了英国人，从此，开始了英国人对东方贸易的独霸时代。

第二节 英国东印度公司时代

英国对印度的占领 18世纪后叶，英国进行了资本主义工业革命，经济和科技迅速跃居世界前列。资本主义生产的扩大，促使英国资产阶级走向各洲，去寻找和开拓商品市场及殖民地。

---

① 蓝鼎元：《鹿洲初集》卷2。
② J.F.理查兹：《印度帝国与19世纪农民的鸦片生产》，《当代亚洲研究》，1981年第2期。
③ 陈其鹿：《英国对华商业》，上海商务印书馆1930年版，第3页。
④ 马场鯱：《鸦片东渐史》，满洲事情案内所1942年版，第85页。
⑤ 姚薇元：《鸦片战争史实考》，人民出版社1984年版，第9—10页。
⑥ 徐珂编撰：《清稗类抄》，中华书局1986年版，第10册，第4861页。

1588年英国战胜了西班牙的无敌舰队，便开始对外扩张。他们于1591年到达印度，1600年成立东印度公司，该公司在1709年与成立于1698年的新英国东印度公司合并（名为 The United Company of Merchants of England Trading to the East Indies）。它从英国女皇那里领得“特许状”，可独占从好望角到东方这一广阔领域内所有国家的贸易，并在所占领的殖民地拥有军政全权。

该公司的首要目标是印度。当时的南亚半岛正处在莫卧儿王朝的封建统治之下，自1707年皇帝朗则布死后，这个帝国分崩离析，从而给东印度公司以可趁之机。公司采用“经济渗入”手段，不断派遣使团去印度，从莫卧儿王朗那里骗取各种贸易特权。1609年，在苏拉特建立了第一个商站，4年后占领了该城。以后通过哄骗、欺诈、租赁或购买等手法，得到了孟买、马德拉斯、加尔各答等重要据点。

1757年，公司又玩弄奸巧而诡诈的外交手腕，征服了拥有2 000万人口的孟加拉王国。从此，东印度公司俨然成为一个拥有领土的国家。1765年公司在得到了澳理萨、比哈尔等地的部分权力后，继续向东推进，就在葡萄牙人操纵向中国进口鸦片的末期，英国则后来居上，奠定了东方殖民帝国的基础。

英国人在观察到印度人普遍地吸食鸦片的情况后，作了大量的报道。1586年，菲奇到达印度的八达拿城，见到这里的鸦片、糖等商品的贸易十分活跃。17世纪中期，在印度生活的英国东印度公司职员弗莱说，印度的士兵经常食用鸦片以增加勇气，且数量很大。就是在摔跤比赛时，摔跤手也会吃鸦片以增强力量。而且他们注意到，印度的鸦片被贩运到东方各地，如马六甲。

英国东印度公司在控制了印度后，并不以此为满足，继续驾船东进。1786年，英国人占领槟榔屿；1795年控制马六甲；1811年又进入了爪哇。此后，英国人又成功地打入了暹罗和缅甸。当然，印度之后，东印度公司员重要的目标无疑是古老的东方大国——中国。

英国人在中国的遭遇　英国欲与中国通商的念头很早就已萌发了。1596年，特使杜雷(Dudley)带着伊丽莎白女王给万历帝的信，率领三船向中国进发，不料在海洋上遇飓风而沉没。直到1637年6月，女王的商船才首次抵达澳门。1684年，英船驶入了广州。[①] 由于公司的有效推动，英国对华贸易得以迅速发展，在广州、漳州和宁波等地，可以看到英国商人活跃的身影。到18世纪初，英国后来居上，已成为中国最大的贸易伙伴。

但是，贸易扩大的原因是英国进口量的上升。1637年第一个到达中国的商

① 陈其鹿：《英国对华商业》，上海商务印书馆1930年版，第3页。

人就出师不利。他花了九牛二虎之力，不曾推销掉一件英国货，反而为中国精美绝伦的商品所吸引，花了8万西班牙银元买了一批中国货。[①] 但不久，英国人就学会向中国推销鸦片了。这一点在英国国内也已形成共识。1719年4月出版的英国作家笛福(Daniel Defoe)的小说《鲁滨孙漂流记》，已从文学的角度反映了这一社会问题。书中叙述英商鲁滨孙曾到过非洲、印度和中国，而他在中国所干的第一件事，就是贩卖鸦片。他说："我们买了一点鸦片……这第一批货，我们拿去卖给了中国人，很赚了一点钱；因为当时那里非常缺乏鸦片，正很需要。"

1715年东印度公司在广州设立商馆，并定期派遣船只。[②] 至晚在那个时期始，公司已在小规模地向中国贩卖鸦片了。他们从马德拉斯购入鸦片，运至广州，并以此款购买茶叶。1727年，英国向中国输入的鸦片达200箱。两年后中国便开始实行禁烟，因此英国在华官员对公司的违反中国法律的举动，十分不满，指出：它将危及广州的整个贸易，因为中华帝国已于1729年禁烟。[③] 然而，为巨额利润所驱使的鸦片贸易不仅没有得到制止，而且到后来，英国官员们也改弦易辙，转而支持鸦片贸易了。促使他们态度转变的理由是，平衡日益增长的中英茶叶贸易中英国方面逆差的唯一"法宝"就是鸦片。

红茶改变了英国人的生活 茶树原产于中国，在3 000年以前，中国人就已人工栽培茶树了。古人在利用茶叶治病的同时，逐渐有了饮茶的习惯，并形成了绿、红、花、乌龙等四大茶系的数千个品种。

自古以来，欧洲各国是农牧混合型经济，食物以牛奶和肉类为主，因此不易消化。而中国的茶叶可以去油腻、助消化。所以当1664年中国茶叶第一次出现在伦敦时，便引起了英国朝野的轰动。茶叶的作用被新闻媒介无限地扩大而供不应求。在红茶中加入牛奶成了众多英国人不可改变的生活习惯。于是，对中国茶叶的进口量呈直线上升，1793年，英国国内茶叶的消费量已达1 600万镑。到1820年，更上升到了3 000万镑。[④] 红茶不仅成为英国人的生活必需品，而且给贸易公司和政府带来了巨额财富。垄断茶叶贸易的东印度公司每年可获得150万镑的利润；而英国政府1793年的茶叶税有30万镑，1833年的茶叶税已增加到330万镑。[⑤] 相当于国库总收入的十分之一。茶叶贸易还引起了另一个意

---

① 格林堡著，康成译：《鸦片战争前中英通商史》，第5页。
② 马士著，区宗华译：《中华帝国对外关系史》，第1卷，第59页。
③ 约翰·F.卡迪：《东南亚历史的发展》，上册，上海译文出版社1988年版，第383页。
④ 丁名楠等：《帝国主义侵华史》，第1卷，人民出版社1973年版，第16页。
⑤ 丁名楠等：《帝国主义侵华史》，第1卷，第16页。

想不到的后果，当时，垄断茶叶贸易的东印度公司每年向北美殖民地转运茶叶，数量通常在400吨以上，并从中捞到大量好处。强大起来的北美殖民地渐渐地不再愿意宗主国控制着生活必需品的茶叶的进口权，因此独立意识日益高涨，后来竟以茶叶税为导火线而引发了划时代的北美革命和美国的独立。

英国政府不能改变人们对中国茶叶的依赖，便企图通过从其他国家进口茶叶，然而这也毫无可能，因为中国是茶叶的唯一出口国。尽管英国人在印度大力推广种植茶树，但直到1838年才有8箱印度产的茶叶首次运到英国。直到1860年时，中国茶叶仍占世界市场的90%。因此在长达200年的时间里，英国不得不从中国大量进口茶叶，同时它能够向自给自足经济体制的中国出口的商品却非常稀少，这样英国的白银因购买中国茶叶而大大减少了。

实际上，受到普通欢迎的中国商品不仅仅是红茶。英国贵族和地主们热衷于搜求精美的中国瓷器，并以在自己的城堡里建立CHINA（瓷器·中国）的房间而自豪。同样，中国的棉布也大受欢迎。英国人喜欢穿着吸湿性能良好且凉爽的中国棉纺织品做的西服，为此他们竞相购买江南地区出品的“南京布”。中国纺织品的输入，大大刺激了英国的棉纺织业的发展——尽管英国不出产棉花，但他们强烈希望能生产出像“南京布”一样的纺织品。于是，一场棉纺织机器的革命首先兴起，并改变了英国作为棉布进口国的形象。到19世纪初，英棉纺织品如潮水般地涌向印度，接着，英人将中国视作目标，其本意是输出棉布，进口红茶，与中国进行双向贸易。但英国没有力量使广袤的中国成为它的殖民地，其高价的棉制品又遭到中国土布的顽强抵抗。

1751年，4艘英船带来10 842镑的货物，然而同船运来的银元却达119 000镑。在东印度公司的档案里，人们随处可以找到英国货滞销的记录。所以，英国的几代君主不得不颁布贸易保护主义的法令，防止东方布品的倾销；但同时英布却打不开销路，对此英国人几乎丧失了信心。直到19世纪30年代，广州的英商还无可奈何地说：中国土产的紫花布，无论是质地还是成本都优于曼彻斯特的产品。[①] 后来，一个真正的中国通赫德指出：“中国有世界上最好的粮食：米；最好的饮料：茶；以及最好的衣着：棉、丝和皮毛。既有这些大宗物产以及无数土制农产品，所以他们不需要从别的地方购买一文钱的东西。”[②]

这种状况使英国的对华贸易逆差越来越大，在1710—1759年间，有26 833 614镑金银从英国运到了东方。[③] 另一则统计说1671—1821年，英国流入中国的白

① 格林堡著，康成译：《鸦片战争前中英通商史》，第51、4、9页。
② 格林堡著，康成译：《鸦片战争前中英通商史》，第4页。
③ 格林堡著，康成译：《鸦片战争前中英通商史》，第9页。

银约为1亿元。[①] 到19世纪前叶，中国每年出超的价值已达白银200万—300万两。[②] 东印度公司已感到越来越难以搜求到足够的货币运往广州购买茶叶了。

鸦片，正是在英国人走投无路的困境中，被罪恶地发掘出它的商业意义，作为一种特殊的武器被推上中英关系史的舞台。

鸦片——三角贸易的钥匙 敏感的东印度公司发现散居于东南亚各地的华人非常容易染上鸦片的癖好，在本土的中国人亦是如此，因而认定鸦片在中国有广大的市场。而且他们看到在葡、荷、西等殖民者的策划下，鸦片已输入中国，吸食鸦片之风正弥漫于各地，殖民者们因此发了大财；另一方面，英国的棉纺织品尽管已倾销于印度，但英国又不购买印度的产品(除棉花以外)，而东印度公司现在与将来可以推销到中国去的唯一大宗商品只有鸦片。

于是，一个改变历史的三角贸易便在东印度公司的直接策划下诞生了。

英国向印度输出棉制品，印度向中国贩卖鸦片，英国从中国购买茶叶，这样，卖出鸦片的钱便可以支付买茶叶的钱，英国的贸易就通过这种三角的关系取得平衡。

稍后出现的英国国内的一次对话，典型地表现了英国殖民者的心理。1847年，英国设立中国贸易特别委员会，该委员会曾质询从事对华贸易的商人A.马塞松：

问："你是否认为英国商人经营鸦片贸易能够使英国对中国贸易的局面全面打开?"

答："我确信如此。英国工业产品进入中国东面海岸时，只能售出极小部分。如果装载棉制品的船不携带鸦片的话，该船恐怕连路费都赚不回来。"

问；"照此看来，现在鸦片可以成为对华大规模贸易的先驱者了?"

答："的确如此。我认为如果没有鸦片的贸易，棉制品贸易也就不会发展，因为在目前的情况下，继续棉制品贸易的费用是承担不起的。"[③]

显然，鸦片贸易成了棉制品出口的先行投资，鸦片成了棉制品的先驱。A.马塞松的坦率承认，充分证明了鸦片在中英贸易中无可替代的重要作用。

东印度公司的鸦片政策 1773年是东印度公司的鸦片"从加尔各答输入广州最早的一年"。[④] 从此，葡萄牙失去了向中国出口鸦片的操纵权。同年，英国东印度公司取得了鸦片的专卖权，1797年，他们又取得了鸦片制造的垄断权，从

---

① 彭信威：《中国货币史》，上海人民出版社1965年版，第853页。
② 严中平：《中国近代经济史统计资料选辑》，北京科学出版社1955年版，第21页。
③ 加藤祐三著，蒋丰译：《十九世纪的英国和亚洲》，中国社会科学出版社1991年版，第98页。
④ 严中平译：《英国鸦片贩子策划战争的幕后活动》，《近代史资料》，1958年第4期。

而进入了在鸦片贸易中更疯狂的英国东印度公司垄断的时代。

英国人最初是从波斯、土耳其购入鸦片原料，加工后运往中国。这样做的结果，不仅其中的部分利润漏失了，而且没有主动权。为了夺取最大的利润，并掌握主动权，公司决定从波斯大量购入罂粟种子，在印度各地推广种植，从而将印度变成了世界上规模最大的罂粟栽培地。

1757 年，东印度公司战胜藩王，控制孟加拉后，即将鸦片引入该地。这里的所谓“孟加拉”地区实际上是恒河流域东部的一条狭长地带，即今日的北方邦和比哈尔邦，种植区沿恒河延伸，长 500 英里，宽 150—180 英里，100 多万有特许证明的烟农，种植着 50 多万英亩的罂粟。

为管理鸦片生产，印度殖民政府建立了一套官僚机构。孟加拉管区的田赋税局为最高管理机构，它监督着巴特拿和贝拿勒所两个经理处的活动，这两个经理处是东印度公司的派出机构，其负责人都是印度内务部的官员，每个经理处都有自己的加工厂，负责鸦片的从晒干到装箱，直到把鸦片押运至加尔各答入库的一系列生产、管理过程。经理处下设分理处，分理处既是向烟农开支的出纳处，也是生鸦片的收购处。分理处下面又设有许多同烟农接触的联系点，如巴特拿的 11 个分理处设有 41 个联系点，雇有 980 名印度职员；贝拿勒斯 16 个分理处有 53 个联系点，雇用着 1 378 名印度职员。分理处的官员直接与地方上的中介人打交道。地方中介人多是村里的头人或大种姓的首脑。

鸦片生产的过程一般首先是东印度公司确定生产总量，然后把生产量分配给各地，每年的 9 月，分理处经理就与印度中介人商定烟农的名单，以及他们各自的种植面积，并发给合同书。烟农只要在合同书上签字后即可领取预付金。据统计，1873—1893 年间，巴特拿每年拥有烟农 699 000 人，贝拿勒斯拥有烟农 626 000 人，两地相加超过 130 万人。罂粟种植面积为 516 000 英亩。

公司实行一系列措施来巩固鸦片垄断权，禁止印度民众吸食鸦片，签约农民必须把所有的鸦片全部卖给公司，因为如果鸦片不能出口，就无法换回白银，也就不能平衡贸易。因此，公司将鸦片集中于加尔各答，并建立大型的鸦片工厂，“使罂粟的蒸熟和鸦片的调制适合中国鸦片吸食者的口味”，[①]然后向被公司认可的贸易商人进行拍卖，中标的商人可以用现金支付烟款，也可向该公司立下在广州兑换白银的借据；当这些商人在广州卖掉鸦片后，可向公司支付现金，收回借据，也可购买茶叶运往英国后，再与公司结算。

东印度公司在广州的代理处，在三角贸易中扮演了重要的角色，他们最重要

---

① 马克思：《鸦片贸易史》，《马克思恩格斯选集》，第 2 卷，第 29 页。

的工作就是为了保证鸦片贸易的顺利进行。他们监督商人们的活动，从商人那里收回所欠的债务；他们还要把公司的支票交给英国商人们，让他们购买茶叶运往英国，这些支票可由商人们用运到中国的鸦片来偿还。这样，鸦片贸易就可以有条不紊地进行了。

在印度，除了孟加拉以外，马尔瓦也是鸦片的主要产地，马尔瓦地处西印度，当地土邦自由生产鸦片，并自行运往中国进行销售，独占利润，这使英国人十分头痛。1818 年，东印度公司为了独霸鸦片贸易，发动了英国—马拉塔战役，最终控制了整个西印度地区。这样，印度的鸦片从罂粟的种植到鸦片的拍卖并运往中国出售，完全控制在公司的手中了。

三角贸易的后果 以鸦片为钥匙的亚洲三角贸易给英、印、中三方带来了什么后果呢?

对于印度的农民而言，由于鸦片的销路得到了保障，因此他们愿意种植罂粟，而且种植罂粟可获得比种植小麦或甘蔗高 1—3 倍的利益，于是罂粟种植几乎成了印度农民的救星。当然，在整个鸦片贸易的诸环节中，辛劳耕作的印度农民实际上仅仅得到一个零头的实惠。

对于殖民地政府而言，鸦片成为其财政的主要支柱。当时罂粟种植区主要是比哈尔邦和贝拿勒斯邦的 5%左右的耕地，约占全国耕地的 0.5%，但就是这 0.5%的土地上，却能征到印度殖民地财政收入的 17%。英国殖民地政府按鸦片成本的 300%的税率征收。到 19 世纪 30 年代，它的鸦片贸易税所得每年达 200 万镑，相当于该政府总收入的十分之一。① 鸦片的利润率是相当惊人的。例如 1813 年，每箱鸦片的生产成本为 237 卢比，而在印度市场上的拍卖价达 2 428 卢比，利润率为 924%。1797—1817 年间的 21 年中，东印度公司在加尔各答一地拍卖鸦片的纯利润就达 11 054 万卢比，约合中国 31 837 701 银两。②

而那些从拍卖市场上取得鸦片再将其运至中国销售的英国商人们，也个个腰缠万贯，因为，在好的年头，每箱鸦片的利润就高达 1 000 银元。③

---

① 牟安世：《鸦片战争》，上海人民出版社 1982 年版，第 40 页。

② 牟安世：《鸦片战争》，上海人民出版社 1982 年版，第 44 页。

③ 有外国学者在书中对印度出口鸦片的重量进行了细致的描述："每 40 个孟加拉土装成一箱，出口至中国，每个球状烟土的重量约为 3 磅；一箱用罂粟叶做遮盖的孟加拉土约重 133 磅，其中鸦片约重 120 磅，从印度出发的趸船平均每艘载 1 000 箱鸦片(约 40 000 只球状烟土)。"详见 Hunt Janin, *The India-China Opium Trade in the Nineteenth Century*, McFarland, c1999. pp.31 - 32；也有外国学者在书中描述："孟加拉土被制作成球状烟膏，约为两个拳头大小，表面被覆以坚硬的外壳——罂粟叶。箱子中每个球状烟膏都被一一间隔开来。箱子为木质材料制成，箱子中间有隔条，将箱子一分为二，每一半放有 20 个烟膏……印度每年约产 40 000 箱鸦片，每箱重约 125 至 140 磅，在中国售价为 500 美元至 900 美元不等。"详见 Allen and Nathan: *The Opium Trade: Including a Sketch of Its History, Exent, Effects, etc*. Longwood Press, 1978, p.8.

毫无疑问,英国政府也分享了鸦片贸易的高额利润。英属印度政府按鸦片成本的300%以上的税率征税。不仅如此,当东印度公司把在华贩卖鸦片所得的现金购买茶叶去英国本国出售时,英国政府又可征得大量茶税。"英国财政部从茶税中所得岁入,在公司专利末年,每年平均达三百三十万镑,中国茶叶供给了英国全部岁入约有十分之一,同时还供给了东印度公司的全部利润。"①由此可见,英国政府仅从鸦片税和茶叶税两项中就收得500多万镑的巨额款项。这笔收入对英国来说是极为重要的,所以,利物浦印度协会在1836年给英国首相迈尔本的备忘录时,再三强调了这一点,他们指出:"须知对华贸易,事关六百万镑资本,九万吨航运,四百万到五百万镑的税收。"②

对中国而言,大量的鸦片源源不断地运往中国(见表3-2),并引起严重的社会和财政后果。

表3-2 1800年前输入中国的鸦片数量估计

年　　代	最低估计数(箱)	最高估计数(箱)	广州售价(英镑)
1767年前,每年	100	200	200
1767	200	1 000	200
1773	1 000		
1780			200—550
1781—1782	1 400	1 600	200—300
1786	1 300	2 000	388
1790	4 054	5 054	370
1795—1796	1 070	1 814	
1800—1801	3 224	4 570	

资料来源:E. H. Pritchard, *Anglo-Chinese Relations During the Seventeenth and Eighteenth Centuries*, p.160.

这样,鸦片三角贸易的结果,使英帝国达到了多重目的:英国把棉制品倾销到印度;同时迫使印度农民种植罂粟,并将鸦片运到中国;再从中国换回英国急需的茶叶等。最直接的后果是英国再也不必像过去那样,用白银去换中国的茶叶了。18世纪70年代后,英国运往中国的白银因鸦片的倾销而呈锐减之势。到1804年后,东印度公司已经可以从欧洲运很少的白银或者根本就不运白银来

① 列岛编:《鸦片战争论文集》,第86页。
② 格林堡:《鸦片战争前中英通商史》,第9页。

华。英国的贸易因为有了鸦片的填补而得到了平衡。不仅如此，由于东印度公司的积极推动，输入中国的鸦片的激增，广州反而要输出白银去购买鸦片这种毒药了。根据一项保守的统计，在1806—1809年的三年里，有700万银元从中国运往印度。进入19世纪后，英国输入中国的货物总值中，鸦片占二分之一以上。到1837—1838年度，仅输入的鸦片一项(337万镑)，就比中国的全部出口商品总值的314万镑还多。[①] 实际上，19世纪30年代的中国，每年流向外国的白银达700万—800万元[②]。

必须指出的是，英国的鸦片三角贸易是在中国实行禁烟的时期发动的，它严重地破坏了中国的禁烟政策；而当中国奋起，试图阻止这种罪恶的鸦片贸易的时候，英国为其巨额鸦片利润所驱使，凭借武力迫使中国政府就范；并欲尽可能地扩大这一贸易。这也就是后来所爆发的中英鸦片战争的根本原因。

第三节　英国商人贩运鸦片时期

活跃的港脚商人　当1757年英国东印度公司决定以广州为基地开展鸦片贸易时，中国政府早已宣布禁烟了。对此英国殖民者不能不有所顾忌；但他们又无法摆脱鸦片贸易高额利润的诱惑，于是，他们想出了一个所谓的两全之计：表面上东印度公司命令公司的船只不准把鸦片运入中国，而是将鸦片在印度拍卖，然后由港脚商人把鸦片运至中国出售，以完成三角贸易。

所谓的港脚(Country)商人就是指那些来往于印度与中国之间进行贸易的私商。他们既可以是英国的私商，也可以是印度的私商，由这些英、印私商所进行的私人贸易，就是18世纪末到19世纪中叶的港脚贸易。

东印度公司将所控制的鸦片集中到加尔各答，加工成白班土，然后拍卖给港脚商人。在最初的岁月里，每年拍卖5次，后来随着鸦片产量的增长，每年拍卖7次，再后来达到每月一次。1821年后公司也将收购来的白皮土运至孟买拍卖。甚至波斯土也会由海峡运到达曼、孟买等地拍卖。1801年前，每箱鸦片的拍卖价约1 750卢比，此后一度因产量增大而价格下跌，1801年仅1 124卢比，1811年回复到1 639卢比，1817年时已涨到每箱2 300卢比了。[③] 鸦片拍卖后名义上由港脚商人自行处理，实际上，商人们无不将鸦片装入港脚船，开往东南亚和

---

① 《英国蓝皮书·伦敦东印度公司与中国协会致巴麦尊子爵》，1839年11月2日。

② 李伯祥等：《关于十九世纪三十年代鸦片进口和白银外流的数量》，《历史研究》1980年第5期。

③ 约翰·F.卡迪：《东南亚历史发展》，上册，上海译文出版社1988年版，第394页。

中国。

港脚船在印度制造，多由英商出资，雇印度人为船员，但由英国船长指挥。港脚船只有得到东印度公司的许可证之后，才能从事东方贸易。鸦片是极易损坏的商品，必须小心包装，箱子外面还裹上皮革，因为鸦片需要通风，通常每艘船一次只装 500 箱。这些船是吨位在 500 吨以上的钢底船舰，一船备有 12 门大炮，精良的武器与航海辅助设备使其能驶向东方各地，从而有力地推动了鸦片贸易的发展。

在东印度公司垄断时代，英国的私人与企业以港脚商人的名义，已经参加鸦片贸易，而且实力大增。到 19 世纪 30 年代初，他们已占有 50%的中英贸易额。但他们仍受到不小的限制，例如港脚船须经公司的特许才可参加贸易；公司的鸦片政策，在他们这些唯利是图的鸦片贩子看来，是“游移不决”的。他们认为这种港脚贸易，不是一种权利，而只是“一种由宽容才得以存在的贸易”，尤其对推销英国的工业品非常不利，因此，公司的垄断权是“有害的”。[①] 这样，在 1833 年英国东印度公司特许状期满之时，港脚商人们联合英国国内的资本家，为了开拓海外市场，发展自由贸易，竭力反对公司贸易垄断权的延续。

东印度公司特权的丧失　1831 年，英国政坛发生了变化，由商人与工厂主组成的辉格党，击败了以土地贵族为核心的托利党，在国会中取得了胜利。这样，英国资产阶级向中国扩展“自由贸易”的最后障碍——东印度公司对华贸易专利权，遂于 1833 年 8 月 23 日被废除。12 月 9 日，英枢密院明令废止东印度公司的对华贸易专利权，并逐渐把公司改组为统治印度的行政机关。从此以后，英国外交部成了对华贸易的最高负责机构。英政府随即任命具有英王使节身份的驻华商务监督，以接替东印度公司在广州的“大班”，其使命是保护和开拓英国资产阶级在华利益及其势力范围。

1834 年 7 月，英国贵族、上院议员、海军大佐律劳卑（W.J. Napier）到达澳门，出任首任商务监督，而德庇士（J.F. Davis）和罗宾臣（G.B. Robinson）这两个前公司驻广州的大班任副手。从此以后，殖民者在英国驻华商务监督处的统率下，鸦片贸易这种“最安全和最有绅士气派的投机生意”[②]走向了空前的繁荣。马克思曾经指出：1834 年“在鸦片贸易史上，标志着一个时代”，“由于东印度公司从商务机关改组为纯粹的行政机关，对华贸易就完全转到了英国私人企业手里，它们干得非常起劲，以致不顾天朝的拼命抵制，在 1837 年就已将价值二千五

① 转引自牟安世：《鸦片战争》，第 61 页。
② 《怡和档案》，转引自格林堡：《鸦片战争前中英通商史》，商务印书馆 1961 年版，第 96 页。

百万美元的三万九千箱鸦片顺利地偷运入中国”。[①]

鸦片走私的新发展 早在东印度公司的垄断时代，不少英国洋行已在广州加入了贩卖鸦片的行列，其中最大的是怡和洋行、宝顺洋行、伦敦东印度中国学会和曼彻斯特商会。当1834年英国东印度公司退出广州后，大量的英国人为鸦片的高额利润所驱使，匆匆赶到广州，一时外国洋行如雨后春笋般地纷纷成立。1833年时，英国商人的团体为66个，而到1837年便增至156个。[②] 经过他们不择手段的钻营，终于将鸦片的走私发展到了一个“空前繁荣”的新时期。

首先，在运输工具上，他们特制了一种鸦片飞剪船。这种船只不受印度洋季风的影响；装载量比一般的帆船多50%，而且航速快，从加尔各答到广州，只需40余天，而一般的帆船却要走90天。这样，由于飞剪船的投入，鸦片的运输能力大大增强了。[③]

其次，在鸦片的销售上，他们创造了新的方法。一种叫作黄埔方式。英商将装载鸦片的商船开至广州黄埔港停泊，然后由中国商人直接上船进行交易，双方谈妥后即付款提货。另一种叫作伶仃方式。在中国政府强调禁止鸦片贸易的时期，鸦片船不能直接开到黄埔港，鸦片商们便先将鸦片卸在停泊于伶仃洋的趸船上，然后运载着合法的货物前往黄埔，在那里向中国的买主提供鸦片的样品，中国买主谈妥付款后，即可得到一张提单，凭此单即可在伶仃洋的趸船上提货。总之，不管哪一种方式，鸦片买卖都是现钱交易，所以比起用赊账方式买卖的其他西方商品来，要方便很多。

第三，大大扩大了鸦片走私的范围。其区域从伶仃洋推进到广州城外及东南沿海地区。1823年怡和洋行首先组织了远征队，把鸦片运至福建泉州出售，这样做的好处是，不仅价格可以卖得更高，而且还避免了被广州的中国官商征取“陋规”。于是，英商们纷纷驾船北上，并在闽粤交界的南澳设立了鸦片存储站，从而加深了鸦片的泛滥程度。

第四，武装走私日益发展。本来中国烟商雇“快蟹”船凭提单到趸船取货，然后将鸦片运回广州大窑口，但他们有时会遭到政府缉私艇的拦截。为了阻止中国政府的干涉，外国商人们竟将武装的鸦片船开入内河，这种客船“在虎门外面有五十艘三十吨到三百吨的大型船，在内河里也有三十艘或者更多一些。从东

---

① 马克思：《鸦片贸易史》，《马克思恩格斯选集》，第2卷，第29页。

② 格伦伯格：《一八〇〇至一八四二年的英国贸易与中国之开放》，第185页；转引自牟安世：《鸦片战争》，第59页。

③ 有外国学者对印度鸦片运往广州所需的时间进行了估算，认为即使在风和日丽的天气里，驾驶最快捷的船只，由印度抵达广州，最少也要25天。详见 Hunt Janin, *The India-China opium trade in the nineteenth century*, Jefferson, N.C.: McFarland, c1999. p.32.

面的虎门到城西的花池，差不多沿河各处都成为这种贸易的舞台”。[①] 殖民者依仗优良的武装，竟公然与中国政府对抗。英国的官员也承认“在鸦片交货时常常引起这些船只与政府的缉私艇之间的武装冲突”。[②] 所以，在1837年后，鸦片走私已从暗中偷运，发展到公开的强运了。

在外国鸦片贩子无孔不入、无恶不作的活动下，鸦片的输入量出现了异乎寻常的增长。在东印度公司的特权被取消后的四年里，鸦片的输入量竟增长了100%。

当然，这中间也包括美国人的“努力”。

美国人的鸦片走私活动 1784年8月，美国的“中国皇后”号首航中国到达广州，从此开始了两国的交往。在早期的中美贸易中，美国处于不利的地位。据统计，在1805—1844年间，美国向广州出口的货物总值是119 741 020元，而中国输入美国的货物总值达196 543 071元，[③]逆差达39%，美国因此每年都要向中国运来大量现银，才能平衡贸易。

对美国来说，急需一种像鸦片那样的商品来平衡中美贸易。第一艘来华的“中国皇后”号上的司货员山姆·萧(Samuel Shaw)回国后撰文指出：鸦片在中国很有销路，走私既安全，又可得到优厚的利润。不久，这个有“远见”的青年人被派往广州担任领事。美国人决计步英国人的后尘，以走私贩毒来“开始一条美国财富的巨大发展道路”。[④]

为展开鸦片贸易，他们首先在世界各地搜罗鸦片。由于鸦片的主要产地印度属英国势力范围，因此，美商决定另辟蹊径。恰巧美国驻土耳其领事斯蒂华向国内报告说，盛产的土耳其鸦片如能运到中国去一定能赚大钱。[⑤] 于是，从1805年起，美商将土耳其鸦片运销广州，正式加入了贩毒者的行列。在独占土耳其鸦片的同时，美商还在波斯以及伦敦的保税仓库里购买鸦片。例如1817年普金斯和亚斯脱都在波斯购买了鸦片，而且他们发现贩卖波斯土比土耳其的鸦片的利润还要高出25%。[⑥]

到1839年林则徐禁烟止，美商的对华鸦片贸易可以分为三个阶段。

第一阶段是1805—1818年。根据不完全的统计数字，美国人在这一时期，

---

① 转引自牟安世：《鸦片战争》，第56、59页。

② 转引自牟安世：《鸦片战争》，第61页。

③ 姚贤镐：《中国近代对外贸易史资料》，第1卷，中华书局1962年版，第287、288页。

④ 卡西尔：《一个新英格兰浪人》，转引自卿汝楫：《美帝国主义侵华史》，第1册，第10页。

⑤ 斯蒂尔：《1820年前美国对华鸦片贸易》，转引自绍溪：《十九世纪美国对华鸦片侵略》，北京三联书店1952年版，第17页。

⑥ 《普金斯洋行》，转引自丁名楠等著：《帝国主义侵华史》，第1卷，第22页。

向中国贩卖了5 494箱鸦片，年平均为392箱。[①] 其中最成功的是美商采取直运、代运等多种方式运销土耳其的金花土，从而一开始就超越葡萄牙、荷兰等国越居第二位。

第二阶段是1819—1827年。这一时期由于印度鸦片产量的增加，价格下降，美国的鸦片贸易遭到了英国的沉重打击。1819年起运往广州的鸦片锐减，8年间，贩至中国的鸦片共1 563箱。为了改变低迷的态势，美国政府不断向英国施加压力，结果迫使英方于1821年允许美商贩运印度鸦片，这样，使美商获得了最大的鸦片来源。随着悬挂着星条旗的鸦片趸船在伶仃洋的出现，美国的对华鸦片贸易再度攀升。

第三阶段是1828—1838年。这是一个急剧上升时期。就现在所能看到的其中7年的统计数字——美商运穗的鸦片为7 372箱——来看，它已超过前两个阶段之总和。而且，鸦片替代现银的输出，有力地支持了美国的对华贸易。

这时，旗昌洋行逐渐兴起，成为继普金斯洋行后美商贩毒的中心。美商的活动范围也从广州扩展到东南沿海，甚至是天津。美国政府对“功勋卓著”的旗昌洋行给予了特殊待遇，即从该洋行的大班里遴选各地的领事，这一政策一直持续到1854年。

美国商人究竟把多少鸦片运到中国，要作出精确的统计是十分困难的。其原因不仅在于统计资料的匮乏，如马士所指出的，美国政府始终没有公布输华鸦片的数量[②]；还在于鸦片贸易是一种走私活动，即使有官方的统计，也未必能反映真实的情况。美国史学家丹涅特（T. Dennett）曾指出：“在那时，美商与鸦片贸易的关系，远较统计数字所表示的为亲密。”[③]

鸦片贸易给中国带来了无穷的灾难，却给美国带去了难以计数的利益。第一，它使美国摆脱了中美贸易极不平衡的困境，“因为这项贸易可使美商不必再向中国输入现银，可以用伦敦的汇票代替了。鸦片的销售量越来越多，英美以及其他洋商，可以用卖鸦片的款项买进货物，而不必用现钞了。在鸦片贸易的这一方面，美商所得好处远较任何其他国家的商人为多。”[④]这一点还可以从美国政府的统计中得到证实，据1857年版的《美国国外贸易》的记录，1831—1840年的

---

① 斯蒂尔：《1820年前美国对华鸦片贸易》，转引自绍溪：《十九世纪美国对华鸦片侵略》，北京三联书店1952年版，第33页。

② 马士：《中华帝国对外关系史》，第1卷，第211页。

③ 泰勒·丹涅特著，姚曾廙译：《美国人在东亚》，第1卷，商务印书馆1962年版，第16页。

④ 泰勒·丹涅特著，姚曾廙译：《美国人在东亚》，第1卷，第103页。

10 年间,美国输华的现银比前 10 年减少 80%。[①] 第二,鸦片贸易为美国资本主义的发展提供了原始积累。根据马士的统计,仅在 1816—1834 年和 1837—1838 年的 19 年间,中国进口的鸦片总值达 18 851 万元,[②]而丹涅特认为美商占其中的十分之一份额。[③] 根据这个估计,再考虑诸如在中国其他地区贩运等因素,鸦片战争前,美商通过鸦片贸易从中国掠夺的财富应在 2 000 万银元左右。这些利润对于美国工商业的发展起过非常重要的作用。它使普金斯、约翰、顾盛之类成为暴发户,使大财阀阿斯特得以起家,这些来自美国东北部的鸦片商人攫取巨款衣锦还乡后,致力发展棉纺织业,并由此开始了美国的工业革命。血腥的鸦片利润就这样成了“美国大资本的基础”。[④]

因此,19 世纪中国的鸦片大灾难,美国人同样也难辞其咎。

---

① 斯蒂尔:《1820 年前美国对华鸦片贸易》,转引自绍溪:《十九世纪美国对华鸦片侵略》,北京三联书店 1952 年版,第 17、33、30 页。

② 马士:《中华帝国对外关系史》,第 1 卷,第 208 页。

③ 泰勒·丹涅特著,姚曾廙译,《美国人在东亚》,第 1 卷,商务印书馆 1962 年版,第 103 页。

④ 泰勒·丹涅特著,姚曾廙译,《美国人在东亚》,第 1 卷,第 16 页。

第四章　烟毒的泛滥与轰轰烈烈的禁烟运动

清朝前期，鸦片日益成为大众熟悉的“奢侈品”①。于是，中国在雍正七年（公元1729年）颁布法令，不准销售鸦片，不准开设烟馆，毒害民众。这被公认为世界上第一个禁毒令。但长期以来，外国输入鸦片并未停止，西方列强尤其是英国不断向中国输入鸦片。英国纵容和积极支持英印殖民政府推行鸦片政策，英国鸦片烟贩在英国政府的支持下，公然不顾清朝的禁令，有恃无恐地不断变换花样，采用各种卑劣的手段进行走私贩运，再加之清朝海关和官吏的贪污腐败，禁令形同虚设，致使烟毒日益严重。烟毒泛滥造成吸食者上瘾，体质下降甚至死亡，同时，大量白银外流，财政陷入困境。在举国惶惶不安的局面下，道光帝终于决定严禁，任命林则徐为钦差大臣。林则徐临危受命，查缴鸦片，并主持虎门销烟，目睹这幕世界历史上至今规模最大的销烟壮举，美国传教士说：“鸦片是在最彻底手段下被销毁的……全部事务的处理在人类历史上也必将永远是最为卓越的事件。”史学家指出：“在所有19世纪的中国政治家中，林则徐的形象和影响都超过了其他的人。”②

第一节　禁烟与贩烟

世界上最早的禁烟令　清初以后，吸食鸦片之风由台湾、厦门等地传入内地，逐渐形成为当时社会的一种不良习尚。雍正六年（1728年），广东碣石镇总兵苏明良奏报：一些不法分子“用小铜锅将鸦片制成膏，然后将烟丝入内拌匀，晾干为烟。又截竹为筒，内贮棕丝，以便呼吸。乃私设馆舍，聚集数人，成群结党，相依递吸，夜聚晓散，夜夜如是，从无间断。初吸之时，晕迷似醉，身体颇健。淫荡非为，更难枚举。是以少年子弟易堕其术中。迨至年深日久，血枯肉脱，纵

---

① 据龚缨晏教授研究，最早收入“鸦片”一词的中文工具书为1720年所编的《佩文韵府拾遗》，见该书第6册，第4645页。

② 张馨保著，徐梅芬译：《林钦差与鸦片战争》，福建人民出版社1989年版，第168页。

自知鸦片所害，急欲止之则百病丛生，或腹痛而脱肛，或头昏而迷乱，或咳嗽而呕吐。一吸此烟，则诸病立愈，精神百倍，虽苟延一息，然死期日迫。……及至家业荡尽，称贷无门，即相率为盗”。然后他指出：“是厦门、台湾盗贼之盛者，皆由于鸦片之根源，是鸦片危害地方匪浅鲜矣。”[①]有鉴于此，在雍正七年（1729 年），中国皇帝颁布了世界上第一个禁烟令，规定不准销售鸦片，违禁者枷号一月，发配充军；私开烟馆者，首犯判役刑监候，从犯杖责一百，流放边疆。并责令地方官员及海关监督如有不切实履行职责，纵容私运者，要严加处罚者，不得宽贷。[②] 次年，又颁布专门针对台湾的禁令：“台湾流寓之民……贩卖鸦片烟者，亦分别治罪。”[③]这标志着中国禁毒历史的开始。

这些法令其实禁的是鸦片烟，也就是不准将鸦片和烟草混合吸食，但未对鸦片的输入和吸食者作任何禁止，鸦片作为药材，仍许纳税进口，因此，外国鸦片仍源源而来。而且，遗憾的是这些法律并没有真正实行，正如后来林则徐所指出的那样：“开馆应拟绞律，律例早有明条，而历年未闻绞过一人，办过一案。”[④]于是，烟毒更加扩大了，每年进口的鸦片，由 200 箱增至 500—600 箱。

乾隆年间（1736—1796），朝廷再次严律禁止贩运鸦片：“国内商人贩卖者，枷一月，杖一百，遣边充戍卒三年。侍卫官吏犯者罢职，枷二月，杖一百，流三千里为奴。”[⑤]并曾焚烧了 1 000 箱鸦片，[⑥]一时朝廷上下有所警戒。但是，不久又渐废弛，徒有虚名的法律终究未能挡住鸦片的毒流。在英国东印度公司的策划下，鸦片大量涌入广州。嘉庆元年（1796 年）进入广州的鸦片已达 1 070 箱，嘉庆皇帝根据两广总督的奏折，再次重申禁令，并裁去海关的鸦片税额，禁止鸦片进口。[⑦]这是第一次明确禁止输入鸦片。不久，又下令严禁种植罂粟，但贩者、吸者仍复如故，于是清廷决定扩大禁令范围。嘉庆十八年（1813 年），颁布了严禁吸食的法律：“侍卫官员买食鸦片烟者，革职杖一百加枷号两个月，军民人等杖一百枷号一个月、太监枷号两个月，发往黑龙江为奴。”[⑧]从而将禁烟扩大到了吸食者。由以上内容看，当时宫廷里食用鸦片的现象已十分严重了，三个禁令中倒有两个是针对宫内的。两年后，又公布查禁鸦片烟章程。当时，在京师拿获一身藏 6 盒鸦

---

① 宫中档，朱批奏折；马模真主编：《中国毒品史资料》，中华书局 1978 年版，第 307 页。

② 刘锦藻：《清明续文献通考》，征榷考二三；李圭：《鸦片事略》；中国史学会编：《鸦片战争》（六），第 139 页。

③ 《大清律例按语》，卷五十，页四十五。

④ 林则徐：《钱票无甚关碍事宜重吃烟以杜弊源片》，《林文忠公政书》，乙集，湖广奏稿，卷五。

⑤ 刘彦：《帝国主义压迫中国史》，上册，上海太平洋书店 1927 年版，第 13 页。

⑥ 转引自武堉干：《鸦片战争史》，第 29 页。

⑦ 刘锦藻：《清明续文献通考》，《征榷考》二十三。

⑧ 《大清仁宗圣训》，卷八十三，页五；卷六十七，页七。

片的杨姓烟犯，皇帝即专门下旨："鸦片烟性最酷烈，食此者能骤长精神，恣其所欲，久之遂致戕贼身命，大为风俗人心之害。本干例禁，该犯杨姓胆敢携带进城，实属藐法，着即交刑部严审办理。"[①]由于广东等地官员的努力，禁烟取得了一定的成效。嘉庆二十二年（1817 年），美国一艘贩运鸦片船在广东被查获，嘉庆皇帝即令将没收的鸦片全部焚毁，并重申："嗣后各夷倘再有私带鸦片烟泥者，进口之日，兵役等例严搜，一经搜出，除将烟泥焚毁沉溺外，必将私贩之人从重治罪，绝不宽贷。"[②]则从中可见嘉庆禁烟之决心。然而，由于外商对中国禁烟的阻挠，中国海关缉私能力的局限，以及官吏的腐败，嘉庆朝的禁烟举措并没能抑制鸦片走私与鸦片吸食的势头。

道光皇帝继位后，继续推行禁烟政策。道光十一年（1831 年），根据内地种植罂粟日甚的状况，又公布禁种条例，其要点是：一、种卖煮煎鸦片烟与贩鸦片烟同罪；二、地保受贿与首犯同罪；三、所种烟苗拔毁，田地入官；四、各地官员春季须赴乡稽查；五、如有拔除不尽，流毒地方者，将予严惩。[③] 同年又颁布禁吸条例，要点有：一、买食烟者，杖一百枷号两个月；二、职官买食者，俱加一等罪；三、内廷太监买食者，枷号两个月，改发各省给驻防官员兵丁为奴；四、失察之官员、海关监督等交部严办；五、各该督抚及道府州县官，出具属内并无买食鸦片烟之甘结，于年终汇奏一次，如循隐不究，从严参处；[④]六、制造及贩卖鸦片烟具者，分别治罪；七、同居子弟有买食者，除本犯照例惩办外，将家长照不能禁约子弟为窃之例治罪。[⑤]

在最早预见到鸦片流毒的先哲中，不能不提到谢清高。谢清高（1765—1821）是中国第一位环球旅行的海员，晚年双目失明而流落澳门。1820 年他邂逅同乡杨柄南，畅谈海外奇闻，杨笔录成《海录》，该书初刊于 1820 年，《海录》介绍了 95 个国家和地区的风土人情，并非常清晰地描述了印度鸦片的产地、种类以及生产方式。对鸦片输入中国，毒害国人深为忧虑。[⑥]《海录》对后人认识世界、认识鸦片的危害曾产生一定的影响。同样，梁廷枏（1796—1861）于 1839 年编成《粤海关志》，对禁烟尤为重视，他将禁烟言论汇入《禁令》内，并加按语指出，对鸦片走私要"严立规条，除恶务尽，此实为海关要务"。[⑦]

---

① 李圭：《鸦片事略》，卷上。
② 转引于恩德：《中国禁烟令变迁史》，第 30 页。
③ 《大清律例按语》，卷九，页十二。
④ 《大清仁宗圣训》，卷九，页十二。
⑤ 《钦定大清会典事例》，卷八十八，页五；卷六十七，页七。
⑥ 谢高清口述、杨柄南笔录、冯秉承注：《〈海录〉注》，中华书局 1955 年版，第 25 页。
⑦ 梁廷枏：《粤海关志》，卷十七《禁令》。

中国是世界上颁布禁毒令最早、最多的国家,但后来却成了毒品流毒最广、最深的国家;从上述禁令内容来看,法律不可说不严厉,但何以鸦片会越禁越多,烟毒会越禁越烈的呢?

上有政策下有对策的腐败吏治 一种正确的政策,如果没有廉洁而高效的官吏队伍去实行,则这种政策无论多么伟大也形同虚设。清王朝在经历了康、雍、乾三朝盛世后,到嘉庆时逐渐盛极而衰,其主要的标志便是官僚队伍已趋于腐败,而鸦片正是在清朝由盛转衰的历史转折时期侵入其肌体的。

在嘉庆时期,有不少官吏对本职工作已失去了责任心与进取心,他们瞒上欺下,敷衍塞责。即使是在禁烟最有成效的广东,这种不负责任的事例也比比皆是。1815 年,鸦片商小威尔克斯的利迪亚帆船装着鸦片进入广州,尽管中国政府事先已得到情报,但昏庸的官吏们上船后只看了看货仓上层的白糖和大米后,便"满意地走了"。① 道光年间任云南监司的彭毓崧后来承认:"余尝劝民以种烟之田易而种谷,而民怨以为不通民情……,然而年终出结,必曰'境内无栽种者'。州县以之欺大吏,大吏以之欺朝廷。"②

更重要的是许多官员的职位是用银子买来的,因此,他们最重要的工作首先就是尽快地捞回"成本",而接受鸦片贿赂是实现这一目标的最佳手段。这样,就形成了一个庞大的鸦片受贿集团。我们仍以广东为例,负责缉私的地方官吏和兵弁往往是直接的受贿者。时人揭发说:"水师有费,巡船有费,营汛有费,差保有费,窑口有费,自总督衙门以及关口司事者,无不有费。"③"水师生计得自月饷者十之一,得自土规者十之九。"④由此可见腐败程度之深。1826 年,两广总督李鸿宾加设巡船缉私,"关津口岸,皆有巡船,所在如织,不难缉捕。无如各巡船通同作弊,按股分赃,是快鞋(快蟹)为出名带私之首,而巡船包庇走私,又罪之魁也"。⑤ 结果"巡船每月受贿银三万六千两,放私入口"。⑥

中国的对外贸易是在被政府指定的在广州的行商同外商之间进行的。行商所开设的就是洋货行,俗称十三行(行址在今广州文化公园至珠海南路)。行商的职责是充当外商与中国商人之间的中介,他们实际上是由官府培植起来的对外贸易的代理人,是官商。因此,他们获得的巨额利润不能由自己独占,必须拿出相当部分以"报效"或"捐输"的形式,转入皇帝、朝臣和广东官僚的私囊。据统

---

① 转引自绍溪:《十九世纪美国对华鸦片侵略》,第 50 页。
② 中国近代资料丛刊《鸦片战争》,第 1 册,第 311 页。
③ 蒋湘南:《七经楼文钞》,《鸦片战争》(一),第 483 页。
④ 夏燮:《中西纪事》,卷二十三。
⑤ 《史料旬刊》,第 3 期,第 83 页。
⑥ 魏源:《道光洋征扶记》,上。

计,1773—1832年间,行商“捐输”就达395万两。[①] 鸦片贸易是利润与回扣最丰的行当,它不仅可满足行商骄奢淫逸的生活,而且还能满足各级官吏的敲诈勒索。于是,在外商与行商的积极配合下,鸦片贸易便日益发展起来了。

封疆大吏和朝臣则间接分润贿赂,他们主要通过下级各种形式的送礼纳献而收利。在广东,每当一位总督或巡抚上任之时,鸦片交易便会收敛许多,但等到这位大人“安定”下来后,鸦片交易又有了活力。英商在致帕麦斯顿的信中说:“在中国方面,高级官吏与政府人员,对于鸦片走私公开的默许,过去和现在的巡抚,都从中取利。”[②]这样,“因有完备的贿赂制度,鸦片贸易进行得很顺利正常”。[③] 其他地方官也“向来不肯实力查究,相互隐讳,反以查拿为多事”。[④] 官僚们如此腐败,禁烟自然就只有虚名了。

可悲的是制定禁烟政策的皇帝,却又是鸦片偷运的最大受惠者,皇帝历来利用各种名目向粤海关监督勒取贿赂,其中一部分便是来自鸦片的贿赂。粤海关监督的职权是:“本其征收关税的职责收得一笔更大的款项,并且需要一个庞大的组织,维持他应收敛一笔更大的款额,用之以贿赂首都的王公显宦及抚慰其他所在地的高级官员。此外他还应收集一笔费用,以偿还贿得此职时所需的费用,以买得退休后的安静,及为自己聚积相当的财富。”[⑤]为完成此任务,监督使向外商勒取各种陋规,既然已收受了外商的各种陋规,那么外船夹带鸦片入口自然也就不便过问了。皇帝间接地从外商那里得到了好处,在禁烟的问题上只能抱睁一眼闭一眼的态度了。而且,每年由广州开往北京的呈献给皇帝的贡船,也成为运送鸦片到北方去的万无一失的工具了。[⑥] 所以,清政府的禁烟政策,实际上只是一纸空文。

这种上下一致的贪污自肥,助长了鸦片走私的发展,严重破坏了禁烟政策;同时也给外国鸦片贩子以偷运的借口,而且还使中国在后来的鸦片交涉中处于不利的境地。

见利忘义的鸦片贩卖集团 明清之际,鸦片自福建、广东输入,因此当地的不法之徒亦最先参与贩毒。贩毒虽有风险,但一旦成功,便获利十倍。于是,冒险之徒无不趋之若鹜。随着鸦片输入地区的扩大,从事此业的人也越来越多。到19世纪30年代,全国以贩毒为生的鸦片集团成员已达100万人左右。其中,

① 《两广盐法考》,卷二十七。
② 《英国蓝皮书》,第6页,《鸦片战争》(二),第643页。
③ 亨脱尔:《广州的番鬼》,转引自绍溪:《十九世纪美国对华鸦片侵略》,第39页。
④ 中国史学会编:《鸦片战争》(一),第371页。
⑤ 马士:《中西公行考》,中国史学会编:《鸦片战争》(一),第285页。
⑥ 格林堡著、康成译:《鸦片战争前中英通商史》,第102页。

"闽越之民，自富商大贾，以及网鱼拾蚌，推埋剽劫之徒，逐其利者不下数十万人"。[①] "其总汇多在虎门、澳门、黄埔一带，其散布多在肇庆府属之高要县利广起填圩并潮州府属之澄海县苍埠一带"，[②]"顺德县之陈村，东莞县之石龙等村亦有之"。[③] 代贩子们兑钱的有"银号""钱店"。而在中外鸦片贩子之间搭线的有称"写书"的专人，"带送夷信"或"过付银两"的，又有称"孖毡"的专人。其中的首领多为政府的差役，如徐广、王振高、关信良之流，"皆系多年走私，起家巨万，因持兵差通风一气，久未破案"。[④] 还有行商，如东昌行的罗福泰，以及洋货铺户，也插手兼营。

到伶仃洋取货，则有专门包揽运送鸦片的"快蟹""艇馆"。"快蟹"又称"扒龙"，是一种三桅船，船的两侧设铁网，左右有快桨五六十，水手数十人，运桨如飞，且备有炮械，遇缉私船，能逃则逃，不能溜时便武装对抗。1831 年，据说这种飞龙船就有一二百艘。[⑤] 还有一种专司接济鸦片趸船米粮、食物、器物的船只，称为"办艇"。

把鸦片贩到内地去的，多打扮成挑贩广货的商人模样，暗中夹带禁物，随地私售。实力强者更召集人马，"盈箱累笥，载以舟车"，[⑥]公开进行武装走私。例如，"两湖、江西为烟土出入之门户，其大伙烟犯，动辄百十成群，犹如私枭之出没，器械森然，人视死而如归"。[⑦]

各地几乎都有总办转售的包买户，人称"小窑口"，散布于各城乡市镇，"其各府、州、县开设烟馆者，类皆奸滑吏役兵丁，勾结故家大族不肖子弟，素有声势，于重门深巷之中，聚众吸食"。[⑧]

像其他行业一样，鸦片商们也结帮成派，他们划定各自的势力范围，制定共同的价格，例如在 1801 和 1805 年，他们两次抬高了鸦片的价格。从而获得更多的利润。[⑨]

数十万人组成的鸦片贩卖大军，除对社会起着毒害作用外，没有任何积极的作用。

外国鸦片烟商的伎俩　以英国人为首的外国鸦片贩子，为尽可能多地攫取

---

① 徐继畬：《禁鸦片论》，《退密斋文集》，卷二

② 《筹办夷务始末》，道光朝，卷四，页九十八。

③ 《筹办夷务始末》，道光朝，卷四，页一百二十。

④ 《清宣宗实录》，道光十七年七月癸巳条。

⑤ 《清代外交史料》，中国史学会编：《鸦片战争》(一)，第 166 页。

⑥ 《筹办夷务始末》，道光朝，卷三，页六十四。

⑦ 《筹办夷务始末》，道光朝，卷三，页六十六。

⑧ 《筹办夷务始末》，道光朝，卷二，页三十三。

⑨ 格林堡：《鸦片战争前中英通商史》，第 105 页。

利润，他们千方百计地破坏中国政府的禁烟政策，以秘密的或公开的、和平的或武装的方式，把鸦片毒品运入中国。

为了扩大鸦片的销路，外国贩子鼓吹“鸦片无害论”。《澳门新闻纸》的文章说：“都鲁机(即土耳其——引者)之人，食鸦片甚多，人人皆勇壮。在英吉利国之人，食鸦片亦多，并未见变成禽兽。现在英国有一个人，可以为证。如威尔吗科吐食鸦片甚多，一生壮健，寿至八十。”①英国商人则将吸鸦片与饮烈性酒相比，企图以轻描淡写来掩饰其贩毒罪行。一个有40年贩鸦片经历的美国人亨脱尔也自我开脱说：“吸鸦片这种习惯，和我们有节制的饮酒是一样的。至于和美国、英国所使用的烈酒及其害处相比，那么鸦片的害处是很微小的。这是我在广州、澳门和香港居住40年所积的亲身经验。”②亨脱尔竟然把鸦片的害处说得比烈酒还要小，完全把黑白混淆了。

外国贩子最常用的方法就是用金银收买清朝的官吏，使禁烟令无法实行。旗昌洋行的大班亨脱尔曾得意洋洋描述过他的经历：蔷薇号飞剪船装载着300箱鸦片到达南澳岛时，曾遇到两艘中国战船，贩子们便按照规矩，向中国的官员行贿，然后便顺利地把鸦片都解决了。③

外国贩子有时则凭借着先进的船只和优势的武装，进行海盗式的鸦片走私。美国的羚羊号飞剪船，一次从印度运鸦片至中国海面时，先是遭到一艘官船的拦截，殖民者们毫不犹豫地进行攻击；此后当三艘中国官船来增援时，双方经短兵相接后，羚羊号仍然逃脱。接着在一次航行中，遭到缉私船的再次攻击，羚羊号竟撞沉两艘缉私船，这些疯狂的鸦片贩子们甚至将落水溺死的中国水手悬挂在桁端，“以示警告”。④

外国殖民者有时也采取直接破坏的手段。如嘉庆二十二年(1817年)清政府要求搜查商船并命令外国鸦片船订立“不售鸦片”的字据时，东印度公司便通令属下船只，坚决拒绝。道光十七年(1837年)11月，英国人查顿提出：“目前唯一可行的办法，是派遣更多的武装的欧洲船只到沿海去兜售烟。”⑤次年，英国竟出动军舰到广州示威。

清道光年间，当中国政府实行有实际措施的严厉禁烟后，英国的商人鼓动政府为维护鸦片的走私贸易，也是为了维护自由地向中国输出英国的工业品，不惜

① 中国史学会编：《鸦片战争》(二)，第419页。
② 亨托尔：《广州的番鬼》，转引自绍溪：《十九世纪美国对华鸦片侵略》，第46页。
③ 亨托尔：《广州的番鬼》，转引自绍溪：《十九世纪美国对华鸦片侵略》，第49页。
④ 拉伯特：《中国飞剪船》，转引自绍溪：《十九世纪美国对华鸦片侵略》，第45页。
⑤ 丁名楠等：《第一次鸦片战争——外国资本主义侵略中国的开端》，第125页。

挑起战争;因此,鸦片战争是处于工业资本主义阶段的英国资产阶级向外经济扩张的必然结果。

第二节　鸦片烟毒的泛滥及其后果

广州为中心的南方毒况　根据道光初年各地的报告,外国鸦片贩子联合中国的毒贩、腐败官吏兵丁,建立了几乎遍及全国十八个省的贩毒网络。

这个贩毒网络以广州为中心,自外国运来的鸦片大多集中于伶仃洋一带,然后由操办转售业务的包买户雇"快蟹"将部分鸦片运入城内,这种最有势力的包买户人称大窑口,在广东各地已有几十家,每家的资本多的达100余万,主要集中于虎门、澳门、黄埔一带。大窑口下面承包一个地区或一县鸦片买卖的叫小窑口,已散布于广东的各地,其资本亦有几十万。除了以上这些贩卖者外,还有开馆者和制造烟具者。烟馆不仅在广州遍地林立,而且在各处城镇,甚至重门深巷,亦到处可见。同样,由于市场的需求,制造烟具的人也越来越多。运输鸦片的则有"快蟹""扒龙"等,这些船帆张三桅,两侧尽布铁板,以御炮火;左右各有快桨五六十对,来往如飞,一次就可装载数百石鸦片,[①]广州早已成为中国的鸦片贸易中心。

鸦片进入羊城之后,瘾君子数量不断攀升,形成一系列的社会问题。清人李光昭的一篇《阿芙蓉歌》描绘了鸦片运入广州湾后,烟雾熏罩下的社会众生相:

熏天毒雾白昼黑,鹄面鸠形奔络绎;
长生无术乞神仙,速死有方求鬼国;
鬼国淫凶鬼技多,海程万里难窥测;
忽闻鬼舰到羊城,道有金丹堪服食;
此丹别号阿芙蓉,能起精神委惫夕;
黑甜乡远睡魔降,昼夜狂喜无不得;
百粤愚民好肆淫,黄金白镪争交易;
势豪横据十三行,法网森森佯未识;
荼毒先深五岭人,遍传亦不分疆域;
楼阁沈沈日暮寒,牙床锦幔龙须席;

① 姚薇元:《鸦片战争史实考》,人民出版社1984年版,第13页。

一灯中置透微光，二客同来称莫逆；
手挚筠筒尺五长，灯前自借吹嘘力；
口中忽忽吐青烟，各有清风通两腋；
今夕分携明夕来，今年未甚明年逼；
裙屐翩翩王谢郎，轻肥转眼成寒瘠；
屠沽博得千金资，迩来也有餐霞癖；
渐传秽德到书窗，更送腥风入巾帼；
名士吟余乌帽欹，美人绣倦金钗侧；
伏枕才将仙气吹，一时神爽登仙籍；
神仙杳杳隔仙山，鬼形幢幢来破宅；
故鬼常谢新鬼行，后车不鉴前车迹。[①]

嘉庆时，有文人仿刘禹锡《陋室铭》，以诙谐语气写成《烟室铭》："量不在高，有引（瘾）则名，交不在深，有钱则灵。斯是烟室，惟吾类馨。横陈半面黑，斜卧一灯青。谈笑有癯仙，往来无壮丁。可以枕瑶琴，论茶经。无忘言之逆耳，无正事之劳形。常登严武床，如在醉翁亭。鬼子曰：'何戒之有。'"[②]

在19世纪30年代，鸦片交易逐渐向北推移。鸦片由水陆两道进入福建。水路由鸦片船或"快蟹"之类直达厦门、福州等地；而陆路则从广东经饶平、澄海转售于福建各地。于是福建诸地也已是毒雾弥漫。

流入浙江的鸦片也日益增多，广东的贩子直接将鸦片运至台州、宁波等地，福建的鸦片由蒲城、福鼎、寿宁而进入浙江各地。如黄岩县烟馆林立，吸者极甚，其县志记载："其初售价至贵，富家后生始为作俑，后乃乡闾之间无不渐染。"[③]

内地省份也已被鸦片贩子所控制。广东的鸦片经由梧州、浔州等地转销于广西；北则经乐昌、连州等地流入湖广；由南雄、大余而转售于江西；流入福建的鸦片也有部分从光泽、长汀、宁化而转销于江西；还有部分鸦片经江苏、上海而从长江水路突入湖北，汉口亦成了鸦片的集散地，[④]甚至再由汉口经商州、洵阳、蜀河而到达陕西。林则徐在武汉禁烟时，公开的烟馆虽稍有收敛，但暗中出售鸦片者仍相当多。当时满街张贴的出售戒烟药物的招贴，实际上不少是变相招徕顾客、暗示吸食者到招贴上的地址去购土吸食，《汉口竹枝词》唱道："卖烟不敢挂招

① 《阿芙蓉歌》，张应昌《清诗铎》，下册，中华书局1960年版，第1004—1005页。
② 缪莲仙辑，赵古农纂：《文章游戏三编》，卷1。
③ 《黄岩县志》，卷31，风俗。
④ 《林文忠公政书·湖广奏稿》，卷5，页11。

牌,暗地机关刷满街;发卖镇君丸戒引,戒烟人是吸烟来。”[①]

天津为中心的北方毒况 19世纪初叶,如果说广州湾和珠江口是鸦片走私的渊薮,那么,天津便是北方最大的鸦片贸易市场。

1831年的一份奏折表明,当时两广、福建的贩子雇驾洋船,将鸦片由海路贩至天津。[②] 此后天津的鸦片商船日益增多。1838年时,天津共有洋船147只,多有夹带鸦片,因缉拿严紧而不能起卸上岸。同年9月,在大沽口外查获“金广兴”的商船,内藏鸦片82袋,重131 500余两。“据奸商邓然等供称:‘各出资本,在广东向洋船代买。’”道光皇帝闻知此事也十分意外:“天津一船之内,夹带如许之多。”[③]

除了从海路走私外,还有一些中国鸦片商贩利用运河而北上。1838年陕西巡抚富呢扬阿上奏说:“夷船载运烟土小,……其大宗由海运至福建、浙江、江南、山东、天津、关东各海口。其由内河兴贩至南北各省,盈箱累笥,载以舟车,实繁有徒。”[④]天津为北方通衢,经由内河贩至天津的鸦片也不在少数。

为了扩大鸦片的销售,英国商人还直接航海到天津。道光十二年(1832年)大烟贩威廉·查顿派出2艘满载鸦片的双桅帆船沿海北驶成功,获得巨利。不久,查顿又以重金聘请传教士郭士立为翻译,租“气仙号”运鸦片到达上海和天津。[⑤] 在道光十三年(1833年)的一次北上航行中,郭士立贩卖了价值53 000英镑的烟土。[⑥]

鸦片到了大沽口,便有天津的土贩往来接应,然后把鸦片运入城内。当时,天津最有名的屯积所是“潮义”“大有”和“岭南栈房”等。这些栈房还代办关税和转售鸦片。在其账面上,鸦片以“布”为代号,如印度土称“青布”,广土称“白布”。

流入天津的鸦片,尽管大部分转往北京、直隶和山西等地,然而本地的烟毒也日趋严重,甚至出现了“烟馆处处皆有,烟具陈列街前,该处府县家人书役等,向多得规包庇”的局面。[⑦]

北方除了天津这一枢纽外,东北的广阔腹地也日益被中外鸦片贩子所重视。1832年,怡和洋行的鸦片船驶到了辽东湾,其“行踪诡谲,随处逗留,殊为可

---

① 叶调元:《汉口竹枝词》,卷1,市廛。
② 中国史学会编:《鸦片战争》(一),第324页。
③ 中国史学会编:《鸦片战争》(一),第367页。
④ 道光朝《筹办夷务始末》,卷1,页64。
⑤ 格林堡:《鸦片战争前中英通商史》,第126页。
⑥ 齐思和:《英国史里边的鸦片战争》,载列岛编:《鸦片战争史论文专集》。
⑦ 中国史学会编:《鸦片战争》(一),第324页。

恶"[①]。奉天各海口如锦州的矢桥厂、海城的没沟营(即营口)、田庄台、盖平的连云岛、岫岩厅的大孤山等处,向为各地海船的停泊点,这时均成了东北鸦片的集中地,并出现了像锦州的马老大、海城县福盛馆的王老五、新民厅的药铺老板张裕源等"明易货物,暗销烟土"[②]的著名贩子。此外,鸦片贩子又陆路从天津经山海关、锦州进入盛京;再由威远堡、浑河渡口等处转贩入吉林。在此陆海两路的夹攻之下,烟毒日盛。连被清朝统治者视为"根本重地,风俗人情最为淳朴"的盛京,也遍染恶习,而且"由来已久",[③]这种"恶习,几成积重难返之势"。[④]

北方沿海,几乎均被鸦片黑潮所侵入。鸦片在山东登陆后,除部分在原地销售外,大部分转销于河南,并由潼关、太庆关进入陕西等地。道光元年(1821年),御史郭泰成上奏称,山西太谷、介修等地有官商大贾贩卖鸦片。[⑤] 这样,鸦片烟毒便在神州各地泛滥开来了。

罂粟种植与土烟的出现 明代尽管各地有种植罂粟的,但基本上以观赏或制作药材为主,而且种植面积较小。到清代中叶,各地民众多已知割罂粟果制鸦片之法,因此,为生产鸦片而种植的罂粟,便在各地普及开来。

除了原有的罂粟种植以外,这一时期,罂粟主要通过海陆两条途径流入各地。海路由东南亚诸地传至台湾、福建。福建最早种植罂粟的是福宁府的福安县,在嘉庆年间那里的罂粟花已经盛开了。[⑥] 此后,又由福建传入浙江。浙江的土壤显然比福建更适合罂粟的生长,道光初期,浙江各地已是遍地罂粟了。道光十年(1830年),御使邵正笏指出:"浙江如台州府属,种者最多,宁波、绍兴、严州、温州等府次之,有台浆、葵浆名目,均与外洋鸦片烟无异,大伙小贩到处分销。"[⑦]同样,在安徽,"徽州宁国、广德等属,毗连江浙,山地居多,恐有外来棚户串通该处业户,私种分肥"。[⑧]

陆路由印度经东南亚、缅甸传入云南。较早记载云南种植罂粟的是乾隆元年(1736年)出版的《云南府志》。云南天热多雨,是栽培罂粟的理想地,因此"滇省沿边夷民向有私种罂粟"。[⑨] 该地出产的云土(又称南土)在土烟中为上品,产

---

① 《清宣宗实录》,卷二百二十四,页二十四。
② 《清宣宗实录》,卷三百一十六,页十八。
③ 中国史学会编:《鸦片战争》(一),第368页。
④ 中国史学会编:《鸦片战争》(一),第367页。
⑤ 于恩德:《中国禁烟法令变迁史》,第40页。
⑥ 《三都澳海关十年史》,福建《文史资料选辑》,第10辑。
⑦ 《道光十年六月二十四日上谕》,《鸦片战争》(一),第158页。
⑧ 《清宣宗实录》,卷一百八十七。
⑨ 《清宣宗实录》,卷一百九十一。

量也急剧增加。1839 年云贵总督伊里布在一篇奏稿中提到，一次就缉获烟土 12 000 两。[①]

云南罂粟很快传入四川，至迟在道光元年（1821 年）时，涪陵一带的农民已弃粮种烟了。所产人称川土，据史料载："川省五方杂处，间有吸食鸦片烟之人，会理洲、平武县一带，毗连番界，尚有种植罂粟花处所。"[②]从此不仅"川土见盛"，而且，四川还成为罂粟传播的中转站。

罂粟由四川而传入贵州，在道光十一年（1831 年）时，贵州"尚无栽种熬烟之事"。[③] 但 4 年后，已有种、吸鸦片和开设烟馆。[④] 到了道光十九年（1839 年）已是"遍栽罂粟，熬炼成土"了。[⑤] 贵州巡抚贺长龄奏称："黔省民、苗杂处。多有栽种罂粟熬膏售卖之事。外省奸商，每于栽种出土之初，亲来看估，预付银两，乡愚唯利是图，甘蹈法网，……现据朗岱、普定、清镇、贵筑等厅县先后查明民、苗私种者，或数亩、十数亩不等。此外，各州县地方栽种牟利者，尚不知有几。"[⑥]

罂粟的种植从四川北上而传入甘肃、陕西、山西等地，这样，仅仅一二十年间，这一广大区域的农民"废田而种罂粟，岁益浸广"[⑦]。土烟泛滥的原因，除了民众趋利之外，还有地方官吏的怂恿。在洋烟充斥之时，清政府内有些人开始提出以土烟来排斥洋烟的主张。道光十四年（1834 年），两广总督卢坤指出种烟的理由，"应弛内地栽种罂粟之禁，使吸烟者买食土膏，夷人不能专利，信银仍在内地转运不致出洋者"，[⑧]以土烟之利夺洋烟之利。也有人说"种植罂粟花，取浆熬烟，其利十倍于种稻"，又有人说"鸦片之利，数倍于麦，其益于农者大矣"，甚至还有人认为"内地之种越多，夷人之利日减……不禁而绝"。[⑨]

由于持这种认识的人并不在少数，因此，尽管清政府有禁止内地种植罂粟的政策，如较早的道光三年（1823 年）吏兵两部奏请酌定失察鸦片条例，要求禁止"私种罂粟煎熬烟膏"。[⑩] 此后，御史郭柏荫奏请严禁栽种罂粟一折称："广西、四川、云南、贵州等省番舶不通之处，皆由内地民田遍栽罂粟，熬炼成土，地利、民生

---

① 马耀主编：《云南简史》，云南人民出版社 1983 年版，第 191 页。
② 《清宣宗实录》，卷一百九十八。
③ 《清宣宗实录》，卷一百九十二。
④ 《清宣宗实录》，卷二百六十四。
⑤ 《清宣宗实录》，卷三百一十七。
⑥ 《清宣宗实录》，卷三百一十八，页十九至二十；卷三百一十七，页四。
⑦ 光绪朝《东华续录》，卷十四，页十二。
⑧ 《道光朝外洋通商案》，《史料旬刊》，第 25 期。
⑨ 道光帝《筹办夷务始末》，卷 1，页 64。
⑩ 道光帝《东华全录》，卷 8，页 64。

两受其害，必当严申例禁，以除积习。”[①]但对清政府三令五申的拔苗禁烟令，不少地方官吏却持面从态度，在许多文告中，将鸦片改称罂粟花，将烟膏改称芙蓉膏，以表示有别于外国的鸦片。其结果，在1831年时，种植罂粟扩展到广东、湖南、云南、贵州、四川、甘肃、山西、陕西、浙江、福建等省，土烟与洋烟并行，加之土烟价廉，因此烟毒日深。

鸦片的数量与价格 关于外国输入中国的鸦片数量，由于清政府没有任何统计资料，因此，一般只能根据马士(H.B. Morse)等的研究成果，即《东印度公司对华贸易编年史》和《中华帝国对外关系史》所记载的材料。但是，马士的《编年史》中，对鸦片的数量统计似有片面之处：

一、该书往往把印度输出鸦片的总箱数，等同于输入中国的鸦片数量，实际上自19世纪20年代中期始，印度运往东南亚各国的鸦片每年达4 000—5 000箱。[②]

二、该书仅摘录了英国官方公布的东印度公司在加尔各答和孟买两地所经销的部分鸦片数量，而没包括英、印散商私运的鸦片。[③]

三、该书未包括当时也参与鸦片贸易的美国、葡萄牙、荷兰、丹麦、西班牙、比利时、瑞典、普鲁士和俄国商人的贩烟数量。当时有不少马尔瓦出品的鸦片，是先运至葡萄牙领属的达乌曼，然后由葡萄牙船只运到中国来，这些鸦片马士未能统计在内。

四、该书的有关资料均以东印度公司经销的鸦片为依据，但自1831年和1834年起，该公司相继失去了对印贸易和对华贸易的垄断权，因此，该书关于1831—1839年间的鸦片统计数字比实际的经销数字要小很多。

五、由于鸦片贸易的走私性质，因此任何统计数字往往低于实际的数字，这种走私不仅在于进入中国时没有留下任何的登记，而且还在于它在印度也是走私性质，在印度也没有留下多少的记录。

六、尽管有数量不小的印度鸦片被运往东南亚各地，但这部分鸦片有的是由当地华侨承包的，有的则又走私进入了中国。

综上所述，要确定中国鸦片进口的数量的确是一件难事，但它对于鸦片历史的研究又是一个关系重大的问题。笔者根据各种史料，并汲取史界前辈的研究成果，试对1800—1839年间中国进口鸦片的数量及价值作一分析(见表4-1)。

---

① 《清宣宗实录》，卷三百一十八，页十九至二十；卷三百一十七，页四。
② 例如1835—1839年，(《关系史》第439页原注)这一修正是必要的。
③ Michael, *China, a Nation in Evolution*, pp.122-127.

表 4-1　1800—1839 年鸦片入口数量与总值

年份	输入中国的鸦片(箱)	总值(银元)	年份	输入中国的鸦片(箱)	总值(银元)
1800	4 570	2 696 300	1821	12 637	22 253 757
1801	3 947	2 841 840	1822	18 765	33 026 400
1802	3 292	4 872 160	1823	18 857	25 871 804
1803	2 840	3 976 000	1824	17 184	20 552 064
1804	3 159	6 318 000	1825	15 852	13 854 648
1805	4 238	5 933 200	1826	19 389	15 317 310
1806	4 306	6 028 400	1827	19 104	18 397 152
1807	4 538	6 353 200	1828	21 339	23 344 866
1808	4 208	5 891 200	1829	24 992	23 867 360
1809	4 593	6 428 800	1830	33 906	29 125 254
1810	4 968	7 203 600	1831	29 413	20 000 840
1811	5 091	7 381 950	1832	30 435	24 652 350
1812	5 066	7 345 700	1833	22 886	15 013 216
1813	7 269	10 540 050	1834	22 185	14 753 025
1814	3 673	5 509 500	1835	34 700	23 956 000
1815	7 110	13 157 673	1836	35 076	23 851 680
1816	6 518	9 777 000	1837	44 673	30 377 640
1817	12 375	13 662 000	1838	40 500	28 350 000
1818	10 779	10 779 000	1839	50 350	34 238 000
1819	11 286	9 931 680	合计	638 119	601 675 219
1820	12 050	14 604 600			

资料来源：刘鉴唐：《鸦片战争前四十年间鸦片输入与白银外流数字的考察》,《南开史学》1984年第1期；马士：《东印度公司对华编年史》和《中华帝国对外关系史》。

注：鸦片价值根据每年鸦片的价格计算得出。

由此可见，鸦片战争以前，输入中国的鸦片数量已达到63万多箱，外国殖民者因此攫得6亿银元的财富。

除了进口的鸦片以外，中国自产的鸦片在19世纪30年代已达到了不容忽略的泛滥地步。罂粟的种植已遍及半个中国，在浙江、四川、贵州、山西和云南，种植面积日益扩大。特别是云南省“罂粟种得漫山遍野，每年出产的鸦片，数量不下数千箱”。[1] 笔者估计，在鸦片战争前夕，中国自产的鸦片每年已达到 1 万箱左右，罂粟的种植面积约为 30 万—40 万亩。

关于外国的鸦片，可分为“大土”和“小土”，其价格与品位不一（见表 4－2）。

表 4－2　19 世纪 30 年代外国鸦片的种类和价格

中文名称			西文名称	产地	每箱包数	每箱斤数	价格（银元）	贩卖者
大土	公班土	乌土	Bengal Opium	Patna	40	120	560（1800 年） 1 300（1817 年）	英国东印度公司
	刺班土		Bengal Opium	Benares	40	120	800	英国东印度公司
小土	白　皮	白土	Malwa	Malwa	160—200	100	680（1818 年）	印度政府
	金花土		Turkey	Turkey	160—200	100	400	美国商人
	新山土	红肉	Persian Opium	Persaia	160—200	100	400	美国商人

资料来源：1. 姚薇元：《鸦片战争史实考》，第 5 页。
2. 李圭：《鸦片事略》。

吸食者 200 万　19 世纪 30 年代，急剧增加的外国鸦片以及土产鸦片，给中国这一东方的古老帝国带来了严重的后果，并由此开始影响她的命运。

严重的鸦片烟毒已经大肆泛滥。鸦片的分销遍及十八省，吸食者遍布全国各地。云南、四川、贵州等边疆内地吸食之风相当严重。在云南，“自衙门官亲幕友、跟役、书差以及各城市文武监生，商贸军民人等吸烟者十之五六”。[2] 台湾一地的瘾君子就有 50 万人，每日耗银 10 万两。[3] “江南地本繁华，贩卖买食鸦片烟之人，原皆不少，……而必以来自外洋，方为适口。”[4]上海为洋烟走私的据点，吸食者日众。道光年间，“不特城市殆遍，即乡僻亦然”。[5] 一个小小的南汇县城每

① 麦克纳尔：《现代中国历史读本》，转引自牟安世：《鸦片战争》，第 107 页。
② 《清宣宗实录》，卷三百一十六，页四。
③ 连横：《台湾通史》，下册，第 359 页。
④ 《林文忠公政书·江苏奏稿》，卷一，页二十一。
⑤ 金福曾等编修：《南汇县志》，卷 20，疆域志。

日所进烟土，费用已倍于米粮。“其毒乃不可遏，通衢列肆，嗜者日众，城市而外，侵及乡镇，一日之费倍蓰米粮，往往因之败业，以促其年，而且男女杂厕。”[①]毒风弥漫的重灾区如浙江“黄岩一县，无不吸烟，昼眠夜起，杲杲白日，阒其无人，月白灯红，乃开鬼市”。[②] “大家累世积储之业，化为乌有者不可胜数；而士风颓靡，细民实业，多由于此。”[③]据包世臣在嘉庆二十五年（1820 年）估计，苏州一城“吃鸦片者不著”已有数万人。在清朝的“根本重地，风俗人情最为淳朴”的盛京，士民也遍染此恶习，而且“由来已久”。[④]

20 年的时间里，烟毒遍及全国，“嘉庆初食者甚少，不二十年，蔓延天下，自士大夫以至贩夫走卒，群起趋之，靡然而不返”。[⑤] 时人记载：“其初不过纨裤子弟习为浮靡”，“嗣后上自官府缙绅，下至工商优隶，以及妇女、僧尼、道士随在吸食”。[⑥] 后“食者愈众，几遍天下”，“今日下兴贩者不知几何，开设烟馆者不知几何”，[⑦]“海疆商贾码头及通衢繁会之区，吸食者不可胜数”。[⑧] 人们无不以吸食鸦片为时髦事。嘉庆时人程思泽记载：“粤中鸦片烟满地，虽乞儿亦啖之。”[⑨]已到了连乞丐也吸食的地步了。后来随英军来到中国的海军上尉奥特隆尼曾说：“中华帝国南部诸省的人民多半都是吸食鸦片成瘾的，那真是一大流毒，一大祸害。”[⑩]据估计，1835 年时，中国吸食鸦片者已在 200 万人以上。从职业上分析，几乎包罗各种职业、各个阶层。

官吏阶层吸食鸦片十分普遍。天子脚下的京城，上至贵族、官僚，下至太监，吸食者颇多。1831 年，曾查获内务府掌仪司太监张进幅等吸食鸦片案，据其供称，吸食鸦片烟膏竟已有 30 余年，后因到天津购买鸦片 160 两，“事后回朝阳府，当被弋获”。[⑪] 京城官吏嗜好鸦片的风尚，连外国人也十分清楚。宾汉在《英军在华作战记》中写道：“从许多严厉的上谕，可以看出宫中的宦官做着很大的鸦片生意，而在各口之中，以位于北京东南九十英里的天津为最易。”[⑫]据时人蒋湘南分析，京官中吸贩鸦片者占十分之一二，外官占十分之二三，幕宪占十分之五六，

---

① 《松江府续志》，卷五，疆域志。
② 中国史学会编：《鸦片战争》(三)，第 362 页。
③ 《黄岩县志》，卷 31，风俗。
④ 中国史学会编：《鸦片战争》(一)，第 370 页。
⑤ 梁廷枏：《夷氛闻记》，第 8 页。
⑥ 道光朝：《筹办夷务始末》，卷一，页四。
⑦ 齐思和整理：《黄爵滋奏疏许乃济奏议合刊》，中华书局 1959 年版，第 70 页。
⑧ 中国史学会编：《鸦片战争》(二)，第 136—137 页。
⑨ 中国史学会编：《鸦片战争》(一)，第 522、432、505 页。
⑩ 转引自张馨保：《林钦差与鸦片战争》，福建人民出版社 1989 年版，第 34 页。
⑪ 中国史学会编：《鸦片战争》(一)，第 522、432、505 页。
⑫ 中国史学会编：《鸦片战争》(五)，第 24 页。

长随、吏胥不可胜数。[①] 林则徐指出："衙门中吸食最多，如幕友、宦亲、长随、书办、差设，嗜好者十之八、九。"[②]即使边远如云南，大小官吏无不吸食，迤西道员彭毓崧曾记载："署中厮役多滇人，虽多贫无裤，不烟无以为活也。"[③]有些地方官员不仅自身吸食鸦片，还与不法商人狼狈为奸，合伙开设烟馆牟利。

鸦片也深入清军的骨髓。清军包括20万八旗和60多万绿营官兵，其"将备兵丁内，必有吸食鸦片烟者"。[④] "平日废弛营务，致兵丁吸食鸦片烟，临事不能得力，平素毫无整顿。"[⑤]在上海居住的曾羽生看到："官兵无有不吸之者，由是沿及士民。"[⑥]据吉林将军祥康指出，在沿海7省的官兵中，不抽鸦片者已是例外。他们出征常身带两杆枪，作为武器的长枪常常生锈，而一杆烟枪却油光发亮。1832年，两广总督李鸿宾所部在连州镇压所谓的"瑶乱"之战中惨遭失败，充分暴露了清军因吸食鸦片而萎靡腐化，丧失战斗力。

毒品在中国的蔓延，道光年间是继明末以后的第二个转折点。如前所述，[⑦]自明中期"乌香"进入朝廷，获得明神宗的青睐，并日益流行于宫廷内部，从而完成了第一个转折，即鸦片由药用品蜕变为奢侈品。而到了道光时期，鸦片又由宫廷而流传至各级官吏，又由统治阶层而蔓延到全国各地、社会的各个阶层。烟毒的泛滥严重损害了中国人的身心健康。1816年春，士子江广生北上参加会试，考试时竟因烟瘾发作而暴死于考场。"瘾发死场屋，直等道路殍。"[⑧]道光十四年（1834年），香山邓云巢在北京充当舍人（文书），与18岁的情侣韵香同居。为了满足性欲，两人一同吸食鸦片。最后，邓云巢中毒而亡，3天后韵香也跟着死去。此类惨剧，可悲可叹，不胜枚举。鸦片对人体的损害，首先是它能使初用者甘之如饴，受其毒而不自觉；其次是一旦成瘾极难戒除；最后，它能使各种体质的人都走入由强而弱、由壮而衰，直至死亡的绝地。早在乾嘉时，俞蛟就写道："瘾至，其人涕泪交横，手足委顿不能举，即白刃加于前，豸虎逼于后，亦惟俯首受死，不能稍为运动也。故久食鸦片者肩耸项缩，颜色枯羸，奄奄若病夫初起"；[⑨]吸食成瘾后，"面色灰黄，形容枯瘦，未老先衰，头发易白，瞳孔缩小，齿牙动摇，皮肤干燥，

---

① 中国史学会编：《鸦片战争》(一)，第522、432、505页。
② 李乔：《清代官场百态》，第142页。
③ 马曜主编：《云南简史》，云南人民出版社1983年版，第191页。
④ 《清宣宗实录》，卷三百一十二，页十九。
⑤ 中国第一历史档案馆编：《鸦片战争档案史料》，第1册，天津人民出版社1992年版，第130页。
⑥ 《鸦片战争》资料丛刊，第1册，上海新知出版社1955年版，第312页。
⑦ 参见第二章第二节。
⑧ 雷瑨：《蓉城闲话》，《鸦片战争》资料丛刊，第1册，上海新知出版社1955年版，第300页。
⑨ 中国史学会编：《鸦片战争》(一)，第318、307页。

声音震颤”，人称“烟鬼”，以致“眼出泪，鼻出涕，一息奄奄死相继”。[①] 闽南歌谣说道：“鸦片未煮是涂（闽南方言“涂”和“土”通用），煮了糊涂（“糊涂”是指烟膏黏稠）。未吃忠厚，吃了糊涂。妻子不顾，亲友断路。依壁穿裤（穿裤时本应坐着穿，但抽烟使财产散尽，家徒四壁，只好靠着墙壁穿裤），点灯照路（形容家里穷得只有在照路时才点灯）。”[②]鸦片不仅戕害人的健康，并且还麻痹人的智力与意志，使百万人成为废物，造成社会劳动力的萎缩；军队丧失战斗力；官僚阶层更加腐败堕落。总之，鸦片摧残中国人的肉体，蛀食中华民族的躯体，威胁着整个民族的生存。

同样，吸食鸦片烟膏，给吸食者的家庭造成严重的经济负担。道光年间，一箱鸦片最贵的卖到 2 000 多银元，最便宜的也要 500 银元。因此吸食鸦片所耗费的钱财难以计数。林则徐曾估算过，吸鸦片者每天除衣食日用外，至少要花一钱银子吸鸦片。一月合计要 3 两，一年就是 36 两。家中的钱财有数，而鸦片的消耗无穷。日复一日，年复一年，必然导致倾家荡产。吸食者为了弄到过瘾的钱而不择手段，时有歌谣：“最毒是鸦片，害人真毋浅，哪个上了大烟瘾，逼得卖屋又卖田！”

白银外流财政危急　外国鸦片的大量输入，带来另一个严重后果，就是钱财过分集中到鸦片的交易，造成工商业的普遍萧条和衰弱，林则徐在对苏州、汉口等地调查后，曾痛心地指出：“凡二三十年以前，某货约有万金交易者，今只剩得半数，问其一半售于何货？则一言以蔽之，曰鸦片烟而已矣。”[③]由于鸦片的大量输入，中国出产的丝、茶不足以抵补，白银开始外流，从而改变了中国自 16 世纪以来的贸易出超、白银入超的长期优势，给清王朝带来财政危机，也大大加重了民众的负担。随着鸦片的泛滥，时人也发出警示：“悲哉，洋烟之为害乃今日之洪水猛兽也。然而殆有甚焉。洪水之害，不过九载，猛兽之害，不出殷都。洋烟之害，流毒百余年，蔓延二十二省，受其害者数十万万人，以后浸淫，尚未有艾。”[④]

白银外流始于 19 世纪 20 年代，在 30 年代达到高潮。关于鸦片战争前，中国外流的白银总量究竟有多少，历来看法不一。有些史学家估计，30 年代平均每年流出的白银达 1 000 万两以上，[⑤]有的学者甚至认为高达每年 3 000 万两。[⑥]

---

① 中国史学会编：《鸦片战争》(一)，第 318、307 页。
② 《闽歌甲集》，第 114 页。
③ 《林则徐集 · 奏稿》，中，第 599—600 页。
④ 贺长龄、魏源编：《皇朝经世文编》卷二十四，台北文海出版社 1969 年版，第 8 页。
⑤ 严中平等编：《中国近代经济史统计资料选辑》，科学出版社 1955 年版，第 28—29 页；《清代货币金融史稿》，第 1 册，第 263—266 页。
⑥ 中国历史研究会编：《中国通史简编》，第 1003 页。

其主要的依据是朝臣的奏稿。如许乃济称，每年鸦片入口 20 000 箱，岁售银 1 000 万两。[①] 黄爵滋的奏折说：广州一口，道光三年至十一年，岁漏银 1 780 万两；十一至十四年，岁漏银 2 000 余万两，十四至十八年，岁漏银 3 000 万两。[②] 实际上许、黄氏奏折所举的数字，是从鸦片进口值来判定漏银的，而不是从整个进出口贸易来计算的，因此数字显系偏高。根据广州的实际贸易情况，以及中国丝茶出口、白银流通的情况，笔者同意李伯祥等学者的结论，即在 19 世纪 30 年代，中国每年流出的白银为 500 万—600 万两。[③]

由于支付鸦片价款而造成的白银外流，严重破坏了清朝的财政金融，其典型地体现在银贵钱贱问题上。雍正年间，纹银一两兑换铜钱 1 000 文，这一比价在 1810 年以前尚基本保持。但从 1810 年起，比价就超过了 1 100 文，此后上升速度更快。到道光十八年(1838 年)，已超过 1 600 文了。[④] 当然，银贵钱贱也与嘉、道年间铸钱分量逐渐减轻有关，但主因是白银的大量外流。银贵钱贱威胁到政府的财政收入，黄爵滋曾指出："各省州县地丁漕粮，征钱为多。及办奏销，皆以钱易银，折耗太苦。故前此多有盈余，今则无不赔垫。各省盐商卖盐俱系钱文，交课尽归银两。昔则争为利薮，今则视为畏途。"他担心"若再三数年间，银价愈贵，奏销如何能办？税课如何能清，设有不测之用，又如何能支？"[⑤]

"银荒"给人民带来了更加沉重的经济负担。因为他们出卖劳动力时得到的是铜钱，购买货物尤其是缴纳赋税则必用银两，而银贵钱贱使他们的负担增加了 30%—60%。早在嘉庆二十五年(1820 年)时，包世臣就指出："小民计工受值皆以钱，而商贾转输百货，则以银。其卖以市也，又科银价以定钱数，是故银少则价高，银价高则物值昂。又民户完赋亦以钱折，银价高则折钱多，小民重困。"[⑥]民众贫困使政府不能按时收到税赋，1839 年 7 月时，各省积欠的田赋税款已达 2 940 余万两。[⑦] 这笔巨额拖欠，相当于清廷一年的田赋收入，所以，白银外流已严重影响财政的正常运作。

因此，到 19 世纪 30 年代后期，鸦片问题已开始动摇清朝封建统治的基础，关系到国家与民族的生死存亡了。

---

① 道光朝《筹办夷务始末》，卷二，页五。

② 道光朝《筹办夷务始末》，卷一，页二。

③ 李伯祥、蔡永贵、鲍正廷：《关于十九世纪三十年代鸦片进口和白银外流的数量》，《历史研究》1980 年第 5 期。

④ 道光朝《筹办夷务始末》，卷二，页四百一十五。

⑤ 道光朝《筹办夷务始末》，卷二，页四百一十五。

⑥ 包世臣：《安吴四种》，庚辰杂著二。

⑦ 《清宣宗实录》，卷三百二十三，页三。

第三节　彪炳千秋的禁烟运动

弛禁与严禁之争　鸦片大量输入对中国社会所造成的严重恶果，逐渐引起统治者的重视。1836 年 6 月，太常寺少卿许乃济上奏《鸦片烟例禁愈严流弊愈大亟请变通办理折》，由此引发了一场如何禁烟的大争论。

较早提出鸦片弛禁主张的，是广东士绅何太清。道光十三年(1833 年)，赋闲在家的何太清在与许乃济讨论禁烟问题时指出，要想杜绝鸦片泛滥，“必先罢例禁，听民间得自种罂粟。内产既盛，食者转利值廉，销流自广。夷者无所得利，招亦不来，来则竟弛关禁，而厚征其税，责商必与易货，严银买罪名。不出二十年，将不禁自绝”。[①] 许乃济认为，严禁不仅产生不少流弊，并且例禁愈严流弊愈大。其原因是“法令者胥役棍徒之所藉以为利，法愈峻则胥役之贿赂愈丰，棍徒之计谋愈巧”。[②] 在“闭关不可，徒法不行”的情况下，唯一的办法就是弛禁。具体措施为：一、准令外商输入鸦片。“令夷商将鸦片照药材纳税，入关交行后，只准以货易货，不得用银购买。”二、准许内地民众栽种罂粟，则“内地之种日多，夷人之利日减，迨至无利可牟，外洋之来者自不禁而绝”。三、准许官员、士子、兵丁以外一般没有公职的人吸食鸦片，“弛禁仅属愚贱无职事之流，若官员、士子、兵丁仍不在此数，似无伤于政体；而以货易货，每年可省中原于余万金之偷漏，孰得孰失，其事了然”。[③] 许乃济的弛禁，与前叙以土烟代洋烟的意见是有前后发展关系的。因为当时的人们，特别是统治集团的人，关注的主要问题是白银外流这个经济问题，而不是因吸毒而导致的国人体质下降问题。弛禁的实质就是通过缓和的办法，来逐步解决鸦片问题，其主要目的是抵制英国的鸦片输入，阻止日益扩大的白银外流。如果从当时的具体历史背景与社会条件来分析，缓禁的主张不是全无道理，恰恰相反，中外禁烟的历史证明，渐进的禁烟往往是最有效的手段。[④]

---

① 梁廷枏：《夷氛闻记》，卷一，中华书局 1959 年版，第 8 页。

② 《黄爵滋奏疏许乃济奏议合刊》，第 216 页。

③ 《黄爵滋奏疏许乃济奏议合刊》，第 216 页。

④ 过去史学界对弛禁主张的批判过分，如认为弛禁派的主张是“准备牺牲人民的生命”的一种“露骨的残忍主张”(范文澜：《中国近代史》，人民出版社 1952 年版，第 15 页)，“是以牺牲国家、民族利益，乃至中国人民的生命为代价来满足一小撮贪官污吏的私利”，“集中反映了一批与鸦片贸易有密切关系的官僚立场”(龚书铎、方攸翰：《中国近代史纲》，北京大学出版社 2003 年版，第 8 页)，这些批判并不符合历史事实。

许乃济的弛禁“无伤于政体”论出笼后，立即遭到一些朝臣的反对，其中又以内阁学士兼礼部侍郎朱樽、兵科给事中许球和江南道御史袁玉麟的三篇奏折最为精彩。他们认为：一、不能厉行禁烟的根本原因是官吏奉行禁令不力，因为鸦片买卖必须依靠中国人才能完成，所以，他们认为在内地严禁后，是有可能禁绝鸦片的。二、如允许外人以鸦片易茶叶，“倘使茶叶不够充分的话，恐怕仍然是会用银钱去交换烟泥的。此外，如果我们有权防止银元输出，那又为什么不能阻止鸦片输入呢？”三、“吸食鸦片，但禁官弁士兵，不禁小民……半禁半弛先紊其例。”①四、内地种植罂粟，不仅未能使鸦片输入禁绝，还会“荒废农田”，“膏腴之区，且尽化为鸦片之壤”。②

这三篇奏折在中国禁毒史上具有重要意义，它以急进的主张确立了严禁鸦片必要的大前提，基本驳倒了弛禁的观点，此后，朝野上下再也无人敢公开宣扬弛禁主张了。到 1836 年 11 月，朝廷基本确立了厉行禁止鸦片贸易的政策。

在严禁理论逐步形成的同时，中国第一次有效的大规模禁烟在林则徐的部署下，正在两湖地区蓬勃兴起。

林则徐江苏湖广禁烟 林则徐（1785—1850），福建侯官人（今福州市），为近代杰出的政治家。早年林则徐在厦门担任海防同知书记，已目睹当地官吏兵丁“皆有嗜鸦片之癖”。③ 他此后入京为翰林院庶吉士，收集各地资料，苦心求索医治社会疮痍和国家富强之策，已注意到鸦片的流毒，指出：“鸦片以土易银，直可谓之谋财害命”，“自鸦片盛行之后，外洋并不必以洋钱易纹银，而直以此物为奇货，其为厉于国计民生，尤堪发指”。④

道光三年（1823 年），林则徐任江苏按察使，1832 年任巡抚。江苏为南北要道，商民辐辏，吸食鸦片烟日益成为社会问题。林则徐明察暗访，发现商业近年衰弱，究其原因“则一言以蔽之，曰：‘鸦片烟而已矣’”。⑤ 目睹烟毒流行，林则徐“心焉如捣”⑥。开始进行禁烟实践。第一，严禁种植罂粟。要求“所有民间田地，因新例有私种罂粟，即以军徒科罪，并将田地入官”。⑦ 此法颇有效果，因为“若奸民在地上种植，难瞒往来耳目，一经告发究办，财产两空，故此法一立，即可

---

① 转引自牟安世：《鸦片战争》，第 107 页。
② 转引自牟安世：《鸦片战争》，第 107 页。
③ 雷瑨：《蓉城闲话》，中国近代史资料丛刊《鸦片战争》，第 1 册，第 303 页。
④ 《林则徐集・奏稿》上册，中华书局 1965 年版，第 135 页。
⑤ 《林则徐集・奏稿》上册，第 600 页。
⑥ 《林则徐集・奏稿》上册，第 571 页。
⑦ 《林则徐全集》，海峡文艺出版社 2002 年版，第 1 册，第 263 页。

杜绝”。[①] 第二，严禁贩卖和吸食鸦片。通过认真查访，严肃处理贩卖鸦片的土豪恶棍，拿办僧广得、杜双义等鸦片贩子，查封烟馆，收缴烟具。对吸食鸦片烟的官吏进行“熬审”，将吸食的官员“一并责革”。[②] 第三，研究推广戒烟药方。为帮助吸食者戒烟除瘾，林则徐亲自深入研究治疗烟瘾的机理，请教中医名家，采访并配制戒烟药方10余种，并向民间推广。名医何书田按照林则徐提供的效方，整理考订编成《救迷良方》一书。该书刻印后，流行江南各地，书中所载之戒烟丸膏，上海一带称之“林十八”，即由18味良药组成。第四，加强海上巡逻，严防夷船夹带鸦片。林则徐密令沿海关津营县，严加巡逻，对洋船夹带鸦片“随时认真访查，力拿严惩”，[③]务绝鸦片之源。林则徐在江苏的禁烟取得巨大成绩。“江南地本繁华，贩卖、买食鸦片烟之人原皆不少，节经严切查拿，随案惩办，近日并无私种罂粟花作浆熬膏之人”。[④] 但因江苏不是鸦片流毒的关键地区，因此，影响与作用都不大。尽管如此，林则徐的政绩受到道光帝的肯定，1837年2月，林则徐出任湖广总督。

19世纪30年代的武汉地区烟毒已很严重。他十分痛心鸦片流行导致城市衰弱，“苏州之南濠，湖北至汉口，皆阛阓聚集之地，叠向行商铺户暗访密查，佥谓近来各种货物销路皆疲，凡二三十年以前某货约有万金交易者，今只剩得半之数，问其一半售于何货？则一言以蔽之，曰：‘鸦片烟而已矣’”。[⑤] 1838年6月，林则徐写了著名的《筹议严禁鸦片章程折》，支持鸿胪寺卿黄爵滋的严整建议，林则徐认为鸦片烟毒已深，只有严刑峻法才能威慑贩吸者。他还提出禁烟章程6条，即收缴烟具；限期一年，劝令自新；贩烟制具者重惩，官吏失察者分别降调；督令地保认真稽查；对吸食烟犯详审定谳。[⑥] 同时，林则徐在武昌、汉口、汉阳和长沙设立察烟局，委派得力官员，负责收缴鸦片和烟具，在政策处理上，根据烟贩自首和戒绝情况，“宽猛兼施，呈缴者姑许自新，隐匿者力加搜捕，不追既往，严儆将来”，一时，通衢要道遍贴禁烟告示，官府民众纷纷出动，查烟馆、抓烟贩、搜烟土、缴烟枪，形成禁烟的高潮。

两湖地区的禁烟迅即奏效。1838年秋，汉阳荣烟局捕获烟贩朱运升，起获烟土1 200两，烟膏800两。汉口禁烟局在一栈房一次搜得烟土2 570两。在强

---

① 《林则徐全集》，第1册，第269页。《林则徐集·奏稿》上册，中华书局1965年版，第135页。

② 陈锡祺主编：《林则徐奏稿·公牍·日记补编》，中山大学出版社1985年版，第4页。

③ 《林则徐集·奏稿》上册，第135页。

④ 《林则徐集·奏稿》上册，第135页。

⑤ 林则徐全集编委会：《林则徐全集》，福州海峡文艺出版社2003年版，第3册，第78页。《林则徐集·奏稿》中册，中华书局1965年版，第599—600页。

⑥ 《林则徐集·奏稿》，中册，第567—571页。

大的压力下,烟贩纷纷自首,其中仅烟贩邵银璋一人即缴出 2 000 两烟土。10 月 27 日,林则徐亲赴校场,查验鸦片烟枪 1 754 杆。总计,林则徐在湖北共缴获烟土、烟膏 12 000 两,缴毁烟枪 2 000 杆;在湖南境内,缴获烟枪 3 540 杆,起获烟膏、烟土 3 万余两。①

为使吸食者能戒绝烟瘾,林则徐亲自研究药方,最有效的是"忌酸方""补正丸""物引"和"瓜汁饮"等四种。湖北省除官制的断瘾药以外,各药店也配有戒烟药,"无家不有,无家不售",以致作为戒烟药主要成分之一的高丽参、洋参等药材涨价数倍,供不应求。一些老鸦片瘾者,一天吸食 1 两,抽了 30 多年的鸦片;戒烟之后,颜面发胖,筋力复强,家人对林则徐感激涕零。两湖的禁烟实践坚定了林则徐清除烟毒的决心,时代的潮流将他推到了为国家为民族争命运的浪尖。

道光帝的禁烟决心 道光帝所处的年代,正是清王朝由盛转衰、弊病百出、社会问题迭起的时期。鸦片以及鸦片背后所隐含的问题,无疑是其中最棘手的。

在道光朝以前,清政府的禁烟动机,多从道德出发,以鸦片足以淫荡人心、消弭意志为由;而到了道光朝,除了道德原因外,更由于白银外流,不得不从经济立场来考虑禁烟问题,并且在烟毒的侵染下,国民体质下降,军队战斗力衰弱。正是在这样的背景之下,道光帝才成为推出林则徐上演了虎门销烟时代壮举的禁烟皇帝的。

道光帝对鸦片的态度是有个过程的。正值盛年的道光帝,继承的是"一个荒淫而腐败的朝廷,一个无组织而贪污的政府,以及被叛乱弄成百孔千疮的帝国"。② 为了帝国的长治久安,道光帝大力整顿吏治,整理财政,尤致力于研究鸦片。实际上,他是继明神宗之后的又一个吸食鸦片的皇帝,年轻时也吸食鸦片,几乎成瘾,忽有所悟,果断地说:"此物不禁绝,使流行于内地,不但亡家,实可亡国。"③道光帝为显示禁烟的决心,乃立刻将烟膏弃去,将进呈烟具的太监立毙杖下。正因为如此,他对于鸦片之危害有亲身的体验,因此,继位后决心禁绝鸦片。道光二年(1822 年)他就严谕广东及各省督抚查禁银两出口及鸦片进口,次年发布《失察鸦片条例》,以后每年连连下达禁烟上谕。19 世纪 20 年代,尽管鸦片流毒日广,但对国家的财政收入还没有暴露出咄咄逼人的威胁,白银出洋虽有,臣下多认为是"夷人"用洋钱套换所致。道光帝对粤海关的百万银两的岁入和种种报效十分看重,而且每年税课是有盈无损,所以在道光前期,清廷对鸦片的禁止是流于形式的。

---

① 参阅《裕泰年谱》,道光十八年、十九年条。

② 马士:《中华帝国对外关系史》,商务印书馆 1963 年版,第 243 页。

③ 道光朝《筹办夷务始末》,卷 5,页 124。

1830年后，各地奏疏开始揭露鸦片对国家财政的危害，白银的严重外流，引起了道光帝的高度重视。1831年他加强禁烟的法律力度，严定买食鸦片烟罪名，禁止贩运及私种罂粟。但次年输入的鸦片不仅未减少，反而增加了9 000箱。1832年，广东连州瑶民起事，两广总督李鸿宾率兵镇压，但由于兵丁吸食鸦片，失去战斗力，几乎全军覆没。御史冯赞勋就此事上奏，指出：兵丁吸食鸦片，"若不严行查禁，将来日甚一日，不惟一兵不得一兵之用，窃恐一省并无一兵之用，其为患贻不可胜言"。[①] 因此，冯提出必须严禁兵丁吸食鸦片。冯赞勋的奏折使道光帝相当震动，即发出上谕，通令各省督抚严禁兵并吸食鸦片。尽管道光帝主张严禁鸦片，但鸦片的入口仍有增无减。怎样才能彻底解决这个烦恼不已的问题，又依靠谁来力挽狂澜，道光帝心中尚无定计。1836年弛禁论提出后，道光帝发动朝臣进行议论，直到朱樽、许球等上奏批驳，淋漓尽致地描绘了"民穷财绌"的可怕景象以及英国利用鸦片"毒害中华"的野心，道光帝已意识到："鸦片流行内地，吸者日众，鬻者愈多，几与火烟相等。耗财伤人，日甚一日。"[②]更坚定了严禁的决心，不久他又发出上谕："着步军统领衙门及各直省督抚严惩贩烟吸烟人犯。"[③]1838年6月，黄爵滋上《请严塞漏卮以培国本折》，痛陈鸦片耗银为病国之忧，指出鸦片贩子与官吏、兵丁勾联一气，"耗银之多，由于贩烟之盛；贩烟之盛，由于食烟之众"，呼吁必须重刑严禁，"必先重治吸食"，引起朝野的震动。道光帝即要求一些督抚各抒己见。9月各地督抚的29件复奏到达朝廷，除贵州巡抚看法特殊以外，湖广总督林则徐、两江总督陶澍、湖南巡抚桂良、护理湖北巡抚张岳嵩、安徽巡抚色卜星额等表示支持，而大部分人对黄爵滋的建议进行了补充和修正，显然道光帝的禁烟主张影响了内外大臣们，而这场讨论的结果基本决定了朝廷的禁烟政策。

于是，湖广总督林则徐在几次上奏呼应黄爵滋之后，于10月初再上一本，此即著名的《钱票无甚关碍宜重禁吃烟以杜弊源片》，在条陈种种利害后，林则徐将鸦片提到了国家民族存亡绝续的高度："当鸦片未盛行之时，吸食者不过害及其身，故杖徒已足蔽辜，殆流毒于天下，则为害甚巨，法当从严。若犹泄泄视之，是使数十年后，中原几无可以御敌之兵，且无可以充饷之银。"林则徐请道光帝早日实行严禁："臣……自念受恩深重，备职封圻，睹此利害切要关头，窃恐筑室道谋，一纵即不可复挽。"据说，道光帝在11月9日读到"数十年后，中原几无可以御敌

① 转引自朱金甫、郦永庆：《第一次鸦片战争期间禁烟问题新论》，《人民日报》1986年1月6日。
② 中国第一历史档案馆：《鸦片战争档案史料》，第1册，第62页。
③ 转引自朱金甫、郦永庆：《第一次鸦片战争期间禁烟问题新论》，《人民日报》1986年1月6日。

之兵，且无可以充饷之银”之句时，大为感动，“朱圈赞赏”。[①] 在此以前的10月25日，京城发现皇侄庄亲王等贵族吸食鸦片，这给道光帝以很大的刺激。11月8日，皇帝又收到琦善的奏折，得知在京师门户的天津竟查获鸦片13万两，遂决定宣召林则徐入京。

这样，一场全国性的禁烟运动就此展开了。道光帝为显示禁烟的决心，首先将送呈烟具的太监立毙杖下，同时，惩办赴僧尼庙内吸食鸦片的王公大臣，庄亲王奕责、辅国公溥喜予以革爵，将许乃济“降为六品顶带，即行休致，以示惩儆”。[②] 并颁布《钦定严禁鸦片烟条例》。粤、闽接连缉拿贩毒要犯；云南严禁种植罂粟，惩办吸烟官吏；奉天加紧查办鸦片贩子；邓廷桢在广东搜缴鸦片26万两；琦善也在大沽口捕获要犯，起出15万两鸦片。全国查获的鸦片达80万两。

就在全国禁烟运动蓬勃展开的时候，林则徐于12月26日抵京。第二天起，道光帝在8天中接连召见林则徐8次，商议禁烟大计；皇帝如此隆顾臣工，为清朝历史上首见。道光帝颁给林则徐钦差大臣关防，前往广东查办鸦片。他希望依靠林则徐而“一劳永逸”地消除烟患，解决财政危机。[③]

1839年1月8日，林则徐怀着“乃蹈汤火”，将“祸福荣辱于度外”，“苟利社稷，不敢竭肱骨以为门墙辱”，[④]奔赴南方。一场以民族自救为宗旨的禁烟运动由此揭开了新的一页。

林钦差来到广州 就在林则徐南下广州的时候，广东的民众禁烟斗争正在走向高潮。珠江三角洲一带的渔民，多次驾驶渔船，到龙穴岛、万顷沙附近海面焚烧快蟹船，称为“蒸大蟹”。他们还以售卖食物为名，攻击伶仃洋上的鸦片趸船，谓之“作鬼趸”。东莞的农民则自发起来捣毁烟馆，缉拿烟贩。这样，广东的鸦片交易已受到很大的阻碍，鸦片的交货“从八月间受到限制之后，逐月呆滞；经纪人们被逮捕而处刑，并有很多逃避了，在沿岸的销售锐减，在广州和它的附近，据说被查缉到很多”。[⑤] 1838年12月3日，广州的官吏在十三行附近的商船上查获英贩义士(James Innes)的两箱鸦片，邓廷桢下令驱逐义士并暂停贸易。12日下午，广州官府拟在十三行商馆广场处决鸦片贩子何老近，英美商人强行阻挠，竟捣毁刑场，义愤填膺的市民万人自发掀起包围商馆的示威。其间，广州官府破获私开窑口案件141起，人犯345人，烟枪10 158杆。[⑥]

---

① 中国史学会编：《鸦片战争》(一)，第314页。
② 道光朝：《筹办夷务始末》，卷5，页125。
③ 林则徐：《致叶小庚书》，转引自杨国桢：《林则徐传》，人民出版社1981年版，第140页。
④ 缪荃孙：《清代碑传全集》，下册，上海古籍出版社1987年版，第918页。
⑤ 马士：《中华帝国对外关系史》，第1卷，第8章。
⑥ 道光朝：《筹办夷务始末》，卷5，页134。

1839 年 3 月 10 日，林则徐到达广州。在南下途中他已对广东方面作了种种安排，林的禁烟活动可以分为对内与对外两个方面。

对内方面，林则徐确立了“将已来之鸦片，速缴到官；未来之烟土，具结永断”①的方针。他与两广总督邓廷桢、广东水师提督关天培等合作，采取内外结合的禁烟办法，破获烟案数百起，逮捕人犯 2 200 人，收缴鸦片 711 024 两，烟枪 75 726 杆，烟锅 726 口②，并惩办受贿包庇鸦片走私的水师官弁蒋大彪、梁恩升、徐广等人。林则徐还发布告示责令吸食者限期戒绝，林则徐所缴鸦片，加上此前邓廷桢主政时期所缴，共拿获 83.5 万两。这的确是很大的成绩，但这一数字若与同时期走私入口的近 9 万箱鸦片相比较，则连百分之一都不到。事实说明仅仅用查拿中国烟贩的老办法来禁烟是不能成功的。于是，林则徐的主攻目标对准了有英国政府支持的外国鸦片商人。

时外国鸦片商人将鸦片存贮于伶仃洋面趸船，并与中国行商相勾结，企图逃避查缴。林则徐针对此制订有力而周密的计划：第一，责令英国鸦片商人勿存侥幸，缴出全部鸦片；第二，对平时串通英贩的不法行商晓以大义，责令他们传谕英贩，缴烟具结，转变立场；第三，3 月 18 日，要求英国商务监督义律及烟商将伶仃洋面 22 艘趸船上的鸦片尽数缴出，限 3 日回禀。此因大烟商颠地的阻挠而未果，林则徐即下令捉拿颠地。23 日，外商表示愿缴烟土 1 037 箱，以图敷衍。24 日，英国海军大佐义律来到广州，企图助颠地逃走，林则徐先行一步，当日下令外船封仓停运。义律以及 320 名外国烟商也被禁闭在商馆。26 日，林则徐再颁《示谕夷人速缴鸦片烟土四条》。表示“若鸦片一日不绝，本大臣一日不回，誓与此事相始终”。③ 从天理、法律、人情、时势全面论说在中国贩卖鸦片贻害民生、祸国殃民。④

义律种种破坏封仓禁令和呈缴鸦片的阴谋诡计全部破产后，才知道这位林钦差办事的作风，只得于 3 月 28 日禀呈林则徐，表示缴出鸦片。5 月 28 日，22 艘趸船的 19 187 箱和 2 119 袋鸦片全部缴出。按一袋鸦片的分量相当于一箱鸦片计，共收缴 21 306 箱。其中，怡和洋行缴出 7 000 箱，宝顺洋行缴出 1 700 箱，美商旗昌洋行缴出 1 540 箱。这些鸦片共计净重 1 188 吨。为人类至今为止一次缴获数量最多的毒品。

壮观的虎门销烟　收缴的鸦片临时存放在虎门镇口。林则徐等原考虑将这

① 牟安世：《鸦片战争》，第 121 页。
② 据林则徐历次奏报统计，《林则徐集·奏稿》(中)，第 654、691、737 页。
③ 李圭：《鸦片事略》，卷上。
④ 《林则徐集·公牍》，中华书局 1963 年版，第 75 页。

些鸦片解往北京，验明烧毁，并得到了道光帝的赞同。后有浙江道监察御史邓瀛奏陈，水陆转运“不免赔累劳扰”，不如就地销毁。5 月 30 日，道光帝谕旨就地公开烧毁。

林则徐接到上谕后，便选择虎门牛背脊山麓镇口海滩为销烟地点。遂率官员前往虎门监督销烟，林的座船上悬着一块匾额，上面写着“烟设海国”。没收的鸦片被安放在虎门的广场，周围围起了坚固的木棚栏，搭起临时仓库，并且戒备森严。林则徐采用海水漫化法。首先在海滩高地上开挖两个纵横各 15 丈的大池，以便轮流使用。池底平铺石板，四周钉板，前设涵洞，后通水沟，销烟时先由沟道车水入池，撒盐成卤，然后将球形烟土切成四瓣，投入卤中泡浸半日，再投入石灰烧透，而成渣沫。等到海水退潮时，启放涵洞，让溶解了的鸦片随浪入海。

6 月 3 日下午，林则徐率文武官员登上销烟礼台，震动中外的虎门销烟开始了。300 余箱鸦片被投入池中，化为渣沫。到 25 日，除保留 8 箱作为检查的样品外，2 376 254 斤鸦片全部焚毁。为彻底销烟，林则徐采取严密的防范措施，先后拿获企图偷窃鸦片的罪犯 10 余名。

销烟将始，外国烟贩按照经验猜测，中国人销烟只是做做表面文章，大部分鸦片将会被高价出售。义律也认为这批鸦片将作为政府专卖，并预言今后的鸦片贸易会合法化。为释外人疑问，6 月 13 日，林则徐特发告示，准许外国人到现场观看。美国人金(C.W. King)与传教士裨文治(E.C. Bridgman)等观看了销烟过程，裨文治写道：“我们曾反复考察过销烟的每一个过程，他们在整个工作进行时细心和忠实的程度，远出于我们的臆想，我不能想象再有任何事情会比执行这一工作更忠实的了。”①曾任《澳门月报》编辑的卫三畏(Willisms，S. Wells)指出：“鸦片是在最彻底的手段下被销毁了，……在世界史中，一个非基督教的君主宁愿销毁损害他的臣民的东西，而不愿出售它来装满自己的腰包，这是唯一的实例。全部事务的处理，在人类历史上也必将永远是一个最为卓越的事件。”②

林则徐领导的虎门销烟是中国第一次禁烟运动的最高潮，是中国禁烟运动的光辉篇章，它被公认为中国人民反对帝国主义斗争的伟大起点。6 月 3 日虎门销烟开始日，1929 年被国民政府确定为禁烟纪念日。竖立在天安门广场上的人民英雄纪念碑的第一面浮雕，就是虎门销烟的宏伟场景。1987 年，联合国在维也纳集会，将虎门销烟取得胜利的日子——6 月 26 日定为国际禁毒日。从这个意义上说，林则徐是中国近代史上第一位杰出的民族英雄。

---

① 裨文治：《镇口销毁鸦片》，《中国丛报》1839 年 6 月号。
② 牟安世：《鸦片战争》，第 127 页。

虎门销烟也是世界禁毒史上的一座丰碑，当时鸦片毒害已扩展到世界各地。印尼已因荷兰殖民者引诱吸食，遭到了亡国灭种的厄运。东南亚其他各地，均不同程度地受到鸦片的毒害。英国早在17世纪已有人警告，食用鸦片，“就会每天处在死亡的痛苦之中”，“没有任何药物能解开时间鸦片的毒性”。[①] 但一直没有实行禁烟。美国在独立前，已出现鸦片问题。独立战争期间，南北两方的军队均一定程度上依赖鸦片。独立后，种植罂粟的地区增多；因药用鸦片而致瘾的日益普遍。可是，各国对禁鸦片并没有予以足够的重视。当时大张旗鼓地严禁鸦片的只有中国。

具结之争 虎门销烟顺利结束了，然而禁烟运动却遇到了新问题。早在3月28日林则徐就提出，外国商人必须出具永不夹带鸦片的“甘结”（即保证书），并在4月4日发出甘结的样式，要外商“出具夷字、汉字合同甘结声明，嗣后来船永远不敢夹带鸦片；如有带来，一经查出，货尽没官，人即正法”。[②] 林则徐的用意是着眼于未来，以彻底解决鸦片输入问题。于是，9日林则徐谕令义律督促具结，但义律的态度极为蛮横，当21日外商将甘结样式交给他时，他不仅当场撕毁“甘结”样式，而且口出狂言，进行挑衅。5月2日，林则徐谕令恢复交通，取消封港；同时宣布颠地等16名烟贩在具结之前，不准离开广州，以施加压力。到21日，这16人在被迫出具永不再来的甘结后，离开广州。狡诈的义律以有病就医为借口于24日去澳门，遗憾的是林则徐对他作了错误的判断，认为义律“真心除弊，大加批奖”，[③]赏茶叶1 640箱，并派佛山同知刘开域前往澳门，“颁式各国，使合汉夷字缮结”。[④] 离开广州的义律真面目暴露无遗，他根本不理会刘开域，而是向印度总督提出，派兵来穗示威。他余下所要做的唯一的事，就是强化英中贸易来对抗林则徐，并鼓动英国政府发动战争。

林则徐广东禁烟的行动激励了各地的地方官，他们对违法的官员和鸦片走私集团进行严厉打击，禁烟运动在继续蓬勃发展。四川藩司刘韵珂在皇帝的支持下，严办70余名吸食鸦片的大小官员。[⑤] 边远的贵州，也在巡抚的督导下，实力查拿鸦片贩子，没收烟土烟具，制裁种植罂粟者等，受到道光帝的嘉奖。[⑥] 台湾道姚莹亦认真执行禁烟令，将初犯者判刑，再犯者处死，一时，台湾的鸦片几近

---

① 马丁·布思著，任华梨译：《鸦片史》，海南出版社1999年版，第38、36页。
② 《林文忠公政书》，乙集卷1，页156。
③ 《林文忠公政书》，乙集卷1，页156。
④ 梁廷枏：《夷氛闻记》，第27页。
⑤ 《宣宗成皇帝圣训》，卷11，圣治，页3。
⑥ 《宣宗实录》，卷334，页23；卷345，页3。

绝迹。[①] 时有福建人江禄华在汀州府上杭县、广东人李正昌在大埔永定交界的广福亭设立红会，专事贩毒。他们将“所贩烟土，或藏在夹板箱、雨伞柄、夹层竹箩底内，或棉袄、高底鞋内”[②]贩往内地，沿途有人站站接应。清政府对公然对抗禁烟的红会进行镇压，陆续抓获匪徒 160 余名，缴获烟土 5 800 两。

6 月 15 日，道光帝批准了穆章阿等廷臣拟定的《严禁鸦片烟章程》，这部禁烟法典是百年来中国禁烟法令中最周密、最彻底的一部，体现了林则徐等禁烟派的主张，从而促进了禁烟运动的发展。由于中国的厉禁，印度市场上的鸦片价格因此大跌，与此相反，伦敦市场上的茶叶却上涨了二成，且有价无货。外商不得不像 30 年前那样，用银子来购买精美的中国货。伦敦的舆论也“尽以为在世界上，唯林(则徐)可以扫除鸦片”。[③]

从清朝政府看来，没收禁品的鸦片，乃是完全合法的举措，而且给上缴鸦片的不法外商每箱还赏赐茶叶 5 斤，这足以表现天朝的宽宏；在中国的自给自足经济下，国际贸易只是对外夷的恩惠。但是，奉行重商主义的英国却极为重视国际贸易，他们要严惩中国的禁烟行为，于是，英国政府强行以大炮和舰船开路，发动战争，轰开中国已紧闭的禁烟大门，使中国的禁烟运动中途夭折，并给中国社会带来了深重的灾难。

---

① 连横：《台湾通史》下册，第 359 页。
② 邵雍：《鸦片战争时期的帮会》，《历史档案》，1995 年第 3 期。
③ 《澳门新闻纸》，见中国史学会编：《鸦片战争》(二)，第 446 页。

第五章　悲壮的鸦片战争及鸦片贸易的合法化

尽管中国与英国等交往通商200余年，但英国对华贸易出口规模并没有迅速增长。随着工业革命的推进，英国亟须打开中国这个庞大的市场，而清政府无意改变与调整，于是纠纷之势形成。当1833年英国上议院议员、海军将领律劳卑（Wiliam John Napier）肩负英国驻华商务监督之使命来到广州以后，鸦片贸易如火如荼，洋烟充斥中国市场，白银漏往西方，清政府的禁烟政策几乎名存实亡。在林则徐的极力主张下，道光皇帝终于准备展开一场空前的禁烟运动，以鸦片为中心的中英纷争已不可避免地出现了。

第一节　改变历史的鸦片战争

英帝国的战争喧嚣　当虎门升起焚毒之烟时，英国的鸦片商人正在策划发动一场对华战争。

1839年8月7日，颠地为首的鸦片贩子在伦敦召开会议，然后集体去见英国外相巴麦尊，敦促英国政府对华进行武装干涉。另一个大烟贩查顿回到国内后，更是迫不及待地向英政府提供中国的情报，出版《鸦片问题》小册子以进行颠倒黑白的宣传，甚至为英国军队设计好了作战方案。查顿的能量使他成了鼓动战争的鸦片贩子集团的领袖。

在中国的英国鸦片贩子们也在配合行动，义律致函巴麦尊，强调鸦片贸易对不列颠帝国的重要性，要求对中国不宣而战，而且"使用足够的武力，并以西方国家对这个帝国所从来没有过的最强有力的方式，进行武力行动的第一回合"。义律还提出了用部分赔款换取英国在广州、宁波、厦门和南京等地的十年通商权利的建议，这使巴麦尊大感兴趣。①

与此同时，英国的纺织工业资本家集团也在为发动战争而紧张地活动。9

① 严中平译：《英国鸦片贩子策划鸦片战争的幕后活动》，载《近代史资料》，1958年第4期。

月，利物浦印度协会写信并派代表谒见巴麦尊，敦促政府采取措施。曼彻斯特的39家与中国有贸易关系的工商资本家也请求政府给中国以打击，并"利用这个机会，将对华贸易置于安全的、稳固的、永久的基础之上"。①

在鸦片贩子集团和纺织工业集团的推波助澜下，英国政府发动对华战争的意向日趋明朗化。10月1日，内阁会议决定："对三分之一的人类的主人作战"，"派遣一支舰队到中国海去，并训令印度总督对于我们兵船司令所采取的任何必要行动予以合作"。②

关于这场一个半多世纪前的战争的原因，史学界至今仍有争议，其观点主要分为鸦片战争论、通商战争论和文化战争论。事实上，英国保护鸦片贸易、阻挠中国禁烟是引起战争的直接原因，这一点是任何人都无法驳倒的。曾任北京同文馆总教习的丁韪良说过："这场臭名昭著的战争，是为了迫使中国人同意继续进行不道德的贸易而发动的。"③格林堡的分析更具体："对中国人来说，战争是为了鸦片问题而打的；但是，对英国商人来讲，问题远非这样简单。照马地臣看，'这次战争的基本问题是在中国进行对外贸易的未来方式'。"④很显然，林则徐的禁烟直接削减了英属印度政府的收入，间接地威胁着这块殖民地的生存，英国财政又与印度紧密相关，而且三角贸易也是要靠鸦片的顺利买卖进行的；英国人并不打算停止有利可图的鸦片贸易，也不想将控制中国贸易的地位拱手让给鸦片贸易的对手美国人；他们已懂得，面对中国的禁烟，任何拖延都会削弱英国在华势力，并且会使英属殖民地的民族也效法中国人。这样，英国政府便挑起了一场"旨在维护鸦片贸易而发动和进行的对华战争"。⑤

因此可以说，历史上也许还没有一次战争像1840—1842年发生的鸦片战争那样臭名昭著。

广州湾的炮声 鸦片战争爆发于九龙之战。1839年9月4日，装备着28门炮的英舰到达中国海面后，派出小炮艇"路易沙"号驶往九龙，下午二时，该艇以索取酒食为名向中国水师靠近，并突然开火，中国水师还击，击退了挑衅者。11月，九龙之战后两个月，英国侵略者又挑起了穿鼻之战和官涌之战。由于林则徐戒备较严，英军只好改变策略，离开广州，北窜侵犯东南沿海。

---

① 《英国蓝皮书》，1840年8月，附件；中国史学会编：《鸦片战争》(二)，第634页。
② 杨国桢：《林则徐传》，人民出版社1981年版，第223页。
③ 丁韪良著，沈弘译：《觉醒的中国》，世界图书出版公司2010年版，第155页。
④ 格林堡：《鸦片战争前中英通商史》，第212页。
⑤ 马克思：《鸦片贸易史》，《马克思恩格斯全集》第12卷，第590页。

1840年2月，英国政府任命懿律和义律为正副全权代表，懿律为侵华英军总司令，率英舰48艘，大炮540门和士兵4 000人，驶往东方。6月，英舰主力到达广州湾，除留下部分船只封锁广州外，于7月进犯厦门，接着北犯浙江，攻陷中国第一座县城——定海。然后于8月到达天津，向清政府递交照会，要求赔款、割地、通商。

英军北犯，引起了清廷的恐慌。穆彰阿、琦善等宣扬英军之来是林则徐禁烟造成的，而且英军"船坚炮利"，"边衅一开，兵结莫释"。此时的道光帝惊慌之中，动摇了当初的厉禁决心和抵抗政策，从目空一切的"虚骄心"，转而对英国取妥协的立场，先派琦善赴天津与英人谈判，后于9月17日任琦善为钦差大臣并署理两广总督，赴广东继续办理中英交涉，同时将林则徐与邓廷桢革职查办。琦善到广州后，一改林则徐之所为，但在谈判中亦不敢满足义律的割地要求。1841年1月7日，英军突袭大角、沙角炮台成功，义律提出《穿鼻草约》，要求增辟通商口案和赔偿鸦片损失费600万银元。面对英军的无理要求，琦善尽管态度暧昧，但没有在草约上签字，道光帝亦感到英国的过分要求有伤"国体"，遂于27日发布诏令对英宣战，调各省绿营兵前往广东参战。英军即采取先发制人的战略，于2月攻占虎门，进逼广州。时琦善已被革职查办，奕山任靖逆将军，由于清军军事素质落后，战力低下，统兵大员多贪生怕死之辈，5月底，广州失陷。清廷被迫订立《广州和约》，向英军交付600万元赎城费。

英国政府看到腐朽的清军不堪一击，遂改派璞鼎查(Sir Heury Pottinger)为全权代表，率军扩大侵略战争。8月，璞鼎查进占厦门，9月再犯定海，克镇海，陷宁波。在战争中，鸦片已使清政府初尝恶果，军队因吸食鸦片而丧失战力的噩耗时有所闻。例如在浙江前线，前营总指挥张应云率部接近英军时，岂料这位大人烟瘾大作，不能视事，遂向慈溪退却，"张应云犹卧吸鸦片烟半时许，始踉跄升舆而走"。清军一路连败，英军北上于1842年6月攻吴淞，下宝山，得上海，接着溯长江西犯，攻克镇江后，直抵南京城下。这时，赶到南京的清廷代表耆英、伊里布急忙乞和，接受英国提出的全部条款，第一次鸦片战争至此结束。

严格意义上说，对英国而言，这场军事行动并不是一场伤筋动骨的战争，他们最初仅仅出动了3 000人，兵力最多时亦仅万人，充其量只是一次武装冲突；但对中国而言，却是一次震撼天朝、千年巨变、改写历史的战争，这不仅因为它是近代以来西方给予中国的第一次沉重的打击，更重要的是中英《南京条约》所带来的影响。

从《南京条约》到《望厦条约》 1842年8月29日，清政府的代表耆英、伊里布和牛鉴与英国政府的代表璞鼎查签订了《南京条约》(《江宁条约》),这个城下之盟是在“英舰队的炮口和英军即将攻取南京的威胁下强加给中国的”。[①]

这个中国近代第一个丧权辱国的不平等条约,共13款,主要内容是:一、割让香港给英国。二、赔款2 100万银元,四年内交清。三、开放广州、厦门、福州、宁波和上海为通商口岸。四、取消“公行”制度。五、协定关税。

1843年7月22日,耆英与璞鼎查在香港议定《五口通商章程及海关税则》,10月8日,他们又在虎门订立《五口通商附粘善后条款》,亦称《虎门条约》。英国人从中又夺得领事裁判权、片面最惠国待遇以及在通商口岸租赁房地的权利。

作为鸦片战争的另一个后果,美、法殖民者也跟踪而至,以分尝英国战胜中国后的一杯美酒。尤其是美国,因为它在战前曾是英国人贩卖鸦片的伙伴,所以似乎更理所当然。1843年5月,美国总统派顾盛为全权代表,来中国谋求取得与英国相同的特权。具有讽刺意义的是,这位顾盛本来就是一个走私频繁的鸦片贩子,他具有在广州贝金斯洋行走私鸦片30年的不凡经历,后衣锦还乡,用鸦片烟钱投资实业,并成了国会议员。1844年7月3日,顾盛与耆英在澳门的望厦村签订了《望厦条约》,共34款,除了没有割地赔款一条外,不仅取得了英国在此前三约中的一切特权,而且还在领事裁判权和协定关税权方面有所扩大。因此顾盛曾得意洋洋地向美政府报告说:“美国及其他国家必须感谢英国,因为它订立了《南京条约》,开放了中国门户。但现在,英国及其他国家也必须感谢美国,因为我们将这个门户开放得更宽阔了。”[②]

1844年8月,法国也派专使拉萼尼来华讹诈,10月24日,清政府代表耆英与拉萼尼签订了《黄埔条约》,法国如愿以偿地取得英美所得到的各项权利。从此,中国的大门被迫向资本主义的西方开放,中国的主权遭受严重的破坏,开始沦为半殖民地半封建的国家。

需要补充的是,在鸦片战争过程中,鸦片走私并未因纷飞的炮火所停止,大鸦片商查甸和颠地洋行的走私船,依仗着英国舰艇的保护,尾随英舰而北上。英军每占一地,他们就不失时机地上岸推销鸦片,事后他们也知道“知恩图报”,将鸦片的部分利润充作英军的军饷。[③] 所以,当战争临近结束时,“珠江沿岸的每

---

① 马士:《中华帝国对外关系史》,第1卷,第337页。

② 詹逊:《美国外交史》,转引自卿汝楫:《美国侵华史》,第1辑,第79页。

③ 《中国沿海贸易和外交卷》,第1卷,第138页。转引自汪敬虞:《赫德与近代中西关系》,人民出版社1987年版,第154页。

一个点上”,几乎都可以找到鸦片贩子的脚印。[1] 趁着战争发鸦片财,是这些人的发明,以致当1842年8月《南京条约》签订的消息传来,查甸洋行的老板亚力山大·麦地臣大失所望,竟公然宣布:“希望战争再延长几年。”[2]

战争是由英国向中国推销鸦片而引起的,但在各个中英条约里,鸦片竟一字未提。据伊里布的亲信张喜在《抚夷日记》中载,南京签约前,英方即要求鸦片开禁,他们表示“亦须作为官物,嗣后愿加重纳税”。另据黄恩彤的《抚远纪略》所载,英国后在《虎门条约》签约前,又派马礼逊要求鸦片开禁,并交出照会,理由是以前中国禁烟,中英商人在海上照常贸易,结果,禁烟是“名禁实不禁”,因此不如承认鸦片贸易为合法,这样,中国税收必能增加。而清朝官僚们认为用不着在条约上特别写明鸦片贸易为合法,在谈判中,当璞鼎查要求耆英在鸦片问题上采取“明智”态度时,耆英竟然答道:“不管外国商船带不带鸦片,中国不必查问,也不采取任何行动。”[3]双方就此取得了谅解,英方也就放弃了原来在条约上写明鸦片问题的主张。这样实际上,双方默认了鸦片贸易的继续存在。另外,条约规定的赔款中的600万元白银,是作为被林则徐缴获焚毁的鸦片的赔偿的,这也在事实上默认了鸦片贸易的“合法性”。

只有中美《望厦条约》曾提及鸦片。该条约的第三十三款记载:“合众国民人凡有擅自向别处不开关之港口私行贸易,及走私漏税,或携带鸦片,及别项违禁货物至中国者,听中国地方官自行办理治罪,合众国官民均不得稍有袒护。若别国船只冒合众国旗号做不法贸易者,合众国自应设法禁止。”[4]这项条款表明美国政府反对贩毒,不袒护不法商人。由于《南京条约》对鸦片只字不提,因此,美国人的行动赢得了清朝官员的好感,耆英在奏报条约订立过程时说,此条“足见该夷道守天朝法度,不敢任意妄为”。[5] 美国因此不仅在理论上洗刷了同谋贩毒的污名,而且以此骗取了他们期望的最惠国待遇和领事裁判权。那么第三十三款的真正效果如何呢?正如丹涅特所言:“直到1858年中美条约把这条删去为止,……美国从未规定任何办法,以阻止本国国民或别国国民非法利用美国国旗。进行走私的美国国民破坏了条约,但美国从未负起阻止或惩罚此种违约情形的责任;除非中国人提出控告,而中国人又很不愿意这样做的,结果走私大大增强了。”[6]

---

① 汪敬虞:《赫德与近代中西关系》,第154页。
② 汪敬虞:《赫德与近代中西关系》,第154页。
③ 中国史学会编:《鸦片战争》(五),第515页。
④ 王铁崖:《中外旧章约汇编》,第1册,第126页。
⑤ 道光朝《筹办夷务始末》,卷73,页18。
⑥ 绍溪:《十九世纪美国对华鸦片侵略》,第88页。

第二节 战后鸦片走私的发展

破禁时代的开端 鸦片战争之后，中国政府并没有宣布禁烟令无效，相反，也曾在某些场合重申过继续禁烟。如1843年秋，道光帝颁发上谕："朕思鸦片烟虽来自外夷，总由内地人民逞欲玩法，甘心自戕，以致流毒日深。如果令行禁止，不任阳奉阴违，吸食之风既绝，兴贩者即无利可图。该大臣现已起程，著于回任后统饬所属，申明禁令。此后内地官民如再有开设烟馆，及贩卖烟土，并仍吸食者，务当按律惩办，毋稍姑息。特不可任听关吏人等过事诛求，致滋扰累。总之有犯必惩，积习自可渐除，而兴败之徒亦可不禁而自止矣。"[①]1851年，江苏苏松太道麟桂曾奏请，若发现吸食者一经查实，即照例办理。其意谓苟吸食者无人，则兴贩者不趋自退，如此可杜绝鸦片之源；且中国治内地人民，外人亦无所藉口。[②] 直到咸丰年间仍在坚持禁烟，1854年，咸丰帝拒绝英国公使包令关于中国允许鸦片纳税进口的要求，并指出："包令所请鸦片纳税及欲进粤东省城，尤为反复可恶。"[③]因此，马克思曾指出："在1853年咸丰皇帝虽然处在愈加困难的条件之下，虽然完全明白禁止日益增多的鸦片输入之一切努力毫无结果，但终于不改变自己先人的一贯政策。"[④]

然而这只不过是道光朝曾经掀起的厉禁巨浪的惯性余波。朝野上下，连百姓恐怕都心里完全明白，禁烟不过是皇帝维持脸面的官话罢了。实际情况是自朝廷到各地，禁令早已名存实亡了。对外而言，清政府对外国鸦片贩子的行为早已默认，外人的鸦片船畅通无阻，从香港到辽东半岛的漫长的海岸线上，几乎都能看到鸦片趸船的船影。中国的鸦片贩子也依仗外国的特权而公开贩运。在所有停泊鸦片趸船的地方，鸦片都是在光天化日之下搬运上船的，然后又从趸船上交给中国卖主，"这种接受和交付，就像任何合法商品的成交一样公开进行"。至于英美的走私船，如有必要，他们的军舰会守卫在走私船的旁边，"一直守到中国人(指鸦片贩子)相信军舰对鸦片贩子的保护同对合法商品的保护完全一样为止"。如果还有担心的话，鸦片商们还可从本国公使那里领取趸船的航行执照。而且这种执照几乎可以无限期地使用，例如，怡和洋行的一艘鸦片趸船，自1845

① 道光朝《东华全录》，卷48，页8。
② 咸丰朝《东华全录》，卷7，页15。
③ 中国近代史资料丛刊：《第二次鸦片战争》，第3册，第52页。
④ 中国史学会编：《鸦片战争》(一)，第6页。

年领得牌照起，到 1858 年趸船出卖为止，整整的 13 年间，就一直使用着一张有效期仅一年的航行护照。①

这种情况，正如马克思所言："从 1843 年起，鸦片贸易实际上完全不受法律制裁。"②1852 年，英国人德庇士说："战争（第一次鸦片战争）以来，至今已近十年。在这段时期中，众所周知，满清政府没有采取过任何禁止鸦片的措施。……耆英在 1844 年给我一封短信，坦率地指出：鸦片贸易可以在双方默契下进行。按照这一默契，实现和平后，一张有关严禁鸦片的公告也没有发表过。"③清政府对鸦片走私已取放任自流的态度，实际上已无禁可言。鸦片战争结束后，即已进入了鸦片的破禁时代，鸦片没遮没拦地在各地泛滥开来了。鸦片走私活动遍及广州、南澳、福州、厦门、漳州、鹿港、宁波、台州、温州、上海、山东、河北和东北等地。四川也充斥着印度的鸦片。甚至连西藏也渐染烟毒。④

输入中国的鸦片不仅很快达到了战前的水平，而且还有惊人的增长。输入的鸦片仍以印度鸦片为主，下面（表 5 - 1）是印度加尔各答和孟买的鸦片输出数量。

表 5 - 1　印度加尔各答和孟买的鸦片出口量

年　份	印度输出鸦片额（箱）	年　份	印度输出鸦片额（箱）
1843	42 699	1852	59 600
1844	28 667	1853	66 574
1845	39 010	1854	74 523
1846	34 072	1855	78 354
1847	40 250	1856	70 606
1848	46 000	1857	72 385
1849	53 075	1858	74 966
1850	52 925	1859	75 822
1851	55 561	1860	58 681

资料来源：马士：《中华帝国对外关系史》，第 1 卷，第 626 页。

此表尚未包括印度的达曼、果阿等口输出的鸦片，更没包括土耳其等地的鸦片，因此这是一个很不完整的数字。尽管如此，我们已经从上表中看到，除了个

① 汪敬虞：《赫德与中国近代中西关系》，人民出版社 1987 年版，第 157 页。
② 马克思：《鸦片贸易史》，《马克思恩格斯全集》，第 12 卷，第 590 页。
③ 《太平天国史译丛》，第 2 辑，中华书局 1983 年版，第 283 页。
④ 姚莹：《东溟文后集》；中国史学会编：《鸦片战争》（四），第 533 页。

别年份外，鸦片输入的数量比起战前要高得多了。费伊曾指出："印度输出中国的鸦片有时每年达八万箱。"[①]这也许更接近事实。又据马士的估计，从1840年到1854年的15年间，中国消费的外国鸦片数量已增加了3倍。[②] 如1848年输入的46 000箱，若以上海价格每箱695.8元计算，则该年中国人因鸦片输入而送给外国的白银达32 006 800元，这个数字已比《南京条约》规定的2 100万元赔款还多1 100万元。若以上表中的18年间进口鸦片的总量1 023 770箱计，则送给侵略者的银子达712 339 166元，是条约赔款的近34倍。对中国而言，这真是空前的浩劫！

"国家不幸诗人幸，话到沧桑句更工。"鸦片战争的失败以及鸦片的泛滥，预示着中华民族近代百年灾难的开始，从承平到战乱，从安适到流离，突发的变局，使为国家命运担忧的进步士大夫文人始而惊，继而愤。目睹满目疮痍，他们或为文，或为诗，用笔讨伐腐败的吏治，记录时代的变迁。他们尤对鸦片的罪恶，及烟氛日盛而忧心忡忡。黄爵滋的《抚州行》叹道："不见阿芙蓉，家家鬼结磷。"龚自珍的《己亥杂诗》写道："鬼灯队队散秋萤，落魄参军泪眼荧。何不专城花县去？春眠寒食未曾醒。"实际上，这些愤怒的诗人们所看到的黑风毒雾，还刚刚开始。

与战前鸦片走私的大本营只有广州一口所不同，这时的通商五口均成了鸦片贸易的集散地。

通商口岸的鸦片风景 战后，香港被英国殖民统治，它同时也是鸦片走私的枢纽。在那里，几乎没有一家洋行不以某种方式从事鸦片生意。[③] 19世纪40年代后，储存于香港等待运往中国内地口岸的印度鸦片，竟达165 000箱，价值8 300万元。同样，在五个通商口岸鸦片的走私贸易，也丝毫不逊于香港。

在这些地方，鸦片交易几乎都是公开地进行。在广州，1843年有鸦片窑口20余处，鸦片铺子500—600家。[④] "每有一箱鸦片在海关申报，便有四箱走私进口。"[⑤]"鸦片就在街道上成箱地公开运送，并且像非违禁品一样地进行销售。"[⑥]广州仍是最重要的鸦片贸易城市，例如1849年，全国消费鸦片约5万箱，"而以广州为主要市场的南方消费量占五分之三"。[⑦] 被称为"浮动堡垒"的鸦片趸船，就停泊于黄埔下面三四公里的地方，后来又迁至金星门，1848年时，金星门的鸦

---

① 转引自牟安世：《鸦片战争》，第390页。
② 马士：《中华帝国对外关系史》，第2卷，第626页。
③ 汪敬虞：《赫德与近代中西关系》，第155页。
④ 中国史学会编：《鸦片战争》(四)，第292页。
⑤ 转引自姚贤镐：《中国近代贸易史资料》，第1册，中华书局1962年版，第859页。
⑥ 汪敬虞：《赫德与近代中西关系》，第155页。
⑦ 转引自姚贤镐：《中国近代贸易史资料》，第1册，第420页。

片趸船有 8 艘。[①] 此外，汕头也有鸦片趸船在做买卖。

在厦门，鸦片趸船停泊于外港，“鸦片小艇像渡船一样地来来去去，鸦片公开地在大街上贩卖”。[②] 在集美、晋江等地，也有鸦片趸船长期停泊。厦门的“鸦片贸易在进口中继续成为巨大的笼罩着一切的利益”，年进口鸦片值在 300 万元以上，鸦片进口量之所以飞速增长，是因为“现在只纳一个名义上的关税就可以进口”。[③]

在福州，趸船停泊在闽江出口处，城里的毒品交易十分红火，“不是每个礼拜而是几乎每天都在离海关大门不到十尺的地方，大白天里就把鸦片搬上岸”。[④] 在烟毒的侵染下，福州城满目疮痍。1850 年 4 月，林则徐重返故里，面对这残破与堕落，痛心道：“家乡江河日下，人人穷不聊生，原其所由，大约三大害：洋烟也，花会也，举商而继以捐资也。”[⑤]福建城乡鸦片瘾者遍地皆是，福州的文人作《烟禁》以劝世人：“行不得也哥哥，毒草传遍芙蓉阿，试问近来烟禁，罪贩若何？罪卖若何？罪吸若何？新例赫赫从重科，不旋踵而皆无他。王政府何尝求速效，其弛毋勿纵之过？民未知耻奚由格，塞流徒见扬其波！漏卮今昔纵不问，金钱坐视全消磨，奚必咸阳三月火，一灯尽毂焚山河。起痼疾，留俟后人何？行不得也哥哥！”[⑥]

宁波的“鸦片贸易也同样是公开的”，[⑦]1847 年，英国公使在那里亲眼看到鸦片贩子旁若无人地出售鸦片。趸船则抛锚于外港。

通商口岸中，上海是最北面的城市，但成长却异常迅速。在鸦片走私方面也是如此。仅在 1843 年 5 月到 11 月 17 日开埠的几个月内，到达吴淞的走私鸦片就达 8 000 箱。[⑧] 以后输入上海的鸦片有增无减(见表 5 - 2)。

表 5 - 2　1847—1857 年输入上海的鸦片数量

年份	鸦片数量(箱)	价值(银元)	年份	鸦片数量(箱)	价值(银元)
1847	16 500	8 349 440	1853	24 200	
1848	16 960	11 801 295	1857	31 907	
1849	22 981	13 404 230			

资料来源：马士：《中华帝国对外关系史》，第 1 卷，第 403、612 页。

① 牟安世：《鸦片战争》，第 391 页。
② 汪敬虞：《赫德与近代中西关系》，第 157 页。
③ 汪敬虞：《赫德与近代中西关系》，第 161 页。
④ 汪敬虞：《赫德与近代中西关系》，第 157 页。
⑤ 《复苏鳌石书》；杨国桢：《林则徐传》，第 449 页。
⑥ 徐中干：《退思录》；杨国桢：《林则徐传》，第 449 页。
⑦ 汪敬虞：《赫德与近代中西关系》，第 157 页。
⑧ 马士：《中华帝国对外关系史》，第 1 卷，第 626 页。

这最后一个数字已比20年前输入中国的数字总和还要多。苏州河边洋行的鸦片仓库散见于各处，烟馆也在租界里挂起了揽客的旗幡。上海逐渐成为鸦片走私的据点，因而吸食者也日益增多，社会风气日渐奢靡。道光年间，“不待城市殆遍，即乡僻亦然”，[①]南汇县城每日所进烟土，费用已倍于米粮。

黑色运输线 五口通商后，各国殖民者以百倍的疯狂走私鸦片，他们从印度等产地一直到中国内地的穷乡僻壤，建立起贩运鸦片的黑色运输线。有人描写道：“自从腓尼基人时代起，至今在人类所曾从事的海上贸易中，鸦片运华是最危险和大胆的贸易了，因为它是一种明令禁止的贸易，是在狂风暴雨的海洋上，沿着很少人知道的海岸，而且在世界上最残酷的海盗出没之区进行的。和这种鸦片贸易相比，当年拿破仑战争时代，英吉利海峡中的走私，不过是小孩子的游戏罢了。”[②]

为加大运能并与其他洋行竞争，殖民者纷纷采用新型的飞剪船。飞剪船是一种轻型的快速航船，其船身长，宽度窄，吃水浅，篷帆多，船首装有突出的斜桅，因而驾驶轻灵，且能经受风浪的冲击，几乎可在任何季节里行驶。飞剪船的载重量一般为90—450吨之间，最大的有1 700吨。这种在世界航运史上占有重要地位的船种，最早出现在美国的巴尔的摩。19世纪20年代，这种轻捷灵便的飞剪船被用于向中国沿海走私鸦片。尤其在鸦片战争之后，怡和、宝顺和旗昌等洋行争相向美国各船厂订购新型的飞剪船。

走私鸦片的飞剪船分为三类：一类行驶于印度和中国香港之间，把印度鸦片由孟买和加尔各答运到中继站的香港；第二类则把香港的鸦片转送到各通商口岸；第三类则是把香港的鸦片走私到未开埠通商的口岸城市销售。[③] 在轮船时代到来之前，飞剪船是航速最快的船只，连英美的战舰也望尘莫及。用飞剪船走私鸦片，就能逃脱缉私船的追击。当然，贩毒是危险的，走私船除了航速要快之外，还必须配备精良的武器。几乎所有的飞剪船都拥有强大的火炮，除了两舷各有数门大炮外，中间还有主炮。有些飞剪船的火力超过了兵舰。不仅如此，水手也比普通船的多一倍以上，且多是技术精娴、经验丰富的老资格水手，或是受高薪吸引的海军官兵或亡命之徒。

飞剪船经岁往来于印度与中国之间，它们从印度的港口载着鸦片起航，一路顶风冒险驶向中国；如遇中国的巡船，常常公然开炮反抗，然后仗着速度快而逃窜。航行的目的地，除了广东、福建外，最重要的是上海。据一个英国船长的航

---

① 金福曾等修：《南汇县志》，卷20，风俗志。
② 转引自绍溪：《十九世纪美国对华鸦片侵略》，第78页。
③ 拉巴克：《鸦片飞剪船》，1933年版，第7页。

行日志：1855 年 4 月 4 日，黄浦江上泊有 32 艘外船，其中 30 艘是飞剪船；1858 年 10 月 5 日，外船为 140 艘，1862 年 9 月 13 日，为 268 艘，其中的大部分是飞剪船。①

除了装运鸦片外，飞剪船还兼营报告鸦片行情的邮件业务。当时鸦片市价涨落极大，各洋行之间为此勾心斗角，对产地的产量与市场价格变化极为关心。为使客户满意，飞剪船之间展开航行竞赛。当时开往上海的飞剪船一到吴淞，立刻扔下邮件，再由专差马不停蹄地从吴淞驶至外滩，把邮件送到洋行的门口，速度往往超过了外国政府的公文传递。②

据统计，向中国各口岸运送鸦片的飞剪船等有 100 艘，总吨位超过 2 万吨。③这些飞剪船从印度运鸦片到中国各口岸后，往往把鸦片卸在趸船上。趸船英文为 storeship，通常船身高得出奇，它不是为了航海而建造的，而是作为存放鸦片的海上仓库而特制的。船上驻有从事鸦片贸易的各式专门人员。趸船也配备大炮，并由专门的炮艇和武装人员守护。在鸦片战争以前，英美鸦片商已在广州、澳门使用趸船来走私鸦片，上海开放后，鸦片趸船又来到上海。当时，长年停泊于中国各地的趸船有 35—40 艘。在上海的吴淞口一带，就有 5 艘鸦片趸船，这 5 艘趸船里，常年保持着 1 500 箱到 4 500 箱鸦片。④ 到 1851 年增加到了 14 艘。

中国的鸦片贩子在同洋行谈妥交易后，即凭洋行开出的鸦片提货单到趸船上提货，然后用自备的驳船或信船把鸦片从港口外运回城市或运至附近港口。

在通商口岸，聚集着大量被裁撤的乡勇，他们无以为生，便参加帮会，沦为烟贩，从而成为鸦片贸易的一个环节。据史料记载："粤东水陆撤勇逸盗，或潜入梧浔江面行劫，或迭出南太边境掳掠。"⑤福建沿海水手因商船歇业，"衣食无资，流而为匪"。⑥ 江苏乡勇遭遣散后，"勾结土匪，乘间伺劫"。⑦ 尤其粤闽浙失业水手流落上海，"渐与本地无籍之徒，互相勾结，兴贩烟片，遇事生风"。⑧ 由于清政府没有妥善解决战时团练乡勇问题，因此这批人流散城市，成为游民。各地帮会在吸收游民后，实力大增，走私鸦片的能量也飞速增长。这不仅使帮会势力日益坐大，而且也大大刺激了鸦片的贩卖。

---

① 《上海港史》，人民交通出版社 1986 年版，第 39 页。

② 转引自绍溪：《十九世纪美国对华鸦片侵略》，第 78 页。

③ 转引自汪敬虞：《赫德与近代中西关系》，第 155 页。

④ 斯蒂芬·洛克伍德：《美国琼记洋行在华经商情况的剖析，1858—1862》，上海社会科学院出版社 1992 年版，第 39 页。

⑤ 严正基：《记粤西贼情兵事始末》，转引自邵雍：《鸦片战争时期的帮会》（论文）。

⑥ 刘韵珂奏片，《史料旬刊》，第 36 期。

⑦ 《鸦片战争档案史料》，第 7 册，第 281 页。

⑧ 《福建、上海小刀会档案史料汇编》，福建人民出版社 1993 年版，第 330 页。

第三节 鸦片贸易的合法化

为了鸦片再开战 随着《南京条约》的签订,英国资产阶级满以为这下总算打开了中国这个世界最大市场的大门。璞鼎查(Pottingor)在英国议院宣称:"倾所有英国兰克夏纺织厂的出产,都不足供给中国一个省的消费之用。"①于是,西方各国怀着发财的美梦掀起了向中国倾销商品的狂潮。他们运来了欧洲人惯用的睡帽,并乐观地预言:"只消中国人每人每年需用一顶棉织睡帽,不必更多,那英格兰现有的工厂就已经供给不上了。"②性急的英国商人甚至把钢琴和西餐用的刀叉也大批地运到了中国。

然而,结果并没有像英国资产阶级想象的那样,直到中英通商10年以后,在中国消费的英国制造品,"竟不及荷兰的一半",当然鸦片除外。他们并不明白,强制的武力虽然制服了清朝政府,但并没有动摇中国自给自足的自然经济的统治地位;他们虽用利炮轰开了中国主权国家的大门,但并没有轰散中国的农业与家庭手工业的牢固结合。因此。"对华进口贸易迅速扩大的主要障碍,乃是那个依靠着小农业与家庭工业相结合的中国社会经济结构。"③另外,鸦片贸易的增长也妨碍了合法贸易的发展。马克思曾指出:"中国人不能同时既购买商品又购买毒物;……而增加鸦片贸易是和发展合法贸易不相容的。"④即使是对于进展最顺利的鸦片贸易,殖民者似乎也不太满意。因为,一方面清政府表面上仍坚持禁止鸦片贸易,另一方面殖民者靡费于武装走私,也殊为不便。

因此,英国迫切要求中国开放更多的通商口岸,以扩大商品输出,实现鸦片贸易的合法化,扬言必要时不惜再度使用武力达到这一目的。英国驻沪领事阿礼国就曾赤裸裸地说:"战争过去了,战争的时机又已到来。现在我们又再度在这样的境地上,或者是承受已经扩张了的,但是还有限度的利益作为最后的结果,或者是我们的政策就是面向那些必然引起改变现状的纠纷,制造那些纠纷,从而试图获得更多的利益。"⑤1854年,英国以《望厦条约》有12年后在贸易及海面各款上稍作变通的规定为借口,指示驻华公使包令联合法、美两国公使布尔布

① 严中平:《中国棉纺织史稿》,科学出版社1955年版,第60页。
② 严中平:《英国资产阶级纺织集团与两次鸦片战争史料》,《经济研究》1955年第2期。
③ 马克思:《对华贸易》,《马克思恩格斯选集》,第2卷,第57页。
④ 马克思:《鸦片贸易史》,《马克思恩格斯选集》,第2卷,第24页。
⑤ 转引自列岛编:《鸦片战争论文集》,三联书店1958年版,第67页。

隆和麦莲，向清廷进行修约交涉。他们提出了公使进京、承认鸦片贸易合法、增天津为通商口岸等要求，清政府以"荒谬已极"予以驳回。这时在包令看来，"除非有一个武力示威的支持和强迫"，否则他们是不能成功的。于是，英、法两国便寻找借口，挑起战争。

1856年10月，英国以广东方面搜捕中国走私船"亚罗号"为借口，悍然出兵占领广州各炮台，第二次鸦片战争爆发。与此同时，法国以发生在广西的"马神甫事件"为口实，派兵伙同英国对华开战。1857年12月，英法联军攻占广州。次年，又向天津进发。6月，清廷被迫与英法签订《天津条约》。内容有，各国公使驻京，增开牛庄、登州、台南、淡水、汕头、琼州、汉口、九江、南京、镇江为通商口岸，中国向英、法赔款等。1859年6月，英、法军队以入京换约为名，再起衅端，清军在大沽口英勇抗击。10月英法联军在占领大沽口后，攻入北京，火烧圆明园，并迫使清政府签订了中英、中法《北京条约》，增开天津为通商口岸。

作为战争起因的鸦片问题，也因《通商章程善后条约》的订立而完全合法化了。

鸦片变成了洋药 英国一直在谋求鸦片贸易的合法化。不仅英国如此，连美国也有此要求。美国公使列维廉在中美《天津条约》里，把《望厦条约》中有关美国政府对本国国民携带鸦片不加保护的规定取消后，仍不满足，他接着向英国公使额尔金提出正式照会，敦促英方在中英税则谈判中要求清政府承认鸦片贸易合法化。额尔金从列维廉那里找到了支持，信心大增，10月19日他复函列维廉说："我对阁下表示关于鸦片贸易的意见竭诚同意；因此对于尊函所提的这一部分，此处亦不必多言了。……我当立即训令此次参加谈判的我的代表，把尊函中明确说明的意见提交中国政府官吏们考虑。"[①]

于是，在上海举行的中英通商税则谈判中，英方提出了鸦片贸易合法化的要求。清政府代表大学士桂良、吏部尚书花沙纳被迫承认了鸦片合法贸易的原则。当讨论到鸦片税率时，桂良等起初要求每箱纳税60两，英方反对说，税率不能高到鸦片商人承受不了而设法逃税的限度，还价15到20两，最后双方同意定为每箱30两。1858年11月，清政府分别与英、法、美订立《通商章程善后条约》，将鸦片改称洋药，规定："向来洋药……等物，例皆不准通商，现定稍宽其禁，听商遵行纳税贸易，洋药准其进口。"[②]清大臣为鸦片问题向咸丰帝奏曰："洋药一项，除系官员、兵丁、太监人等照例治罪，又私售藏奸聚集者，照聚赌例治罪外，其余民

① 绍溪：《十九世纪美国对华鸦片侵略》，第101页。
② 王铁崖主编：《中外旧章约汇编》，第1册，第129页。

人概准买用。凡外洋及内地客商在各省关口贸易者，均照酌定税则：上海一口，议定每百斤税银三十两，所有各海口及津关，均系一水可通，在内江河面凡船只能到各税关口者，均请照上海一律输税。……其民间买用，于九年三月初一日，出示晓谕，一月以后，悉照新定条例，一体尊行。”[①]不久，咸丰皇帝朱批“依议”。

从此，过去至少在法律上是禁止的鸦片，现在变成了合法的洋药，可以完全公开买卖了。这样，西方在取得设立租界、片面最惠国待遇、领事裁判权等特权之后，又夺得了鸦片的销售权。而且不仅是洋药可自由输入，内地自种的“土药”也可种植和买卖了。

需要指出的是，在条约的文本中，英语的“Opium”始终没有变化，而中文的鸦片则被改称洋药了。这样一来，能腐蚀人们肉体和灵魂的毒品——鸦片，通过改头换面的伎俩，居然泯禁灭戒，登堂入室了。果然开禁后没几年，洋药之害如决堤之水，泛滥全国。对此，参与交涉的列维廉的秘书卫廉士亦不能不承认这一举措给中国带来的危害，他说：“当 1858 年税则准许鸦片纳税进口后，由于鸦片走私贸易提升为合法许可的商业，本来已很微弱的道德上的抵抗，好象亦消灭了！”[②]

关于鸦片的税收问题 鸦片的税收是与列强夺取中国的海关权力紧密相关的。1853 年 9 月，上海小刀会起义后，英、美、法三国领事见有机可乘，宣布上海各租界严守中立，禁止清政府官员到外滩海关办公，海关业务被迫停顿。这时英、美、法三国领事于 1854 年 6 月同上海道台吴健彰达成协议：由三国领事各提名一人担任税务监督并组成税务管理委员会。这样，第一个由外国人管理的中国海关便诞生了，中国的近代海关制度也因此起源。到 1858 年《通商章程善后条约》规定，“邀请”外国人“帮办”税务，次年英人李泰国出任总税务司，海关外籍税务司制度从此建立。

在列强窃夺中国海关主权的同时，关于鸦片的征税问题也在交涉中。1856 年 10 月，上海地方政府经与英、美、法三国长期谈判，议定鸦片进口以每箱 20 元纳厘（华北后改为每箱 24 两，其中的 20 两归入军需支拨，4 两为办公经费）。[③]当时，英政府承认中国有权对租界内的鸦片征收税款，而唯利是图的英商却反对中国政府征收鸦片厘金。于是，中国海关的官吏们只得从道台那里领来一张执照，并请英领签署，这样才使得英商们哑口无言。[④] 此后，福建亦援照上海办理，

---

① 李圭：《鸦片事略》，卷下，第 231 页。
② 绍溪：《十九世纪美国对华鸦片侵略》，第 104 页。
③ 李圭：《鸦片事略》，卷下，第 230 页。
④ 马士：《中华帝国对外关系史》，第 2 卷，第 417 页。

并因军饷紧迫而先向外商贷款 50 万两，约定扣税归还，其后由兴泉永道出示，规定每箱鸦片纳税 40 元，加费 8 元，宁波则由中国烟贩议定每箱鸦片的价格，然后向官承包。[①] 由上可见，实行外人管理海关的制度，产生了鸦片贸易的合法化。从另一个角度来看，这也是为了将进口鸦片的关税作为海关主要财源而采取的措施，因为鸦片是中国进口货中居第一位的重要商品，就经济收入而言，这是理所当然的结果。

鸦片贸易合法化后，各洋行从鸦片贸易中捞得更多的利润，仅小打小闹的美商琼记洋行，在 1858 年一年中就赚得纯利润 13 000 美元。自然那些英商大洋行的所得就更可观了。原来泊于各口外若即若离的鸦片趸船，此时也不再需要躲躲闪闪了，吴淞口外的趸船更是堂而皇之地开进了黄浦江，停泊于外滩江岸。

港澳地区的鸦片走私 鸦片战争后，香港被英国殖民统治，澳门则为葡萄牙以“租”的形式所窃据。于是，中外鸦片贩子便以此为中心向南中国沿海发动猖狂的鸦片走私。

港澳地区是外国鸦片进入中国市场的中转站，鸦片有一部分在当地出售，这种鸦片的交易往往很混乱。《天津条约》订立后，港英当局为了有效地获得鸦片税款，便将鸦片在香港的加工与零售权，包给了出价最高的包销者。这种包卖的零售鸦片，实际上有 70%是走私到中国各地去的。

战前鸦片走私主要是外国船只所为。现在，往来于港澳的华商华船，为暴利所驱，在港澳殖民当局的庇护下，也加入了鸦片走私的行列。据莱特(Stantey F. Wright)说：“从事这项非法贸易的民船船队，往往都聚集在这两个地方，因为各该殖民地当局并不想去制止它们，所以，它们可以毫无困难地装运贵重的货潜行窜往中国地面。它们都配有适当的人员和武器，绝不害怕任何想要试图截阻它们的缉私武力，不论殖民地当局究竟凭着什么借口，把英国旗帜的保护扩大到那些租有英王土地的中国人自置的中国民船，无可争议的，他们这样做，无异是给予这类民船所有主一种手段，使他们得以违反《虎门条约》第四款……的规定，而不受殖民地当局方面的处分。”[②]

那时，中国在港澳附近的广州海面尚未建立缉私征税的机构，因此，广东海面变成一片弥漫着乌烟瘴气的烟海毒洋。据中国海关总税务司赫德(Robert Hart，1863—1908 年任此职)的估计，仅 1869 年一年中“洋药到香港八万八千箱之多，进口报税者只有五万箱”，而这走私的三万箱鸦片漏税达 40 万—50 万银

---

① 李圭：《鸦片事略》，卷下，第 230 页。
② 莱特著，姚曾廙译：《中国关税沿革史》，三联书店 1958 年版，第 296 页。

两，[1]由此可见香港向内地鸦片走私的猖獗。

在香港，除了以上传统的海上走私以外，又多了一条陆上走私的途径。19世纪60年代，不少鸦片是由香港经广东、湖南走私到湖北去的。所有这些走私"之所以猖獗，完全是因为它能够据有一个坐落在（中国）海岸两哩以内的英国自由港作为自己的基地"。[2]这样，港澳的鸦片走私便成为一个亟待解决的问题了。

赫德的阴谋 为了制止港澳向内地的走私漏税，1868年广东地方政府决定在靠近九龙和澳门的边界地区，建立厘金局卡，征缉中国沙船私运鸦片的厘金。关卡于1871年设立并开始工作。

中国政府这一限制鸦片走私的举动，激起了香港鸦片贩子的反对。清政府请赫德"居间斡旋"。当时，赫德正在谋求扩大总税务司的权力，于是，经过赫德的穿梭，到1876年中英订立《烟台条约》。该约第十二条虽然规定"英商于贩运洋药入口时，由新关（海关）派人稽查，封存栈房或趸船，俟售卖时洋商照则完税，并令买客一并在新关输纳厘税，以免偷漏"，[3]但这一条迟迟未能实行。由于港英当局施加压力，及赫德的"斡旋"，结果在《烟台条约》的最后，英方代表威妥玛立下一条鸦片贩子要求的条款："即由英国选派领事官一员，由中国选派平等官一员，由香港选派英官一员，会同查明核议，定章遵办。总期于中国课饷有益，于香港地方事宜无损。"[4]而关于鸦片的厘税，威妥玛提出每箱在40—50两之间，李鸿章认为不能少于90两。1885年7月18日，中英订立《烟台条约续增专条》，规定：凡运抵中国的任何口岸时，应即由海关封存在一个具有保结的栈房里，从这个栈房提货时，则须按照每担完纳进口税30两和厘金80两，此后便可行销于全中国而免收任何捐税。[5]

关于鸦片的走私问题，1886年9月11日，三方代表璧利南（Byron Brenan，英国代表，驻天津领事）、邵友濂（中国代表，上海道）、劳士（James Russell，香港代表，法院陪审官）以及总税务司赫德达成协议：原来由中国海关监督执行的走私检查权移交给赫德的海关总税务司，由总税务司统一征收。为执行这一使命，一个新的海关税务司在港英当局管辖的九龙设立了。总税务司则把鸦片税厘暂存于汇丰银行。

---

① 奕䜣奏折《筹办夷务始末》同治期，卷79。
② 汪敬虞：《赫德与近代中西关系》，第162页。
③ 王铁崖主编：《中外旧章约汇编》，第1册，第349页。
④ 王铁崖主编：《中外旧章约汇编》，第1册，第350页。
⑤ 王铁崖主编：《中外旧章约汇编》，第1册，第308页。

这一协议无疑使总税务司的权力大大增强。正如赫德所言:“总的来说,我们业已胜利。现在我已将广东各口岸往来于香港和澳门的民船贸易,从粤海关的掌握中抢了过来,置于税务司们的管辖之下。”[①]正如汪敬虞先生所指出的:这个协议在海关税收的保管中,第一次引进外国银行的介入,这是在赫德一手炮制之下开了一个恶劣的先例。原来中国海关的税收一向存放于专设的海关官银号或中国钱庄。内地所收的厘金更与海关无任何关系,但协议成立后,中国商人只须向税务司报告鸦片的数额,根据海关的许可凭证,向汇丰银行交纳税款,然后再以银行的收款凭证向海关换取通行凭证,把鸦片直接运到所要到达的内地口岸,[②]这样一来,汇丰银行更成了这一部分税收的保管机构。这无疑是对中国主权的极大损害,是赫德对其国家效力而侵损中国利益的典型表现。

在与澳门的交涉中,赫德故伎重演。澳门与香港一样是走私鸦片的庇护地,在中葡谈判时,澳葡当局坚持要求承认葡对澳门的主权,并以此作为同意在澳门实施香港决议的条件。对这样一个拿中国领土主权作交易的要求,赫德积极响应。他说,对中国来讲,这无足轻重,因为“中国现在所要做的,不过是说一句,她‘承认’这个实际情况不去干扰它。让这个事实像以前一样继续存在,不过给葡萄牙加上一条明文或一纸文件而已”。[③] 对这种以“一纸公文断送中国主权”的行为,赫德竟称之为“相当漂亮的成功”。[④] 1887 年 3 月 26 日,中葡会议草约签字,中国承认“葡国永驻、管理澳门以及属澳之地,与葡国治理他处无异”。[⑤] 赫德又轻而易举地完成了一笔肮脏的交易。接着 4 月 3 日在拱北成立了总税务司管辖的海关,征收鸦片的税厘。

为了禁绝鸦片的走私问题,在赫德的策划下,中国与英、葡进行了谈判,但作为中国高级雇员的赫德,不但不对英、葡损害中国主权的罪行加以揭露,反而利用清政府的财政问题,设法满足英、葡的要求,并乘机扩张自己的权势。仅此一项就可得出,这位曾大力促进中国海关现代化的、铜像曾在上海外滩矗立 30 年之久的赫德,在鸦片贸易的合法化和扩大化方面显然是有罪的。他对这些“成果”的取得十分自得,踌躇满志地说:“我们的鸦片工作是进行得非常令人满意的,它的结果将是印度鸦片销售的空前增大和消费者所支付的价格的相当减轻。”[⑥]事实的确如此,而鸦片走私则根本没有禁绝,一直到 20 世纪初,还有人当

---

① 汪敬虞:《赫德与近代中西关系》,第 165 页。
② 汪敬虞:《赫德与中国海关》,第 584 页。
③ 汪敬虞:《赫德与近代中西关系》,第 168 页。
④ 汪敬虞:《赫德与近代中西关系》,第 168 页。
⑤ 王铁崖:《中外旧章约汇编》,第 1 册,第 505 页。
⑥ 汪敬虞:《赫德与近代中西关系》,第 165 页。

着广州税务司的面“嘲笑香港的大规模鸦片走私”。[①] 同时,赫德也有意忽略了一个由此产生的最严重的后果,即鸦片烟毒在中国各地更加泛滥了。

鸦片税厘在清政府财政中的地位 鸦片成了洋药后,洋药税便成为进口货物税的一种,从此,鸦片正式同清政府的财政发生了密切关系。

鸦片税始于1853年的厘金税。厘金原是中国境内以各种方式征收的国内中转税,这种厘金制度始于太平天国时期,江北大营帮办军务大臣雷以诚,采纳门客钱江的建议创办厘金制。1853年,首先在扬州的仙女庙、宜陵、张网沟等集镇试行,强征货物过境税,规定捐率为货值的百分之一,故叫厘金。次年推广到各省,不几年全国已有厘金局600余所,分局、分卡不计其数。厘金原是临时性措施,因征缴得力,每年可收1 000万两,到太平天国灭亡后的1865年,已增至1 500万两,比丁赋等正税还要多。而后的接连用兵、兴办洋务、筹建海防等无一不需巨款,因此,清政府不仅没有取消厘金制,反而将其强化,成了常年收入的一大来源。

出于同样的动机,清廷为缓解财政危机,也已在设法从鸦片中捞取赋税了。咸丰初年,太平天国兴起后,各省财政陷入困境,在走投无路之下,东南地区的疆吏率先开征鸦片税。1856年,两江总督何桂清在上海征收鸦片税,定每箱征税24两,其中20两归军需,4两为办公经费。次年闽浙总督王懿德也开征烟税。此后,何桂清公开奏请鸦片弛禁,皇帝不仅没有震怒,反而于1859年决定对国产的鸦片土药抽收税厘。首先令云南所产土药分别收税抽厘;将正税解部,厘金则作为该省“剿匪”经费。[②]

鸦片厘金在厘金税中占有重要地位。1874年,李鸿章在《筹议海防折》中,提出加重洋药的税厘建议。[③] 1879年,他又建议洋药税率每100斤抽正税30两,外加征80两,共计110两(内地厘金一概豁免);中国产的土药则每100斤征40两。结果清政府予以采纳。1884年12月,户部等衙门在《开源节流疏》中主张推广洋药捐输,“不分洋药土药,发给华商行坐部票,按票捐银,以助军饷”。[④] 凡华商运烟,必须持有行票,每票限10斤,每斤捐银2钱,经过关卡另纳税厘,无票不得运烟。其行店则有坐票,无论资本大小,年捐20两。此票有效期间为一年,即每年须换领一次,无票便不得发售。[⑤] 洋药厘金,光绪年间一直维持在每担征收110两,到宣统三年(1911年)政府大力禁烟,为限制鸦片流通才加至

① 汪敬虞:《赫德与近代中西关系》,第169页。
② 咸丰朝《东华续录》,卷58,页5。
③ 《李文忠公全集》,奏稿,卷24,页22。
④ 中国史学会编:《鸦片战争》(六),第230页。
⑤ 《清史稿·食货》,关榷。

350 两。[①]

1884 年以前，鸦片占中国进口货值的三分之一以上，1867 年和 1878 年鸦片在当年的进口货值中所占的比重竟达 46%和 45%。[②] 据雷麦的研究，这一时期一般商品的税率不足值百抽五，甚至低于值百抽三，而洋药的税率却为市价的 8%，[③]约为一般商品税率的 2 倍。由此可以推算出，1884 年以前的进口税中，鸦片税约占一半，最高时占 60%以上，例如 1866 年就是如此。[④] 由此可见鸦片税在清政府的财政收入中占有相当重要的地位。

到 19 世纪 80 年代后，尽管鸦片进口减少，但从 1887 年鸦片厘金并入关税由海关一并征收后，税厘仍占相当的比例。是年，经过赫德的权力扩张，海关将常关所收的鸦片厘金也列为海关的职权范围。在晚清的五大税收即地丁税、漕粮、盐税、关税和厘金中，关税和厘金所占的比重，从 1860 年左右起迅速上升。在关税收入中，鸦片的税收和厘金占有很高的比例，这一点不仅显示鸦片贸易对海关收入的重要性，也显示出鸦片贸易对清政府财政收入的重要性。直到 1903、1904 年，鸦片税仍高达 646 万两和 602 万两。[⑤]

关于鸦片税，除了以上所述外，各地方政府还先后设立其他税种，如浙江省的烟捐；[⑥]清末首设土膏局于四川涪州，后各省亦纷纷设置土膏局征收过境转运税、落地内销税等。

表 5-3　1861—1906 年洋药税收及所占比例一览表　（单位：库平两）

年　次	洋　药　税[⑦]		洋　药　厘　金	
	银　数	占税收总计%	银　数	占税收总计%
1861	407 918	8.10	—	—
1862	1 142 913	15.12	—	—
1863	1 422 002	16.62	—	—

① 贾士毅：《民国财政史》，二编上册，商务印书馆 1934 年版，第 438—469 页。

② 雷麦：《中国对外贸易》，第 41、88 页。

③ 雷麦：《中国对外贸易》，第 41、88 页。

④ 莱特著，姚曾廙译：《中国关税沿革史》，三联书店 1958 年版，第 61 页。

⑤ 《光绪政要》卷 32，页 31。

⑥ 宣统《杭州府志》卷 64，赋税。

⑦ 洋药税是第二次鸦片战争之后清政府同英法签订的 1858 年《天津条约》中规定的一种税收，条约中规定“洋药准其进口，议定每百斤纳税银三十两”；洋药进入中国内地时要逢关纳税、遇卡抽厘，这对英国对华倾销鸦片十分不利，便向清政府施压，在 1885 年双方签订的《烟台条约续增专条》，制定了新的征收洋药税厘的办法，即鸦片输入中国各口岸时，由海关封存，在按照每百斤向海关缴纳进口税三十两，并纳厘金八十两之后，便可运至中国各地，不再缴纳任何税厘。从此，洋药税厘开始成为海关一项重要的收入。

续 表

年 次	洋 药 税		洋 药 厘 金	
	银 数	占税收总计%	银 数	占税收总计%
1864	1 525 118	18.21	—	—
1865	1 691 777	21.31	—	—
1866	1 839 184	20.65	—	—
1867	1 801 921	20.18	—	—
1868	1 661 835	16.82	—	—
1869	1 585 638	16.46	—	—
1870	1 738 338	17.81	—	—
1871	1 279 598	11.94	—	—
1872	1 813 500	15.63	—	—
1873	1 900 031	16.99	—	—
1874	2 010 337	16.88	—	—
1875	2 039 640	16.76	—	—
1876	1 960 587	15.59	—	—
1877	2 131 971	17.34	—	—
1878	2 046 956	16.43	—	—
1879	2 332 049	17.67	—	—
1880	2 339 656	16.31	—	—
1881	2 231 108	14.82	—	—
1882	1 993 449	13.76	—	—
1883	2 008 862	14.77	—	—
1884	2 107 996	15.34	—	—
1885	2 008 895	14.17	—	—
1886	1 976 131	12.95	—	—
1887	2 227 760	11.09	4 252 746	21.18
1888	2 525 574	10.94	6 566 282	28.43
1889	2 282 012	10.41	6 098 548	27.81
1890	2 272 377	10.34	6 101 511	27.75

续 表

年次	洋药税		洋药厘金	
	银数	占税收总计%	银数	占税收总计%
1891	2 311 533	10.00	6 254 014	27.04
1892	2 174 827	9.54	5 871 177	25.74
1893	1 969 155	8.92	5 343 198	24.21
1894	1 919 668	8.42	5 219 816	22.90
1895	1 557 293	7.42	4 107 540	19.57
1896	1 450 058	6.58	3 915 839	17.77
1897	1 478 656	6.52	3 887 811	17.15
1898	1 408 270	6.45	3 670 448	16.82
1899	1 748 498	6.72	4 666 631	17.94
1900	1 522 979	6.32	4 173 564	17.32
1901	1 491 889	6.24	3 939 854	16.47
1902	1 521 501	5.32	3 747 202	13.94
1903	1 803 911	5.93	4 797 268	15.77
1904	1 645 491	5.45	4 296 536	14.22
1905	1 473 578	4.51	3 911 003	11.97
1906	1 596 477	4.57	4 234 247	12.11

资料来源：汤象龙：《中国近代海关税收和分配统计：1861—1910》，中华书局 1992 年版，第 64—67 页。

从上表可以看出，在 1887 年以前，洋药税在清廷的财政收入中均在 10%以上，1887 年以后，尽管所占比例有所减少，但是洋药厘金在清廷财政税收里的份额依然很大。

清政府以海关为主，征收鸦片税厘，既填补了财政收入，又支付了战争赔款，同时还可以作为向外国借款的担保。特别是 1870 年后，海关在中国财务、政务中所起的作用越来越大。这第一是意味着中国进一步走向半殖民地化；第二是表明，中国的海关名义上是清政府的一个机构，实际上却是外国凭借武力为所欲为的地方。在鸦片战争前，清廷从遏制银源枯竭的趋势这一目的出发，发动禁烟；但到光绪年间，鸦片不但没被禁止，因鸦片的大量进口而征得的鸦片税却成了清政府的财政支柱。这一变化正是清廷走向腐败、走向衰弱的历程，是主权独立的中国走向半殖民地的历程，也正是鸦片烟毒在中国日益泛滥的过程。

第六章　洋药进口的高峰与土烟的日趋发展

鸦片战争十年之后,进入中国的外国鸦片已由每年 3 万箱左右猛增到 6 万箱,随之而来的是吸食者剧增。有谓“农之食烟者十之三,贾之食烟者十之六,兵之食烟者十之八,士之食烟者十之五,上至督抚仆隶之私,下至县门舆台之贱,其食烟者十之八九”①。此言虽有些夸大,但以进口鸦片数量增加,土烟种植日渐扩大,全国的吸毒者恐已达千万人了。

第一节　上海时代

鸦片贸易中心的北移　五口通商以后的最初几年,广州仍是中国对外贸易的中心。当时中英贸易占主要地位,而在整个 19 世纪 40 年代,从广州输往英国的货值占中国对英出口的比重,最高达到 91.7%(1846 年),最低时也在 75%以上(1848 年)。② 但在对外贸易的绝对值方面,广州已出现了下降的趋势,代之的是上海的崛起。

无论是鸦片战争之前,还是近代开埠以后,上海都与罪恶的鸦片贸易结下了不解之缘。究其原因,笔者以为有如下三个方面:

第一,与上海得天独厚的地理位置以及由此形成的多层次、复合式贸易网络结构有关。中国南北海岸线的中点,进出长江的门户,优良的港湾,江河连接着内地,这是上海独具的港口条件;物产丰富的长江三角洲,盛产丝、茶、瓷器等特产的长江腹地,这又是上海与生俱来的优势;再加上便利的交通,上海自然居于中国沿海各地经济联系的枢纽地位。早在康熙二十三年(1684 年),清初的严厉“海禁”被解除,上海地区往来于江、浙、闽、粤的“内外市舶”,就“络绎不绝”。此后的百余年中,“关东豆麦每年至上海者千余万石,而布茶各南货至山东、直隶、

---

① 转引自郭廷以:《近代中国史纲》,格致出版社、上海人民出版社 2009 年版,第 60 页。

② 黄苇:《上海开埠初期对外贸易研究》,上海人民出版社 1979 年版,第 144 页。

关东者,亦由沙船载而北行","上海人往关东、天津,一岁三四至"。凡"洋货及闽广货物,俱在上海发客。小东门外竟为大码头",在上海城东门外的江面上,形成了"舳舻相衔,帆樯比栉,不减仪征、汉口"的局面。[①] 到清代乾隆年间,聚集在上海港的船舶已达三千多只,其中沙船最多。此外,还有南方粤、闽、浙等地的估船、鸟船、蜑船,北方山东、直隶一带的卫船。甚至还有来自日本、朝鲜和越南、暹罗(今泰国)等国的外国商船。[②] 19 世纪 30 年代,英属东印度公司"阿美士德"号来华,随行船员一到上海就被进入黄浦江的众多船只所深深吸引。据他们统计,当时的上海地区,一星期内有 400 多艘从一百到四百吨位的大小船只,经过吴淞口,驶往上海县城。[③] 鸦片战争前,上海县城的大小东门和南门一带是商业繁华之区,号称"万商云集,百货山积"。

可以说,"江海通津",就是明清时期上海水路交通重要枢纽地位的写照,"东南都会"是上海控江据海之下港口发展带来的必然结果。时至开埠前夕,上海的国内埠际贸易,已经具备一个多层次复合式的贸易网络。[④] 其中,既有南北洋沿海城市之间的长途埠际贸易,又有贯连运河、长江及其支流上的内陆沿江城市之间以及长江三角洲区域间的中程埠际贸易,同时还不乏松江府辖境内的上海与周边市镇之间,以及上海县所属各集镇之间的短程埠际贸易的交织和套接。

第二,是外国资本主义列强觊觎已久的目标。以英国为首的资本主义侵略势力对上海的垂涎,由来已久。鸦片战争之前,西人就积极探知上海商业地位的重要性,处心积虑地想进窥上海,妄图将上海变为入侵中国长江流域、东南沿海以至广大华北地区的据点。1756 年,英国东印度公司中有一个名叫毕谷(Pigou)的职员就曾意识到上海作为对华通商口岸的好处,认为上海是一个有价值的商品销售市场,并建议英国政府进取上海。[⑤] 另一英国人福钧(Fortune Robert)也曾指出,"就我所熟悉的地方而论,没有别的市镇具有像上海所有的那样有利条件。上海是中华帝国的大门,广大的土产贸易市场。……内地交通运输便利,世界上没有什么地方比得上它"。[⑥] 19 世纪 30 年代,英国人希图开辟上海为商埠的欲望已空前高涨。1832 年 6 月 19 日,东印度公司职员、英人林德赛(Lindsay, Huyh Hamilton,中文名胡夏米)偕中国通、普鲁士籍传教士郭士立

---

① 上海研究中心等编:《上海 700 年(1291—1991)》,上海人民出版社 1991 年版,第 115 页。
② 上海研究中心等编:《上海 700 年(1291—1991)》,第 119 页。
③ 唐振常主编:《上海史》,上海人民出版社 1989 年版,第 119 页。
④ 熊月之主编:《上海通史》,第 4 卷,第 107 页。
⑤ 黄苇:《上海开埠初期对外贸易研究(1843—1863)》,上海人民出版社 1979 年版,第 11 页。
⑥ 王垂芳主编:《洋商史——上海:1843—1956》,上海社会科学院出版社 2007 年版,(总述)第 1 页。

(Karl Friedrich Angust Gutzlaff,一译郭士腊)等一行,乘英船“阿美士德”号闯入长江口,潜入黄浦江,随后进入上海县城。7月8日,在上海逗留18天后,林德赛一行携带大量的情报心满意足地离沪而去。“阿美士德”号此行虽未达到通商开埠的目的,却搜集并传给英国政府一个极其重要的信息:上海是中国南北贸易的中转站,几乎可以垄断国内贸易。[①] 郭士立甚至这样宣称:“上海地位的重要,仅次于广州。它的商业十分活跃。如果欧洲人准许来上海贸易,它的地位更能大为增进。外国商品在上海的消耗量很大。这样大的商业活动区域,已往一直被人忽视,实在太令人奇怪了。”[②]

到1840年第一次鸦片战争前后,上海已经完全成为英国觊觎的目标。英国学者艾略特·宾汉在《远征中国纪实》一书中指出:“吴淞是一个可怜的村庄。宝山虽是一个有城墙的县城,仍然是一个穷地方,事实上,其附近的乡村绝不像中国其他地方乡村那样人丁兴旺,富庶漂亮。我们决定进攻上海。上海在吴淞口以南,两地相距约16英里,是一个很大的商业城市。”[③]

第三,是道光年间清政府禁烟运动的驱动。从1830年到1842年(道光十年至二十二年),清政府发动了历史上第一次大规模的禁烟运动。1839年6月,清政府颁布的《钦定查禁鸦片章程》39条,将此次禁烟运动推向了高潮。与此同时,林则徐任钦差大臣赴广东“查办海口事件”,并与虎门海滩将所有缴获的2 376 254斤鸦片当众销毁。虎门销烟,又将道光皇帝发动的禁烟运动推至顶点。此次禁烟,虽因清政府在鸦片战争中的失败而夭折,但禁烟的措施却沉重地打击了国内外不法商贩的嚣张气焰。尤其是主要烟毒泛滥地区广东和福建一带,那些遭受禁烟重创的中外贩卖鸦片的奸商,“转而向上海及上海以北沿海地区,寻找新的输入口”。[④] 再加上1832年“阿美士德”号来华侦察了上海的港口和商情后,林德赛在回国后的报告中多次提及上海,认为“这个地区的自由贸易对于外国人,尤其对英国人的好处是不可估计的”。同时,他还以私人函件形式向英国外交大臣献策,怂恿英国政府使用武力打开中国门户,取得在上海的贸易权。[⑤] 在内外因交织中,至鸦片战争以前,上海已成为西方列强非常向往的黄金口岸。

外国资本主义商人和殖民分子,在中国经营可耻的鸦片贸易由来已久。然

---

① 上海研究中心编:《上海700年(1291—1991)》,第17页。

② 黄苇:《上海开埠初期对外贸易研究(1843—1863)》,第13页。

③ 艾略特·宾汉著:《远征中国纪实》,转引自周宁:《中国形象:西方的学说与传说——鸦片帝国》,学苑出版社2004年版,第365页。

④ 熊月之主编:《上海通史》,第9卷,第182页。

⑤ 王垂芳主编:《洋商史——上海:1843—1956》,(总述)第1页。

因鸦片走私贸易本身的隐秘性及同一时代留下的可供查阅资料的残缺不全，故就外国不法奸商走私贩运来华贸易的鸦片量，史学界一直未能做出十分完整准确的统计。笔者希冀在前人研究成果的基础上，对战前上海的鸦片毒况作一整理与耙梳。上海开埠前夕，据统计其贸易总量为 5 330 万两，其中统计鸦片走私贸易货值 40 万两，占总贸易额的 0.75%。[①] 外国列强向上海走私鸦片的时间，大致开始于 1774 年前后。[②] 当时，已有英国走私船抵达舟山群岛继续向北挺进，进而偷偷登陆位于上海东南方向一个人烟稀少的小岛——小洋山，并以此为驻泊地在江浙沿海一带从事走私贸易。乾隆三十九年(1774 年)，浙江省地方官员上奏，要求对“江南小洋山地方”“严行稽查”，如有“偷漏赴山”“佣工、贸易者”，要“将疏漏之守口员弁参处”。[③] 由此可见，小洋山一带确有走私贸易的存在。况且，去一个人迹罕至的荒岛“经商”或做“佣工”，显然与有洋商在此从事走私贸易有关。嘉庆六年(1801 年)，清廷正式颁布命令，对“偷漏”赴“江南小洋山地方”的情况进行严厉的管制。但是，江浙一带的奸商去小洋山参与走私贸易者却屡禁不绝。至道光年间，即“阿美士德”号来华之前，传教士郭士立即以此岛为据点，对上海进行间谍、走私鸦片等活动。当时载运鸦片的走私船只，不断驶到，烟土源源运进上海。[④] 道光十八年(1838 年)，两江总督陶澍奏报说：在上海南关外等处，仅一次就查获窝藏鸦片 41 000 余两。同年 10 月，江西道监察御史狄听就开埠前上海及长江三角洲区域的鸦片走私情况上奏道光帝：

“上海县地方，滨临海口，向有闽粤奸商，雇驾洋船，就广东口外夷船，贩卖呢羽杂货并鸦片烟土，由海路运至上海县入口，转贩苏州省城并太仓、通州各路，而大分则归苏州，由苏州分销全省，及邻境之安徽、山东、浙江等处地方。江苏省外州县民间设有信船、带货船各数只，轮日赴苏递送书信，并代运货物。凡外县买食鸦片者，俱托该船代购。是以各县买烟价银，由信货船汇总，有数可稽。大县每日计银五六百两，小县每日计银三、四百两不等，兼之别项兴贩，每年专银不下千万。其波及邻省者，尚不在此数。”[⑤]

从狄听的奏折中，我们可以看出：第一，鸦片战争前，外国的港脚商人和国内闽粤奸商向上海及其他长江三角洲一带走私鸦片及其他西方商品的情况已经相当严重。第二，在鸦片战争前的贸易中，上海已不自觉充当了鸦片走私的中转

---

① 王垂芳主编：《洋商史——上海：1843—1956》，(总述)第 1 页。

② 熊月之主编：《上海通史》，第 4 卷，第 140 页。

③ 《大清会典事例·兵部绿营处分例》。

④ 唐振常主编：《上海史》，上海人民出版社 1989 年版，第 111 页。

⑤ 中央研究院近代史研究所编：道光朝《筹办夷务始末补遗》，第 4 册，中央研究院近代史研究所 1966 年版，第 945—946 页。

枢纽。这一时期鸦片流入的路线，是由福建、广东以趸船、飞剪船、鸟船装运到上海港外、杭州湾口的小洋山一带集结，经吴淞走私进入上海港，而后由上海转销苏州、太仓和通州（今南通）等地。①

除了外国不法的鸦片走私商外，鸦片战争前中国漫长的海岸线南起广东北抵奉天，也到处留有本国鸦片贩子的踪迹。1838 年 9 月，上海知县在上海东关外“亨吉号糖行内拿获贩土之福建人许阿伢、杨贞倌二名，搜获烟土九百余两。……在永利号店内拿获兴贩窝顿烟土之福建人林让、陈其恩二名，搜获烟土一万五千余两”。②

简单地说，1838 年的上海因处于海口的便利地位，成为鸦片走私的发散地。③ 上海县在鸦片战争以前，俨然是长江流域的鸦片集散地。无怪乎上海开埠后，迅速取代广州，成为全国最大的鸦片入口港。④ 但毋庸置疑的是，鸦片战争前上海地区的烟毒虽然开始由中心城区向周边的市镇慢慢扩散，但还尚未达到肆无忌惮的地步。

由此看来，尽管上海开埠时在中国的城市规模中仅排在第 12 位，但它具有成为世界一流都市的一切条件：西太平洋海岸的中段，优良的港湾，背靠物产丰富的长江三角洲，还有广袤的长江腹地等。因此上海开埠后，各国冒险家便纷至沓来，尤其是 19 世纪 40 年代陆续建立的英美法租界，为他们从事一切活动提供了方便。租界的设立，西方列强贩卖鸦片的猖獗，让上海顷刻之间几乎变成了一个烟毒泛滥的魔窟。鸦片战争之前，上海就已经成为外国列强输入鸦片的重要口岸之一。随着第一次鸦片战争的爆发，鸦片走私的重心便以更快的速度从东南一隅的广州转向长江入海口的上海。接踵而来的第二次鸦片战争，更让不道德的鸦片走私披上了“合法贸易”的外衣，成为近代上海中外贸易结构中一个恶性膨胀的毒瘤。在中外鸦片贩子的长期经营下，开埠后的上海尤其是租界地区成了鸦片毒雾弥漫的飞地。这样，上海很快成为西方殖民者在中国的根据地，并超越老牌的广州而跃为对外贸易的中心。

这种变化始于 19 世纪 50 年代。在出口方面，1846 年由上海出口的茶叶，还只占全国出口的七分之一，而 1851 年上升到三分之一，次年已超过 50%，到 1853 年已近 70%。仅从上海运往美国的茶叶，就比广州的整个茶叶贸易还要多得多。再从另一项大宗出口产品生丝来看，1845 年时，广州和上海各占一半，到

---

① 熊月之主编：《上海通史》，第 4 卷，第 114 页。
② 中国第一历史档案馆编：《鸦片战争档案史料》，第 1 册，上海人民出版社 1987 年版，第 403 页。
③ 王宏斌：《禁毒史鉴》，岳麓书社 1997 年版，第 82 页。
④ 冼波：《烟毒的历史》，中国文史出版社 2005 年版，第 100 页。

19世纪50年代中期,则几乎完全由上海一口供给了。60年代中期,上海的出口总值每年达3 600多万海关两,约是广州的4倍。①

在进口方面,以英国哔叽布料为例,1844年时,广州进口的为上海进口的3倍多,但到1855年,已不及上海的一半;1863年,进口量已全部集中于上海。60年代后期,上海的进口货值达4 900万海关两,而广州为500万两,只相当于上海的九分之一。②

在船舶进口方面亦复如此。1845年时,进入广州的英船比上海多2倍以上;而10年后,则只有上海的一半了,以后这种趋势继续扩大。就这样,曾经被西方商人幻想为"永远是对外贸易的主要港口"的广州,在五口通商后不到10年的光阴里便衰弱了,而上海则成为中国最大的贸易中心,并将这一荣誉保持了100多年。

毫无疑问,上海同时也成了世界上鸦片进口的最大口岸。自1843年上海开埠后,进入该城市的鸦片就开始急速增加了。1847年从上海进口的鸦片估计为16 500箱,占全国进口量的49.6%。另据统计,1854年7月至1855年6月的一年间,上海进口的外国货总值为1 262万两,其中鸦片货值占911万两,而一般商品货值却只占351万两。③ 到19世纪70年代,上海的鸦片进口量已占全国进口量的71%,即使到了1894年,上海仍占鸦片进口量的57%(见表6-1)。当然,在上海进口的鸦片中,有相当数量是转口到其他口岸去的。但是,即使减去这些转口数量后,上海本口岸的进口量仍然很大。因此,上海实际上已成为世界最大的鸦片进口口岸、最大的鸦片转口口岸和最大的鸦片消费口岸。

表6-1　上海口岸鸦片进口量、转出口量和净进口量　(单位:担)

年份	全国进口量(不包括走私进口)	上海进口量		上海转口到国内其他各口岸数量	上海净进口量	
		数量	占全国%		数量	占全国%
1871	59 530	41 984	71	30 004	11 980	20
1881	79 074	54 002	68	35 269	18 733	24
1894	63 051	35 804	57	18 603	17 201	27

资料来源:历年海关贸易统计报告。

① 姚贤镐编:《中国近代对外贸易史资料》,中华书局1962年版,第1615页。
② 姚贤镐编:《中国近代对外贸易史资料》,第1611页。
③ 黄苇:《上海开埠初期对外贸易研究》,第88页。

关于上海鸦片走私贸易的细节，1856年的江海道蓝蔚雯等在一份报告中写道："西洋各国进口货物，近以烟土为最盛，……其贩来上海者，夷商以抵付丝、茶价值为大宗。比如应付丝、茶价银一万两，夷商只付现银六七成，余以烟土抬价推抵。丝茶商不敢私运，即就地售与潮广土栈。间有吕宋等国夷人，专以贩土为业，亦不及什之二三。统计上海一口，共有烟土洋船六只，常泊吴淞海口，外洋来货聚于斯，一如货物寄钱者然。夷官因系违禁，凡未卖之货，向不准提至洋泾浜，伊则佯不闻不问。其实夷商藉以抵货转运，获利颇厚。广潮等帮土栈，无论买自丝、茶客商及自向吕宋等夷交易，向凭夷商土票赴吴淞提货转售。此上海向来贩运情形也。"①

外国鸦片是由各洋行经营运至上海以及其他地区的，在外国鸦片泛滥的80余年里，大致上相继经历过以怡和洋行、沙逊洋行和哈同洋行为主的三个时期。

怡和洋行垄断时期(1830—1870) 洋行就是外商在中国的贸易代理行，最早的是1782年英人约翰·亨利·柯克斯(John Henry Cox)与丹尼尔·比尔(Daniel Beaie)合伙在广州建立的柯克斯·比尔洋行。② 到1837年英国在广州的洋行已达156家。其中最重要的就是执鸦片贸易之牛耳30年之久的查顿·迈地臣洋行，即怡和洋行。

怡和洋行是最早进入上海的英商洋行，也是第一个向上海输入大量鸦片且靠鸦片贸易起家的洋行。洋行代理贸易业务，收取的佣金一般为货值的1%、2%、2.5%不等，而鸦片的佣金却为3%，另加1%承担呆账责任的佣金。而直接参与买卖则利润更丰，运至广州每箱获利即二三百元，走私到福州、泉州等地每箱获利比广州高100元。早期的洋行几乎都从事鸦片走私，这成为洋行在近代中国发展壮大的经济基础。1830年，麦尼克曾向英国议会报告说："他的公司(怡和洋行——引者)在广州是规模最大的一个，所做的'几乎全部是鸦片生意，至于在中国购进货物，只是为了适应从中国调回资金的需要'。"③就是从那时起，怡和洋行成为对华鸦片贸易的领头羊。鸦片走私的利润使其将全部精力放在鸦片生意上，迈地臣和查顿"在中国的头几年中所经营的几乎全是鸦片生意"。④ 而且该行还是用暴力手段开辟中国东海岸鸦片走私贸易的始作俑者，在鸦片战争前，被称为广州贸易的"总焦点或中心"。1829—1830年间，该行一家

① 《蓝蔚雯吴熙等密禀鸦片贸易情形及设卡征税办法》，《吴煦档案选编》，江苏人民出版社1983年版，第6辑，第188页。

② 格林堡著，康成译：《鸦片战争前中英通商史》，商务印书馆1961年版，第20、22页。

③ 格林堡著，康成译：《鸦片战争前中英通商史》，第97页。

④ 格林堡著，康成译：《鸦片战争前中英通商史》，第97页。

就独销了 5 000 箱鸦片,价值达 450 万美元,约占当年中国进口鸦片的三分之一。

怡和洋行是作为在中国最早开办的洋行柯克斯·比尔行几经改组而来的。先是汤姆士·比尔和达卫·里德(David Reid)将其改组成里德·比尔行;1801 年麦尼克(Magniac)三兄弟接替改组为麦尼克行;到 1828 年,詹姆士·迈地臣(James Matheson)和威廉·查顿(Willian Jadine)接手建立了怡和洋行。查顿原是东印度公司的外科医生,后因羡慕鸦片贸易的巨利而于 1818 年改行,到广州贩卖鸦片,并以机诈百出、冒险成性而闻名,人称“铁头老鼠”。1830 年,威廉·查顿和詹姆士·迈地臣接管后两年,怡和洋行就摇身变成了 156 家外国洋行中最大的鸦片贸易代理行。鸦片战争前后,占据着对华鸦片走私总额三分之二之多的怡和洋行,大体上是从 1844 年开始着手制定“将所有的鸦片业务北移”到上海的具体方案。[①] 1845 年,仅怡和洋行一家,在吴淞拥有的鸦片趸船就有 14 艘。1851 年,在上海公开活动的洋行有 36 家,登记进入上海的鸦片船共 58 艘,其中怡和洋行一家就达 18 艘,占该洋行同年进港船舶总数的 72%。同年,走私输入上海的鸦片共计 22 596 箱,价值达 1 200 万元,其中仅怡和洋行一家的走私输入额就高达 370 万元,名副其实地是一家最大的走私洋行。[②] 就怡和洋行在华走私贩毒的历史,著名学者严中平先生从怡和公司的档案中也为我们找到了有力的证明:怡和公司纯粹是英商创立于 19 世纪的 30 年代,是一百多年来侵华外商中最大的一家公司。从创立到 20 世纪 20 年代,前后将近一百年,这家公司的主要买卖是从印度向中国贩运鸦片,它独占全部中国鸦片销量的三分之二。[③]

怡和洋行之所以能长期保持鸦片贸易的垄断地位,很大程度上是因为它具有举世无双的强大船队。最初它已拥有大型的帆船,如“米罗普号”“圣西巴斯提恩号”等。到 19 世纪 30 年代初,查顿首先认识到飞剪船的优势而迅速引进,从而将印度到中国的航程时间大大缩短,并因此而取得了优势。1836 年怡和洋行已拥有 12 艘飞剪船组成的船队。其中,“红流浪者号”“气仙号”是当时航速最快的船。

这些不法商人因贩卖鸦片而成为巨富。如麦尼克 1811 年两手空空地来到广州,经营麦尼克洋行鸦片贸易仅 16 年,衣锦还乡后购买大片地产,又投资创办对外贸易公司,成为伦敦金融界的赫赫巨头。原是一名普通医生的查顿于 1838 年返回英国时,已是一名百万富翁;怡和洋行的另一个合伙人迈地臣则腰包更充

---

① 熊月之主编:《上海通史》,第 4 卷,第 142—143 页。

② 上海研究中心编:《上海 700 年(1291—1991)》,第 126—127 页。

③ 上海社会科学院历史研究所编:《上海小刀会议起义史料汇编》,第 509 页。

足,回国第二年(1842 年)便买下苏格兰西海岸整个路易士岛,又以巨款将其辟为庄园。

鸦片战争后,在广州的洋行纷纷向上海集中和扩大。1843 年上海开埠的当年,就有怡和、宝顺、仁记、义记洋行来此开业。随后又有祥泰、沙逊洋行等进入。1850 年增至 30 家,1859 年已扩大到 62 家了。臭名昭著的鸦片商人颠地·兰士禄在上海开埠后抵达上海,先是在外滩租借 14 亩土地设立颠地洋行,后又租进邻近的 7 亩土地建立了宝顺洋行,继续进行鸦片贸易,并获得巨利。当然,鸦片的主导权,牢牢地控制在怡和洋行手中。

在 1850 年,吴淞—上海地区已经成为鸦片业务的中心,它的重要性已超过其他各站。吴淞—上海,已经成了英国对华鸦片走私的集散基地。就是在外国学者所著的中国近百年对外贸易史中也明确地承认"沪埠进口之洋货,实以鸦片首屈一指"。① 1850 年,上海进口洋货净值为 390.8 万海关两,其中鸦片占 54%。② 1851 年,这些充当鸦片临时存栈的鸦片趸船增加到 14 艘。它们如同自己的主人一般,成为黄浦江上常来常往的"客人"。在上海,有许多的趸船,其数目与贸易量相称,但是它们都停泊在吴淞,直到 1854 年,它们共计 10 只。③ 另有一则史料记载:以上海而论,吴淞口外所泊收容鸦片之船,为数极多,在 1854 年(咸丰四年)以前,共计 10 艘。其中 4 艘系代英国运土,4 艘系代犹太及波斯商家运土,2 艘系代美商运土。④ 1854 年 7 月至 1855 年 6 月的一年间,上海进口的外国货值为 12 620 978 两,其中鸦片货值即占 9 113 454 两,而一般商品货值却只占 3 507 524 两。⑤ 1857 年,外国的鸦片贩子经上海倾销的鸦片就有达 31 907 箱,价值高达 13 082 000 元,这个数字已比 20 年前输入中国的鸦片数字总和还要多。1858 年,到上海的鸦片作为洋药"合法"进口前后,外国列强对华倾销的鸦片高达 33 069 箱,占同年全国鸦片消费总数 61 966 箱的 53.4%。

沙逊洋行垄断时期(1870—1900) 沙逊集团成员的祖先是居住在巴格达的犹太人。1832 年大卫·沙逊在孟买设立沙逊洋行(David Sassoon and Sons Company),随即开始向中国运销鸦片。该行是香港第一批开张的洋行之一。1845 年沙逊洋行在上海设立分行(其址在今江西路九江路口)。该行是在鸦片产地与集中地孟买起家的,因此很早就在孟买和上海之间贩卖鸦片。由于怡和

① 上海研究中心编:《上海 700 年(1291—1991)》,第 127 页。

② 熊月之主编:《上海通史》第 5 卷,第 288 页。

③ 马士著,张汇文等译:《中华帝国对外关系史》,第 1 卷,生活·读书·新知三联书店 1957 年版,第 610 页。

④ 岑德彰、潘公展:《上海租界略史》,台北文海出版社 1971 年版,第 59 页。

⑤ 黄苇:《上海开埠初期对外贸易研究(1843—1863)》,第 88 页。

洋行握有飞剪船之利，所以在第一阶段，沙逊洋行大约只占上海鸦片贸易的20%的比重。后来，大卫·沙逊的14个子女都先后到上海进行实习，上海分行成为沙逊洋行的业务中心。大卫·沙逊于1864年病故，洋行由长子阿尔伯特·沙逊继承。1872年，次子伊利亚斯·沙逊自立门户，创办新沙逊洋行(Sassoon & Co.E.D.)，业务发展极快。

在新老两个沙逊洋行里，老沙逊洋行逐渐重点发展孟买的工商业，阿尔伯特被称为“印度工业的奠基人之一”。[①] 但并不是说老沙逊洋行已不再涉足鸦片了，恰恰相反，有资料表明直到19世纪末，该行仍干着贩卖鸦片的勾当。与其相比，新沙逊洋行则更积极进取，业务活动与分支机构遍及远东各地，尤其鸦片贸易飞速发展。它在经营鸦片贸易时有不少独创之举。首先，洋行派人深入印度的罂粟种植区，用高利贷直接向农民收购“青苗”，这样既保证了鸦片的来源，又降低了成本。其次，为便于交流信息，垄断情报，洋行编制电报密码，沟通孟买、香港和上海，以迅速传递鸦片情报。再次，以刚刚诞生的新式轮船投入运输，吨位大、航速快的轮船很快超过了飞剪船。这样，代表轮船时代的沙逊集团，也就替代了飞剪船时代的怡和洋行的地位，而成为鸦片贸易的新盟主。到19世纪70年代，沙逊集团已操纵了70%的印度鸦片贸易量。

此时，上海成为沙逊集团的主要活动中心。1864年，外国洋行认为当时在华的外商银行，其总行多在英国或印度，无法适应贸易的需要，决定在沪组建新银行。是年8月，沙逊、怡和、宝顺等洋行代表15人发起成立香港上海银行，次年3月，该行正式在香港、上海两地开业。沙逊集团的代表阿瑟·沙逊等8人为董事会成员。该行中文名为汇丰银行，其成立资本500万元几乎都是这些洋行从事鸦片贸易赚来的。

19世纪80年代后，新沙逊洋行除继续经营鸦片业务外，逐渐将重心转到房地产投资上，先后建有四川中路的安利大楼、贝当路(今衡山路)的毕卡第公寓(今衡山饭店)和外滩的沙逊大厦等，成了上海滩的地产大王。伊利亚斯·沙逊死后，新沙逊洋行由其长子亚可布(Jacob)继承，1916年亚可布故世后，实权落入其侄维克多·沙逊(Victor Sassoon)之手。此人即后来赫赫有名的“跷脚沙逊”。

哈同洋行垄断时期(1901—1917) 英籍犹太人欧思·爱·哈同(Silas Aaron Hardoon)1851年生于巴格达城，1874年，哈同在父母双亡后只身来到黄浦滩，到上海来闯荡江湖。最初，哈同只是老沙逊洋行一名不起眼的“司阍”。虽

---

① 罗思：《沙逊王朝》，第80页；转引自张仲礼、陈曾年：《沙逊集团在旧中国》，人民出版社1985年版，第9页。

说是个看门的，可沙逊毕竟是个大鸦片行，这无意中就给哈同提供了一个参与鸦片经营的机遇。到1886年，哈同被提升为新沙逊洋行大班协理时，就已经积累了十多年的鸦片买卖经历，并对沙逊洋行经营鸦片的诀窍了如指掌。1901年，哈同自立门户，独创哈同洋行，圆了自己的大班梦，毕竟大班是近代上海滩最权威与时髦的名称。成为大班的哈同，开始兼顾着房地产生意和罪恶的鸦片贩卖勾当。进行烟土的买卖时，哈同已深得三代沙逊集团经营鸦片的真髓。早在1885年，为了改良鸦片买卖的方式，哈同联手新沙逊洋行成立了名为"洋药公所"的鸦片交易行。在"洋药公所"内，哈同和沙逊挂牌定价，控制鸦片的价格；同时他们还以出售期货的方式操纵着鸦片买卖。这样，"洋药公所"就为哈同和沙逊哄抬烟价、攫取加倍鸦片利润提供了便利的途径。"洋药公所"成立后的20年间，哈同和沙逊等洋行在所内成交的鸦片至少达40万箱，在鸦片交易中获得巨额利润，若以每箱获利200元计，则总额达8 000万元。除了获取鸦片暴利，哈同在经营房地产生意时，通过"一忽儿卖，一忽儿买，一忽儿招租，一忽儿出典"等多种敏捷快速的方式，以地皮操奇取赢。只经过短短30余年的时间，便一跃成为上海滩屈指可数的大富翁。哈同的财富，可以用他那美轮美奂的"爱俪园"为证。可以说，从新洋行成立到1906年清末政府再次禁烟时，哈同后来居上，超越新沙逊，成为毒业中的龙头老大。

那时鸦片的买卖价格通常由怡和、沙逊和哈同等洋行公开挂牌定价，然后由各种土行、土店按牌价订购。为了改良鸦片买卖方式，促进鸦片交易，1885年，哈同联合新沙逊洋行成立鸦片交易所——洋药公所，交易办法是由哈同和沙逊两洋行在所内挂牌定价，出售期货，各土行土商需要购买鸦片，须先交付定金约定购买哪月的货。这样两洋行不但可收取定金周转运用，而且在各土行急需现货时，可以临时抬价，攫取加倍的利润。同时，由于交易所的成立，各土行、土商等皆可进行炒买炒卖，由此刺激了鸦片贸易的繁荣。

洋药公所一直营业到清末中国政府再次禁烟才结束。在20年间，哈同和沙逊等洋行在所内成交的鸦片至少达40万箱，在鸦片交易中获得巨额利润，若以每箱获利200元计，则总额达8 000万元。此外，哈同还在南京路炒卖房地产，在静安寺建有占地171亩的爱俪园（又称哈同花园）。只经短短的30余年，一个两手空空的犹太青年靠"两土"而跃为上海滩屈指可数的大富翁了。1931年哈同死时，其财产有460余亩土地，1 300所房屋，总资产共计17 000万银元。[①]

---

① 徐铸成：《哈同外传》，上海文化出版社1983年版，第179页。到1946年，由其义子大卫·乔治·哈同经营的哈同公司，有土地60 340亩（《旧上海的外商与买办》，上海人民出版社1987年版，第295页）。

鸦片之都 鸦片战争后的20年,“是上海欧美洋商的传奇时代,是平步青云发财致富的惊人时代,是穷奢极欲豪门巨贾的时代,是投机取巧的时代,是大胆冒险的时代”。[①] 在中外鸦片贩子的长期经营下,上海尤其是租界地区成为鸦片毒雾弥漫的飞地。19世纪60年代,“上海烟馆甲于天下”。[②] 又据1872年的《申报》记载,“上海城厢烟馆共计有1 700余家”,“几同茶、酒、饮食之店焉”。[③] 这里是纸醉金迷的世界和罪恶之渊薮,吸食鸦片成为人们的普遍嗜好,上至绅商仕官,下至贩夫走卒,众多人等,沾染烟毒,如王韬所言:“片芥之毒,靡人不嗜,虽有一二守礼之儒,亦难救正。”[④]这是上海地区风气败坏的祸根。不仅城市斯风日盛,郊外邻县,也烟馆增多。《南汇县志》载:“鸦片流毒无穷,三四十年来,服食者不特城市殆遍,即乡僻亦然,计邑城每日所进烟土,其费倍于米粮。”宝山《罗店镇志》称:“鸦片流毒,为祸烈矣,道光初年,里中吸食者不下数人,至咸丰间,渐染尤多,则市肆开设烟馆不下数十处,而吸食者不下数百人,藏垢纳污,酿成巨害。”于是,“然洋商奢侈之风寖淫乡里,其敦朴景象,则不可复见矣”。[⑤]

上海的英、美、法三租界当局均向经营烟馆的中国业主颁发许可证,并从中收取税款。这种固定的收入是租界的主要财源之一,尤其是在毫无工业可言的法租界,鸦片税就更显得重要了。例如1865年,法租界的财政预算总收入为103 000两,其中的48 000两为烟馆及娼赌的营业执照收入。[⑥] 外国领事和租界当局遇到外人走私鸦片案时,也多采取纵容的态度。1855年8月24日,上海道台赵德彻与税务司合作,搜获25箱走私鸦片,鸦片贩子即聚集流氓闹事,美国领事会同英国领事以海关税务司提名人的资格,在会审公堂上控告税务司李泰国越权,结果,赵德彻被迫把鸦片发还了事。[⑦]

在租界当局的纵容下,租界成为鸦片的集中地。鸦片烟馆分为三等,洋行在黄浦江边、苏州河畔建造了很多专供停泊鸦片船的码头和鸦片仓库。至今在青浦路南浔路还有一栋四层大楼,占地三亩多,这里原是新沙逊洋行的土栈。鸦片由驳船从吴淞口的趸船上运到租界的码头,就在光天化日之下运进运出。莱特写道:“走私犯往往兼干海盗,在这些匪徒中,有不少是各种国籍的外国人。……但是上海,特别是位于苏州河北岸的租界部分,更是他们聚集的巢穴。”当时,怡

---

① 史式微:《江南传教史》,第214页。
② 葛元煦:《沪游杂记》,第51页。
③ 《申报》,光绪十一年(1872年)第二十二号。
④ 王韬:《瀛壖杂志》,卷一。
⑤ 周庆云:《南浔志》,卷五十。
⑥ 马士:《中华帝国对外关系史》,第2册,第130页。
⑦ 转引自绍溪:《十九世纪美国对华鸦片侵略》,第92页。

和、新沙逊和广昌洋行的三艘趸船就泊于二马路外滩。上海出版的报纸大幅地刊登着鸦片的行情，这成了例行的公事。以下表格（表 6－2）的资料来源于 1850 年 10 月 10 日刊于《北华捷报》的鸦片消息：

表 6－2　1850 年停泊吴淞口外的鸦片趸船一览

鸦片趸船名称	吨　位	所属洋行
复　兴	427	宝顺洋行
元　发	406	怡和洋行
顺　利	388	旗昌洋行
开　源	148	沙逊洋行
和　利	176	琼记洋行
威廉第四	176	广隆洋行
威　廉	130	太平洋行
广　南	152	广南洋行
英　昌	236	架记洋行

1857 年，外国的鸦片贩子经上海倾销的鸦片就达 31 907 箱，价值高达 13 082 000 元，这个数字已比 20 年前输入中国的鸦片数字总和还要多。1858 年，到上海的鸦片作为洋药“合法”进口前后，外国列强对华倾销的鸦片高达 33 069 箱，占同年全国鸦片消费总数 61 966 箱的 53.4%。具体参见表 6－3：

表 6－3　1847—1858 年上海鸦片进口量及其在全国进口量中所占的比重

年　份	经上海输入的鸦片箱数	估计全国消费的鸦片箱数	上海输入鸦片所占全国的百分比(%)
1847	16 500	33 250	49.6
1848	16 960	38 000	44.6
1849	22 981	43 075	53.4
1850	19 498	42 925	45.4
1851	22 596	44 561	50.7
1852	27 358	48 600	56.3
1853	24 200	54 574	44.3
1854	25 133	61 523	40.9

续 表

年 份	经上海输入的鸦片箱数	估计全国消费的鸦片箱数	上海输入鸦片所占全国的百分比(%)
1855	28 727	65 354	44.0
1856	33 572	58 606	57.3
1857	31 907	60 385	52.8
1858	33 069	61 966	53.4

资料来源：① [美] 马士著，张汇文等译：《中华帝国对外关系史》，第1卷，第403、521、626页；② 陈文瑜：《上海开埠初期的洋行》，《上海地方史资料》，第3辑，上海社会科学院出版社1984年版，第196—197页；③ 王宏斌：《禁毒史鉴》，第158页；④ 熊月之主编：《上海通史》，第4卷，第142页。

由表6-3可知，自中国五个通商口岸被迫陆续开放后，外国鸦片贩子纷纷抢占最有利的走私地点，公然贩运鸦片来华。上海作为通商的五口之一，早已变成了外国鸦片倾销的主要基地。从1847年起的数年间，经上海输入的鸦片总数占全国总消费量的百分比均在40%以上。仅1847年(有统计资料的第一年)，经上海入口的鸦片共达16 500箱，这个数字超过1830年以前任何一年输入全中国的鸦片总和。而1849年、1851年、1852年、1856年、1857年、1858年的六年时间里，上海鸦片进口量占全国鸦片消费总量的百分比均在50%以上；甚至1856年高达57.3%。如果拿1847—1857年作为一个整体看，最后一年1857年鸦片进口箱数和第一年1847年比较，则十年中就增加了93.4%。而且，这十一年间，外国列强经上海一口输入的鸦片共269 432箱，占同期全国鸦片消费总量的550 853箱的近49%。这些数据都是在鸦片还是作为非法走私违禁品的情况下统计的，因而那些不计其数且更为隐秘的鸦片走私还无法囊括其中。可以说，上海自开埠后尤其是19世纪40年代中后期开始，在地位上很快代替广州，俨然成为世界上鸦片进口的最大口岸。

鸦片走私虽说存在一定的风险，鸦片贸易也是一项极不道德的勾当，但它所带来的暴利却让一批批中外不法奸商趋之若鹜。马克思1858年9月25日在《纽约每日论坛报》上发表的《鸦片贸易》一文中揭露："1856年输入中国的鸦片约值3 500万元，英印政府在这一年内，在鸦片垄断贸易上就得到了2 500万元的收入，即占国家收入总额底(的)六分之一。"[①]对此，马克思还曾尖锐地指出："非法的鸦片贸易年年靠摧残人命和败坏道德来充实英国的国库。"[②]如前所述，

① 马克思、恩格斯：《鸦片贸易》，《马克思恩格斯论中国》，第101页。

② 马克思：《英人在华的残暴行动》(1857)，《马克思恩格斯选集》第2卷，人民出版社1972年版，第14页。

从 1847 年有统计资料可寻起，当时经由上海进口的鸦片约达全国消费总量的二分之一。所以，英国侵略者从鸦片贸易中所获巨额利润的大部分是经由上海市场掠去的。[①] 详情见表 6－4：

表 6－4 经上海进口的鸦片货值统计表(1847—1857 年)

年　份	价值(银元)	年　份	价值(银元)
1847	8 349 440	1853	14 400 000
1848	11 801 295	1857	13 082 000
1849	13 404 230		

资料来源：黄苇：《上海开埠初期对外贸易研究(1843—1863)》，第 34 页。

综上所述，鸦片经由上海进口，不但毒害了中国人民的身心健康，而且敲骨吸髓般巧取豪夺中国人民的财富，把上海人民拖进了烟毒的深渊。大量的鸦片走私进口，是当时上海以至整个中国对外贸易中殖民地和半殖民地性质的一个重要标志。

在鸦片泛滥上海的同时，逐渐产生出一支以广东潮州籍人为核心的中国鸦片贩子队伍。原来当上海开埠、怡和洋行来沪推销鸦片时，上海人中能说英语的几乎绝无仅有。于是长于英语的潮州籍人郑四太爷便来到上海，在后马路(今宁波路)开设郑洽记土行，为怡和洋行推销鸦片。他资财雄厚，为人豪爽，逐渐成为旅沪粤籍人士的领袖。19 世纪 50 年代，上海成为西方列强在中国公开推销鸦片的主要基地；而住在上海的广东潮州籍鸦片商人，则成为西方列强在上海推销鸦片的主要掮客。[②] 此后上海的鸦片贸易飞速发展，郑氏族人纷纷来沪，创立郑永康、郑宝成、郑宝康等土行，其他潮州籍人的土行还有陈源大、陈有利、郭鸿泰、蔡益源等，以郑、郭、陈三姓最多。这些土行以郑洽记为首，郭子彬的郭鸿泰为次，父子相传，团结互助，从而形成了土行业潮州籍人垄断的局面。他们从洋药公所购进鸦片，然后把小部分煮成熟膏再批发或零售，他们控制了从英美租界到法租界、南市、吴淞、浦东和闸北等地的贸易权。而大部分鸦片则被销往外省，尤其是长江流域诸省。潮籍商人为避免竞争，多有分工，如李裕康专走安徽，郑永康专走镇江等。他们在各地建有分号。所有建有潮州会馆的市镇，都是潮州籍鸦片烟商势力到达的地方。自 19 世纪 60 年代后，潮帮烟商占据上海这个中国最大的鸦片贸易城市，垄断鸦片零售及烟膏的制造与贩卖达 60 年之久。到民国

---

① 黄苇：《上海开埠初期对外贸易研究(1843—1863)》，第 34 页。

② 郑应时：《潮籍鸦片烟商在上海的活动及其与蒋介石政权的关系》，《广东文史资料》第 21 辑，第 1 页。

军阀时代，他们通过让利而与地方军阀及黄金荣、杜月笙为首的黑社会势力合作，继续经营此业。

经过中外几代鸦片贩子的精心运作，逐渐建立起上海通向各地的鸦片黑色通道。除了利用长江上溯汉口、重庆，利用苏州河销往苏州、大仓和通州等地外，还有两条重要的通道。一条是收购丝茶的渠道，长江三角洲地区是中国最负盛名的丝茶产地；洋行利用这条渠道而将鸦片送到江、浙、皖、赣等省的市镇乡村。另一条是运送漕粮的渠道，洋行与漕运官员和漕运水手组织青帮合作，把鸦片随漕粮运往北方各地。这种结合在19世纪40年代末就开始了，1851年，由上海出发的一支漕粮船队，经河北向北京进发，而漕船竟“每只都装运一部分鸦片”，以至在吴淞待销的麻洼土出现了空前的热销场面。[①] 上海巨量的鸦片就是经这些无处不在的销售网络而运往中国各地的。

第二节　外国鸦片的进一步泛滥

1880年：印度鸦片进口的最高潮　第二次鸦片战争以及一系列的不平等条约，为外国鸦片输入中国打开了大门。因此，19世纪60年代以后，外国鸦片如潮水般地涌入中国。

在印度，由于鸦片有了中国这样一个广阔的市场，因此，自19世纪40年代起，印度的罂粟种植业一直非常繁荣。印度全国除了蓬介(Punjab)一省外，到处种植着罂粟。仅在巴特拿和贝拿勒斯的鸦片经理处，每年用来种植罂粟的土地都稳定在584 622英亩和454 158英亩之间。政府向农民提供贷款，发给执照，以管理罂粟的生产。为了保证向中国市场供应的稳定性，孟加拉鸦片经理处从19世纪60年代末开始又采取丰存歉取、以丰补歉的方法。政府每年宣布鸦片的销售数和存储数，例如1868年宣布库存为30 000箱，最多出售达48 000箱。这种政策避免了鸦片价格的大幅度摆动，从1884年到1891年间，鸦片减产了40%，但仍能保证每年出售57 000箱，每箱的价格也保持在1 088卢比以上(图6-1)。这样就保证了印度鸦片可以源源不断地运向中国和东南亚各地。

鸦片税仍是英国殖民地政府的重要收入之一。例如1880年，鸦片收入占印度政府年收入的14%。[②]

---

① Edward Le Fevour, *Western Enterprise in Late Ch'ing China: A Selective Survey of Jardine, Matheson & Company's Operations, 1842-1895*, Harvard, 1968.

② 《当代亚洲研究》，1981年第2期。

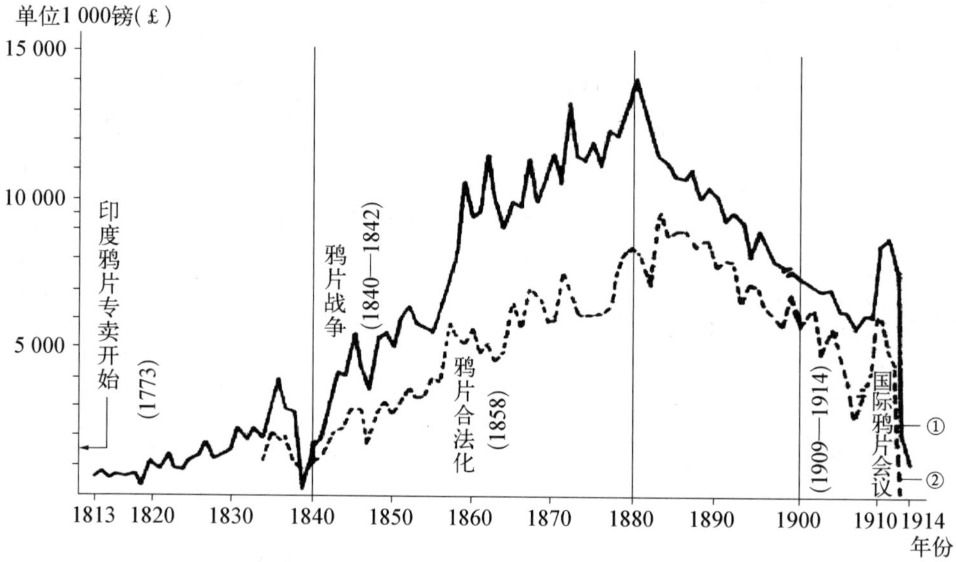

图6-1 1813—1914年印度生产鸦片的数量及财政收入的变化

资料来源：加藤祐三：《十九世纪的英国和亚洲》，中国社会科学出版社1991年版，第104页。图中的①为印度鸦片的出口金额；②为印度财政中鸦片的收入额。

1880年印度的鸦片出口量达105 506箱，为1815年的38倍，这一数字也是印度从1800年至1940年的140年间鸦片出口的顶峰。其中输入中国内地的占绝大多数，余下的运至香港、海峡殖民地（尤其是新加坡）。而且，在运至香港和海峡殖民地的鸦片中，也有不少最终仍流入了中国内地。

要确切统计外国鸦片的进口数量，是一件十分困难的事情。因为在近代百年中，无论是严禁时代还是破禁时代，鸦片的走私始终是非常猖獗的。在第二次鸦片战争以后，尽管鸦片已变成“洋药”而可以公开交易了，尽管进口商品的税率只需5%，而且，实际上还没有达到值百抽五的地步，但因鸦片贸易量太大，鸦片走私仍相当普遍。如1869年，到达香港的鸦片约为88 000箱，而报税入关的仅5万箱，也就是说，有38 000箱走私，中国政府因此损失的税银就达40万—50万两。[①] 在1885年，政府因香港一地的走私损失50万两银子的收入，也就是有3万多箱鸦片走私入口。[②] 所以可以肯定地说，实际输入中国的鸦片比统计的要多得多。

由于巨量鸦片的入口，除上海这个鸦片之都外，还产生出不少鸦片转运中

① 《筹办夷务始末》，同治朝，卷79。
② 马士：《中华帝国对外关系史》，第2册，第421页。

心，北方的天津就是这样的中心之一。《天津条约》之后，号称“皇家四大行”的怡和、仁记、太古、新泰兴洋行，依仗租界的庇护及种种特权，使鸦片输入很快成为天津进口货的第一位。如1861年天津进口的鸦片达1 482担，1863年增至3 749担，1865年又达到5 654担，到1866年猛增到9 612担，价值白银5 768 169关平两。①

鸦片进口与贸易平衡 1880年，是外国鸦片入口中国数量最多的年份，此后，进口鸦片逐渐减少。出现这一状况的原因除了中国土烟生产的扩大并排挤洋烟以外，还与进入中国的英美工业品的增加，以及印度实行金汇兑本位制有关。

我们先来回顾一下印度鸦片贸易的历史。在两次鸦片战争前后，英美输华的棉纺织品价格不如中国小农经济与家庭手工业结合下所生产的土布便宜，所以英国棉纺织品的输华，并未因战争的胜利而大大增加。于是，与战前一样，英美从中国进口大量的茶、丝货款，很大部分原是以印度的鸦片来偿付的。但是，巨额鸦片的输华，也会逼使中国白银大量外流，并且排挤其他商品的输入，因为中国人民的支付能力是有限的。所以，英美的鸦片输华和商品输华，既是互相补充也是互相排挤的。这种以鸦片来平衡英美由华输入茶、丝的基本现象，到19世纪80年代才有改变。

自19世纪80年代起，各资本主义国家的工业生产力空前发展，钢铁、机械、轮船、棉纺织品等的制造成本大大下降。对中国的商品出口接近或超过了中国的出口，也就是说除了鸦片外，商品贸易已接近平衡了。到19世纪70—80年代前期，中国进口鸦片价值始终占进口总值的40%上下，80年代后期相对比数降至26%，90年代前期又降至20%，90年代后期再降至14%。② 这一趋势是和中国进出口商品由出超转至入超的趋势相一致的（表6-5）。

表6-5 1870—1900年中国进出口贸易概况

单位：海关两　　指数：1870—1890＝100

时　期（年平均）	进口总值指数1	进口总值指数2	商品进口物量指数	出口总值指数	出口物品指数	进口出口(＋)入(－)超值
1870—1875	99.4	97.2	99.5	101.9	103.6	26 299 858
1876—1880	112.1	103.1	128.0	111.1	125.9	29 845 039
1881—1885	120.6	125.3	165.0	103.7	129.1	15 651 219

① 天津文史资料专辑：《天津租界》，天津人民出版社1986年版，第12页。

② 《海关十年报告(1882—1891)》，上海，第328页。

续 表

时　期 (年平均)	进口总值 指数 1	进口总值 指数 2	商品进口 物量指数	出口总值 指数	出口物品 指数	进口出口(＋) 入(－)超值
1886—1890	164.8	194.4	256.5	133.6	161.3	6 340 713
1891—1895	225.0	288.0	343.5	179.8	199.1	－2 552 503
1896—1900	325.4	447.2	465.5	245.7	197.6	－25 956 638

1. 包括鸦片在内；2. 鸦片除外。
资料来源：郑友揆：《中国近代对外经济关系研究》，第 134 页。

1870—1890 年间的商品贸易，中国年年是顺差，但出超额年年在减少。到 1890 年以后，成了入超，且入超额呈飞跃性的扩大。

1893 年，印度采取金汇兑本位以后，进口商品的价格上涨了 30％—40％。输华的鸦片价格自然大涨，如 1892 年，印度鸦片到华的平均价每担为 386.6 关两，到 1895 年增至 566.0 关两，价值上涨 46.4％，到 1900 年又增至每担 630.7 关两，比 1895 年又上涨 11.4％。价格的上涨，对进口鸦片的销路自然有很大的限制作用，就是在这样的背景之下，土烟生产便日益发展了。

太平天国的禁烟政策　鸦片战争后，鸦片从广州沿西江而上，一直倾销到广西的腹地，梧州、桂平、平南、贵县一带，已是烟铺林立。仅桂平一个小小的圩镇——大黄江口，就有烟馆十几家。目睹鸦片的危害，洪秀全在《原道救世歌》中指出："炼食洋烟最颠狂，如今多少英雄汉，多被烟枪自打伤。"[①]他曾作诗劝诫人们不要吸食鸦片烟："烟枪即炮枪，自打自受伤。多少英雄汉，弹死在高床。"[②]洪秀全把禁烟列为拜上帝会的纪律，其教规规定："不许赌博，不许吸食鸦片烟，犯者杀无赦。"

在太平天国长达 14 年的起义历程里，太平军制定了严厉禁烟的政策，这些政策带有改革社会陋习、提高道德风尚的进步意义。天王洪秀全在与洪仁玕议论时事时就指出，清廷每年花中国人之银几千万两为了烟土，年年如是，"中国之民富者安得不贫？贫者安能守法？"[③]太平军的布告中痛斥英国贩毒的罪行："概自清世乾隆五十三年迄今咸丰三年，乌烟片土，吸毙多人，鬼火点灯，烧枯众命，性溺此境，绝不回头，念在今兹，断难转意，此皆尔英夷处心积虑，毒我生灵者也。"而封建的"官衙俗吏，半生之烟瘴难消，富室顽童，终日之烟魔难断"。因此，

① 《太平天国印书》，上册，第 13 页。
② 《太平天国丛书十三种》，第 2 集，《干王洪仁玕口供》，第 3 页。
③ 洪仁玕：《钦定英杰归真》，《太平天国资料丛刊》，上海人民出版社 1957 年版，第 2 册，第 570 页。

宣布“限英夷等众于三月尽率丑类归尔巢穴”。[1] 因此，在太平天国辖区内，“鸦片将被严厉禁绝，非同现在只有禁烟的虚名，将必被禁绝也”。[2] 一个太平军成员这样宣传禁烟：“这个毒药，使吸食者堕落，人们除非把鸦片戒绝，这毒药将使他们的房屋发臭，使他们的衣服发臭，使他们永远在地狱里发臭。现在大家必须赶快回头，现在太平王已经到来，他决不容许丝毫违法的行为！他要禁止鸦片。”[3]在《十款天条》中规定：“吹洋烟”即是“犯天条”。太平天国的《刑律》中也有禁烟条文。洪秀全更有《谕民戒烟诏》，要求官民禁绝吸食鸦片。在其政权的布告中明确规定：“贩卖者斩，吃食者斩，知情不禀者一体治罪。”[4]1859 年洪仁玕总理太平天国朝政，他在《资政新篇》里再申禁烟令：“绝其栽种之源，遏其航来之路，或于外洋入口之烟不准过关，走私者杀无赦。”“禁酒及一切生熟黄烟鸦片，先要禁为官者，渐次严禁在下。”[5]这一主张得到了洪秀全的赞同。

在对外贸易方面，太平天国同意和外商在平等互利的原则下建立贸易关系，但严禁鸦片输入。不少英国鸦片贩子要把鸦片卖给太平军时，遭到严词拒绝。1854 年，东王杨秀清对外国人宣布：“凡食洋烟、水旱等烟……皆我主天王遵天父圣旨斩邪不赦也。”[6]《天津条约》签订后，鸦片以洋药名义合法贸易，但在太平天国境内，鸦片仍是禁物。1861 年，忠王李秀成在何伯舰队访问天京时，对华德舰长(Capt Ward)提出，外国贸易中的鸦片应加以禁止，何伯表示拒绝，并宣布不允许太平天国触犯英王旗帜下的鸦片贸易。对殖民者的无理威胁，太平天国毫不退让，仍坚持禁烟政策。据呤唎所见，有家大洋行欲与太平天国进行贸易，派鸦片船“尼姆纳号”到芜湖，结果在那里停留 6 个月后，生意仍未做成。[7] 1862 年，怡和洋行宁波分行报告，由于占领此地的太平军实行禁烟，分行“一箱鸦片都没有卖出去”。[8] 太平天国所在地区为中国蚕丝和茶叶的主要产区，由于鸦片不能输入太平天国境内，英美等国商人只能用白银来购买丝茶等货，这就使天朝区内白银流通量有所增加，从而缓解了起义前白银外流、银贵钱贱的局面，也在一定程度上遏制了鸦片的泛滥。

在太平天国控制的地区，禁鸦片烟的规定曾得到较好的实行。一个从南京

---

① 《行军提督谭告示》，巫宝三等编：《中国近代经济思想与经济政策资料选辑(1840—1864)》，北京科学出版社 1959 年版，第 289 页。

② 《英国蓝皮书中之太平天国史料》，中国史学会编：《太平天国》，第 6 册，第 917 页。

③ 《上海小刀会起义史料汇编》，第 95 页。

④ 《贼情汇纂》，第 7 卷《太平天国》，第 3 册，第 225 页。

⑤ 《太平天国印书》，下册，第 689 页。

⑥ 《太平天国文书汇编》，第 303 页。

⑦ 呤唎：《太平天国亲历记》，第 442—443 页。

⑧ 罗尔纲：《太平天国史稿》，第 99 页。

逃出的人说:“街内巡查极多,烟酒之禁最严。间有私卖旱烟者,亦不能明吃。吃水烟、鸦片者,一人俱无。”[①]连清政府的上谕转发的材料中也明确写着:太平军“禁食旱烟、水烟、潮烟,有吸鸦片烟者立杀”。[②]

这种情况与“烟鬼满营”的清军恰成鲜明对比。曾国藩说:“兵伍之情状,吸食鸦片,聚开赌场,各省皆然。”[③]一首《新乐府》将清军的腐败揭露无遗:“小兵草草灯一盏,对眠吐纳语声软。大帅岩岩灯两盏,左左右右免展转。吸烟未了又熬烟,烟鬼满营烟满天。翻羡贼人法令严,手乍持枪头已悬。”[④]

但到了太平天国的后期,这个建立在封建经济基础之上的农民政权,日益蜕变,自天王以下,官兵们追求物质享受,“为繁华迷惑,养尊处优,专务于声色货利,往之倚为心腹股肱者,今乃彼此暌隔,猜忌日生”。[⑤] 在这一过程中,鸦片也渗透到了太平军内部。

在进军苏南和浙东时,太平军在占领的地区查抄官绅的财产,无疑获得了不少鸦片,这些鸦片是如何处理的,情况不明,但在太平军内却发现了吸食鸦片的现象。据曾充任太平军“先生”的顾深说:太平军在用来祈祷的时间里,可以赌博和吸食鸦片。[⑥] 随着江浙籍战士的增加,这一带流行的吸食鸦片之风也在太平军内部蔓延。1860 年的《北华捷报》曾指出:太平军“吸食鸦片,依法是禁止的;但我们知道,叛军中有不少人是在吸,普通士兵与一些首领都任意吸烟。我们听到一位首领(他本人虽然不吸鸦片)提到他们愿意得到供应的物品清单时,把鸦片列为首位:这令人心痛。他们还不断地申请购买鸦片与军火”。[⑦] 把鸦片列为需要进口货物的首位,由此可见太平军内吸食鸦片问题的严重性。在太平军东征上海时,烟馆是太平军探子常去的地方,同时也成为清军和外国军队搜捕太平军的最好场所。在老闸、周浦、嘉定等地的烟馆里曾抓获太平军的探子。[⑧] 太平军不准积蓄私财的原则亦已破坏殆尽,官兵想方设法积聚财产,价格高昂的鸦片自然是其搜罗的目标。1862 年正月初一,桐乡守将仲良相之子结婚,太平军逼令乡官沈幼巢办灯庆祝,沈未办而被锁枷关押,后太平军强索并得到“银洋及鸦片等物”后,方才将沈释放。[⑨]

---

① 《丛编简辑》,第 3 册,第 256 页。
② 《向荣奏稿》,《太平天国》,第 7 册,第 103 页。
③ 曾国藩:《议汰兵疏》,《太平天国史事拾零》,第 30 页。
④ 马寿龄:《金陵城外新乐府》,《太平天国》,第 4 册,第 742 页。
⑤ 张德坚:《贼情汇纂》,《太平天国》,第 3 册,第 172 页。
⑥ 陈学温:《两浙庚辛纪略》,《太平天国》,第 6 册,第 640 页。
⑦ 《北华捷报》,第 519 期,1860 年 7 月 7 日,第 60 页。
⑧ 《上海小刀会起义史料汇编》,第 170 页。
⑨ 沈梓:《避寇日记》,卷 3,载《太平天国史料丛刊简编》,第 4 册,第 122 页。

在捻军内部，吸食鸦片的情况也同样存在。如外号小阎王张总愚的部下王小双在被清军抓获后供认，即使张总愚在率部逃逸时，也常常在途中小憩时，抽鸦片过瘾。[①] 可见，尽管太平天国实行禁烟政策，但实际上到了晚期时这些政策已随着太平天国政权的衰弱与腐败而开始失效了。

上海小刀会与鸦片 与太平天国相比，上海小刀会与鸦片的关系要深得多。19世纪50年代的上海已是鸦片贸易的中心，在此生活的社会各阶层大多与鸦片有些关联。五口通商以后，由于航运业大受打击，广东、福建一带的水手因失业而流落上海，他们"渐与本地无籍之徒，互相勾结，兴贩鸦片，遇事生风"。[②] 小刀会的成员多是粤、闽移民，他们不少人是贩鸦片为生的。如福建帮领袖陈阿林、林阿福和李仙云等，粤帮头目李少卿和李爽轩等"平素皆卖烟"，[③]他们主要是把鸦片经水陆两路贩至内地。1852年夏，广东籍小刀会会员从上海贩鸦片去苏州，船队途经青浦县黄渡镇时，被当地好汉金仁保所掠，李少卿等即请与金仁保熟悉的周立春调解，周即请金归还，从此，青浦县的周立春与上海小刀会关系日益密切。[④] 小刀会成员吸食鸦片的现象也极普遍，起义前，他们中的一部分参加民团，"由官日给工食，并不操演技勇，又不分守巡查，日集茶坊酒肆，聚赌吸烟"。[⑤] 当1853年9月起义后，有些会员仍在吸食鸦片，清军曾狡猾地利用小刀会的这一弱点进行捕杀。清军在被围困的上海县城边开设烟馆，引诱小刀会会员上钩，结果有18个会员半夜翻城而出，在过烟瘾时被清兵残杀了。[⑥]

在小刀会的成员中，大首领刘丽川的烟瘾之大是人所共知的。刘丽川"身材矮小，容貌则除了烟油遮盖之外，状如童子"。[⑦] 在起义的两年中，每当外国人去见刘丽川时，刘几乎都在吸食鸦片。如传教士罗孝全去上海文庙往访时，刘丽川"正在吸鸦片烟如常"，在罗的印象中，刘是个"身体瘦弱，容貌苍白的吸烟者"。[⑧] 英国人约翰·斯嘉兹对刘丽川的印象是"一个面容瘦削的小人物，衣服不很整洁，好像刚抽了鸦片出来"。[⑨]《江南传教史》的作者高龙倍勒说，刘的"脸色和骨

① 《太平天国资料辑》，《近代史资料》，1963年第1期。
② 转引自郭豫明：《上海小刀会起义史》，中国大百科全书出版社上海分社1993年版，第24页。
③ 《上海小刀会起义史料汇编》，第190页。
④ 《上海小刀会起义史料汇编》，第985、1055页。
⑤ 《上海小刀会起义史料汇编》，第983页。
⑥ 《北华捷报》1853年10月15日。
⑦ 《上海小刀会起义史料汇编》，第62页。
⑧ 《上海小刀会起义史料汇编》，第62页。
⑨ 《上海小刀会起义史料汇编》，第559页。

瘦如柴的身体，证明他是一个吸毒很深的人”。[①] 显然，小刀会对鸦片的纵容，影响了它的战斗力、内部团结和前程。

第三节 黑风毒雾遍中华

清朝鸦片政策的变化 第二次鸦片战争后，清政府在列强的逼迫下，承认鸦片作为洋药而合法输入，但即使如此，清廷也不是在鸦片问题上毫无作为，在一定范围内，清廷仍企图禁食鸦片烟。1863 年 4 月，清廷颁布了一道圣谕，历述吸食鸦片的危害，严禁文武官员吸食鸦片。以后又三令五申，但其实际作用是可想而知的。

由于洋烟的大量输入，银荒进一步加重。另一方面，吸食者的增加，对鸦片需求的扩大，也使国内亦已存在的土烟业日趋繁荣。在这种情况下，清廷对土烟的禁与弛，前后有过无数次的争议反复。有些官吏仍坚持禁烟主张，如 1878 年曾国荃上奏《申明栽种罂粟旧禁疏》，提出在对洋烟无法禁的情况下，首先应禁绝土烟，[②]张之洞也呼吁禁绝罂粟的种植。[③] 一些官吏开始承接鸦片战争前某些人的主张，在无可奈何中，考虑以土烟来抵制洋烟，增加税收，防止白银的进一步外流。

曾经为禁毒销烟呕心沥血的林则徐，在 1846 年接任陕西巡抚时，就曾鉴于禁烟已成为清廷之忌，从而不再疾呼禁烟抗夷，无奈之中也赞同允许内地种烟吸烟；但他担心“内地之民嗜洋烟而不嗜土烟”，“未必回心向内”。1847 年 2 月，林写道：“鄙意亦以内地栽种罂粟，于事无妨。所恨者，内地之民嗜洋烟而不嗜土烟。”[④]这时候的林则徐，最担心的是土烟的质不如洋烟，因而没有销路。

1847 年，李鸿章奏请允许各省种植罂粟，并以此抵制外国鸦片。一些地方官员为增加地方财政的收入，或贪污中饱，也鼓励农民生产鸦片。还有人提出“寓禁于种”的主张，以土烟抵制洋烟，并增加税收。1884 年主事余思诒向皇帝奏称：“深恐外洋贩运日多，应请于栽种罂粟地亩，一律照赋则二十倍征收。……更令各关卡议加税厘，以助防费。”连当时的社会舆论也多主张以土烟分洋烟之利。《申报》就曾刊文认为：“反不如大弛其禁，纵民耕种，令其足供民间吸食，国

---

① 《上海小刀会起义史料汇编》，第 879 页。
② 《曾忠襄公奏议》，卷八，页十六。
③ 《禁种罂粟片》，《张文襄公奏稿》，卷 3，页 23。
④ 转引自杨国桢：《林则徐传》，人民出版社 1981 年版，第 433 页。

家可以岁收税银，每年科减二千数百万两出口之银，不归于印度而尽存于中国，为计岂不美乎？”[①]

官吏提倡，农民利厚，于是，土烟自19世纪70年代后飞速发展，到80年代，全国18个省几乎都种植罂粟。而清廷看到土烟行销日广，获利甚丰，便决定整顿土药税，以增加税收。1890年，总理衙门和户部奏请整顿土药税，要求各省详察妥办。4月15日的上谕称：“内地栽种土药为中国出产大宗。果能设法稽征，认真办理，既可裨益饷需，且亦收回利权之助。”[②]皇帝已把种罂粟提高到了“裨益饷需”“收回利权”的地步。次年，总理衙门和户部根据各省的复奏，拟定各省征用土药税目，“令在出药就近地每百斤缴足六十两”。[③] 对名闻遐迩的鸦片特产地四川与徐州还特别列出了收税章程。

1840—1880年中国的土烟生产　由于清政府采取容忍甚至鼓励农民种植罂粟的政策，致使罂粟的播种日益广泛。史料记载：“自咸、同以后，烟禁已宽，各省种植罂粟者，连阡接畛，农家习为故常，官吏亦以倍利也而听之。”[④]但在19世纪50年代前，因其品质不佳，所以尽管价格低廉，仍销路不畅。英国人曾得意洋洋地说，印度烟土相对于中国土烟的最重要的一个优势是它的优良品质。后来经过改良品种与制作技术的提高，土烟开始得到人们的青睐，19世纪60年代开始，罂粟的种植面积迅速增加，几乎在中国各地都可看到罂粟花摇曳的“美姿”，其产品已被运往上海等城市，并与洋药一争高低。据各商埠的英国领事报告，1861年的汉口市场上，已出现大量而廉价的川土和湖北烟土，天津市场上的山西土也足以与印度鸦片相抗衡。[⑤]

西北的罂粟种植以山西和陕西为最普遍。在山西，罂粟19世纪60年代初仅在山坡地角试种，后来便在沃壤肥田里大量种植了。由于粮田被占，导致粮价上扬，社会出现混乱，清廷曾命山西巡抚沈桂芬刊刻告示，严厉禁绝种植罂粟。[⑥]到19世纪70年代烟苗种植更为严重，巡抚鲍源深指出：罂粟“近年来大盛，种罂粟之利数倍于种五谷，而地方官收费弛禁，藉以营私，所以私种的越来越多，估计数十年后，种罂粟的可达十之八九，种五谷的十无二三”，[⑦]遂宣布山西严禁种

---

① 《拟弛自种鸦片烟土禁论》，《申报》，同治壬申年(1872年)六月初四。

② 《东华续录》，光绪朝，卷98，页10。

③ 贾士毅：《民国财政史》，上册，第21页。

④ 中国史学会编：《鸦片战争》(一)，第300页。

⑤ Irish University Press Area Studies Series, British Parliamentary Papers, China Vol.6, Report by Lieutenant-Colonel Neale, Her Majesty's Secretary of Legation, Peking, December 20, 1861, pp.98-108.

⑥ 山西地方志编纂委员会主编：《山西大事记》，山西人民出版社1987年版，第87页。

⑦ 山西地方志编纂委员会主编：《山西大事记》，山西人民出版社1987年版，第44页。

植。但是，禁烟政策并没有得到真正的贯彻。当他下县视察时，各县只在他经过的驿路的两旁拔去一些罂粟，种上禾麦，敷衍了事。此后罂粟果然有增无减，1882年时任山西巡抚的张之洞描述当地的毒况说："晋民好种罂粟，最盛时竟有二十多厅州县，其余多少不等，几于无县无之，致使亩无栖粮，家无储粟。垣曲产烟最多，灾时饿死的人也最多。近交城大种，粮价最高也是交城。"[①]交城的"平下三十五村，除二十三村不种，四村铲锄外，其最多之八村……多至三千余亩。"[②]可见土烟种植情况之严重。自70年代以来，陕西的秦川八百里，尤其渭南土地肥沃，所产鸦片质量可与印土媲美，但因遍植罂粟，粮食反而要由贫瘠的渭北供给了。[③] 豫陕交界的荆紫关，特产土烟，所以"吸烟者十有四五"，[④]甘肃是在道光末年才引种罂粟的。最初"购种于陕，要试种之，居然成熟。凉州之武威、古浪所属大靖，产烟量多，其味亦浓"。于是，到咸丰时期，"各县皆种矣"，[⑤]皋兰五泉山和武威所出的竟成了地方名产。

北方各地种植罂粟面积日益深广。新疆植烟始于咸、同年间，时约有1万人的陕甘烟农前往塔城、奇台等地，春去秋返，种植罂粟。1876年俄国旅行家波泰宁(Potanin)游历北蒙时说：在克鲁伦河流域见到大片大片迎风盛开的罂粟花。[⑥] 蒙古东侧的东三省更是普遍。欧洲人威廉逊(Williamson)在1868年所作的《华北满蒙旅行记》中记载，在东三省到处见到大片的罂粟田，因为罂粟所获利润远高于普通的农作物。[⑦] 1884年《申报》刊载："近来土价日贱，盖东三省之种罂粟者不下十之六七，去年收成甚丰，今年烟蕊露出，又极发荣滋盛，业此者固有满篝满车之望云。"[⑧]北地的土烟以"呼兰产多，黑龙江次之，不过二十年，日旺一日"，[⑨]究其原因，主要有二：一是内地农民到边地垦荒，趋罂粟之利而广种；二是大量退伍军人到黑龙江，亦以生产土烟为活，从而使烟毒日益泛滥起来了。

江浙一带土烟种植也相当严重。浙江的台州府各县，在鸦片战争前就已种植罂粟，到19世纪80年代，罂粟的种植面积竟达十之八九。《益闻录》刊文指出："浙东台郡，田家春熟，概种罂粟，豆麦则十居一二，每五月后，罂粟收获，始下

---

① 《张文襄公奏稿》，卷三。
② 《张文襄公奏稿》，卷二十，页四。
③ 《曾文襄公奏议》，卷八，页十六。
④ 福克：《西行琐记》，页一。《小方壶斋舆地丛钞本》，第六帙。
⑤ 慕寿祺：《甘宁青史略正编》，卷二十四，页十三。
⑥ 德空多尔著，俞德浚、蔡希陶译：《农艺植物考源》，商务印书馆1940年版，第240页。
⑦ 德空多尔：《农艺植物考源》，第240页。
⑧ 《申报》，光绪十年四月十二日。
⑨ 徐亮：《黑龙江述略》，页十八。《小方壶斋舆地丛钞本》，补缩，第六帙。

谷苗。”[①]除台州府外，“温州五属县，所产鸦片，以瑞安为最，永嘉、平阳、乐清次之，泰顺又次之。通计每年出浆，约值银十余万元。”[②]19 世纪 80 年代，温州出产的鸦片大量销往福建，并在跨地区的贸易中占有很大的比重。[③] 由于鸦片的畅销，使得温州的许多茶农也弃茶叶改种了罂粟。

江苏境内，1868 年前，宿迁、萧丰、砀山(今属安徽省)等三县的罂粟“种植之区，已十居其一”，[④]丹徒县“仿种者也不乏其人”。[⑤] 江苏省最出名的是徐州府八县，共有耕地 11 655 440 亩，约有 10％种植罂粟，“美田一亩，极少可得浆七八十两，晒晾为土，少亦可得五十两。……可得土六千万两”。[⑥] 徐州府的鸦片不仅产量高，而且质量上乘，与云南、四川所产，同为瘾君子梦求之物。

其他如安徽椒州、和州等地也多种罂粟。福建的闽北各地，“农民嗜利者，大半栽种罂粟为衣食之谋。近日有加无已，连畦接畛，几如丰台芍药，无处不花，而嗜烟者亦传染愈众”。[⑦] 连香港这个弹丸之地，也遍种罂粟。在 1876—1886 的 11 年间，香港当局仅每年出租罂粟种植场就可收入 173 000 元，在 1889—1900 的 12 年里，平均每年收入达 364 000 元。这些烟农采集鸦片后多向内地走私，以牟暴利。[⑧]

毫无疑问，土烟种植情况最严重者是西南云贵川三省。

云贵川的罂粟花 西南是中国栽培罂粟最早的地区，也是中国最适宜罂粟生长的地区。这一时期土烟的发展如雨后之笋。

四川的简阳县“道光末，乡人竞种罂粟”。[⑨] 到咸丰、同治之际，日渐扩大。咸丰时四川各地已是“连畦接畛”了。[⑩] 广安州“咸丰末始种植”，而到光绪时“遍乡皆是，遂为州出产大宗”。[⑪] 苍溪县“自咸同以来种之渐广”，[⑫]而到了光绪年间“川东无处不种罂粟，自楚入蜀，沿江市集卖鸦片者，十室中不啻六七”。[⑬] 尤其在涪陵县，初因印度鸦片输入而成西南鸦片集散地，“罂粟用抵印度土，岁入数百

① 《益闻录》，123 号，光绪七年八月三十日；981 号，光绪十六年五月三十日。
② 《瓯浆志略》，《农学报》第 4 期，光绪二三年十月上。
③ 《闽海关十年报》，邹尔光译，《福建文史资料》，第 10 辑。
④ 丁日昌：《抚吴公牍》，卷三六，页二。
⑤ 《益闻录》，123 号，光绪七年八月三十日；981 号，光绪十六年五月三十日。
⑥ 朱之榛：《常慊慊斋文集》，下，页 11。
⑦ 《益闻录》，第 201 号，光绪八年九月十七日。
⑧ 马士：《中华帝国对外关系史》，第 2 卷，第 425 页。
⑨ 《民国简阳县志》，卷 12。
⑩ 翁同书：《通筹财用大源敬陈管见疏》，《皇朝经世文编》，卷 34。
⑪ 光绪《广安州新志》，卷 13，货殖志。
⑫ 民国《苍溪县志》，卷 10，礼俗志。
⑬ 何嗣琨：《存悔斋文稿·入蜀记程》。

万，竞趋之，而两湖、江西、广东商人汇银至川东收买，以涪（涪州）为聚处，川、黔土多在涪成庄。大吏移土厘局于涪，以道员督理税收，每年数十万两”。[①] 由此可见，19 世纪 60—70 年代时的涪陵，已演变为西南土烟的贸易中心。自 1861 年特设土厘局于涪陵之后，清政府每年至少可收得数十万银两，从此涪陵一直是近代中国重要的鸦片集散地之一。该地的罂粟种植也相当普遍，清末的涪州“山上田中，触目惧是，涪州荒野，几为鸦片所蔽”。[②] 长寿县的 48 个场“几乎全种鸦片”，年产量约 2 000 担。[③] 到光绪末年，四川的“百四十余州县，除边厅者，向资罂粟为生计”。[④]

道、咸之交，有广东商人往贵州经商，并夹带洋烟入黔推销，因吸食日众而烟价昂贵，贵州绅商便从广东引入罂粟播种，由于地理适宜，所产鸦片品质极佳，于是种烟区波及黔东地区。咸、同年间（1851—1874），由于农民起义的影响，洋烟来路断绝，促进了土烟的生产。到光绪年间（1875—1908），镇压了农民起义，社会秩序相对稳定，商旅通畅，贵州鸦片生产也盛极一时。开州、婺川等地“开垦之地半种洋烟。……查种烟为近来民利大宗，积习已久，骤难禁革”。[⑤] 在贵阳广东街、普宁街一带，求购鸦片的外地商人摩肩接踵。自此贵州鸦片从自种自销开始发展到外运外销。贵阳的锦盛隆、彭钰星、德原福、万盛兴等商行经营着鸦片的买卖，它们甚至已在湖南等地设立了分号。[⑥] 当时虽地方官保证严厉禁烟，但实效全无。[⑦] 后来清廷要求征收土厘，但由于鸦片生产杂乱无章，因此，贵州巡抚王毓藻根本无法得到土烟的确数。[⑧]

云南的罂粟竟种到了省城的城门下，光绪年间有人游昆明记载：“出南门，绕过金马碧鸡坊，过迎恩塘，时暮春天气，罂粟盛开，满野缤纷，目遇成色。”[⑨]

咸丰年间（1851—1861），鸦片与其他外国商品一起侵入西南少数民族居住地区，到同、光年间（1862—1908），罂粟也在这些地区流行开来了。在土家族居住的四川酉阳州，因鸦片“得价甚昂贵故乡村篱落皆遍种植之”。[⑩] 在黔西北、黔

---

① 同治《重修涪州志》，卷 18，页 2。

② 《四川》，第 2 号，第 85 页。

③ Maritime Customs: Decennial Reports on Trade, Navigation, Industries, etc. of the Ports Open to Foreign Commerce and on the Condition and Development of the Treaty Port Province, 1891.（海关贸易十年报告，1891）

④ 何嗣焜：《入蜀记程》，《存悔斋文稿》，第 15 页。

⑤ 徐建生编：《疆本堂汇编》。

⑥ 《贵阳文史资料》，第 6 辑。

⑦ 《德宗实录》，卷 188，页 16。

⑧ 《德宗实录》，卷 411，页 2。

⑨ 包家吉：《滇游日记》，页 25。见《小方壶斋舆地丛钞本》，第 7 帙。

⑩ 同治《酉阳直隶州志》，卷 19。

东北的彝族地区，光绪年间，土司土目已种植罂粟，贩卖鸦片。[①] 此前凉山上的彝族也已学会栽培罂粟了。光绪年间，鸦片进入羌人居住区，不少羌人渐染烟毒，罂粟也渐渐成为羌人必种的作物了。[②] 至迟在19世纪70年代，云南的拉祜族、哈尼族已遍植罂粟了。而布朗族则稍迟也学会了罂粟的栽培技术，他们从11月烧地，12月下种，第2年的5月收割，连种7—15年后，再选择荒地开垦。[③]

由上可见，19世纪70年代以后，罂粟在云贵川地区已形成专业性经济种植区域。其恶果之一是这些本来粮食完全能自给的地区，竟要靠从外省调入粮食了，并由此而形成人为的粮荒。缺粮首先在四川出现，罂粟排挤粮食作物，"细民渔利，往往弃菽麦而种之"。[④] 结果"获利虽丰，一遇荒歉即有鲜饱之虞"。[⑤] 1876—1878年华北发生三年大旱灾，山西"自境内广种罂粟以来，民间蓄积渐耗，几无半岁之种，猝遇凶荒，遂至无可措手"。[⑥] 其结果，使得"亩无栖粮，家无储粟，丁戊奇荒，其祸实中于此"。"晋地硗瘠，产粮无多，早年本恃外省接济；自为罂粟所夺，盖藏益空，即如前此大，垣曲产烟最多，饿毙者亦最众。"[⑦]此后粮荒与饥饿一直缠扰着中国人达半个多世纪。

土烟的发展数量是惊人的，1866年，估计土烟产量有5万箱，1870年达7万箱，[⑧]已超过进口洋烟的数量。19世纪80年代，罂粟花已开遍了各地，鸦片的产量也达到了空前丰产的地步。有人估计土烟的产量已是进口洋烟的2—4倍。[⑨] 分析下面的表格（表6-6）后，这一估计是可信的。

表6-6　19世纪80年代中国部分地区鸦片产量估计

地　区	产量（担）	地　区	产量（担）
满　洲	145 000	福　建	5 000
西南三省	265 000	浙江温州	5 000
江苏徐州	60 000	浙江台州	10 000

资料来源：《益闻录》，第145号，光绪八年二月十四日。

---

① 编写组：《彝族简史》，云南人民出版社1987年版，第159页。
② 冉光荣、李绍明、周锡银：《羌族史》，四川人民出版社1984年版，第280页。
③ 编写组：《布朗族社会历史调查》，第2辑，第53页。
④ 咸丰《阆中县志》，卷3，物产。
⑤ 光绪《垫江县志》，卷3，物产。
⑥ 《曾忠襄公奏议》，卷8，页18。
⑦ 张之洞：《张文襄公奏稿》，卷3，页23。
⑧ T.R. Banister：A History of the External Trade of China. p.152.
⑨ 转引自马士：《中华帝国对外关系史》，第2卷，第416页。

总产量超过 40 万担，约为 1881 年进口洋烟总量的 4 倍，若按每亩产 3 斤计，罂粟的种植面积约有 1 330 万亩，又据《清实录》，1859 年全国耕地面积为 771 000 000 亩，1887 年增至 847 000 000 亩。[①] 罂粟种植面积已为耕地面积的 1.6%（见表 6－7）。

表 6－7　1866—1894 年中国罂粟产量及耕种面积的估计

年份	土烟产量（斤）	罂粟种植面积（亩）	耕地总面积（亩）	罂粟种植面积占耕地总面积的比重（%）
1866	5 500 000	1 833 000	790 000 000	0.2
1870	7 700 000	2 566 000	801 000 000	0.3
1880	40 000 000	13 333 000	827 000 000	1.6
1894	40 000 000	13 333 000	866 000 000	1.5

注：本表根据有关资料推算，鸦片亩产以 3 斤计。

由此可见，至晚到 19 世纪 80 年代，中国已从鸦片的纯消费国家，发展成了生产、贩售、吸食一体化的毒品大国。

在鸦片的贩运中，产生了各类烟帮。他们多则数百人，少则几十人，结队而行。每人夹带 20—30 斤鸦片，遇大关绕道而走，逢小卡常聚众抗拒，甚至武装毁卡闯关。西南地区江河支流极多，处处有小道可通，烟帮为绕避厘金，不畏艰险，翻山越岭。一旦成功，所获甚丰，每人可得数十两白银。于是，人们见利趋之，烟帮日益壮大。

台湾的烟毒　台湾是中国鸦片较早输入与泛滥的地区之一。在鸦片战争前吸食鸦片的现象已颇为严重。战后，台湾兵备道徐宗干劝诫民众禁烟，遂订立禁烟公约，互勉戒烟，吸食者“一时殆尽”。[②] 但到咸丰元年（1851 年），又有外国商人到台湾销售鸦片。时台湾已不再禁烟，地方政府便照章收税，此后输入的鸦片逐年增加。1861 年鸦片已作为洋药合法进口，是年台湾成立“厘金局”，以鸦片为大宗税源。1866 年所定税则是鸦片每箱征厘 50 元，年收入达 10 余万两，而走私者防不胜防。中法战争爆发后，商路断绝，于是鸦片市价上场，由每箱 600 元涨至 1 000 元。台湾兵备道刘璈向朝廷奏言：“台湾通商，以洋药为大宗，每年进口售银四五百万两。今法人封口，洋药不通，曾经绅耆公请，从权划出官庄，准民自种，照例纳税。”[③]朝廷准奏，从此，土药种植日广，由公田而扩大到私地，特

① 转引自黄希源主编：《中国近现代农业经济史》，河南人民出版社 1986 年版，第 121 页。
② 连横：《台湾通史》，商务印书馆 1983 年版，下册，第 359 页。
③ 连横：《台湾通史》，商务印书馆 1983 年版，下册，第 359 页。

别在嘉、彰各属种者渐多。土药虽然渐多，而洋药也未见减少，每年稳定在4 000—5 000箱的水平(详见表6－8)，土药、洋药的云集导致鸦片贩卖业的繁荣。在台南，鸦片商人联合设立"芙蓉郊"的商会，每箱鸦片征费2元作为活动经费；而售鸦片烟膏的芙蓉铺，也组成公会，以促进烟膏的销售，芙蓉铺之多甚至超过了米店。鸦片的增加使鸦片厘金也稳步上升(见表6－9)。这笔巨款主要用于台湾的防务。鸦片厘金由商人承揽，经营得法可以发财，反之也有因此欠债的，如陈郁堂揽办台南的鸦片厘金，结果欠款46 000银两，被巡抚刘铭传怒而撤办。

表6－8　1878—1892年台湾进口鸦片数量统计　(箱)

年　份	沪尾及基隆	安平及旗后	合　计
1878	1 848	2 853	4 701
1879	2 165	3 387	5 552
1880	2 149	3 647	5 796
1881	2 142	3 739	5 881
1882	1 582	3 012	4 597
1883	1 265	2 752	4 017
1884	1 270	2 308	3 578
1885	1 436	2 339	3 775
1886	1 633	2 913	4 576
1887	1 622	2 626	4 248
1888	1 974	2 672	4 646
1889	1 983	2 752	4 735
1890	1 967	3 076	5 043
1891	2 181	3 401	5 582
1892	2 103	3 036	5 139

资料来源：连横：《台湾通史》，商务印书馆1983年版，第359页。

表6－9　1887—1892年台湾征收鸦片厘金的统计　(两)

年　份	沪尾及基隆	安平及旗后	合　计
1887	131 280	168 008	299 288
1888	157 957	213 608	371 565

续 表

年 份	沪尾及基隆	安平及旗后	合 计
1889	158 809	219 903	378 712
1890	157 603	246 200	403 803
1891	174 553	272 087	446 640
1892	169 158	242 902	417 060

晚清海外华人的吸毒状况 明清之交,中国南方沿海各省的民众纷纷渡海出国谋生,逐渐形成了东南亚地区的华人社会。华人社会形成后,吸食鸦片伴随而来,成为海外华人社会的一个污点。

关于海外华人和华侨吸食鸦片的原因,主要有五点。一是英国在印度种植罂粟,向东南亚英国殖民地运输鸦片,以毒害当地民众,以后迫于压力虽表面上停止向中国出口鸦片,但仍继续向东南亚输出鸦片。二是不少殖民地当局实行歧视华人的政策,甚至引诱华人吸食。例如在东南亚的英、法、荷、葡殖民地均颁有禁律,严禁白种人吸食鸦片,违者处 10 年监禁;但对华人则毫无任何禁止,反而诱惑奖励,加之华人自己没有节制,致使华人遍染烟毒。如矿场主经常向华工赊价提供鸦片,以引诱华工尽可能多吸食鸦片,迫使他们负债累累而终身被其榨取。据史料记载:华工出国时"大多数不吸食鸦片",正是因为他们年富力强,他们才被人口贩子骗卖到海外的矿场和种植园做苦工,很显然他们是"在英国旗之下,始成此瘾的"。① 三是有些华人以贩毒为业,专门向同胞销售毒品。到 19 世纪后期,当地华人中的帮会、黑社会组织或有力者已牢牢控制了这项利润丰厚的交易。这也刺激了华人中的烟毒的蔓延。四是由于缺少正常的娱乐活动,甚至还严重地缺乏女性,这使得男性常常感到备受压抑;他们只有辛勤劳动,才能实现衣锦还乡的梦想,但过度的辛劳,往往使得他们意志动摇。生活的艰辛,理想的破灭,使移民们只能通过吸食鸦片来逃避现实,麻醉自己。五是受到国内鸦片泛滥,烟毒猖獗的影响。有些人出国时就已染上了烟毒,出国后继续吸食,日益严重。这一切使得鸦片在华人社会中泛滥开来了。

为了维持日益庞大的政府开支,东南亚殖民者当局实行鸦片饷码制度。他们首先垄断生鸦片的进口和供应,然后把熟鸦片膏的销售权招标让华商来承包;这一制度一方面使得殖民当局不必去设立机构,就可从鸦片承包商中取得稳定的税收来源;另一方面承包商则从鸦片销售垄断中获得可观的利润。而且,出售

① 《鸦片与英国》,《东方杂志》,第 21 卷,第 22 期。

的鸦片越多,双方所得到的利润也就越丰。由于承包鸦片获利极丰,因此,不少华商或华商组成“辛迪加”来投标,一旦中标后,当局与华商便签月约,合同规定承包商每月上缴固定的承包费,以获得一至三年的鸦片销售垄断权。当局有责任保护他们的垄断权不受他人的侵犯,鸦片承包商再与零售商或烟馆老板订立供销合同。

获利极丰的鸦片饷码,是华商和华人帮会的竞争焦点。华商在其背后秘密会社的支持下,互相争斗,暗杀事件层出。在鸦片承包、财富和社区权力之间有着密切的联系。有钱的人上升为帮会的领袖,然后借助帮会的力量获得鸦片的承包权,承包后所赚取的巨额利润又被用来扩大其在华人社区中的权力。事实正是如此,新加坡最早的鸦片承包商蔡沧浪就是一位著名的华商,同时也是福建帮的头领。[①] 在霹雳,华人领袖郑景贵是锡矿主,又是霹雳和槟榔屿海山会的首领,他自 1888 年控制了鸦片饷码后,垄断了近十年。在雪兰莪,则由华商、广府帮领袖叶观盛、赵煜和陆佑等控制着该地的鸦片的承包。最著名的人物是潮州人陈必宝,他是霹雳第一个华人官员的儿子,他继承其父在当地的鸦片饷码,通过经营鸦片,而成功地敛集财富、影响和权势于一身,同时又是市政局的议员和名誉法官,成为新加坡最富有和最有权势的人物。[②] 大多数鸦片承包商既是富商又是帮派首领的事实表明,他们可以用金钱和影响力,在华人社区中不断扩大鸦片的消费市场。于是,吸毒的病灶日趋蔓延,更多的华人成了瘾君子。

在新加坡、马来亚的华人中,很多人早在 19 世纪中期就流行吸食鸦片了。它成为华人社会日常生活的一个组成部分,作为正式的社交方式而被社会所接受,每当客人来访时,主人便将鸦片连同茶水一起端上来让客人享用;春节的时候,吃罢年夜饭,人们就往城里去,纵情于饮酒、赌博和吸食鸦片之中。[③] 在东南亚,吸食鸦片的华人比例和数量,是相当高的。早在 1848 年,仅在新加坡就有 15 000 个瘾君子,约占成人的三分之一。1881 年,在马六甲的 15 000 名华人中,有 3 000 人吸毒,占 20%。1890 年,在雪兰莪,大多数华人是鸦片嗜者。[④] 这些比例远高于中国本土。

鸦片泛滥给华人社会带来极其严重的影响。鸦片吞噬着华人的血汗钱。吸毒如烧钱,一项调查表明,1948 年时,新加坡的华人瘾君子中,有三分之一人的

---

① 颜清湟:《新马华人社会史》,中国华侨出版公司 1991 年版,第 215 页。

② 颜清湟:《新马华人社会史》,第 216 页。

③ 《雪兰莪杂志》1893 年 2 月,第 1 卷第 12 期,第 179 页;转引自颜清湟:《新马华人社会史》,第 215 页。

④ 颜清湟:《新马华人社会史》,第 25 页。

75%的收入购买鸦片。在马六甲，中国苦力们也要花费收入的三分之二来吸食鸦片。鸦片破坏了华工们的进取心，除了鸦片以外，他们逐渐对生活不感兴趣：不再汇款给国内的父母，对家庭生活失去信心，对祖国、民族漠不关心而自甘堕落。鸦片还严重损害了华工的健康，使他们越陷越深，不能自拔，直至毁灭。

吸食人口的估计 由于鸦片贸易的合法化，以及随之而来的土烟种植的蓬勃发展，鸦片吸食人口急剧增加。19 世纪 50 年代中期，洋药空前增长，而土烟种植也连年扩大。鸦片总量的增加，大大刺激了吸毒人数的上升。估计中国吸食鸦片的人口约 300 万。60 年代开始吸食者不断上升，根据 80 年代的洋药和土药的总量推算，吸食鸦片的人口约为 2 000 万，占全国总人口 42 000 万人的 5%左右。

吸食者中官吏占有不小的比例。公开在衙门内置床点灯，已是随处可见的场景。徐珂的《清稗类钞》称："鸦片盛行，官署上下几于无人不吸，公门之中，几成烟窟。"有人仿唐诗曰："一进二三堂，床铺四五张。烟灯六七盏，八九十枝枪。"有些官吏不仅"以身作则"，而且还率家皆吸。光绪年间有一王姓京官，外放后携眷出都，竟设有一吸鸦片的专车，原因是"车里共有 36 枝烟枪，除王老爷用的以外还有太太、姨太太、少爷、少奶奶、孙少爷、孙少奶奶等用的，他们都吸鸦片；再加上幕友家丁中吸鸦片者所用的，烟枪总数恰好是《水浒》上的天罡之数"。[①] 像这样的烟鬼之家，在晚清并不少见。

军队比鸦片战争前还要依赖鸦片。《如此官场》描写参将黄龙基"长枪不使使短枪，因犯罪被发配，途中瘾大发，寸步艰难"。天虚我生曾作诗讽刺道："不使长枪使短枪，乌烟老将夜登场，营门破晓点名去，鼻涕横拖一尺长。"

一般民众吸食也很普遍。台湾"几乎所有各阶层居民都吸食鸦片"。[②] 东北自"牛庄开放对外通商以来，本省吸食鸦片的人数，增加了两倍"。[③] 山西过去"力耕之农夫，绝无吸食洋烟之事。今则业已种之，因而吸之，家家效尤，乡村反多于城市。昔之上农夫，浸假变而为惰农矣；又浸假变而为乞丐，为盗贼矣"。[④] 有一老媪自述，家中本有数十亩田，种米麦足以自给，后见罂粟利厚而改之，于是丈夫吸，儿子吸，媳妇也吸，到头来卖田卖屋，家破人亡。[⑤] 山西票号的老板甚至设法让子弟吸上鸦片，以避免子弟在外迷上赌博而倾家荡产。孔祥熙之父孔繁

---

① 李乔：《清代官场百态》，中国人民大学出版社 1990 年版，第 143 页。
② 转引自汪敬虞：《赫德与近代中西关系》，第 163 页。
③ 转引自汪敬虞：《赫德与近代中西关系》，第 163 页。
④ 曾国荃：《曾忠襄公奏议》，卷 8，页 16。
⑤ 许珏：《复庵遗集》，卷 15，页 15。

慈也是一个有名的瘾君子，他原为山西太谷县程家庄一秀才，家道殷富，但中年后嗜好鸦片，最终留给孔祥熙的是一份破产的家业。陕西“人民自种自吸，不假外求”。[①] 而黑龙江流域，则吸食者“咸丰初年尚不能经见，吸食者亦颇自讳，近几家有其具矣，而在官人为尤甚”。[②]

鸦片在近代中国蔓延、泛滥的原因 中国本来并不出产鸦片，而且是世界上颁布禁烟令最早、最多的国家，为何却成为鸦片烟毒最严重的地区？我们通常把根源归结到英国人头上，但这只是部分答案，因为大英帝国有众多的殖民地与势力范围，为何鸦片只在中国发生了震颤国家根基的社会问题呢？

显然，要回答这个问题就不能不从中国内部去剖析。

在中国内部的众多的问题里，吏治是最重要的。在第四章第一节我们已经探讨过“上有政策下有对策”。的确，当一道道庄严的禁烟令，被各级官吏视为具文时，禁烟失败的命运是必然的了。

在本节的前面，我们又回顾了清廷鸦片政策的变化，当鸦片厘金成为清财政的支柱后，三令五申的禁烟令实际已灰飞烟灭了。但是，这些现象的出现，从严格的意义上说，都是鸦片吸食的“果”，而非其“因”。在这些泛滥到难以收拾而不得不收拾的局面产生以前，中国人已经把吸食鸦片当作了一种新的饮食生活习惯。因此，对中国人接纳鸦片这一历史的事实，沿波溯源，我们应该从更深的层次上进行探讨。

数千年来，中国社会是一个家族主义的社会，在家族的组织和乡土的社会里，人们只服从于家长的权威，而缺乏对整个社会的责任感和公德心；只有家族观念，而少有民族国家意识，当然也就养成了人治的依赖性而缺少法制观念。如禁烟方面，尽管国家屡颁法令，但因其有利可图，从乡村的土豪到城市的各种小集团的领袖、有力者，争相趋之。这种示范效应的威力远远超过了“天高皇帝远”的龙廷懿旨。于是，产毒贩毒涉及官吏、军人、地主、土匪、商人、帮会、会党、马帮、鸨母、流氓、乞丐、农民等，几乎包罗一切阶层。这是一个恶性的循环。官吏阶层每每借口禁烟而层层盘剥民众，使烟价抬高，于是只要是涉及鸦片的便能获利。以农民为例，种植罂粟可比种其他农作物的收入高 3 至 5 倍，于是有些人便不顾国家禁令和民族存亡，以至罂粟“连畦接畛，满野缤纷”了。

与国家民族法制观念薄弱相反，老庄思想却深入人心。不仅士大夫阶层成功为儒，失败为道，而且一般民众也颇感染消极避世之风习，以知足常乐为最理

---

① 荼圃：《各省禁烟成绩调查记》，载《国风报》第 1 年，第 18 期。

② 徐宗亮：《黑龙江述略》，页 18。

想的行为模式，而这种思维的极端往往容易走向对罪恶、对病态的容忍，所以一旦处在政治黑暗、环境恶劣的逆境时，整个社会容易产生以精神自慰抗衡外部压力的状态。这种心理上的自慰又须借助于一定的形式，千百年来一直有部分中国人追求仙丹石散、不老灵药，以消极避世、麻醉自己、求得自慰。庄周的梦蝶之说与鸦片所造成的意境，在社会功能上是完全吻合的。正如林语堂所言："道家思想像吗啡一样能神奇地使人失去知觉，于是便有神奇的镇定作用。它减轻了中国人的头痛病与心脏病。"[①]魏晋的士大夫阶层为了逃避政治的极端腐败与黑暗，大谈玄理，狂饮烈酒，服"五石散"，也正是这种心理的典型反映。鸦片的镇痛、催眠、解乏以及对性欲的功能被发现后，便成了催眠与媚药。如鲁迅指出的："外国用鸦片医病，中国却拿来当饭吃。"[②]之所以拿鸦片当饭吃，甚至于不吃米饭也要吃黑粮的鸦片，是因为鸦片能最大程度上满足自慰心理。当然，鸦片这种毒物有成瘾性，成瘾以后的废食狂态则又另当别论了。

鸦片盛行于晚清这个衰世也绝非偶然。早在鸦片战争前，汉族士大夫阶层处在清朝异常残暴的统治下，已感苦闷又找不到出路，便将精力消磨在鸦片之中。我们已经在前述的大量史实中可以明显地看到，鸦片吸食之风，的确首开于宫廷的达官贵族阶层。当近代一败再败于列强的坚船利炮后，整个统治阶级精神萎靡。他们不仅在物质武器上抵挡不住西方的坚船利炮，而且这个病入膏肓的政府根本就没有什么精神武器，他们奉为圭臬的儒家专制统治思想实际上已经破绽百出，而几千年来的中华中心主义，使他们惯以老大自居，拒绝接受一切外来的新鲜思想。历史的惯性，决定了这个老大帝国缓慢而又彻底地崩溃的结局。这种结局，或多或少地让他们感受到了，这种感受让他们绝望。这种消极绝望的心态与鸦片一拍即合，于是在黑甜乡里，吞云又吐雾，麻痹自己，连毒害自己的肉体和灵魂也无所顾惜了。

当然，这一阶段，中国人吸食鸦片的面是日益扩大了，整个中国都堕落于烟毒的深渊。还有，以往人们较多地分析统治阶级吸食鸦片的原因，而较少地研究贫困者吸食鸦片的理由。如果把鸦片瘾者的职业做一研究的话，就可以发现绝大多数是各业劳动人民，他们堕入毒渊，有着与恶劣的生存环境不可分割的原因。

第一，工农劳动者终年劳作，收入微薄，每日清汤素菜，营养极差，因此大多身体瘦弱，精力不济。在劳动强度大而身体羸弱的情况下，吸食鸦片可暂时消除

---

① 林语堂：《中国人》，浙江人民出版社 1988 年版，第 40 页。

② 鲁迅：《电的利弊》，《伪自由书》。

疲劳，振奋精神，久而久之，烟瘾渐深，不能自拔。

第二，在缺医少药的农村山区，鸦片被当作药物而广泛使用。如清末的贵州，全省只有省立医院的 20 张床位，几家私人诊所，一些县城里的官僚绅商尚无医无药，更不用说平民百姓。因为鸦片具有麻醉、镇痛、收敛等功用，所以它便成了平民百姓包医百病的救命良药。民国时期，福建一戒烟医院曾对 188 名鸦片瘾者的成瘾原因做过如下分析（见表 6－10）。

表 6－10　福建 188 人致瘾原因调查

吸食原因	人　数	百分比（%）	吸食原因	人　数	百分比（%）
胃　痛	82	43.6	生殖器病	8	4.3
肠　病	73	12.2	心脏病	7	3.7
肺　病	16	8.5	疟　疾	6	3.2
风　病	13	6.9	肝　病	4	2.1
花柳病	12	6.4	其　他	5	2.7
外科病	12	6.4	总　计	188	100

资料来源：《中国烟祸年鉴》，第 4 辑，第 29 页。

但鸦片只能一时奏效，用量过多，成瘾中毒，耗财废人。

第三，劳动人民因受教育程度低，缺乏科学知识，同时，在极贫困乏味的生活中，鸦片是一种当时最为低廉易得的娱乐型消费品。近代中国除少数较短时期的禁烟年代以外，鸦片几乎是一种与盐油柴米同样的日常小商品。与一般消费品相比，其价格便宜，只需 1 角钱或几个铜钱就能得到满足。特别是农民自种罂粟以后，几乎不用购买，它熬制方便，吸食也简单，所以到了后期，吸食者"农村反多于城市"，烟毒由此大面积泛滥。

张之洞山西禁烟　在晚清烟毒日益泛滥之际，山西巡抚张之洞在山西断然实行禁烟，扭转社会风气，取得了不小的成绩。

如前所述，山西是北方烟毒较严重的地区之一。以罂粟种植为例，1877 年全省耕地面积约 530 万亩，其中罂粟达 60 万亩，占九分之一。[①] 由于罂粟的大量种植，再加上遇到自然灾害，光绪三、四年间，山西发生大荒，造成全省 500 万人死亡，数百万人出逃。究其原因，"虽曰天灾，实由人事。自境内广种罂粟以来，民间蓄积渐耗，几无半岁之种，猝遇凶荒，遂至无可措手。"[②]张之洞于光绪七年

① 赵矢元：《丁戊奇荒述略》，《学术月刊》，1981 年第 2 期。
② 《张文襄公奏稿》，卷三。

(1881年)到任后，目睹烟毒之危害，决心要改革弊政，力挽颓风。光绪八年六月，张之洞上书皇帝，力主全国禁止种植罂粟，他从四个方面陈述理由。一、禁种罂粟是备荒之需要。张之洞认为，山西本来贫瘠，产粮无多，粮食靠外省接济，自大量种植罂粟后，必然粮荒愈烈。二、禁种罂粟可发展农业。他指出山西水源较缺，种罂粟后，农民将仅有之水灌溉于毒苗，从而妨碍了农作物的生长；另外，罂粟最耗地力，连种数年后，改种其他谷物，也生长不茂。三、禁种罂粟是禁止吸食的需要。由于鸦片普遍，官吏、士民、弁兵以及妇孺纷纷吸食，约占乡间人口的十分之六，城市人口的十分之八，于是风气腐败，"在官者不修其志，食力者不劝其业"。四、禁种罂粟可"关远人之口"，阻止洋烟的进口。[①]

张之洞的建议得到光绪帝的赞同，遂命他"随时查察，有犯必惩，以挽颓俗"。[②] 于是，张在山西全省发动了禁烟运动。其主要措施有以下六方面。

第一，严令所属官员，实行禁烟。他要求各级官吏颁布禁种文告，"各道府州转饬所属，务须实力禁绝，竭诚劝谕"。如有不力者"立予撤参惩办"。[③] 第二，要求乡民订立规章，逐户查禁。有些农民因植烟利高，尽管政府严申禁种，仍偷偷种植。对此张之洞规定，一旦查出种烟田亩立即"过割于公庙"。命令每村书禁种罂粟保证二份，一份送县署，一份张贴于公庙。第三，成立戒烟局。他仿照李鸿章在天津设禁烟局的办法，在太原设禁烟局，并延请医生到山西协助禁烟。第四，禁止吸食鸦片。他严令保甲局查夜查街，将烟馆一律驱逐，严整官员、士子和士兵等吸食；还建立戒烟机构，协助戒除。第五，惩办禁种不力的官员，对惩办不力的永宁知州贺澍恩、静乐知县李兆襄奏议摘去顶戴；对参报不实的垣曲知县赵锡恩、赵城知县王耀章、绛县知县刘斌等予以撤任。同时奖励工作认真卓有成效的雁平道广荫、交城知县贾成霖、河曲知县徐水吉等。第六，坚持不懈。第二年，张之洞在总结经验的基础上，颁布《禁种罂粟章程十条》，要求各级官员因地制宜地加以变通和推广，巩固禁烟成果。

在张之洞的主持下，山西民众纷纷投入禁烟，交城代州的农民铲除罂粟，种植桑棉蔬菜。经两年努力，山西禁烟已有初效。自禁种后，"南滨黄河，北抵边外，或什去八九，或什去六七"[④]。光绪十年(1884年)，张之洞调任两广总督。离开山西时，他曾函告继任者奎斌，希望对"罂粟应随时派查"，对临汾岳阳、交城等关键地区须派兵弹压，以作声势。但上述的种种禁烟措施在张之洞离开山西后

① 《张文襄公奏稿》，卷三。
② 《清实录光绪朝实录》，实录卷之一百四十八。
③ 王树楠编：《张文襄公全集》，卷八十六，公牍一。
④ 《张文襄公奏稿》，卷六。

即废止，戒烟局为税务局所替代。烟毒回潮，泛滥依旧。

尽管如此，张之洞的山西禁烟实践，毕竟是当时洋烟与土烟肆虐中绝无仅有的一场力挽狂澜的行动，不仅在中国禁毒史上留下了可贵的记录，也为山西后来的禁烟运动奠定了一定的基础。

第七章　清末民初的禁烟运动

清末，中国的国运更加衰弱，甲午战争的失败，《马关条约》的巨额赔偿，给百孔千疮的清末社会以沉重的压力与打击。朝廷更加依赖中外鸦片的税收，毒品泛滥，社会风气亦日益颓废消沉。在此时刻，一些有识之士再度举起了禁烟的旗帜，清末民初的禁烟运动，在世界禁毒史上留下了浓墨重彩、富有特色的篇章。

第一节　烟毒的进一步泛滥

清政府对鸦片税依赖的加重　鸦片战争中，清政府不堪一击，战后不仅要割让土地，还要向列强支付巨额的赔款，这让原本已羸弱的清政府财政更是雪上加霜，为支付大量的战争赔款及筹办军饷，清政府不得不对洋药开刀，征收重税，洋药税也逐渐成为清廷财政收入的最大来源(详见表 7－1)。

表 7－1　1861—1906 年洋药税收及所占比例一览表　(单位：库平两)

年　次	洋　药　税①		洋　药　厘　金	
	银　数	占税收总计%	银　数	占税收总计%
1861	407 918	8.10	—	—
1862	1 142 913	15.12	—	—
1863	1 422 002	16.62	—	—
1864	1 525 118	18.21	—	—
1865	1 691 777	21.31	—	—
1866	1 839 184	20.65	—	—

① 洋药税是第二次鸦片战争之后清政府同英法签订的 1858 年《天津条约》中规定的一种税收，条约中规定“洋药准其进口，议定每百斤纳税银三十两”；洋药进入中国内地时要逢关纳税、遇卡抽厘，这对英国对华倾销鸦片十分不利，便向清政府施压，在 1885 年双方签订的《烟台条约续增专条》，制定了新的征收洋药税厘的办法，即鸦片输入中国各口岸时，由海关封存，在按照每百斤向海关缴纳进口税三十两，并纳厘金八十两之后，便可运至中国各地，不再缴纳任何税厘。从此，洋药税厘开始成为海关一项重要的收入。

续 表

年 次	洋 药 税		洋 药 厘 金	
	银 数	占税收总计%	银 数	占税收总计%
1867	1 801 921	20.18	—	—
1868	1 661 835	16.82	—	—
1869	1 585 638	16.46	—	—
1870	1 738 338	17.81	—	—
1871	1 279 598	11.94	—	—
1872	1 813 500	15.63	—	—
1873	1 900 031	16.99	—	—
1874	2 010 337	16.88	—	—
1875	2 039 640	16.76	—	—
1876	1 960 587	15.59	—	—
1877	2 131 971	17.34	—	—
1878	2 046 956	16.43	—	—
1879	2 332 049	17.67	—	—
1880	2 339 656	16.31	—	—
1881	2 231 108	14.82	—	—
1882	1 993 449	13.76	—	—
1883	2 008 862	14.77	—	—
1884	2 107 996	15.34	—	—
1885	2 008 895	14.17	—	—
1886	1 976 131	12.95	—	—
1887	2 227 760	11.09	4 252 746	21.18
1888	2 525 574	10.94	6 566 282	28.43
1889	2 282 012	10.41	6 098 548	27.81
1890	2 272 377	10.34	6 101 511	27.75
1891	2 311 533	10.00	6 254 014	27.04
1892	2 174 827	9.54	5 871 177	25.74
1893	1 969 155	8.92	5 343 198	24.21

续 表

年 次	洋药税		洋药厘金	
	银 数	占税收总计%	银 数	占税收总计%
1894	1 919 668	8.42	5 219 816	22.90
1895	1 557 293	7.42	4 107 540	19.57
1896	1 450 058	6.58	3 915 839	17.77
1897	1 478 656	6.52	3 887 811	17.15
1898	1 408 270	6.45	3 670 448	16.82
1899	1 748 498	6.72	4 666 631	17.94
1900	1 522 979	6.32	4 173 564	17.32
1901	1 491 889	6.24	3 939 854	16.47
1902	1 521 501	5.32	3 747 202	13.94
1903	1 803 911	5.93	4 797 268	15.77
1904	1 645 491	5.45	4 296 536	14.22
1905	1 473 578	4.51	3 911 003	11.97
1906	1 596 477	4.57	4 234 247	12.11

资料来源：汤象龙：《中国近代海关税收和分配统计：1861—1910》，中华书局 1992 年版，第 64—67 页。

甲午战争战败后，中国被迫与日本签订《马关条约》，清政府必须在 3 年内以年利 5 厘的利率交清对日赔款和赎金共 23 000 万两。同时还需投入大量金钱以编练新军，维持内政。这样清政府旧日的财政平衡被打破了，在 1884 年时，清廷岁入银 8 234 万两，支出为 7 817 万两，入稍多于出；但到 1899 年，岁入银虽达 8 800 万两，支出却已增至 10 000 余万两。在支出陡增，亏欠愈大的情况下，清政府不得不广开财路，尽可能地增加收入，除了举借外债外，加重鸦片税自然又是一途。这就是清末所谓“以征为禁”或“寓禁于征”的鸦片国策，即对国产的土烟加大税收面与税收率，所以这种税被命名为“土药税”。1896 年户部拟定《筹款十策》，规定土药行店等必须缴捐。[①] 以该年湖南等南方八省为例，仅土药税一项就已占各省财政收入的 3.69%，其中比例最大的湖北土药税占收入的 8.73%（见表 7 - 2）。1899 年户部又拟定《筹款六策》，决定对土药税厘加收三成，[②]并议抽收土洋药烟膏捐。[③]

① 贾士毅：《民国财政史》，上册，第 20 页。
② 贾士毅：《民国财政史》，上册，第 20 页。
③ 于恩德：《中国禁烟法令变迁史》，第 104 页。

表 7－2 1896 年南方各省各项税收百分比表

省别	田 赋	粮 税	盐 税	厘 金	杂 税	土药税	合 计
湖南	37.10	9.68	16.13	19.35	9.68	8.06	100
江苏	12.55	20.94	39.42	21.54	3.42	2.14	100
浙江	24.59	26.03	15.81	26.34	7.02	0.21	100
福建	28.37		16.85	34.27	18.26	2.25	100
江西	34.42	25.25		27.40	12.32	0.62	100
湖北	20.84	7.90	20.84	35.10	6.58	8.73	100
四川	37.35		33.91	15.46	8.60	4.69	100
云南	28.57		30.48	28.57	9.52	2.86	100

资料来源：George Jamieson，"Report on the Revenue and Expenditure of the Chinese Empire"，Foreign Office，Miscellaneous Series，No.415. in British Parliamentary Papers，Vol.19，pp.515－655. 转引自林满红：《晚清的鸦片税，1858—1906》，《思与言》，第 16 卷第 5 期。

1900 年八国联军侵华，《辛丑条约》订立，列强向腐败无能的清政府勒索赔款连本带息达 98 000 万两，其"款目之巨，旷古罕闻"，清政府也意识到"就中国财力而论，实属万不能堪"。① 于是，鸦片又成了清政府偿付"庚子赔款"的重要来源。1901 年户部拟定新的筹款办法，再次加抽土药税三成。② 各省地方也纷纷以鸦片为榨取之资。

但清政府的财政不仅没有什么改善，反而每况愈下，1903 年收不抵支达 3 000 万两，之所以如此，是因为这加抽的鸦片税最终多落入地方官们的腰包。于是到 1905 年，清政府改办"土膏统捐"，命户部设局征收，每百斤鸦片收银 115 两，从抽收到的统捐中，以各省近年实收之数为定额，分别拨给使用，溢收部分专作清政府的练兵经费。③

在清政府以鸦片税收为支持危颓的财政的重要手段的思想支配下，全国的土药税额飞速上升，税收总额从 1900 年的 180 万两增加到 1907 年的 900 余万两。④ 几乎相当于该年厘金实收额的 50％。⑤

与土药税同样，清政府对进口的鸦片，即所谓的"洋药"，也加重了税率。例如，1905 年征收的土药税厘为 685 万余两，洋药税厘为 571 万余两，共征银

① 《东华续录》，光绪朝，卷 169，页 5。
② 于恩德：《中国禁烟法令变迁史》，第 104 页。
③ 武汉大学历史系中国近代史教研室：《辛亥革命在湖北史料选辑》，第 239 页。
④ 《清续文献通考》，第 8249 页。
⑤ 罗东玉：《中国厘金史》，上册，第 188 页。

1 256 万两，约占当年岁出 15 000 万两的 8.4%。[①] 如果考虑岁入远远不敷支出这一点，那么，鸦片税在国家岁入中所占的比重比这个数字要大得多。因此，洋药税厘和土药税厘，毫无疑问仍是“国家收入大宗”。[②]

地方官吏要收到鸦片税，并从中捞油水，就必然要鼓励种植罂粟，罂粟就是在这样的背景下日益兴旺起来的。

罂粟种植的扩大 到了 19 世纪末，罂粟的播种已在全国各地迅速扩展。阳春三月，大江南北、长城内外，到处是罂粟花开的景象。山西、陕西、甘肃、黑龙江、江苏、浙江、福建和云贵川等省都是最盛之处。

北方的种植区域在这一时期大大扩延。在山西，自烟禁弛废后，罂粟再度种植推广，经选种后的罂粟质量颇佳，所产之鸦片运销天津，为“土药中顶高之货”。[③] 山西全省又以太原、榆次、交城、文水、代州、归化等地最盛，仅永宁黎城一带，罂粟面积就达 35 万亩。曾经一度高挂着的戒烟局的牌子早被深藏起来了，民众“自种自吸，即妇女儿童无不吸食”。1904 年，全省的土药税 233 496 两，为全国土药税收的 12%。陕西的民众与山西相同，“自种自吸，不假外求”，据记载，陕西的烟地 1906 年有统计的已达 53 万亩。[④] 甘肃的临夏地区 1899 年始植罂粟，地方政府即以每亩征税 3 钱至 1 钱 2 分的额度征税，当年即征得烟税 500 余两。此后逐年提高，到 1900 年前后，此地已成红白罂粟世界，收割大烟的季节，商贩云集，奔向临夏的大烟集市。清末，每年都有内地烟农到新疆偷植罂粟，人数达万人。他们集中于塔城中俄边境地区，安营扎寨。俄国边境官员常常以纳税为名横加勒索，一些暴徒也越境进行抢劫。于是，烟农们逐渐迁到迪化专区所属各县。所以新疆的烟患也日渐严重起来。

东北三省以黑龙江最盛，尤其是东部及松花江的北岸。植烟区的“后起之秀”的山东“以兖、沂、曹、济四属为最，固由罂粟利厚，倍蓰稻粱”，除武定一府以外，无县不有，如济南、东昌、泰安、临清、青州、莱州、胶州等地，“种者亦居十之四五”。[⑤]

江苏的徐州仍是最著名的产烟区之一。安徽的罂粟也种植极广，仅凤阳府、颍州府和徽州府三地所产就达 4 万—5 万担。[⑥]

南方所植较北方更盛。在福建，农民争种罂粟而弃晚稻和其他农作物。1897 年的《农学报》指出：“厦门十余年前，产茶二十七兆余磅，近减去十余倍。”

---

① 《东方杂志》，第 3 年 13 期，第 173 页。
② 《清续文献通考》，第 8106 页。
③ 《山西大事记》，第 75 页。
④ 茶圃：《各省禁烟成绩调查记》，《国风报》，第 1 年 18 期，宣统二年七月初一。
⑤ 转引自李文治编：《中国近代农业史资料》，第 1 册，第 464 页。
⑥ 日本外务省：《清国事情》，1907 年，第 580 页。

问其原因，茶园变成罂粟园了。[①] 1902 年，仅同安一县产土烟 2 130 担，次年又增至 4 008 担，[②]全省产烟达 2 万担。[③]

浙江的台州府属诸县“地广而土性碱，不宜五谷，惟每年所植罂粟，出浆不下数十万石”。[④] 绍兴山区有嫩竹细枝，故特产各类纸张，但后来由于山坡改种罂粟，而纸张生产大减。[⑤] 1900 年前后，全省罂粟种植面积达 473 700 亩。

植烟最红火的当然仍数西南三省。贵州因其自然环境，农业本不发达，人谓地无三尺平，天无三日晴，人无三分银。但罂粟的栽培却是一个例外，“开垦之地半种洋烟……查种烟为近来民利大宗，积习已久，骤难改变”。[⑥] 由于贫困，贵省民众无钱吸食，其所产之鸦片，多输出外省。四川“鸦片之产额，位全国之首。川省百四十余州县，除边厅数处，几无一地不植鸦片者”。[⑦] 全省年产鸦片的总值达 3 500 万海关两，其中输出省外的达 1 200 万海关两，[⑧]为全国最大的产烟区。

罂粟种植的扩大，致使农业生产衰退，使自命崇本抑末、以农立国的清政府，面临粮食歉收、不敷民食的局面。在光绪后期，已是“谷米日贵，粒食日艰，无论凶荒之岁也，即年岁顺成，米价曾不少落，几乎农田所出有不敷海内民食之患”。[⑨]

西南少数民族地区烟毒炽烈 1885 年中法战争后，蒙自、思茅、腾冲分别于 1889 年、1897 年和 1902 年开埠，从此，印度鸦片随着其他外国商品经缅甸而流入西南各处，而少数民族地区的罂粟种植也日渐扩大。

在多民族居住的云南，由于汉族烟商大量深入少数民族居住地区，勾结土司，迫使农民毁地种烟，然后廉价收购鸦片，遂使一些少数民族与鸦片的关系日益加深。德宏地区的傣族较早种植罂粟，不少人靠贩卖鸦片而致富。有的土司专门在清明收烟之前，利用农民青黄不接，低价收买未成熟的青烟，进行盘剥。[⑩] 罂粟的种植，鸦片的增加，致使烟毒泛滥。傣族的土司多吸食鸦片，平民亦有吸食者。傣族吸食鸦片除了常见的方式外，还有特殊的。他们喜欢把芭蕉叶切碎，

---

① 《茶事汇述》，《农学报》，第 12 期，光绪二十三年九月下。
② 厦门商政局：《实业现况》，第 5 页。
③ 《三都澳海关十年报》，《福建文史资料》，第 10 辑。
④ 《浙粤蚕桑》，《农学报》第 13 期，光绪二十三年十月上。
⑤ 《纸料日绌》，《农学报》第 14 期，光绪十九年五月一日。
⑥ 陈惟彦：《宦游偶记》，载徐建生编：《彊本堂汇编》。
⑦ 茶圃：《各省禁烟成绩调查记》。
⑧ 《重庆海关 1902—1911 十年调查报告》，《四川文史资料》，第 11 辑。
⑨ 张振勋：《张弼士侍郎奏陈振兴商务会议》，第 14 页。
⑩ 《德宏傣族社会历史调查》第 2 册，云南人民出版社 1984 年版，第 15 页；曹成章：《傣族农奴制和宗教婚姻》，中国社会科学出版社 1986 年版，第 173 页。

加入鸦片汁拌和晒干，然后放在烟杆上如吸草烟那样吸食，这种芭蕉叶与鸦片的混合烟傣名称“多巴烟”。[①] 傈僳族居住的怒江两岸，海拔千米，气候炎热，土地肥沃含有大量的腐殖质，适宜罂粟的生产，在 1900 年前后，也开始种植罂粟了。[②]

比起傈僳族来，拉祜族栽培罂粟的历史更早。鸦片除少量留作自用外，主要是作为商品出售。因此，在自给自足的拉祜族经济里，鸦片是唯一的商品，是货币，连族人之间的借贷也多以鸦片的形式进行，完粮纳税也以大烟为标准。随着罂粟种植的扩大，商业开始繁荣，他们以烟换粮、盐和铁工具。每年的春夏之交，澜沧江畔骡马嘶鸣，汉族商人们带来盐和铁，然后取走鸦片，有的大商人一人便能收购 3 万两大烟土。就在种植与贩卖之中，拉祜族人学会了吸食鸦片烟，并陷入痛苦的深渊。[③] 受拉祜族的影响，佤族也在 19 世纪 50 年代开始栽培罂粟。他们居住在澜沧江与萨尔温江之间的海拔 1 000—2 900 米的山地上，在清末民初，西盟县的佤族人“除了部分寨子外，都普遍种植鸦片”。[④] 在当时的历史环境里，佤族人创造了一个“神话”，他们基本不吸食鸦片，种罂粟是为了销售。由于有了鸦片，使本来极原始、极简单的商品活动大大发展，在鸦片交易的基础上，由季节性的“烟令”逐步发展成为民族的初级市场，促进了商人的产生、贫富的分化。

世居大理、下关一带坝子的白族也很早从汉族人那里学会了罂粟的栽种技术。种植罂粟的农户须向土司缴纳大烟税，数量由土司们自行决定，白族内部以烟土作为放贷的工具。鸦片开割后，土司们把大烟土贩至保山出售，利润可高达 20—50 倍。[⑤] 1880 年下关的茂恒号商行，资本已达 4 万银两，它不仅做本地出产的鸦片生意，而且，还从印度输入鸦片，赚得更丰厚的利润。

四川茂州的羌族人也在清末栽培罂粟，头人与官府合作，开设官膏店，每天销售的烟膏有 800 两。[⑥]

由上可见，近代西南少数民族的“社会进步”，与罂粟的种植、鸦片的买卖有着千丝万缕的联系。但另一方面，鸦片也起了破坏作用：鸦片的交换，使枪支武器大量运入，土司头人因此加强了对人民的控制，武器的增加也刺激了民

---

① 江应樑：《傣族史》，四川人民出版社 1983 年版，第 583 页。

② 《傈僳族社会历史调查》，云南人民出版社 1981 年版，第 26 页。

③ 《拉祜族简史》，云南人民出版社 1986 年版；《拉祜族社会历史调查》，第 1 册，云南人民出版社 1981 年版，第 2 页。

④ 《佤族社会历史调查》，第 2 册，云南人民出版社 1983 年版，第 36 页。

⑤ 《白族社会历史调查》，云南人民出版社 1983 年版，第 110 页。

⑥ 《羌族社会历史调查》，四川社会科学院出版社 1986 年版，第 202 页。

族内部的矛盾，加剧了仇杀械斗的残酷性和破坏性，致使人畜死亡，田园荒芜；而且，因长期广种罂粟，阻碍粮食生产，阻碍了农业技术的进步，并出现了"滇川等省阿片多于菽粟"的局面；吸食鸦片恶习的蔓延，更是大大损伤了民众的身心健康。

土烟排挤洋烟 甲午战争后，第一是由于清政府的提倡，第二是由于种植地区的扩大，第三是由于经过长期的摸索，栽培技术的提高，品种的改良等，鸦片的产量比19世纪80年代有所增加(见表7-3)。

表7-3 1906年中国鸦片产量估计

省份	罂粟播种面积(亩)	鸦片产量(斤)	省份	罂粟播种面积(亩)	鸦片产量(斤)
浙江	473 700	1 400 000	江西	10 000	30 000
山西	1 000 000	3 000 000	安徽	200 000	600 000
陕西	1 660 000	5 000 000	河南	500 000	1 500 000
山东	600 000	1 800 000	甘肃	1 130 000	3 400 000
满洲	500 000	1 500 000	四川	7 568 900	23 800 000
直隶	400 000	1 200 000	云南	2 600 000	7 800 000
江苏	530 000	1 600 000	贵州	1 600 000	4 800 000
福建	160 000	500 000	广西	16 000	50 000
广东	16 000	50 000	新疆	16 000	50 000
湖南	33 000	100 000	共计	18 713 600	58 480 000
湖北	100 000	300 000			

资料来源：1. *Report of the International Opium Commission*, 1909.
2. 瓦格勒著，王建新译：《中国农书》，下册。
3. 茶圃：《各省禁烟成绩调查记》，《国风报》，第1年第18期。

其中，产量最高的省份依次为四川、云南、陕西、贵州、甘肃、山西，该六省的鸦片产量就达到478 000担，占全国总产量的81.7%。

从史料记载看，自19世纪70年代始，土烟生产的发展，已开始排挤洋烟了。1874年上海的英国领事就预言：不久的将来，土烟将可增加并满足中国人的需要，那时的英国要么停止印土输华，要么削价与中国鸦片竞争。[①] 那时，英国曾

① I.U.P.B.P.P., China, Vol.11, *Report on the Trade of the port of Shanghai for the year 1874*, p.430.

计划扩大印度罂粟的栽培，以增加对华出口而增加财政收入。但由于印度政府向烟农支付的预付金，对烟农没有什么吸引力，而使扩种计划落空。与此相反的是中国土烟的急速增长。

以云南为例，云土每年出产7万担以上，“每岁约卖五万担，迤南约卖三万一千余担，迤东约卖八千余担，迤西约卖一万一千余担”，[①]其品种和外运地区如表7-4。

表7-4 云南鸦片生产与贸易状况

品　　种	数　量	每担价格	运 往 地 区
马屎土(饼子土)	3 000余担	231银两	广　东
封子土(包子土)	36 000余担	120银两	湖南、湖北
个子土	9 000余担	200银两	广西、广东
块子土	2 000余担	180银两	广　西

资料来源：《蒙自海关税务司报告》，转引自万湘澂：《云南对外贸易概观》，新云南丛书之三，第177页。

根据该报告，云南外销他省的鸦片共值银1 000万两，云土比印土价格便宜50%—80%，因此，云土逐渐成为沿江沿海地区的鸦片主要品种了。四川“百四十余州县，除边厅数处，几无一地不植鸦片者”，[②]产量居全国首位，如1906年，川土产量23.8万担，占全国总产量的40.7%。川土外销各地，成为四川省最大宗的出口商品，1900年前后，四川省出口商品价值3 000万海关两，其中鸦片就达1 200万两，占40%。[③]

土烟替代了洋烟，表现在土烟在全国形成了有效的供销网络，占领了传统的洋烟市场，并逐渐使洋烟滞销，进口萎缩。在品位方面，土烟经改良基本达到了洋烟的水准；而在价格方面，土烟更居绝对的优势，1894年，四川鸦片每担为260关两，而进口鸦片平均为528两，土烟只是洋烟的一半。[④] 川土廉价是因为它们中的大部分，是避开厘金局而走私贩运的，另一原因则是生产成本相当低廉(表7-5)。所以从某种程度来说，百年以上的印土输华最终中止，决定因素是印土在价格上难敌中国土烟，尤其是价廉、质优、量多的川土。

---

① 万湘澂：《云南对外贸易概观》，新云南丛书之三，第177页。
② 何嗣焜：《入蜀记程》，《存悔斋文稿》，第15页。
③ 根岸佶：《清国商业综览》，第3编，第148—152页。
④ 参见1894年《重庆海关贸易统计》，第79页。

表 7-5　中国产鸦片的生产价格　　（单位：银两）

类　　别	每担鸦片价格	类　　别	每担鸦片价格
甘肃鸦片	600	陕西鸦片	440
山西鸦片	520	四川鸦片	190

资料来源：Baron von Richthofen，Baron Richthofen's letters，1870－1872，shanghai，1903，p.152.

土烟替代洋烟又表现在自 1882 年以后，半个多世纪以来，一直是洋烟的垄断市场的沿海地区，也逐渐被土烟所占领。连历来被视为印度鸦片大本营的上海，土烟的消耗量也日益增多。在 1890 年左右，每年运到上海的土烟就已达到了 10 000 担。①

土烟替代洋烟还表现在土烟不仅满足了千万瘾君子的需求，而且还出口海外。仅据蒙自海关税务司的报告，19 世纪 80 年代起，云南鸦片的出口增长迅速（表 7－6），1906 年为云烟出口的最高年份，出口达 4 012 担，价值 1 600 912 海关两。

表 7-6　蒙自出口云南鸦片数量

年　份	1889	1892	1894	1900	1904	1906
鸦片（担）	15	232	638	1 427	2 958	4 012
价值（关两）	3 054	48 798	137 023	431 587	1 332 051	1 600 912

资料来源：*Returns of Trade and Trade Reports*，*1889－1911*，Mengtze，Chungking.

这样，洋烟的进口量在 1880 年达到最高峰以后，便逐渐跌落了。1895—1900 年间，洋烟进口徘徊在每年 50 000 担，其中以 1899 年的 59 100 担为最高，但没有超过 1894 年的 63 051 担，更比 1880 年的 87 700 担减少了一半。1902 年后每年虽超过 50 000 担，但最高的年份是 1903 年的 58 478 担，连 1899 年的数量也没有达到（见表 7－7）。

表 7-7　1895—1905 年全国报关进口鸦片的数量和货值表

年　份	进口鸦片数量（斤）	进口鸦片货值（关两）	年　份	进口鸦片数量（斤）	进口鸦片货值（关两）
1895	5 152 500	29 165 000	1897	4 921 700	27 901 000
1896	4 893 000	28 652 000	1898	4 978 500	29 256 000

① 徐雪筠等译编：《上海近代社会经济发展概况（1882—1931）——〈海关十年报告〉译编》，上海社会科学院出版社 1985 年版，第 14 页。

续 表

年 份	进口鸦片数量（斤）	进口鸦片货值（关两）	年 份	进口鸦片数量（斤）	进口鸦片货值（关两）
1899	5 910 000	35 793 000	1903	5 847 800	43 831 000
1900	4 920 100	31 031 000	1904	5 476 600	37 094 000
1901	4 946 600	32 937 000	1905	5 189 000	34 070 000
1902	5 080 100	35 457 000	共计	57 315 900	365 187 000

资料来源：各该年海关贸易统计报告。

必须指出，每年的实际进口鸦片数量还应加上走私的部分，根据香港的鸦片到货量分析，1895—1905 年间，每年走私入口的鸦片约 5 500 担。尽管鸦片的数量大大减少，但进口的价格则在逐步上升（见表 7 - 8）。

表 7 - 8 进口鸦片价格变化表 （单位：关两）

年 份	每箱平均价格	年 份	每箱平均价格
1838	650（元）	1908	708
1870	500（元）	1916	6 870
1894	528	1918—1931	1 343
1895—1900	500—700		

资料来源：各该年海关贸易统计报告等。

中国近代贸易史上，鸦片与棉纱、棉布为大宗物品，而最早完成进口替代（即以国内生产的物品代替进口的物品）是鸦片。棉纱 1903 年、1908 年的自给率分别为 11.31%和 23.93%，棉布 1911 年的自给率为 9.1%。而鸦片自 19 世纪 70 年代迅速发展后，到 1906 年土烟的自给率已达到 91%。[①] 清末土烟的进口替代，是近代中国发生较早的也是最为明显的进口替代。

云、川烟农春秋 川土比其他地区价廉是因为农业条件较为有利。在西北地区，罂粟需要最好的土地，而且由于冬天寒冷，因此，罂粟不能秋种夏收，而是春种秋收，这样就妨碍了夏时作物，因而成本大增。而西南则不同。

云南人贫地瘠，出产不多，常规种水稻或蚕豆等均仅能温饱，而种罂粟后，就能带来更多的利益，从表 7 - 9 可见一斑。而且，初夏收获鸦片后，还可栽种水稻。因此，鸦片的收益要比种一般农作物好得多。在四川，土地肥沃，适宜罂粟

① 林满红：《清末本国鸦片之替代进口鸦片（1858—1906）》，载台北《近代史研究所集刊》，第 9 辑。

生长，川土一般在 11—12 月播种，次年 4—5 月收获，并不妨碍夏季作物，甚至在水田里也能栽培罂粟。于是，昔日秋收后所播的小麦、大麦和蚕豆，尽被罂粟所替代了。

表 7-9　云南“一口田”稻米、蚕豆、鸦片产量及价格比较

	产　量	价　　格	价　值
蚕豆	5 斗	每斗 0.50—0.60 两	2.50—3 两
稻米	15 斗	每斗 0.70—0.80 两	10.50—12 两
鸦片	200 两	每斗 0.07—0.08 两	14—16 两

资料来源：转引自王福明：《近代云南区域市场研究》，彭泽益主编《中国社会经济变迁》，第 384 页。

耕种罂粟的川农大约有三种类型，第一种是租田的佃农，所借田地较好，因而田租也较高，一般为收获量的 50%，有些地区更高，且烟农要将田租折算成银钱支付，因而所受剥削更深。第二种是借租山地的佃农，耕种条件比租田农民更恶劣，而租额却与前者相同，因此，只能种罂粟以补充。第三种是借河坝地的佃农，所租的河地、河土、坝地、坝土等比山地肥沃，适宜罂粟生长；但河坝地通常须事先支付租金，遇荒年租额也不可改变，这样，佃农往往被迫借高利贷，所以又受地主的一层剥削。

表 7-10　鸦片与小麦收支比较　（单位：产 1 担麦的面积）

项　目	小　　麦		鸦　　片	
支　出	耕作费用	1 000 文	耕作费用	7 000—8 000 文
			肥料费用	6 000—7 000 文
收　入		7 000 文	以 250 两计算	25 000 文
利　润		6 000 文		11 000 文

资料来源：C.I.M.C.，Decenial Reports，1882 - 1891，Vol.1，Chungking，p.84.

尽管烟农深受地主的压迫，但由于罂粟产出高，仍有利可图。罂粟年底播种后，1 月须除草数回，4 月前后要施肥数回，然后 5 月取浆收获。与小麦相比，虽然施肥、采浆需要较多的简单劳动力，肥料支出也要高得多；但是其他收益也比小麦高得多（表 7 - 10）。因此，罂粟面积仍不断增加。佃农的未来并不怎样光明，他们中只有极少数能够升为“大佃农”而成为富农，而绝大多数仍只能维持佃农的地位，有些境况甚至会更差。

土行、烟馆、燕子窠 洋烟或土烟运至城乡，经土行、烟馆和燕子窠等店肆销售。土行又称土栈，是鸦片的囤售之所，一般可零售，可批发。早期时，广州、上海等地的土行大多是外国洋行的代销行，资本增大后有不少土行独立做鸦片买卖。它们从政府或租界当局那里领取执照，受到保护。如前所述，土行业为广、潮人士所垄断，例如上海后马路（宁波路）上的郑恰记土行和郭鸿泰土栈，历史最久，信誉颇佳，"一般的瘾君子均以该两店为正宗老牌，货真价实"。这种大小不等的土行土栈充斥各地，如 1906 年的上海原英租界境内，有 30 家土行，其中南京路、宁波路、松江路、江西路各有 1 家，河南路 2 家，芜湖路 3 家，广东路 9 家，棋盘街最多，有 12 家。1908 年仅上海公共租界里就有 1 437 家烟馆。

烟馆又称烟膏店，至晚在清雍正年间已出现了。其业务是熬制并售吸烟膏。生鸦片是不能吸食的，须经熬制才能吸食。熬制烟膏经沿袭继承，形成不少派别，尤以广帮最为出名。广帮的烟膏以香浓味厚为上，但价格颇昂，清末时每钱在 130—160 文之间。不过广帮的烟膏吸食后的烟灰还可换烟，一两烟灰可换四钱烟膏。

烟馆除了熬制和零售烟膏外，最主要是供客人吸食。清末时各地烟窟林立，通常挂有逍遥村、烟云楼、适可居之类的招牌；门贴"闻香下马，知味停车""一呼一吸精神爽，半吞半吐兴味长"等对联。清末江苏的熟膏店达 12 790 家，日售烟膏 39 900 两。上海更是遍地烟馆，据 1872 年的《申报》载：单南市弹丸之地就有烟馆 1 700 多个，人称"上海烟馆甲天下"。当时的烟馆是最重要的社交场所，富商大贾多在烟馆中边抽鸦片边谈生意，其他阶层的市民也喜欢在烟馆里聚会聊天。因此烟馆的摆设等次也有上、中、下各个级别，以适应需要。像沪上名店有广诚信、广诚发、广诚昌、广维新和赵南来等，均是广帮的名店。像法租界的眠云阁，英租界的南诚信，规模宏大，布置堂皇。烟榻是雕花的红木大床，烟灯是山西太谷出产的太谷灯，或山东胶州的胶州灯，皆精巧灵便，还有广州出的玻璃灯，华丽明亮。云铜黄竹的烟枪，考究地嵌有各色宝石，还有象牙制成的，并配以烧工著称的潮帮老手调制的烟泡。在辉煌耀目的陈设中，吸食鸦片的人横陈榻上，挥袖成云，喷口为雾；流娼、烟妓串流调笑，时人诗曰："青香扑鼻气氤氲，料是眠云万里云。还有榻旁横玉女，蓬莱馆里闹纷纷。"[①]瘾君子沉湎其中，流连忘返，不能自拔。

低档的烟馆仅有几张木床竹榻，备着简陋的烟灯烟枪，供贫苦烟民吸烟解瘾。"燕子窠"是一种低级烟馆，出现于清末，自辛亥革命后盛行一时。其得名于

① 云间逸士：《洋场竹枝词》。

上海，时人谓燕子专喜衔泥土筑窝，而瘾君子们也整日土不离口，奔波于寓所与烟馆之间，如燕子一般，故称其吸烟场所为“燕子窠”。还有一种花烟间，始于同治年间。上海南北两市有的下等烟馆雇用女子为烟客装烟烧泡，以广招徕，称作“女子烟间”。到光绪年间，演变为既供吸毒又可宿娼的场所，而蔓延至其他城市。于是，“不但黑籍君子流连忘返，就是门外人也思有以一乐”。[①] 最严重的还属上海小东门一带，烟花女充斥，一直延续到抗日战争时期。

吗啡、金丹、海洛因 近代以来，毒品基本只有鸦片一种，鸦片所含的生物碱仅20%左右，因此对人体的毒害比较缓慢。但是到清末，外国最新制作的毒品种类逐渐侵入中国，遂使中国的毒品危害更加惨烈。

吗啡早在同治年间就输入沿海城市，最初吗啡是作为戒烟药而进来的。1874年3月12日的《申报》刊有上海大英医院的戒烟药广告，称：“由伦敦新到戒烟莫啡散多箱，其药醇正且有力，故杜瘾之效较为捷速。”这种莫啡散就是吗啡，售价是1元英洋买60包药粉。实际上吗啡的毒性远甚于鸦片，因此，这种以毒攻毒的结果，使得毒瘾更烈。从那时起，吗啡是在西药房公开出售的，吗啡瘾者逐年增多，所以吗啡的进口量也不断上升，仅上海口岸1901年的进口量就比10年前增加了6倍多，达到114 080盎司（见表7－11）。

表7－11 1892—1901年上海口岸吗啡输入简表

年 份	数量(盎司)	价值(海关两)	年 份	数量(盎司)	价值(海关两)
1892	15 761	12 325	1897	68 170	112 796
1893	27 993	32 462	1898	75 748	109 570
1894	43 414	63 289	1899	133 764	197 602
1895	64 043	76 886	1900	93 667	145 864
1896	67 320	89 536	1901	114 080	178 743

资料来源：《上海近代社会经济发展概况(1882—1931)——〈海关十年报告〉译编》。

金丹是一种固体化的吗啡类毒品，颜色呈金黄，自清末进入中国后，因其价格较低廉而日益受到染有烟瘾的下层民众的欢迎。

与吗啡相似，海洛因最初也是以戒烟药的形象进入中国的，各地的西药房几乎都出售海洛因，有的医院甚至用吗啡和醋酐合成海洛因，大量发售。海洛因为白色粉末，人称“白面”“白粉”，吸法简单，但危害尤烈，吸上数次便已上瘾，且难

① 陶亢德：《鸦片之今昔》，上海宇宙风社1937年版，第68页。

以戒除。时人指出："最毒无如海洛因，吗啡虽烈逊三分。高居鸦片红丸上，北地人多白面称。"[①]由此可见，自清末起，中国的毒品消费已由单一的鸦片发展为多样毒品竞争的局面。由于吗啡、海洛因等对人体的毒害更烈，因此，中国的毒祸也更加严重了。

烟民之数量 吸毒由宫廷而蔓延到穷乡僻壤，白发老人、三尺幼儿、王公贵族、士农工商、瘪三乞丐，均是这千万人计的吸毒大军中的一员。连那位深居宫里的慈禧太后，也很早就染上了大烟瘾。每夜必吸鸦片至三鼓，然后出而视朝，是时精神完足，与廷臣论国是全无倦怠之容，直到黎明才回宫安睡，竟十年如一日。[②] 城乡民众吸毒之风也日益炙烈。社会名流中吸毒成瘾的举不胜举。如晚清思想家、翻译家严复，长期吸食鸦片烟膏，其间还要注射吗啡，一直到他生命终结为止。

关于全国吸毒者的数量，我们先以四川为例。据英国驻华公使统计，光宣年间，全川吸食鸦片者为 315 万人，其中 17%即 54 万人已成瘾。[③] 实际情况还不止此数。如四川蒲江县，"全境八万一千三百五十丁口，嗜者近半"。"弹丸如是，况全国乎！天祸震旦，尽壶中日月，桎天下龙文虎武之人才，金刚不坏身，一刹那为槁木、为死灰，以此杀四万万同胞，其为毒真几千万倍于枪林弹雨也。"[④]有些地方，"民间吸嗜者十居六七，上自官绅，下至肩挑贩负之俦，无不以有限之资供无穷之瘾，甚至鹄面鸠形，填沟壑而不顾"。[⑤]

这里仅以 1905—1906 年为例，做一分析。1905 年中国进口鸦片为 5 189 000 斤，次年土烟产量为 58 480 000 斤，两者相加共计 63 669 000 斤。鸦片吸食者以每日需食烟膏 2 钱计，一年约需 5 斤。[⑥] 全国计有鸦片瘾者 1 300 万人，如加上吗啡、海洛因等瘾者，估计全国的吸毒人数超过 2 000 万人。这真是惊人的数字！

第二节 清代第二次禁烟运动

甲午战争后的禁烟呼声 马克思在论述中国近代史时曾指出："历史的发

① 刘豁公：《上海竹枝词》。
② 中国史学会编：《鸦片战争》(一)，第 292 页。
③ 《广益丛报》，第 17 号，《调查》。
④ 《蒲江县乡土志》，下册，页 70。
⑤ 何良栋辑：《皇朝经世文四编》，卷 34。
⑥ 李圭：《鸦片事略》。

展，好像是首先要麻醉这个国家的人民，然后才有可能把他们从历来麻木状态中唤醒似的。”[①]外国鸦片的大量输入，土烟的洪水般的泛滥，对外战争的屡屡失利，甲午一战，经营了30年自强运动的清朝，被崛起的岛国日本打败，此后的义和团运动，八国联军入侵，首都沦陷，衰弱腐败的老大帝国栋梁崩析，大局难撑。值此民族危亡之关头，进步的先驱者们纷纷行动，发出了维新变法的强烈呼声。对使中国人戴上“东亚病夫”耻辱称号、蒙受病身败家、亡国灭种之害的鸦片，人们更是深恶痛绝。于是，禁烟成为各阶层人民的共同的心声。

在统治阶层的内部，一些正直有责任心的官员继承林则徐的遗志，再扬禁烟旗帜。1878年当烟毒日炽之时，曾国荃从“多种一亩罂粟，即少收一亩五谷”的角度，提出必须禁烟。[②] 张之洞对烟毒的泛滥十分警觉，在他的眼里，山西“人人尫羸，家家晏起，怠惰颓靡，毫无朝气，在官者不修其职，食力者不勤其业”。[③] 因此他在山西巡抚任内，设立了戒烟局，并主张朝廷在全国禁种罂粟。他的《劝学篇》和王国维的《去毒篇》成为轰动一时的禁烟名论。张之洞主政湖北时期，也力倡戒浮华、崇俭约，对吸食鸦片、缠足、风水迷信等恶风怪俗进行抨击和劝诫。与此同时，天津也建立了戒烟局。1895年新疆巡抚陶模上奏列举国政所应兴革者十二端，其中第七项就是禁食洋烟。1904年湖南学政奏拟学校禁烟办法，提出生员中有烟癖者必不能为优等，童生中有烟瘾者必不得入学，清廷同意各省学臣一律照办。两广总督则严禁军人吸食鸦片，四川也规定旗人军队不准吸食鸦片。[④] 有远见的官员已认识到“禁烟为中国富强最先基础”。[⑤]

民众对日益严重的鸦片流毒极为担心：“悲哉，洋烟之为害，乃今日之洪水猛兽也。然而殆有甚焉。洪水之害，不过九再，猛兽之害，不出殷都。洋烟之害，流毒百余年，蔓延二十二省受其害者数十万万人，以为浸淫，尚未有艾。”[⑥]新诞生的《时报》《警钟报》《东方杂志》等纷纷发表文章痛斥鸦片对个人、社会和国家的危害，要求政府采取切实措施，断然禁烟。广东东莞人苏泽东有感于社会“烟林烟馆，对宇望衡，父子联床，官兵并吸。……举国若狂，皆沉迷罂粟之障”，[⑦]于光绪二十五年(1899年)刻成中国最早的一部有关禁食鸦片的文学集《梦醒芙蓉集》，收录历朝禁烟诗41家，禁烟文35家，并戒烟药方10余种。上海格致书院

---

① 马克思：《中国革命和欧洲革命》，《马克思恩格斯选集》，第2册，第2页。
② 《曾忠襄公奏议》，卷8，页16。
③ 《张文襄公全集》，奏议卷4，页30。
④ 《东方杂志》，光绪三十二年八月二日，《内务》。
⑤ 《四川官报》，第15册，公牍，页3—4。
⑥ 《去毒》，《皇朝经世文编》，卷24，页8。
⑦ 苏泽东：《梦醒芙蓉集》，光绪二十五年(1899年)。

早在1889年时，就把“如何有效地禁止鸦片”作为学生讨论西学、时事的课艺之一。留学美国的学生们对外国博览会将中国的烟具和瘾者展出表示了极大的愤怒与抗议。维新志士谭嗣同作《罂粟米囊谣》揭露道：“罂无粟，囊无米，室如县磬饥欲死。饥欲死，且莫理。米囊可疗饥，罂粟栽千里。非米非粟，苍生病矣！”[①] 1903年志士金天翮在上海出版《女界钟》，把鸦片陋习同民族危亡联系起来说：“从古灭种之国，皆由于自造而非人所能为，今吾中国吸烟缠足，男女分途，皆日趋于禽门鬼道，自速其丧魂亡魄而斩绝宗祀也。”作为中国腐败落伍象征的鸦片，成了清末要求实行变革挽回颓势的人们的打击目标。

海外华人的禁毒行动　华人中吸食鸦片风气的蔓延，不仅极大地危害着华人的身心健康，消耗了大量的财富，而且还使华人社会的声誉受到严重影响。20世纪初，进步的华人在民族主义思潮的影响下，认为吸食鸦片是民族衰落的主要原因，于是发起了禁烟运动。华文报刊首先发表禁烟文章。如新加坡的《叻报》《星报》《天南日报》等从1889年起，就连篇累牍地发表文章，坚定地表示厉禁的态度，呼吁华人同胞尽快结束吸毒恶习。[②]

当地华人医生殷雪村和林文庆博士在1906年发起成立禁烟团体振武善社，在数月之内，社员人数增加到500人，筹集15 000叻币，建立戒烟中心，免费为吸毒者提供戒烟服务。振武善社成为当地禁烟运动的领导中心。运动很快推进到槟榔屿，在当地医学博士伍连德的倡导下，1906年11月，成立了禁烟协会，伍出任第一任会长。在槟榔屿华人的热情参与下，募集了16 000叻币，设立戒毒中心为鸦片瘾者服务。在怡保、吉隆坡等地也相继成立两个禁烟协会。1907年3月，在怡保举行第一次禁烟大会，有3 000多人参加大会，会议通过10项决议，要求废止鸦片专卖制度，政府对鸦片消费加强控制，对鸦片烟民实行登记，提高烟价，限制出卖鸦片给21岁以下者等。他们无情地揭露鸦片对身体和钱财等方面的种种害处，以此警告那些瘾君子早日到戒烟中心来除掉恶习。次年又在槟城召开第二次禁烟大会，重申了这些要求。

从这些观点分析，尽管还不是明确要求当地政府断然禁烟，而只是希望在华人社会中禁止吸食鸦片，但也对政府形成了很大的压力，并迫使当地政府采取了一些行动去限制鸦片的吸食。

对有些烟瘾极重的瘾君子，仅羞耻感还不足以让他们放弃这种恶习。于是禁烟运动日益深入。1907年10月3日，新加坡禁烟协会召开大会，通过一项新

① 《谭嗣同全集》，三联书店1954年版，第462页。

② 转引自颜清湟：《新马华人社会史》，中国华侨出版社1991年版，第250页。

的决议，要求华商不要雇用那些瘾君子。在郑聘廷的率领下，他们还挨家逐户走访华人商店，要求店主签字画押，以后这一行动推向东南亚各地。

禁烟运动几乎波及华人社会的各个角落。华人中的资产阶级维新派和革命党人首先通过宣传网络支持禁烟运动。如维新派的《南洋总汇报》和革命派的《中兴日报》等，纷纷发表社论，予以全力支持。新加坡的革命党负责人陈武烈、郑聘廷还直接领导了禁烟运动。许多华人官商也声援。新加坡的中华总商会历来被视为华人社会的领导机构，该会对禁烟运动的明确支持，对商人们的态度具有决定性的影响。著名的锡矿大王胡子春等不仅从财力上援助禁烟，而且他们也亲自积极投入禁烟运动。

华人禁烟者们指出，数十年来，外国把中国整个民族视作瘾君子，中国人被蔑视为下等民族，吸食鸦片更是成为海外华人的标志。在美国，烟馆与荡妇、不讲卫生和疾病一起，被认为是唐人街的特征；澳大利亚则以中国人吸食鸦片为由而拒绝华人移民。中国人必须改变作为鸦片吸食者的可耻印记。他们还指出，中国人要走上富强之路还有重重障碍，而其中之一就是吸食鸦片；如果希望中国不再衰弱下去，中国人必须杜绝这一恶习。海外华人的禁烟努力，促进了中国国内禁烟运动的深入发展。

驻英公使与国内禁烟的互动 在英国发动鸦片之战、向中国倾销鸦片时，其国内便出现反对鸦片贸易的言论。在 1843 年，英国国内有一位名叫沙夫茨伯里(Ashley)的伯爵，向国会提出："鸦片贸易和垄断全然地与奉行基督教的王国的荣誉和职责不符"。[①] 到 20 世纪初，随着鸦片危害的日益加深，英国国内反鸦片的呼声此起彼伏，戒烟协会纷纷成立。当时，驻英中国公使郭嵩焘[②]曾多次受邀参加禁烟会议，英国民众希望在中国推行禁烟运动。郭氏深受英国禁烟活动的影响。可以说，英国的这些禁烟活动促成了郭嵩焘禁烟思想的成熟。

1877 年，郭氏作为驻英使节抵达伦敦时，正值英国举行有关世界风情的展览。上议院议员阿什伯里侯爵(Lord Ashberley)遍游世界归国，在伦敦的展览中，他拍摄的有关世界各地风土人情的照片为人们津津乐道。郭氏在谈到其中

---

① 马丁・布思著，任华梨译：《鸦片史》，海南出版社 1999 年版，第 173 页。

② 郭嵩焘，湖南湘阴人。字伯琛，号筠仙，晚号玉池老人。早年就读于长沙岳麓书院。筑居室"养知书屋"于长沙。1837 年(道光二十七年)举人，后以教馆为生，1847 年进士，授翰林院庶吉士。1853 年初(咸丰二年底)随曾国藩办团练，并注重发展湘军水师。1862 年(同治元年)授苏松粮储道，迁两淮盐运使。次年署广东巡抚。因与两广总督瑞麟不合，被黜。1875 年(光绪元年)授福建按察使，未到任，命在总理衙门上行走。署兵部左侍郎。1876 年署礼部左侍郎，首任驻英国大臣。1878 年，兼驻法公使。是湘系经世派的代表人物，他力主学习西方科学技术，允许商民自办企业，传播西方文明，遭守旧派攻击。1879 年辞职回湘，主讲于长沙城南书院、思贤讲舍。1891 年去世。

有关中国的照片时说："英国议政院阿什伯里遍游各国，所至风土人情，照相记之。而于中国，为男女僵卧吸食鸦片烟，以取笑乐，臣甚愧之。"[①]

"男女僵卧吸食鸦片烟"，成为19世纪西方人眼中的中国人的典型形象。照片中男女杂卧吸食鸦片的情形被西方人所讥讽，郭氏也因此深感耻辱，遂深入思考鸦片问题，加上英国国内各类戒烟会的影响，其禁烟思想体系逐渐完善化。

首先，郭嵩焘严禁随从人员吸食洋烟。他规定，随从人员要遵从五戒：一、戒吸食洋烟；二、戒嫖；三、戒赌；四、戒出外游荡；五、戒口角喧嚷。其中，将禁吸鸦片列于五戒之首，可见郭氏对禁烟的重视。

在郭氏呈递给清廷的奏折中，也明确提出禁吸、禁种、禁闭烟馆的主张。

禁吸。他认识到"西洋人士知鸦片烟为害之烈，与中国受害之深也，相与设为公会，广劝栽种贩卖……而在中国，为男女僵卧吸食鸦片烟，以取笑乐"，认为"禁止鸦片烟不在繁为禁令，在先养士大夫之廉耻"，主张以三年为期限，广施戒烟药，实行戒禁，如果逾期未戒，则分别予以惩处，以达到"激励士民之心，而作其气，使之所耻"的目的，认为应采取由上而下的步骤实行禁吸，"先官而后民，先士子而后及于百姓"，[②]以便起到以儆效尤的作用。

禁种。郭嵩焘认为，罂粟种植与鸦片流通致使吏治废弛，使田地荒芜，使粮食产量大减，"是各省多栽一亩，即民间多增一亩之害端，国家亦多废一亩之生产"。对此，只有断绝根株，实行禁种，才能清旧俗、广积粮，才能根本解决粮食问题。为此，要选派绅员监督禁烟情况，并严防胥吏讹诈。他认为，虽然民间也有自设的禁烟会，但毕竟"出自民间私议，有劝导之功而无董率之责，其势不足以振发人心"，因此，各省应派员前往各府州县稽查禁烟情况。

禁闭烟馆。认为"鸦片烟为害之烈，尤莫甚于烟馆。无艺平民及子弟之有管束者，无不从烟馆吸食，以至积而成瘾，其害亦人所共知"，[③]因此只有禁闭烟馆，才能断绝扩大传播。

在外交方面，郭嵩焘主张中英应合作禁止鸦片贸易。自鸦片战争之后，鸦片贸易得以合法化，膏捐也逐渐成为清廷财政收入的大宗来源之一，郭氏认为鸦片是西方与中国结怨之祸根，"推原祸端，创巨痛深，宜如何疾首蹙额，相为禁戒，以视无忘国耻之义"。[④] 而当时内忧不断，外侵又至，缺少税源的清廷为筹集军饷和偿还战争赔款，不得不加抽烟膏捐，对洋土药实行"寓禁于征"的政策。于是，

---

① 郭嵩焘：《郭侍郎奏疏》卷十二，台北艺文印书馆1964年版，第14页。
② 朱克敬：《瞑庵杂识》，岳麓出版社1983年版，第103页。
③ 郭嵩焘：《郭侍郎奏疏》卷十二，光绪壬辰孟秋月刊，第22页。
④ 郭嵩焘：《郭嵩焘奏稿》，岳麓出版社1983年版，第366页。

鸦片愈“禁”愈猖獗。对此，郭嵩焘指出，对于清廷来说，“通计中国每年征收鸦片烟税银不过六七十万镑，合之厘捐，不及一百万镑，为害实为深重，收税又苦短少”，[①]因此，郭氏认为清廷不禁反纵的政策实为舍本求末、见利忘义的短视行为。基于国内土药泛滥这一事实，郭氏认为必须先从铲除土药下手，“此时设法禁止，必先由中国能自禁吸食，然后能同英国设法会禁贩卖。此时中国尚未办理示禁，何能遽与英国议及印度贩卖之事”。[②] 由此可以看出，他的“先禁土烟”的思想比他同时代的思想家要更先进、更深刻。

除此之外，郭嵩焘还充分利用地利因素，适民族危亡之际，以士绅为联合主体，回故乡设立禁烟公社，“以宗族乡党自律为主要手段，以禁闭烟馆为‘悬的’，以‘会讲’形式宣传禁烟”。[③]

1879年郭嵩焘与志同道合者在湖南设尊行禁烟公社，并制定禁烟公约，以“力矫湖南造谣倾轧之习”。尊行禁烟公社设立后，向社员分发禁烟小册子《尊行公社小引》，广泛宣传禁烟。

1881年，湖南思贤讲舍禁烟公社成立。郭嵩焘之所以选择以学校思贤讲舍为宣传禁烟思想的场所，是因为学校道德教育为禁烟的本原，“方今鸦片之流毒，几于有家者不能保其弟子，有国者不能保其民，诚欲治天下，必自禁鸦片烟始。诚欲禁鸦片烟，必自挽回人心风俗始。诚欲挽回人心风俗，必自学校始”。[④] 在禁烟公社的集会上，郭嵩焘每次都反复痛陈鸦片于国于民的危害，号召人们洁身自好，远离鸦片，若沾有此瘾，应迅速戒断。之后，社员们多次在此举行禁烟活动，发表禁烟言论，以期达到整顿人心风俗的目的。

可以说，郭嵩焘的禁烟思想及湖南禁烟活动，极大地推动了国内禁烟运动的发展。一方面，郭嵩焘上奏清廷的奏折，对清廷之后颁布大范围的禁烟政策起到了一定的催动作用。更为重要的是，郭嵩焘的禁烟思想受英国国内禁烟运动的激励，是在与英国各禁烟团体相互接触中逐渐成熟的，这也开了中国与英国民间团体合作禁烟的先例，为万国禁烟会之后各国之间的禁烟合作打下了基础。另一方面，郭嵩焘的禁烟思想对地方的禁烟运动更是起到了促进作用。他回国之后，在家乡湖南分别开设了尊行、思贤讲舍等禁烟公社，以学校为宣传禁烟的场所，并以整顿人心风俗为本，以三年为禁烟期限，多次开展禁烟活动，进行禁烟会讲，分发禁烟小册子，对湖南的禁烟运动起了直接的促进作用。

---

① 郭廷以：《郭嵩焘先生年谱》，台湾“中央研究院”近代史研究所1971年版，第679页。
② 郭廷以：《郭嵩焘先生年谱》，台湾“中央研究院”近代史研究所1971年版，第609页。
③ 李永春：《郭嵩焘禁烟思想述论》，《湘潭大学社会科学学报》2003年第6期。
④ 郭嵩焘：《郭嵩焘日记》，第四卷，湖南人民出版社1983年版，第322页。

传教士推动中国禁烟 外国传教士是推动清末禁烟运动向前发展的特殊群体，他们以教徒为主体，以召开禁烟大会为主要方式，以传教为目的，积极参与中国的禁烟运动。在西方列强用鸦片打开中国大门之时，传教士也随之进入中国，传教士大多乘船来华，让他们困窘的是，船上同载着鸦片。[①] 第二次鸦片战争后，鸦片贸易合法化，大量的鸦片纷纷涌入中国各地，与此同时，《天津条约》《北京条约》中规定了外国人有在中国传教的特权。于是，传教士大批涌入中国，他们企图以"福音"拯救中国，但是进入中国的传教士却发现传教并没有想象的那么容易，来自各方面的阻力都在妨碍着他们的传教事业，鸦片便是其中的绊脚石之一。外国人贩卖鸦片很早便引起国人的憎恶，因此，乡民们对传教士的活动也持怀疑和排斥的态度。一位传教士曾说："若有人怀疑鸦片为基督教进步之大碍，可以听听爱国华人是怎么说的，他们带着讥笑问西国教士是否与贩卖鸦片者有关。"[②]

早在鸦片战争之前，就有在华传教士发表禁烟言论，裨治文(E.C. Bridgman)便是其中之一。1832 年 3 月，这位美国传教士在《传教士先驱》上发表文章，抨击鸦片贸易对中国的危害，将鸦片视为"折磨中国社会最大的罪恶之源"，同时也对中国国内毒品问题进行了叙述。这是美国传教士首次公开地在西方杂志上评论对华鸦片贸易问题，该文也使得美国公众能够第一次了解西方商人在中国的鸦片走私活动。[③]

《万国公报》的创始人林乐知(Young John Allen)在"中西略论"这一专题中，也专门论述了鸦片问题，在文章中，他提到："华人知之鸦片来自外国而不查明由何国而来，故恨鸦片者遂迁怒于外国人也，迁怒于外国之传教人也。抑知传教者是凡见有吸食鸦片之人，断不容其进教，岂复与闻鸦片之事乎？而华人之小见者每谓：'外国人以鸦片害中国之人，使吸此者身体柔弱，不堪与外国人争雄，乘此而谋中国土地不难也。'故不分清浊混而名之曰：外国人。即混而指之曰：此卖鸦片之外国人也。外国人闻之不甘于心，此即有关系之虑矣。"[④]

由这段话可以看出，当时中国人民对鸦片的憎恶，并将这种感情转嫁到传教士身上，对传教士的传教活动也充满了敌视。

不仅如此，普通中国人对英国的第一印象就是鸦片。一位曾经游历过中国

---

① Kathleen Lorraine Lodwick: *Chinese, Missionary, and International Efforts to End the Use of Opium in China, 1890–1916*, UMI, 1976. p.2.

② 罗运炎：《中国烟禁问题》，大明图书公司 1934 年版，第 100 页。

③ 汤清：《中国基督教百年史》，香港道声出版社 1990 年版，第 107 页。

④ 《中西关系略论》，《万国公报》，第 1836 页。

内地的传教士指出,(中国人)“认为英国运鸦片来毁中国,老百姓根本不知道印度,或鸦片来自印度,他们以为鸦片来自英国。英国人把鸦片从本国运到中国来卖,以图暴利,根本不顾道德问题”。[①]

当时,确有一些西方商人为罪恶的鸦片贸易辩护,认为吸鸦片不会上瘾,就如同西方人嗜酒一样。但许多传教士并不苟同这一观点,在浙江活动的外国传教士慕稼谷(Moule)对此曾有一番经典的论述:“真正能比较的只有这样的一个问题,就是吸鸦片和酗酒……吸鸦片的人不像喝醉酒的人一样大吵大闹,他也不会踢他的老婆,但不同的是,喝醉酒的人会踢他老婆而吸鸦片的人则会卖掉他的老婆。”[②]

对于上述观点,美国学者费正清在文章中也表示赞同:“中国越来越多的人开始吸鸦片,这很大程度上刺激了英国在中印鸦片生意的繁荣。由于鸦片属于服用上瘾的毒品,它的社会危害远比今天在英国谈虎色变的杜松子酒要大得多。”[③]

也有传教士将西方吸食烟草与中国的吸食鸦片加以比较。例如,福州传教士卢公明(Justus Dollitle)在《中国人的社会生活》(*Social Life of Chinese*)一书中指出:“西方所谓的智者对中国人吸食鸦片的方式几乎处于无知的境地。他们认为东方人吸鸦片就像西方人吸烟一样。然而,这是非常错误的认识。”“一个人可以站着、走着或者是躺着吸烟,并且在吸烟时仍能处理许多的事;但是吸鸦片的人只能躺着,并且在吸烟时要全神贯注吸鸦片的整个过程。吸烟的人通常从他嘴里吐出烟来,但在中国,烟鬼吸烟时,要先把烟‘吞’进肺里,然后从他的鼻孔里吐出烟来,是很少直接从他嘴里吐出来的。”[④]

不允许瘾君子加入教会,这是基督教的教规之一。而在中国鸦片本土化之后,由于土药的“物美价廉”,鸦片逐渐自产自销,鸦片的消费量逐年递增,瘾君子的人数也愈来愈多,因此,符合条件的教徒也越来越少,这就使得传教士传播“福音”的活动大受影响。

由此,传教士们意识到,为使中国人从精神上“皈依”基督教,必须帮助清政

---

① 朗特里:《帝国的毒品贸易》,第 188 页,转引自托马斯·D.莱因斯:《改革、民族主义与国际主义:1900—1908 年中国的禁烟运动与英美的影响》,《国外中国近代史研究》第 25 辑,第 34 页。

② “Archdeacon Moule on China and Opium”, *Friend of China* 23(Jan, 1903), pp.10 - 11. 转引自张小平:《清末民初新教传教士与中国鸦片问题——1860—1912 年以长江以南为中心》(硕士论文未刊稿),第 11 页;另见 Kathleen Lorraine Lodwick: *Chinese, Missionary, and International Efforts to End the Use of Opium in China, 1890 - 1916*, UMI, 1976. p.75.

③ 费正清著,张沛译:《中国:传统与变迁》,世界知识出版社 2002 年版,第 309 页。

④ Justus Dollitlc, *Social Life of Chinese*, New York, 1867, p.349.

府禁除鸦片。长期以来，他们也为之做出了不懈的努力，或设立戒烟所，或撰写禁烟文章，或召开禁烟会议。1871 年，传教士在杭州成立了第一个戒烟所，之后各地教会纷纷设立戒烟所，至 1907 年，中国内地教会在成都设有 101 所戒烟所，在太原设有 71 所。① 这些是近代中国出现的第一批戒毒所。

传教士以《教会新报》《万国公报》《中西教会报》等报纸作为宣传禁烟思想的阵地。一位名为德贞(Dudgeon, J.H.)的英国传教士曾在《教会新报》上发表了题为《施医信录论鸦片烟》的文章。在文章中，他谈到当时中国的鸦片问题，并发出中国应该禁吸、禁种的呼吁："故烟能败精神，耗财物，损声名。内为家人所鄙薄，外为亲友所轻视。无怪乎中原财帛一年穷于一年，人民精神衰弱子嗣艰难一年减于一年。国累民贫，吸烟之故。余实为寒心，直有涕泗滂沱隐痛更兼。鸦片其初来自外国，今则内地各处皆种植之。年复一年，多于五谷。再若任其播种，将来天下之大皆为产烟之区，尤可虑也。惟愿中国皇上辅政各臣设法禁止，民间不种鸦片，只种谷粱。种与吸者日见其少，培养数载，国阜民丰，是为愿。"②

德贞在华传教期间，已经亲眼看到了鸦片给中国人民带来的巨大灾害，更为深刻的是，他已经认识到罂粟与五谷争地利的弊端，罂粟的泛滥种植必然会带来严重的粮食危机。

一方面，在传教士们的不懈努力之下，另一方面鸦片烟祸日益深重，教徒们也逐渐意识到鸦片给中国人民带来的危害，亦纷纷以报纸为阵地，劝国人戒烟。

在 1895 年的《中西教会报》上，一位署名杨葆庚的教徒发表了《戒食鸦片论》的文章。在文章中，他以论述鸦片的危害作为开端："物之害人者多矣，而惟鸦片为最酷，何也？凡食他物皆有休止之时，惟有此物一与之亲，则终身莫解，似为绳索所缚者，烟瘾一至，不能稍缓片刻，呵欠频来，涕泪并至，手足百体，不能自主，吸食日久，颜色憔悴，面目瘦削，寿命不长，纵苟延残喘，而神色颓丧，形容枯槁，虽生亦无异死耳，此害之在身体也；士农工商最忌费时失业，若吸烟之人，兢兢焉为烟是急，其他虽有急事，不暇兼顾，经营转委他人，出入非由自己，此害在事业也；士子读书稽古，每思直上青云，兵戎奋武边疆，亦欲出人头地，至吸食鸦片，则血气日见其虚，精神日见其弱，惰怠偷安，惟烟盘之久恋，萎靡不振，觉烟墩之难离，于是英锐之概不复存矣，此害在志气也；至于烟枪选其陈旧，烟具备极精工，翡翠嘴，纹银头，矜奇炫异，浪掷青蚨，久之而靡费日多，家计日损，东移西撮，囊橐一空，亲旧不相往来，邻里无复过问，此害在费用也；资财俱成灰烬，事业致慨

① 于恩德：《中国禁烟法令变迁史》，上海中华书局 1934 年版，第 119 页。

② 林乐知主编：清末民初报刊丛编之三《教会新报》，台湾华文书局股份有限公司 1968 年版，第 812 页。

烟销，家之破也，身亦随亡，可痛父母已迈，谁供高堂之菽水，妻子困顿，孰恤旦夕之饥寒，坐令父母妻子，承受煎熬之苦，此害在一家也。”

作者在文中，从国民之身体、事业、志气、资财和家庭五方面分析了鸦片给国人带来的巨大危害，尽管作者是从“上帝仁爱”的角度、从宣传教义出发的，但是在分析鸦片危害方面可谓一针见血。文中也明确指出入教的条件：“凡吸食者不准入教，或有隐讳者，一经查出，无不斥逐，所以骏其防闲也。”

传教士在宣传禁烟思想的同时，于全国各地广设戒烟所，广施戒烟药方，但戒烟效果不尽如人意，对此，杨葆庚认为，戒掉心瘾才是根本之计：“医院中立戒烟妙法，施送妙药，无非欲人之脱离苦海耳，夫同一药也，有服之而瘾断，有服之而瘾不断者，非药之不妙，实其欲戒之心不坚耳，苟能自坚其心，……烟虽难戒，瘾虽难断，果能坚心痛戒，矢志湔除，上帝无不保佑之也，然则戒烟宜先戒心矣。”①

同样，各地教徒还以脍炙人口的诗歌的形式，向国人尤其是下层民众宣传禁烟，因诗歌朗朗上口，便于民众之间互相传诵，禁烟思想也因此易于在下层民众中间传播开来。下面这首戒烟诗歌，即是一位不知名的教徒所作：

戒吸鸦片烟歌

鸦片之毒毒无比，举世受害人偏喜；
颠倒晨昏不自由，虚度光阴烟雾里；
忆昔强壮无几年，今忽佝偻耸两肩；
一灯荧荧枪在手，鬼形可怕又可怜；
祖父创业艰且苦，买谷膏腴买老土；
瘾到深时家产倾，求亲告友枉受侮；
君不见蓬头垢面乞路旁，道是当年富家郎；
又不见骨立形销横榻上，身虽在世魂已亡；
吁嗟豪杰世岂少，芙蓉一盏大事了；
劝君及早莫轻尝，尝时便被魔缠绕。②

作者在诗中指出，鸦片于个人、家庭均有百害而无一利，以此奉劝国人不要沾染鸦片，否则将倾家荡产，家破人亡。

---

① 《戒食鸦片论》，《中西教会报》，第一卷，第三期。
② 《戒吸鸦片烟歌》，《中西教会报》，第八卷，第八十四期。

传教士不仅尽可能利用民间力量进行禁烟，还就禁烟问题向清廷出谋划策，联合政府的力量推动禁烟运动的发展。1906 年，苏州禁烟会会长杜布斯(H.C. Dubose)与两江总督周馥会晤，主张禁烟的周馥表示，如果驻华传教士联名上书中国皇帝，愿代为呈。于是，杜布斯起草了一份请愿书，寄给各地支持禁烟的教会，结果有 1 333 名传教士签名。8 月 19 日，杜布斯把签名装订成册，送交南京由两江总督周馥转呈中国皇帝。传教士的这次禁烟请愿，对清政府的禁烟决策产生了较大影响。至清末，禁烟已经成为普遍的社会舆论："至于一般人士亦莫不认鸦片为当禁，而以吸烟为可耻，凡学校、军队、政界之中，皆充满禁烟之热情。从前皆认吸烟为常事，今则吸烟者皆以病为托辞，而恐不齿于友朋之中也。"①

传教士禁烟思想的传播，对鸦片贸易的反省，促进了英国国内禁烟舆论的高涨。同时，随着赴英华工的增多，英国国内的烟毒问题逐渐受到重视。在华传教士回国后，也四处奔走，宣传禁烟。例如曾在广东传教的英国传教士乔治·皮尔西(G. Piercy)回到英国后便积极宣传禁烟言论："我万分痛苦，但又不得不说，有充分而明显的证据证明，我们的确染上了一种新的习惯，一种在我们社会中迅速蔓延的罪恶的习惯……它已经如此迫近地威胁到我们的生活与生命，连那些一直害怕并警惕其入侵的人，做梦都想不到它滋生蔓延的速度竟是如此惊人……危险的征兆与警示的信号早已出现，但是没有引起充分的重视。那些为中国伸张正义，抗议我们政府支持对中国鸦片贸易的人们也注意到英国的鸦片问题。英国向中国贩运鸦片，如今中国人又将鸦片带到英国，这对英国来说是自食其果的……鸦片正像瘟疫一样，在我们的社会中蔓延，侵害我们的生命。我反复描绘中国人在伦敦抽鸦片的可怕景象，是希望大家充分警惕，中国人正将邪恶带入我们的社会。鸦片起于中国，但是不一定终于中国！"②

1906 年，美国人菲律宾主教布伦脱(Bishop Brent)给美国总统罗斯福写信，提请他关注远东的毒品问题，这是万国禁烟会之滥觞。鉴于国内外鸦片泛滥日益严重，为进一步推行其在华"门户开放"政策，美国遂决定联合诸国召开一次国际性的禁烟会议。

去毒社和苏州禁烟会 在民族自强图存的浪潮中，人们开始组织起来，自觉地发动禁烟。浙江奉化、鄞县、嘉兴等地的自治团体，在自治章程中都订有禁烟的条款。浙江绍兴县所定的《乡约十四条》里，也有自禁鸦片的内容。戊戌变法时期，徐勤等进步人士发起建立戒鸦片会，在中国的广州、上海、香港和澳门设立

---

① 于恩德：《中国禁烟法令变迁史》，上海中华书局 1934 年版，第 116 页。

② George Piercy: *Opium Smoking in London*, Friend of China 6(1883), pp.239 - 240.

分会,而在日本设立总会。该会规定,入会者不得吸食鸦片,为宣传禁烟,他们还研制戒烟良方,编写和印发戒烟宣传品。1900 年,许珏于江苏无锡成立戒烟局,致力禁烟。广东民众设有羊城戒烟社。在这些禁烟团体中,影响最大的是福建的去毒社。

1904 年冬,福建的知识分子和士绅林绍年、陈宝琛、邵质诚、刘学询、罗金城、林炳章、张赞廷、李馥南、陈懋鼎和林志煊等 10 人,联名发起组织去毒社,他们在章程中规定:"凡有新染烟癖及新开烟馆者,本身及子弟,一切学校概不准收;其有故意新染者,若不即戒,无论教习、伙友、学徒、佣工,不准收用,有产者不得租与人种烟。"①

1905 年 5 月 1 日,去毒社总社宣布成立,社长为林炳章,社址设在福州南台大庙山。总社设有宣传、调查、评议三部,还在宫巷关帝庙、桐口、白沙、马江、棺头、东乡等处设立分社或支社。去毒社的骨干多是热心公益的人士,参加活动不支薪水。② 首先去毒社组织调查队以摸清鸦片的贩运、销售、吸食的情况,然后禁止私人吸食鸦片,劝诫开设烟馆者转营他业,并免费施舍戒烟药品。后来因得到地方政府的支持,活动更加积极,行动也更坚决。他们协助在州县建立禁烟局,派人取缔鸦片窟,将吸食鸦片者捉送医院禁闭一个月,进行戒烟治疗,最后必须写出保证书不再重犯后才予释放。③ 将林则徐生前行之有效的十七味丸药配制成药酒,广为劝饮。不到一年,缴获烟土烟具无算,1906 年 5 月 1 日,去毒社集会游行焚烟,发动强大宣传攻势,社会风气为之一新。该社作为福建禁烟的领导核心,引起保守势力的仇视,有人将去毒社的"毒"拆开为"主母"两字,然后密奏朝廷,阴谋掀起文字狱。后因福建当局据实复奏,该案才告结束。去毒社的活动对清末的禁烟运动做出了不小的贡献。

与此同时,在华的部分天主教、基督教组织和传教士也投入了禁烟的活动。

德国人基督教礼贤会传教士花之安在 1879 年写作的《自西徂东》(《文明,中国与基督教》)里,就已宣传戒除鸦片,清除流弊。傅兰雅于 1876 年在上海格致书院创办了科学杂志《格致汇编》,内设《互相问答》一栏,回答平民提出的各种问题,其中曾多次批判吸食鸦片的陋习,指出吸食成瘾的原理,提供戒烟的方法等。稍后的《格致新报》也曾刊登《请言鸦片之害》《中国如何禁绝鸦片流毒》《询问戒鸦片之药,何者最有效》等,对普及科学知识起了一定的作用。此外,傅兰雅还编译《孩童卫生编》和《延年益寿论》,都谴责了鸦片陋习。还有一位美国传教士林

① 《东方杂志》,第 3 卷,第 8 期。
② 吴家瑜:《福建禁烟运动"去毒社"》,《福建文史资料》,第 2 辑。
③ 《闽海关十年报告》,《福建文史资料》,第 10 辑。

乐知于1875年在《万国公报》上连载《中西关系略论》，对鸦片、迷信做了尖锐的批评，林还首次从中西文化的差异方面论述中国人吸食鸦片的原因，提出“东人性近于静，迷于鸦片者恒多”；而“西人性近于动，迷于酒者恒多”。[①]

传教团体也颇为重视日益严重的中国烟毒问题。1877年5月在华各国的基督教传教士(以美国为首)在上海英美租界工部局礼堂召开传教士大会，有些传教士已在会上介绍了各地的吸毒情况。1890年5月传教士大会再次在上海兰心剧场召开，鸦片已成为会议的一项重要议题。递交的论文有《戒烟馆使用的办法与效果》《鸦片的应用带来的罪恶》等，最后通过了鸦片问题委员会的《禁烟之议案》六条，反对继续进行鸦片贸易，建议中华医药传教会设法制止吗啡等所谓的戒烟药物的销售和滥用。会后高尔特医生于1871年在杭州设立戒烟所，1886年达莱医生在宁波建立了戒烟所，其后各省戒烟所逐渐出现。到清末，仅成都一地就有101处。[②] 在1907年4月，基督教第三次大会在上海举行，这时清廷已实行禁烟，会议把《关于鸦片的备忘录》作为主要文件，号召各级教会重视禁烟工作，指出中英政府只图财政收入是禁烟没有实效的主要原因。他们已看到，鸦片贸易已使“华人怀疑西方宣教的善意”，为了医治这个“基督教会的致命伤”，他们继续开展禁烟活动。在广学会发行的《女铎报》里也刊有戒烟戒毒的内容。上海出版的《益闻录》第438号中，天主教中国神父李问渔在《答友人问教律书》解释如何“洁己”时指出：禁奸淫娶妾以洁其身，禁鸦片酗酒贪饕淫语以洁其口腹。

为了有效地开展禁烟活动，传教士们组织了禁烟联合会，会长是苏州传教士杜布斯(H.C. Dubose)，该会因设在苏州故又被称作苏州禁烟会。该会开展多项禁烟活动，1906年5月，会长杜布斯函告各地传教士，征集向中国皇帝上奏禁烟呈文的签名，得到1 333名传教士的赞同签名。8月19日，杜布斯将这一签名呈文交两江总督周馥，转呈光绪帝。万国改良会总干事丁义华(E. Thing)也曾致力于禁烟事业，促成中国国民禁烟会的建立，后来还担任了中国禁烟联合会的顾问。传教士的这些活动促进了中国禁烟运动的展开。

1906年《禁烟章程十条》 清政府在经历了一系列的冲击之后，也日益认识到变革体制的必要性，自1901年实行新政，到1905年开始的预备立宪，清廷企图改良政治制度以适应时代，对民间要求禁烟的呼声，自然不能熟视无睹。尤其是与鸦片战争前相比，毒况已严重多了。如1839年时，每年流入中国的鸦片5万担，而此时洋烟加上土烟已达64万担，是前者的12倍多，1839年时，吸食鸦片者为200

① 林乐知：《中西关系略论》，1876年版，第27页。
② 于恩德：《中国禁烟法令变迁史》，第119页。

万人，而此时的吸毒者已达 2 000 万人，为前者的 10 倍。这使清政府也看到了问题的严重性。光绪帝痛心地指出，大清帝国“数十年来，日形贫弱，实由于此”。[①]于是，继 1839 年虎门销烟之后，一场规模更大的禁烟运动拉开了序幕。

早在 1906 年初，清廷内部就在探讨如何实行禁烟。3 月 21 日的《时报》报道：“北洋大臣已定议鸦片专卖之法，拟从英国购买制造鸦片绝大机器，其价额百四十万元，计此等制造机力，每日能造鸦片烟三万斤，按目下计划实行专卖法，则每年可得一亿元。此亦国家之一大利源也。”可见最初政府注目的重点仍是税利。由专卖而年获一亿元，的确诱人，但这一寓禁于征的计划因朝野禁烟呼声的高涨而被迫作罢。

1906 年 9 月，经廷臣的反复商议，光绪皇帝发出了十年禁绝烟毒的上谕。指出：“自鸦片烟施禁以来，流毒几遍全国。吸食之人，废时失业，病身败家。数十年来，日形贫弱，实由于此，言之可为痛恨。今朝廷锐意图强，亟应申儆国人，咸知振拔，俾祛沈痼而蹈康和。著定限十年以内，将洋土药之害，一律革除净尽。其应如何分别严禁吸食并禁种罂粟之处，著政务处妥议章程具奏。”[②]10 月，政务处提出计划，经光绪帝批准下发，这就是《禁烟章程十条》。

章程主要内容有四。第一，杜绝鸦片来源。要禁绝烟毒首先须限制栽种罂粟及阻止洋药进口。在限制栽种方面，先查实所种罂粟的田亩，然后发给凭证，令业户每年减种九分之一；每年由地方官员巡查，如有违反即将地亩充公，如提前禁绝，可予奖励。

第二，预防新吸。凡吸食者，除官吏生员当先戒断外，余则将姓名、年龄、住处、职业、每日吸食量呈报地方官，并领取牌照，作为吸烟购烟之据。第一次清查后，不准再有新吸之人，所有烟馆限令六个月之内停歇改业，逾期概行封禁。其他如酒楼饭庄等不准吸烟，违则处罚。售卖烟具之店亦限六个月之内停卖。各处所收烟灯捐三个月内一律停收。各地烟店也逐渐收歇，不准再有增开之店。凡购土膏者须持有执照，否则不准擅卖，十年内一律停歇。

第三，戒除烟瘾。凡吸烟之人，年逾六十者领甲号牌照，戒除与否可从宽免议；年在六十以内者领乙号牌照，所吸之烟须逐年减递，定期戒除。凡逾期未戒者则列名烟籍为不良之民。戒烟药品由各省请良医精制，不得掺入鸦片与吗啡，然后由政府送善堂出售或施送。各地由官吏绅商组设戒烟会，以劝导民众。各省将军督抚须按年详核各属设施，以定功过。

---

① 《上谕》，《东华续录》，光绪朝，卷 202，页 7。
② 《上谕》，《东华续录》，光绪朝，卷 202，页 7。

第四，严禁官员吸食。凡京外文武官员60岁以上者，准从宽免议；60岁以内吸烟之大员准其自行奏请限时戒断，期内暂不开缺，迨戒断后验实仍准供职。其余京外各官凡吸烟者，限六个月一律戒断，届时派员查验；不能戒除者如系世爵世职照例另习，如系官员则以原品休致。倘隐匿不报而被发觉，或被参劾，即请旨立于斥革。其余如学堂教习学生水陆各军兵弁，吸烟者限六个月一律戒除。①

为显示朝廷决心，十二月，光绪又下旨申令查禁烟馆及禁种罂粟。次年五月，民政部和度支部再订《稽核禁烟章程》23条，对前一章程做了补充。以后又颁布《禁烟查验章程》《禁烟议叙议处章程》《购烟执照章程》和《管理售卖膏土章程》等，于是一场自上而下的禁烟运动，在中国各地奋然展开了。

为领导禁烟运动，京师设立禁烟总局，上海设立禁烟总会，负责各省禁烟事宜。1908年初，清廷委派恭亲王溥伟、协办大学士鹿传霖、协办资政院事务景星、丁振铎等担任禁烟大臣。清廷在各省设立土市公行，作为合法的买卖鸦片的机构，民间的鸦片交易均须经过土市公行，否则即为走私。公行制度使得鸦片从漫无边际开始走向管理。1910年11月，北京成立中国国民禁烟会，该会联合各地的自治团体，并在各省市州县组设分会，在发动民众禁烟，争取各国教会声援的同时，该会提出缩短禁烟年限的要求。这些禁烟机构的设立与完善，使中央与地方的禁烟联为一体，从而为禁烟的推行奠定了良好的基础。

空前规模的清末禁烟运动　要戒绝烟毒，官员是个关键，禁烟运动开始后，一些官员以身作则，戒除毒瘾，统办一方禁烟，取得不小成果。但由于官吏中吸食鸦片的现象极为普遍，他们中有的虚称已经戒绝，有的称烟瘾过深难以戒除，更有明目张胆继续吸食的。为有效禁烟，为查验大臣戒除情形，朝廷遂颁布《禁烟查验章程》，申明"凡京内外各大员宜自陈戒断情形，如有讳饰，则指名参奏惩处"。为此，特以9万银两在京设立戒烟所。② 在禁止官员吸食问题上，采取渐减的方式，分年龄逐次减瘾。之后还颁布了详细的减瘾详单（详见表7-12）。

表7-12　勒限官员减瘾表

第一个月	吸三钱者一百人，每日三十两，需膏九百两	吸二钱者一百人，每日二十两，需膏六百两	吸一钱者一百人，每日二十两，需膏六百两	共三百人，每日六十两，共膏两千一百两
第二个月	吸二钱五分者一百人，每日二十五两，需膏七百五十两	一钱五分者一百人，每日十五两，需膏四百五十两	吸五分者一百人，每日五两，需膏一百五十两	共三百人，每日四十五两，共膏一千三百五十两

① 《东华实录》，光绪朝，卷203，页6—9。
② 于恩德：《中国禁烟法令变迁史》，第130页。

续　表

第三个月	吸二钱者一百人，每日二十两，需膏六百两	吸一钱者一百人，每日十两，需膏三百两	已断瘾，不需膏	共二百人，每日三十两，共膏九百两
第四个月	吸一钱五分者一百人，每日十五两，需膏四百五十两	吸五分者一百人，每日五两，需膏一百五十两	已断瘾，不需膏	共二百人，每日二十两，共膏六百两
第五个月	吸一钱者一百人，每日十两，需膏三百两	已断瘾，不需膏	已断瘾，不需膏	共一百人，每日十两，共膏三百两
第六个月	吸五分者一百人，每日五两，需膏一百五十两	已断瘾，不需膏	已断瘾，不需膏	共一百人，每日五两，共膏一百五十两

资料来源：《最近禁烟刍议》，清宣统年间(1909—1911)，无版权页，国家图书馆馆藏。

在详单中还指出，如果瘾君子的吸食数量不在此表内，其大致的减瘾情况及减瘾结果，“上表约举大数，如因不及三钱而又不止二钱，则第一个月给牌照即注二钱五分，余可类推。以上六个月共需膏五千一百两，假令此三百人不勒限迟减，听其照常吸食，则每月需膏一千八百两，即六个月共应需膏一万零八百两，而其人长此沉迷至死方休，今自勒限迟减之后，需膏未及其半，三百人已尽离黑籍，复享人生之乐，两两相较，孰得孰失，惟是流俗，滔滔能自振拔者少，所愿阅此表者，共体为民除害之心与强迫之中，用循序之法，俾海内之民同除痼疾而登仁寿，则国家转弱为强之基。”①

1908 年 11 月 14 日，光绪帝离奇去世，次日慈禧太后也死了。宣统继位后于 1909 年初颁发《禁烟条例》，再次强调：“禁烟大臣及京外各衙门长官，务须认真纠察，不得循情避怨。各营兵夫各学堂师生，责之该管长官，尤须立即严行禁绝。”②在朝廷的三令五申严厉查办之下，不少官员戒断烟瘾，取得实效。

清廷还在刑律上制定严惩之法。1907 年冬所定的《新刑律》里，列有鸦片烟罪。1909 年新颁的禁烟条例规定，凡栽种罂粟、制贩大烟、设烟馆、制烟具等均处有期徒刑。对危害更烈的吗啡则公布治罪条例，严惩私贩者。1909 年 10 月，民政部与修订法律大臣又会订《禁烟惩罚条例》，使禁烟章程的贯彻执行，有了法律保障。

鸦片税是清廷一大财源，要实行禁烟，收入必大受影响，于是采取渐进的“寓

① 《最近禁烟刍议》，清宣统年间(1909—1911)，无版权页，国家图书馆馆藏。
② 于恩德：《中国禁烟法令变迁史》，第 134 页。

禁于征”政策。1906年实行土药统税，命令贵州巡抚柯逢时在武昌设总局，管理八省土膏统捐，规定土药每担征收税费115两。时每年征收洋药税700万两、土药税120万两，1908年起每年减灭一成之法，也就是说每年要减少80万银两的税入。于是，清政府想方设法，增加收入。1907年9月，推出印花税法。次年6月，议定食盐每斤加价4文，其加价部分的收入，一半交中央抵补练兵经费，一半划归盐区充作经费。1909年清廷再次表示宁可牺牲鸦片税也必禁烟到底的决心，指出：“国家财用虽绌，岂恃此鸩酒漏脯以救饥渴，而不为吾民除此巨害耶。”[①]此言虽有自我标榜，但也可看到清政府在病入肌胃之时，希望断然变革，以挽倾覆之危；其实施禁烟的态度是认真的。此后，度支部还整顿田房契税，云贵总督沈秉坤拟开矿产，桂省巡抚张鸣岐拟收杀牛税，川督赵尔巽要对每头猪加抽厘捐200文，并尽量号召农民以玉米、大麦、豆类和花生等替代罂粟。总之，中央和地方提出筹抵之方，确实减轻了清廷禁烟的后顾之忧。

各地禁烟的重点是禁种罂粟。山东严令改种五谷，派人随时稽查，据报导1909年原有种植罂粟的76州县只剩4个州县尚有烟田。[②]山西种烟极盛，此时勒改植棉麻豆蓝，曾引起民众反抗，但到1909年时，35万亩烟地“已焕然改观”。四川烟地辽阔，恰好1908年遇水旱大灾，官吏乘机劝改谷物，到1910年“改种十分之五”。陕西则强令改种棉花，并设农业学堂等。广西巡抚颁发《劝种桑棉蓝靛各项以抵禁种罂粟》，督令农民改种。根据各省自定的禁种时间表是：一、江苏、安徽、河南、云南、福建和黑龙江等6省于1908年下半年全面禁种；二、奉天、吉林、直隶、山东、江西、浙江、湖北、湖南、新疆、广东和广西等11省在1909年下半年全面禁种；三、陕西、甘肃、四川和贵州等4省每年递减20%，到1913年全面禁种。为查核实迹，清廷多次进行考查，结果发现黑龙江、江苏、安徽、广西和福建均有一些州县留种罂粟，吉林、新疆和云南自报禁绝，实际上私种仍多，陕西、甘肃及贵州的禁种过程也迟于原定的计划。为严肃法纪，1910年秋，清廷降旨把吉、黑、豫、晋、闽、桂、滇、新等省督抚均交部严加议处。贵州省宁州知州同知赵国藩也因禁烟不力而被免职。[③]种烟最广的四川禁种颇力。1908年川督赵尔巽将10年禁绝改为2年，1910年派出4位道台和48位委员到各地检查禁烟改种的情况。1909年，山东派53名候补知县奔赴各县，按亩亲历履勘，“僻壤荒阬，无一处足迹不到”。[④]

① 《宣统政纪》，卷8，光绪元年二月二十四日上谕。
② 《山东巡抚袁树勋奏东省办理禁烟情形折》，《华制存考》，宣统元年四月十五日，页22。
③ 《宣统政纪》，卷51，页4。
④ 李文治编：《中国近代农业史资料(1840—1911)》，第1册，第904页。

禁烟的另一重要内容是禁吸。各地在限时禁闭土行烟馆的同时，给烟民核颁购烟吸烟执照，并设立戒烟所和查烟官局，强制戒烟。民间绅商还组织戒烟会，督促实行有效禁烟。这样经三四年的努力，取得一定成效。如江苏原有熟膏店 12 790 家，到 1909 年初已减至 2 830 家，仅苏州一城就关闭了 1 960 家，宝应县的千余家烟馆关闭时，政府颁发各馆一块银牌，上刻“作新民”。[①] 山东设立戒烟会 349 个，戒烟者达 85 000 人。陕西的戒烟局有 400 余所，戒烟者 157 000 人。直隶的禁烟分所有 200 余个，铲除烟馆 800 多个，查获秘密贩烟案 1 300 起。天津、京师、广州、福州和贵州的烟馆大多于 1907 年停闭，四川于 1907 年在成都设立戒烟总局，由盐茶道沈秉方、候补道林怡游、周善培充任总办。次年又设立官膏局，各市镇遍设官膏店。从广东采办戒烟药丸，并相继在各州县建立戒烟医院。[②] 在鸦片之都上海，苏松太道瑞徵要求租界内土行烟馆在六个月内关闭，华界的烟馆逐渐停业。

关于官员吸烟须在六个月内戒绝一条，当时舆论就指出此为禁烟成败之关键。[③] 初各省官员以为此令如昔日之禁烟。不过官样文章，因此多没认真执行。清廷遂于 1907 年秋降旨令吸烟大臣如睿亲王魁斌、庄亲王载功、左都御史陆宝忠、副都御史陈名侃等暂行开缺派员署理。京外官员再延期三个月，如不能戒绝即革职，禁烟大臣专在戒烟所调验官吏。凡京官侍郎、副都统以下等都要到此接受检查。方法是在禁烟所内建有玻璃的浴堂，被检查者脱衣入浴，检查人员在外窥视，验其是否夹带鸦片；然后换上禁烟所自制的衣服，留住 7—10 天，查有烟瘾者必须戒烟。那些戒烟不力的大臣如内阁学士文海、载昌烟瘾奇大，我行我素，即被革职。理藩部的启绶查有烟瘾也被摘掉了乌纱帽。山东巡抚袁树勋奏请将属员中未戒烟瘾者全部革职，此后各省也纷纷仿效，一时禁烟之春雷在各地上空炸响。

1907 年中英禁烟条约　中国禁烟成功与否的另一个关键就是能否抑制外国鸦片的输入，为此，清政府积极与英国交涉，禁止印度鸦片的输入，最终订立了禁烟条约。

1800—1880 年是英国鸦片政策的狂奔时代，其间有难以确切统计的巨量毒品从印度运至中国，由此维持并扩大了罪恶的三角贸易，英国所攫得的巨额利润成为其繁荣与发展的重要因素。将危害人类福祉的毒物输运到东方，这毕竟是极不光彩的，也是违背基督教伦理的，因此，自 18 世纪起英国国内各界就对英国

---

① 《中国现代化的区域研究：江苏省，1860—1916》，第 617—618 页。
② 《四川官报》，丁未第 6 册，《奏议》。
③ 《读禁烟章程书后》，《东方杂志》，第 3 卷，第 13 页。

的鸦片政策展开了争论。早在鸦片战争前，伦敦会的传教士麦都思就已谴责鸦片贸易是当代最大的罪恶之一，它使中国人道德沦丧并成为基督教传入中国的障碍。在他的呼吁下，英国出现了最早的反鸦片运动，这一活动在1855年达到了高潮，时任"解除鸦片走私对英中关系之致命影响委员会"主席沙夫茨伯里伯爵，向政府递交请愿书，指出鸦片将耗尽中国的白银，使中国人日益贫困。到19世纪80年代，英国国内反对鸦片贸易的呼声再次高涨，各种禁烟组织纷纷成立，它们以各种形式要求政府停止卑鄙的鸦片交易。

而这样的一个背景也是不应忽略的，这就是洋药在中国市场上已大大萎缩，鸦片的进口值已从1867年占中国进口总值的46%下降到1905年的7.5%，[①]棉制品已取代了鸦片的地位。在印度殖民政府方面，鸦片收入占印度财政收入的比重，已从1880年的14%下降为1905年的5%。[②] 英国因坚持鸦片贸易，一方面在国内遭到正直人士的谴责，另一方面在国际上又有以美国为首的国际舆论的责难。在此情况下，英国统治阶层中中止鸦片贸易的意见也日益抬头，1894年英国议会中设立了皇家鸦片问题委员会。

当英国反对鸦片运动兴起后，中国政府官员立即表示了响应。早在1869年时，恭亲王就对即将离开北京的英国公使阿礼国说："把你们的鸦片烟和你们的传教士带走，你们就会受欢迎了。"[③]1881年5月24日，李鸿章致函天津取缔东方鸦片贸易协会指出："鸦片是一个正在讨论中的问题，在这个问题上，中、英两方的看法从来没有找到共同的基础；中国是从道德方面来看整个的问题，英国却从财政方面来看它。"因此，中国方面的"主要动机要用重税去制止鸦片"，而"政府对鸦片征税的唯一目的，在将来正像过去一样，是为了要制止鸦片贸易"。[④]

1906年禁烟运动兴起后，中国即在1907年与英方交涉，几经谈判，双方订立《禁烟条约》六款。主要内容是：一、印度鸦片以51 000箱为定额，按年递减5 100箱，从1908年起10年减尽；二、双方禁止香港烟膏输入中国；三、租界实行禁烟；四、禁止吗啡进口；五、重征洋药税厘，每百斤进口鸦片征税厘银220两。英方对中国禁烟的决心与能力抱怀疑态度，英国的《摩宁普士报》指出："东人任事，率皆虎头蛇尾，有始无终，所行新政，无不如此，禁烟之举，亦何独然。"[⑤]因此，英国提出条约各款须试行三年，若中国确实禁种禁吸有效，英国才能履行。

---

① 马士：《中华帝国对外关系史》，第2册，第443页。
② 《当代亚洲研究》，1981年第2期。
③ 马士：《中华帝国对外关系史》，第2册，第241页。
④ 马士：《中华帝国对外关系史》，第2册，第416页。
⑤ 1907年6月25日，《外交报汇编》，第5册，第261页。

回首过去虎头蛇尾之往事，清廷无言反驳，唯三令五申要各级官员切实禁烟，尤其是皇帝为制定《稽核考成章程》所下之诏，指出："鸦片烟盛行以来，流毒异常惨烈，染斯疾者，破其财产，夭其寿命，习为偷惰，职业全废。即各省吞烟自尽之案，岁计不知凡几。盗贼讼狱，因此滋繁。伤天地好生之心，殊堪悲悯。且令神州古国种类日衰，志气日颓。自强更复何望？近来官绅士庶各知悔悟，争相结社劝戒，即素嗜鸦片者，亦未尝不痛心疾首，自怨自艾。各国善士尚多倡设公会，劝禁栽买、广施药方，每以中国鸦片不除，引为深憾。则身受其害者，应如何淬励奋发，力拔根株。英国现已实行递减，相约施行三年，视中国栽种吸食实行减少限满再为推减。我若不如期禁查，转瞬三年，何以答友邦政府之美意？何以慰各国善士之苦心？此机一失，时不再来，若永远困于沉痼，势必无以为国。我君臣一念及此，能无愧悚难安，引为疚责。著民政部度支部迅即会订稽核章程，严定考成，请旨颁行。一面责成各督抚按照政务处奏定成案，督饬所属切实举行。并体察该省情形，将减种减食实在办法，先行奏闻，所有按年减少，每届年终汇奏一次。其药税指抵各款，由度支部另行筹补。以备应付。事关国势强弱，民命寿夭，著臣工协力通筹，认真办理，无论如何为难，必期依限断绝，毋得稍涉因循，致干重咎。"诚挚之情溢于言表，从中可见清廷排除积弊、一鼓作气之决心。

由于中国三年禁烟试行期成绩显著，英国只得同意遵守前约，遂于 1911 年 5 月 8 日再订《中英禁烟条约》十条及附件十条。其中第三款为："无论何省土药已经绝种他省土药亦禁运入显有确据，则印药亦不准进入该省。惟言明广州上海二口应为最后之结束，务须俟中国政府尽行以上办法，始将该口禁止印药入口。"[①]当年，奉天、吉林、黑龙江、山西和四川五省烟药禁绝，清外务部于 7 月致函英国公使，按条约禁止印土运入上述五省。

1909 年上海万国禁烟会议　在清末中国禁烟运动开展时，美国对此表示赞同，这主要是因为：第一，美国在鸦片贸易中所占的份额不多，禁烟对美国利益没有多少影响；第二，中国禁烟可以打击英国，美国可能借中英冲突以发展中美贸易；第三，输入鸦片将减少其他商品的进口，烟毒使中国生产力和消费力萎缩，美国为其本身利益也不希望中国市场被鸦片所毁；第四，美国传教士所进行的禁烟工作，并促使美国政府予以支持。这样，美国在国际禁烟运动中居于领导地位。

1906 年美国人菲律宾主教布兰特(Bishop Brent)写信给总统罗斯福，请他

---

① 王铁崖主编：《中外旧章约汇编》，第 1 册。

关注国际禁烟运动。美国遂决定联合各国召开国际禁烟会议。经过酝酿，万国禁烟会于1909年在上海举行。出席会议的有美、英、法、德、意、奥、荷、葡、俄、日、波斯、暹罗和中国等国家。中国代表为刘玉麟、徐华清、唐国安、瑞徵和蔡乃煌，两江总督端方为首席代表。2月1日会议在公共租界外滩的汇中饭店开幕，首先推举布兰特为大会主席，端方代表中国政府感谢美国总统发起此会，然后介绍中国禁种禁贩禁吸现状，指出禁烟有三大难题：一、外国鸦片商人依据不平等条约，破坏中国的禁烟；二、禁烟使中国筹款面临困难；三、以往条约中有碍禁烟的内容希望能变通。最后他表示："敝国政府人民决计实行，毫无退避之意。"[①]中国代表唐国安做了《中国鸦片问题的报告》，该报告指出，中国有2 500万人染上了毒瘾，每年的经济损失达85 625万银两，这是"中国生产效率很低也是中国人民十分贫穷"的主要原因。为此，中国朝野深切认识必须首先禁绝毒品，"这是我们国家所必须面对的最紧急的道德问题和经济问题"，当然，"要取得完全的成功还需有其他国家的合作"，特别是英国，"如果中国能获得文明各国的合作，中国就能迅速、干净地清除这种祸害"。[②] 当天晚上，端方在汇中饭店宴请各国代表，以尽地主之谊。

大会从2月1日到26日，共举行正式会议14次，按会议讨论内容可分为三个阶段。第一阶段从2月1日至4日，为开会规则的协商阶段，主要内容是推选美国代表布兰特主教为大会主席，决定英语和法语为会议官方语言，并草拟议事章程和表决办法(一国一票)。大会主席宣读了美国总统西奥多·罗斯福发来的电报："我对今天与会的各国代表寄以最美好的祝愿，并深信他们的努力，对扫除全世界范围内的烟患有着最重要的影响。"[③]第二阶段从2月5日至22日，为大会实质性讨论的阶段，各国先后将关于本国和在远东属地鸦片问题的报告递交会议讨论，各国代表对这些报告进行了非常尖锐的质询。12日第六次会议上，英国代表对于中国的鸦片报告提出质疑，认为中国将走私鸦片数量夸大化了，并且完全否认香港向内地走私鸦片。在15日的第七次会议上，唐国安引用马士《中华帝国对外关系史》等证据进行反驳，他指出，走私到中国内地来的鸦片不仅来自香港，还来源于新加坡和一部分与新加坡、槟榔屿

① 问天：《万国禁烟会纪事》，《东方杂志》，第6卷，第3期。

② *Report of the International Opium Commission SHANGHAI, CHINA, February 1 to February 26, 1909*, SHANGHAI: Printed and Published by the North-China Daily News & Herald Ltd. 1909, p.32.

③ *Report of the International Opium Commission SHANGHAI, CHINA, February 1 to February 26, 1909*, SHANGHAI: Printed and Published by the North-China Daily News & Herald Ltd. 1909, p.14.

及印度进行贸易的货船。① 在18日的第八次会议上,中国代表和美国代表对英国减少印度罂粟种植和对华出口问题进行了提问,德国代表提出有必要对鸦片贸易等诸多问题展开全面而公正的调查。为了统计世界鸦片贸易及其税收等情况,大会还设立了税务、统计等专门委员会,负责拟定最后向大会提交的总结报告的各部分的具体内容。会议期间,还首次设立"国际禁止贩运鸦片协定委员会",专门研究已有的国际间鸦片贸易协议,制定禁毒计划。第三阶段从2月23日至26日,为会议的总结阶段。大会认真讨论各国的议案,在23日第十一次会议上,英国代表提出4项提案,其中的第二案指责"在中国代表团递交的报告中,中国代表未能提供罂粟减种的具体数字,英国代表认为,中国国内的某种消极因素从根本上阻碍了中国的禁烟运动,因而英国代表提出,大会应建议各国政府就中国禁种问题与清政府进行交涉"。② 尽管中国确实存在不利因素,但英国代表的蛮横态度,遭到了中国代表义正辞严的驳斥,也引起了其他国家代表的不满,最后英国代表被迫撤回该提案。大会最后通过9款决议案,主要内容是:一、与会各国承认中国对禁除鸦片烟出产行销之事所付出的真诚努力和获得的进步;二、各国将在本境或属地内逐渐推行禁吸鸦片的法令;三、各国将作医用以外的鸦片均视为禁品,并应防止鸦片运往禁烟之国;四、禁止制售吗啡;五、各国应在中国的居留地和租界内禁烟;六、有关药物法规属领事裁判权限内,各国在华公民应予遵守,等等③。大会取得了成功。

上海万国禁烟会具有重要的意义。首先,万国禁烟会揭露鸦片、吗啡的罪恶,公开打出了反毒禁毒的旗帜。其次,万国禁烟会是人类历史上第一次多边性的国际反毒禁毒会议,揭开了国际联合反毒禁毒的序幕。会议期间,成立了万国禁烟委员会,委员便是各国代表,自会议开幕时起开始工作,它成为第一个国际反毒品组织。万国禁烟委员会的工作和成果,为后来国际联合反毒组织提供了经验。会议最终通过的9项决议表明,与会各国已经不再把反毒禁毒当成中国或美国一个国家的"内部事务",而是开始将毒品视为全人类的公敌而采取一致的行动,要求各国共同向毒品开战,"鸦片烟之用,除作医药外,在会各国均视为禁物"。决议明确指出:"凡与会各国均有责任订立相应之规定,以禁止鸦片及鸦

---

① *Report of the International Opium Commission SHANGHAI, CHINA, February 1 to February 26, 1909*, SHANGHAI: Printed and Published by the North-China Daily News & Herald Ltd. 1909, p.32.

② *Report of the International Opium Commission SHANGHAI, CHINA, February 1 to February 26, 1909*, SHANGHAI: Printed and Published by the North-China Daily News & Herald Ltd. 1909, p.57.

③ 《万国禁烟会公决九款》,《申报》1909年3月1日。

片提制品运往已颁行禁例之他国。”[1]最后，万国禁烟会消除了中国禁烟的国际障碍，有力地促进了中国禁烟运动的开展。

当时《申报》记者曾预言，万国禁烟会“必为将来世界上绝大之纪念日”，“此会之效果，必能格外满足，而其为益于人类，非特中国前途之幸，亦世界各国进步之征也”。[2] 从被迫签订《南京条约》，到1909年积极参与万国禁烟会并两次与英国达成逐年递减鸦片进口的条约，这是中国人民对世界潮流认识深化的结果，也是中华民族逐渐觉醒的标志。

清末禁烟运动的成果与局限 面对内外交困的局面，清政府在各阶层人民的呼吁、推动和积极参与下，发动了自上而下的禁烟运动，并取得了一定的成果。

首先，遏止了自鸦片战争以来罂粟种植逐渐扩大、土烟生产日益猖獗的态势。1906年时，中国的土烟生产达到空前的584 800担，罂粟栽种面积达18 713 600亩。禁烟运动开展后，各地官员、士绅、民众齐心合力，逐步减少罂粟栽种面积，改植棉粮油茶，不仅减少了鸦片数量，而且也缓解了粮食匮缺的矛盾。如在烟毒最猖獗省份之一的贵州，巡抚庞书鸿厉行禁烟，取得实效，鸦片产量由近5万担减少到1万余担。[3] 再如产量最高的四川省，鸦片产量由1906年的23万担降至1910年的5万担，短短4年间减少了77.2%。1906年经重庆海关输出的鸦片达9 153海关担，而1911年仅运出354担。重庆海关报告说：“在1911年8月31日终于禁绝，这一桩大规模的买卖也就此完结。”[4]云南的鸦片更是减少了90.6%。1906年，从蒙自输出的云土达4 012担，在1909年减少到527担，到1911年又成至187担。[5] 全国鸦片的产量在1910年已下降到15万担，比1906年下降了72.9%(见表7-13)，取得了相当大的成就。

表7-13 1910年全国鸦片产量统计 (单位：担)

地　区	鸦片产量	地　区	鸦片产量
东北三省	5 741	山　东	6 040
直　隶	3 437	山　西	11 620
江　苏	9 857	河　南	3 962
安　徽	4 534	陕　西	10 779

① 《申报》1909年3月1日。
② 《申报》1909年2月1日。
③ 《东方杂志》，第5期，第2卷；《德宗实录》，第576页。
④ Returns of Trade and Trade Reports, 1902-1911, Chungking, pp.248-250.
⑤ Returns of Trade and Trade Reports, 1889-1911.

续　表

地　区	鸦片产量	地　区	鸦片产量
甘　肃	6 403	四　川	54 299
新　疆	166	广　东	83
福　建	15 007	广　西	1
浙　江	4 220	云　南	7 351
江　西	78	贵　州	12 241
湖　北	2 547	合　计	158 505
湖　南	139		

资料来源：1. *Report of the International Opium Commission*, 2 p.57.
2.《清朝续文献通考》，卷 55，征榷 27。

其次，通过外交谈判，有效减少了外国鸦片的进口。《1907 年中英禁烟条约》的签订，迫使英国减少并最终停止了印度鸦片对中国的公开出口。这是晚清屈辱的外交史上少见的争国权的成果之一。上海外国洋行用来储存鸦片的四艘鸦片趸船，1910 年被迫废弃了。[①] 洋烟的减少对毒品的泛滥多少起了阻遏作用。在中国的压力下，列强控制的租界也被迫关闭烟馆，开始禁烟，1908 年 4 月，上海公共租界关闭了 358 家烟馆，占烟馆数量的四分之一；是年 12 月，又抽签关闭 358 家；1909 年 6 月，第三批 358 家停业；到 1909 年 12 月 31 日，所有烟馆紧闭。上海法租界从 1909 年 5 月起分批抽签，7 月 1 日关闭了 309 家烟馆中的一半，是年底全数关闭。

再次，厉行禁吸，尤其是“严禁官吏吸食，以端表率”，惩办了一批腐败无能专营私利的官吏，在各地设禁烟台，办禁烟所，把烟民分为甲、乙两等，酌情戒毒。启发民众觉悟，获得良好效果，而且还促进了实业的发展。如云南因鸦片生产锐减，财源萎缩，逼使人们去另谋新路，在实行新政、振兴实业的口号下，栽桑种茶，植棉开矿，从而促进了近代化建设。

总之，清末的禁烟运动基本是成功的。中国绵延了百年的鸦片毒患，在这五年间的疾风暴雨、自上而下的大禁烟中被有效遏止。标志之一是洋烟基本杜绝了，它的意义不仅在于毒品的外来源泉被切断，更重要的是作为一种象征，殖民主义强制中国人屈辱地接受其束缚的锁链，由中国人用自己的力量第一次取得了挣脱的权力，这对于在当时列强虎食中，亟思变法自强的中国人民来说，是一种极大的精神激励。标志之二是遍及全国的、几乎要取稻米而代之的罂粟种植，

① 《上海近代社会经济发展概况——海关十年报告》，第 142 页。

在全国人民的努力下，尽被铲除。占全国人口5%的2 000多万人的鸦片吸食人口大为减少。终于使中华民族日益沦为“东亚病夫”的蹒跚脚步颤巍巍地停下，争取了一个宝贵的自我救治的时间和机会。

尽管清末禁烟取得了不小的成绩，但也存在许多的不足与教训。

第一，官吏阶层的腐败无能，严重阻碍了禁烟运动的顺利发展。一些地方的主政者本身就是瘾君子，对朝廷禁令根本不予重视，甚至公然对抗。一次，两江总督署商议察烟事，总督沈葆桢与僚属皆已至署，唯独不见布政使，遂派人去催，许久才至，布政使一到便嚷：“你们为何催得这样急，我还有两三口鸦片没吸呢，今天议事是打不起精神的了。”议禁烟却以鸦片来提精神，结果可想而知，于是草草收场。更有甚者，宁愿被革职或主动辞职，也不肯戒烟。还有些官员虽不敢公开抵抗，但想方设法蒙混过关。如接受调验时，将烟泡藏在特制的纽扣里，或将鞋底挖空藏烟。再如土烟输运中心的武昌，尽管1906年后即已禁烟，但直到1908年，武昌城内的大烟馆仍然毒帜招展。据统计较有规模的烟馆达45家(见表7-14)，而偏僻街区的贩售烟膏者尚不包括在内。

表7-14 1908年武昌鸦片烟馆调查

店名	所在地	店名	所在地	店名	所在地
万福成	粮道街口	荣昌	察院坡	协和	王府口
协济	粮道街上	庆和	藩司东辕门	方昌隆	大都司巷口
有益	粮道街上	福寿园	藩司西首	彭正泰	望山门内
天永群	粮道街上	义昌福	藩司西首	元成厚	保安门内正街
福寿康	粮道街上	东成	户部巷口	广义祥	保安门内正街
福大	仪凤港口	康顺	户部巷口	德泰祥	保安门内正街
庆升恒	府街口	正康祥	府门口	祥泰	保安门内正街
东升昌	府街口	公和昌	司门口鼓楼前	有余	保安门内正街
义成	府街口	谦吉	火巷口	义昌	望山门内
乾大和	横街头	宝成	火巷口	同新泰	望山门内
林祥兴	横街头	德丰	火巷口	德顺昌	保安门外八步街
瑞兴祥	横街头	谌裕丰	芝麻岭	复升隆	保安门外十字街
余庆记	横街头	同森	芝麻岭	义丰祥	保安门外十字街
鼎新盛	察院坡	协康	芝麻岭	盛昌	保安门外十字街
福顺	察院坡	夏同丰	三佛阁	德泰生	王府口

资料来源：《江汉日报》，光绪三十四年(1908)五月十八日。

第二，禁烟措施有不少漏洞。如章程规定二品以下官员须到禁烟公所去受验，也就是说官至一品便可逍遥法外，放胆去抽了。而各地的禁烟所由总督巡抚负责，若督抚如前例的江苏布政使那样，禁烟就只能是一纸空文了。

第三，清廷鉴于财政状况，实行“寓禁于征”政策。但“禁”与“征”本是对立的，一方面宣布禁烟，一方面又继续合法地征收牌照捐、烟灯捐和土药统税等，如此首鼠两端，禁烟的效果就大打折扣了。度支部面临“论禁烟则佥称为盛举，论拨款则咸指为要需”，[①]处于左右为难的境地。时人评论说：“国家对于鸦片果实心禁之耶？抑观生迁延，冀捐税之不无小补也。”实际上岂止是小补。禁种方面，如湖北“禁者自禁，栽者自栽”。安徽因“官吏奉行不力，故成效颇少”。[②] 陕甘总督长庚只知征税，于是直到 1911 年，皋兰、永登、古浪、武威等地仍罂花盛开，甘土远销北京、天津、河南、山西等地，城镇到处是烟馆土店，农村烟灯普遍，甚至一家数灯，人称“十人九瘾”。[③] 贵州巡抚庞鸿书指责政府；“以厘税照常征收，民间误会公家借此筹款，相率观生。前准度支部咨催征收吸户牌照捐款，而乡农均系自种自吸，购买既属无多，牌照几同虚设。况征收厘税，民间尚多怀疑，若再加捐，益将启其口实。”他提出“为今之计，惟有拔本塞源，毫无瞻顾，将土厘一项先行停止”，[④]结果清廷并未让步。有的省份因时政困难，竟增加鸦片税以为急救之策。广西 1907 年的土药统税等共得银 24 833 两，相当全年税收总额的 1.54%；1909 年，土药税增加到 420 000 两，占总额的 8.76%；到 1911 年广西巡抚院又上奏，要求本省土药比照洋药，每百斤征税 350 两，获得批准，仅此一项就可增加税收 200 000 两。[⑤] “寓禁于征”还为以后的政府搜刮民脂开了一个先例。

第四，一些官吏或作风粗暴，或鱼肉百姓，引起人民的极大不满。在禁烟前，有些地方罂粟栽种已是农民之主要生计，官府往往不作疏通，也不引导农民改种他物，一声令下，军队下乡强行铲烟，遂引起民众反抗。还有的官员兵丁、里胥吏役乘机搜刮，为非作歹，激起百姓的愤怒。在甘肃的皋兰、金县，浙江的瑞安、太平、东阳，河南的汝州、陕州，江西的玉山、永新，四川的眉州，贵州的安顺等地均发生过民变，其中又以山西的抗暴影响最大。1910 年初，山西巡抚丁宝铨为了邀功，竟蒙奏朝廷说：“山西全省完全禁种，吸食者不久也可绝迹。”事实上在文

---

① 《华制存考》，卷 2，页 19。
② 茶圃：《各省禁烟成绩调查记》。
③ 《甘肃文史资料选辑》，第 13 辑，第 17 页。
④ 《宣统政纪》，卷 24，页 10—11。
⑤ 郑家度：《广西金融史稿》，上册，第 114 页。

水、交城一带，罂粟不仅未绝迹，反较原种面积更为扩大，清廷收到丁的奏折后，于4月派钦差前来查勘。丁唯恐露出真相，急令标统夏学津率兵赶赴当地铲苗，农民为了生存而护苗，双方发生冲突，结果烟农被打死打伤几十人，烟苗被铲净。事后丁为掩盖屠杀农民的罪行，诬奏烟农为匪，遂引起各界公愤。新军教练阎锡山等鼓动农民揭发丁宝铨，后清廷被迫将丁撤职，由阎锡山出任标统。

有些地区因大规模禁绝罂粟，许多靠罂粟为生的农民陷入困境，例如四川因为禁种由10年缩短为2年，不少农民无法在短期内适应，生计日蹙，甚至转为流民，从而加剧了社会的动荡。

第五，租界的存在严重妨碍了禁烟运动。由于列强享有治外法权，因此，各地的租界成了鸦片买卖的最后堡垒。虽然清廷与英国订立了禁烟条约，并在万国禁烟会议上得到了与会列强的承诺，但在事实上，租界的禁烟只是一幕滑稽剧。上海的公共租界和法租界，1906年后表面上宣布禁烟，土行烟馆收起了招牌，门首站岗的外国巡捕也销声匿迹了，法租界309家烟馆进行了抽签禁闭，但这一切只不过是为了掩人耳目。公共租界的华人探长王松涛与所有的鸦片商订立了秘密协定，所谓的检查鸦片逮捕毒枭行动，都将事先通知各行，鸦片商得知后，常常收买流氓无赖充作临时烟贩，让巡捕暗探"人赃俱获"，解到会审公廨审定判刑。不久这些"烟贩"便会"刑满释放"，当然他们不会是无偿的，通常每坐一天车可得到5角到6角。[①] 另外，在关闭烟馆的同时，鸦片交易的规模仍在扩大，公共租界工部局获得更多的捐税。所以租界成了烟贩的避难所、瘾君子的逍遥窝。尤其是吗啡、海洛因等新的毒品从国外运入租界，再从那里销往全国，租界日益变成新的毒品基地。

还有，鸦片暂时得到了禁止，但各地的瘾君子以香烟来替代，从而大大刺激了香烟的消费。由于禁吸鸦片，1909年后纸烟在全国销量大增，如湖北沙市，1909年消费纸烟3 400余两，1910年增加到4 600两，原因是"吸食鸦片之习惯渐而为吸食纸烟"。[②] 再如苏州1909年销售纸烟为163 218盒，而1908年仅136 580盒。[③] 从此，香烟销量剧增，中国成为香烟消费大国，正是在禁鸦片时作为鸦片的替代物开始的。

总之，清政府顺应历史潮流，开展了规模空前的禁烟运动，并取得了较大的成果。如果仔细考察这5年的禁烟运动，可以看到自实行维新改良后，一切政治腐败如旧，唯禁烟方面颇有实效，为去时弊而放弃税利；它的各项禁烟令能够达

---

① 《广东文史资料》，第21辑，第5页。
② 《通商各关华洋贸易总册》，下册，第48页。
③ 《通商各关华洋贸易总册》，下册，第72页。

到四面八方并得以贯彻。禁烟运动不仅基本抑制了烟毒的泛滥，还给后来的民国提供了一个较为清新的社会面貌。同时它也为以后历届政府的禁烟禁毒，贡献了宝贵的经验和教训。

日本统治下的台湾的鸦片专卖制度 1895 年 4 月，《马关条约》签订，6 月，日军进占台湾，开始了台湾历史上的“日据时代”。

日本在明治时代就确立了严禁鸦片的国策。[①] 日本占领台湾后面临两大难题，一是反日武装，二是吸食鸦片。对于前者，日本实行全面围剿，而对于后者，日本即实行鸦片专卖制度，以专卖收入作为最稳定的财政来源。

自明朝以来，台湾民众即有吸食鸦片者。日本进占台湾时，日内务省卫生局局长后藤新平提出渐禁政策，[②]被内阁采纳，不久即出任台湾总督府民政长官。他的主要设想是鸦片专卖，并将其税收提高 3 倍，保证每年给日本政府上缴 240 万日元的财政收入。这样鸦片成了台湾最早的专卖商品。鸦片的专卖从 1897 年 4 月 1 日开始实行，是日据时期台湾当局独占的，鸦片的进口则由三井公司负责。

除了专卖以外，日本当局又采取登记吸食者，以保证吸食者不再扩大的手法。调查鸦片瘾者的期限到 1900 年 9 月止，凡登记之人仍允许吸食，但严禁新吸。当时台湾人民刚进行了一场抗击日军的斗争，对其命令多置之不理，因此许多人未曾登记，秘密吸食。此后，总督府于 1904 年和 1908 年又经两度清查，1900 年所录的鸦片瘾者为 165 752 人，占总人口的 6.1%。以后逐年减少，据统计到 1928 年只剩 27 000 人，实际上私吸者仍然存在。日据时期台湾鸦片吸食者人数见表 7 - 15。

表 7 - 15　1897—1942 年台湾鸦片吸食人数统计

年份	吸食特许者	占总人口%	年份	吸食特许者	占总人口%
1897	50 597	1.9	1910	99 982	3.2
1898	95 449	3.7	1912	88 355	2.7
1900	165 752	6.1	1914	78 179	2.3
1902	143 492	5.0	1916	68 776	2.0
1904	137 952	4.7	1918	58 715	1.6
1906	122 177	4.0	1919	54 365	1.5
1908	120 875	4.0	1920	49 013	1.4

① 1867 年日本政府发布大政官布告，宣布禁烟。接着又于 1870 年 9 月颁布《贩卖鸦片律》和《生鸦片管理规则》等法令。

② 鹤见佑辅：《后藤新平》，第 1 卷，昭和十二年刊，第 880—884 页。

续 表

年份	吸食特许者	占总人口%	年份	吸食特许者	占总人口%
1921	45 832	1.3	1932	19 723	0.4
1922	42 923	1.1	1933	17 991	0.4
1923	40 165	1.1	1934	16 343	0.3
1924	37 285	1.0	1935	14 787	0.3
1925	34 359	0.9	1936	13 407	0.3
1926	31 982	0.8	1937	12 063	0.2
1927	29 536	0.7	1938	10 884	0.2
1928	27 378	0.6	1939	9 693	0.18
1929	25 022	0.6	1940	8 665	0.16
1930	23 468	0.5	1941	7 785	0.14
1931	21 510	0.5	1942	2 108	0.11

资料来源:《台湾总督府专卖事业第 42 年报》。

关于台湾鸦片的来源,大致可分为两个阶段:1912 年前主要购自中国香港,这以后则多直接购自土耳其、印度和波斯等原产地。烟膏由总督府的制膏所负责,该所建于 1896 年 3 月,初用手工制作,1898 年后改进为机械制作。产品根据品质的优劣分为福(一等品)、禄(二等品)和寿(三等品)三种。初期因贫困者较多,因此三等品占烟膏总数的 85%,以后,贫困者基本戒除,一等品大增,1926 年时,一等品占 90.6%,次年三等品停产。烟膏总量也大大减少了(见表 7 - 16)。

表 7 - 16　台湾历年鸦片烟膏数量　(单位:公斤)

年 份	福(一等)	禄(二等)	寿(三等)	共 计
1896	823	2 214	1 813	4 850
1897	8 288	21 245	117 889	147 422
1899	1 516	57 647	160 074	218 829
1903	49 511	257	102 695	152 463
1904	61 320	—	85 563	146 883
1914	84 299	—	10 388	94 687
1924	39 847	—	—	39 847
1943	5 310	—	—	5 310

资料来源:《统计提要》。周宪文:《台湾经济史》,台湾开明书店 1980 年版。

还有一点必须说明，即所有烟膏都是“专卖”给中国人的，日本人是被禁止吸食鸦片的。日本统治者的用心已不言自明了。

日本在台湾全岛密密麻麻地布满了鸦片贩卖网，1901年的鸦片专卖收入达425万日元，竟占总督府常年收入的42%。[①] 台湾的鸦片收入使日本政府免掉了7个年度的对台财政拨款，因而给扩军备战的日本财政提供了重要财源。那位发明鸦片专卖制度的后藤新平也因此建立了“功勋”，并出任“满铁”第一任总裁。

第三节　民国初年的禁烟斗争

共和必去烟毒　1911年10月武昌新军发动辛亥革命，一时革命风暴席卷全国，1912年元旦，中华民国临时政府宣告成立，孙中山就任临时大总统。

清朝中央政府被推翻后，一些地方出现权力真空的现象，战乱四起，各地的禁烟局所因政权的更迭而涣散，持续了五六年的禁烟运动陷于停顿，鸦片黑浪趁势回潮。在福建的山区农村，部分人士再倡种烟，一时罂粟死灰复燃。浙江的瑞安、平乐等县所植烟苗比上年陡增20多倍。安徽城乡的烟馆土店遍地再起。鸦片贩子又从箱底翻出旧行头，急匆匆再走故道，重操旧业，“冷笼陈膏”的幌子又飘扬起来了。禁烟再度成为举国瞩目的严重社会问题，新生的民国政府面临着一场严峻的考验。

清朝的灭亡与民国的新生，帝制的推翻和共和的创立，启发了民众的政治觉悟与爱国热情，再加之清末多年禁烟运动的影响，人们不能再容忍毒品对于民族灵魂、国家名誉的腐蚀。各地的进步人士纷纷上书民国政府，大声疾呼继续禁烟。他们指出：禁烟为“共和国民首重人格，若鸦片未绝，于政治教育皆成污点”。[②] 普通公民俞乃绩向政府建议，要扫除烟毒必先禁止私种罂粟。上海的基督教五大组织联名致电孙中山，指出鸦片流毒其害盛于专制，鸦片一日不除，民国一日不得安宁，要求政府即与英国交涉，全力禁烟。[③] 又有人写《收回禁烟主权献议》说：“鸦片流毒至烈至深，耗精损神，为害极巨，苟不急行铲除，……则民国前途，不堪设想矣。”[④]很显然，经过清代后期的两次禁烟运动，禁烟已成为全

① 《后藤新平》，第2卷，第261页。
② 《电请强迫戒烟》，《申报》1912年3月13日。
③ 《临时政府公报》，第52号。
④ 《申报》，1913年7月15日。

民族的一个共识。于是，资产阶级革命党人承继清末的禁烟，发动与领导了一场轰轰烈烈的禁烟运动。

1912年3月2日，孙中山颁布禁烟令，宣布“方今民国成立，炫耀宇内，发愤为雄，斯正其时。若于旧染痼疾，不克拔涤净尽，虽有良法美制，岂能恃以图存。为此申告天下……其有饮鸩自安、沉湎忘返者，不可为共和之民，当咨行参议院，于立法时剥夺其选举被选一切公权，不与齐民齿。并由内务部转行各省都督，通饬所属官署，重申种吸各禁，勿任废弛”。[①] 是月5日，内务部属下的全国禁烟公所成立，由石瑛任总理，丁义华任顾问。在4月1日公布的《参议院法》中规定，吸食鸦片者不得为参议员。

袁世凯出任临时大总统后，继续实行禁烟政策，即宣布前清法律除与民国政体有冲突者外，均暂时使用，这样禁烟方面的章程法律仍有效用。临时政府公布的新刑律中，列有鸦片烟罪10条(第20章)，宣布“凡现任官吏犯有刑法鸦片烟罪者，除依法惩办外，并免现职”。[②] 规定开设烟馆或栽种罂粟者，处以四等以下有期徒刑或拘役或300元以下的罚金；凡制造、贩卖、收藏鸦片烟及烟具者，处以三至五等有期徒刑，并课以500元以下的罚款；吸食鸦片烟者处以五等有期徒刑、拘役或1 000元以下的罚金。针对偷种罂粟的现象，袁世凯下令：“各省都督，无论已报禁绝及未报禁绝各省份，一律剀切晓谕。如再有私种罂粟情事，即严禁分别犁拔。凡国民尤宜互相惩戒，毋得干犯禁纲，致贻后悔。”[③]

在民国政府的领导与推动下，各省军政府也发表禁烟令，将此作为安邦之要务来落实。湖北的黎元洪“迭饬各司处妥筹办法，种贩卖吸四者一律严加取缔”。[④] 湖南要求当年5月底一律戒尽。西北新军起义后，组建秦军政府，颁布一系列的政策法令，严禁种植罂粟和吸食鸦片。浙江都督宣布“本年阳历六月末号，凡禁烟局戒烟局亦定期一律裁撤，期于烟毒扫除净尽”。[⑤] 江苏省制定禁烟办法六条，江西省则“本年十二月底为吸烟断尽之期”。广东以胡汉民为首的军政府提出除旧布新，移风易俗。从而促进了禁烟运动的发展，民众也积极行动起来了，进步团体如社会改良会、禁买奴婢会、男女平权维持会、神州女界参政同盟会、女子进德会、服用救国会等，或创办报纸，或集会演说，努力宣传禁烟。早在1910年底，在万国改良会丁义华(E. Thing)等人的促成下，在北京成立了中国

① 《南京临时政府公报》，第27号。
② 《政府公报》，民国二年(1913年)十月。
③ 于恩德：《中国禁烟法令变迁史》，第153页。
④ 《武汉近事一束》，《申报》1912年3月27日。
⑤ 《浙江都督电》，《申报》1912年3月27日。

国民禁烟会,成员多是资政院议员及商界学界领袖。1912 年 3 月 27 日,上海禁烟联合会召开大会,出席的 18 个团体成立恢复禁烟主权会,制定了“修改中英烟约实行恢复禁烟主权为宗旨”。[①] 1913 年 3 月 4 日至 8 日,在国民禁烟会的筹备下,各地代表在北京举行首届全国禁烟大会,成立全国禁烟联合会,议决派遣会长赴英国交涉,要求废除中英禁烟条约,立即停止鸦片贸易。此外,同仁戒烟会、万国禁烟会等各种禁烟团体也纷纷建立。甘肃张掖、武威等地的农民抗花税(即鸦片税)而发动起义。民间禁烟力量的成长,对禁烟运动起了推动作用。

《黑籍怨魂》的呼号 民众还以各种形式宣传戒烟。上海、北京等地的报刊上大量登载抨击吸毒恶习、提倡移风易俗的时文、短评、诗歌,如《申报·自由谈》连篇累牍地发表禁烟作品。除报刊外,还有以其他文艺形式宣传禁烟的。上海的名演员孟春帆编排了《枪毙烟犯》的警世新戏。而影响最大的是《黑籍怨魂》,曾轰动一时。

辛亥革命后,为改良社会风气,许复民编成剧本《黑籍怨魂》。该剧是说有个富翁曾和度(“真糊涂”的谐音)吝啬成性,其子曾伯稼(“真败家”)则施贫济寒,极为慷慨。曾和度怕他败坏家业,劝逼伯稼吸食鸦片,迫使儿子“闭门自守,长保家业”,后来曾伯稼终日沉溺烟榻,无所事事。曾和度见此结果,心痛家业无人经营而懊恼死去。伯稼之妻张氏,苦劝丈夫摆脱黑籍,竟遭虐待;不久,其子因误将鸦片当糖吞吃,中毒而死。伯稼之母也因家中变故,病久而亡。曾家伙计卜遥莲(“不要脸”)和梅志实(“没知识”)两人乘机侵吞财产,张氏饮恨投河自杀后,卜、梅两人变卖曾家财产,并将伯稼之女骗入娼门。曾伯稼流落街头,拉黄包车为生。一日父女相见于黄包车上,悲愤交集,最后鸨母将曾女拉走,曾伯稼倒卧城门而死。

该剧最初由上海名伶夏月珊、潘月樵、七盏灯等在南市新舞台上演文明戏。由于当时富家子弟吸食鸦片仍相当普遍,此剧切中时弊,而且艺术上情节曲折生动,受到广大观众的欢迎,卖座率长盛不衰。1916 年,张石川等在徐家汇创办幻仙影片公司,遂改编《黑籍怨魂》,将其搬上银幕,主要演员有张石川、张利声、徐寒悔、查天影等。该片在全国各地放映后,再次引起了轰动。后来军阀割据,鸦片泛滥,烟毒再起,上海新爱伦影院于 1923 年又重映该片。报纸为此刊出广告说:“鸦片流毒实非浅,到我中华已百年;英雄埋没知多少,耗费金钱真可怜。烟禁虽严如儿戏,如今公卖将出现;贻笑外人尚小事,害我同胞何堪言。”[②]

这些宣传造成了强大的舆论力量,使民国的这场禁烟运动声势浩大,深入

---

① 《禁烟联合会纪事》,《申报》1912 年 3 月 29 日。

② 程季华:《中国电影发展史》,中国电影出版社 1963 年版,第 1 册,第 26 页。

人心。

严刑酷法施四禁 清末的禁烟在铲除罂粟的同时，着重在于解决洋烟进口问题；而民国初期的禁烟运动重点在于禁止土烟。因此它们实际是毒患持续了百年之后的第二次禁烟运动前后相连的两个阶段。

民初禁烟包括禁种、禁运、禁售和禁吸四方面。

禁种为治本之首要方法。1914年3月5日，中央政府公布《禁种罂粟条例》，共11条，宣布今后不得再种罂粟，如有发现各地政府须强行铲除。针对民初有些省份扩种罂粟的情况，多次通令各省，禁种并强制拔苗。各省当局的态度多比较坚决。如浙江民政司长要求部下："禁种鸦片，业已三令五申，希再明白出示晓谕，严密调查督拔。"[①]1913年12月21日，新疆掌权者杨增新颁布禁烟令，并责成镇迪道尹朱瑞墀专办禁烟事务，宣布"禁种鸦片，如违枪毙"。杨增新特派禁烟委员分驻各县，监督禁烟。1914年8月，杨增新又公布禁烟三事：一禁止英侨俄侨在新疆境内或边境种植罂粟，二限制英侨俄侨将国外毒品输入新疆；三禁止中国人栽种鸦片。湖南和江西命令各属官员铲除烟苗，务必根株净绝。云南原为鸦片主要产地之一，军政府对于"禁种一事尤为加严，人民敢偷种者，不惟派兵铲除，并严惩种者"。[②] 四川巡按使陈廷杰主持制定《禁烟施行细则》8章54条，江苏也颁有《禁种烟苗章程》。尽管有些地方方法较简单，军队下乡铲苗，与乡民发生冲突，但基本制止了滥种烟苗的势头，使鸦片产量继续下降，在很大程度上杜绝了毒品的来源。

禁运是控制烟毒的有效途径。为实施禁烟，各地政府颁令禁止贩运鸦片，如湖南、湖北是西南鸦片的主要运出通道，两省当局即宣布禁止土烟入境销售。浙江等省也持同样的态度。对洋烟的尽力抵制致使其销路不畅。《申报》披露道："今夏六月以前，东南各都督实行禁止印烟进口，在沪滞销者约二万九千余箱，价值一千余万镑。"[③]尽管有外国领事的照会抗议，但"各都督置之不理，益严其禁令"。对危害更烈的吗啡，民国政府于1914年4月公布《吗啡治罪条例》12条，严惩运贩、制造吗啡的毒犯。可见民初政权还具有一定的维护民族利益的决心和勇气。

禁售是阻断鸦片与瘾者之联系的途径。土行烟馆的取缔势必使瘾君子们丧失购买土膏的渠道，从而减少鸦片的流通。1912年5月京师警察厅通告，限本市土膏店等在5月16日前停业。在安徽"对于禁卖禁吸两端，将以强制力实行，

---

① 《浙江禁烟之严厉》，《申报》1912年3月2日。

② 《云南近政纪要》，《申报》1912年10月15日。

③ 《中英鸦片交涉之严厉》，《申报》1912年12月31日。

所有各土膏铺户拟先调查存货若干，勒限本年底止尽数销售，届期余土，拟由公家备价收购”。[①] 对武昌出现的烟馆土栈，新政府勒令在 12 月 1 日前必须停业。[②] 山西对贩卖毒品金丹洋烟者，“令三家以上之保结，以后决不再有贩卖情事。”江苏都督程德全通令各县，要土业之店铺逐渐改业。[③] 汉口德租界收回时，汉口政府重申“烟馆、土栈、赌场、花会及一切不规则之营业，一律严禁”。[④]

禁吸是历代禁政中实行起来最棘手的问题。民国政府在颁布严刑峻法对鸦片瘾者施加压力以外，还仿照前清旧法，普查烟民确数及其吸量，发给牌照，逐渐递减，限期戒断。为协助烟民戒断，各地均设立戒烟局，强制烟民入局戒烟，并低价或免费提供戒烟药物。有些地方做得更为坚决，陕西省在西安设立戒烟总局，专门对各县具报的无瘾之人进行核查。如上海戒烟局布告全市，限期收缴烟具。安徽自光复后，先后焚毁烟具 700 余件，烟土 2 万两。山西都督阎锡山推行“村本政治”，广施“洗心术”，大力提倡“六政三事”，这六政就是水利、种树、蚕桑、禁烟、剪发和天足。阎锡山下力气的禁政——严禁吸食，其做法有独到之处，“罚必由上而下，军队先从旅长禁起，政界先从省公署禁起，县村先从最有势力者禁起，严格限制，层层往下，就不扰民”。各村建立戒烟会，吸食者一律入会调验戒除。其方法先由省署制造戒烟丸药，分为三类：特种和平戒烟丸每丸 3 角，甲种和平戒烟丸每丸 2 角，和平戒烟丸每丸 1 角。而贫困者可免费得到和平戒烟丸。[⑤] 阎的彻底禁烟行动受到北京政府的嘉奖，山西省也被目为“模范省”。官员军人吸食鸦片制裁更严。海军部命令军医查验部员有无烟瘾，交通部各局互结联保保证断瘾。

革命党人则常常不惜用重典施酷法，来根治鸦片痼疾。有些省份对置禁令于不顾的烟贩处以极刑。湖南一省“枪毙烟犯之案，不下十数起”。[⑥] 有些省份出动军队推行禁政。如浙江由第 6 师 11 旅旅长张载洋出任全省禁烟督办，“即日带兵分巡各区，无论官民有贻误烟禁者概以军律执行”。[⑦] 为了早日禁绝鸦片，有些地方官员甚至以耸人听闻的手段相威胁。陕西的统制张凤翙，制作了 4 具铜铡，陈列府门。对洋商他们也不手软。安徽禁烟部门搜获各土店从上海运至的洋烟 7 箱，价值 21 000 两，都督柏文蔚下令全部焚毁，英驻沪领事罗磊斯要

---

① 《柏都督禁烟之严厉》，《申报》1912 年 6 月 19 日。
② 《鄂都督禁烟新令》，《申报》1912 年 11 月 6 日。
③ 《程都督禁烟政策》，《申报》1912 年 11 月 13 日。
④ 北京《晨报》1917 年 4 月 12 日，天津《大公报》1917 年 3 月 22 日。
⑤ 《村政法规令问辑要》，第 8 册，第 15 页。
⑥ 《湘省禁烟之大骚动》，《申报》1913 年 1 月 14 日。
⑦ 《浙省加派禁烟督办》，《申报》1913 年 1 月 14 日。

求中方予以赔偿,柏文蔚致电中央“极力主持,勿稍放松”。[①] 江西也曾没收焚毁英国商人的鸦片多箱。这些行动体现了民初革命党人禁烟的决心和魄力。

孙中山的禁烟思想和禁烟实践 孙中由关于禁烟问题的认识,经历了“禁洋烟不禁土烟”和“全面禁大烟”两个时期。

1894 年,孙中山在《上李鸿章书》中提出了最初的设想,他指出:“文思所以广其农利,去禾而植桑,遂为考核地质,知其颇不宜于种桑,而甚宜于波毕(即罂粟,Papaver 的译音——引者注)。近以愤于英人禁烟之谈难成,遂劝农人栽鸦片,旧岁于农隙试之,其浆果与印度公土无异,每亩可获利数十金,现已群相仿效,家家试栽,今冬农隙所种必广,此无碍于农田而有补于漏卮,亦一时权宜之计也。他日盛行,必能尽夺印烟之利,盖其气味较公土为尤佳,迥非川滇各土之可比。去冬所产数斤,凡嗜阿芙蓉之癖者争相购吸,以此决其能夺印烟之利必矣。印烟之利既夺,英人可不免而自禁,英国既禁,我可不栽,此时而申禁吸之令,则百年大患可崇朝而灭矣。劝种罂粟,实禁鸦片之权舆也。”[②]孙中山的这项建议当然不是什么高明的建议,由于时代的局限,那个时代的较为先进的中国人也大多持有类似的观点,即使是那些活跃在政治舞台上的人物如郑观应、薛福成、马建忠等,也没有一人能够超越这种观点。

孙中山就任临时大总统后,即于 1912 年 3 月 6 日命令内务部继续厉行禁烟:“迅查前清禁烟各令,其可施行者,即转咨各部通饬所属,仍旧厉行,勿任废弛;其有应加改良及未尽事宜,并著该部悉心筹画,拟一暂行条例,颁饬遵行。务使百年病根,一旦拔除,强国保种。”[③]接着他发布禁烟令,指出说:“方今民国成立,炫耀宇内,发愤为雄,斯正其时,若于旧染痼疾,不克拔涤净尽,虽有良法美制,岂能恃以图存。为此申告天下,须知保国存家匹夫有责,束修自好,百姓与能。”同时强调“其有饮鸩自安,沉湎忘返者,不可为共和之民,当咨行参议院于立法时剥夺其选举被选举一切公权,示不与齐民齿。”他殷切希望,“各团体演讲诸会,随分劝导,不惮勤劳,务使利害大明,趋就知向,屏绝恶习,共作新民,永雪东亚病夫之耻,长保中夏清明之风。”孙中山下野后仍不忘鼓吹禁烟禁毒,1912 年春,他为争取国际舆论对中国禁烟的支持,亲自致书伦敦各大报馆,呼吁英国人民同情并援助中国的禁烟运动。他写道:“鸦片为中国之巨害,其杀吾国民,甚于干戈疠疫饥馑之。吾人今既建设共和政体,切望扫除此毒,告成全功。予自引退临时总统之任

① 《皖省禁烟丛谈》,《申报》1912 年 10 月 18 日。
② 《孙中山选集》,上卷,第 17 页。
③ 《孙中山全集》,第 2 卷,155 页。

后，对于此事潜心推考，知今日最要之举即在禁绝中国栽种莺（罂）粟，然非同时禁止售卖鸦片，则禁种一事，极难施行。目下烟价高涨之所在，足诱起人栽种之心。且吾国幅员辽廓，若非禁绝售卖，势难停种，故必须将买卖鸦片悬为禁令，则禁种始能收效。兹因与贵国定有条约，碍难照行。予今敢请贵国于吾新国定基之初，更施无上之仁惠，停此不仁之贸易，予窃愿以人道与忠正之名义，恳贵国准许吾人在本国境内禁止售卖洋药土药害人毒品，并许悬为厉禁，则栽种自能即停，谨为全国同胞乞助于英国国民。”[①]表达了孙中山维护民族独立的爱国思想。

袁世凯死后，各地军阀为豢养足够的军队，大开烟禁，毒卉遍地，烟毒再燃。孙中山对此忧心忡忡，1924 年 12 月 24 日，他向拒毒会的一位传教士表达了这种担忧。孙中山首先指出：“现在一般不法之军阀各在辖境之内，不但奖励而且强迫种植鸦片。”接着，他批驳了以鸦片增加时政收入的观点，指出：“此等观点，绝对不当。中国之民意，尤其守法安分纯洁之民众，其意见未有不反对鸦片。苟有主张法律准许鸦片营业，或对鸦片之恶势力表示降服者，即使为一时权宜之计，均为民意之公敌。”孙中山还认识到鸦片泛滥与国家政权的腐败有着密切关系，要根除毒祸，必须打倒军阀。“予之意见，认中国之禁烟问题与良好政府之问题，有连带之关系。鸦片营业，绝对不能与人民所赋予权力之国民政府两立。”在他看来，“欲达禁烟之目的，必须由国民政府采定全国一致遵守之计划，是吾人应先打倒为祸较深，为害较烈之军阀，促进国民政府之成立，使之实现民治之威权，禁烟始能收效”。[②] 他正色道：“苟负责之政府机关，为自身之私便及眼前之利益计，对鸦片下旗息战，不问久暂，均属卖国之行为！”[③]孙中山对毒患的认识无疑促进了民国禁烟运动的展开。

中英关于禁止洋烟入口的交涉 《中英续订禁烟章程》规定：“无论何省土药已经绝种，他省土药亦禁运入显有确据者，则印药即不准入该省。”因此，随着各省禁种罂粟工作的有效展开，政府与英国驻华公使朱尔典商议逐渐禁运洋烟（见表 7－17），根据前清政府的禁烟法令，到 1917 年 12 月 31 日，中国全境将完全禁种罂粟，而英国也将保证印度鸦片不准进入中国。其间双方为禁烟问题有过多次的交涉与争论。如 1914 年 10 月，英国公使向外部交涉说，云贵川浙苏等省的罂粟种植均累陌连阡，要求废除前约，不再遵守承诺，拟将印土公开运抵中国。对此中国政府一方面致电各省长官，切实履行禁烟；另一方面严令海关部门，按照条约检查印土入口。

---

① 《译孙中山致伦敦报界书》，《申报》1912 年 5 月 5 日。
② 《孙中山全集》，第 11 卷，第 492 页。
③ 《孙中山全集》，第 11 卷，第 492 页。

表 7-17 中英商定各省禁运印土的实施概况

时间	省份	时间	省份
1911.9.11	奉天、吉林、黑龙江、山西、四川	1914.5.1	福建
1913.6.15	湖南、安徽、山东	1914.6.1	湖北
1913.12.31	直隶、广西	1914.6.16	河南、浙江

资料来源：于恩德：《中国禁烟法令变迁史》，第 163 页。

1917 年为前清政府与英国签订的条约中鸦片的十年递减禁绝之年，事先双方约定，以云南和贵州为试点，共同勘验禁烟之成效。英方派遣驻汉口领事窦尔慈为云贵两省勘验会勘专使。为应付会勘，1916 年北京政府三令五申，要求云贵两省妥议办法，厉行禁烟，不致有失国格。两省即制定严厉禁绝措施，指出如会勘时发现烟苗，种烟者格杀勿论。一时，各级政府的禁烟告示贴满云贵两省。贵州在黔中、镇远、贵西三道设立禁烟督办行署，由唐积福、王国武和覃梦松为督办，各辖一个连队。各县也配备武装人员协助查禁。但有些地方狃于过去当局虚应故事，为谋利润，仍掏窝下种。尤其是地方的有势力者恶霸之流，仍我行我素，禁烟部门即派武装上山强行禁烟。贵州省兴义县的士绅何明伦（何应钦之父）在严禁之下仍遍植罂粟，贵西禁烟督办覃梦松下令将其锁解县城，所植烟苗尽行铲除，一时引起轰动，禁烟清铲大有进展。

为招待英国会勘公使，不致出现令人不愉快的事情，云贵两省会勘路线各县，纷纷搜罗民间珍奇古董，以作为礼品馈赠。

1917 年 2 月，会勘专使朱尔典由汉口出发，经重庆到达贵州松坎，与贵州协助会勘的三名县知事兼禁烟委员沈仲堪、陈昭令和陈时济等会合。沈等即献上厚礼，有赤金的餐具、白狼皮、民间珍宝等，朱尔典十分欢喜，于是开始会勘。时贵州省长刘显世早已密令沿县各地实行“清道”，军队警察将沿途剩余的烟苗尽行铲去，以确保会勘专使不见一根烟苗。有的一时难以清除的，便以前方有土匪正在清剿为由，绕道而行。每到一地，政府士绅尽心招待。熟悉中国官场内幕的朱尔典乐得完全听从地方安排，经过安岭、兴义等地时，夸奖贵省禁政说：“过去这些地方烟锅陈列，烟雾迷人，今日到来，不再嗅到烟气了。”①遂饱载礼品满心欢喜地向云南进发。他在云南所受之礼遇更加隆重，之后，朱尔典以“云贵两省已清除罂粟”为结论，“圆满”地完成了会勘任务。

于是，英国自 1908 年始逐步削减印度鸦片的入口，到 1917 年印度鸦片的入

① 《1917 年中英会勘贵州禁烟见闻》，《贵州文史资料选辑》第 3 辑。

口已减少到 1 072 担，此后，这项统计在中国贸易统计中即正式消失了。① 但是，这并不表明印土从此再也没有进入中国市场，恰恰相反，走私入境的印土有时数量仍是相当大的。

1912 年国际禁烟会议 1909 年上海万国禁烟会的召开，标志着国际间禁烟的开端，它使世界各国对鸦片等毒品的限制达成了共识；但上海会议所达成的决议案，并没有法律上的效力，随着国际间毒品交易的日益频繁，人们感到有必要在各国间订立具有法律效用的禁烟条约。于是在美国的倡议下，新的禁烟会议再次提到了议事日程。

1912 年 1 月，国际禁烟会议在海牙召开，出席的有中国、美国、德国、法国、意大利、波兰、葡萄牙、日本、俄国、暹罗、丹麦和英国等 12 个国家。经过协商最后签订《海牙禁烟公约》，共六章二十五条。条约规定鸦片及其他毒品，只能限于医学及科学上之需要，第四章第十五至第十九条为国际社会协助中国扑灭鸦片毒品的规定，包括设法不让鸦片进入中国，查禁租界地内的吸贩鸦片等。由于出席会议的国家仅 12 国，因此，条约的第二十二条写上了应争取未参加会议的 34 国的同意，以使世界各国能协力禁毒。《海牙禁烟公约》成为国际禁烟运动及各种禁烟文件的基础。

1913 年，第二次国际禁烟会议再次在海牙召开，出席会议的国家扩大到 24 个。7 月 9 日通过了议定书，决定第三次国际禁烟会议将在荷兰举行。为了贯彻国际禁烟会议精神，中国政府于 1914 年 5 月批准了《海牙公约》。

民初禁烟之评价 民初禁烟运动取得了不小成绩。由于推行四禁，罂粟种植面积大大缩小，鸦片产量急剧下降，使鸦片的供应量减少。以土烟大省四川为例，清末时，四川的鸦片税要占税收总额的 38%，②鸦片产量占全国的 40%，自 1906 年后推广禁种，成效显著，除零星栽种外，大规模的罂粟地已几乎绝迹了，直到 1917 年贵军入川后才又有大量种植。这一状况从海关的鸦片走私统计中也可得到证明（表 7－18），在民初的 6 年中所获极少。

表 7－18　1912—1921 年重庆海关查获鸦片走私统计　（单位：担）

年　份	所获走私鸦片	年　份	所获走私鸦片
1912	—	1914	0.42
1913	—	1915	1.26

① 郑友揆：《中国近代对外贸易和工业发展》，上海社会科学院出版社 1984 年版，第 21 页。

② 《重庆海关 1912—1921 年十年调查报告》。

续 表

年　份	所获走私鸦片	年　份	所获走私鸦片
1916	0.39	1919	17.00
1917	—	1920	56.38
1918	0.63	1921	57.08

资料来源：《重庆海关1912—1921年十年调查报告》。

禁止售吸，推广戒烟，使鸦片瘾者人数迅速下降，致使社会上出现了烟膏跌价，鸦片滞销的局面。据1913年英国驻香港、上海的领事报告："计至去年十二月三十一日为止，香、上二处囤烟共二万八千切斯持，其在上海每星期内仅售一百四十切斯特，每月至多不过售出五百六十切斯持，即使印政府完全禁止运烟，所囤之烟，仍非四五年不能售尽。"①鸦片的滞销客观上为中止印土输华创造了条件。另外，由于中国人民的同仇敌忾，迫使殖民者在中国的贩毒大本营——租界也不得不收敛。公共租界于1915年开始查禁土行，至1917年3月土行基本禁绝。法租界也被迫于1915年9月1日起抽签吊销了四分之一的土行执照。

清末民初的禁烟，使禁烟深入人心，从此的历届政府均在表面上奉行禁政，政治家亦总喜欢用"禁烟"来标榜自己，以示进步与廉洁。吸食鸦片贩卖毒品为正人君子所不齿，社会的责难，家庭的白眼，同事的侧目，使瘾君子如过街之鼠，惶惶不可终日。有些地方甚至规定烟客不准坐火车。一首《好了歌》道出了烟鬼的心情："世人都道革命好，惟有烟鬼苦死了，东躲西藏无处逃，一经查出命没了。"②它扫荡了百年恶习，打击各种鸦片犯罪活动，为社会新风尚的树立做出了贡献，在中国禁烟史上写下了有声有色的一页。

尽管禁烟运动取得了显著的成绩，但鸦片烟毒最终没能彻底地革除，这主要有四方面的原因。

第一，各级官吏素质的局限性。某些省份的禁烟立法有些过严，像湖北、陕西、湖南、安徽等省捕获烟贩，均处死刑。有些官吏工作作风粗暴，执行政策过火。"绍县之禁烟局，并不察报告之虚实若何，但凭人挟嫌妄指，平空兴波，择肥而噬。动辄会同兵警数十人，夜入室搜查，狠如虎狼，见有废弃烟具及一二粒戒烟丸药，即指为私吸证据。"③抓获的烟贩多自行处置，禁烟所可判烟贩15年徒刑，甚至枪毙。

① 《外人心目中鸦片问题》，《申报》，1913年3月5日。
② 《游戏文章》，《申报》，1913年3月5日。
③ 《申报》，1912年1月14日。

在禁烟运动中，洁身自好、秉公执法的官员固然大有人在，而贪赃枉法、中饱私囊的小人也不在个别，他们的假公济私严重地影响了革命党人的声誉，并使禁烟的效果大打折扣。《时报》曾揭露说："禁烟调查员之成绩，除三五小户人家稍受影响外，此外反闻某调查员索诈某家数十元，某调查员查获烟膏并不报告，纳于衣袋而去，某调查员查获烟具，见烟盘内有金表金戒等物随手掳去，类乎此者，书不胜书。"[①]又有"河南灵宝县劣绅串通地方官，藉禁烟名目勒索讹诈，连年以来，一般劣绅皆以禁烟一事为发财秘诀"。[②] 福建的查缉处收贿放私，监守自盗，所以"查缉处这几年已经声名狼藉了，很多敲诈勒索的传言都跟它有关"。[③] 其结果是"大量黑市交易继续存在。对禁种罂粟与其说是遵守，倒不如说破坏者居多"。

还有些地方禁烟只对下不对上，只对民不对官，唯恐丢了乌纱帽。更不能及于权贵，在"模范省"的山西，阎锡山也告诫各县官吏："为政要不得罪于巨室。"遂使民众的热情受到挫伤和打击。有些地方引起部分民众对革命政府的不满，一些省份还出现了抗禁暴动，这当然不利于吸毒恶俗的革除以及新风良俗的树立。

第二，像清末一样，民初的禁烟也遭到外国势力的百般阻扰，尤其是来自英国的干扰。各国在华租界仍是鸦片瘾者最后的避难所，中国政府的禁烟无法达到这些"国中之国"，因此，"禁烟手续，华界已着手进行，乃租界放任如故，新开土行之广告，几多于仁丹之市招，上海为烟鬼逋逃薮之说，不信然哉"。[④] 从印度及其他地方鸦片走私进口，一直没有停顿过。另外，日本乘中国禁烟之机，大量输入吗啡，从而不仅破坏了禁烟运动的顺利展开，而且使国人在鸦片之上，又增加了一个毒性更强危害更烈的吗啡毒。

第三，政府的四禁措施遭到靠鸦片为生势力的反对。禁种的阻力主要来自烟农。他们由于愚昧无知，单纯为浮利而植烟，对政府的禁烟法令视若罔闻，当官府军队下乡拔苗铲烟时，在他人的煽动下，起而抗拒。如在湖南某县曾出动数千乡民阻止官府拔苗铲烟，竟将两个禁烟委员殴毙。此后各县抗拒风波层出。[⑤] 1912 年 12 月，四川简县知事因发表禁烟演说而被乡民刺伤。1913 年 2 月，"福建官吏因禁烟之故，与兴化土民致以兵戎相见，被杀者有三百余人之多"。此外，在河南、湖北、浙江、云南、广东等省均有同类事件发生。禁运的反对力量主要是会党土匪。民国初期，曾一度参加革命的会党大多转化为消极势力，有不少人参

---

① 《时报》，1913 年 1 月 20 日。
② 《申报》，1913 年 4 月 25 日。
③ 《闽海关十年报告》。
④ 《申报》，1913 年 1 月 11 日。
⑤ 《湘省禁烟之棘手》，《申报》，1912 年 5 月 20 日。

与贩运鸦片，因此对政府的禁烟举措非常仇视，经常惹是生非，甚至发展到武装对抗。杭州的会党勾结土匪，组织300人偷运鸦片，当遭到军警追捕时，他们竟公开拒捕。湖北的哥老会联合烟农，驱逐禁烟官吏，还出动3 000余人围攻县城，极为猖獗。浙江吴兴的痞棍流氓同禁烟的兵捕对抗，将四名弁兵击成重伤，将一名调查专员杀死并毁尸灭迹。会党帮会由于其能量很大，为非作歹，并日益成为贩售毒品的主力，这股社会恶势力不铲除，禁烟是不可能彻底实现的。

第四，民初社会风气的奢靡也妨碍了吸毒弊端的革除。“宣统辛亥以还，政体改革，风俗亦因以移易，奢侈日甚，不知所届。”[①]时有记者谈各地状况指出：“光复之后，尝驱车至我国通都大邑，如武汉，如南京、上海，如天津、北京，意以为当兹风雨飘摇之际，我国民宜如何减衣缩食，尝胆卧薪，以维系一发千钧之民国。乃入其境，观其风，而饮酒挟妓自若也，变本加厉，有加无已。”[②]这种作风由新贵富绅阶层而蔓延至全社会。人们争奇斗艳，竞尚奢华，北京“国变后，茶社酒馆的林立，娱乐场所的增加，都是风俗奢靡的表现”。[③] 上海“旅馆游戏场舞台遂应而起，日有增益，务以导淫侈败闲检为事”。于是，吸毒之风在纵欲主义、享乐主义之下不仅没有禁绝，而且没过几年，再度泛滥开来了。

第五，政府是禁烟运动的发动者和领导核心，但由于整个官僚机构的腐化，政府对禁烟的态度左右摇摆，虎头蛇尾，致使清末以来相延了十年的禁烟运动功亏一篑。二次革命失败后，中央政府的烟禁日渐松弛，各地新生的军阀视鸦片为军饷之源，纵容烟毒的现象逐渐增多。如1914年张广建任甘肃总督，设禁烟总局，宣布厉行禁烟，但为增加财源只禁种而不禁运售吸食，于是甘肃出现“无商不土”的局面。到1915年，袁世凯为了筹措经费，竟自食其言，亲自批准在江苏、广东和江西三省试行鸦片专卖，以收取鸦片税，从而变相地承认了鸦片的合法存在。从此，鸦片是“新税既加”，“烟禁复弛”。[④] 4月29日，袁世凯任命蔡乃煌为该三省的禁烟特派员，名为禁烟，实是贩烟，蔡乃煌的使命是推销积滞于上海和香港两地的巨额官土，总计1 100万元以上，来为袁世凯筹饷。这样，一场浩浩荡荡的禁烟运动由民间发动，而最终却断送于政府之手。不过数年，烟毒回潮，鸦片泛滥，不仅十年的禁烟成果荡然无存，而且毒品更丰，吸者更众，中华大地再次被黑烟毒雾所笼罩。人人痛言北洋红黄蓝白黑五色旗，这白色是吗啡、海洛因，而这黑色就是鸦片烟了。

---

① 《可言》，卷十三，页一。

② 《消费与贮蓄》，《大公报》，1913年4月24日。

③ 《首都乡土研究》，《风尚》。

④ 《试行鸦片新税之近况》，《申报》，1915年6月18日。

1919 年徐世昌焚土 1912 年时，上海江海关所存的印度鸦片还有 17 031 箱，[①]因各地纷纷爆发革命与禁烟，因此瘾君子们云集上海，租界内土行烟馆相当繁荣。1917 年已是中英约定的十年禁烟的最后时刻，中国政府决定用巨款购下这些鸦片。经与拥有该项鸦片的上海鸦片联合营业所谈判，政府用 1 200 万元购买价值 2 500 万海关两的存土，以作医学之用。实际上此巨量鸦片早已超出医用之需，因而引起国人的反对。

1918 年 6 月 11 日，副总统冯国璋不顾国民的反对，仍代表政府签订合同，从怡和洋行和沙逊洋行购入鸦片共计 1 756 箱，每箱为 6 200 元。大总统徐世昌拟发行 2 000 万元公债，作购土之用。在政府财政相当困难的时刻，为何化巨款购买毒品，国民百思不得其解。原来，政府与北京的土商集团早已达成了协议：该巨量鸦片由土商再以每箱 8 000 元的价格购入，然后运往江苏、江西两省销售。消息传出，舆论哗然，各地禁烟团体纷纷发表宣言予以反对。

最后迫于公众的压力，1918 年 12 月，大总统徐世昌颁令就地焚毁，并再申禁烟令。徐特派张一鹏为焚土专员，到沪与驻沪特派员、上海海关监督冯国勋共同主持。时邀上海地方官员、社团、学校等负责人组成监察团予以监督。

1919 年 1 月 17 日，1 207 箱鸦片在上海浦东陆家嘴被焚毁。焚烧前夕，曾请黄炎培、邵力子等开箱检验，结果发现重量与品种均不相符，原来冯国勋在购土时已做了手脚。

这一焚土事件当时曾被看作是中国“鸦片合法贸易史的可资纪念的最后一页”。[②] 实际上它只标志着一个禁烟时代的终结。当浦东焚土之火熊熊燃烧之时，各地的烟毒也已如旷野烈火，势不可挡了。该年 1 月 6 日，政府为各省军人包运烟土事声明禁止。2 月 18 日，大总统再颁严禁种植罂粟令。3 月 2 日发布严禁吗啡令。时英国公使因陕西罂粟遍地，两次向中国政府抗议。中央政府于 5 月 20 日和 11 月 6 日再申禁令。实际上禁烟已徒有虚表。此后烟祸更烈了。

日本对华贩毒的开端 日本以“以毒攻毒”的政策借助鸦片而取得了统治台湾的初步成效，到日俄战争后，日本又开始构思以全中国为对象的鸦片战略了。

1916 年 9 月，台湾总督府专卖局局长加来佐贺太郎提出《支那鸦片制度意见》一文，对未来日本在中国的鸦片政策做了系统的设计。他认为，中国大陆的 4.2 亿人口里，如果有 5%的人口即 2 000 万吸食鸦片，若沿用台湾的方法，每年就能赚取 5.54 亿日元的利润。加来甚至对北京、汉口等 11 个主要城市里的吸

---

① 《上海近代社会经济发展概况》，第 184 页。

② 《上海近代社会经济发展概况》，第 186 页。

食人数、烟膏的需要量、烟膏工场的规模、烟膏的运送路线等做了周密的筹划。这个实施计划并非空穴来风，因为日本早就开始向中国运输吗啡了。

自1906年起，中国进入了十年禁烟时期，在国际上得到美国的支持，并使得英国承诺逐步削减印土的输入量。对中国的禁烟运动，日本的态度十分冷淡，他们对协助中国禁烟毫无兴趣，相反，却从中窥到了发财的良机。原来由于土烟生产的骤减和洋烟入口被禁，致使鸦片价格直线上升。如在上海，1913年每担印土的价格是2 400海关两，而到1914年便涨到了6 500两。而且即使是如此高的价格，实际上也往往有价无货。于是，作为鸦片代用品的吗啡便日益受到人们的青睐。

吗啡的主要制造国是美国和英国。英国每年要进口42.2万磅的鸦片来制造吗啡。而英国的这些产品几乎全部运往两个国家，一个是制药业发达的德国，另一个就是日本。运往日本的吗啡被分作两部分，有一半直接从伦敦经西伯利亚铁路送到关东租借地大连，然后再输往满洲、华北一带。另一半虽直接运至日本，但也被神户、大阪一带的商人混在杂货里运往上海了。时值中国禁烟时期，英国运往日本的吗啡因正好填补了中国鸦片的空缺而销量大增。例如1911年，日本从英国进口的吗啡为58 852盎司，1913年即上升到252 110盎司，而1914年更增为352 130盎司。要知道全日本每年用于临床的吗啡只需50—200盎司，而1914年日本从英国进口的吗啡数量竟达这个数字的1 000多倍，这些吗啡全部被运往中国，去毒害中国的民众。

从英国进口吗啡而获得的巨额利润，极大地吸引了唯利是图的日本制药业的老板们。在后藤新平的支持下，他们开始利用台湾从海外输入的鸦片而生产吗啡，然后把粗制的吗啡输往中国大陆。最初投入这一生产的是“星制药”公司，后来还有大日本制药、三共制药、内国制药等公司，年产约7.25万盎司的吗啡。仅“星制药”一家在1915—1918年的4年里，就因此获得了280万日元的利润。此后不仅日本所产的吗啡年年增加，日本从国外输入的吗啡也急剧增多，1916年为55万盎司，1917年达60万盎司，1918年达到了最高潮。据统计仅在1911—1918年间，日本自产或从英国等国进口后再向中国走私出口的吗啡总量在500万盎司以上，这还没有包括数十万公斤的鸦片走私。

这巨量的毒品是经过日本人特殊的贩卖网推销的。这一贩毒网约建立于第一次世界大战期间，其第一层是进行决策和监督的台湾总督府和关东厅；第二层是大日本制药、三共制药、内国制药、星制药等公司，其职能是制造毒品；第三层为神户、大阪和大连等地的杂货商，他们是贩卖毒品的中间环节；第四层则是居住在中国沿海城市的日本人或是朝鲜人、中国台湾人等，他们甚至形成了伸向中国内地的毒品贩卖网，从而保证把毒品运销到穷乡僻壤。

在这个贩毒网中，大连、青岛、上海和厦门可以说是担负重要职能的四大中心基地。大连是日本关东厅指挥下的吗啡和鸦片的双料走私基地。关东都督府特设“戒烟部”管理并收取特许费，它把贩卖权交给特许的商人。商人们与10万活跃在满洲各地的日本无赖紧密相连。据史料称：日本人“敢于冒险，肯深入腹地，熟悉当地情况……所谓下流行业经营者多数属卖药行商，他们几乎无一不是吗啡和‘可卡因’的零售者。此等违禁品由于利润极大，操此业者又多伪装成姿态坦然，又能潜入满洲内地神出鬼没，因此中国当局很难查获”。[①] 另一个与大连齐名的鸦片走私基地是青岛。1914年在大战中占领此地的日军赖在那里，占领者的财源就是靠贩毒，青岛军政署直接参与了生鸦片的输入。在日军的卵翼下，日本下流行业的经营者们涌向了山东各地，非常活跃地从事罪恶的勾当，青岛军政署每年的鸦片收益就达到300万日元。上海的虹口自清末形成日本人的居住区后，虹口成为日本国内向华东华中地区倾销毒品的枢纽。上海江海关查获的走私吗啡量逐年上升(见表7-19)，这些毒品的“货源来自日本人”。[②] 厦门是毒品走私基地中最南端的一个，经此地而通向中国内地的贩毒路线是日籍的中国台湾人开辟的。通常那里的台湾人里有三分之一是职业的贩毒者。除了四大基地以外，日人在沿海其他城市的贩毒也日益猖獗。如清末民初时，仅福州城内挂着日本国旗的烟馆就有140家，他们为非作歹，肆意妄为。五四运动中，福州青年发动反日斗争，遭到日人的反扑。11月16日，日人敢死队公然在街头行凶，打伤多人，酿成福州台仁事件。上海的《大陆报》指出：“日人在福州势力之大与行动之不法，已达极点，开鸦片馆及非法之当铺，恣行种种，完全漠视中国主权。”[③]

表7-19　1916—1921年江海关查获吗啡等毒品数量　（单位：盎司）

品　种	1916年	1917年	1918年	1919年	1920年	1921年
吗　啡	2 403	116	3 876	3 392	1 986	702
海洛因	—	1	364	2 333	2 721	5 537
可卡因	102	20	926	452	156	1 049
其他鸦片副产品及查禁药品	668	163	421	214	948	1 621

资料来源：《上海近代社会经济发展概况——海关十年报告译编》，第187页。

① 大内丑之助秘件：《支那鸦片問題解决办法》，大正六年，第200页。
② 《上海近代社会经济发展概况——海关十年报告译编》，第187页。
③ 转引自上海《民国日报》，1919年12月3日。

有必要特别指出的是，在毒品的大贩卖中，日本军部并不是袖手旁观者，恰恰相反，他们是相当活跃的参与者，这种事例不胜枚举。如1918年后日军出兵西伯利亚，在一份叫作《第11师团驻屯区域鸦片栽培事业报告书》里写道，日军强征辖区内的鸦片并将其运至青岛。[①] 鸦片税曾长期是日本关东军的主要财源之一。

自20世纪初叶起，日本已替代英国而成为向中国输出毒品的主要国家；而且，日本以吗啡、海洛因等毒品为主，其危害更严重。

五花八门的"戒烟药" 自晚清鸦片烟毒泛滥起，中国的能人志士就在谴责这种罪恶的同时，研制使瘾者解脱烟瘾，恢复健康的良方妙剂。不少国药高手也继承中国医学的传统，为戒烟戒毒做出了贡献。但也有一些中外小人，趁禁烟之机，以毒品制造所谓的"戒烟药"，牟取巨额利润，为鸦片烟毒再掀波澜。

早在林则徐禁烟之时，不法之徒便制戒烟伪药，牟取不义之财。鸦片战争后，中国近代最初的西医医院和药房为外人所设，因此早期的禁烟药也为外人所配制。1850年英国医生撒敦(Churton. C.S.)在上海外滩设立大英医院，该医院制售包戒烟断瘾白粉、包戒洋烟糖片、戒洋烟根除药片等，为最早的西式戒烟药，它还在《申报》上刊登广告："由伦敦新到戒烟莫啡哑散(即吗啡)多箱，其药醇正且有力，故杜瘾之效较为捷速。"[②]此后还有屈臣氏药房出售秘制的戒烟精粉、药水、药饼、药丸；科发药房售有断瘾戒烟粉和银衣戒烟丸；老德记药房包戒烟断瘾散、戒烟白药粉、戒烟白精粉、戒洋药精水等。这些药物都含有从鸦片中提炼出来的吗啡、可待因(Codeine)和狄澳宁(Dionin)等成分。甚至还有公开销售吗啡和海洛因的。[③] 因此，非但不能起到戒烟之效，相反更易成瘾，受毒更深。

稍迟诞生的华资制药公司也从19世纪80年代起从事利润极高的"戒烟药"的产销。黄楚九的中法大药房是上海最老的药房。清末戒烟后，该药房用黄楚九的发明为号召，制销"天然戒烟丸"，其成分是陈皮、枳壳加上0.004克吗啡，成本低廉却每瓶售价1元。由于广告大肆宣传，再加上禁烟的深入，仅此一药每年就获利10多万元。另一些华资药房早期贩售毒品牟利，中西药房除经销英国的狮马牌西方戒烟药，还自制"无双戒烟梅花参片"出售；中英药房制成"乃安戒烟药片""戒烟精水"等，还有华英、五洲、光华堂等药房的产品。到清末民初，它们又制销"清醒戒烟丸"等药品，表面配合禁烟，实际是趁机大捞好处。

清末民初，政府监制的戒烟药开始流行。这些戒烟药由专卖所制成，按质量

① 二反长半：《战争と日本阿片史》，昂书房1917年版，第221页。
② 《申报》，1974年4月17日。
③ 《上海近代西药行业史》，上海社会科学院出版社1988年版，第33页。

分为福、寿、康、宁等级别，价格相差悬殊。特制的高级“戒烟药”用上等云土或印土制成，用有盖的瓦盅装盛，外贴有特制的“戒烟药膏印花”粘封盅口，以防伪造。“戒烟药”分为2分装、1钱装、2钱装和1两装等多种。它们大多是由鸦片改制的。因此服用得当，可逐渐减少吸食量，但如果不加节制则对戒烟没有任何作用。

各地的投机商见戒烟药可发财，也纷纷制药牟利。所制之戒烟药五花八门，有的将烟膏枯灰与铁粉掺和，有的以益母膏充戒烟膏，有的用猪皮、牛皮、桂皮、红枣熬膏，诸如此类的戒烟膏，对戒烟无丝毫作用。

第八章 军阀与烟毒

袁世凯之后的北京政府，在派系混战中逐渐放松了禁烟政策，甚至几乎不约而同地通过控制毒品来聚敛财富，扩充地盘，以增大在中国政治中所占的份额。于是，在军阀的刺刀下，清末民初的禁烟成果很快被吞噬，中华大地再度弥漫起毒雾，毒况更加严重了。

第一节 1917—1927年的毒况

北京政府的烟政 袁世凯时代，北京政府对禁政已经失去兴趣，在财政拮据之中，开始从鸦片中图利。为筹备洪宪帝制，袁世凯指使梁士诒以禁烟名义对香港运沪的印度大土6 000箱予以征税，前后所得2 000万元，占其筹备帝制所需经费的三分之一。[①] 1916年6月6日袁世凯的死去，使国内政局为之一变。大大小小的军阀分为两大集团，即北洋军阀和非北洋军阀集团。前者是袁世凯的部下，逐渐分裂为段祺瑞的皖系、冯国璋的直系和张作霖的奉系，还有山西的阎锡山以及张勋的"定武军"等；后者主要是西南六省的地方武装，最大的是唐继尧的滇系和陆荣廷的桂系。不管是哪路军阀，都以地主、官僚、政客为主要社会支柱，为巩固各自集团的私利而不断进行割据混战，争夺地盘，使中国社会陷入长期的动荡不安之中。

政局的转变给禁烟运动带来了巨大的变化。尽管中央政府仍表面上维持着禁烟政策，但实际上禁烟成为政治的装饰品，各地军阀为着扩军发展的需要，先后弛禁，继而鼓励推动种植罂粟、贩吸鸦片，致使第二次禁烟运动中途夭折，禁烟的丰硕成果毁于一旦，中国再次陷入烟毒弥漫的劫难之中。

1925年春，段祺瑞政府召开善后会议，第五项议程即是禁烟议案，这个由内务部与外交部共同拟定的议案吹嘘："今幸我执政百度维新，与民更始，尤不宜留此旧染之污点，贻革新之硕画。"实际上此举目的并非切实禁烟，而是企图利用善

---

① 周志俊：《袁世凯帝制活动与粤皖系之争》，《文史资料选辑》，第13辑。

后会议，试行鸦片专卖制度。当时已有人提出禁烟实乃弃财于地，可在北京设署实行专卖的主张。正当北京拟议鸦片专卖之际，中华国民拒毒会发表宣言，予以强烈反对，引起各地呼应，才迫使政府收回专卖主张。1925 年 5 月 20 日，段祺瑞重申禁烟令，但中央权威早已扫地，各地种贩售吸，变本加厉。到 1926 年秋，镇威军在北京设立 10 家禁烟总所，进行公卖收税。由于税利极丰，1927 年夏，财政部将禁烟总所收回自办，设立直隶全省禁烟善后总局，仅北京一地就可收得烟税 6 000 万元。北京地方政府也不甘示弱，建立京兆全区禁烟善后总局，在全区设分局 34 处，其任务也是搜刮烟税，规定吸食者每月按等第缴纳烟灯捐 2—10 元，而且年龄越高，纳捐越少；此外，还制有活页临时证，每 30 张为一本，每一张限用一日。

罂粟栽培的复活 即使在清末民初的禁烟时期，有些地区的罂粟种植也时断时续，如福建宁德的三都澳地区，1912 年始，就有复种罂粟。[①] 就全国而言，1918 年是个关键的年份，随着各地军阀政权夺利的加剧，社会混乱程度的加深，罂粟再度种植起来了，以致英国驻华公使因福建、湖南、四川、云南、贵州、新疆、奉天及黑龙江等地大种罂粟，违反前约而提出强烈抗议。1922 年后，因受到各派军阀的庇护，罂粟种植面积日益扩大。据调查，全国在罂粟种植方面，大致可分为三类地区：一类是官府或军队勒迫劝种罂粟的，有奉天、黑龙江、河北、山东、陕西、河南、四川、云南、贵州和福建 10 个省份；第二类是对罂粟与鸦片取放任态度的，有湖南、湖北、江苏、江西、广西和浙江等；第三类实行禁种的，而真正实行的只有山西和吉林两省。[②]

陕西 1919 年后全省各地皆种罂粟，每县少的种 800 亩，而多的超过 2 000 亩。按亩收税，如果指定种罂粟而拒种，须交“白地款”13 元，1924 年仅种植罂粟所收得的烟税达 1 000 万元以上。在鸦片泛滥的陕西南部，鸦片还成了交易的媒介，一般的借贷均以鸦片作标准，工人劳作也不取工资而得鸦片。1922 年，旅行者在延安看到：“距城墙几码以内的地方都种着鸦片，而且从 1918 年春季以来，本县的鸦片种植一直是非常多和非常顺利的。”[③]甚至在城内也植有罂粟。甘肃的开禁与地震有关，1920 年发生大地震，灾情惨重，农民无以存活，政府号召植烟，从此烟禁大开。西北部传统的鸦片产区逐渐恢复，“除了少数过于硗瘠的地方以外，甘肃每一县都种鸦片”。[④] 有些地区罂粟面积占耕地的 80%，1922

① 《海关十年报告》，1912—1921 年，卷 2，第 132 页。
② 《中国烟祸年鉴》，第 1 辑，第 4 页。
③ 《中华年鉴》，1924 年，第 561 页。
④ 《中华年鉴》，1924 年，第 557 页。

年一个记者来到中卫,“从四面八方看去,凡目力所及之处都是正在盛开着的白罂花”。[①] 甘肃每亩罂粟收税15元,仅鸦片税就可维持8万兵士的生活。[②] 靖远县原是一个五等小县,但种烟12万亩,总产600万两,这样一个五等县,竟因鸦片而繁荣成了一等县。每至割烟季节,盛况空前,戏班子三五联袂而来,妓女纷拥而至,连和尚、道士也不远千里来化缘。县长张兆平成立“禁烟会”,实际是只收“烟亩罚款”。张兆平因“劝种有方”,财源不断,被省政府视为“招财童子”。好笑的是“政府鸦片视察专员在他的报告里说道,甘、陕两省今年禁种鸦片的成绩很好”。[③] 到1925年,该省植烟面积50万亩,约年产1.5万担。[④]

东北地区,在清朝统治时期,因是其发祥之地,故严禁关内人移民。进入民国后,禁令取消,再加上关内连年的灾荒和兵祸,各地农民纷纷“闯关东”到东北垦荒。关内农民去东北的过程中,也带去了罂粟,此后罂粟在肥沃的黑土地上日益生长,烟毒以辽宁和黑龙江最为严重。到20世纪20年代,辽宁的烟田已达200万亩,具有讽刺意义的是罂粟的种子是由当地的禁烟局供给的。

安徽1917年后种烟恶习死灰复燃,到1924年全省有五分之一土地植烟。[⑤] 福建在1919年以后,南、北、西三部由军阀强迫农民种烟,在兴化、仙游等县,当地人甚至说:“现在人们必须把鸦片当粮食吃了。”有些地区,种植面积达到耕地的70%—90%,[⑥]1925年后遍及全省,福建的特产第一是茶叶,第二即鸦片,其税收由商人承包,像漳州和泉州两地所负担的烟税就达100万元。湖北的西部及湖南的西部南部均遍植罂粟。广东即使是在清末也不是罂粟的产地,但此时却已是罂花盛开的景象。1923年,一个在汕头的传教士这样写道:“我在中国住了三十多年,从未见过像今年这样广泛的鸦片种植。农民不仅受到免费供给鸦片种子的鼓励来种鸦片,而且,如果他们拒绝种鸦片,还要被课以罚金。”[⑦]

西南仍是鸦片的最大产区,“贵州产烟之处,约占全省三分之二”。[⑧] 云南“全省几乎是一片广大的鸦片田。据北部、南部、东部和西部的报道说,有三分之二的土地都种着鸦片”。[⑨]

边疆和少数民族地区在第二次种烟大浪中进一步扩大了染毒区。新疆总督

---

① 《中华年鉴》,1925年,第578页。
② 《中国鸦片种植与贸易》,《拒毒月刊》,第2卷第3期。
③ 《中华年鉴》,1924年,第558页。
④ 《甘肃民政一年》,转引自张宗贤、谢翔云:《永昌禁烟记述》。
⑤ 于恩德:《中国禁烟法令变迁史》,第178页。
⑥ 《中华年鉴》,1926年,第627页。
⑦ 《中华年鉴》,1926年,第560页。
⑧ 罗运炎:《中国鸦片问题》,第204页。
⑨ 《中华年鉴》,1924年,第563页。

杨增新见内地已烟禁大开，也抛开了一切禁烟的形式，公开允许种植罂粟，只要到"土药罚款局"交纳30%的印花税便可。生活在伊犁地区的锡伯族民初开始大种其烟。[①] 川边镇守使陈遐龄勾结藏族土司头人，勒令民众栽种罂粟，每年征得的烟税达藏洋40余万元。[②] 凉山彝族至迟在1909年时已栽种罂粟了。辛亥革命后，汉人烟贩到凉山彝族地区租地种烟，彝族模仿，罂粟渐盛，并大大刺激了阶级的分化、商品经济的发展。云南丽江的纳西族人于1919年栽种罂粟，有势力者还经销鸦片，仅几家大烟商每年就要收购5万两烟土。[③] 四川的羌人也广植罂粟，茂州城因鸦片交易而繁华，成为"小成都"，熟膏的日销量最多时达800两。1916年4月，茂县知事甘德纯下乡铲烟，遭到乡民围攻，甘的门牙也被拔掉。

表8-1　各省罂粟种植的开禁

省 别	开禁时间	省 别	开禁时间	省 别	开禁时间
四川	1917	云南	1920	安徽	1923
陕西	1918	甘肃	1921	河南	1926.12
福建	1919	广西	1922	山东	1927.9.1
广东	1919				

资料来源：《中国烟祸年鉴》，第1辑；《拒毒月刊》，第1—20期。

鸦片的发展与农业的衰弱　由于政府军队的倡导与勒种，罂粟面积急剧扩大。鸦片产量到1925年已恢复到1905年的水平，达到了376 000担。由于罂粟栽培的急剧扩大，以致鸦片生产过剩，到1927年时，土烟开始向香港地区、马来联邦、安南及缅甸大量非法输出。

鸦片生产给农村社会带来了严重的影响。首先是罂粟排挤粮食作物，造成粮食恐慌。20世纪20年代中国的耕地为14.17亿亩，比1913年的13.6亿亩仅增加4.1%，平均每人仅三亩多一点，是世界上人均耕地较少的国家之一。由于政治和技术的原因，粮食产量一直徘徊不前。而罂粟面积的扩种，加剧了粮食的短缺。以1925年为例，罂粟总面积约为1 800万亩，以当年中国粮食平均亩产300斤计，因种植罂粟而每年少生产540 000万斤粮食。[④] 因此自20世纪20年代初期，每遇水旱灾，均会造成严重的粮食匮缺而饥荒流行。

---

① 《锡伯族简史》，中国民族出版社1986年版，第69页。
② 黄奋生：《藏族史略》，中国民族出版社1989年版，第334页。
③ 《纳西族社会历史调查》，第28页。
④ 水稻亩产1931年325斤，1932年366斤（见《中国近代农业史资料》，第3卷，第926页）。

当粮食充足时，每担米只需2—3元，1921年后因罂粟排挤稻麦，粮食渐缺，每担米上涨到40多元，是年“据各县知事报告，因缺食饿死的，约五六万人”。[①]四川因所种罂粟最多，几乎无县不种，无村不有，故从20世纪20年代初起，几乎年年缺粮。尤其在罂粟最多的西南地区每年有灾难，关于饥荒的报道可说是连篇累牍。1925年3月，上海文渊学校校长向红十字会报告说：川黔边界“数百里间，饥民颇众，沿途情形，伤心惨目：有室毁不蔽风雨者，有室内无一人者，有室内虽有人而不举火者，有虽举火而所煮皆蕨根树皮，全无粒米者，甚有食泥土以充饥者，有生病鬻妻女以救死而生离者。一路查看，除每日均有死亡外，其生存者皆鸠形鹄面，苟延残喘，衣不蔽体，饥寒交迫，种种困苦颠连，以老弱妇孺为最多，尤以五六岁、八九岁多数之小孩，啼饥号寒，为最可悯”。[②]植烟最广的涪陵，稍有水旱之灾，即“大饥，栽烟者，一家吞烟自尽。巴中种烟饿死者，埋万人坑”。[③]1925年某地“人口有百分之三十已经饿死了。其原因是鸦片和旱灾”。[④]

其次，加重了农民的负担。烟税奇重，通常种罂粟要比种其他作物多交一倍以上的赋税（见表8-2）。

表8-2 各省罂粟亩税概况

省别	每亩罂粟征税情况	省别	每亩罂粟征税情况
新疆	征税30元	四川	烟苗捐、窝捐、青苗捐、懒捐、门户捐等
甘肃	懒捐8—15元		
辽宁	种烟罚金30元	云南	烟亩罚金
安徽	5元	贵州	窝捐税等，每亩4—10元
陕西	烟亩变价 白地款13元	河北	烟税6—8元
		河南	烟税10元

资料来源：英文版《中华年鉴》，1924、1925年。罗运炎：《中国鸦片问题》。《中国烟祸年鉴》第1、2、3辑。

种烟的普遍化加深了农民的苦难。如湘西的土家族地区因鸦片供大于求，价格下跌，“人民所收烟土不够交纳捐税，一时告贷无门，有的卖耕牛，典青苗，售房屋，嫁妻鬻子，有的个人自杀或全家自杀”。[⑤]

① 于曙峦：《贵阳社会的状况》，《东方杂志》，第21卷第6号。
② 《农商学报》，第130期，近闻，1925年5月。
③ 黄尚毅：《绵竹县志》，卷13，页8，1919年。
④ 《中华年鉴》，1925年，第571页。
⑤ 《1919年川东烟案见闻录》，《四川文史资料选辑》，第7辑。

在甘肃，实际上兵士向烟农索取赋税时，是随心所欲的，“有的甚至三倍的赋税”。[①] 福建民众控诉说：“军阀又从而设专卖局以敲剥之。……鸦片卖出之钱均小洋，而纳税买化肥概须大洋，小洋因军阀争铸劣毫，源源发市价日跌，受损尤巨。”[②]1918 年时鸦片每两数十元，绥远的农民在当局逼令下大种罂粟，后因供过于求，每两只值 4—5 角，烟民大多破产。《民国日报》载：“和林县第三区永乐村农民，以去年种烟每亩罚款二十四元，烟户深以为苦，今年种烟六十亩，仅准减去罚款五百元之数，其余一千一百余元之烟款，仍勒令种此六十亩之烟户分摊。今秋不幸，淫雨成灾，此六十亩之烟地，又被水淹没三十余亩，故现时每亩须摊派烟款三十六元之多。”于是“稍有身家者，出售牛马农具，尚能交纳几元，其穷无立锥租地种烟者，皆逃避远方”。[③]

最荒唐的是如果农民不种罂粟，就要缴纳“懒捐”，其发明权属于四川军阀。1923 年，川军第 1 军俞华炜强迫驻地三台县农民种植罂粟，对违令拒种罂粟的农民征收“懒捐”，此例一开，各地政府军阀纷纷仿效，如在陕西，不种罂粟的要交纳“白地款”“空土税”。福建军阀也规定，农民不种罂粟者，须交同样多的烟税。

再次，加剧了农村的阶级矛盾和社会动荡。新疆的农民因拒绝种大烟，而与前来逼种的军队发生冲突，被杀死多人。[④] 合肥巢县一带，农民则因反抗铲烟苗而与军队发生对抗。据报道：“江北铲除烟苗，风波迭起，乡民因距收获期不及二月，群起抗拒，泗阳县政府张秘书，因督饬各区长铲烟，为第二区乡民枪伤要害，乡民表示烟存与存，烟亡与亡，当局甚震怒，决派大兵以武力彻底解决，虽流血亦所不惜。”[⑤]“巢县合肥一带乡民组织红枪会白枪会与铲烟官兵抗战，有数处村庄悉被官兵纵火焚毁，农民死伤数十人。”[⑥]

最后，加速了中国农业经济的衰弱。无数的农民为避战火和沉重的赋税而离乡背井，致使荒地大增，20 世纪 30 年代荒地面积已占全国总耕地的 20%。

1925 年，福建省“因烟苗失收，征税加重，穷无所之，自杀者有之，典田鬻子者有之；强壮者散而之四方，老弱者束手无策”。[⑦]

游民与鸦片　农村经济的破产，导致大量农民离乡背井，四出谋生。在 20

---

① 《中华年鉴》，1924 年，第 558 页。
② 周宪文：《中国之烟祸及其救济策》，《东方杂志》，第 23 卷第 20 号。
③ 绥远《民国日报》，1934 年 9 月 1 日。
④ 《中华年鉴》，1924 年，第 562 页。
⑤ 《大晚报》，1934 年 4 月 19 日。
⑥ 《申报》，1934 年 4 月 19 日。
⑦ 周宪文：《中国之烟祸及其救济策》。

世纪20年代，离开土地的农民约占农民总数的5%。[①] 他们进入城市，因就职困难，大部分成为游民阶层的后备军。据国民政府农民部估计，1927年时，全国的游民兵匪等总人数达2 000万人。游民阶层与鸦片具有密切的联系，这主要是：

第一，部分游民流向新垦区，以种植罂粟为生。游民奔赴新疆、绥远、东北等地。尤其是山东向东北的移民，据胶济铁路的调查，每日乘胶济车转往东北的求生者就达3 000人。这些人不少来到吉林、黑龙江等地种植罂粟，"种的时候，官方是放任的，一至割烟季节，官军就群来要挟，借端没收，于是他们一年的希望尽付流水，遂不得不入山为匪了，土人俗称'红胡子'"。[②]

第二，参加帮会或土匪，从事贩运鸦片。匪患最严重的山东、东北、四川、广西、陕西等地，同时也是鸦片盛行之处。据调查，1927年山东一省的土匪在20万人以上。[③] 而1928年10月20日的上海《民国日报》披露，直隶的土匪竟达500万人。湖南"全湘75州县，乃无不有匪，而匪无不炽"。[④] 自清末民初起，各地的五花八门的帮会大多参与贩毒勾当。如西南的哥老会，长江下游的青帮等都不同程度地介入了鸦片贩运。他们由于鸦片的高额利润的滋养，势力扩大，能量更强，从而成为民国时期社会的恶势力。

第三，部分失去土地的游民有的结伙开设烟馆，有的充当装烟手或望风护院之流。

第四，他们又是吸毒大军中的主力。帮会分子、流氓、土匪、娼妓、游民无产者等多染有烟瘾，是各类烟馆的常客。

总之，游民与烟毒有着不解之缘，他们与官府、军队一起是中国毒品泛滥的三大支柱。

山间铃响马帮来 云贵高原上的罂粟长在崇山峻岭之间，那里不通公路，也无舟楫之便，只有靠马驮装载外运。"山间铃响马帮来"，这马帮就是运输鸦片的。西南为鸦片主产地，以此为中心，向四周辐射，形成了遍布全国的运销网络。据云南省档案馆所藏资料载：20世纪20年代，云南年产鸦片6万—7万担，折合为6 000驮，每驮重量为1 000两至1 200两。平均每年运往两湖约2 400驮，运往两广地区为1 200驮。

运送鸦片的马帮大多是烟商、哥老会的混合体，有的还有土匪或军队参与。他们三五成群，每人都随身带有武器，规模大的马帮，甚至配备轻重机枪，进行武

① 章有义编：《中国近代农业史资料》，第2辑，第636页。
② 《东三省实情的分析》，《向导》周报，第52期。
③ 集成：《各地农民状况调查——山东省》，《东方杂志》，第24卷第16期。
④ 《湖南叙浦县的农民经济概况》，《中国农村》，第1卷第2期。

装押运。马帮的口号是:“典田卖地,将本求利;有人挡道,人头落地。”

云贵川的鸦片外运路线主要有以下 8 条:1. 云土、黔土经遵义、桐梓到重庆,由长江至宜昌、汉口、上海等地。2. 经贵州东部黄平入湖南洪江,再由洪江一路沿沅水、沅陵、常德到汉口;一路陆路至宝庆、长沙、武汉;另一路走零陵、衡阳等地。3. 从云南富州经广西靖西,下龙州,转钦州、廉州。4. 由云南广南,或由贵州兴义、安龙到百色集中,然后下南宁、梧州入广州。5. 从贵州北盘江一带入广西红水河,经都匀,或由武鸣出南宁,或经宾阳下玉林。6. 由贵州都匀、独山等地入南丹、宜山,下柳州;或由贵州榕江下柳州,经桂林、平乐,东至湘南、赣南。7. 云土经西康转四川成都等地区。8. 川东之土沿长江下至宜昌、汉口、上海。

烟馆遍地吸者万千　罂粟之种植、鸦片之贩运,最终需要有人消费,有人去吸食。1918 年前后,各地在军阀的统治下,已公开售吸,虽然有些地方还羞羞答答地挂上块“戒吸所”的牌子,实际上是没有任何限制的。于是清末那种烟馆林立,举国狂吸的景象再现于神州。

西北　陕北为鸦片主产地之一,在历届军阀的“栽培”下,每县几乎都具有生产 3 万两鸦片的能力,据记载,当时陕西全省罂粟面积达到农田总面积的 90%,①烟馆无村不有。禁烟局向每家烟店每日抽捐 2—5 元,烟价之低廉每两只需 3 角,因此,男女老少人人吸烟,瘾士占总人口的 50%以上,商人中不吸烟的找不出十分之一,鸦片是最普通的应酬品。尽管如此,鸦片仍然供过于求,因此,大量运往山西等地。宁夏一地就有烟店千家,每家烟店月纳烟捐 20 元,全省年销 200 万两,全省吸烟者不下数百万人,煤矿工人、黄包车夫几乎人人嗜好,连女人小孩也普遍吸食。甘肃的罂粟种植占了农田的 75%。② 城乡各地商业凋敝,不少地方“市上无一家卖食货的商店,公开零卖熟鸦片烟土的,倒有好几家,一角钱可以买好几口烟土,真物美价廉”!③ 于是烟毒愈烈。吸食者涉及各阶层。轿夫们“皆吸大烟,皮肤长满疮疥,瘦如骷髅”。④ 有些地区,一家就有 5 杆烟枪:夫妻儿女各一,还要留一杆待客。婴儿呱呱落地后,即在鸦片烟雾里成长,因此,孩提之时即能吸食,不吸烟便会夭亡。时人报导说,甘肃虽贫穷,然所积存的鸦片可供全省用 15—20 年。⑤

华北　直隶虽不产烟,又是首都所在地,然而吸食之普及也令人瞠目结舌,

---

① 《中国烟祸年鉴》,第 1 辑,第 8 页。
② 《拒毒月刊》,第 23 期,1928 年 7 月 1 日。
③ 范长江:《中国的西北角》,北京新华出版社 1980 年版,第 35 页。
④ 范长江:《中国的西北角》,北京新华出版社 1980 年版,第 34 页。
⑤ 《拒毒月刊》,第 25 期,1928 年 11 月 1 日。

这从北京一年要销售 1 080 万两鸦片烟膏上就可窥见一斑了。天津的烟馆数量更多，警察对此不仅不干涉，反而取保护的态度。

华东　福建是罂粟的产地，鸦片随处可得，因此可以说是烟馆多于米店，仅厦门、龙溪、闽侯、宁德、南安、长乐等六处，烟馆就在 1 200 家以上。而且厦门和福州等地的烟馆多是台湾人开设的，政府根本不敢干涉。在江苏的西北部，鸦片可公开出售。安徽是产烟区，因此鸦片极其便宜，一两仅 3 角，因之贫困者吸食现象也相当普遍。宿州、芜湖、南宿和蚌埠为鸦片最盛之地，仅芜湖一埠就有 10 大贩土公司。江西产烟虽少，但吸食者却众，尤其在禁烟处成立之后，有计划推销烟膏，遂使烟毒日益加深。浙江的禁烟最初较为认真，但奸吏勾结土商，破坏禁烟，遂使吸、贩日趋严重。

华南　广州自 1915 年 4 月就实行鸦片专卖制度，龙济光视其为"绝大利源"。从 1918 年起烟禁大开，军人将烟土大量运入，每日销售的"戒烟药膏"就达 1 万两，而且品种繁多。国产之中，漳州土售价每两 2 元，滇土最高每两可售 4 元；从香港运入的印土每两高达 15 元。汕头一地烟馆也有数百家，烟馆的老板多是有势力的退伍军人。偏僻的连平县有烟馆 800 家，增城县则有 300 余所。故广东全省的烟毒相当惊人。广西从 1922 年弛禁以后，在"禁烟督察局"的领导下，准许人民吸食戒烟药膏，并根据所吸之能力而分为数级。于是，"珠江两岸，完全黑化了"。湖南东部烟馆虽不普通，但吸食者亦不在少数，至于湘西本为产烟区，因此，家家户户几乎都有烟枪。省会长沙是著名的烟毒中心，全城的烟馆竟达 7 000 家。

西南　西南三省都是鸦片产地，鸦片充斥各地，且价格极廉，每两川土只需 4—5 角。云南的男子约有 60%是吸食鸦片的，女子虽少些，但大姑娘抽鸦片也绝非什么新鲜事。四川鸦片产量为世界之最，烟馆之数量亦为世界之最，平均每县有烟馆 300 家，全省达 5 万家之多。重庆一地加入熟膏同业会的就有 3 000 家烟馆。鸦片和烟馆如此普及，因此吸食者当然也是天下之最了。全省计有 20 万盏烟灯，以一盏烟灯供 5 人吸食计，为 100 万人，再加上自吸户，四川的烟民不会少于 500 万人。

第二节　1925 年：国内鸦片战争年

军阀＝武装＋地盘＋烟税　袁世凯死后，各派军阀为巩固地盘扩充势力，竞相增加军队人数。1914 年时，中国陆军不过 45.7 万人，1918 年增至 85 万人，到

1919 年初又扩大到 138 万人。[①] 这个数字尚未包括地方杂牌军在内。

随着军队的扩充，争夺的加剧，战争的频繁与扩大，军费开支必然增大。1893 年时，中国的军费开支为 1 560 万元，1910 年达 1.02 亿元；而辛亥革命后仅北洋系统的军费开支，1916 年就增至 1.529 1 亿元，1918 年上升到 2.03 亿元，1925 年更增加到 6 亿元。[②]

如此巨量的军费从何而来呢？由于农业的衰败，工商业的凋敝，因此政府的税收已达到了极点，无法收取更多的税金。占据在首都和重镇大城里的军阀，曾以借债度日，而地处四野的军队则靠滥铸硬币、滥发纸币集资；时间久了，借债的因无力偿还而续借维艰，滥发的因失去信用而遭民抛弃。而军还在扩，仗还要打，在筹饷乏术的情况之下，各路军阀竟不约而同地打起了鸦片的主意。

罂粟的种植除个别地区以外，几乎适合全国各地栽种，而且它是唯一的高利润的农作物。有了这个财源，就能购置枪弹，维持与扩大军队；而一旦实力充足，羽翼丰满，军队便能发动战争，去占领更广阔的地盘，并在扩大了的地盘上种植更多的罂粟，收得更多的鸦片税。这样，烟税—武装—地盘，便成为中国军阀割据的三大法宝。军阀割据政权与鸦片交易的长期共存，是近代中国社会的奇特现象。

为聚敛烟税，首先要劝逼农民栽种罂粟。军阀勒逼民众种烟抽税，但表面却说是体谅民疾，每至种烟季节，军政当局即上山下乡，千方百计使农民早种多种：缺乏烟种，他们从别处运来；资金不足，他们提供贷款；种烟害怕被抢，军队予以保护。于是，历史留下了不少勒种罂粟的文告。如福建某县知事告示曰："照得日昨召集全县执事团绅会议，筹垫临时军事事宜。仰蒙师长亲临面谕，此次军费筹垫，上峰系出于万不得已之苦衷，且许以禁烟罚金扣还。原为体念人民困难，暂弛烟禁，俾尔出款，人民能得抵偿实惠，复经本知事呈请，勿论种烟多寡，不再加征，并免除上年调查复勘种种流弊。已蒙俯准，如尔乡民自愿种烟者，切勿徘徊观望，致误期而生后悔，切切此令。"[③]而山东省禁烟局的劝种文告更考虑到乡民大多没啥文化，因而尽可能用浅显的文字，说话的口吻，布告称："各县人民，要是种多少，就报多少，每亩认上点罚款——十五元至二十元——任凭你们种多少，……如此行下去，人民也富了，兵饷也够了，外国外省的烟土也就不多来了。那些吗啡白丸……毒品，也渐渐可以消灭了。"[④]于是，烟毒便在军阀的愚民政策

① 《北洋军阀》，上海人民出版社 1973 年版，第 61 页。

② 陈翰笙：《中国农民担负的赋税》，转引自王仲鸣：《中国农民问题与农民运动》，第 129—132 页。

③ 《拒毒月刊》，第 23 期。

④ 《拒毒月刊》，第 23 期。

的软硬兼施之下，如火如荼般地泛滥开来了。

军阀就是这样靠烟税起家的。龙济光可算是“慧眼识鸦片”的“民国第一人”。1912 年广东都督陈炯明无力控制局面，袁世凯任命龙济光为广东宣抚使。龙济光统治广东三年，扩充兵力，军队占全国的 8%，军费支出 1914 年已达 1 102 万元。龙济光为保持收支平衡，把包庇鸦片贩运视为绝大利源，于 1915 年 4 月率先实行鸦片公卖制度。

此风一开，各地大小军阀群起仿效，遂使烟毒日烈。西北的马家也是收取烟税的先驱。1912 年马麒出任西宁镇总兵后，即积极扩军，然西宁镇人不过 50 万，地不到 200 万亩，且交通闭塞，经济落后。马麒首先成立官膏局，垄断鸦片的买卖。他搜购陇上烟土，经甘、宁、内蒙古而销往华北，然后换取军械弹药。1915 年，马麒借禁烟为名，派军队到乐都、民和等地勒缴烟税。马麒死后由其弟马麟统治，后则由马麒之子马步青、马步芳接掌，统治西北达 37 年之久。

陕西自 1918 年刘镇华攫取省长后，与督军陈树藩狼狈为奸，大开烟禁。强逼农民种植罂粟，征收“烟亩罚款”，拒种者须缴纳“白地款”，给陕西民众带来极大的祸害。刘镇华设立禁烟善后清查处，借“寓征于禁”之名，无论种烟与否，一律按各县土地面积，强征 50%的烟苗罚款；还在各地设卡，征收烟土运销税；又公开熬膏发售，供人吸食，牟取暴利。1922 年鸦片收割后，北京政府重申禁烟，刘镇华也煞有介事地做出禁烟的姿态，订立禁烟章程，将全省划为五大区，每大区派督察员一人，各县须订立禁烟印结，结果，督察员下乡，闹得鸡飞狗跳，上至督军省长，下到贪官污吏，均大发禁烟财。而田里的罂粟不仅没有减少，反而越禁越多了(见表 8-3)。

表 8-3 周至县罂粟面积与烟税状况

年　份	1891	1906	1919	1922	1925
罂粟面积(亩)	17 000	20 000	100 000	200 000	300 000
每亩烟税	1 钱白银	1 两白银	10 两白银	10 银元	
烟税总额(两)	1 700	20 000	1 000 000	2 000 000	

资料来源：周至县政协调查组：《刘镇华种烟敛财，对周至县人民的危害》,《陕西文史资料选辑》,第 11 辑。

到 1925 年周至县植烟达 30 万亩，占全县耕地面积的 50%。全县的吸食者占总人口约 21%，可想而知该年的烟税已近 300 万两了。陕南的吴新田也是靠鸦片起家的军阀。1921 年，北洋陆军第 7 师由吴新田率领到达陕南，枪仅 6 000 支，人不过 8 000 人。遂勒令陕南 25 县栽种罂粟，征收烟税。汉中盆地发展到有40%的耕地种烟。不几年该军发展到3万人，每年360万军饷均由鸦片中出来，人称其“黑军”，吴新田本人则由一小军阀而跃为百万富翁。

甘肃自民初张广建主政后，即采取“禁种不禁吸”的方针。到1921年陆洪涛任甘肃督军，为摆脱困境，重开烟禁，在兰州设立烟亩罚款处，勒逼农民种植罂粟，张掖一带土地肥沃、水源充足、光照较长，素有“金张掖银武威”之称，从此此处罂花盛开。每年数千峰骆驼来往于归绥与张掖之间贩运烟膏。军阀除征收每亩10元外，还征收熟膏税和烟灯捐。抚彝县1925年种烟12 000亩，亩税12元。全省种烟面积占总耕地面积的75%。[①]

中国是个贫穷的农业国度，但自种植了罂粟后，她所能提供的钱财是惊人的(见表8-4)。

表8-4　各省鸦片烟税统计

省别	年份	所收鸦片烟税(元)	省别	年份	所收鸦片烟税(元)
陕西	1925	15 000 000(刘镇华区)	甘肃	1924	20 000 000
湖北	1924	15 000 000	热河		13 000 000
福建	1924	20 000 000	河南	1924	3 000 000
湖南	1924	10 000 000	四川		30 000 000
广东	1926	10 000 000	山东	1926	60 000 000
北京	1927	60 000 000			

资料来源：1.《中华年鉴》，1924年、1925年。2.罗运炎：《中国鸦片问题》，第191页。3.《禁烟月刊》。4.《拒毒月刊》。

鸦片烟税约占军费总支出的40%—80%。该表所列还只是公开的数字，落入各级军官口袋里的有多少恐怕是谁以估量的了。如罗运炎所说的：“湖南全省每年的烟税收入，为公的达一千万元，私人的不计其数。”[②]

有了巨额烟税的军阀们，便纵横捭阖，互相厮杀。从1912年到1922年大小内战达139次，这些战争多与鸦片有关。正如1924年上海第一次市民拒毒大会通电所指出的：“民六政变以来，军阀割地称雄，拥兵自卫。国库既空，饷糈不继，于是私开烟禁，莫不恃毒物为饷源，私种私运，开灯吸食，莫不恃军队为护符，不肖官吏，从中渔利，司法机关，莫能过问，而所谓护法者，固不过各护其烟，所谓统

① 《拒毒月刊》，第23期。
② 罗运炎：《中国鸦片问题》，第191页。

一者亦不过志在统一卖烟。”[①]能收到巨额烟税的地区便成为其抢夺的主要方向。北京的《银行月刊》曾载文予以揭露说：“现在还有最丑的现象，就是勒种鸦片，这几年各省许多次的战争，固然说不到因为主义，并且还不配说是争兵权，实在是争鸦片税与包卖鸦片烟。如某地方鸦片收成富足，有军人占据，他处军人要去抢他的，就可以说讨伐救民。又如鸦片出产多的省份，割据的军人，收了鸦片税，派兵保护，到别省去卖，就可号称南征北战。”[②]在中国的近代，军阀与鸦片互为依存，如果没有了罂粟，没有了这巨额的鸦片税，就产生不了这多如牛毛的军阀，就不会有这么多的绵延数十年的内战，另一方面，军阀要扩展，就必然大勒烟税，因此从某种意义上说，军阀是战乱之源，而鸦片乃战乱之帮凶。可以说，民国的烟祸，是中国军阀政治及其统治的必然结果。

军阀的争战绵延不绝，尤其是集中在1925年。是年爆发的13场厮杀，几乎都与鸦片税有关，正如唐绍仪在战火刚刚平息后的1926年1月11日所指出的：“民国十四年来之数次战争，均为鸦片，故可称为十四年之鸦片战争。”[③]

滇黔军阀争夺贵州之战 1925年12月，滇系军阀在黔系部队的打击下，被迫退出贵州，贵州军阀首次确立了在本省的统治。这场旷日持久的战争的双方都依靠了鸦片烟税的支撑，而争夺的目的之一就是控制烟税以及占领产烟区。

滇系军阀的出世需要追溯到民国初年。辛亥革命后，云南成立军政府，蔡锷任都督。其部下唐继尧率滇军于1912年占领贵阳，任贵州都督。为解决财政问题，黔督唐继尧与滇督蔡锷拟定了“包销贵州鸦片的计划”，并委托“财政司与唐省吾筹拟办理”。[④] 1915年袁世凯准备实行帝制，蔡锷秘密返回云南，联络唐继尧组织反袁军，发动护国战争，进军四川。反袁军的军饷主要靠烟土和征收烟税，其出滇入桂，军队均携带大量鸦片。直到袁世凯取消帝制病死时，蔡锷手中还有8 000两烟土，后运至海口出售，价达30万元。[⑤] 此后，唐继尧开始扩张地盘，在当时西南六省的众多的军阀中，尤以唐的滇军和陆荣廷的桂军最有势力，唐有效地控制了云、贵两省，并力图向四川扩张；而陆则占据两广，遥控湖南。1917年后，唐继尧发动靖国之役，进入四川，以西南王自居。

唐继尧统治时期，因连年征战，不断扩军，军费开支激增，如1922年军费支出为465万元滇币，到1925年已增至1 157万元了。[⑥] 在收入方面尽管唐全盘

---

① 转引自罗运炎：《中国鸦片问题》，第41页。
② 《银行周刊》，第4卷第8号。
③ 周宪文：《中国之烟祸及其救济策》。
④ 云南军都督府秘书处：《政务会议记录》，第一本，1912年5月11日。
⑤ 云南《民族文化》，1983年第5期，24页。
⑥ 万湘澂：《云南对外贸易概况》；《续云南通志长编》，财政五。

继承前清的捐税制度，但由于战乱频繁，农业凋敝，所得无几。于是，唐大开烟禁。早在护国战争之时，他就开征烟土厘金，每百两收滇币 5 元，遂使运吸鸦片合法化。1920 年又公然征收烟亩罚金，每亩征滇币 2 元。当年云南的罂粟就达到 36 万亩。唐尝到甜头后，公然下令逼种鸦片。1923 年罂粟种植面积扩至 70 万亩，1924、1925 年云南的鸦片税收入已达 90 万元和 300 万元，分别占其财政收入的 20%和 30%。云南以一穷省能称雄于西南，这不能不说是云土的作用。

民国的贵州军阀如走马灯式变化，但对鸦片均是情有独钟。1912 年凭借旧绿营起家的刘显世，因驻地是鸦片产区，便靠山吃山，派武装贩烟牟利。刘显世出任省长后，公开在松坎设立护商时务所，专司护商运烟。到 1919 年实行鸦片开禁，征收“通关税”，每担鸦片纳 60 元；省议会开会最重要的一项议题便是鸦片开禁，会议结束后，议员们左手提着罂粟种子，右手拿着开禁布告，奔赴各地宣传种烟。到 1922 年袁祖铭主政后，将征收烟税的筹饷局直属于总司令部；提出“以烟盐为纲”的财政计划，将“通关税”提高了一倍，并向烟农开征“产场税”，每担纳 80 元。时贵州年产鸦片约 5 万担，其中销往外省的有 3 万担，鸦片税可得 800 万元。从鸦片中所得之利尚远不止此。时贵土一两价 0.16 元，若到汉口一两则达 1.6 元，升至十倍。因此袁祖铭派军队运烟去汉口，这样一船鸦片运去，一船军火载回，实力大增。

正当袁祖铭的鸦片生意越做越红火时，唐继尧大为眼红，遂于 1923 年发动滇黔之战，凭优势兵力攻入贵州，袁祖铭的黔军只得退至四川，等待时机。这时周西成所率的另一支黔军在四川境内也壮大起来，逐渐占据赤水一带。为重占贵州，袁祖铭与周西成结成亲家，合作抗击滇军。1925 年初，周西成率部向滇军占据的黔西北发动进攻，并初战告捷。此后，袁、周合力于 1925 年底将滇军逐出黔境，袁祖铭以彭汉章为省长，以周西成为军务会办。其时大做鸦片生意，连省府职员的薪水有时也以鸦片替代。到 1926 年周西成出任省长后，公开宣扬“有土必种，无烟不富”“只准吸烟，不准嫖赌”，贵州的鸦片业更发展到了一个新阶段。

四川的军阀主义与鸦片 辛亥革命之后，四川即进入了军阀主义的时期，也就是说军人武装遍及全省，武装割据代替了合法的文官统治。全省的军队人数急剧增加，清末仅 53 000 人的军队，到 1919 年已上升为 30 万人，这还不包括人数与此相差无几的民团。军队隶属于 10 多个集团，这 10 多个集团又使全省处于四分五裂之局面，他们相互之间经常进行混战。兵额的增加和混战的酿成，使军费也迅速增长。有人估计，1916 年四川全省军费为 6 024 078 元，到 1925 年增为 26 296 358 元。[①] 由于各防区的收支情况多秘而不宣，军费的实际支出要比这一数字大得多。如果按照常规的财政收入，四川要养活这多如牛毛的军队，是不可能的，但四川的民脂有限，而军阀的搜刮手段无穷。四川的地理条件适宜罂粟的生长，在晚清就是中国产烟最多的地区。因此，四川的军阀们无不视鸦片为最大的利源，他们强迫农民种烟，苛征烟税，勾结奸商，贩毒谋利，从而将四川的烟毒再次升至全国之冠的地位。

川军于 1920 年鸦片开禁，勒逼农民栽种罂粟，为达此目的，各集团可谓想尽办法，“如农民缺乏的烟种子，防区愿向别地运来散发；如农民缺乏资金，也可贷款，不过利息较高，将来还本之时，本利要以鸦片烟折算”。[②]

除此之外，更毒辣的有两种手段：一是规定种烟只完当年的税，而种粮食则须完纳几年的甚至十几年的税；二是对不种烟的农民征收“懒捐”。1923 年，川军第 1 军强迫三台县农民按比例种植罂粟，拒种或少种者缴纳“懒捐”。此例一开，各军阀争相仿效。1924 年 11 月，第 3 军军长刘成勋再创鸦片专利制度：由地方与军队共同订立以下的章程，军方保证地方安宁，崇庆县须种 10 万亩大烟，烟田配额分到 84 个村庄，烟税在鸦片收割后的 20 天内缴清，谎报或不完成者将受重罚。[③] 于是出现了“红花白花开满田，宣汉家家尽种烟”的景象，“全省一百四十余县，其不种烟的，殆不及三五县”。[④]

烟税是川军的主要财源，它给军阀们带来了极大的财富。每个防区都设有禁烟查缉局等机构，在禁烟的幌子下大抽烟税。鸦片从种植、运销、零售到吸食各个环节均须纳税：栽种有“窝捐”，收割过秤有“秤捐”，贩运有“护送费”，转口外销有“出口税”，邻省烟土入川有“进口税”，开烟馆吸食有“红灯捐”，烟馆熬膏有“锅炉捐”，此外还有“执照”“牌照”“登记费”和各种附加，真是名目繁多，不胜枚举，搜刮之术无孔不入。

滇军唐继尧部占领四川，大量云土经四川运往各地，从而大大影响了川土的销路，这样便爆发了川滇战争，最后，滇军顾品珍部被逐出了四川。川军中实力最强的杨森，于 1925 年悍然发动统一四川之战。

杨森早年充滇军小官时，便已伙同友人私贩云土，自己也深染阿芙蓉之癖。1917 年 8 月，滇军名将杨杰曾将在家吸烟的杨森拘捕，并让这个靖国军第二军参谋长自端烟具游街示众。经此风波，杨森决心戒烟，但征收烟税则更加变本加

---

① 冯和法：《中国农村经济资料》，第 825 页。
② 《四川文史资料选辑》，第 10 辑，第 140 页。
③ 《中华年鉴》，1925 年，第 585 页。
④ 《中国经济》，第 1 卷第 4—5 期合刊。

厉。以21军正式公布的数字为例，在1928—1934年，该军的“禁烟收入”一年比一年高，历年均超过田赋正税的2—10倍。如1930年该军总收入为3 014万元，田赋收入为132万元，而禁烟收入却达1 118万元，是前者的7.5倍，占总收入的37%。①

表8-5　刘湘21军烟税收入状况

年　份	烟税收入(元)	烟税在其总收入中所占比重(%)
1928	902 478.22	7.52
1929	3 193 410.64	16.65
1930	11 179 279.44	37.10
1931	8 352 144.70	30.44
1932	8 570 892.32	27.06
1933	9 277 876.18	20.55

资料来源：《四川经济月刊》，第1卷第5期，1934年5月。

另据《中行月刊》所载：该军是年总收入为3 132万元，而禁烟所得是1 365万元，占总收入的43.59%；1931年的禁烟所得是1 055万元，占总收入的32.57%。②

滇桂烟税之战　广西土地贫瘠，是中国少有的不适宜罂粟生长的省份。1912年陆荣廷出任广西民军都督，为招兵买马，增加收入，鼓励部下和烟商向云、贵购烟，以军队护送，收取鸦片过境通行税和就地贩卖的营业税。旧桂系在与云贵交界各处均设立关卡，征收烟税。为此成立缉私总队，分为第一、第二大队，各负责云贵两省边界的武装缉私。

20世纪20年代初，陆荣廷政权崩溃，代之而起的是李宗仁、黄绍竑和白崇禧为首的新桂系。新桂系与其前辈一样，把烟税作为主要财源。不仅沿袭旧桂系的缉私系统，与烟商合作贩烟，而且还拉烟帮入其势力范围，如黄绍竑手下的营长陆华书便是个烟帮头子，与黄绍竑是把兄弟。到20世纪20年代后期，新桂系以孙中山的广东国民政府为后盾，已经成为广西一支举足轻重的势力了。

1920年唐继尧的滇军被逐出四川后，云土的出路受阻，唐继尧遂不得不去广西依附孙中山以图生存，并使云土由广西流出。1921年，唐继尧背叛孙中山，纠合驻桂林、柳州的滇军杀回云南，击败顾品珍部，重新确立了在云南的统治。

① 《四川经济参考资料》，C，第18页。
② 《中行月刊》，第4卷第5期。

而拥顾反唐的滇军杨希闵、杨池生等则下广西，响应孙中山讨伐陈炯明。这些云南政局的变化，反映了云南因鸦片没有出路，军队无法生存，不得不向外扩展的实际状况。

时川军已成长起来，广东一带又被反唐的滇军所盘踞，只有广西因旧桂系已崩溃而新桂系尚未强壮。唐继尧认为此乃云土南进、恢复霸业的良机，于是借讨伐驻粤滇军为名，率部入桂。

庸继尧部携巨量烟土，并以此发饷，官兵人人夹带鸦片，均期望打到广州，卖个好价钱。不料，龙云、胡若愚部队被阻于南宁，唐继尧、张汝骥部被黄绍竑、白崇禧部打得几乎全军覆灭。后新桂系围困南宁滇军，粮饷全无，而城内的滇军也日久难熬。唐继尧企图以 400 万两云土（价值 700 万元）收买李、黄未果，遂趁范石生、李宗仁包围稍懈之机，卖给南宁烟商 20 万两云土。这批云土被新桂系缴获，全军上下顿时兴奋异常。黄绍竑言：这批烟土决定了新桂系统一广西、结束滇桂战争的最后胜利。[①] 结果，新桂系终于将滇军逐出了广西。

时人形容西南的历次战争皆为鸦片战争，虽未必全对，但也基本反映了历史的情况。不仅西南的军阀为鸦片连年厮杀，征战不已，即使是在很少出产鸦片的东部或其他地区，军阀们也在为鸦片烟税闹得不可开交。如 20 世纪 20 年代的湖南，有三大武装分地取税，军队达 6 个师，全省岁入总额不足千万元，只可勉强维持两师之用。因此军费全仗鸦片烟税，盛产鸦片的湘西最肥，赵恒惕居之，其部将沅陵镇守使蔡巨猷人称“烟土大王”；鸦片运销枢纽的洪江，为叶开鑫的驻地；湘南为唐生智的防地。赵、叶两军因各有 400 万以上的烟税补贴，故兵精粮足，唯有唐生智实力最差。唐得出的结论是“之所以不如赵，乃是烟税不如赵也”，[②]遂通电反赵，开启战衅，湘地一片烽烟。中、东部的“鸦片战争”，尤以争夺上海的江浙战争为影响最大。

江浙战争 1924 年 9 月江浙战争爆发，这场战争是直、皖两系军阀争夺上海，尤其是上海巨额鸦片烟税的不可避免的结果。

袁世凯死后，行政上隶属于江苏省的上海一直是皖系禁脔，不容直系染指。皖系之所以高度重视上海，一是可控制上海兵工厂，取得大量军火；二是上海乃鸦片运销中心，据此即可得到巨量烟税，军阀内传言，在上海仅外国鸦片的税款就可养活 3 个师。

1917 年 9 月，皖系头目段祺瑞派卢永祥为松沪护军使，1919 年 8 月，卢永祥

---

① 黄绍竑：《新桂系与鸦片烟》，《文史资料选辑》，第 34 辑，第 191 页。

② 《拒毒月刊》，第 12 期。

督理浙江，荐何丰林补任松沪护军使，卢、何与上海的潮州帮鸦片商人合作设立聚丰贸易公司，大做鸦片生意。当时虽然印度与中国公开的鸦片贸易已取消，海关的鸦片进口记录也已消失，但实际上，印度鸦片从来没有停止过对华的出口。上海仍是麻洼土的交易中心，每年的进口量达到数吨。聚丰公司的主要业务是联合上海流氓帮会分子，保护从事印度鸦片贸易的土商，并抽取护运费。鸦片到吴淞口后，就由何丰林的部下押运至上海租界附近，然后再由流氓帮会负责运入租界。据时人估计，卢、何每年包运鸦片一项的收入，在 100 万元以上。[①] 除此之外，聚丰公司的另一业务是与内地军阀合作贩卖鸦片。当时，在上海兵工厂附近设有大型的鸦片仓库，外地的土烟先在此囤积，然后用军车将鸦片运往皖系控制的地区销售，或运到十六铺法租界边，交给流氓帮会出售，所获利润也相当可观。据统计，皖系军阀每月所得的鸦片收益不下 500 万元，[②]足以维持其军队系统的开支。因此，直系历任江苏督军对上海这块眼皮底下的肥肉馋涎欲滴，虎视眈眈，江、浙两省的军阀为争夺上海而展开了角逐。

1920 年 7 月，直皖战争爆发，直系通过北京政府命令裁撤松沪护军使，被卢永祥、何丰林顶住。直皖战争结束后，皖系与奉系、孙中山结成反直三角同盟，一时上海成为反直活动的中心。直系大将齐燮元更是把上海的皖系势力看作眼中钉，必欲拔去而后快。1924 年 3 月，直系孙传芳攻入福建，皖系的残部退入浙境，为卢永祥收容。齐燮元即以此举违反《苏浙和平公约》为借口，联合孙传芳等准备攻卢；而卢永祥因有张作霖和孙中山的配合，也不甘示弱。于是，酝酿已久的江浙战争终于爆发。

卢永祥以陈乐山为主帅，齐燮元命朱熙为指挥，双方战于沪宁沿线的黄渡、浏河一带。双方战至精疲力尽之时，孙传芳在烟榻上命令 1 万多生力军杀入战场。9 月 3 日，齐燮元部也发动攻击，卢永祥的皖系抵抗不了两面攻击而节节败退。10 月 8 日，孙传芳军进迫龙华，到 12 日晚，卢军大乱，卢永祥被迫通电下野，然后东渡出国。接着，齐军、孙军和吴佩孚派来的援军张允明部三方争相收编卢永祥的败军，并各自任命一人为松沪护军使。

这时，开始入关的张作霖奉系也窥视直系刚刚到手的上海，遂声称替卢永祥报仇，挥师南下。12 月 11 日，北京政府下令免去齐燮元本兼各职，以卢永祥为苏皖赣宣抚使。卢永祥的旧部也纷纷加入反直战线，以策应奉系。这样，第二次江浙战争爆发。1925 年 1 月 12 日孙传芳因难以与奉系抗衡，宣布废止与齐燮

① 钟士澄：《齐卢战争的幕后活动》，上海《文史资料选辑》，第 18 辑。
② 《拒毒月刊》，第 22 期。

元的同盟，从上海撤退。28日，齐燮元不敌奉军而退出无锡，并宣布下野。次日，奉军张宗昌部进入上海，战事结束。江浙战争给上海带来了严重的破坏，也使鸦片烟毒更加炽烈了。张宗昌部在南市、闸北一带，与潮帮订立保险合同，合作贩卖烟土，连司法机构也不敢过问。马寅初曾指出："军阀又以上海之收入（鸦片）甚剧，相互争夺，便造成江浙战争，此所谓齐卢战争，及第二次孙传芳与杨宇霆之江浙战争，实均为鸦片战争也。"①

第三节　上海法租界：中国第一毒窝

法租界"烟"雾弥漫　自19世纪50年代起，鸦片贸易一直是上海的主要行业之一。不仅是洋烟倾销的最重要的市场，而且自土烟出现后，又成为国产烟土的集散地。无论是南市、闸北，或是法租界，还是公共租界，到处都是土行密布、烟馆林立。随着清末中国的禁烟，英国迫于压力，自1909年起在公共租界实行分阶段的禁烟，到1914年界内的烟馆才基本关闭。从此公共租界的繁华"烟景"不复再现。这时，历来藏污纳垢的法租界虽也曾虚应故事，限界内烟馆在8个月内分4次抽签关闭，实际上挑膏店与土行依然如故；不仅如此，法租界还抓住公共租界禁烟的良机，向土业巨头发出邀请，于是，各种土行、烟馆、燕子窠等纷纷南迁，从而促进了法租界鸦片行业的空前繁荣，使它成了中国乃至世界上烟毒最烈的鸦片黑窝。

在法租界的法大马路（今金陵东路）附近的中华里、宝裕里、宝兴里一带，是闻名遐迩的烟土中心市场。如中华里的伟记、宝兴里的怡成、紫来街的郭煜成、老源余、郭源茂等皆是其中的名店。而菜市街、八仙桥一带也土行林立。直到1925年还有郑协记、三兴、泰丰等36家大土行在营业。

为了应付舆论，法租界宣布烟馆一律停闭，实际上部分转入地下，而私设的烟铺——燕子窠应时而起。燕子窠比烟馆略小，陈设也较简单，当然价格也比烟馆要便宜，它满足了上海数十万瘾君子的需要，因此风靡一时。1926年时，法租界的燕子窠至少已有6 000家，次年又增加到了8 000家。法租界鸦片业的畸形繁荣，使公共租界也颇为眼红，土商曾向工部局条陈说，公共租界因禁烟每年损失200万元的财政收入，要求开禁，土商还进一步指出说，鸦片业的兴旺还可使

---

① 《马寅初关于禁烟问题的几个要点》，《禁烟公报》第1期，1928年11月。

一般富户麇集界内，蓄肥水而不外流，对租界的繁盛将有很大的作用。[①] 公共租界当局虽不敢明目张胆地开禁，但界内的地下贩毒活动，从来也没有停止过。

如此繁荣的鸦片业，并非只有土行烟馆在支撑着，其背后有三大支柱：租界当局、军阀以及青帮流氓黑社会。

聚丰贸易公司 聚丰贸易公司是皖系军阀开设的贩运鸦片的机构。1917年9月，皖系首领段祺瑞派卢永祥为松沪护军使，卢永祥便和得力干将何丰林一起，与上海的潮州帮鸦片商人合作设立聚丰贸易公司，大做鸦片生意。1919年8月，卢永祥升为浙江督军，何丰林补任松沪护军使，生意越做越大。该公司注册资金为1 000万元，基本上都是潮州鸦片商人合股的；公司的业务名义上是经营房地产，实质上从事贩运鸦片。有关聚丰公司的具体业务及其与上海流氓帮会、内地军阀的关系，在"江浙战争"一节中已有所涉及。

皖系军阀原来与上海的帮会流氓并无什么联系，双方因张啸林的中介以及鸦片的共同利益，才勾结在一起。张啸林原名小林，发迹后，因属虎，取意"猛虎啸于林"而更名寅，号啸林。1877年，张生于浙江慈溪，早年考入杭州武备学堂，与张载阳为同窗好友，因好逸恶劳而沦为职业流氓，后到上海拜青帮大字辈樊瑾成为老头子。这时张啸林的好友张载阳因投靠卢永祥而平步青云，先后出任浙二师师长、浙沪联军第三军军长及浙江省省长。张啸林遂通过这位地方政要而结识了卢永祥和何丰林，并谋得浙江督军署驻沪督察长的职位，[②]同时，结识了上海的流氓头领黄金荣。

黄金荣字锦镛，祖籍浙江余姚，生于苏州，后迁至上海，曾在法租界与华界交接处的郑家木桥地区为非作歹。1892年应聘任法租界巡捕，后凭借其亦匪亦警的双重身份而形成控制法租界的庞大流氓集团。[③]

1921年，号称四大公子之一的卢永祥之子卢筱嘉到黄金荣所开的老共舞台听戏，因对黄钟爱的名伶露兰春喝倒彩而与黄发生冲突。后经张啸林的调解，双方不仅和解，而且沆瀣一气，联手合作贩运鸦片。从此，皖系军阀所掌握的土烟可畅通无阻地进入中国最大的毒窟上海法租界，而黄金荣集团也可通过皖系军阀把控制的洋烟运往各地，军阀与流氓的这种联合，使贩毒事业大大地推进了一步。1923年8月的《字林西报》在报道聚丰贸易公司时指出："据确实消息，上海于近五六年中，确有一大私土贩运收费之机关，活动不已。其范围甚广大，闻有

---

① 《拒毒月刊》，第19期。

② 中国征信所：《上海工商名人录》，1936年版。

③ 详见苏智良、陈丽菲：《近代上海黑社会研究》，浙江人民出版社1991年版；《近代上海黑社会》，商务印书馆2004年版。

许多著名华吏，与租界内一西人团体，会同经营此事……上述之机关，据云专门收费，其中人物，闻有中国武人、警官、文官、查烟员及租界巡捕与流氓等。”上海的中文报纸也曾揭露军阀与流氓合作贩运鸦片，包括“某长官及租界内之张、戴、谢、杜、沈、季、郭、郑并得名‘松江老板’等多人”。

青帮与鸦片业 辛亥革命以后，上海社会出现了持续的、暗无天日的局面，帮会及黑社会势力趁机毫无顾忌地壮大起来，其所从事的主要勾当就是贩卖鸦片。

以沈杏山为首的青帮团伙是公共租界最有势力的青帮势力。沈杏山纠集季云卿、杨再田、鲍海筹、郭海珊、余炳文、谢葆生、戴步祥等，号称“八股党”，逐渐控制了公共租界地面。起初，他们专门组织流氓抢劫潮帮的鸦片，后来与潮帮土商谈妥，由“八股党”收取保护费，包接包运。“八股党”遂以钱财打通上海两大缉私武装——水警营和缉私营，暗中化装沿途保护。同时，又在捕房内的徒众的配合下，“八股党”与租界警务处合伙，定期给捕房俸禄。于是，“八股党”依靠强有力的青帮势力及土商、军警、租界的背景，逐渐垄断了上海的鸦片运输业：他们从吴淞口外承接鸦片运至公共租界各土行，然后再将部分鸦片保护出境。运土的方式是非常奇特的，这些人算准了每夜黄浦江涨潮的时间，把装满烟土的油布麻袋，一只只丢入江里，这些麻袋浮在水中，随着湖水的倒灌而漂向上海。在这些烟土麻袋的漂流过程中，沿途均有“八股党”的徒众打手电筒为信号护送照应。麻袋冲到杨树浦时，早已有人等候，他们用竹竿挠钩将麻袋钩上岸，江中也有舢板接驳。由于“八股党”的势力强大，因此几乎垄断了整个的上海鸦片承运业。

对沈杏山为首的“八股党”的异军突起，身居法租界流氓头目和巡捕房探长之位的黄金荣当然不肯善罢甘休。他责成刚入黄公馆但却精明能干的杜月笙负责争夺鸦片的提运权。杜月笙立即从十六铺、郑家木桥等处招来了顾嘉棠、高鑫宝、叶焯山、芮庆荣、杨家丰、姚志生、侯泉根等 8 人，这 8 人均各有特长，是流氓团伙的头子，平日散居各处，但号令集合后，便可组成一支人数可观的队伍，人们将该帮称作“小八股党”。

在争夺鸦片提运权的较量中，杜月笙精于筹划的特长充分显露，每次行动前均周密调查，妥善布置，然后闪电般出动，又狡兔式逃逸。抢土的地点在“大八股党”（即“八股党”）从杨树浦到原英租界的途中，杜月笙常常利用月黑风高、雨雪交加之际，看准时机，出动精兵强将把鸦片夺下，然后转弯抹角地运入秘密机关三马路（今汉口路）的潮州会馆，将鸦片放入空棺材里，伺机再运回法租界。

由于杜月笙的老谋深算、骨干队伍的精悍勇猛以及无处不在的探目眼线，“小八股党”迅速成为上海黑社会中一支剽悍凶猛的突击队。在其打击下，沈杏山集团的鸦片护运权开始动摇，再加上迫于舆论的压力，公共租界加强了禁烟管制，潮帮土商纷纷寻觅新的地盘。这时，法租界当局乘机频频招手，以优惠的税收条件、黄金荣集团的有力保护相吸引，于是，盛行了半个多世纪的山东路麦家圈一带的大小土行，开始向法租界作历史性的转移。黄金荣抓住这个机会，要求法租界当局允许烟土公卖，得到法国总领事的认可，这样，一个著名的贩毒机构便由此诞生了。

空前绝后的三鑫公司　1918 年，黄金荣联络法租界当局、潮帮土商以及流氓帮会成立“三鑫公司”，又称“三星公司”（该公司发出的鸦片印花就印着“三星”）。其名一是得自发起人黄金荣、杜月笙（字镛）和金廷荪的名字里都有一个金字；二是他们希望能以土易金，日进斗金。三鑫公司以杜月笙为总经理，张啸林和金廷荪为副总经理；黄金荣因担任法租界捕房的职位而不便公开露面，而做了后台老板；巡捕房总巡费沃里也在幕后支持。公司的职员有百余人，公司设在法租界山东路维祥里（今山东南路金陵东路口）。办事处有二，一为自来水街宝成里（后为宁海东路 90 弄 2 号）；二是靠近黄金荣钧培里公馆附近的格洛克路（今柳林路 1 号，已拆除）；还在杜美路（今东湖路）建立大型鸦片仓库（后该处建成杜月笙公馆，今为东湖宾馆）。

三鑫公司的主要业务是为中外鸦片烟商提供保护，并收取费用。当时有 21 家潮帮土商加入了公司，资本额为 270 万元。三鑫公司主要经营的是川土、北口土和波斯土。川土从宜昌运来的，在隆茂码头提取，从汉口运来的在大阪码头提取；北口土在怡和及金利源码头提取；波斯土则在高桥的东海滩提取。提货由公司职员在巡捕的保护下进行，公司的飞龙汽车队负责运送，沿途有安南巡捕武装押运。鸦片入库后，由公司和捕房分别开条盖戳，并从土商那里得到保护费，保护费通常是鸦片总值的 10%。土商们缴纳了保护费，就如同向保险公司保了险一样，如鸦片被抢劫偷盗，即由公司照价赔偿。

公司的另一业务是垄断法租界的鸦片交易。它与法租界当局规定，凡界内销售的烟土，都必须贴上公司的“三星”印花，否则不准出售；公司出卖印花可以得到大量收入。鸦片商人虽要缴纳保护费和印花税，但却可避免令人头痛的鸦片失窃，并得到租界和流氓的双重保护，而这笔钱可以转嫁到消费者身上去。因此他们都乐意依附在三鑫公司的门下。

法租界的烟馆燕子窠也是三鑫公司的禁脔。公司规定对各烟馆燕子窠进行保护，每盏烟灯须向公司缴纳“烟枪捐”，公司将保证其正常营业，一旦发生烟馆燕子窠遭流氓骚扰或巡捕冲击事件，公司将全额赔偿其损失。公司雇用几十名流氓为检查员，专门到各烟馆检查烟枪执照，实点烟枪数目，发现少报隐瞒，轻则罚款，重则吊销执照，停止营业。

公司还直接参与鸦片贩卖。它实际上成了包销鸦片的超大型土行，由于它的政治背景和经济实力，使它能够操纵鸦片价格的涨落。与此同时，三鑫公司单独或与土商合伙把鸦片贩往各地。这一业务由张啸林负责与松沪护军使何丰林、松沪警察厅主任秘书刘春圃、镇守使署秘书长江干廷、缉私营统领俞叶封等联络。

三鑫公司刚成立时，“大八股党”的沈杏山曾纠徒反击，双方展开激烈的智斗和力战，但每次都因沈杏山实力稍逊而败北，后由杜月笙牵头，黄金荣与沈杏山结成了儿女亲家，平分鸦片利润，才使双方化干戈为玉帛。1923 年，潮帮土商因不满三鑫公司的独占而与青帮大字辈通海镇守使张镜湖联手，开辟鸦片新线路：鸦片从公海运到长江北汊的启东海门，然后用小船接到苏北，再转运各地。一时，三鑫公司收入锐减。但好景不长，次年，江浙战争爆发，孙传芳占领上海，湖帮的运土线路就此被卡。最后，潮帮土商只得再度屈膝于三鑫公司，在它的保护权下分得余利。

就这样，黄金荣集团凭借着流氓帮会的巨大能量，以及租界殖民者和军阀的背景，使三鑫公司生意兴隆，门庭若市，不仅独占了法租界的鸦片市场，而且还渗透到公共租界，并在很大程度上控制了公共租界的地下鸦片市场。对鸦片业的垄断，给三鑫公司带来了巨大的利益。其年收入究竟有多少，因其营业的隐秘性质，没有精确的统计，尽管如此，我们还是可以从史料中得出接近真实的结论。1928 年 8 月的《字林西报》曾载文披露，公司的成员“有中国武人、警官、文官、查烟员及租界巡捕与流氓等”，“近来私运之范围渐大，每月吴淞一处上岸之土，在一千箱以上，每箱平均二千八百盎斯，每盎斯该机关收费一元，每月收入有二百五十万元，或一年三千万元之多”。这个数字相当于中央财政一年收入的近十分之一。

这些巨款由与公司相关的各方分润。直接经营该公司的流氓帮会所得最多。在其内部按大三股、中六股、小八股来分配。所谓大三股即黄金荣、杜月笙和张啸林三人，他们每年所得都在数百万元。中六股即金廷荪、顾嘉棠、叶焯山、芮庆荣、徐采丞等人，他们有的是三鑫公司的得力干将，有的是三大亨的铁杆亲信。小八股指部分八股党及其徒孙们都能从鸦片交易中捞到好处。

法租界当局是瓜分公司利润的另一股势力。鸦片税作为税收的来源之一，一直在法租界的财政收入中占有重要地位。在法租界内，上至总领事、公董局董事、巡捕房总巡，下至一般捕员、小吏，按官位尊卑，均可分享鸦片余沥。仅总领事范迪尔每月到手的鸦片津贴就达 18 万元，而公董局、巡捕房等机构所得的也不少于该数。不仅如此,法租界还经常借口特别支出而打秋风,如招待法国麦兰将军等项费用也从鸦片所得中出账。

同样,中国政府及军阀当局也无一例外地分享鸦片的好处。无论是卢永祥、何丰林,还是孙传芳、张宗昌,对可坐享巨额银饷的三鑫公司均大开绿灯,并尽力保护,当然,三鑫公司方面也不时地襄助军饷,因而被军阀们引为知己。如黄金荣初被大总统黎元洪特授陆军步兵少校和侍从武官;[①]继于1917年被卢永祥呈请北京政府颁发二等银质奖章,担任松沪护军使署上校督察。[②]

烟赌娼和社会风气的奢靡 在军阀、黑社会和毒贩的经营下,民国之社会风气日趋奢侈。那个时代的名人政客,甚至学者艺人,亦多是瘾君子,如严复、杨度等。袁世凯的次子袁寒云,烟瘾极重,平时会客也在烟室里进行。重庆有一名律师吴学礼,不仅自己染有阿芙蓉癖,连妻子、父母也好此物,与其同院的小学校长刘锡安目睹此景,作打油诗曰:"律师吴学礼,日高犹未起。川膏与云膏,一天几两几?一家五口人,个个点烟灯。神仙吹玉笛,香雾帐中腾。"

自晚清以来,吸鸦片烟成了时髦的象征,人人以吸鸦片烟为有闲有钱的象征。在不少地区,以烟膏待客如同今日茶茗招待一样。如贵州省,"几乎家置烟灯,以为日常生活及供应酬客之必需品"。绥远省"以大烟款待客人,已成牢不可破之习惯"。[③]天津的"中等以上住户,每以鸦片款客为荣"。[④]介绍对象,媒婆提亲,咸以日吸几钱鸦片为标准,盖因吸得越多,家中财产就越多。结婚典礼,以能摆出多少张烟榻为衡量排场的尺度,有些权势者一次可排出几十张甚至上百张烟榻。富豪如山西票号的老板们,常以鸦片烟膏来拴住后代,因为对于这些巨富而言,抽鸦片无论如何是不会破产的,但如果陷入了赌博的深渊,则可以瞬间倾家荡产。社会学家严景耀指出,这种行为完全无视吸毒给子女带来的危害,而把保住家产为第一要务。[⑤]然而,这种吸毒避嫖赌、保家产的方法并不一定有效。有个王姓山西富商担忧其子长大后嫖赌败家,在儿子12岁时即教他吸食鸦片。10年后,富商病死,其子因终日一榻横陈,没有任何理财治家之能力,最后,仍家产散尽,沦为乞丐。

吸食鸦片成了显示等第与阔绰的方式,于是,竞相效尤便是很自然的事了。社会各阶层无不以吸毒为时尚,吸食者的职业,政界占21.4%,军界占15%,商

---

① 《海上名人传》,1930年版,第61页。
② 《时报》,上海,1917年7月4日。
③ 罗运炎:《中国鸦片问题》,第68页。
④ 罗运炎:《中国鸦片问题》,第66页。
⑤ 严景耀:《中国的犯罪问题与社会变迁的关系》,北京大学出版社1986年版,第162页。

界占 21.67%，学界占 18.75%，劳动界占 25%。[①] 这是广东省禁烟局的统计，从中可以看到，军政两界约占全部烟民的 36.4%，数量是惊人的。而学界所占如此高的比例也令人不可思议。另据万国拒土会 20 世纪 20 年代的调查，高级官吏和富人中吸烟者达 50%，议员吸烟者达 20%，中下级官吏吸烟者达 25%，普通民众吸烟者达 5%。[②] 据《四川月报》社的调查，在该省石柱县一初级小学里，几乎没有一人家中不抽鸦片；就是在这群 10 岁上下的小学生中，50 名男生有 46 人吸食鸦片，在 30 名女生里也有一半以上吸食。很多地方的殷实之家，怕年轻的寡妇缺乏守节的毅力，而有意教唆她们吸毒。

下层苦力吸食鸦片的状况也十分严重。码头工人、人力车夫、拖船的纤夫、观光地的轿夫等，吸毒比例都很高。如城市人力车夫通常将其收入的一半扔入了鸦片烟馆或白面馆。工人中吸食毒品的现象也不在少数。以工人阶级最集中的上海为例，1939 年共产党的地下组织调查指出："在工人中花样很多，假如各项分开来说，赌博是常见的坏习惯，嫖妓因多数工人家眷在沪，故不很普遍。抽鸦片烟的仍大有人在。"[③]当然，在经过中共组织的引导后，很多"有觉悟的青年人，都自动地提出戒赌戒烟戒酒"[④]。

关于吸食者的排场与豪华，杜月笙的杜家祠堂落成典礼可谓代表作。经二十余年的发展，"曲蟮修成了龙"，杜月笙由浦东一个"瘪三"，成了国民政府军事委员会的少将参议，上海地方协会会长，几十个银行企业的董事长、理事长等。1930 年春，杜月笙集资 50 万元在浦东高桥兴造杜家祠堂，次年祠堂落成，杜月笙于农历六月举行空前的典礼。蒋介石、徐世昌、段祺瑞、曹锟、吴佩孚、张宗昌等馈赠贺匾，中外来宾一万余人到浦东行贺礼，"四大名旦""四大坤旦"等京剧名家唱三天堂会。席棚内摆开两千桌酒席、万余客西餐；还一字排开几十张烟榻，由杜月笙的御用装烟手郁咏馥负责，从烟馆内调来 28 个专业签子手，专门侍候客人抽大烟，三天里竟烧掉上等鸦片烟膏整整 8 000 两。典礼共花去数百万银元。

烟毒的泛滥，使无数社会财富化为烟云毒雾。尤其是在 20 世纪 20 年代末到 30 年代初，烟毒达到最剧烈的程度。全国的 8 000 万吸毒者，以每人每天平均耗毒资 0.1 元计，则一年便消耗 29 亿元，这一数字远远超出政府的财政收入。不仅如此，社会资金向毒品的倾斜，使城乡建设资金极其短缺，从而严重影响了

---

① 《中国烟祸年鉴》，第 4 辑，第 1、114 页。
② 《中国烟祸年鉴》，第 4 辑，第 1、114 页。
③ 《上海产业与上海职工》，第 258、290 页。
④ 《上海产业与上海职工》，第 259 页。

中国的现代化建设、地方经济的发展，以及正当娱乐业的拓展。烟馆与赌场、妓院相互为用，使烟赌娼无处不在，无处不有；这些腐朽糜烂的销金魔窟，在疯狂吞噬社会财富、败坏社会风气的同时，又不断地为这个社会制造出无数的乞丐、失业者和罪犯。

第四节　民间禁烟运动的继续发展

民间反毒组织应运而生　1917年后，鸦片的再度泛滥，引起了各阶层有识之士的极大关注，他们一如既往地投身于反毒禁烟活动。

福建去毒社在历任社长林柄章、杨廷纶、陈培锟、林雨时的领导下，十年奋斗，成效显著。不料民国以后，福建政权操在军阀手中，亦兵亦匪的杂牌部队占据一方，暴敛横征，勒逼种烟，流毒全闽。去毒社大声疾呼，论理抗争，但军阀视烟税为发财命根，岂可轻抛。因此烟禁既开，如决江河，势不能遏。去毒社无力去毒，十余年的心血尽付东流，社内同人心灰意冷，遂于1921年宣告解散①。

在去毒社愤而解散的同时，更多的不甘祖国沉沦的仁人志士们投入了禁烟运动。如中华护士会、妇女节制会等团体均反对烟毒。1918年，北京一些中外人士为阻止鸦片贸易和罂粟种植的复活，协商成立禁烟委员会，后因参加者十分踊跃，改组为万国禁烟会，总干事为韩济京。1918年1月17日，上海的有志之士率先建立上海分会。2月6日，万国禁烟会总会在北京成立。接着沈阳、山东、山西、河南、湖北、湖南和江苏等地相继成立了分会，天津组建的拒毒会也改称为万国禁烟会的天津分会。7月间，京、津、沪三分会协商组织一个全国委员会。但各分会仍自行募集资金和制订计划，只有出席国际活动才由总会出面或协调。

万国禁烟会的主要工作是促进国内禁烟和参与国际禁烟活动。关于国内的禁烟，万国禁烟会要求各地的传教士搜集罂粟种植的情况，以引起社会的重视；宣传吸烟的危害，呼吁政府制定禁烟法令并切实执行。万国禁烟会为了扩大影响，尽量邀请政界名人加入，如徐世昌、钱能训、靳运鹏、曹汝霖、蔡廷干等均是该会会员②。关于国际活动，主要有：一、要求凡尔赛和会增加禁烟的决议；二、与英国查禁鸦片贸易会联络；三、向国联报告中国所需医用毒品的数量，敦促波

---

① 其遗物保留至20世纪50年代，后为福建第四中学接收使用。
② 《拒土会刊》，第1卷，第7期；第3卷，第4期。

斯、土耳其签字加入《海牙条约》等。万国禁烟会为中国的禁烟事业做出了自己的贡献，但在要求英国配合禁烟方面，其态度是暧昧的；它谴责贩毒，但却从不指责英国；它为中国日益严重的烟毒状况表示忧虑，但却从不承认英国的责任。

如前所述，中华基督教团体继续进行禁烟的努力。1923年中华基督教协进会举行年会时，决定设立拒毒委员会，并建议全国教会积极推进禁烟运动。1924年11月，国际禁烟大会在日内瓦举行，协进会派遣顾子仁作为代表，陈述中国人民的禁烟主张。同年6月，该会又频繁与其他团体如全国男女基督教青年协会、卫生委员会、中国医药学会、基督教妇女节制会等讨论禁烟问题，该会的另一具有深远意义的活动是参与发起组建中华国民拒毒会。

中华国民拒毒会的成立及其活动 1924年7月19日，上海总商会、中华教育改进社、江苏省教育会、中华医学会、中华全国基督教协进会、中华基督教青年会全国协会等6大团体的代表，在上海青年会食堂聚会，集议创办全国性的禁烟组织。定名为中国国民拒毒会；宗旨是联合全国各团体设法肃清国内鸦片之种植，及制止国外鸦片与一切复制毒品的输入；加入者分为团体会员和名誉会员两种，名誉会员是指中外热心拒毒的人士经董事部聘请者。

8月5日中国国民拒毒会宣告成立，中华全国基督教协进会、中华全国教育改进会、寰球学生会、万国拒土会、上海总商会、全国医学会、红十字会、日报公会、律师公会、基督教男女青年会等30余团体作为发起团体。次日，拒毒会的领导机构——临时干事会举行首次会议，临时干事有郭秉文、黄炎培、张叔良、徐可陛、郑维和钟可托。21日，经酝酿推选出13名董事：丁叔贞、石美玉、宋汉章、吴山、胡宣明、袁希涛、徐季龙、马相伯、张一鹏、郭秉文、黄炎培、钟可托和罗运炎。两天后选出名誉会长马相伯，会长徐谦，副会长黄炎培，中文书记罗运炎，英文书记钟可托，会计吴山。

拒毒会成立后，即投入紧张的拒毒工作，首先向全国发出两份通电，一份致各省团体，一份致各省区军民长官。第一份电文在回顾了清末民初的禁烟运动后，痛心地指出："惜自欧战以来，友邦失于检束，我国弛于禁令，……驯至少数武人，为饷糈而包庇种运，地痞流氓，图渔利而乘机兜揽，甚或勒收亩捐，强迫下种，良田毁于毒卉，收获因而锐减，摧残民食，莫此为甚，追念前功，曷胜浩叹。"①如此恶劣形势下，中华国民拒毒会宣告成立，并要求"我通国父老，投袂而起，组成各地拒毒会，藉通声气以利进行"，定于9月28日为全国拒毒大运动日，"或开会

① 罗运炎：《中国鸦片问题》，第222页。

演讲，或游行示威，总期唤醒社会，作严重之表示，造坚强之舆论，对外显民众之决心，对内促政府代表之诚意，……尤当监督各地行政长官，实力奉行禁令，俾军蠹不得再施其凶狡，市侩无从阴用其鬼蜮。家谕户晓，永绝根株，挽救民族之沉沦，保障国际之地位，肃清大陆，光我神州，在此一举”。

第二份通电历数各地军阀纵容倡导烟毒的种种罪行，要求“各地当局同心悔过，于所辖区域，合力厉行烟禁，并提倡奖励各团体，协助进行”①。

另外，还召开两次上海市民拒毒大会。推举蔡元培、伍连德、顾子仁为国民代表，出席国际禁烟大会。然后号召各地同志加入拒毒的战线。

国际禁毒运动的继续发展　第一次世界大战后，稍事中断的国际禁毒运动在国联的推动下，继续推行禁毒事业。

1919年各国签订了《凡尔赛和约》，和约的第295条规定就是关于禁毒的《海牙公约》问题。1923年，为推动禁毒事业，国联特别设立了鸦片及其他毒物贸易顾问委员会，该会成立后即提议召开国际禁烟大会，得到国联评议会的赞成，决定举行两次禁烟大会。

迫于国际国内的压力，历届中国政府也出席国际禁烟会议，民间禁烟活动因中华国民拒毒会的诞生而日趋活跃。1924年国联召开禁烟大会，中国政府派代表出席，国民拒毒会也推举蔡元培、伍连德和顾子仁作为国民代表出席。11月3日，国际禁烟大会召开，出席国为中国以及与远东鸦片问题有关的国家共7国，会议的主题是如何减轻和消除远东的鸦片问题。在会上以与会的英国代表为首，各国纷纷强烈谴责中国没有遵守规定，罂粟的栽种遍布全国，对烟毒状况无系统调查等，使中国的代表极其难堪。同月17日由国联会员共41国出席的第二次禁烟大会，在日内瓦开幕，主题是限制鸦片的出口和麻醉品的制造。美国代表因提出的限制生鸦片的生产和销售提案未获得通过而退出了会议。接着，中国代表也因列强不允许在其殖民统治区内禁烟而退出了大会。此后虽会议继续进行，但没有实质性的突破。尽管如此，会议对中国仍产生了不小的震动，这就是由于国内的弛禁，烟毒泛滥，而遭到国际社会的同声谴责，国家声誉遭此大辱，此后，一些有志者包括一些政治家更积极地投身于禁烟运动。

除日内瓦会议外，1925年有关国家召开了太平洋国民会议。国民拒毒会将4 200个团体4 663 000余人的禁烟签名本递交顾子仁代表，并呼吁与会国家一致拒毒。1926年7月，中华国民拒毒会以施肇基为代表，出席了在美国费城举行的世界拒毒教育大会。次年国际联盟大会时，国民拒毒会请与会的中国代表

① 罗运炎：《中国鸦片问题》，第225页。

朱兆莘公使向国联大会介绍禁毒运动的状况，中华国民拒毒会的热情、努力和决心，得到国联的充分肯定，并特许该会有代表中国国民列席国联会议的特权。①

但由于整体上中国国内毒况日益严重，因此，中国成了国际反毒运动的主要目标。每次国际会议上中国都遭到各国代表的批评。1927 年 5 月，国联烟毒顾问委员会参议英国人莱尔在上海考察后，要求新成立的南京政府采取切实措施实行禁毒。但南京政府显然并没有打算厉行禁烟，以致毒祸蔓延，毒品还向国外出口。1934 年，在国联禁烟委员会第 18 届会议上，中国再次遭到空前的大诘难。美国代表穆勒指出，中国 1930 年的鸦片产量达 12 000 吨，为各国鸦片总产量的 7 倍。西班牙等国代表则认为中国日益严重的鸦片烟毒状况表明，政府已无力控制烟毒，坐视民族堕落而不能自救。与会的中国代表胡世泽无地自容，哑口无言。回国后，代表们要求政府切实禁烟，由此，促进了六年禁烟计划的出台。

中国共产党关于禁烟的主张 1921 年 7 月，中国共产党在上海诞生了。以改造中国命运为己任的共产党，自然不会对鸦片充斥的现实熟视无睹，他们对这种落后腐败的社会现象进行了无情的揭露。

中国共产党进一步指出，军阀政治是鸦片泛滥、灾祸连绵的根源。《向导周报》刊文揭露说："种烟是军阀所强迫的，军阀闲无军费，因要饱私囊，如孙传芳要想得到一千万元的收入，便允许南通张状元包种鸦片，其余如刘镇华、周荫人及从前赵恒惕等，也因要想得到军费，便不得不勒令农民种烟。"②尤其对陕西这样的地方军阀全力勒种，致使烟禁大开的省份，予以彻底地公开："陕西自陆建章开放烟禁以后，人民每年广种烟苗，从未禁止。相沿已久，至现在遂成各部队唯一托命之法了。"文章指出陕省勒种鸦片的就是"禁烟局"，具体规划负责的是"禁烟委员"，其使命就是对烟田征收"烟亩变价"，对贩运之鸦片征收"土药罚款"，所得烟税高出田赋 3—4 倍。"刘镇华督陕时直接管辖尚不过十数县，每年烟税总收入在一千五百万以上。"③

中国共产党也把烟毒泛滥与列强侵略联系起来，指出："他们——番鬼佬(帝国主义)……还运来无数量的鸦片烟苗，叫他们帮助下的带兵老爷(军阀)强迫我们(广东农民)去种。"结果"雷州方面，因此竟饿死二十多万农民，而未饿死之兄弟，一万十万到南洋、安南各处卖身为奴(猪仔)，未死之姊妹，一百一千到广州湾、香港、澳门各处卖身为娼"④。

---

① 于恩德：《中国禁烟法令变迁史》，第 186 页。

② 述之：《军阀统治下之灾荒与米荒》，《向导周报》第 164 期，1926 年 7 月 21 日。

③ 武陵：《反奉战争期间陕西各方面之情况》，《向导周报》第 145 期，1926 年 2 月 10 日。

④ 《广东省第一次农民代表大会的重要决议案》，1925 年 5 月。

各地农民运动兴起后，将铲烟拒毒作为一个内容。湖南省第一次农民代表大会决议案指出："鸦片流毒深入农村，许多生产谷米的田地，变而生产鸦片，成为民食缺乏的原因。"①要求农民兄弟们铲除罂粟。

地方势力的禁烟措施 在各地军阀竞相勒逼民众植烟，抽取烟税作军费的反动潮流里，也有极个别的军阀政权坚决反对烟毒，表示不种罂粟、不抽烟税，有些还在控制区域内广泛开展了禁烟活动，这无疑是值得充分肯定和积极评价的。

东北地区是罂粟遍地、鸦片流行的重灾区，但在张作相管辖的吉林省，实行了较为严格的禁烟措施。

"基督将军"冯玉祥对鸦片历来深恶痛绝。1918 年，冯担任湘西镇守使，驻扎常德。湘西是烟毒盛行之处，冯玉祥严令禁止鸦片，并将没收的 30 万两鸦片在大校场焚毁；为帮助烟瘾患者戒烟，设立了戒烟所，前后共开办了 7 期，戒绝烟瘾者达 400 人。② 后来冯玉祥于 1921 年率兵入陕，出任陕西督军，时"饷项和粮秣远不能满足实际的需要"③，冯玉祥征收"禁烟罚款"，以增加财政收入。④ 同时在统治区域里实行禁烟。次年 5 月又任河南督军，他颁布《治豫大纲》10 条，其中第 9 条就是严禁烟赌娼，以正风气，并在开封设立 3 所贫民工厂，取得了一定的成绩。到 1925 年 3 月，冯玉祥任西北边防督办兼甘肃省督办，他针对绥远一带民间吸食鸦片盛行的情况，实行分期禁烟。对贩运者课以重税，"寓禁于征"，从而增加了财政收入；同时开办禁烟所，使烟瘾者脱瘾戒绝；另外，还让农民种植粮食及经济作物，以减少罂粟的种植面积。冯的"寓禁于征"的举措，对社会风气的改良具有一定的作用，但实际效果并不大，例如冯在甘肃禁烟期间，下层种、运、售、吸，一如往昔。⑤ 1927 年冯部入陕，严令军政人员吸食，如有吸食者查出枪毙。1928 年 9 月，又订有条例，如发现烟苗，除将地亩充公外，并将县长枪毙。⑥

"秀才将军"吴佩孚对烟毒也深为痛恨，曾颁布严禁种植罂粟及严办曾命令或鼓励种罂粟的知县的通令。1924 年底，河南便出现了普遍铲除罂粟的行动，其结果使烟毒有所缓和，但对栽种罂粟的农民来说是极其痛苦的，因为"鸦片和其他作物均无所获"⑦。但吴佩孚自 1925 年 10 月出任"讨贼联军总司令"，由于

---

① 《第一次国内革命战争时期的农民运动》，第 317 页。
② 冯玉祥：《我的生活》，下册，第 303 页。
③ 刘骥：《阎相文的自杀和冯玉祥督陕》，《文史资料选辑》，第 30 辑，第 199 页。
④ 《冯玉祥日记》，第 47 页。
⑤ 《甘肃文史资料选辑》，第 13 辑，第 73 页。
⑥ 《禁烟会议汇编报告类》，第 53 页。
⑦ 《中华年鉴》，1925 年，第 575 页。

财政拮据亦开烟禁，对部下之贩烟抽税，亦眼开眼闭了。其部将在河南勒种罂粟，所设的毒品查禁处即是毒品发售所。[①] 1926 年吴军在湖北所得之烟税高达 1 000 余万元。[②]

在清末民初所有的地方政权里，阎锡山在山西的禁烟运动，持续时间最长，成效最大。阎锡山统治山西达 38 年，自 1912 年起，阎便在山西推行禁烟。到 20 世纪 20 年代，全省的 105 个县均成立了拒毒会，针对城乡鸦片瘾者较多的实际情况，各县均设有烟民习艺所、烟民调解所、戒烟善后所、戒烟会和感化场等。几乎每村都有戒烟会、稽查队和联保制，每月都要对烟民进行调查，如果某甲（10 户）中有一户为烟户，本甲联保须负责予以肃清。女稽查队员则负责检查妇女。县区村有三级戒烟所，年壮而屡戒不改者，或依法惩处，或调入工厂做苦工。山西的禁烟被纳入村政建设之中，一度取得相当可观的成绩，大面积的罂粟栽种已经绝迹，鸦片瘾者大部分戒绝毒瘾，昔日乡镇最普遍最豪华的烟馆全部被查封。山西在禁烟等方面曾被目为“模范省”。但自 1926 年以后，由于日本人向山西贩毒活动的加剧，以及阎锡山因经济拮据默认部下从中取款，山西的烟禁反而松弛了下来。陕西所产的陕土被烟贩源源不断地运过黄河，一时死灰复燃。全省各地的鸦片供不应求，一两烟膏的价格由 3 元涨至 12 元。未断瘾的贫困者因无钱吸食价格高昂的鸦片，而改用廉价的金丹、吗啡、白丸，从此晋省内毒品充斥，据孔祥熙的报告，仅使用金丹者就达 100 万人，每年耗费 1 亿元。

---

① 于恩德：《中国禁烟法令变迁史》，第 216 页。

② 《拒毒月刊》，第 12 期。

第九章　南京国民政府“寓禁于征”政策下的毒品泛滥

1927年，随着南京国民政府的建立，国家继续艰难的统一历程。表面上，国家逐渐建立全国禁烟委员会，召开全国禁烟会议，颁布《禁烟法》，取得了一定的成绩，如到1933年，全国已有2 121个县建立戒烟所。但本质上蒋介石政府借口百废待兴，下不了彻底禁毒的决心，反而实施“寓禁于征”的政策，实际上是只征不禁。所以，毒品问题非但没有禁绝或改善，反而日趋严重。

第一节　特业、特货、特税

广东国民政府时期的烟政(1925—1927)　1917—1925年间，孙中山曾先后三次在广东建立革命政权，与北京的军阀政府相抗衡。前两次因战事频繁，没能建立起统一的财政体系。第三次即1923年，孙中山在广东设立大元帅府，由廖仲恺任财政部部长。1925年孙中山因病去世，7月1日，广州大元帅府改组为国民政府，由汪精卫任主席，廖仲恺任财政部长。为加强财政管理，广东国民政府设立禁烟督办署，由财政部领导，颁布《禁烟条例》，其主要内容是禁止私贩鸦片，由政府设局专卖，限四年内禁绝。[①] 3日，广东省政府也作了改组，省政府宣布八大施政纲领，其中之一就是“严禁烟赌”[②]。但因广东尚未统一，财政也“久陷分裂”，尤其是“赌饷烟捐亦由各军支配”，以致“广东财政，已濒绝境”。[③] 在国民政府所辖的军队里，滇桂军杨希闵、刘震寰部队最为“黑化”，其所驻之处，莫不大开烟赌，连广东省长公署内的通道两旁，也摆满了烟灯；士兵的机关枪边也置有烟灯。为有效掠取烟税以充军饷，大元帅府任命曾任广东财政厅厅长的杨西岩为禁烟督办，以滇军师长廖行超、桂军军长韦冠英两人为会办。因此滇桂两军捞得不少油水，而排除在外的粤军当然极为不满，粤军代表东路讨贼军第4军军长张

---

① 《国民政府公报》，第3号，1925年7月。

② 《政治周报》，第3期。

③ 《双清文集》，上卷，人民出版社1985年版，第723页。

国桢、第5军军长李福林便也要求担任禁烟会办，瓜分烟税。1925年秋，粤军与杨、刘滇桂军发生冲突，并击败了杨、刘所部，禁烟督办由陈策担任。

1925年8月20日，廖仲恺遇刺身亡后，宋子文出任财政部部长，开始实施加强财政收入的措施，逐渐建立了鸦片的运销网络。他们首先在广州设立土膏运销总机关，然后在肇庆、澄清等14县建立分所。1926年10月，又在广州长堤建立专卖总局，命令所有烟商必须按时领取代销执照，缴纳烟税。广东的烟土主要来自云贵，为有效掌握土源，专卖总局在云贵分别设立采办所，负责购买鸦片；同时在广西梧州设立总转运所，在鸦片通道的南宁、百色、长安、马平等处设立转运分所。在国民政府控制的县乡市镇遍设土膏分销处。并且规定："各属厘务税捐及防务经费禁烟收入等项，除财政部财政厅已委专员专办或批商承办外，其余均得由财政处派员征收。"[①]经过整顿，财政方面大有起色。1926年7月，广东国民政府开始北伐，为有效增加财政收入，特在财政部下设立禁烟处。这一时期，表面是"寓禁于征"，实际是只征不禁。

1926年11月，国民党中央决定迁都武汉，12月武汉国民政府开始运行，它继续实行鸦片专卖，武汉的烟毒"今胜于昔，一游市衢，烟馆林立，均悬招牌，公开吸卖"。连国民政府所在的南洋大楼附近，也是摆满了烟灯烟具。中华国民拒毒会曾派人去见宋子文、孙科、陈友仁和恽代英等，要求实施禁烟。然而，湖北禁烟局局长大言不惭地说："本人之职责就是筹款。"[②]"禁烟筹款"确实数量可观，仅湖北一地月入达60万—70万元。据宋子文辞职时向蒋介石报告"禁烟筹款"所得如下(表9-1)。

表9-1 广东国民政府禁烟收入情况

年 月	财政总收入	禁 烟 收 入	禁烟收入所占百分比
1926	1 000 216 000元	5 375 000元	0.5%强
1927.1—2	19 591 000元	529 000元	6%强
1927.3	1 147 612 822元	67 798 273元	6%弱

资料来源：《拒毒月刊》，第11期，1927年5月1日版。

仅在1926年1月到1927年3月间，武汉国民政府公开的禁烟收入就达73 702 273元，对其平衡财政、支援北伐，起了重要的作用。但由于烟税较重，吸食者怨声阵阵；也有些青年新染烟瘾，使吸食者队伍有扩大的趋势；吸食者的增

① 转引自吴景平：《宋子文评传》，福建人民出版社1992年版，第18页。
② 《拒毒月刊》，第12期。

多，鸦片的销量也必然大增。不仅国产鸦片充斥广东，连印度和波斯土也源源不断地从澳门、九龙等地输入，从而加剧了烟毒的泛滥。①

南京国民政府初期的烟政 1927年4月，在清党反共的硝烟里，蒋介石南京国民政府宣告成立。中华国民拒毒会即发表宣言，提出八项拒毒措施，要求新政府实行禁烟政策。为了应付舆论的压力，更重要的是南京政府创建伊始，急需烟税来填补财政支出的无底洞，国民党中央执行委员会第105次政治会议议决，在三年之内分年分区地禁绝毒品；同时令财政部设立禁烟处负责其事，责令各县分设禁烟局或戒烟药品专卖处。财政部即于1927年9月颁布《禁烟暂行章程》13条。主要内容：一、红白丸、吗啡、海洛因等毒品除医用外，一律不得进口；二、鸦片瘾者凡25岁以下绝对禁吸，25岁以上者领照准吸，但须每年递减三分之一，三年后到1930年禁绝；三、戒烟药品1928年值百抽七十，1929年值百抽百，1930年值百抽二百之印花税；四、戒烟药品公卖。② 新政策的实质就是鸦片公卖，以便抽取高额的烟税。

因此，《禁烟暂行章程》13条一出笼，立即遭到了各阶层民众的反对。上海市民召开拒毒大会，致电国联和全国，一致督促政府实行三年禁绝鸦片的计划，而不使禁烟徒有虚名；并要求政府取消招商承办鸦片专卖。③ 中华国民拒毒会也全力抗争，指责国民政府违背孙中山遗训，拒毒会发表宣言，反对鸦片公卖，宣言一针见血地指出："鸦片为帝国主义侵略之工具，为军阀官僚生存之命脉，实三民主义之劲敌，亡国灭种之祸根。惟按目下之禁烟计划观之，则不但与三年禁绝之政策背道而驰，更与总理遗训势不两立。土豪、劣绅横行罔忌，奸商市侩投机作祟。揆诸革命本旨，将何以自解？将何以自白？言为福国，实为祸国；言为利民，实以害民。此等设施实正如总理拒毒遗训所谓民意之公敌，卖国之行为也。"④此宣言言辞激烈，轰动全国，各地纷纷响应，连不少国民党党部也要求修改禁烟条例。于是迫于压力，国民政府被迫修正，于11月1日第12次常务会议上通过了财政部和司法部提出的《修正禁烟条例》20条。然而该条例纯属愚弄民众，除加上了禁种罂粟外，没有什么进展，连清末逐年递减烟馆的措施也没有，这样就理所当然地再次引起了人民的公愤，国民拒毒会的负责人黄嘉惠指出："在青天白日旗下，最矛盾之事，莫过于烟禁。南京之烟禁为清利之事业，当局乃

---

① 《中国烟祸年鉴》，第1辑，第23页。

② 于恩德：《中国禁烟法令变迁史》，第284页。

③ 《拒毒月刊》，第15期，第32页。

④ 《拒毒月刊》，第15期，第10页。

认为筹饷之源。”[①]

为有效禁毒，中华国民拒毒会遂再向政府提出“不可征收鸦片烟税”“禁烟罚款当用于禁烟”“官吏军警包庇者应处极刑”等6项原则。[②] 浙江省各界也电请政府收回成命，发布17种禁烟条例，主张实行“寓征于禁”之策，即以禁为主而以筹饷为辅。到1928年4月，南京政府为应付舆论，颁布《修正禁烟条例》21条，可是条例除增加了“瘾者勒入戒烟医院”“用膏药依限递减”等无关痛痒的内容外，竟将绝对禁种罂粟也删除了。

南京政府初期的禁烟举措，禁烟是假，筹饷是实。当时的财政部次长郑洪年曾明确对拒毒会代表说：“目下禁烟计划，仅为筹款之计。如某禁烟，不但不能禁烟，实是纵毒。此种稗政实非人民所喜，更非国府下应有之现象。本部屡思修改，惟因军费紧急，未遑计及。”[③]从其禁烟处隶属于财政部这一点上即可看出禁烟的实质。因此，三年禁绝只是一句空言。

全国禁烟委员会的成立 在朝野反毒人士的努力下，1928年3月10日，南京国民政府颁布《刑法》，9月1日起实行。其中的第271条到第277条为鸦片罪，内容有如贩卖吗啡、海洛因等，可处5年以下有期徒刑；贩卖或拥有鸦片烟具供吸者处3年以下有期徒刑；栽种罂粟者可处3年以下有期徒刑；开烟馆者处6个月以上5年以下徒刑。[④] 与民初的《新刑律》相比较，该刑法加重了鸦片罪的处罚力度。

为加强禁烟工作，国民拒毒会等呼吁政府成立中央禁烟委员会，并召开全国禁烟会议。1928年3月，上海各界两次召开禁烟促成会议，提出禁烟最低要求10条。[⑤] 但处于内外战事之中的蒋介石，对此并无丝毫兴趣。于是，5月1日，拒毒会再发禁烟宣言，指出：“现在禁烟仍交财政部办理，禁烟委员会之组织更遥遥无期。而禁烟当局假筹饷而纵毒之苛政，则进行如旧。”遂强烈要求“切实禁烟，努力除毒”[⑥]。这样，南京政府才于7月18日公布禁烟会议组织条例和禁烟委员会组织条例。规定禁委会设9至13人，其职责是督理全国禁烟，指导各地长官执行禁烟等。

1928年8月，国家禁烟委员会正式成立，委员有蒋介石、冯玉祥、阎锡山、李宗仁、李济深、何应钦、薛笃弼、钟可托、李登辉、张之江、李烈钧、陈绍宽等，张之

---

① 《拒毒月刊》，第16期。
② 《中国烟祸年鉴》，第2辑，第63页。
③ 《拒毒月刊》，第16期。
④ 《中华民国刑法》，中华书局1928年版。
⑤ 《拒毒运动指南》，第162页。
⑥ 《拒毒月刊》，第22辑，第7页。

江为主席，薛笃弼和钟可托为常委。该会下设总务科(科长王容)、调查科(科长戴秉衡)、宣传科(科长沈嗣庄)三个办公机构。该会的首要任务是制定《禁烟法》和《禁烟法施行条例》。9 月 17 日，政府颁布了这两个法规。《禁烟法》共 7 条，主要内容是限令自 1929 年 3 月 1 日后，全国一律禁止吸食。《禁烟法施行条例》共 7 章 19 条，规定禁烟机关有全国禁烟会议、全国禁烟委员会、各级政府和地方自治团体，禁烟机关负责禁烟事宜(图 9－1)。

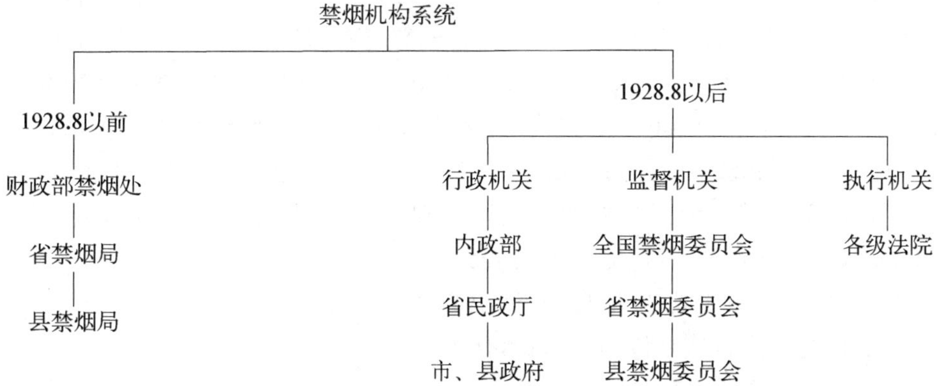

图 9－1　禁烟机构系统变迁

1928 年 11 月 1 日，全国禁烟会议在南京召开，到会正式代表 70 人，其中包括 19 个省区的代表。政府主席蒋介石作演说："如果大家要救中华民国，必自禁烟始。……此后国民政府绝对不从鸦片得一文钱。如有此种嫌疑，由本会告发，我们就认这个政府是破产的，就不信任它。"[①]会议分禁种、禁运、禁售、禁吸和国际等组进行讨论，在通过了 44 件决议案后于 10 日闭幕。会后，禁烟委员会着手制定禁烟法规，从 1929 年 1 月到 1930 年 12 月，共颁布重要禁烟法令 14 种。1929 年 5 月 27 日，禁烟委员会向国民政府提出，以每年的 6 月 3 日虎门销烟日为禁烟纪念日；1930 年 5 月 3 日，该提议获得行政院批准。

国民党中央对禁烟问题也先后通过了一些决议。1929 年，国民党第三次全国代表大会上，通过了《确定禁烟为本党最近重要施政方针之一》。6 月 14 日，国民党三届二中全会为使《禁烟法》实施具体化，通过《厉行禁绝鸦片及其他代用品实施办法》，表示："厉行禁绝鸦片及其一切代用品，关于禁种、禁运、禁售、禁吸之实施办法，由政府限令有关之各部会制定之，同时切实施行。"[②]是年 7 月，国

---

① 《全国禁烟会议汇编》，上册，第 40 页。

② 《国民政府公报》，216 号，1929 年 7 月 15 日。

民政府公布《修正禁烟法》，该法针对以前刑罚过宽以致烟毒流行的状况，规定了禁烟的范围、责任和方法等。

南京政府初期禁烟政策之评价 在国民和国际舆论的压力下，南京政府成立后，宣布禁烟，取得了一定的成绩。这主要是颁布了一系列的禁烟文件和法令，召开全国禁烟会议，设立禁烟委员会以及其他各级禁烟机构。在舆论的压力下，各省政权也纷纷成立禁烟委员会分会，制定种种地方禁烟法令，查禁毒品，稍有成效。据对 19 省 111 个县的调查统计，1928 年中平均每县张贴禁烟布告达六次。[①] 1928 年 7 月 1 日至 1929 年 6 月止，江苏等 15 个省市县公安局共办烟案 21 429 起，查获烟犯 31 850 名。各法院 1928—1929 年共办烟案 10 485 起，烟犯 13 495 名，罚金 505 364 元。1929 年各海关查获毒品计鸦片 585 553 两，吗啡 7 580 两，海洛因 2 297 两，高根 421 两。[②] 到 1933 年，全国已有 2 121 个县建立戒烟所，仅 1932 年，全国各级海关、法院、邮局等共查获烟具 66 490 件，毒具 7 810 件，抓获毒犯 25 471 人，没收各类毒品 146 121.48 两。

尽管取得了一些成绩，但自 20 世纪 20 年代以来毒况日炽的形势并无明显改善，而且有愈演愈烈之势，究其原因有四。

其一，国民政府对禁烟缺乏诚意。南京政府成立后，最初对禁烟并无任何长久计划，后来在国内外舆论的压力下，才被迫着手开展禁烟，以敷衍公众。在百废待举之时，政府视禁政为敛财之道，实行“寓禁于征”政策，其实质是要鸦片专卖，是要抽烟税，“禁”的目的是“征”，因此“禁”便成了幌子。事实的确如此，如全国的罂粟田达数千万亩，而 1928 年各地铲除的仅 21 066 亩；[③]全国年产的鸦片数以万吨，而缴获的鸦片仅几十吨。为确保烟税收入，蒋介石在汉口成立两湖禁烟处，负责鸦片税收。后又实行十省剿共区域禁烟，目的也在垄断烟土，控制鸦片烟税。在这种“一面禁烟，一面抽税”的禁政之下，民众当然心存观望，因而成效甚微。政府官员也不能以身作则，还是只许州官放火，不许百姓点灯。如全国禁烟大会上，有人提议调验党国要人大员的烟瘾，结果这一提议当然不予通过了。《全国禁烟会议组织条例》曾明确规定：“本会议每年开会一次或二次，由国民政府定期召集之。”但由于内战，更由于各级政府都在忙于抽烟税，开会无疑自取其辱，因此，全国第二次禁烟会议便一拖再拖。此后，随着“剿共”内战和新军阀混战的加剧，南京政府及各地方政权烟政更“严”，烟税更多，烟毒更广。

其二，国家处于分裂状态，政令不一，地方军阀控制区域烟毒日趋严重。南

---

① 《中国烟祸年鉴》，第 3 辑，第 13、24、25 页。
② 《中国烟祸年鉴》，第 3 辑，第 13、24、25 页。
③ 《中国烟祸年鉴》，第 3 辑，第 24 页。

京政府初期，全国政令并没统一。在西南、西北和东北等地，各省军阀依然拥兵自重。而对抗的基础是钱财，烟税几乎又是他们最可靠的财源，因此，他们自然不会自断臂膀，实行真正的禁烟政策。桂系首领李宗仁曾明白无误地说："我们要做大事，要建设广西，复兴中国，首先要有钱，有了钱才可以做大事；要有钱，就要整理财政，……整理财政，首先要搞好禁烟。禁烟收入在（占）我们全部收入的比重将近一半，搞好了禁烟，再搞其他。"①这正代表了地方势力的心态。于是，在云、贵、川、陕、甘、青等地，罂粟花一年比一年盛开，烟税也一年比一年增加。这反过来又对全国的禁烟产生了消极影响。

其三，腐败作风严重阻碍了禁烟法令的贯彻执行。在禁烟中，各级军政官员不是以身作则、奉公守法，而是敲诈勒索、包庇纵容。中央政府的高级官员更是与黑社会大亨勾结，私贩鸦片。海军部部长、全国禁烟委员会委员陈绍宽带头贩毒。1929 年 9 月，从国外购入鸦片 1 249 箱运至上海，然后由杜月笙负责销售，所得利润极丰。其行动败露后，遭到中华国民拒毒会的抨击，然到次年 6 月，陈绍宽竟再次伙同杜月笙大规模贩毒。1930 年，国民政府参军处一官员私带 5 箱鸦片在南京下关车站被查获，原来这些鸦片的主人竟是参军长吕超。各省要员走私毒品更是层出不穷。安徽省长陈调元时常往来于京沪之间，贩卖烟土。对于高官贩毒，政府从来眼开眼闭，不予追究。这样上行下效，公理国法早已荡然无存。不少禁烟机构本身就是个毒窝。广东省禁烟局局长周景臻及其部下均被当地鸦片巨商霍芝庭收买，禁烟局成了"贩烟局"②。这些贪赃枉法的军政官员本应是禁烟的推动者和指导者，现在却成了禁烟的巨大障碍。

其四，外交主权没有完全独立，租界的存在严重妨碍了禁烟运动的展开。南京政府虽曾在 20 世纪 20 年代末发起修订新约运动，但没能收回租界，于是，一些外国势力利用租界，制造和贩卖毒品。天津等地的日租界成了毒品走私的基地。在上海公共租界和法租界里，一些日本浪人与本地黑帮及罪犯勾结，大肆贩售毒品。他们"利用租界为避重就轻之所，即经警备司令部与公安局请求协助拘捕，或应归警备司令部并案审理之罪犯，该租界当局，亦往往拒绝引渡"。"故该市办理禁毒工作，极为困难。"③近百年来，上海之所以成为中国毒业之大本营，就是因为有租界的存在。

总之，从南京政府成立到 1934 年间，中国政府虽颁布了大量的禁烟法令，但禁烟收效甚微，于是，毒品再度泛滥，并发展到空前绝后的地步。

---

① 陈雄：《新桂系统治下我所主办的广西"禁烟"》，《广西文史资料选辑》，第 3 辑。

② 陈大猷：《1926 年至 1934 年间的广东禁烟》，《广东文史资料选辑》，第 9 辑。

③ 《禁烟纪念特刊》，1935 年 6 月出版，第 115 页。

特业与特税　南京国民政府建立后，中央政府与地方势力之间、地方势力相互之间就为控制与反控制展开了争斗，先后爆发蒋桂、蒋冯、中原大战，以及贵州的唐(继尧)龙(云)之战、贵州的王(家烈)毛(光翔)之战、四川的二刘(刘湘、刘文辉)之战、山东的韩(复榘)刘(珍年)之战等，从而形成了历史上少见的大混战局面。

频繁的军阀混战，不仅造成人民的痛苦和灾难，也使各股军阀势力钱囊空空，入不敷出。于是他们重拾前人的敛财法宝，以烟税为财源。

蒋介石中央政府对此最为重视，特令以贩运毒品为特业，以鸦片为特货，从中抽取的捐税就是特税了。

蒋介石对最大的土烟转运中心——汉口最为看重，1929 年 1 月，财政部在武汉设立两湖特税处，湖北禁烟局被取消，该处成立之初，便宣称在 6 个月内将市面上的鸦片烟土完全肃清。结果因该处利源滚滚，欲罢不能，遂由临时机构一变为常设机构。1930 年 12 月，国民党三届四中全会时，湖北省党部认为："鸦片此物，祸国殃民，政府早具禁绝之决心，两湖特税不过为清理积存鸦片而设，货罄即应取消。而现在流弊所及，不特为政府公卖机关，且其中藏垢纳污，秽声四播，实授贪污者以良好之机会。故为杜绝烟害，澄清吏治起见，宜即取消。"[①]提请限期取消两湖特税。对此蒋介石自然明白特税中流弊丛生，但要应付内战，舍此没有二法，结果不仅武汉的特税处依然存在，而且还扩大到其他省份。而该次会议上通过的"限期一年禁绝鸦片"决议，自然也和其他禁烟的决定一样，只是一纸空文而已了。于是，武汉成了鸦片烟都，在华界各类五花八门的烟馆充斥街道，吗啡、海洛因、鸦片烟膏等应有尽有。汉口的法租界虽面积狭小，但奢靡之风最甚。据一老资格的巡捕回忆："法租界的旅馆，都是烟、赌、娼的世界，日夜吞云吐雾，……麻将牌之声传达马路，京胡、二胡通宵不绝，以旅馆计，有京汉旅馆、万国旅馆……这 10 家，把法租界变成了巴黎式的花花世界，这些经理们也发烟、赌、娼的横财。"[②]鸦片烟毒十分猖獗，"法国人有一条小火轮(船名'万佛')，每月往来汉口、重庆至少两次，专门运销云南、四川两省的烟土。……烟土的销路：一是由旅馆零售；二是由旅馆的烟客传运各地，因大智门车站的便利，又买通火车上乘警予以包庇。因此，法租界的鸦片烟大有供不应求之势；三是由巡捕房卫生检查所敞开发卖烟执照，最高牌照价为五十元一张，少者一二十元不等，这样公开吸食，自然成了毒化区了"。[③] 同样，日租界也充斥着鸦片、红丸、白面、海洛

① 《四中全会各建议案及意见书》，转引自赖淑卿：《国民政府六年禁烟计划及其成效》，台北国史馆 1986 年版，第 42 页。

② 《汉口法租界内的种种》，《武汉文史资料》第 2 辑。

③ 《汉口法租界内的种种》，《武汉文史资料》第 2 辑。

因，它成为中国中部最重要的毒品交易中心。

农民银行是鸦片银行　时国民政府为加强对农村的控制，于1928年先后建立江苏和浙江两省的农民银行，到1932年，国民政府以“救济农村”为名，成立豫、鄂、皖三省农村金融处。1933年4月，在汉口创设豫鄂皖赣四省农民银行。1935年4月，四省农民银行增加资本并改称为中国农民银行，由孔祥熙任董事长，徐继民任总经理。

农民银行除了加强对农村的金融控制外，其主要职能是为蒋介石分理鸦片税。在内战中，蒋介石的拿手戏是用银弹收买敌方的将领和军队，当然所需极巨。而正常的财政来源，一方面数量不多，另一方面需公开其用途。因此，此种秘密费用常常要靠农民银行分理的鸦片税来弥补。

这样禁烟部门与农民银行便成了形影不离的亲密伙伴。禁烟督导处开到哪里，农民银行就设到哪里。农民银行与鸦片业的关系是相当密切的，它主要表现为：一、特商即鸦片商人要得到贩售鸦片的许可，必须首先向农民银行缴纳保证金；二、特商所需之贷款或缴纳的特税，均向农民银行办理；三、农民银行向特商提供特别的押款办法；四、所有的税货各款，由鸦片公卖机构向农民银行押款到目的地，卖出后由农民银行收款。

农民银行的成立和发展都同国民政府反共军事战略密切相关。在“军队开到哪里，机构就设到哪里”的口号之下，农民银行得以不断扩充。1937年，其分支机构已由4省农民银行时代的16处，增加到87处，遍及四川、云南、贵州、西康、陕西、甘肃、青海等内地省区。从账面上看，1934年的纯收益为210 051元，次年增至387 398元，1936年又上升到537 594元。① 但实际上，农民银行从鸦片中获得的好处，要比这些数字大得多。

农民银行成了鸦片银行，成了蒋介石的私人银行。总经理郭外峰是蒋介石上海证券交易所时代的密友，先后的几任总经理亦多为蒋介石所派。不仅如此，蒋介石后来还亲任董事长，当然银行对蒋介石的一切要求都开绿灯。曾是农民银行董事长的陈果夫也承认：农民银行的“股份虽有官股商股之别，实际上根本无纯粹的商股。其性质和发展过程与其他国家银行不同。所以一向注重实际工作的推进，而不大注意一般形式问题，一切重要问题又都直接请示本行创办人蒋主席的意志办理”②。农民银行所特有的独立而特殊的经济体系，可以满足蒋介石内战的需要。行营所有的一切非正常的开支，都是在特税的项目下由农民银

---

① 《全国银行年鉴》，1937年，第2章，第22页。

② 《陈果夫于1947年在中国农民银行股东大会上的讲话》，中国农民银行《本行通讯》，第166期，1947年11月30日。

行支付的。遇到军情紧急，农民银行的特税不能满足催款数时，或由禁烟督导处召集土行烟馆摊派借垫，然后再在特税项目下扣还；或直接由农民银行动用各土行烟馆的保证金，这笔保证金总数达几千万元之巨。

蒋介石左靠督导处，右倚农民银行，每年的2 000万—3 000万元特税，就在前期的总司令部、后期的“剿匪总司令部”的直接支配下化为乌有。据统计，自1933年4月至1937年1月，中国农民银行仅根据蒋介石的手谕，就先后拨付各种款项73笔，金额高达10 800万元，占该行货币发行额的68%以上，其中垫付军费一项即达6 400万元。[①] 因此，农行在很大程度上是蒋介石内战的财政支柱；也使经理此事的所有官员得以中饱私囊。

鄂豫皖“剿共”三省的禁烟政策 大革命失败后，共产党发动了武装反抗国民党反动派的斗争，并逐渐在江西、湖北、安徽和河南等省创建了红色根据地。从1930年冬开始，蒋介石对共产党的根据地进行军事围剿。

鄂豫皖赣为烟毒弥漫之区。河南的豫东、豫西各县植烟最多，约占耕田的40%—50%。1928年全省108个县，种烟的达63县，次年又增加到80多县。安徽的特点是皖北多种植，而皖南多贩吸；蚌埠、芜湖等地均是著名的贩烟中心。1931年，安徽因财政支绌而设立特税处，征收“烟苗罚款”。湖北的汉口为西南烟土的转运中心，鸦片的进出数量之巨，仅次于上海，因此历届政府视其为金利宝地。江西虽植烟不多，但鸦片的转运也颇为兴盛。

1932年，蒋介石进驻豫鄂皖实行“剿共”，设立豫鄂皖三省“剿匪总司令部”，对该区毒氛弥漫的情况也进行了清理。宣布鸦片为特货，私人不得经营；要从事鸦片贩售即“特业”的，须经“剿总”批准；特货实行专卖政策，特税由“两湖特税处”负责征收与管理。其控制的鸦片数量是惊人的，仅在汉口一地所征的鸦片就相当可观了（表9－2）。

表9－2 两湖特税处历年在汉口所征鸦片统计 （单位：担）

年份	所征鸦片之数量	年份	所征鸦片之数量
1929	100 000	1932	59 860
1930	117 000	1933	71 756
1931	70 020	小计	418 636

资料来源：黄嘉惠：《中国今日之鸦片问题》，《拒毒月刊》，第86期。

① 中国人民银行金融研究所：《中国农民银行》，中国财政经济出版社1980年版，第29—30页。

从表中可见，两湖特税处5年之间所征鸦片竟达41万担。自1931年起特税处所征鸦片锐减，其原因并非禁烟有效，鸦片产量下降，而是因为鸦片商人与税收官员勾结私运，交税鸦片减少所致。尽管如此，两湖特税处所得之烟税仍十分可观。鸦片征税以担为单位，通常一担鸦片由丰都运出，应纳正税320元、剿共捐32元、印花税3.2元、商会会费1.5元、特商公会会费2.5元、适中女学基金2.5元、运输保护费7元，货至万县要缴公路捐与女子基金13.26元，到汉口须纳特货正税920元。1担鸦片原价仅400元，而到汉口时捐税已达1 300.96元。蒋介石仅在汉口所征的鸦片特税，就相当惊人了。在1929—1933年间，仅汉口所征的正税一项总额就达385 145 120元，总烟税也许超过该数字3—5倍。1931年，两湖特税处一次上交财政部的鸦片税款就达1 400万元。①

为了应付舆论，9月2日，"剿总"颁布了《党政军服务人员及学生限期戒烟办法》和《戒烟调验规则》，要求有烟瘾的党政军等人员限期在30到45天内戒绝鸦片。次年，蒋介石又颁行《厉行戒烟取缔吸户章程》《厉行查禁麻醉毒品取缔土膏行店章程》《严禁腹地省份种烟取缔采办边省产土章程》《毒品查缉通则》等四项法令。实际上，这一时期禁烟的最高决策和指导机构已从禁烟委员会转到了三省"剿匪总司令部"，尽管这似乎没有任何法律程序，但在那个独裁和专制的年代，类似事件并不鲜见。这些法令对地方军阀自然鞭长莫及，即使是对三省也毫无实效。因为蒋介石本人就依赖着特税。从以下的一则南昌行营不许特货通过地方擅征附税的训令中，更能看出特税用途之广大："行营训令各属遵照：特税收入，凡湖北每月政费及堤工费暨三省豫鄂皖剿匪之一切临时用款，均恃为挹注。"②

十省禁烟督察处　1933年5月，南京政府以"攘外必先安内"为方针，在南昌设立军事委员会行营，由蒋介石全权处理各省军政。到1935年行营又迁至武汉。蒋介石出于以下原因，将三省禁烟发展为十省禁烟（十省即河南、湖北、江西、安徽、福建、湖南、江苏、浙江、陕西和甘肃）。

一、在国联召开的第18届禁烟委员会会议上，指责中国土烟种植大增，同时，进口毒品急剧增加，致使全国烟毒泛滥，国际舆论认为中国已是世界上烟毒最为严重的国家。蒋介石为了缓和国际舆论的攻击，不得不挂起禁烟禁毒的假招牌。

二、国内各地军阀勒种罂粟，贩运鸦片，取税扩军。蒋介石的权力只行使于

① 《中国烟祸年鉴》，第4辑。

② 转引自何引流：《中国的毒物问题》，载《中国经济论文集》，第2集，中国经济情报社1936年版，第37页。

宜昌以下，连汉口的特税局亦为何成濬、夏斗寅所把持，成为地方中饱私囊的机关。这使得蒋介石不得不考虑一个改变这种局面的方案。

三、随着烟毒的日益猖獗，国内各阶层禁烟禁毒的呼声越来越高，蒋介石推出十省禁烟，以平息谴责之声。

四、共产党红军势力逐渐扩大，“剿匪”遥遥无期，且经费依财政部的支应远远不够，三省特税部门的辅助也捉襟见肘，因此，蒋介石企图把十省之特税全部掌握在手，形成一个以蒋为中心的独特的特税体系。

在陈布雷、杨永泰和陈芷汀等筹划下，是年4月，首先将湖北特税处撤销，成立汉口禁烟督察处，专管豫、鄂、赣、皖、闽、湘、苏、浙、陕、甘等省的鸦片禁运禁售事宜和特税收入。督察处对特货实行统收统运，不受各省市政府或院部的管辖，不受任何法律的限制，直接听蒋介石的命令行事。督察处总处之下设有分处、办事处、事务所和缉私专员。在各地设有公栈为加强查缉私运，公栈下设缉私团，装备和待遇均比一般的军队为优，例如汉口缉私团1934年组建，团长邱开荃是蓝衣社的头目，辖有4 000人。另外，还建成宪兵3个团，协助缉私，分驻洛阳、沙市和亳县。

与督察处并行的有会计处和监察处，禁烟督察处的处长李基鸿，副处长刘寿朋和杨炯，会计长黄为材是蒋介石“剿总”的军需处长，监察处长陈希曾也是蒋的亲信。

督察处在农民银行的配合下，特税业务大有起色，其势力范围伸展于四方，每担特货纳税200元，另缴附加费10%。鸦片商如一时资金短缺或周转不灵，可以以现货向农民银行抵押，押款额以市价的六至八折计算，利率月息达1分以上，若到期不赎，即将押货扣押。农民银行的资金因此而迅速膨胀，后来竟跻身于四大银行之列。督察处的所辖范围也突破了十省，其分支机构遍及全国，据估计每年的鸦片特税达1亿元。① 唯有烟毒依旧，《南京中央夜报》曾描写蒋介石禁烟中心地湖北的毒品状况说：“一切的一切，无不建筑于鸦片之上，保安队也，公安局也，固以鸦片税捐为其经费，甚至法院、党部以及中小学校，亦赖鸦片税捐以为补助。”②

综上所述可知，蒋介石的“禁烟督察”的实质，是为了对付工农红军，并通过高度集中的权力，实行比以往更彻底的“寓禁于征”，以最大限度地从鸦片中攫取财富。

---

① 黄嘉惠：《中国今日之鸦片问题》。

② 《南京中央夜报》，1933年11月2日。

第二节　地方势力的烟政

新桂系的烟政　早在北洋军阀时代，鸦片烟税就成了军阀割据的基础；到了南京国民政府的统治期，各地军阀为抵抗蒋介石的武力围剿，也以烟税为财政的根本，他们各自施展本领，颁行形形色色的“禁烟”条令，搜刮民脂民膏，并且还不时因烟税的分配不均而大打出手。20 世纪 20 年代的国内鸦片战争在一些地区继续展开，从而使中国大地出现了罂花烂漫、“烟”雾重重的奇特景象。

1924 年当旧桂系军阀集团土崩瓦解时，李宗仁与黄绍竑率部趁机崛起，组成新桂系军阀集团，逐渐控制了广西省。

新桂系的理财方法，主要是遍设关卡，增加税收。各县为缴纳巨款也巧立名目，横征暴敛；其中如苍梧县更是别开生面，率先开征“粪溺捐”，留下“自古未闻粪有税，而今只有屁无捐”的笑柄。广西历来是黔土的主要输出通道，新桂系自然不会熟视无睹，“禁烟罚金”便成了广西这个模范省的主要财源。

1926 年新桂系为控制金融，欲成立广西省银行，但苦于无钱，便将在百色缉获的一批烟土发售变价，得 70 万元充作了开业费。该行与鸦片有缘，其主要业务也与鸦片有关。贷款所收之抵押竟大多是鸦片，各地分行更以经营鸦片作为灵丹妙药。广西的钱庄放款的对象也多是鸦片特商，获利极丰，因此，大员们也纷纷投资钱庄业。

新桂系对鸦片贩运实行全面保护。在各处设有禁烟局，统一收税。鸦片特税在新桂系的收入中占有极其重要的地位。1929 年 3 月，广西财政厅长黄蓟报告说：“禁烟特税，乃民国十三年军事当局鉴于从前军认暗运私包。禁犹不禁，曷若化私为公，课以重税，寓禁于征，此特税之所由来也。”“初设专局凡七：龙州、百色、南宁、柳州、怀远、桂林、梧州，继在平乐、玉林设局，税收遂以日旺。”“原定每两征银四角，在十七年加征二角。”“民十六、十七年，全省收入二千六七百万元，特税占大半，故能勉强维持。”据史料记载，新桂系的鸦片税最高为 1928 年的 17 000 000 元。以后虽有减少，但仍是最大收入来源。有学者统计，1932—1937 年广西省的特税如下(表 9 - 3)：

表 9 - 3　1932—1937 年广西省特税收入和军费支出　　(单位：元)

年 份	鸦 片 收 入	军 费 支 出	收 支 比 例
1932	14 844 000	16 484 000	100∶111.05
1933	8 631 000	14 332 000	100∶166.05

续 表

年份	鸦片收入	军费支出	收支比例
1934	12 669 000	17 114 000	100∶135.08
1935	10 548 000	24 476 000	100∶232.04
1936	4 846 000	40 979 000	100∶845.62
1937	4 333 000	26 067 000	100∶476.96
小计	51 971 000	134 052 000	100∶257.93

资料来源：郑家度：《广西金融史稿》，下册，第 13 页。

另据统计，1933 年广西的鸦片烟税达 18 061 984 元，占全省年收入 50 906 156 元的 30%。[①] 同样，1934 年和 1935 年的烟税也是惊人的(表 9－4)。

表 9－4　1934—1935 年上半年广西全省烟税调查　（单位：元）

区域	1934 年烟税	1935 年上半年	区域	1934 年烟税	1935 年上半年
梧州区	5 706 303	2 872 020	靖西区	42 520	21 050
百色区	2 106 020	1 476 200	凌州区	30 660	16 302
南宁区	3 980 400	1 942 440	浔州区	45 008	22 580
龙州区	430 705	245 100	庆远区	1 964 200	98 230
桂林区	49 320	24 620	各县药照费	140 784	77 260
柳州区	988 520	444 620	各　区	36 141	17 070
平乐区	50 260	25 170	共　计	15 846 141	7 415 132
郁林区	275 300	132 510			

资料来源：《拒毒月刊》，第 95 期，1935 年 12 月 15 日。

这里所列之鸦片税是归入省里的总数，实际上军队从鸦片中得到的好处，要比该数字多得多。桂系各军无不明目张胆地包运包贩鸦片，对这些要钱不要命的兵痞，禁烟局也无能为力。如柳州的第 7 军廖磊及其部下，私自贩运鸦片，将钱款尽入私囊，以致军政费用无法应支。1931 年，李宗仁委陈雄以中将衔出任柳州禁烟局局长。陈雄到任后，对廖磊手下私贩鸦片的中下级军官予以严肃处理，但当准备查抄藏有大量私土的廖磊公馆时，即被当时的省主席黄旭初调任庆

① 《拒毒月刊》，第 86 期，1935 年 3 月 1 日。

远禁烟局局长。[①] 为有效收取鸦片税，1934 年底，新桂系设立广西禁烟总局，并筹组 1 800 人的庞大的禁烟缉私总队，税收才算有了一定的保证。

但自 1935 年起，新桂系的特税收入，呈急剧下降趋势，究其原因是蒋介石的釜底抽薪。时李宗仁联络广东的陈济棠发动反蒋的“六一运动”，军费支出高达 40 979 000 元。蒋介石为彻底搞垮桂系，对广西实行严厉的经济封锁，尤其是策动黔、湘军阀，让贵州鸦片经湖南洪江外运，不再经过广西，致使广西鸦片税骤减。到 1936 年，李宗仁被迫屈服，次年 1 月，南京与桂系达成协议，在梧州设立直属于南京的禁烟督察处，接管广西禁烟局的业务；鸦片税中除占比重极微的落地内销税归广西省库收入外，余均上缴国库。同时，桂系军队接受改编，各项费用均由南京统筹供应。再说陈济棠的广东，自国民政府北迁后，禁烟处撤销，改称省财政厅禁烟局。1929 年桂系退出广东后，军政大权由陈铭枢、陈济棠掌握，禁烟局局长陈维周是陈济棠的胞兄。广东的支出也多赖烟税，年入烟税也达千余万元。粤桂合作后，组成“两粤公司”，负责贩运鸦片事务。到“六一运动”失败后，广东的特税也全由南京掌握了。[②]

四川二刘叔侄之战 刘文辉、刘湘为大邑县人，刘文辉是刘湘的叔父，但为侄的刘湘不仅长叔父几岁，而且出道亦早。1926 年刘文辉在刘存厚部任参谋时，刘湘已是川军第 2 师的旅长了，旋又升为师长。后刘湘任川军总司令，即提拔刘文辉为第 1 旅旅长。双方相互合作，扩展地盘，1927 年刘文辉任国民革命军 24 军军长，拥有川南地区，辖区无工商业，只能把征税的重点押在鸦片税上。而 21 军军长刘湘居川东重庆，据四川咽喉，通过重征鸦片税而维持庞大的军政开支，尤其是滇黔烟土的过境税，所得极丰(烟土每箱 1 000 两，征税 5 000 元，年入 500 万元以上)。但随着实力的膨胀，双方各以对方为统一四川的绊脚石。

刘文辉势力膨胀后，曾加入唐生智的反蒋活动，为蒋所憎恨。刘湘趁机宣布拥蒋问罪。1932 年，二刘为争夺四川及其鸦片税而大开杀戒。时刘湘、刘文辉、邓锡侯、田颂尧、李家钰、杨森、罗泽洲、刘存厚等军阀部队集中于川北地区，10 月，李家钰和罗泽洲首先向 24 军刘文辉部发动攻击，爆发了川军混战的序幕——顺庆之战。此后，刘湘联合各军夺取刘文辉在川东南的防地。12 月，二刘在荣威决战，双方出动 60 万大军进行空前的混战，最后刘文辉败入西康。二刘混战历时一年，伤亡官兵 10 余万，民众死伤万余人，财产损失无法估算。

刘氏之争的战火刚平息，又爆发刘邓的冲突，究其原因仍是鸦片。刘文辉与

① 《广西文史资料选辑》，第 2 辑，第 69 页。
② 《广西文史资料选辑》，第 9 辑，第 130 页。

邓锡侯为7个县的近200万元鸦片烟税而兵戎相见。双方共出动10万军队投入混战。

民国时期,川中军队始终保持30余万人的数量,如平均以每万人120万元军饷计,则年需5 000万元,而军械装备等尚不在内。军阀们最主要、最可靠的饷源就是烟税,这也就是四川沦为世界鸦片主要产区的根本原因。

龙云时代的开端 龙云1884年出生于云南昭通彝族土司家庭,早年毕业于云南讲武堂,后在滇军中任职。1927年,曾任唐继尧警卫队队长的龙云取得了云南的军政大权,从此开始了他在云南18年的统治时期。

1929年,蒋、桂系、冯、阎大混战时,蒋介石动员龙云出滇助战。时云南连年战乱灾害,民不聊生,财政陷入困境,龙云搜刮乏术,遂由禁烟局抽收"烟亩罚金"和贩运出省的"出口罚金"。当滇军直逼南宁时,沿途保护广东烟帮,并抽收烟税以作军饷。不仅龙云、卢汉如此,滇军各师均自带鸦片入桂作战。在南宁围城、军饷不济时,龙云还以鸦片折价发给各师,抵充伙食费用。时滇军与唐继尧时代完全不同,官兵抽鸦片已极普遍,有"三枪军"之称,即步枪、烟枪、云南水烟筒。

禁烟罚金为主要财源,因此,龙云责令部下切实抓好罂粟种植的落实,即"禁种""禁运"。所谓"禁种",实是责成各县长勒令农民种植罂粟,每年按比例递增。而各级官吏为了分肥,上行下效,强迫农民扩种,使鸦片总产量大增。所谓"禁运",云南成立"特货统运处",其职当然并非禁运,而是垄断鸦片的对内收购和对外出口。该处是云南官场的一大肥缺,统运处从董事长到一般职员,人人都成了脑满肠肥的暴发户。据一位当过两年该处监事的人员回忆,他第一年分得滇币9 000元,第二年分得30 000元。① 该处被称为云南历史上最肮脏的机构之一。

1929年底,卢汉兼任财政厅厅长,其革新措施竟是将烟、酒、厘金等税一律招商投标承办。此例一开,以后各任均招商投标,于是,烟商、流氓、闲散军官、帮会及下野官僚等都争先恐后,大力承包,遂使标额一再上升。这样,云南的财政收入大大改善,每年所得之烟税有:烟亩罚捐1 625万元,出口捐2 200万元,鸦片印花税1 000万元,灯枪捐570万元,总计3 770万滇币,除去开支还可盈余滇币500万元。一个内陆省,没有任何的建设,但财政如此充裕,这在当时的地方政权里是绝无仅有的。②

山西阎锡山的烟政 民国初期,阎锡山在山西曾一度厉行禁烟,取得不小的成绩,被目为模范省。1928年南京实行鸦片公卖,实质是为抽取烟税,阎锡山曾

---

① 孙东明:《龙云统治云南时期的财政》,《云南文史资料》,第5辑,第33页。
② 《拒毒月刊》,第91、125期。

公开通电反对。[1] 1929 年山西曾破获贩毒案 17 422 件，缴获烟土 186 322.96 两，金丹 49 279.56 两，料面 623 532.17 两。[2] 但后来吗啡、海洛因和红丸之类的毒品大肆进入山西，吸毒风潮再起。吗啡等为私贩所据，省政府无任何收益，阎锡山对此采取强硬措施，即在禁烟督办公署外，又于 1931 年冬，成立查禁毒品委员会，颁布《制造贩卖毒品暂行条例》，规定如有制造或吸食金丹料面两次以上者，或贩运 1 钱以上均一律枪毙。阎锡山派出 30 名密查员上街下乡，只要经其认定为贩毒、吸毒者，即可枪决。一年中破获毒品案件 4 000 起，枪毙 120 人，1932 年初又枪毙 200 人。当然其中有栽赃陷害、公报私仇的，而且枪毙者多是平民，尽管如此，扫毒行动对抑制毒品的泛滥仍具有一定的作用。

但是，阎锡山严禁毒物的目的并非全面禁毒，而是要将这些吸毒者转而吸用公卖的鸦片。阎锡山与烟毒的关系主要有以下方面。第一，设立绥远屯垦处，大规模种植罂粟。第二，收购民间的鸦片，以制造烟膏。第三，自 1931 年起至 1937 年止，制造和推销"戒烟药饼"。山西各县均设有禁烟委员会，职能之一便是推销由鸦片制成的"戒烟药饼"。据统计，1931 年时，每月销售额达 20 多万两，范围遍及全省，后来增至 30 余万两，还推销到河北、河南等地。"戒烟药饼"分为三等，甲等每两 2 元，乙等 1.5 元，丙等 8 角。烟瘾者凭执照购买。仅"戒烟药饼"一项每月获利 30 余万元。

"戒烟药饼"上贴有芙蓉印花，公然以烟土易烟土。为推销"戒烟药饼"，阎锡山专门成立"禁烟考核处"负责，并要求各县长全力促销。对山西政府毒害人民的举动，各界民众极其愤慨，太原《民报》刊文反对推销"戒烟药饼"，阎锡山竟下令将该报查封。

阎锡山的只许百姓吸烟、不准自由吸毒的政策，只有前者较为有效，而吸毒之人并不在少数。据山西禁毒委员会的统计，1931 年 11 月至 1934 年 10 月，共破获毒案 29 947 起，缴获料面 2 276 两，丹棒 68 817 两。晋南一带，每年销售的毒品达 300 万元，只晋城一县年耗毒品 50 万元。榆次的居民计 3 万人，吸食料面的竟有 1 万人。而太谷县行一村，在 1 066 人中吸白面的达 639 人。[3] 在晋豫交界的铁村山上，曾破获一制造毒品工厂，规模颇大，雇工 40 余人，设有 28 架机器，有地道与外地相通。据经理丹鹏祥供认，该厂已设立 10 多年了。[4]

邵力子西安禁烟 "九一八"事变后，邵力子于 1932 年 4 月出任甘肃省主

---

① 《拒毒月刊》，第 125 期。
② 《中国烟祸年鉴》，第 4 辑，第 100 页。
③ 《拒毒月刊》，第 86 期。
④ 《拒毒月刊》，第 113 期。

席，次年初卸任。5月5日接任陕西省主席。直到1937年2月辞职，出任国民党宣传部部长。在陕西的近四年里，邵力子与其前任、陕西绥靖公署主任杨虎城实行军政分治，开诚相处，大力兴修水利，开荒造林，加强教育事业，保护维修名胜古迹，开展禁毒也是其新政的一个重要方面。

邵力子对吸毒深恶痛绝，指出：一个人吸了鸦片，便不能听从自己意志的指挥而行动，身上如同套上了枷锁一样，因此，他制订分期禁烟计划，首先要求农民拒种罂粟，号召“人民应做工，不应该种鸦片”①。在邵的坚决要求下，第一期确定57个县为第一期禁烟区，1935年8月，又将咸阳等16个县列入第二期禁烟区。这样缓禁地区也就是种植罂粟的地区只剩下19个县。对于玩忽职守、措施不力者，邵力子严肃处理。如渭南县执行禁烟令马虎，铲除烟苗不力，邵即将县长张警吾撤职留任。② 对于禁吸，早在1932年，陕西就已建立了西安平民戒烟院，但收效甚微。邵进一步加强禁烟，成立陕西戒毒院。1934年6月，又在南郑、陕北设立禁毒分院。他强调，对于吸食红丸、白面者，若劝戒不听者，应予以严厉处分。他在西安各界纪念禁烟大会上发表演说：鸦片之流毒，不但国无可筹之饷，即民无可当之兵。要使陕西的百姓恢复应有的美德，吃苦耐劳，非先在禁种鸦片、禁吸鸦片上做起不可。为表示决心，1935年2月邵参加了陕西省拒毒运动会。6月，他还在陕西省立第一民教馆拒毒宣传大会上要求“统一精神，决心戒烟”。他从政府官员入手，明文规定，公务人员不准吸食毒品。邵的禁烟实践，虽没能完全禁绝陕西的毒品，但多少减少了陕西的毒害。

中原大战与烟税　1930年5—10月，冯玉祥、阎锡山和桂系联合发动反蒋战争，史称中原大战。是战双方共出动110万人，死亡30万人，伤者不计其数。黄郛在第一次世界大战休战纪念日撰文指出：“本年国内战起，战线之长，在近代世界史上，除欧战外，无可与匹。双方死伤总数达三十万人之巨，而战地人民之伤亡流离者，当十百倍于斯。”③中原大战所消耗的军费令人咋舌，据上海银行界统计，蒋军每月所需军费就达3 000万元，而反蒋军的军费也在每月1 000万元以上，总计达5亿元。双方所耗多是鸦片烟税。

蒋介石收买敌方将领和军队的巨款主要是农民银行支出的鸦片专卖税。而阎锡山和桂系的军费也靠烟税支撑。即使是张学良的东北军和冯玉祥的西北军，也无不与鸦片烟税大有关系。

冯玉祥出征前，命令甘肃每月贩卖鸦片，筹得大量军费，作为西北军东出潼

---

① 朱顺佐：《邵力子传》，浙江大学出版社1988年版，第228页。
② 朱顺佐：《邵力子传》，浙江大学出版社1988年版，第229页。
③ 《祈祷和平》，《新闻报》1930年11月11日。

关的费用。该项工作由甘肃省主席刘郁芬负责，每月约可得 40 万至 50 万元。[①] 孙殿英、鲍刚、刘汝明等部则制造吗啡金丹，贩运鸦片烟膏，不仅大量售卖，而且还胁迫驻地县长代为派销。

双方的许多将领是瘾君子。如反蒋军第六路军总指挥万选才终日横陈烟榻；而蒋军第三军团的作战会议都是在吞云吐雾中进行的，从总指挥何成浚到各军、师长，他们都是黑籍中人。不仅如此，鸦片在战场上还有特殊的作用。当双方在陇海线对峙时，蒋介石针对冯玉祥的西北军作战勇敢、待遇低、生活艰苦的特点，大施"银弹""烟弹""肉弹"攻势，在前线办起"阵地俱乐部"，用火车车厢和汽车作流动旅馆，备有中西大餐，陈设鸦片烟具，并从上海拉来妓女、舞女，不仅提供免费服务，而且还有馈赠。饱尝艰苦生活的西北军官兵很快被软化降伏，结果被蒋军击溃。再说阎锡山的山西军队在山东与蒋军对峙，官兵多染有毒瘾，时人言："阎锡山的队伍，每人带有两支枪、一支炮——步枪、大烟枪、高射炮(吸料面的用具)。"[②]此时恰逢连日淫雨，晋军在战壕里白面潮湿，划不着火柴，又吸不上鸦片，烟瘾大发，哈欠连天，致丧失战斗力，最终被击败。

热河汤玉麟的烟政 热河的鸦片在民国时期也是全国闻名的，尤其是汤玉麟督热的时代，更把热河发展成了鸦片大省，给民国史留下了黑暗的一页。

热河的中西路为内兴安岭支脉的"七老图大山"(又称西大山)，山高林密，土地肥沃，气候极宜罂粟的生长。清初曾是皇帝狩猎的地区，列为禁区，清末周围农民才大量迁入。同治、光绪年间，开始种植罂粟。清末民初时实行禁烟，平原、凌源、朝阳、赤峰等县的罂粟面积锐减，但在深山老林仍有大宗种植者。1915年，热河都统姜桂题曾对朝阳县武装铲烟。热河的鸦片开禁稍迟，1921 年，热河都统汲金纯以山民贫瘠为由大开烟禁，明令各地种鸦片。热河特产"热土"从此得名。

从此，热河地方军阀为供养军队官僚，强逼山民栽种鸦片，从中课税。历任热河都统及其他官员，尽是运毒贩子；居民商贾，家家有"灯"，户户备"枪"。各县、镇、集市烟馆林立，男女老少，染有烟毒的甚多。热河因交通不便，出门多骑驴马，所以客人要加快赶路，驴马也多熏鸦片。

到汤玉麟督热时，热河成了烟毒地狱。汤玉麟(1871—1949)字阁臣，早年为匪，后与张作霖同时被清廷收降，在奉天巡防营为管带。1912 年后担任团长、旅长，是奉系的早期将领。1926 年出任热河都统，1929 年出任热河省主席。汤玉

① 《甘肃文史资料》，第 13 辑，第 73 页。
② 赵政民主编：《中原大战内幕》，山西人民出版社 1994 年版，第 305 页。

麟强迫农民种植罂粟，并以鸦片为全省税收大宗，于是，罂粟遍地都是。1926年为5 000顷，次年增至8 200顷，[①]1928年，鸦片面积又有扩大。如平泉县550顷48亩，朝阳县290顷96亩，凌源县414顷23亩，开鲁县29顷81亩，承德县94顷44亩，赤峰县89顷4亩，林西县35顷81亩，阜新县15 800亩。[②]

汤玉麟自己便是个贩毒巨头。出任省主席后，在热河省及奉天设厂制毒，牟取暴利。他在沈阳南市场开设荣庆隆木厂，规模巨大。热河省的鸦片经北宁铁路而运至沈阳，由该厂炼制成吗啡、海洛因等毒品，并就地销售。1931年4月，沈阳公安局局长黄显声在张学良的同意下，对汤玉麟进行打击，扣押了汤所有的鸦片车皮。[③]

山东军阀的烟政暴行　辛亥以后，山东的军阀层出不穷，其中又以张宗昌与韩复榘最凶残。

张宗昌字效坤，1882年生于山东掖县一吹鼓手家庭。年轻时在海参崴包赌包娼，并经营毒品，是该地出名的黑社会头目。后拜上海青帮李征五为老头子，上海光复时，在李手下做团长，从此依靠武装和帮会，得逞所能，呼风唤雨。讨袁失败后，成了冯玉祥的心腹。旋投靠张作霖，助其在五站种植罂粟。江浙战争得胜后，进入上海后，经其青帮师傅李征五的介绍，与上海黄金荣、杜月笙等合作，保护鸦片贸易，一次就从烟商处敲诈得到300万元。张宗昌在闸北四区原警察署旧址设军实处，以监督印度鸦片的输入，仅此一项就够其军费支出。因此，张对军实处十分重视，亲兼处长，但因司令部在徐州，处长一职由袁致和代理。后其军内两大税务机关军实处和军务处为鸦片税而相互交战。[④]

张宗昌在山东胡作非为，把鸦片视作唯一财源。该部设有禁烟局，局长姜寰秉承张宗昌的旨意，以“寓禁于征”的名义，下令各县种植罂粟，并公开贩运鸦片，有关鸦片的税就有禁烟特税、烟种捐、烟苗罚金、验烟凭照费、烟照印花、烟灯捐等。

张宗昌浑名“狗肉将军”（北方称玩牌九为吃狗肉，张嗜好牌九，故名），又因不知手下有多少军队、钱财和妻妾而被称为三不知将军。其部下亦多是大烟鬼，其亲信趁机大开烟馆以牟利。张宗昌控制山东的时期，指使禁烟局总办姜寰也打出“寓禁于征”的招牌，命令各县种植罂粟，出动军队公开护运。[⑤]济南到处是

---

① 《满洲建国十年史》，第265页。

② 《热河禁烟总局档案》，4738，民国十七年。

③ 《奉天商工会议所搜集有关黄显声查处汤玉麟私贩鸦片情报》，《九一八事变后的日本与中国东北——满铁秘档选编》，辽宁人民出版社1991年版，第98页。

④ 《萧熏原与上海军实处》，载《土匪头子张宗昌》，中国文史出版社1991年版。

⑤ 吕伟俊：《张宗昌》，山东人民出版社1989年版，第67页。

赌场烟馆,不少就是张的姨太太们开设的。

韩复榘字向方,早年留恋于烟馆赌场,因财产散尽而投军,在冯玉祥手下当兵。中原大战后,韩复榘出任山东省主席,与张宗昌相反,他以禁烟禁毒而闻名。韩声称平生最恨贩毒和抢劫。若是贩鸦片,一般每两罚款 2 元,吸食者送戒烟所戒除。吸毒贩毒则不同。韩复榘常命军队协助禁烟称“我辈若不能将烟毒肃清,枉为革命军人”[①]。韩的草菅人命是出名的。对贩毒案,韩常亲自审问。警察把犯人排好,报告说:“这几个是一毛钱的老海”。意即身上搜出一角钱的海洛因,韩只一句话:打 10 棍。第二批是“两毛钱的老海”,韩便言:打 20 棍。依次类推,但到 1 元钱时,韩突然说:枪毙。为正法纪,韩复榘也曾动真格的。济南的陈、毛、傅、金为四大富绅,公开吸食鸦片,韩即令重罚。他也曾毫不留情地处罚过亲戚。其大太太的干儿子张守仁仗势贩毒,1934 年秋被告发后,韩复榘即令枪决。韩的二哥韩金勉在济南院前大街开设烟馆,大发毒财,1935 年秋,被韩下令查抄。其时,看守所和监狱里,关满了烟犯、老海犯(即海洛因犯),但山东的烟毒仍没有肃清。济南及县城的烟馆照开,只不过要缴罚款。韩的族兄韩景砭大肆贩毒,虽有知情人揭发,但照样在韩复榘的公馆里吸毒。韩的二哥韩金勉也没被枪毙,后来还成了他的“剿匪”司令。韩的第三路军里官兵吸食鸦片的并不鲜见。尤其是,对在鲁的日本人贩毒日益猖獗,韩只能眼开眼闭了。韩本人也与毒品有瓜葛,因为 1938 年 1 月 11 日,韩复榘被蒋介石抓获,何应钦、何成浚、鹿钟麟提审韩,罪名之一,即是在韩复榘的寓所查出 1 000 两鸦片。据韩供认,此为宋明轩所送,这成为蒋杀韩复榘的罪名之一。虽然如此,但在民国毒氛漫天的环境里,韩复榘能在禁毒方面有所建树,仍是应该肯定的。

其他各地的军阀也大都假借禁烟的名义,行抽税中饱之实。如安徽的省主席陈调元,公开向各县摊派烟捐。1930 年陈向宿县分派 60 万元烟捐,于是,县长派员下乡,强行征收,如无鸦片则缴现金,每两鸦片折合 2 角。陈之暴行引起民众发动反抗烟捐起义,失败后领袖王少白被逮捕杀害。[②] 1931 年刘镇华任省主席,施政极其残暴。1934 年,南昌行营为了给鸦片公卖开辟市场,责令各地禁烟。刘镇华即组织大批“禁烟督察队”,到宿县、凤阳、颍上、阜阳、太和、蒙城等 10 余县铲烟,对种烟之民作没收耕地、逮捕甚至枪毙的处理。然后进行烟民登记,实行鸦片公卖。[③] 到吴忠信主皖时,又改成个人承包烟税,政府向承包者收

---

① 全国政协文史资料委员会、山东省政协文史资料委员会汇编:《一代枭雄韩复榘》,中国文史出版社 1988 年版,第 182 页。

② 王成之:《宿县民众反抗烟捐琐记》,《安徽文史资料》,第 7 辑。

③ 马凌甫:《刘镇华在安徽的反动统治》,《安徽文史选辑》,第 12 辑。

取烟税外,其余一概不问。由于鸦片专卖实惠利益极大,于是军政警匪,各种势力你争我夺,甚至发生内讧。

第三节 1927—1934年:烟毒顶峰时期

满地罂花映日红 自1917年后烟禁逐渐开放,罂粟的种植与日俱增,经10余年的发展,到20世纪20年代后期,进入近代中国鸦片生产的顶峰时期。它主要表现为罂粟的播种区域遍及全国各地,栽培面积达到创纪录的水平,因此土烟的产量也达到了空前绝后的地步。

东北 东北的辽宁、热河、吉林和黑龙江等四省大烟种植面积达600万亩。辽宁曾规定,上等县种烟3万亩,中等县种烟2万亩,下等县种烟1万亩,实际各县均大大突破,全省56个县,种烟达200万亩。① 热河全省植烟1万顷以上。

西北 陕西省的军阀规定每个县须栽烟800—2 000亩,植烟区为全省耕地面积的75%,鸦片的产值占农业总产值的90%,②20世纪30年代初达到顶峰,1933年达1.6万担,1934年为1.7万担。③ 1933年绥远省的鸦片也达到4 326担,次年为3 762担。宁夏罂粟占耕地面积的35%,1934年鸦片产量为1 196担,次年竟增至7 140担。甘肃除贫瘠之地外,每县都植有罂粟,其鸦片比宁夏还多,年产在1万担左右。

华北 河南省有108个县,种植罂粟的县份占全省的80%以上,豫东各县种烟所占耕地的40%—50%。④

华东 安徽产烟不少,仅阜阳一地,1922年产烟525万两,到1926年,增至1 080万两。⑤ 合肥、阜阳等16县1928年烟田376 000亩。浙江省的永嘉一地1931年种烟10万亩。⑥ 就是首都所在附近的江北一带,也是烟花遍野、烟雾缭绕。

西南 四川植烟面积占农地的三分之一。植烟面积在800万亩以上。⑦

从中国罂粟种植史来看,这一时期尤其是1929—1934年间,为罂粟种植最

① 《中国烟祸年鉴》,第4辑,第49页。
② 《中国烟祸年鉴》,第4辑,第48页。
③ 《陕西省1936—1937年禁烟禁毒工作报告》。
④ 《中国烟祸年鉴》,第4辑,第48页。
⑤ 《拒毒月刊》,第83期。
⑥ 《中国烟祸年鉴》,第3辑,第48页。
⑦ 《中国烟祸年鉴》,第4辑,第48页。

多的年份，根据 20 世纪 30 年代的一项调查，该调查对全国 15 个省份的农业状况做了较详细的调查，是民国时期较为可信的一项记录。该调查对 13 个罂粟栽培区的统计如下(表 9－5)。

表 9－5　1914—1933 年罂粟种植面积占耕地面积百分比的变动

年　份	1904—1909	1914—1919	1924—1929	1929—1933
百分比(%)	14	3	11	20

资料来源：卜凯主编、乔启明等译：《中国土地利用》，1941 年版，第 271 页。

有些地区的罂粟面积远远超过了 20%耕地的比例，如云南省，1929 年耕地面积为 4 027 878 亩，而罂粟种植面积达 3 250 000 亩，占耕地面积的 80.7%。[①]据记载，甘肃的罂粟地约占耕地总面积的 75%，[②]四川茂县罂粟地占 70%，而陕西更达惊人的 90%。[③]

国产鸦片的数量估计　根据有关资料计算，1929 年至 1933 年间，中国的罂粟种植面积约 8 000 万亩，1930 年前后，全国耕地总面积为 1 300 000 000 亩，罂粟种植面积约占 6.1%。每年生产鸦片 6 000 万公斤，即 120 万海关担，其中以陕西、甘肃、云南和四川为四大鸦片产区。据记载，云南年产鸦片 2 亿余两。而四川最多，约达 4 亿两，[④]实际数量可能还不止此数。

中国所产的鸦片总量约占全球鸦片总量的六分之五，[⑤]亦即其他各国的鸦片产量的 10 倍。

表 9－6　1929 年全国 24 个地区种植罂粟经济状况

地　区	每亩成本(元)	每亩产烟量(两)	每亩总价值(元)	每亩利益(元)
山东益都	50	32	100	50
平度	10	50	200	190
陕西洋县	22	100	60	38
河南唐河	15	90	80	64
上蔡	24	50	40	16
洛阳	26	40	40	14

① 《拒毒月刊》，第 91、23 期。
② 《拒毒月刊》，第 91、23 期。
③ 《中国烟祸年鉴》，第 1 辑，第 8 页。
④ 《中国烟祸年鉴》，第 4 辑，第 50 页。
⑤ 《中国烟祸年鉴》，第 4 辑，第 114 页。

续　表

地　区	每亩成本(元)	每亩产烟量(两)	每亩总价值(元)	每亩利益(元)
洛宁	50	100	100	50
邓县	30	50	60	30
安阳	30	50	100	70
福建清流	38	12	50	20
湖北保康	8	30	48	30
恩施	10	40	40	30
保康	10	100	80	70
枣阳	8	50	30	24
安徽巢县	10.3	24	38	28
歙县	20	40	50	30
怀远	35	60	60	25
广东高明	27	20	48	20
花县	35	60	120	80
云南江城	10	20	10	0
武定	11	30	27	16
贵州水城	10	100	30	20
松桃	7.4	30	11	4
辽宁义县	42	20	40	32
统　计	539.2	1 193	1 462	917
平　均	22.5	49.9	60.9	38.2

资料来源:《中国烟祸年鉴》,第 4 辑。

该表未包括地租、农具和家畜的成本,如果加上所有的成本,其收益要低得多。但尽管如此,种罂粟的收益仍比栽培其他作物要高。

鸦片亩产平均为 50 两,最高的要算贵州的荔波,亩产可达 800 两。①

国产鸦片的种类　按照产地的区别,国产鸦片有很多种类。

云土是国产鸦片中的上品。云土又以迤南土为优,迤西次之,迤东最差;迤南土人称"王中之王",色香味俱全,制成的观音阁烟、南盏烟、铜厂烟等,在黑籍中久负盛名,人称"半里闻香味,三口顶一钱"。迤南土中又以麻栗坝所出为绝

① 《中国烟祸年鉴》,第 4 辑,第 42 页。

品。该坝21万亩地出产1 050万两鸦片，这些烟土是达官贵人的梦求之物，麻栗坝也是他们顶礼膜拜的圣地了。具有讽刺意义的是云土外面还贴有林则徐的像。

表9－7　中国各地所产鸦片名称一览

产　地	名　称	分　　类
云　南	云　土	迤南土、迤东土、迤西土，呈长方砖形，每块50—100两
四　川	川　土	丰都土、南坝土、涪州土、夹江土、屏山土、巴州土、桂花土、龙泥、凤土、磁块等。丰都土呈覆釜形，每块10余两；南坝土为烧饼状，每块60—70两
贵　州	贵　土	又称毛块、贵州黑。毛块形状如马蹄，约10—20余两
甘　肃	甘　土	又称兰砖、甘砖。长方形
陕　西	西　土	又称西砖。长方形，以厚油纸包之
宁　夏	宁　土	
热　河	北口土	又称红土。长方砖形，每块100两
绥　远	西口土	
察哈尔	西　货	又称西口土
东三省	边　土	又称东土
安　徽	亳州浆	
河　南	东　土	又称洛宁土、枣泥土
青　海	边　土	
湖　南	湘　土	
湖　北	施南土	
福　建	建　浆	
浙　江	台　浆	又称姚浆
山　东	鲁　土	
江　苏	苏　土	
广　东	粤　土	
江　西	赣　土	
山　西	交　土	又称代土

资料来源：《拒毒月刊》。

四川为世界鸦片产量最大的地区，其品种也最多（见表 9-7）。贵州所产称黔土或毛块。西北出产的鸦片称西土，分为甘土、陕土等品种，甘土俗称兰砖，外形似砖而质地坚硬。西土中的上品是“渭南土”，出自陕西关中平原，那里土地肥沃，灌溉便利。与西土相对应，东北出产的叫东土，东土中的“冻土”，劲头最足，抽烟后，烟灰还可以用，甚至可反复使用多次。热河出品的是北口土，其味颇烈。河南所产的也称东土，它还有个名字，称枣泥土。

烟膏的做法也五花八门。通常先把生鸦片化在水里，过滤去渣，然后放入铜质器皿中用文火细细熬煮，直至收水成膏状。熬成一锅烟膏一般要 10 小时左右。上等货须经过三煮、三滤、三澄、三漂，才能制成色泽金黄滋润、香气四溢的烟膏。除常见的以外，还有加入药材补品等，以减弱毒性。常见的有烟土加甘油，使烟膏甜润适口；烟膏和以白干酒或白兰地，味浓醉人，好酒者尤喜之。富贵之家，常把人参、珍珠粉掺入鸦片烟里，这样即使长年吸食，也不会脸有烟色，并不至烟毒攻心。

在国产鸦片达到顶峰的时期，外国鸦片仍不断运入中国，例如 1923 年，运入中国的印度鸦片有 140 万磅，土耳其鸦片有 120 万磅，波斯鸦片有 160 万磅，[①]总计达 4 万担。又有说上海一地每年走私入口的外国鸦片达 36 000 万两，[②]此数显系夸大，但由此亦可见上海输入鸦片之多。回顾清末，当时的印度鸦片由于受到价格低廉的中国鸦片的冲击，而一蹶不振。而此时，却走私火旺，入口剧增，其主要原因是中国毒况空前，吸毒人口大量增加，尽管国内土烟种植已达空前水平，然而洋烟仍能重新打进中国市场，以分土烟之利。

形形色色的毒品　这一阶段，关于走私入口的吗啡数量，据国联禁烟委员会的统计，每年达 1 433 600 两，这个数字超过中国医用量的 716 倍。[③]

海洛因　当时的吸法有多种，如将香烟挑去一截烟丝，倒入海洛因后，仰而就火吸食，俗称“高射炮”；有的用烟丝在烟筒里打底，再装上海洛因吸食；最为便捷的方法是将海洛因置于锡纸上，锡纸下用火一烧，海洛因熔成青烟，吸入即可，时称“追龙”，这种吸法对人体的损伤最厉害。

吗啡　日本是吗啡输华的最大元凶，每年输入的吗啡数以吨计。[④] 而美国商人也有人参与其事。美国人通常是将吗啡输往神户等地，然后由日本人再贩入中国。用此方法，仅 1919 年美国人运入日本的吗啡就达 230 000 英两。

---

① 《中国烟祸年鉴》，第 4 辑，第 114 页。
② 《中国烟祸年鉴》，第 4 辑，第 1 页。
③ 《中国烟祸年鉴》，第 4 辑，第 3 页。
④ 《社会杂志》，第 1 卷第 4 期，1931 年。

金丹　东北、中原一带所产极多。如河南的卫辉、林县等地是著名的金丹产地。博爱县的大辛庄，一个村庄就有4家制造金丹的公司。在山西文水、太原和翼城等地也有大规模的金丹制造机构。[①]

红丸　别称红珠珠、珠珠等。出现于清末，盛行于民国时期。外形如黄豆，用海洛因、吗啡和谷轩(麻醉剂)为主，加上唐胶、咖啡精、金鸡纳霜、砒霜等制成，最初流行时均为粉红，故人称红丸。后也有灰青等色的烟丸。名牌有"上大人牌""虎仔牌""金钱牌""三桃牌"等。商家为宣传，广告称其为"枪上戒烟丸"。吸食红丸的工具有竹枪和瓶枪。竹枪用细长的竹管前套毛竹筒。瓶枪即在细竹管上套个玻璃瓶即成。吸时先将红丸在火上烤软，然后将其贴在枪的小孔上，再用烧热的扦子一燃，即可吸食。最简单的只需一段竹竿加上瓦质烟斗，以及一根扦子，一把"夜壶灯"，那些烟花铺里，使用这种最简陋的工具，吸食一次只需3角钱。由于红丸吸食便捷，烟味清淡，深受初学者和女子的欢迎，而且吸食后具有比鸦片更奇特的效力，因此，不几年风靡全国。初学者日吸十几粒，但成瘾后，日吸丸量可达400—1 000粒。[②] 日本人还在东北生产一种"甜丸"，味甜而力大，放入口中即消化解瘾，唯毒性极大，据记载，吃"甜丸"上瘾的妇女不能生育，上瘾后半年必死。

民国时期，五花八门的新品种层出迭现。抽、扎、闻、吃，应有尽有。如晋豫一带，流行用鼻吸用的烟丸，用法先把烟丸用两个铜板夹成碎粉，放在手心，用鼻吸之，再取温水一杯，亦用鼻吸之，据载瘾重的一次可吸掉一大碗水。晋南曾流行过"机器棒"，该烟棒形如笔杆，有黄、蓝、红各色，味甜，最易使妇女小孩上瘾。当时这方面的报道极多，如热河朝阳地区扎吗啡上瘾的，因买不起吗啡，遂扎煤油，说是也能解一时之瘾；但扎煤油者身上散发腥臭，不久便会死去。从当时记录下来的品种及形形色色的报道事例中，可以反映出这一时期毒品的泛滥、社会糜烂的一个侧面。

吸毒者的数量统计　在1929—1934年间，由于毒品数量的充足，政府和各地军阀的只征不禁，全国的吸毒人口也达到了空前绝后的地步。总计全国吸食各类毒品的总人数达8 000万人。1932年，中国人口474 487 000人。[③] 吸毒者约占总人口的16.8%。在吸毒者中，仅吸食红丸的就达30 000 000人。[④] 云南一省有1 700万人，而吸毒者就达300万人；贵州省的700万人中也有233万人

---

① 《禁烟委员会公报》，1931年4月、5月。
② 陈念栃：《红丸》，《人世间》，第20期。
③ 《拒毒月刊》，第63、85期。
④ 《拒毒月刊》，第63、85期。

吸毒；最严重的是四川，全省 7 000 万人中，竟有 4 000 万人是瘾君子。[①] 四川不仅女子吸烟极为普遍，而且 4—5 岁的小孩也每天非 4—5 钱鸦片不能抵瘾。川贵甚至还有“十人中有十一人吸烟”之说，原来，连腹中的胎儿也因母亲吸毒而受害，婴儿还未出世，就在母腹里受烟气之孕育，一离母胎，又重受烟气的熏染；其初每日必嗅两三次烟气，始能停止啼哭，直到 4—5 岁后，能行走能饮食，便能自动吸烟了。[②] 在宁夏，“妇女之有鸦片嗜好者，更随地有之。常有嗜好而受孕之妇女，其胎儿在腹中即中烟毒，脱离母体之婴儿，往往必须用烟气喷面之后，始知啼哭”！[③] 中毒之深，令人扼腕。

一些原来与鸦片无缘的少数民族也渐染烟毒。如藏族，到 20 世纪 30 年代，在与汉族来往密切的地区，“汉人最坏嗜好——吸鸦片，他们也普遍的染上了”。[④] 西康的汉族人中 30%、藏族人中 7%—8%抽鸦片。当地刘文辉的军队，官兵 60%—70%抽鸦片，该军共 48 000 人，烟枪却有 3 万支，是名副其实的双枪将了。[⑤]

吸食者的年龄，据中华国民拒毒会对 19 个省份的调查（见表 9－8）。

表 9－8　鸦片瘾者的年龄调查　（百分比）

年　份	30 岁以下	30—50 岁	50 岁以上
1928	34	61.7	4.3
1929	26.5	36	30

资料来源：《中国烟祸年鉴》，第 3 辑，29 页。

另一项调查是 1934 年 6 月到次年 6 月，对上海临时戒毒所收戒烟民的统计（见表 9－9）。

表 9－9　上海临时戒毒所烟民年龄统计

年　龄		15—19 岁	20—24 岁	25—29 岁	30—34 岁	35—39 岁	40—44 岁	45—49 岁	50 岁以上	总计
人数	男	5	88	328	482	387	311	176	170	1 947
	女	1	17	44	55	41	43	30	29	260

资料来源：《上海市禁烟禁毒之概况》，1932 年 1 月至 1935 年 6 月。

---

① 《拒毒月刊》。
② 《中国烟祸年鉴》，第 4 辑，第 11、42 页。
③ 范长江：《中国的西北角》，第 188 页。
④ 范长江：《中国的西北角》，第 32 页。
⑤ 《拒毒月刊》，第 93 期。

由于调查对象的不同,因此,比例有所区别。30 岁以下的青年人吸烟者约占三分之一,而中年人最多,老年人中的吸烟者也不在少数。西南地区吸食鸦片尤盛。云南省拒毒会主席陈铁生报告说:“三迤同胞染有烟癖者,约居全民半数而强,按数年前全省丁口调查(1 200 万人),烟民 600 万人。”男子吸食的占60%。[①] 四川巴中县长常震川报告,该县不吸鸦片者仅 1%—2%,连襁褓婴儿受风寒暑湿,亦莫不以鸦片烟熏之,雇用工人首先不是讲工钱,而是先议定每天吸食多少鸦片。[②]

20 世纪 20 年代末,经国联同意,英国政府曾派一代表团到中国调查烟毒状况。其报告书指出:“中国自一九〇六年禁烟以来,至一九一七年及一九一八年间,国内种烟,即有禁绝希望。嗣后国内情形变化,烟禁废弛,遂回复一九〇六年以前状态。至一九二八年,南京政府颁布各种禁烟法令,并未收得所期望之结果。”而且“当团赴远东调查之时,中国种吸情形,较之以往之二十年中,尤为恶劣”。“尤有甚者,中国省政府甚至国民政府,曾直接参与鸦片事件。”[③]民间就有“十人九瘾”“民有双灯,兵有双枪”的说法。的确,中国是当时世界上无以匹敌的产毒、吸毒大国!名记者范长江在目睹西北猖獗的烟毒后,愤怒地写道:吸毒者“精神萎靡,中毒已深,此种恶果,不知将遗中国前途以如何重大的创伤!负责播毒者,是否曾计算自己应负罪咎之重大”。[④]

辱国的高琪事件 20 世纪 20 年代末,接连发生党政军警人员走私贩毒案件,表明毒祸日益严重。1928 年 11 月 22 日,上海市公安局事先侦知由宁到沪的江安客轮有人贩毒,即派警察查缉,不料该烟土竟有上海警备司令部侦查队护运,双方发生冲突。事发后,国内外舆论一致要求政府严查。次日,国民政府派魏道明、张之江和王淮番赴沪调查。12 月 1 日,警方在南京下关将在逃江安轮扣押,船员移送江宁地方法院。此后,上海市警察局局长戴石浮、警备司令部侦查队队长停职,市长张群亦递交辞呈表示请罪。一波未平,一波又起,1929 年发生的中国驻美外交官高琪夫妇因贩卖毒品被美国政府驱逐事件,是民国期间中国人涉嫌贩毒的最大的国际丑闻。

1929 年 6 月,中国驻旧金山副领事高琪之妻高廖氏赴美探亲。她乘坐日轮“高丽丸”赴美。途中,日本船员见其行李极多生疑,报告船主,结果查出鸦片,船主遂用无线电通知三藩市当局。于是,当 7 月 5 日“高丽丸”到达时,美国的海

---

① 《中国烟祸年鉴》,第 4 辑,第 42 页。
② 《中国烟祸年鉴》,第 4 辑,第 11 页。
③ 俞宁颇:《中国鸦片流祸的概观》,《时事月报》,第 5 卷第 4 期。
④ 范长江:《中国的西北角》,第 56 页。

关、警察、法院及新闻记者等早已静待多时了。共查出鸦片 2 299 罐，被分别装在 11 个箱内。整个搜查过程被拍成新闻片，各报刊出号外 7 000 万份，并出版了书名为《高璞事件》的畅销书。

事件曝光后，中国驻美公使伍朝枢于 7 月 10 日命令高璞停职。8 月 14 日，高璞夫妇及领事主事孙恒三人被美方驱逐出境，由美国司法警察押送回中国，中国公使馆也派人押送。9 月 6 日，他们乘坐的"春洋丸"到达上海，即被押往南京江宁地方法院候审。

高璞福建长乐人，出身于闽中世家，1916 年留美深造，1920 年毕业返国，五年后出任旧金山副领事时，尚 30 岁不到，为公认的有前途的青年外交官。1929 年 1 月，高廖氏回国在沪居住，后高璞嘱其去美时捎带鸦片以牟暴利，事败而自毁前途。

高璞夫妇押解回国后，政府内有些人以公开审判有损国家形象为由，企图大事化小。9 月 6 日中华国民拒毒会发表宣言，指出公务人员贩毒应处最高刑罚，外交官在国外贩毒罪不容诛。全国应"对此要案，严密监视"①。

11 月 11 日，法院判决高璞因协助贩运鸦片而处以 6 年零 8 个月的有期徒刑，罚款 6 666 元，执行徒刑 7 年。高廖氏判处有期徒刑 4 年，罚款 5 000 元。孙恒无罪释放。公布后舆论认为判决过轻，要求重判。后江苏高等法院撤销原判，最终判处高璞执行徒刑 6 年，罚款 6 000 元；高廖氏处以有期徒刑 4 年，罚款 4 000 元；孙恒因协助贩毒处 5 年徒刑，罚款 5 000 元。高璞事件破坏国誉，贻羞环球，是民国时期毒品泛滥、吏治腐败的真实写照。

民国时期海外华人的吸毒状况 20 世纪初叶，东南亚的部分华人在资产阶级革命派的影响下，曾发起了禁烟运动。但到 20 年代，这种禁烟的呼声，早已淹没在更多的华商唯利是图的浪潮之中了。随着海外移民队伍的扩大，瘾君子人数也日趋增多。在部分海外中国人中，吸食鸦片成为生活方式的一个方面。1929 年，中华国民拒毒会曾对此做过详细的调查(表 9－10)。

表 9－10 1928 年东南亚华人吸食鸦片统计

输运政府	起运地点	印度烟土		波斯烟土	
英属海峡殖民地	新加坡	2 280 箱	5 836 800 两	1 000 箱	2 500 000 两
英属北婆罗洲政府	山 打	65	166 400	144	368 640
英属沙罗政府	未 详	98	250 880	—	—

① 《拒毒月刊》，第 32 期。

续　表

输运政府	起运地点	印度烟土		波斯烟土	
法属安南政府	西　贡	200	512 000	5	128 000
英属暹罗政府	曼　谷	1 565	4 006 400	870	2 227 200
荷属东印度政府	巴达维亚	—	—	1 200	3 072 000
统　　计		4 268	10 772 480	3 219	8 295 840

资料来源：《中国烟祸年鉴》，第 4 辑，第 137 页。

在马来群岛及海峡殖民地，法律规定土人不准吸食鸦片；但却任凭华人吸食。那里的华人在 200 万人以上，调查认定其中至少有 20%是吸毒的。据分析，在鸦片瘾者中原来吸毒的约 13%，而到达殖民地染上烟毒的占 87%。[①] 他们中大多数是木匠、铁匠、理发师、妓女、苦力和海员等劳工阶层。[②] 这样吸毒现象日趋严重，鸦片烟馆大量增加。如 1848 年的海峡殖民地，领有牌照的烟馆为 45 家，到 1897 年增至 500 家，到 1900 年，又增加到 550 家。[③] 于是鸦片税也急速地上升了。在当地政府的税收中，鸦片税占有相当的比重。据 1923 年 11 月伦敦殖民大臣透露，鸦片税占英国殖民地财政收入的比例分别为：海峡殖民地 45.5%，马来联邦 16.8%，香港 22.4%。[④] 1928 年，海峡殖民地专卖局共购入印度鸦片 2 027 箱，波斯鸦片 950 箱，此外还有 320 万两私土转入公卖。政府的鸦片收入占全部财政收入的 40%。同年，英属马来半岛殖民地的鸦片收入是 35 021 510 元。

1928 年，荷属东印度群岛共有华人 959 540 人，其中吸毒者为 89 818 人，占 9.34%。在这些瘾者中，领牌吸食的为 19 552 人，全年消费鸦片 337 011 两；未领牌吸食者有 70 266 人，全年吸食鸦片 868 348 两；总共消耗鸦片 1 205 359 两，价值 33 147 400 银元。在当年专卖局销售的 1 600 967 两中，华人所耗占 75%。而在东印度群岛的 51 524 438 名土人里，吸鸦片者仅 96 296 人，约占千分之二。华人平均每人每年吸食鸦片 13 两 5 钱，而土人每人每年仅 4 两 2 钱。

在香港，吸食鸦片也十分严重。1928 年，全港吸毒者达 22.5 万人。全港烟馆共 70 家，分布于老港、新界、九龙等地（见表 9－11）。

---

① 《中国烟祸年鉴》，第 4 辑，第 137 页。

② 颜清湟：《新马华人社会史》，中国华侨出版公司 1991 年版，第 206 页。

③ 颜清湟：《新马华人社会史》，中国华侨出版公司 1991 年版，第 208 页。

④ 《鸦片与英国》，《东方杂志》，第 21 卷第 22 期。

表 9－11 部分年份香港地区鸦片消费数量统计

1918 年	1924 年	1928 年
639 684 两	351 560 两	247 352 两

资料来源：《中国烟祸年鉴》，第 4 辑，第 142 页。

吸毒使很多华人将财产挥霍殆尽，而无法摆脱贫困的恶运。甚至有些瘾君子精神萎靡，不能胜任任何工作，沦为乞丐或自杀，当地的调查指出，华人的吸毒与偷窃等犯罪有明显的联系。①

但是也有许多教养良好的华人移民家族，洁身自好，训诫子孙，不得染上吸毒、赌博等恶习，他们辛勤劳动，自觉抵制社会恶习的侵蚀，从而成功地发展了事业，跻身于社会上层。

第四节　烟毒弥漫的西南

世界第一的产烟规模　中国西南的云南、四川、西康和贵州是当时世界上最著名的产烟区。原因之一是地方军阀的割据和封闭，原因之二是那里的土壤和气候极宜罂粟的生长。如云南，由于土壤、气候适宜，罂粟地几乎无县不有，部分地区的种烟面积总计 140 万亩以上。② 最著名的产烟区有开化、广南、富时、西畴、马关、石屏、东川、昭通、鲁甸、永善、大关、黎良、镇雄、盐津、绥江、威信、腾冲、保山、永平、镇康、龙陵、云龙、丽江、兰坝、维西、云县等，1931 年，全省产鸦片 5 万余担。一般本省自用 20%，大部分销往外省。烟土是云南两大输出品之一，人称"一白（大锡）二黑（烟土）"。每年的收烟季节，白银自东向西流动，然后烟土自西向东汇集，最后向四川、广西、湖南输出。其中每年因鸦片输出而流入云南的白银达"数百万之巨"③。

贵州植烟区约占全省的三分之二地区。尤以黔西的兴义、遵义、贞丰、兴仁、普安等地为最著名。贵州 1932—1934 年间，鸦片产量每年在 7 万担以上。西康自 1924 年由川边镇守使陈遐龄开烟禁后，鸦片种植日益繁盛，几乎遍种罂粟。

少数民族地区的罂粟种植　西南少数民族烟毒炽烈的原因是地方政权逼令他们种罂粟，收大烟税。如 1929 年，政府在茂县县城内设有 4 家烟膏店，收购大

① 颜清湟：《新马华人社会史》，第 209 页。
② 《拒毒月刊》，第 105 期。
③ 周钟岳：《新纂云南通志》，卷 158。

烟,出售烟膏。再如云南勐海县的拉祜族,每户除要向政府上缴 15 两鸦片外,还常常被拉去垦挖罂粟地。再加上土司的税捐,于是在各种因素的制约下,少数民族地区的鸦片烟毒日益加深。

云南潞西县的傣族,清朝时种罂粟者不多,到民国时已"普遍种植"[①]。一些地方"已接近可以种植数量的最高限度"。那时,生产力低下的傣人栽培植物多粗放不管,唯对罂粟精耕细作。穷民向土司租地,租额约占产量的 50%,因此,农民只有种收入稍高的罂粟才能度日。德宏的土司还将土地租给汉人种植罂粟,然后收取鸦片作为地租。由于傣族地区普种罂粟,因此民国时期,土司除了征收官租以外,还加收官烟。一般官烟相当于鸦片产量的十分之一。仅潞西县的法帕寨,罂粟产量就有 250 箩,土司每年从这一个寨子就可收到折合 3 000 箩谷子的鸦片。[②]

白族是个善于经商的民族,云南白族最有实力的商人号称四大家族,即严、董、尹、杨,他们各自开设永昌祥、锡庆祥、复春和以及鸿三源商号。这些商号的业务之一就是贩鸦片,他们在重庆、武汉、上海和缅甸等地均设有分号,将云土运往各地以牟暴利。他们与云南地方政府及后来的国民党政府,均有密切来往。白族李懋柏的南裕商号,与昆明禁烟局局长田德泉勾结,与该局合作贩烟,在昆明、下关、重庆和上海等地设号开店,主要贩川土,因其规模宏大,一时有"川销滇茶,滇销川烟"之说。[③]

西南少数民族种植罂粟的现象较为普遍。如分布于怒江畔的怒族,德宏的德昂族,四川盐源县的纳西族,金平县的苦聪人等,均种过罂粟,吸过大烟。哈尼族所处的滇南红河和澜沧江山区,极宜罂粟的生长,在民国时期,罂粟栽培面积大增。如红河县哈尼族近 10 万人,"几乎家家种植大烟"。这种情况的产生与土司强派烟捐有关。烟捐奇重,通常达到总产的半数以上,烟捐成为土司的主要收入之一,如红河的思陀土司,年收烟捐一项就达 6 万多元。[④] 鸦片在哈尼族里还具有一般等价物的作用,如借贷常以烟土为标准,如借 1 两,一年后须还 4 两,最高的要还 6 两。由于烟价每年上涨,因此,有些贫农竟至一辈子也还不清。傈僳族自清末植烟后,初由土司头人派人监种;到国民党进入后,政府竟发放鸦片籽种,命令农民种植,按收成征收烟税,每架地最低课税银 5 两,有的一户课税银达

---

① 《德宏傣族社会历史调查》,第 2 册,第 6 页。
② 《德宏傣族社会历史调查》,第 2 册,第 12 页。
③ 《白族社会历史调查》,第 133 页。
④ 《哈尼族社会历史调查》,第 72 页。

30 两，最多的达 200 两之多，于此可见种烟之盛了。[①] 鸦片曾是佤族唯一的商品生产，几乎每家种罂粟，平均每户收鸦片 41.2 两，占全年收入的 32%。[②] 在 20 世纪三四十年代达到最高潮。连该民族最大的集市也称“烟会”，即以烟土为贸易中心。大烟与佤族人的生活也有很密切的关系。如结婚时，男方要向女方送大烟以为聘礼；民间借贷中，数量最多的不是钞票，而是大烟；市场交易从盐巴到奴隶买卖，均以大烟说价；奴隶买来后所从事的主要劳动，就是种罂粟。

20 世纪 20—30 年代，布朗族人种植罂粟也达到了高潮。当时，地方政府通过头人收税，通常每户如大烟收入满 10 两者，须缴给政府。头人不仅从中抽取鸦片吸食，连放债也以大烟为主，债息达 50%—200%。[③]

1930 年前后，地方政府向土家族宣传说“种一筒烟等于种十筒粮食”，而强逼每家种烟。每年 5 月，政府派员下乡“铲烟”，实际是抢烟，每保须交 1 000—2 000 两鸦片才能过关。于是，土家族、羌族被迫广种罂粟，从而出现了“烟花遍地，草与禾齐”的景象。抗战爆发前，罂粟的种植一般要占到耕地面积的 70%。如茂汶县黑虎乡有耕地 7 110 亩，罂粟地有 4 977 亩，达 70%。在农民的总收益里，大烟收入要占到 60%—80%。[④] 比起其他农作物，大烟价值高得多，但农民收入并没有提高，其原因就是赋税沉重。种罂粟的农户要交“窝税”和“亩捐”，收割过秤时要交“秤捐”，鸦片入市要交“特捐”，吸食要交“瘾民捐”，开烟馆的要交“红灯捐”，每灯 200 钱。最为荒唐的是对拒种罂粟的农民要抽“代捐”(俗称“懒捐”)。在抽取烟捐时，一般都要有“附加”，如“印花附加”“地方附加”等，使平民饱受剥削。

地方政府和头人土司的残酷剥削引起了广大少数民族群众的愤怒，1929 年，茂县的羌族、土家族等民众数千人，为抗议政府的“烟厘金”制度，冲入县城，砸毁官办的烟馆，最后迫使政府取消了“烟厘金”[⑤]。此外，抗铲烟苗的斗争也层出不穷。

周西成统治下的贵州 周西成任省主席后，野心勃勃地扩军 10 万，庞大的军费便取自于烟。他勒逼农民种植罂粟，依土地的肥瘠每亩征收烟税 30—40 元。烟税收入在黔省财政中起决定作用。1933 年，烟税收入为 1 250 万元，支出为 1 820 万元，烟税占支出的 69%。[⑥]

---

① 《傈僳族社会历史调查》，第 26 页。
② 田继周、罗之基：《佤族》，民族出版社 1985 年版，第 14 页。
③ 《布朗族社会历史调查》，第 1 册，第 24 页。
④ 《羌族社会历史调查》，第 44 页。
⑤ 《羌族社会历史调查》，第 208 页。
⑥ 《拒毒月刊》，第 93 期。

鸦片价廉，一两只需 2 角，因此，吸烟者如云。据估计，全省人口中，吸烟者约占三分之一。贵州军队之抽鸦片是出名的，以致人称黔军为“烟军”。

遵义地处川黔交通要道，南有乌江之险，北有綦江之固，土地极宜罂粟的生长，鸦片为特产，占全省产量的三分之一，因是黔省经济枢纽，税收占贵州的16.52%（表 9-12）。遵义城就有土店 167 家，烟馆 4 500 家，烟民 175 000 人。

表 9-12　1931—1935 年遵义地区产烟数量　（单位：两）

年　份	鸦 片 数 量	年　份	鸦 片 数 量
1931	2 500 000	1934	2 950 000
1932	2 610 000	1935	2 700 000
1933	2 800 000	共计	13 560 000

资料来源：《拒毒月刊》，第 93 期。

涪陵——鸦片之都　涪陵为万县至重庆间的重镇，地跨长江南北，与贵州接壤。民初黔军踞川时，输入大批鸦片，吸烟渐盛。后川军见有利可图，勒种罂粟，从此成为著名产烟区。罂粟占耕地约 25%（见表 9-13）。

阳春时节的涪陵，不见蝶形的豆花、黄色的菜花，遍野都是“美艳”的罂花。几乎家家靠鸦片生活，人人从罂粟取利。种地的没有一户不植罂粟。又因烟土产量的增长，熬制烟膏的手工作坊也大批涌现。每年初夏，鸦片收割后送入作坊，便将烟土团制成窝窝馒头状，打上水印，另一面贴上金字招牌，然后放上一层白茯苓麦子，再用黄表纸包好入箱，每箱 200 两。烟土贩运有公开和走私两种。公开的到禁烟查缉处完税，每两缴 1 元多，然后取了封条可堂而皇之地运往汉口等地。走私则取旱路雇脚力走山道，偷运出川，势力大的武装贩运。县城里的商号没有一家不经营鸦片，如文树堂、王云辉、向对轩、兴诚、石百万、贺图关、徒达山、徒山多等，每家都有 200—500 担的进出。①

表 9-13　涪陵县作物所占耕地比例　（百分比）

罂 粟	玉 米	红 薯	水 稻	小 麦	其 他
25	20	19	17	11	8

资料来源：西华近代文献征集处：《四川农村崩溃实录》，1935 年版，第 4 页。

涪陵的鸦片产量据官方统计，为 23 000 担，本地烟税收入就达 30 万元（表 9-14）。

---

①　张光前：《四川涪陵贩运私烟记实》，《申报每周增刊》，1936 年 11 月 8 日。

表 9－14　1934 年涪陵烟税　　(单位：元)

捐　名	亩　捐	烟灯捐	内销正捐	内销附加税
全县捐额	400 000	84 000	5 980 000	4 925 000

资料来源：《拒毒月刊》，第 90 期。

实际上在军阀时代，涪陵的鸦片产量已达到 4 万担，烟税自然也要多得多。据统计，涪陵的烟税总额约为 1 300 万元。[①] 非但地方的军费全赖烟税维持，即便是县政府的一切开支也全靠烟税支撑。

自蒋介石发动禁烟后，为逃避税收，哥老会、烟贩、破产的农民等纷纷铤而走险，加入贩私烟的行列。他们为多挣些钱，将私烟贩往重庆。从涪陵到重庆有 6—7 天的路程，每贩 100 两鸦片可获利 4—5 元。然而，所走多为山道，为避开禁烟局的缉私以及盗匪的劫掠，他们往往走夜路，因而时有失足跌死者。长州、涪陵、巴县三县交界处的五宝山，地势最为险要，数十年间，被土匪杀死的烟贩真是难以计数。

由于罂粟的扩种，历来是产粮区的涪陵竟需要输入粮食了。20 世纪 30 年代，每年需要输入 10 万担大米。四川这个中国最重要的商品粮调出省份，早已“粮价日昂，饥荒频仍，官廪私藏并形匮竭”。[②]

鸦片——重庆三百六十行中的第一行　凡是与鸦片有关的行当，均是重庆最有生气、最红火的行业。重庆是西南名产川土、黔土和云土的输出要道，为国内最大的鸦片聚散市场。因此，土商云集，该城有半数人口与鸦片有关。主要包括以下各种人员。

军政禁烟人员。四川省禁烟总局设在重庆，各县设有禁烟查缉处或禁烟局。当群雄并起后，各地的禁烟长官均由驻军委派。禁烟所得是军政当局最为关切的事情。它包括：一、烟土出口或转口税。二、烟馆的牌照税。重庆的土店有 150 多家，而领照的烟馆多达 2 000 多所，禁烟后烟馆多改称“谈心处”。三、烟馆灯捐，每盏月抽 12 元，全年 144 元。此外还有其他名目繁多的鸦片捐税。

各地土商。鸦片商人又称特商，早在 1924 年鸦片商人便组成特业公会，以维护其利益，成员有聚源长、济记、鑫记、三庆多、兴盛祥等百余家。到 1929 年改称川滇黔禁烟促进会，会长周介眉。为方便鸦片商人的资金周转，1931 年，21 军军长杨森命财政处处长刘航琛联合烟商成立新亚银公司。1934 年又在重庆建

① 李珩：《涪陵大柏镇的鸦片经营》，《东方杂志》，第 32 卷，第 14 期。
② 《锡良遗稿》，奏稿，卷五，页四二八。

立四川新亚银行，资本100万元，专办鸦片事务，人称四川鸦片银行。①

贩运者有马帮、哥老会、土匪、贩夫、船运业等。贩毒之利丰可以说任何行业无出其右，正因为利丰，握掌大权的军政人物、四面八方的土匪强盗、三山五岳的帮会流氓，以及恶霸土豪、妓女赌棍、方士相师等，无不染指烟业，中华国民拒毒会曾调查17个省120个县的176名鸦片贩子，分析其社会属性主要有6类：第一类为商人，占23.8%，他们为逐利而铤而走险；第二类为警察和公务员，占6.2%；第三类为军人和退伍兵，占13%，这两项相加约占五分之一，他们多利用权力牟私，而且能量颇大；第四类为土匪、流氓、游民、青红帮，占37.6%，他们无疑是贩毒的主力；第五类为土豪劣绅，占9.1%，这些农村的恶霸也依仗权势胡作非为；第六类为烟民、水手、妇女、小孩、农民等，占10.2%，大多是为生活所逼或为吸烟所累。②

土店烟馆经营者。重庆仅烟馆老板就达数千人。烟馆雇有枪手，又称"签子手"，专为客人打烟，没有工钱，靠客人小费生活。"签子手"要能做到打的烟"黄""长""松"。"黄"指烘调到恰到好处，色泽鲜艳；"长"如美女亭亭玉立，使人可以畅快吸食；"松"是不坚不实，吸时可以一燃到底。签子手有神手、高手、能手、庸手之分，他们或为流氓，或大家子弟堕落者，也有为绑匪作眼线的，大多有辉煌的鸦片吸食史，他们把财产、职业、荣誉、地位甚至妻子儿女，都一股脑吸入了烟枪的小窟窿后，只剩下一身的烟瘾和签子上的功夫。有的烟馆还雇有女签子手。当时，全川的签子手不下数万人，仅重庆一地，登记了的签子手就有3 200人，未登记的达6 000人。③ 烟馆里还有说书的姑娘大哥、相命郎中等，长年也靠瘾客生活。

吸食者。在重庆有十余万人。成都有8 000辆黄包车，每日分上下两班，共有车夫16 000人，他们几乎都是鸦片瘾者。到青城、峨嵋的路上，春天罂花遍野，平日则烟土满市，供吸食鸦片的茅店排列不断。车夫们、轿夫们走不了多少路，一定要去吸"松香"（川人将烟客叫作松香客）。

涪陵的鸦片产量长期在年产1万担以上。1925—1929年间达到最高峰，每年仅输出就在10万担左右。此后，稍有减少，1929年为5万担，1932年减至1.4万担。④ 其衰弱的原因是国民政府税收日重，以及1931年汉口洪水等，直到

① 《四川文史资料》，第19辑，第96页。
② 《中国烟祸年鉴》，第4辑，第24页。
③ 《拒毒月刊》，第86、84期。
④ 《涪陵文史资料选辑》，第2辑，第183页。

1936年才恢复元气。此后输出鸦片有所增长，1938年达1万担。[①]

四川党部的烟灯 各路军阀征收名目繁多的烟税，如瘾捐。一些民众认为不入黑籍，却单尽纳捐义务，不如身入瘾界争取这吞云吐雾的权利，于是，全川黑气笼罩。

烟民爱烟如命，鸦片成了他们的第二生命。他们中很多是信奉菩萨的，便拿他们最宝贵的鸦片，涂满菩萨们的不言之口，于是黑的鸦片膏代替了红的畜生血。这种烟毒下的怪现象，在四川、陕西等地均可看到。

四川各地的国民党县党部，是领导民众的执政部门，它首先领导民众吸烟。办公处公然摆着几杆大烟枪，来人先过瘾，再议事。其余如公安局、教育局等亦均如此。甚至有些学校，上至校长，下至校工，都有烟癖；教师上课忽地烟瘾大发，丑态百出，不能终堂而宣布下课。连法官中也多有瘾君子，法庭开庭之中，突然停审吸烟，待法官过足了瘾再继续审理。[②] 至于军阀开会则更加放肆，训话中途入内过瘾的有之，连四川的禁烟人员也在鸦片的熏染下而异化了。如重庆市曾规定烟馆只准营业至晚上11时，岂料，该市禁烟促进委员会竟呈文当局，声称："现秋尽冬临，昼短夜长，本市各公寓（烟馆之雅称）营业时间，限于午后十一时收闭，以致影响营业，多有倒闭逃扬者，拟请展限一小时，定为午后十二时收闭，俾便营业。"[③]禁烟者为业烟者说情，真乃天下奇闻了。上至军政大员，下至苦力脚夫，人人烟容满面。全川各处的铺店有"买饭则无，购烟则有"[④]之语。成丁必染烟瘾，竟成了真理；无论城乡，烟馆林立。具有讽刺意义的是烟馆中都挂有孙中山的遗像，但经年累月，把孙总理的遗容熏得灰黑，好像孙中山也变成了老枪。故时人叹道："总理地下有灵，也要疾哭流涕了。"[⑤]

动物亦染鸦片瘾 在西南、西北等地，由于数十年甚至近百年烟毒泛滥，因此不仅人类吸食成瘾，连动物也在这黑风毒雾里熏染成瘾，出现了许多怪现状。

最常见的动物感染烟毒，可分为有意与无意。无意者是生活在土店烟馆的小动物，因长期受烟气熏陶，而逐渐养成了鸦片瘾。例如清末城市多鼠，在烟馆里生活的老鼠因世代熏染，烟瘾奇大。到禁烟时节，或烟馆主人破产，烟气消散后，老鼠们纷纷坠落，有的达数百只均有气无力，软瘫在地。与老鼠相同的还有家蛇。云南、贵州的富绅，大多全家吸烟，终日烟雾缭绕，屋内房上的家蛇便也有

① 冯锦卿：《旧中国宜昌鸦片市场的点滴》，《湖北文史资料选辑》，第6辑。
② 陶亢德编辑：《鸦片之今昔》，第4页。
③ 《拒毒月刊》，第86、84期。
④ 《中国烟祸年鉴》，第1辑，第25页。
⑤ 《拒毒月刊》，第19期。

了烟瘾；俟主人全家外出，数日而归，便可见平时藏头露尾的家蛇横七竖八地软瘫在地上；但只要主人烟泡一燃，便昂首摆尾，缓缓游去了。还有人发觉家中烟膏渐少，便注意观察，原来所豢之猴，耳濡目染，不仅已上烟瘾，连挑膏烧泡也已熟能生巧了。《点石斋画报》曾记有一事，一广东人向有烟癖，吸食鸦片时，所蓄的猴子也每日里吞云吐雾，逐渐染有烟瘾。[1]

还有的富户因每日吸鸦片，久之连家里的苍蝇也染有烟瘾了；主人偶尔外出，苍蝇们如同到了冬季，半死不活地飞不动；但等到主人一吸食鸦片，便立刻活跃起来了。

还有的是最初主人感到动物吸食鸦片烟有趣，而有意让动物吸食，从而形成了人兽共吸的奇特景象。给宠物喂鸦片烟是显示其富有的手段。北京有一曾姓的安徽商人，烟瘾奇大，终日横陈竹榻，养有一哈巴狗，也渐染烟瘾，主人便另设一榻，每日人狗对吸，分榻而眠。那狗的烟瘾也日益养成，若遇有来客也是瘾君子，要占用它的烟榻，便会板起狗脸，起而抗争。主人死，那狗即日就亡，因为再也无人能供其吸烟了。一天，上海宝裕里烟馆来了位少妇，旁有一条小狗，在不停地哀鸣。那少妇吸烟是不吐不咽，而与犬接吻，将烟徐徐吐入狗嘴，约二十口，然后离去，那小狗忽前忽后，跳跃欢叫。《点石斋画报》刊有《烟狗》一则，说上海一贵妇，每日自牵哈巴狗到法租界的烟馆，共享上等烟膏。[2] 可见在清末的大城市里，宠物吸食鸦片已不鲜见，到民国时代则更为普遍，这从一个侧面反映了毒患的加深。

也有些地区利用鸦片的成瘾性来训养动物。如川陕等地的牧童往往给牛鼻腔里喷鸦片烟，以使它能精神抖擞地耕种。饲养猫犬的人家给猫犬喷烟气，让猫能捕鼠，犬可守户。海南的种椰人养猴并使之吸烟，到摘椰子的季节，让猴上树摘椰，并以烟为赏。西南边地也有养猴的习俗，但猴子生性活泼，时常逃逸，于是主人让猴也染上烟瘾，从此，为一口烟瘾，猴子便永不逃逸了。

---

① 《点石斋画报》，《乐集》。
② 《点石斋画报》，《行集》。

第十章　禁烟幌子下的毒品泛滥

在民国统治者看来，最重要的是巩固政权，维护统治，其次才是社会改良、城乡建设与百姓健康，所以在禁毒这件事上，国民党首先考虑的是为政权服务，而不是国际形象、国民性命。这样，它推行“寓禁于征”政策就不难理解了。问题是在这一政策下，禁毒变成了“特业”，鸦片变成了“特货”，毒品的泛滥也就是必然的结局。当然毒品问题日益严重后也会带来许多负面的影响，于是1935年国民政府提出六年禁烟计划，宣布到1940年完全禁绝毒品。尽管这一举措有一定进步意义，但在低效、腐败、渎职、舞弊等行为盛行之下，禁绝毒品只能是又一次纸上谈兵。

第一节　六年禁烟计划前期

六年禁烟计划　自1927年南京政府建立后，表面上对毒品实行严禁政策，但烟毒不仅没有得到抑制，反而达到新的高峰。

一方面，在地方军阀割据、工商业并不景气的情况下，鸦片烟税对国民党政权具有特殊的意义；另一方面，政府开发“特业”，倡导“特货”，必然使得烟毒更加猖獗，并使由此产生的社会问题更加严重，政府威信扫地，而来自国内外的要求禁烟的呼声也愈益高涨。在这种情况下，蒋介石提出了六年禁烟计划。

这一计划的提出，是有其特定政治背景的。南京国民政府经过8年的内战，逐步削弱地方军阀势力，其统治已较原来加强。另外，大规模的内战已经过去，财政收入也大有好转，蒋介石实际控制的地区也已扩展。在禁烟方面，禁烟委员会的权力已转至军事委员会。随着国民政府权力加强和政令日趋统一，禁烟的时机日渐成熟。另外，国内各阶层民众面对日益深重的毒祸，强烈要求实行有效禁烟的呼声，也对政府形成不小的压力。而国际社会继续发展中的反毒运动，也是六年禁烟计划出台的外部条件。尤其以美国为首的西方国家，对蒋介石的“寓禁于征”政策，进行猛烈抨击，要求迅速采取切实措施，彻底禁烟。这些因素使得南京政府终于决定禁烟禁毒。

六年禁烟计划是以1935年4月军事委员会公布的两项禁烟禁毒实施办法为开端的。4月1日，蒋介石发出禁烟通令，公布《禁烟实施办法》和《禁毒实施办法》，决定"采分年推进逐步加紧为一贯之精神，且使地方官长与社会各界打成一片，共同努力于禁烟之扫荡"[1]。总目标是烈性毒品以1935—1936年为彻底禁绝之期限，鸦片烟类以1935—1940年为禁绝之限期。4日，蒋介石向国民政府提出，将川、滇、黔、察、绥、宁、冀、鲁、晋及北平（北京）、天津、青岛三市禁烟事务，由军委会统筹办理，行政院于4月18日发布第2260号训令施行。在组织方面，行营所在地成立禁烟委员会总会，而在各省市县设立禁烟委员会分会。

《禁毒实施办法》对吗啡、海洛因、红丸等毒品限禁最重，这一方面是因为政府从毒品中没有太多的税收好处，另一方面是因为毒品危害甚烈，所以决定在短期内遏止毒品的蔓延。规定吸用烈性毒品者须在1935年内自动投戒，违令者送戒毒所；如1936年仍吸毒者将处5年以上徒刑，而制造、运输、贩卖毒品者处以死刑。[2]

《禁烟实施办法》对鸦片的种、运、售、吸四方面做了详细规定。1935年12月，军委会禁烟总会拟定《禁烟禁毒五年进度表》，作为指导全国的具体方针。

禁种方面，将全国分为绝对禁种区和分期禁种区。豫、鄂、皖、赣、湘、苏、浙、闽8省为绝对禁种省份。分期禁种区又分为绝对禁种分期禁运禁售禁吸区和分期禁种禁运禁售禁吸区。前者有粤、桂、冀、津、晋、（北）平、察、西康等16个地区。后者亦称缓禁省份，包括陕、甘、黔、滇、川、绥、宁等7省，分期禁种。如陕西省分三期禁绝，第一期长安等57县于1933年冬禁种，第二期咸阳等16县于1935年冬禁种，第三期武功等19县于1937年冬禁绝。甘肃省分五期禁种，至1938年禁绝。贵州省由省政府于1935年10月第190次会议通过《分期分区禁种鸦片办法》，宣布至1939年10月禁绝。云南省分三期到1937年秋禁绝。四川省分四期，酆都、涪陵、宣江等10县到1939年冬禁绝。

禁运方面，逐年完成预定任务。如1936年废止商采商办的制度，由禁烟机构收购川、黔、滇、陕、甘、绥、宁7省的鸦片，设厂制膏，然后运至各地销售。各地缉私没收的鸦片也一律运往制膏厂。以后逐年递减运往各地的烟膏数量，到1940年只收购川、黔、甘、绥最后减种区的鸦片，在全体烟民最后戒绝时停止运膏；并清理制膏厂剩余鸦片及公膏，结束各地公栈及运输机关，将土膏运交中央卫生试验所麻醉药品经理处作制药原料。

---

① 《禁烟专刊》，第1期，第30页。

② 1936年《申报年鉴》，第86—90、104页。

禁售方面，分年实施计划。最初是确定烟民人数，实行凭照购膏的办法；除禁烟机构认定的土膏店以外，一律取缔；还要选择边省产土集中航运便利之地建立公膏厂。以后逐年递减，到 1940 年，公膏厂按照预定最后减制量，生产公膏；然后由各地禁烟系统的公膏店出售，并收回烟灰予以销毁；最后关闭公膏厂，撤销各地代销公膏的分销商人。

禁吸方面，1936 年颁布检举烟民登记办法，由各省市的检举烟民登记专员，会同政府进行检举，向烟民分发限期禁烟执照；每年须戒断五分之一烟民人数，并进行检验，各地完善戒烟医院。到 1940 年 6 月底换发最后一批烟民的执照，并酌情减少吸量，到是年底一律戒绝，吊销执照，收集烟具并公开焚毁，完全肃清烟毒。

六年禁烟计划一反国民政府初期的表面“严禁”政策，仿效晚清的禁烟，实行分阶段的渐禁，具有一定的可行性，并取得了相当的成绩。但部分地区为地方军阀所统治，没有实行有效禁烟，有些地方甚至还有扩大趋势。各地禁烟进度参差不齐，政府假借禁烟之名、行寓禁于征之实的事例屡见不鲜。

禁烟总监的设立 1935 年 5 月 29 日，国民党召开第 459 次中央政治会议，讨论禁烟问题，由于军事委员会所颁之六年禁烟计划采取渐禁办法，而《禁烟法》则是严禁措施，但对贩毒的处刑较轻，因此双方已有抵触；因行营所在地即将成立禁烟委员会总会，原设之禁委会已无存在之必要，最后该会作出如下决议：一、废除《禁烟法》；二、裁撤禁烟委员会；三、设禁烟总监，由军事委员会委员长兼任，办理全国禁烟事情；四、禁烟总监参照军委会所颁禁毒法令，分别制定禁烟禁毒法规，送中央政治会议备案；五、新刑法中第二十章关于鸦片罪之规定，在适用禁烟总监所订法规区域内，停止执行①。

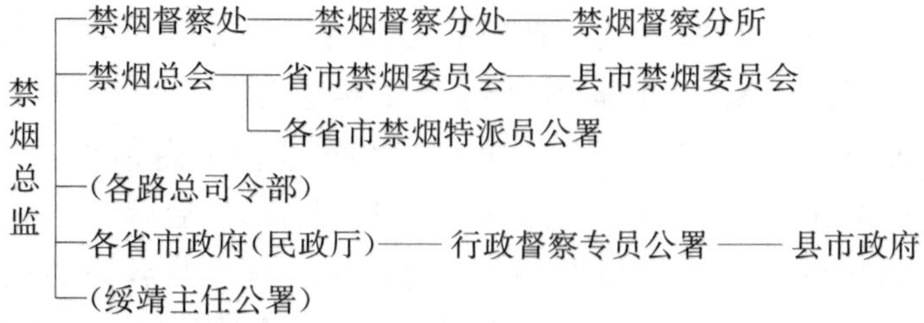

图 10－1 禁烟组织系统

6 月 5 日，南京政府任命蒋介石兼任禁烟总监，主持全国禁烟事务，并明令裁撤禁烟委员会。蒋介石就职后，设立禁烟总监部，下设设计委员会、禁烟查缉

① 《国民政府公报》，第 1716 号，1935 年 6 月 7 日。

处、禁烟情报处及总务处，总部设在武昌，各会处分设于汉口、武昌、南京等地，形成完整的禁烟组织机构。

蒋介石兼任禁烟总监这一举措，与其说是表明了南京政府对实质性禁烟工作的重视，还不如说是鸦片烟税对国民党政治和军事有特别意义。因此，蒋介石上任伊始，首先抓的就是鸦片特税。直到抗日战争爆发后的1938年，由于失地日多，特税地区大大缩小，蒋才于3月1日辞去禁烟总监之职，禁烟与特税分别由内政部和财政部接管。

事实上，蒋介石很少光顾禁烟总会，只在1936年"六三纪念日"等几个日子，蒋才象征性地视察一下。当时总监的文件是由禁烟总会代办后送军委会画行的。"日理万机"的蒋批阅时，有时会批错文件，批错后刚愎自用的蒋却不愿轻易改正。一次，某省呈报惩治贩毒犯，内有一举报的内线，已注明举报人证，例应嘉奖。但蒋批阅时竟红笔一勾，批上四字：一律枪决。禁烟总会得此批文后大吃一惊，连忙送还侍从室请蒋复核；过了几天，仍原文退还。就这样，这个立下功劳的揭发者和被揭发者一起被押上了刑场。

禁烟总会和各地分会的成立　1935年6月15日，蒋介石颁布《军事委员会委员长行营禁烟委员会总会组织章程》14条，到11月，蒋介石的行营因追击红军进入西南而移至重庆，又将该章程改为17条。军委会禁烟总会委员有许世英、吴鼎昌、章元善、张伯苓、张季鸾、程颂云、刘瑞恒、杨永泰、范石生、钟可托、钟伯毅、马愚忱、马亮、金汉鼎、任可澄、彭程万、徐子休、周荸池、熊仲韬、黄为材、俞凤韶、文群、吕苾筹、甘乃光、李仲公、张开琏、李基鸿等人。① 1936年1月，军委会禁烟委员会总会由渝迁至南京办公，旋改称禁烟总会。2月1日，禁烟总会召开第一次常会，通过各项决议，并以吕苾筹、甘乃光和李仲公为常务委员，李基鸿为秘书主任。为制定禁烟文件，禁烟总会于1936年2月成立禁烟法规编审委员会。

此后各省依照《禁烟实施办法》，分别成立禁烟委员会(见表10-1)。

表10-1　各省市禁烟委员会组织概况

省市别	成立日期	委　员　姓　名	组织概况
湖　南	1935.5.1	何　键　彭施涤　王士键　曹伯闻　黄家声　张冈凤	设3科，有主任秘书1人，科长3人
安　徽	1937.7.1	徐平轩　郭景岱　陈宝珍　赵　霁　徐会之　先映垣　毕澍森	

① 《禁烟半月刊》，第1卷第1期，第87—89页。

续 表

省市别	成立日期	委员姓名	组织概况
上海市	1935.7.1	王晓籁 杜月笙 颜庆福 汪伯奇 虞洽卿 俞佐廷 王一亭	设2科
北平市	1935.7.26	方 枢 夏循恺 汤铁樵 孔昭炎 孙葆蓉 孙培基 袁毓麟	设2科
四 川	1935.8.31	王又庸 蔡干卿 冷遇春 钟体干 尹昌龄 刘坤南 龙 灵 唐宗尧 洪 璧	设2科
江 苏	1935.9.7	叶楚伧 钮永健 韩国钧 冷御秋 狄军武 程沧波 顾子扬 周厚钧 于锡来	设2科，有主任2人
福 建	1935.10.2	陈培锟 雷寿彭 陈之麟 谢东山 郭公木 苏寿乔	设2科，科长2人
察哈尔	1935.10.20	张九卿 过之翰 佟凌阁 张吉墉 张维藩 杨兆庚 乔嗜冰 岳增祥 张子元	设2科
河 南	1935.11.1	杨捷三 胡石青 林 襄 萧 洒 刘振群 钟亚藩 杜 俊 蔡其幡 贺幼吾	设2科
江 西	1935.11.1	廖士翘 王次甫 谢 杰 王继春 杨不平 潘 骥 俞百庆 黄绍宏 鲁师曾	设2科
甘 肃	1935.11.1	孙希文 水 梓 张 维 翁燕翼 汪 震 赵元贞 王轩令 俞方皋 范振绪	设2科
天津市	1935.11.9	7人(名单未详)	设2科
湖 北	1936.1.11	夏国桢 万寿扬 贺衡夫 孟广澎 刘汉清 苏太余 曾广锡 陈 时	设2科
广州市	1936.9.28	曾养甫 许崇清 李洁之 李 江 钟荣光 金曾澄 钱树芬 刘石心 欧阳慧璁	设2科

资料来源：《内政公报》，第8卷第21期，1935年11月；《禁烟半月刊》，第1卷第1期；《禁烟月刊》等。

1935年12月7日，蒋介石兼任行政院长，便令禁烟委员会总会制订禁烟禁毒详细计划，当时，原定之六年禁烟已过去了一年，总会遂订出《禁烟禁毒五年进度表》，并向四川、陕西和甘肃三省派出禁烟特派员，以协助省府实施禁烟。禁烟特派员任期一年，全权负责督促该省市的禁烟事宜，未派省份则由省政府负责（表10－2）。

表 10－2　各省禁烟特派员表

省　市	1935 年	1936 年	1937 年
河　南	罗心汉	吴志刚	吴望汲
安　徽	?	钟伯毅	马　亮
湖　北	王　烈	王　时	钟可托
江　西	?	蔡绍忠	卢奕农
湖　南	刘仲荻	黄纪清	黄纪清
福　建	?	邱鸿钧	邱鸿钧
四　川	无	萧致平	钟伯毅
云　南	无	金汉鼎	黄毓成
陕　西	无	钟可托	吴志刚
甘　肃	无	路邦道	路邦道
广　东	无	无	李基鸿
广　西	无	无	龚杰元
贵　州	无	无	何玉书
浙　沪	无	无	陈凌云

资料来源：《禁烟半月刊》《禁烟月刊》。

禁烟法规的颁布　六年禁烟计划实施后，国民政府颁布了一系列的禁烟法规，制定者主要是禁烟总监。内容涉及种植、贩卖、运输、零售和吸食等各个方面（见表 10－3）。

表 10－3　1935—1937 年颁布的禁烟重要法规一览

法　规　名　称	公布日期	制　定　者	公　布　者
限期办理吸户登记办法	1935.6.15	军委会委员长行营	军委会委员长行营
购用麻醉品暂行办法	1935.8.13	卫生署	
铁道检查毒品暂行办法	1935.9.18	军委会委员长行营	军委会委员长行营
禁烟治罪暂行条例	1935.10.15	禁烟总监	军委会委员长行营
禁毒治罪暂行条例	1935.10.15	禁烟总监	军委会委员长行营
审判烟毒案件办法	1935.12.24	军委会委员长行营	军委会委员长行营
检查邮件包裹私递麻醉药品办法	1936.2.8	交通部	行政院

续 表

法 规 名 称	公布日期	制 定 者	公 布 者
检举烟民登记办法	1936.2.21	禁烟总监	禁烟总监
处理烟毒案件罚金充奖支配标准四项办法	1936.3.4	禁烟总监	禁烟总监
检举党政军服务人员吸食鸦片烟暨毒品办法	1936.4.11	禁烟总监	国民政府
禁烟考成暂行办法	1936.4.11	禁烟总监	国民政府
修正禁烟治罪暂行条例	1936.6.3	禁烟总监	国民政府
修正禁毒治罪暂行条例	1936.6.3	禁烟总监	国民政府
禁烟禁毒考成规则	1936.8.12	禁烟总监	国民政府
禁烟调验规则	1936.8.12	禁烟总监	国民政府
公务员调验规则	1936.8.12	禁烟总监	国民政府
禁烟禁毒实施规程	1936.8.19	禁烟总监	禁烟总监
戒烟医院章程	1936.8.19	禁烟总监	禁烟总监
特许商人采办烟土暂行规则	1936.8.19	禁烟总监	禁烟总监
特许设立土膏行店暂行规则	1936.8.19	禁烟总监	禁烟总监
禁烟罚金充奖规则	1936.8.19	禁烟总监	禁烟总监
防止公务员私吸烟毒规避调验办法	1936.11.10	禁烟总监	国民政府
限期戒烟补充规则	1937.7.15	禁烟总监	禁烟总监

资料来源：赖淑卿：《国民政府六年禁烟计划及其成效》，台北国史馆 1986 年版，第 142—144 页。

六年禁烟计划中，对禁毒做了严厉的规定，在民国时期，毒品特指除罂粟、鸦片以外的毒物，主要是指吗啡、海洛因、高根、红丸、快上快、大麻、可卡因等品种。它们与鸦片相比，更容易成瘾，且难以戒除，因而危害更大。因此，南京政府提出二年禁毒六年禁烟的计划。

自南京政府成立后，对贩毒及吸毒采取了一些措施，中心是打击毒贩。

内政部禁烟委员会根据《禁毒治罪暂行条例》，展开禁毒，取得一定成绩，据其报告，全国缉获毒案最多的是 1936 年，共破获毒案 13 091 件，抓获人犯 18 528 人(见表 10－4)。可以想见，如果没有日本全面侵华，中国的禁毒事业也会进一步巩固与好转。

表 10-4 1935—1939 年缉获毒案及人犯统计表

1935 年		1936 年		1937 年		1938 年		1939 年	
案件	人犯	案件	人犯	案件	人犯	案件	人犯	案件	人犯
546	881	13 091	18 528	3 115	4 466	283	662	109	329

资料来源：赖淑卿：《国民政府六年禁烟计划及其成效》，第 326—328 页。

各省禁毒状况 吗啡、海洛因等毒品输入最多的地区是沿海的山东、河北、北平、天津、上海、青岛、福建等地，山西、安徽、察哈尔等地也较为严重。为切实进行禁毒，国民政府于 1935 年和 1936 年所派的禁烟禁毒特派员兼负禁毒工作，对烈性毒品泛滥之地还增派禁毒专员督办。如浙江省在 1936 年缉获的吸毒人犯陡增，尤其是临海、兰溪所辖各县，于是蒋介石特委吴望及为禁毒专员，到浙江严密查缉。福建省的禁毒专员邱鸿钧到省后，也实行禁毒总检举。①

总之，在六年禁烟前期，政府责成警察、军队、海关、法院等对毒品走私加强了打击，并加紧对烟民进行登记，有些地区对烟民实施阶段性戒烟，而且如戒后复吸，一经查实，将受严厉惩罚。在各界民众的配合下，全国性禁烟运动的展开，也使吸烟的环境有所改变，因此，1935 年后，吸毒者的人数略有减少，据国民政府公布，1937 年全国登记的烟民 4 160 285 人（见表 10-5）。

表 10-5 1937 年登记烟民人数统计

省 市	登 记 人 数	省 市	登 记 人 数
江 苏	122 943	云 南	176 120
河 南	62 547	山 西	207 582
湖 北	183 946	陕 西	268 597
安 徽	223 181	甘 肃	185 302
江 西	137 731	绥 远	42 259
福 建	111 428	宁 夏	123 564
湖 南	285 942	青 海	1 554
广 东	182 242	北 平	4 953
广 西	75 524	天 津	146
四 川	1 458 964	上 海	43 020
贵 州	264 844	威海卫	851

资料来源：内政部禁烟委员会：《二十六年度禁烟年报》，第 53 页。

① 《禁烟汇刊》，第 1 期，第 8 页。

从上表中可以看出，像烟毒泛滥的天津，实际的烟民人数恐怕在统计数字的百倍以上。至于青海、北平等地的数字，也显然是大大缩小了的。因此，实际的吸毒人数肯定远远超出该项统计。

上海因有外国租界存在，获取毒品极易，毒况严重，而且禁毒困难。1927 年上海市公安局成立后，即宣布禁烟，1934 年 5 月颁布《严禁烈性毒品条例》，但执行情况并不理想。安徽的蚌埠、怀远、嘉山、宿县、凤阳一带毒品蔓延，1936 年禁毒专员钟可托与省政府创办禁毒密检队，查获人犯 1 021 人。江苏省的禁毒由警备司令部负责，从 1936 年 2 月 16 日至 3 月 18 日，检举烟毒犯达 20 058 人。[①]华东地区除上海以外，禁毒曾取得一定效果。

华北为毒品泛滥之地，有资料统计，如河南省，吸毒者从达官贵人一直蔓延到赤贫阶层。该省组织厉行烟毒密查队，分赴各地查拿，然毒品远没肃清。1937 年 3 月，根据各县毒况，分为“加紧”“注意”“普通”三类缉毒地区，限 5 月底完全肃清，结果虽有进展，但肃清谈何容易。直到抗战时期，河南的毒况仍十分严重。同样，毗邻东北、热河的河北，因地理位置特殊，禁毒工作困难重重。该省鸦片并不流行，但吗啡、红丸、海洛因却异常猖獗，原因是日人利用汉奸大举贩毒，以天津日租界为中心，成为中国烈性毒品的策源地。河北军政当局虽曾屡次要求厉禁，如 1936 年 1 月冀察绥靖主任宋哲元发布清毒文告、6 月公布《禁毒治罪暂行条例补充办法》和《续订禁毒治罪暂行条例补充办法》等，但由于日伪的破坏，河北的毒况始终没有改善。北平于 1934 年 9 月成立戒毒所，初次进入戒毒所者，出所时在右臂刺一个“十”字，如以后再犯，捕获有“十”字者即行枪决，到 1936 年共计有 6 000 人在此戒毒，但北平的毒品仍相当猖獗。同样，山西也是毒品泛滥区，金丹、白面到处充斥，自 1931 年该省公布《惩治制贩毒品暂行条例》后，组织省查禁毒品委员会，专司其职，发布连坐处罚办法，每年查获大量案件(表 10－6)。

表 10－6　山西省查获贩毒案件统计

年　份	1931.11—1932	1933	1934	1935
案件数	13 773	8 852	7 322	4 863

资料来源：《禁烟半月刊》，第 1 卷第 1 期，第 132 页。

由于日本占领东北，日益蚕食华北，并不断向华北各省走私毒品，因此，在察哈尔、河北、山西、天津、北平、上海等地，直到抗战爆发，毒品泛滥状况并无改善，相反，这些地区还成了日本毒化中国的大本营。

① 万君默主编：《三年来江苏省政述要》，江苏省政府秘书处第三科 1936 年版，第 66 页。

新生活运动与禁烟 1934 年 2 月，蒋介石在南昌发动新生活运动（简称“新运”），以配合“剿共”“反共”，阻止和消除共产主义思想在中国的传播及其影响，同时推行“社会教育运动”。为开展这一运动，国民政府颁布各级新生活运动促进会的组织大纲，各地相继组成新生活运动促进会，蒋介石亲自担任南昌“新运会”“新运总会”的会长，宣布将礼义廉耻习之于国民日常生活中，培养有礼义、知廉耻、守纪律的“新国民”。新运的标识以盾为背景，以指南针为中心；盾表示自卫，指南针表示生活有一定的准则。

对于海洛因等烈性毒品，蒋介石的态度较为坚决，其原因：一是毒品的危害比鸦片更烈，蒋曾说烈性毒品“极其祸毒，不惟足以亡国，抑且足以灭种”[①]；二是毒品多从日本走私入内，毒品越多，国力越弱，而日本所得好处越多；三是国民政府基本上从毒品中没有什么税入，因此禁毒无碍特税。这样，禁毒便成了新生活运动的一个部分。

1934 年 3 月 20 日，蒋介石召见各省军政要员时指出：“现在各地无论贩卖红丸、白面、吗啡这一类的毒品，如果我们照普通的刑法和司法手续来办，就永远禁不绝的。以后无论卖哪一种的毒品，如果犯了以上各种的罪恶，我们拿到之后，一定要依军法审判，惟有军法从事，才有禁绝毒品的一天。”[②]5 月 11 日，蒋介石以军委会委员长的名义，发布《严禁烈性毒品暂行条例》。1934 年 6 月，在蒋介石的压力下，全国禁烟委员会呈请行政院，将十省禁烟事宜交给军委会办理，获国民政府第 480 号训令颁行。此后，军委会管辖之禁烟范围扩大至冀察绥三省和北平天津。

为此，南昌与各地的“新运会”制定各种章程，公布《新生活须知》，对民众的各种言论进行严格而具体的规范，它包括禁烟禁赌，甚至衣服要整齐、纽扣要扣好等关于生活规矩的 54 条规定和要灭蝇灭蚊等关于清洁卫生的 42 条规定，涉及民众生活的各方面。上海“新运会”还制定了更为详尽的《新生活公约》，内容包括衣食住行工作娱乐的各个领域，计有 110 条规定。此外，还有旅栈、寄宿舍新生活办法，茶馆酒楼新生活办法，澡堂新生活办法，公路汽车及车站新生活办法，码头新生活办法，娱乐场所新生活办法，连人力车也有新生活办法。

新生活运动展开后，在全国范围内逐渐形成高潮，在政府和国民党的各种机关团体里，不乏真心实意推行新生活的工作者，社会上也有许多新生活运动的热

---

① 转引自赖淑卿：《国民政府六年禁烟计划及其成效》，第 53 页。

② 《蒋主席禁烟言论集》，转引自赖淑卿：《国民政府六年禁烟计划及其成效》，第 53 页。

心者和支持者。但是他们的工作也常常遭到国民党内的腐败势力和社会恶势力的阻挠。如揭觉安是个较正直的青年，被任命为安徽省交通枢纽临淮关警察局局长，决心为社会伸张正义，搞好治安和禁烟。安徽省主席刘镇华即关照他说："你这次到临淮关去上任，那里有个杜墨林，他是临淮一带的安清帮头子，……你对此人要特别注意。"[①]揭觉安到任后即率警察到杜墨林处拜访，实是予以警告。然后亲拟告示，下令撤掉戒吸所，封闭大烟馆，严禁吸毒、贩毒，违者重罚，甚至枪毙。一时淮河两岸为之震动。但流氓们仍公开贩毒，被警察抓获后，即以毒品是给杜三爷买的相要挟。揭觉安意识到要禁烟必须除去杜墨林这一恶霸。经周密策划后，揭觉安率部直入杜公馆，枪毙了杜墨林。揭觉安随即到省会述职，刘镇华闻知后叹曰：你打死杜墨林漏子捅大啦！杜是黄金荣的换帖子把兄弟，随蒋委员长干过侍卫官，号称江南五虎之一，其徒众怎会放过你，赶快离开临淮关。得不到上司的坚决支持，揭觉安只得回临淮关辞职办移交。不料第二天，揭觉安即被杜墨林的老婆杜三娘及其徒众打死。此后，临淮关烟毒泛滥比先前更猖獗了。

经三年的实施，在六年禁烟计划的配合下，新生活运动取得了一定的成果，尤其在大城市，对去除时弊、改良社会风气具有一定的成效。但由于新生活运动的指导者是"一班生活习惯早已固定的官僚政客"，他们倡导"新生活"，不可避免地"引起种种揣摩风气、虚应故事的恶习惯"[②]，这样新生活运动便成为官办的政治运动。另外，国民党的腐败现象也充分表现于新生活运动的推行之中，蒋介石也承认说：新生活运动"就一般的成效和实际情况来说，实在不能满足我们的期望"[③]。它"只做到表面一时的更新，而未达到永远彻底的改革"。[④] 值得肯定的是，进入抗战以后，"新运总会"等在抗战方面做了不少努力，为抗日战争做出了一定的贡献。

禁毒是"新运"的一个内容，在"新运"的各种规定里，均有禁毒条文。不少地区还设立戒毒所、戒毒会。在鸦片主产地的四川，四川新运促进会与川省各界禁烟促成会合作，建立劳工戒烟所。时川中烟毒弥漫，黑雾深沉，到处是颓废堕落散漫麻木的景象，尤其劳工中吸食鸦片普遍，且一旦上瘾又无力戒除。因此，劳工戒烟所旨在帮助劳工戒除恶习。尽管这些戒烟活动，不可能根除烟毒，但是对减轻毒品对民众的危害，还是起了一定的作用。

---

① 穆世均：《临淮禁烟的失败》，《文史资料选辑》(凤阳)，第1辑。
② 胡适：《为新生活运动进一解》，1934年4月《独立评论》第95号。
③ 蒋介石：《新生活运动三周年纪念之感想》。
④ 蒋介石：《新生活运动三周年纪念之感想》。

中华国民拒毒会的卓越努力 中华国民拒毒会成立后，即投身于禁烟禁毒的伟大实践。他们首先号召各地有志于拒毒救国的人们行动起来，创建拒毒同志会，建立拒毒会的分会。这一号召得到了各地仁人志士的积极响应，仅1925年一年，全国已成立758个分会。同时，拒毒会还注意联络其他的禁毒组织协同工作。历史比拒毒会久远的万国拒土会，对拒毒会的章程主张十分钦佩，毅然将各地分会并入拒毒会，共同推动禁毒大业。[①] 在拒毒会的努力下，全国的大小禁烟团体发展到数以千计，如安徽宣城有禁止烟赌娼委员会，太仓成立铲除烟赌会。1924年拒毒会曾发起向政府呼吁严厉禁烟、制定禁烟公约的活动，全国有4 264个社团响应，共有4 264 979人签字赞成。1929年1月，北京市的中华戒烟节俭会，举行劝戒烟酒跑拜团。南昌市政府将300名烟犯游街示众，福建举行化装游行，宣传禁毒。

宣传是拒毒会的主要活动之一。其做法有召开拒毒大会、创办拒毒运动周、举行巡回拒毒大运动以及出版禁毒宣传刊物等。各地分会经常主办拒毒大会，发动民众起来禁毒。如在贩毒大本营的上海，拒毒会每年要举行多次拒毒大会。1925年12月7日，拒毒会在四川路青年会召开上海市第二届拒毒大会，到会响应者达2 000人。拒毒会负责人还经常到大学、中学和社会上举行讲演。拒毒运动周创办于1924年，以10月初作为全国拒毒运动周，7日为期，依次为宣传日、法律日、戒烟日、家庭日、学生日、国际日、组织日。其间，举行演讲，举办展览，宣传毒品之危害，号召民众起来戒除毒瘾。以后每年一届，举办的地点年年扩展，越办越兴旺。巡回拒毒大运动于1929年创立。拒毒会将全国划为四大区域，即江浙区（苏州、镇江、宁波、杭州、温州）、长江区（武汉、长沙、南昌、九江、重庆、芜湖）、华南区（福州、厦门、广州、虎门、汕头）和东北区（沈阳、长春、哈尔滨），每区总会各派两名专员前往指导，并随身携带拒毒展览品多种，如图画、塑像、表格、影片、标本等。在上述城市各展示3天。第一届巡回拒毒大运动于3月6日在上海开幕，第一期到7月28日结束，在江浙区和长江区巡回完毕，共计6省12区，参加人数达13万人（表10－7）。

表10－7　第一届巡回拒毒大运动第一期概况

地　点	日　期	参加人数	地　点	日　期	参加人数
上海	3.6—3.8	15 000	杭州	4.14—4.17	15 000
苏州	4.9—4.11	8 000	宁波	4.21—4.23	7 500

① 《中国烟祸年鉴》，第4辑，第21页。

续　表

地　点	日　期	参加人数	地　点	日　期	参加人数
温州	4.27—4.29	8 500	长春	7.19—7.21	15 500
九江	6.4—6.6	8 500	安庆	7.25—7.27	12 000
南昌	6.8—6.10	12 500	芜湖	7.28—7.30	9 000
沈阳	7.4—7.6	12 000	共计	12 区 37 天	131 000
哈尔滨	7.9—7.11	7 500			

资料来源：《中国烟祸年鉴》，第 4 辑，第 68 页。

拒毒会成立后，即着手出版拒毒宣传品。每年拒毒会都印制大量的漫画、宣传画和《毒剂问答》《禁烟条约法令概要》《铲除烟土办法》等小册子，出版权威的《中国烟祸年鉴》，影响较大的专著有会长罗运炎的《鸦片痛史》和《中国鸦片问题》，哈尔滨分会会长伍连德的《毒品问题与公共卫生》，总会调查科干事戴秉衡的英文著作《远东与殖民地之鸦片毒祸》，淡君的《黑籍人鬼》等，其中尤以罗运炎的《中国鸦片问题》，史料翔实，立论公允，代表 1949 年以前鸦片史研究最高学术水平。拒毒会在经费十分困难的情况下，编辑出版了定期刊物《英文拒毒季刊》《中国新闻周刊》《拒毒月刊》，尤其是他们顶住来自军阀和英国等国内外的压力，每月出版《拒毒月刊》，报道各地烟毒状况，抨击政府的鸦片专卖政策，呼吁实行严禁政策，振兴中华。该刊出版整整 12 年，不仅为民国时期的反毒运动做出了杰出的贡献，而且在中国报刊史上也占有特别的地位。

为展开禁毒工作，需要调查全国的毒况，但由于政府实行“寓禁于征”的政策，禁毒不坚决，因此，拒毒会果敢地承担起重任。总会要求各地分会和成员义不容辞地进行社会调查，对罂粟的种植、鸦片的产量和运输、吸毒者的人数、其他毒品状况，以及禁毒效果等进行细致调查，搜集统计材料等，从而使烟毒泛滥状况昭布于天下，并为今日研究毒品史提供了许多翔实可靠的史料。为切实戒烟戒毒，拒毒会也亲身参加戒烟戒毒的社会实践。他们协助建立上海模范戒烟医院，研究最佳的禁烟方法，并总结推广。

拒毒会还致力于批判政府暧昧的毒品政策，敦促历届政府和各地军阀改弦易辙。其主要方法是：第一，呼吁政府定 6 月 3 日虎门销烟日为禁毒纪念日。最后迫使国民政府于 1929 年 5 月公布《纪念办法八条》，确定六三禁毒纪念日。此后，每逢六三纪念日，各地的地方长官都要出来发表演说，像模像样地声讨毒品的罪恶，宣示禁烟禁毒的决心，最后，按惯例当场焚烧所缴之毒品。拒毒会还协助各界为纪念林则徐在上海设立林公纪念堂，在广州竖立林公纪念像，在苏州奠基林公纪念碑等，以发扬林则徐为民禁烟、为国驱毒之精神，消灭毒品。第二，严正要求历届政府取消“寓禁于征”的政策，取消鸦片专卖制度。经拒毒会的不懈努力，最后迫使国民政府于1935年实行二年禁毒六年禁烟计划。第三，不断揭露贪官污吏、军警特务包庇毒贩，甚至自行贩毒的恶行，要求政府澄清吏治，严惩违法乱纪者。第四，为实行有效的禁烟政策，拒毒会通过调查研究，数年中提出了大量的禁烟提案。尤其是国民政府时期，在历届禁烟会议上，拒毒会提出了很多有价值的提案，其中不少成为禁烟文件而推行于全国。如提出在中小学课本内增加拒毒的内容，以激发青少年拒毒的决心。

拒毒会还积极参加国际禁烟活动，运用国际舞台，争取国外进步人士对中国禁烟事业的支持。1924年8月，拒毒会曾推举蔡元培等3人作为中国国民的代表，出席国际禁烟大会。1924年11月21日，拒毒会致函印度圣雄甘地，请印度国民联合禁烟，放弃烟税。

拒毒会成立和活动于中国毒品泛滥时期，他们为了国家、民族的生存，逆流而上，继承林则徐的遗志，联络万千有志之士，发动持久的、声势浩大的禁烟运动，以各种方式呼吁禁烟禁毒，并创造了各种禁烟形式，坚持不懈达10年之久，为中华民族的禁烟禁毒、健康发展做出了杰出贡献。

红军与禁烟 大革命失败后，中国共产党制定了武装反抗国民党反动派统治的战略，从而走上了艰苦而漫长的道路。中国共产党鉴于毒品对民族的危害，继续执行禁烟政策，由暴动起义而诞生的红军，在打土豪分田地中也对鸦片烟毒发动了冲击。

秋收起义后，毛泽东领导的红色政权痛责国民党以苛捐杂税剥削农民，尤其是大烟税。[①] 井冈山割据时期，打土豪筹款是保障红军给养的一种手段。毛泽东曾指出：“打土豪筹款是我们财政政策的阶级路线，既不增加穷人的负担，又能解决部队的供应来源，同时不把土豪打倒，部队一走，仍是他们的天下。”[②]打土豪得到的财物，一律归公。井冈山地区的红军规定：区、乡赤卫队、暴动队筹得的金银款项要缴县工农兵政府，主力红军得到的金银现洋、鸦片、布匹、食盐和药材等物则归红军使用，存放于茅坪的茶山源军药库等处，浮财分给穷苦大众。

时军阀勒逼民众种植罂粟，强征烟税，这往往是引起民众暴动反抗的原因。如1928年1月，闽南地区的农民由反抗烟捐的斗争而发展为武装暴动。

1928年7月22日，彭德怀、滕代远、黄公略等领导平江起义，建立平江县工农兵苏维埃政府，该政府的政治纲领明确指出：“吃鸦片、嫖赌者绝对禁止。”[③]如

---

① 《潘心源关于“秋收起义”前后浏、醴、平革命斗争情况的报告》，1929年7月2日。

② 转引自财政部：《中国农民负担史》，中国财政经济出版社1994年版，第3卷，第46页。

③ 《平江革命历史文献资料集》，1983年9月版，第413页。

发现栽种、贩卖或吃食鸦片,“经二次警告而不改者”,“处决”。[①] 1930 年 7 月,该政府在《暂行土地法决议案》中写道:“社会上的乞丐、流氓……改变游堕、掠夺、吃食鸦片、赌博等事者,自愿劳动耕种土地仍分配土地。”[②]

1929 年,邓斌(邓小平)、韦拔群和张云逸等发动百色起义,创建红七军,建立了左右江红色根据地。10 月,韦拔群率部占领东兰县城,建立县革命委员会,发布《最低政纲》,规定“严禁烟赌”[③]。红军的主要财政来源是没收地主、豪绅的土地财产,如没收田东县平马镇大商号友兰烟庄和曾相记,就得到数千银元及烟土等财产。[④] 1930 年 2 月 1 日,在邓小平领导下,在左江的龙州组建了红军第八军和左江革命委员会。

1932 年,红四方面军向西挺进,建立了以通江、南江、巴中为中心的川陕根据地。红军和红色政权均十分重视禁烟工作。1933 年 2 月颁布的《川陕省苏维埃组织法》规定,区、乡两级苏维埃政府设劳工内务委员,以“注意卫生防疫和戒烟工作”。[⑤] 省、县设立内务委员会,针对当地烟毒猖獗的情况,制定戒烟办法,实行戒烟。省政府还设立禁烟局,作为禁烟专门机构,研究戒烟药品,颁布禁烟条例等[⑥]。首先是严禁种烟。1933 年 2 月的川陕省苏维埃政府张贴布告说:“一律禁止种鸦片烟。吸烟者得分期禁戒。唯老年气衰不能禁戒者,得于县区苏维埃许可之下种少数鸦片,但每产不得过十背谷的烟田,经过一定时期后完全禁种。”[⑦]该年 11 月,省政府又指出:“土地分好,就马上进行秋耕,……反对种鸦片烟。”[⑧]其次是禁止吸烟。1933 年 3 月 8 日的《苍溪县第一次工农兵代表大会决议书》指出:“禁烟问题:各级苏维埃绝对禁止摆烟灯,并应大力扩大戒烟宣传教育工作,要群众自动起来戒除,全县在今年冬日应减少百分之三十,明年三月减去一半,五月完全减完。”[⑨]此外,红军每到一地就召开妇女大会,让受鸦片毒害的妇女现身说法。如 1932 年 12 月,红军占领了川北通江后,在该地推行禁烟,让妇女上台控诉,有的说她丈夫因为无钱购烟,竟将儿子卖掉了;有的说儿女生病时,因父母都吸食鸦片,以致无钱医治而死;有的说她仅有一条长裤,竟被她的

---

① 《平江革命历史文献资料集》,1983 年 9 月版,第 424 页。
② 《平江革命历史文献资料集》,1983 年 9 月版,第 488 页。
③ 何自坚:《回忆中国工农红军第八军》,载《左右江革命根据地资料选辑》,人民出版社 1984 年版,第 176、87、99、176 页。
④ 郑家度:《广西近百年货币史》,广西人民出版社 1981 年,第 191 页。
⑤ 《川陕革命根据地史料选集》,人民出版社 1986 年版,第 167 页。
⑥ 《川陕革命根据地史料选集》,人民出版社 1986 年版,第 174、250、192 页。
⑦ 《川陕革命根据地史料选集》,人民出版社 1986 年版,第 190 页。
⑧ 《川陕革命根据地史料选集》,人民出版社 1986 年版,第 193 页。
⑨ 《川陕革命根据地史料选集》,人民出版社 1986 年版,第 297 页。

丈夫拿去换了鸦片,使她很长时间不能出门;有的说因吸食鸦片倾家荡产,丈夫儿子逃亡陕甘,生死不明。还有的烟鬼甚至把亲生父母也卖给他人为佣,把祖坟开掘以文物换钱购烟[①]。从而启发了民众对烟毒危害的认识。

共产党对日伪在“满洲国”实行假禁烟、真贩毒也给予彻底揭露。1933 年 11 月 24 日,中共满洲省委组织部部长何成湘在报告中指出:伪满洲国建立后,农民处于水深火热之中。因公开种植鸦片的结果,许多肥田沃土都用来种鸦片,收成变坏。而日军宣传“丰收成灾”,意为收成太好,反而粮食价贱,其实丰收根本没有,成灾却是事实。[②] 由于日军在满洲公开种烟,推行鸦片公卖,致使“一切大小城市,无不烟馆如林,广布日本强盗荼毒民众的‘黑祸’”。[③]

红军长征与禁烟 1934 年 10 月,红军被迫开始长征,据说中央红军长征时,曾将鸦片作为财产带着上路。沿途也遍打土豪,仅在广西境内,就镇压了 32 人,还专门成立“没收委员会”,对这些大土豪的财产进行登记、转账和处理,这当然也包括鸦片。[④]

川滇黔是著名的产烟区,陈云一进入贵州就发现“贵州军队则抽丁、苛捐杂税,勒种烟苗”。因此“鸦片遍地”。“全国闻名之云南鸦片烟,确是遍地种植。”[⑤]他还研究说:“云南鸦片之所以贵于黔川几省者,系云南鸦片所结之果实如拳,较大于川黔所出者,惟鸦片在云南亦极便宜。在马龙、嵩明,每现洋一元,可购云土半斤。”[⑥]九军团司令部文书林伟在日记中称:王家烈的 25 军完全是“双枪兵”,因此“滇军打仗像绵羊”[⑦]。对于这样的敌军,红军总政治部曾分析说:“大多数士兵吸鸦片,组织纪律涣散,战斗力薄弱。”如抓到俘虏兵,“在原则上尽可能争取俘虏并当红军,吸鸦片只要瘾不深的能限期戒去的,应争取经过相当时期的补充营的训练,在这些时期把烟戒去,然后补入部队”。[⑧] 遵义会议后,军委主席朱德、副主席周恩来、王稼祥于 1935 年 2 月 10 日在扎西发布缩编令时,也注意到俘虏兵中的鸦片瘾,指出:“各军团的新兵,一般的应利用此次缩编补入到各个战斗连中去,惟大烟瘾尚未戒脱的新战士,则应留新兵连训练。”[⑨]贵州的青年男子几乎全都抽鸦片,如果不准抽鸦片者加入红军,那么“扩红”就是空话。于是红军

① 张国焘:《我的回忆》,第 3 册,第 165 页。
② 《东北抗日联军史料》,上册,中共党史资料出版社 1987 年版,第 100 页。
③ 《东北抗日联军史料》,上册,中共党史资料出版社 1987 年版,第 102 页。
④ 《红军长征过广西》,广西人民出版社 1986 年版,第 46 页。
⑤ 陈云:《随军西行见闻录》,1935 年秋,《红旗》杂志 1985 年第 1 期。
⑥ 陈云:《随军西行见闻录》,1935 年秋,《红旗》杂志 1985 年第 1 期。
⑦ 《红军长征过广西》,第 317 页。
⑧ 《红军长征在贵州史料选辑》,贵州社会科学丛书,无版本,第 16 页。
⑨ 《红军长征在贵州史料选辑》,贵州社会科学丛书,无版本,第 65 页。

灵活掌握,欢迎所有的青年加入红军,新兵最初准许抽些鸦片烟泡,然后逐渐在新兵连里戒除后才正式入伍。因此,当地青年踊跃报名,参加红军。

对吸烟之群众,红军也取禁烟政策。红三军在湘鄂川黔边特区,广泛组织雇农工会,其职能之一就是开展禁烟。1934 年 8 月 7 日,特区革命军事委员会颁布乡政权的纲领性文件《乡苏维埃》,特别强调"要反对强迫式的禁烟"①。中央红军总政治部在地方工作的指示信中写道:"我们在开始时必须明白宣布取消一切国民党的捐税,即使是鸦片烟的捐税。这样在广大的范围内发动群众与取得'良心',而使反革命分子的造谣欺骗,在群众面前给以事实的揭破。"为了迅速发动群众,策略上应该"明白宣布苏维埃对于鸦片的态度,指出鸦片是帝国主义军阀对于群众的麻醉与剥削,现在苏维埃并不强迫戒烟,并不强迫铲烟,而劝告群众不吸鸦片,以健康身体,不种鸦片增加生产,号召群众起来反对强迫种烟与勒收烟税的国民党军阀"②。

当然在危急时刻又另当别论。中央红军突破金沙口时,征用 6 艘渡船、27 个船夫,根据当地盛行抽鸦片的习惯,红军除了每日给每人工资现洋 5 元外,还烧了鸦片膏,随便工人抽吸。经这些船夫的努力,九天九夜后红军顺利渡江。临别,红军又送每人 30 元和数斤鸦片。③

在红军长征到达前,陕北、陕甘根据地因财政困难,在没收地主富农的财产时,对烟土与金银衣粮一样,予以归公,用以保证部队及红色政权人员的财政供给。④ 1935 年中央红军到达陕甘宁以后,也曾以没收地主、高利贷者的现金和物资作为财政收入主要手段之一;这种没收主要来自未土改或新占领的地区。据中华苏维埃共和国 1936 年度财政收支分类表统计,这一年没收款项(包括金银、鸦片等)为 652 858 元,占财政总收入的 55%。⑤

第二节 禁烟内幕

党国要人与黑帮大亨的合作 1927 年 4 月 12 日,上海的青帮流氓充当蒋介石反共清党的打手,为国民党立下汗马功劳。作为回报,南京国民政府成立

① 原件藏贵州省博物馆。
② 《黔山红迹——红军在贵州的革命活动》,贵州人民出版社 1981 版,第 257 页。
③ 《红军长征在贵州史料选辑》,第 329 页。
④ 陕甘宁边区财政厅财政科:《陕甘宁边区财政概况》,1940 年 11 月 15 日。
⑤ 西北办事处:《抗战以来的陕甘宁边区财政概况》,1948 年 2 月。

后，蒋介石给予他们公开活动的体面，并聘其为南京国民政府高级参议、国民革命军高级参议，把杜月笙、黄金荣等抬高到地方领袖、党国要人的惊人地步。杜月笙等也极力协助国民党，予以默契配合，而“禁烟”正是双方相互联络与合作的基础和首要内容。

江苏的禁烟机构就是这种合作的典范。设在上海的江苏省禁烟局局长曾镛的儿子曾宪琼，拜杜月笙为干爹，而曾镛的副手们，几乎就是杜月笙原来的三鑫贩毒公司成员的翻版：顾嘉棠是运输处处长，马祥生是查缉处处长，芮庆荣是护缉队队长，而金廷荪和苏嘉善则是禁烟局财务处的正副处长。还有像谢葆生任上海县禁烟分局的副局长，高鑫宝是金山县禁烟局的局长。后来上海成立上海市禁烟委员会，杜月笙又亲任禁烟委员。这样，由这批大毒枭主持苏沪地区的禁烟事业，结果就可想而知了。

杜月笙此时不仅仍插手鸦片的买卖，而且还参与筹建吗啡工厂。约在1930年，原潮州帮土行的会计华清泉，伙同郑芹初，以原华利土行为基础，勾结淞沪警备司令部副官处长温建刚，在南市原保安队的一个中队部里设立吗啡工厂。由杜月笙的青帮同参兄弟陈坤元出任经理和技术顾问，雇用工人300多人，将在四川初制的黄吗啡（俗称粗胚）精炼成吗啡，并有军警站岗保护。该厂设备先进，产品纯正，畅销各地，因而所得极丰。不仅杜月笙每月可得巨额报酬，连上海市市长吴铁城及孔祥熙等也捞得油水，并且还向蒋介石缴纳秘密费。

温建刚因有上海大亨杜月笙的庇护、吴铁城的撑腰，自以为有恃无恐，连CC派的头子陈果夫也不放在眼里，与昔日陈果夫追求未果的名妓小林黛玉结婚，从而激起陈果夫的愤怒，陈将温建刚与南市吗啡厂的详情报告蒋介石。另外，有资料表明，杜的生产规模也超过了蒋事先所允的数字，现经陈果夫的报告，也不能在“禁烟”的幌子下毫无举动，遂令戴笠负责调查。这时，吴铁城见事情闹大了，为开托自己，把责任尽推在温建刚身上。温建刚被捕之初，尚十分傲慢，说此事只要问南京老头子即可，戴笠见状恐内幕外传，将温建刚押至南昌行营，后在陈果夫的坚决要求下将温枪毙。南市吗啡厂被查封，老板郑芹初和职员周石鸣、郑俊亭被关押。陈坤元也遭通缉，杜月笙命陈坤元往大连避风，自己则携巨款到南京请戴笠停止调查；潮州帮也上下用钱。军法处因得了贿赂，把全部责任算在温建刚一人身上，三人遂开释。结果虽然不了了之，但吗啡厂再也没能恢复。[①]

除了南市吗啡厂以外，浏河吗啡厂也颇具规模。该毒巢为蓝衣社所设，厂址浏河镇附近。后来，淞沪警备司令杨虎因不知内幕，将浏河厂抄没并私吞钱财，

---

① 《广东文史资料选辑》，第21辑，第20页。

而遭蓝衣社攻击，杨虎只得把钱财发还给蓝衣社，草草了事。[①]

其实上海数任市长如张群、吴铁城、俞鸿钧等均与毒品有染。长期担任市政府秘书的耿嘉基曾在法国、比利时留学，因精通法文，而负责市政府的法文事务，经常代表市府和杜月笙与法租界打交道，还奉命兼营有关公土在上海的运销业务。市长们从中所得多少虽不得而知，仅他这个角色就已收入极丰，每日一掷千金，举止阔绰，“有时连杜月笙也恐望尘莫及。欢场女子，甚至以能与耿秘书有特殊关系，欣然向同行们夸耀”。[②]

此外，杜月笙等还与地方军阀合作制毒贩毒。其中关系最密切的数川军将领范绍增。1930年范氏因手下在上海法租界走私被捕，托杜月笙帮忙而相识。不久，双方即决定在四川范绍增的防区内，开设海洛因工厂。范负责提供鸦片原料和保安力量，杜月笙则张罗制毒机器、技术、化学药品和销路。1931年前后，工厂在重庆开工，杜派遣叶清和负责管理。由于技术不精，因此所产海洛因呈黄色，纯度低于进口货，但因川土价格低廉，国内海洛因供不应求，所以这些次等毒品装在美孚公司的煤油筒里，通常上面铺一层川贝，运至上海，再转售各地，仍畅销无阻，每年利润达数百万元。其中部分利润就由杜月笙在上海采办机枪弹药，运往四川交范。两年后，因范绍增兵败失势，该毒品厂才关闭。[③]

1932年，因分赃不均，杜月笙与法租界发生矛盾，杜遂在上海市政府的全力支持下，将贩毒大本营从法租界移至南市。他所控制的土行、烟馆等至少有1万家。上海市政府也因此得到大笔的好处。1935年7月，上海禁烟委员会成立，在蒋介石的支持下，杜月笙、王晓籁和颜福庆出任常务委员，杜在实际上仍控制着江南地区的鸦片运输、烟膏分配、瘾民执照发放以及管理土行烟馆系统，而且，海关等机关所收缴的各类毒品也是转交该委员会，然后又投入鸦片买卖的。

西北三马　20世纪30年代，马鸿宾、马鸿逵先后出任宁夏省主席，马步芳则为青海省主席，时人合称“西北三马”。他们统治西北期间，为扩军夺地，多对鸦片采取“寓禁于征”之策，实际是只种不禁、只征不禁，遂使烟毒日益泛滥。尤其是马鸿逵统治宁夏时，全省人口仅90万，然而种植的罂粟却达20多万亩，因为鸦片产值高，所以从平罗、宁朔到塞上江南，到处是烂漫的罂粟花，只有不能种罂粟的土地才种粮食。由此可见宁夏烟毒之猖獗。

1937年，马鸿逵在实行法币前，先下令统制收买烟土，用不能兑现的省票和

---

① 恽逸群：《蒋党真相》，山东新华书店1948年版，第51页。
② 何卓：《汪精卫集团沉浮记》，四川人民出版社1989年版，第170页。
③ 上海市文史馆编：《旧上海的烟赌娼》，百家出版社1988年版，第32、33页。

党、政、军机关的存款，从民众手里买回 600 万两（折合 187.5 吨）烟土，但其公布时却说所收烟土仅 262.5 万两。① 说是买，实是抢，马鸿逵规定民间不准私藏私卖鸦片，只能按政府规定的低价卖给官家。马鸿逵将烟土入库，第二年春天组织金融整理委员会，将 84.4 万两鸦片（约合 26 吨），以法币的本价卖给民众，轻而易举地收回了 3 485 450 元。就这样，马鸿逵的金融整理委员会利用鸦片的统买统卖，转手之间不仅囤积了 500 万两烟土，而且用回收的 240 万元顶替了省行发行的钞票，并宣布宁夏暂行发行的钞票已全部收回。

马鸿逵剥削民众"有方"，他先以每两 3—4 角的价格把田地里的鸦片统购走，给农民留下一把纸票子；回头他又以每两 4—5 元的高价把鸦片烟膏卖给烟民，从而将农民手里的纸票再收回来。这样一来一去，农民的几年辛苦就化为乌有了。②

表面上马鸿逵也高喊禁烟，他设立戒烟所，组织禁烟委员会，并自任委员长，实际上，是假借禁烟之名进行赤裸裸的鸦片公卖。戒烟所变成了吸烟所，禁烟委员会就成了贩烟委员会；他不准百姓私存烟土，却遍地设局按户配售烟膏。20 世纪 30 年代中期，因阎锡山抬价收购鸦片，烟贩们纷纷将烟土贩往山西，马鸿逵见烟土危机，便推出存土计划，规定烟农不许自留鸦片，也不可售于烟商，只有禁烟委员会才有权收购。同时，还派军队堵截运往晋绥的烟土，结果当年就截获 400 余万两，从而确保了他的鸦片垄断政策。直到抗战胜利后，宁夏各地还遍布"官膏店"。正是马鸿逵"禁烟"有方，才使宁夏流传三多：烟民多、妓女多、乞丐多。到处是皮包骨头的烟民。据宁夏省府 1936 年统计，仅登记的烟民就达 123 564 人，占全省人口的八分之一。外地人的游记中谈起宁夏见闻，必说鸦片。如"吸大烟是宁夏人的家常便饭"③，"市民沉溺于芙蓉烟膏者，几占十六"。④ "满城烟鬼，不论男女，一榻横陈，大有南面王之态。衣服褴褛，蓬头垢面，白饭可不饱，黑饭不可缺。"⑤"鸦片盛行，渠口村百家不足，烟灯一百三十四盏。"⑥"我亲眼所见的宁夏吸鸦片的人。除了回教人以外，差不多每家都是有枪阶级（是烟枪决不是快枪）。"⑦

西北军阀统治下的烟政　军费行政费用多取自鸦片。如绥远的烟亩罚款，

① 《救国时报》，1947 年 3 月 28 日。
② 高树榆：《昔日宁夏漫谈》，宁夏人民出版社 1979 年版，第 70 页。
③ 《西北记游》，《新中华》，第 2 卷第 7 期。
④ 《西北万里长征日记》，《旅游杂志》，第 4 卷第 10 期。
⑤ 《宁夏之见闻》，《新中华》，第 1 卷第 22 期。
⑥ 《宁夏省考察记》。
⑦ 《宁夏见闻》，《新生》，第 1 卷第 34 期。

按总数摊派到各县，然后再由各乡镇长认额包征。这样，土豪劣绅趁机加捐。而且这些土豪劣绅为永远攫取征税权，对上司极其殷勤，每年将烟税增加25%。

甘肃、青海、宁夏三省的烟亩捐，多由省政府预先拨给驻军，实际征收时，并不受总额的限制，几乎可随心所欲地收取。①

甘肃省年财政收入为1 350万元，其中鸦片收入占6 853 000元，而军费支出7 732 000元，所以该省的5万大军几乎是靠鸦片来支撑的。② 因此，甘肃对禁烟从来就是表面文章，“名为禁种，实则只就交通便利之地，略加铲除，其他各县仍迫令农民一律种烟”。③ 1933年冬，甘肃武山县政府同时有11个部门来催讨包括烟亩捐在内的各种摊派，其中有财政厅、亩款处、38军、14师、骑兵团等大大小小的提款委员，共计42人。所取之物从鸦片到雪花膏、生发油，无所不有。④

根据国民政府的禁烟计划，陕西为缓种省份，因此，军阀和地方政府均抓住这最后的良机，大肆栽种罂粟。为使民众能安心种烟，各级政府纷纷张贴告示，声称奉令禁烟，但姑念民艰，本当铲烟荒田，今采取寓禁于征的权变办法。以下便是陕南某县的劝种令：“为严令飞催事，现在上宪天天有公事，叫我们赶快多种烟苗，其实我们某县人民，观望多不敢种，因为前次有领牌照，才得种的活，现在牌照也不叫你们花户领了，时期已尽(经)迟了，不得已来此命令，催你们当委员村甲里长联保主任各保长的，令到随时挨存传锣(原文如此——引者)，先不领票，并劝令家家户户，普种烟苗，越种的多，越出的钱少。要是不种，今冬就要按亩出款，那就悔之晚矣，务必苦口劝种，天天鸣锣，谁地种得多，谁地后来负担轻。特此飞谕。本县长专查种多种少，考核人优劣耳，切嘱切嘱，此令。县长王中华民国二十三年十月二十五日(县政府印)”⑤

这位县长的文化程度并不高，但劝种之殷殷之情，已溢于言表了。在军阀和地方政府的双重勒逼下，西北的罂粟长得特别茂盛，鸦片“特业”相当发达。宁夏“十万亩大烟，十万支(烟)枪”。甘肃的罂粟地达50万亩，亩产鸦片39两，总产量达19 500 000两，居西北六省之首。1934年7月4日的北平《京报》指出：“陕西的武功，人口不到二十万，烟款派到四十万，按人口来计算，每人每年该负担二块钱，这还只是上头派下来的数目，其实在加派贿赂敲诈和层层剥削之下，老百

① 章有义编：《中国近代农业史资料》，第3辑，第27、87页。
② 《拒毒月刊》，第94期。
③ 内政部禁烟委员会：《禁烟纪念特刊》，1935年6月，第6页。
④ 章有义编：《中国近代农业史资料》，第3辑，第27、87页。
⑤ 陶亢德：《鸦片之今昔》，上海宇宙风出版社1937年版，第90页。

姓到底流了多少血汗，恐怕只有他们自己知道。”

著名记者范长江在《中国的西北角》中描写道：“一出(宁夏)省垣南门，即可看到非常广阔的湖潭，……两旁的土地中，一片片的鸦片烟苗，已盖在土上发出青青的颜色，有许多妇女和小孩，正在耘除鸦片地上的杂草。”甘肃“肥美之田野中，以鸦片最重要！此时正收获期中，烟果林立，阡陌相连，农家妇女与儿童多在烟林中工作，辛辛苦苦，采此毒汁”[①]。

龙云的鼎盛时代　在云南，20世纪30年代是龙云统治的鼎盛时代，云南的鸦片也发展到了空前绝后的地步。云土不仅是省府财政的支撑点，而且鸦片也是银行的基金，银行的钞票也成了云土的象征。

1929年前，在云南罂粟完全是自由种植的，1929年后，罂粟的生产被政府统制，这并不是说鸦片的生产受到了限制，而仅表明政府对鸦片的控制日益严厉。这种控制表现在勒种、官运、官销、定量吸食等方面。

云南耕地有4 027 878亩，罂粟地占325万亩，约占总耕地的84.5%，罂粟地的实际面积比325万亩还要大得多，因为农民每年都要开垦荒地种罂粟。在少数民族地区，罂粟的种植也很少列入统计范围，所以罂粟地的面积无论如何估计都是不过分的。1935年有外国旅行者写道：在滇中偏东的宜良，有着“广袤的精耕良田，其中大半盛开着罂粟花”。甚至连昆明到开远一个旧的铁路沿线也广种着鸦片。[②] 而在“从昆明到大理之间的那些坝子，大约有一半用来种大烟”[③]。

龙云为整顿金融，成立新富滇银行，发行新滇币，以旧滇币5元折合新滇币1元；新滇币为税收的标准币。该行行长是李培炎，它在香港、上海等地都设有分行，它的最大业务就是经理鸦片贸易。1929年龙云统制鸦片后，于1930年由新富滇银行拨款500万元成立南生公司，专营鸦片事业。银行对种烟户发放信用贷款，俗名烟债；利息极高，每亩春季放贷10元，夏季须缴烟25两。未贷款的烟户也由公司负责收购鸦片。[④] 集市的春季是南生公司收烟繁忙的季节。如大理三月街是传统的大集市，其时四川的蜀锦、河南的猴戏、上海的洋货、苏州的书画等应有尽有，当然，最红火的是鸦片的交易。大理是云土产区的中心地带，南生公司在最热闹的市口竖起了白布大幕帐，帐外大书“鸦片贸易处”，每年仅在大理就可收得700万两上等云土。花街结束时，龙云派军队护送，将5 000驮(每

---

① 范长江：《中国的西北角》，1936年版，第67、306页。

② 费尔南：《1894—1940年的中国之行》，天津1941年版，第203页。

③ 斯诺：《北京之行》，第58页。

④ 《拒毒月刊》，第91辑。

驮约 1 400 两)的鸦片运往昆明。

鸦片的运输由统运处负责。该处于 1935 年成立,属官商合办,云南的大商号如庆正裕、永昌祥、茂恒等均入股参加。该处在南宁(主任施次鲁)、重庆(主任舒揆臣)、汉口(主任张丽生)设分处。原来统运处订期为 3 年,到 1937 年云土产量仍年年丰收,因此,又延续了 2 年。直到 1940 年该处仍存有烟土几千箱之多。[①]

龙云时代也曾制订三期禁烟的详细计划,省会设有禁烟局,各县有禁烟分会;当然,中国的事情仅看纸上的东西是不够的,要知道云南的禁烟效果,只要读了下面的官方布告就会明白大概了。1935 年 9 月 1 日,龙云的心腹、云南省禁烟总局局长陆崇仁颁文指出:"照得本省地瘠民贫,夙称全国第一。仅言出产一项,除鸦片一物外,无物可以转运他省,吸收金钱。……乃今有无识之民,谓种烟无利,前此种烟之田,或改种杂粮,或任其荒芜,不但此种行为于政府毫无所损,而汝等仍须缴纳亩捐,其实亏损益甚。……人民既种烟之田亩,务须照常种植,不得出尔反尔,或种或辍,行消极之抵抗,乱国库收支。似此冥顽强悍,无异藐视法令,滥用自由。一经查出,除加倍勒缴亩捐外,并以反革命论罪。"[②]这完全是彻头彻尾的勒种鸦片的通牒书。云南的禁烟只有每年的"六三"禁烟日,象征性地在昆明焚烧一些半真半假的鸦片烟土。为了云土的销路,龙云还打通安南的关节,将云土经安南而输往东南亚各地。[③] 在当时,新富滇银行和南生公司每年的鸦片利润达到 5 000 万元。要知道 1933 年云南省的地方财政收入预算仅 1 600 万元,也就是说,云南的鸦片收入要比省府的正常收入多 2 倍。

四川的"双枪兵" 鸦片烟税是军阀的军费来源,而四川的刘湘也曾禁烟。但"据刘湘的禁烟之布告以观,则刘将军禁烟之目的,端在减少生产,以提高烟价也。盖其布告中有云:近年以来,烟土产量过剩,不惟不有影响于烟价,抑且扩大四川全省不景气之恐慌,故惟有减低烟苗之产量,方足以救济四川经济之危机"[④]。

四川的军队吸食鸦片成风,全川数十万军队,除原属于冯玉祥西北军的第 29 军王志远的独立旅以外,各部均盛行吸毒。营级以上军官家里,一般都置有烟具烟榻,供本人和家属吸食,并作应酬之用。他们视鸦片为人生知己,每日总

---

① 施次鲁:《云南鸦片统运内幕片断》,《云南文史资料》,第 18 期,第 150 页。
② 《云南全省禁烟总局布告禁字第 275 号》。
③ 俞宁颇:《中国鸦片流祸的概观》,《时事月报》,第 5 卷第 4 期,1931 年 10 月。
④ 何引流:《中国的毒物问题》,载《中国经济论文集》,第 2 辑。

是“营营一灯，卜昼卜夜，喷云吐雾，吞吸无厌”。在川军高级将领中，吸毒者也不在少数。如第22军军长赖心辉，第24军军长刘文辉、副军长向义，第3军军长李樾森，边防军总司令李家钰等均是大烟客。

尤其是拥有20个团兵力的罗泽洲，因烟瘾奇大而享有“烟灰”的雅号。他曾以“鸦片一物，流毒祸国殃民，为害之烈，举世痛恨”，三令五申，严禁部下吸毒，但他自己却“每日由黄昏吸到鸡鸣”，不论是会客、议事、发布命令都离不开烟盘子。罗泽洲日耗8两，每日下午2时起床，4时吃早饭，然后边办公边吸烟，到晚上9时吃罢中饭又开始吸烟，一直到次日凌晨才就寝。1923年夏，第22军军长赖心辉率部进攻黔军盘踞的隆昌，遭受重创，仓皇西撤。败走途中，因道路狭窄，人马争相逃命，而坐在轿内的赖心辉却不慌不忙地下轿，令护兵在路边坟地上铺陈被褥，摆好烟具，然后优哉游哉地抽将起来。与其是说赖心辉胆大，还不如说是烟瘾难忍。第24军军长刘文辉败退西康前拥兵10余万，企图称霸四川，问鼎中原。为在内战中取胜，他对部队的训练抓得很紧，但他本人却染有烟瘾。刘文辉的吸烟室就是办公室，他的烟榻就是办公桌，无论读书、看报、批阅公文、接见部属、商量公务、策划军事等，均在烟灯旁完成。1935年初，蒋介石入川，刘文辉每次应召之前，总要在住所过足烟瘾，以免在谈话中精力不济，神情恍惚。他们所抽的烟土皆为上品，不是印土，就是云土，其他烟土是不屑一顾的。为显示豪富和地位，其所用之烟枪、烟灯、烟盘和烟盒等均极讲究。烟枪多用羚羊角、犀牛角、象牙、沉香木等制成，管上或饰以琥珀、翡翠，或嵌以美玉。这些烟具被军阀们视若瑰宝。1933年8月，刘文辉与刘湘发生激战，刘文辉的岷江防线被突破，敌军兵临新津城下，刘文辉只得在枪炮声中撤退，因情况危急，弁兵连桌上的地图印章也来不及收拾，却没忘记卷走烟榻上的精致烟具。1928年冬，罗泽洲在川东之战中，2万余众被刘湘军队打得大败。罗泽洲在仓促撤退时，将名贵的“虾须”烟枪丢掉了。罗为夺回这一“宝具”，不惜派出一个排冲入敌阵寻找。结果，全排为一根烟枪而被消灭。

还有些川军将领则由吸毒而制毒贩毒。如刘湘部下川军第4师师长范绍增1928年时就与杜月笙合作，由杜派他的同门兄弟吗啡大王陈坤元到范师防区邻水县开设吗啡、海洛因工厂，由于四川鸦片价廉，所以该厂所产吗啡比贩运鸦片所获的利润，要大十几倍。①

波、土、印鸦片的进口　根据中英禁烟章程，1917年后，印度鸦片禁绝入华，然而，直到1937年止的20年里，不但印度的鸦片仍有私运进口，而且波斯、土耳

① 范绍增：《关于杜月笙》，《文史资料选辑》，第88辑。

其两国因未受条约的限制，更大量地向中国走私贩毒。所以，印度的大土、小土，波斯的红土，土耳其的鸦片，以及由鸦片所制成的毒品，如海洛因、吗啡、红丸等仍盛行于中国的大江南北。各地的海关及法院、政府机关，每年均查获大量的外国毒品。[①]

对华输出毒品的国家，主要是波斯、土耳其和印度三国。据国际联盟的报告，1925年波斯向中国出口的鸦片，计有1 200万两(460吨)，[②]占波斯鸦片总出口量的90%。又据中华国民拒毒会的报告，1928年前，波斯每年出口的鸦片，直接间接几乎全部运往中国。[③] 又据1935年出席国联鸦片会议的中国代表的报告，称1933年波斯输入中国之鸦片200万—300万两，[④]占该国鸦片出口总量的30%左右。

印度鸦片走私出口数量为500万—600万两，它们大多先运至中国的香港、澳门、台湾等处，然后进入中国大陆。按照印度中央统计局所出版的Istatistik Yilligi所载，每年有7万—8万两烟土运入大陆。实际输华的毒品远不止这个数字。有相当数量的印度鸦片是直接出口到日本、法国和美国等，然后再从那里转运到中国，或制成吗啡、海洛因后运往中国沿海地区。中国海关和政府机关所查获的毒物，多由此等国家转运而来，即为明证。

总之，世界各国中，只有中国是最大的吸纳鸦片及其他毒物的市场，因此，波、土、印三国之鸦片，直接的、间接的、原形的、改制的，最终大部分推销于中国市场，此为不争之事实。这些输华鸦片的总量是惊人的。

据1925—1931年间，波斯、土耳其和印度对外贸易统计册所载，鸦片的出口总量约合2 840万两。运往中国的约占其中的40%，即每年1 700万两左右。内除中国关册上已载大连进口之数100万两以外，[⑤]年约有1 600万两。如每两以大连进口的鸦片价格1元计算，当有1 600万元。1932年后，中国政府加强禁毒，波斯等三国的鸦片出口总量也随即下降，由1931年前的2 840万两，减至1 460万两左右。其中约有半数即730万两输入中国，内再除了大连进口的125万两以外，走私进入的达600万两。以每两1元计，年需600万元(表10-8)。其中最大数量的鸦片及其制品是由日本人贩至中国的。

① 《中国烟祸年鉴》，第4辑，第73页。
② The China Year Book, Tientsin, 1926, p.623.
③ 罗运炎：《中国鸦片问题》，第93页。
④ 天津《大公报》，1935年6月2、3日。
⑤ 日本关东州政府1924年9月1日下令，关东租借地内之鸦片，由政府公运、公制和公贩，故1925年后，中国的关册上已载大连进口的鸦片数字。

表 10－8　1925—1933 年波、土、印三国鸦片概况　　（单位：千两）

年　份	波斯出口鸦片量	土耳其出口鸦片量	印度出口鸦片量	三国出口鸦片量合计	大连报关进口量
1925	13 228	7 037	7 258	27 523	1 019
1926	13 228	9 787	10 483	33 498	924
1927	19 272	7 090	9 677	36 039	730
1928	9 276	8 280	6 989	24 545	729
1929	12 624	9 736	6 182	28 542	1 697
1930	12 960	7 196	5 376	25 532	1 022
1931	9 852	9 286	4 301	23 439	1 074
1932	5 291	6 349	1 075	12 715	521
1933	7 937	6 300	2 150	16 387	1 979
1925—1931 平均	—	—	—	28 445	1 028
1932—1933 平均	—	—	—	14 551	1 250

资料来源：郑友揆：《我国近十年来国际贸易平衡之研究》，《社会科学杂志》，1935 年，第 6 卷第 4 期。

第三节　日本侵华与毒品

日本政府的鸦片政策　自清末以来，中日关系恶化，日本视中国为其在亚洲扩张的第一目标。日本深刻地了解到，中国的封建社会是从鸦片战争开始解体的，也是从鸦片战争沦为西方资本主义的半殖民地的；鸦片不单给中国人带来深重的灾难，为帝国主义赢得极大的好处，也削弱了中国人民的反抗力和自信心。日本为打击与削弱中国的国力，攫夺中国人民的财富，变中国为其殖民地，因此也模仿其西方的“先辈”，确立向中国输运毒品的国策，企图用毒品来残害中国人民的健康，并使中华民族的精神彻底崩溃。这样，日本成为自英国以后，向中国出口毒品最多的国家。[①] 在 20 世纪 20—30 年代，中国人民发动了不胜枚举的反日浪潮，这与日本大肆贩毒有密切的关系。

日本在对外扩张中，鸦片与侵略始终联系在一起，一个原因是日本乃是后进

① 参见本书第七章第三节。

的资本主义国家，其经济的构造十分脆弱，因此在占据中国台湾、朝鲜等地后，便确立鸦片专卖制度，并将此作为其财政的主要支柱之一。例如1898年，日本从台湾鸦片专卖中获利350万日元，这相当于当年台湾全部财政收入的46.3%。至于在伪满洲国的13年历史中，鸦片收益则一直是其主要财源。

长期以来，日本所需的鸦片均是从伊朗和土耳其进口的，但由于受到第一次世界大战的影响，伊朗和土耳其的鸦片价格急剧升腾，日本被迫减少鸦片的进口，但即使从不完全的统计来看，其数字也相当可观。日本是从其操纵的大连和青岛海关进口波斯、土耳其鸦片的。两关每年有鸦片入口，如1922年进口19.8担，而1929年高达1 060担。"九一八"事变后，即停止了统计。总计从1918—1931年的13年间，进口鸦片共达6 210担。[①] 这当然还不能满足日本毒化中国的计划。而作为殖民地的朝鲜因气候、土壤的关系，并不适宜罂粟的生长(直到20世纪30年代，朝鲜的鸦片年产量仍仅为78 366公斤)。[②] 于是曾是鸦片产地的中国东北地区以及内蒙察哈尔省和晋北等蒙疆地区均成为廉价的鸦片供应地。在此国策指导下，日本政府及军方极力鼓励其侨民经营毒品业。在日本势力较强盛的东北地区，以及有日租界的城市，日本政府利用领事裁判权、租界和铁路等公开纵容日本人和朝鲜人、台湾人等，从事毒品生产和非法贸易活动，一时烟祸四起，触目皆是。中国东南一带遍布日本毒品销售处，满洲及山东的"日本卖药人，用各种形式售卖吗啡者，人人皆是"[③]。如在汉口日租界，大型的吗啡厂就有4个，吗啡分销处5处，红丸零售所6处和吗啡店户20处。尤其是天津日租界，在日本殖民者的纵容下，成为与南方毒品中心上海法租界齐名的北方贩毒中心。界内日人开设的制售毒品的机构达160余家，中国人开设的烟馆、土店达500多家。"九一八"事变后，这里的毒业更加昌盛。1936年国联秘书厅禁烟组主任罗素指出："天津日租界，现为世界制造海洛因之中心，区区四方哩之市区，有售吸所一千家以上，制造厂二百家以上，新厂仍如雨后春笋，逐日增加，此种海洛因制造厂，工作完全公开，故天津一隅毒化之害，不仅及于中国人而已，即世界各国，亦受莫大影响。"[④]它已经超越上海法租界而成为中国毒品的制售中心，连上海等地向外国走私出口的海洛因、吗啡等亦是天津日租界出品的。

不仅如此，日本还阻挠中国政府推行禁烟政策，并间接破坏国际间对毒品的控制。

---

① 严中平：《中国近代经济史统计资料选辑》，科学出版社1955年版，第74页。
② 朴橿：《日本の中国侵略とアヘン》，日本三一书房1994年版，第56页。
③ 杨钟健：《东北四省灾区视察记》，《东方杂志》，第12卷第9期。
④ 转引自禁烟委员会编：《禁烟特刊》，1939年6月，第11页。

国际联盟禁烟顾问委员会代表斯图尔特·富勒(Mr. Stuart Fuller)曾严正谴责日本使用麻醉品毒害中国人的罪行,他指出:"冀东区内不可想象之情势,天津暨北平到处是鄙污可耻之状态,河北乡村吸鸦片恶习之蔓延以及上海之现状,均涉及以鸦片毒害别人的政策,无一非日本人所造成。"[①]"无论何时,只要日本势力所侵之地,随踵而至者,辄为私贩毒品之现象。"[②]美国国务院也曾明确指出:日本人使用被禁止的麻醉品毒化他国人民的阴谋得到了当局的指使,"1936年以来,全球只有一个国家,其领导人鼓励种植鸦片及制造烟毒以供吸食和其他用途,这个国家就是日本。日本人侵之处,即伴随着鸦片交易"[③]。

伪满洲国的鸦片统制 1931年日本发动了侵占东北的"九一八"事变,1932年3月又策划建立"满洲国",两年后,改称"满洲帝国"。在侵占东北及建立伪满洲国时期,日本侵略者认识到武力镇压很难在短时期内征服东北人民,必须采取与武力征伐相配合的精神麻醉战略,企图摧毁东北人民的意志和民族精神,使其失去反抗力。关东军早在1932年2月侵略热河前,就已着手研究制定鸦片政策,关东军参谋长小矶国昭、副参谋长冈村宁次等即确定了"满洲国"的鸦片政策,并从神户召税务署长难波经一主管鸦片事务。[④] 伪满洲国建立后,日本即模仿台湾的鸦片公卖制度,相继发布了一系列有关鸦片问题的法令,逐步实施鸦片统制政策,即对鸦片实行垄断的政策。

1932年9月16日,伪满洲国政府公布《暂行鸦片收买法》,决定组建鸦片专卖筹备委员会,为推行鸦片专卖制度做准备。11月3日,又公布专卖公署的官制设想。专卖总署为管理鸦片统制的主要机关,设于长春,共有900人,其中40人是日本人,下设分署10处。30日公布了《鸦片法》和《鸦片法施行令》。该法共22条,规定:一、出售鸦片和烟膏由政府决定;二、不得私自种植罂粟;三、经批准栽种罂粟之人须将鸦片全部缴纳于政府;四、该法自1933年1月11日起实行。

这个《鸦片法》对鸦片的生产流通过程作了严格的统制规定,企图建立政府垄断鸦片的制度,是完全的鸦片统制法。而在《鸦片法施行令》里,则详细规定了政府控制罂粟种植、鸦片的收购、制造和销售,从而对鸦片实行了严格的统制。

在罂粟的种植方面,伪满洲国规定必须经过政府批准才能栽种罂粟,每年由

---

① 《1936年国联第21届禁烟会议富勒报告》。

② 《1936年国联第21届禁烟会议富勒报告》。

③ 《美国国务院禁烟备忘录》,1943年9月21日,转引自王德溥:《日本在中国占领区内使用麻醉毒品戕害中国人民的罪行》,《民国档案》1994年第1期。

④ 中国第二历史档案馆、吉林省社会科学院合编:《东北经济掠夺》,中华书局1991年版,第811页。

鸦片专卖总署署长于10月制订下年度的栽种计划，然后各省再将计划分配到各县、旗，各县、旗于年末到次年2月，审理农民提出的栽培申请。得到批准后，农民才可栽种，还必须在田头树牌写明地址、面积、栽种人姓名、住所等。为保证鸦片统制的实行，缉私官员和军警要共同到各地检查，甚至还出动飞机检查，一旦发现私种罂粟，立即给予铲除。事实上农民为逃重税，罂粟私种现象层出不穷。尽管有铲除私种烟苗的记录，但也有地方伪政权要求农民积极种植罂粟。如包头的布告称："凡居民人等，不论民族、畛域都有种植权力。所播种烟苗，政府决予大力支持或保护，任何人不得故意践踏和损坏，使收割顺利完成，保证人民的合法权益。"[①]据日伪统计，1934年规定种植的罂粟为685 000亩，从1934年到1943年，被查出的私种罂粟达267 897亩，平均每年有26 789.7亩。

农民收获鸦片后，不能自由支配，必须把鸦片卖给专卖总署指定的收买人。而收购鸦片的商人也要经伪政权核准，方可收购。在罂粟地最集中的热河省，鸦片专卖总署指定的收买人(大满号)，在各地设有7个分号，110个集货所，进行全省的鸦片收买。在兴安西省，由于鸦片数量较少，则由县或旗政权直接收购。收购价格是每两1.7元，但农民只能得到0.9元。[②]

伪满政权收购鸦片后，统一送交奉天(沈阳)小东边门的鸦片制造场，这是伪满洲国规模最大的毒品工厂。该厂有职员百余人，女工400人，最高时能年产鸦片烟膏500万两，和麻药(吗啡、海洛因)4吨。生产出来的鸦片烟膏，由鸦片专卖总署的生产科售给各市、县、旗的鸦片零售所。每两价格是2.2—2.5元。

鸦片零售人由各地地方长官指定，在伪满初期，由伪满各级政权指定一些私人经营的零卖所出售，此即大烟馆。这种零卖所也要获得许可证才能营业，每张执照年须缴纳500元。为了大力发展鸦片业，攫取金钱，零卖所发展很快。后来为进一步垄断毒品业，伪满将私营的零卖所一律改成公营。

为保证鸦片统制的实行，在日军的指挥下，伪满当局建立鸦片缉私制度。1933年1月，便公布《鸦片缉私法》，同时制定《查获私土奖励规则》。在鸦片专卖总署内设有取缔科，在各省的鸦片专卖署内设有缉私科，他们与警察合作查缉罂粟的私种、鸦片的走私等。

这样，日伪在东北建立了一整套的鸦片垄断制度。

毒化政策下的百姓 日伪通过鸦片专卖，从农民手里低价收进鸦片，再以高价出售给吸毒者，并从各个环节上的经营者那里抽取重税，因此他们从鸦片中得

---

① 《伪包头市政府号召居民种植鸦片的布告》，马模贞主编：《中国禁毒史资料》，天津人民出版社1998年版。

② 何引流：《中国的毒物问题》，《中国经济论文集》，第2辑。

到的利益是惊人的。据统计，1932 年鸦片纯收入就已达到 370 000 元，占伪满全部财政收入的 0.2%；到 1934 年增至 5 465 000 元，占全年收入的 2.6%；以后还有很大的增加。

在日伪鸦片统制政策之下，东北的毒况日益严重。日军侵略不到 3 年，凡日军所到之处，没有一处不被“毒化”“黑化”的。据 1934 年伪满民政部的调查，伪满境内吸食鸦片、吗啡、海洛因者，达 900 万人。其中 15—18 岁的吸食者占 10%，19—24 岁的吸食者占 13%，25—29 岁的吸食者占 23%，30 岁以上的占 33%。总计东北 3 000 万同胞，吸毒者竟占三分之一，这真是惊人的数字了。① 据伪满洲国的统计，鸦片瘾者有 999 999 人，正好缺一人满百万人，另有吗啡瘾者 44 000 人，两者相加达 1 043 999 人。而“九一八”事变前，东北的吸毒者还只有 20 万人。②

在日伪暗无天日的统治下，人民生活在水深火热之中，许多中国人在精神的痛苦和体力的崩溃下，只能以毒品来暂时麻痹自己，毒患的深化程度是极为迅速的。

① 《香港工商时报》，1934 年 10 月 6 日。
② 《东北经济掠夺》，第 822 页。

第十一章　抗战时期的烟政

日本将毒品作为进攻中国的重要手段，实行毒品战争，在占领区实施名为禁烟、实为贩毒的“黑化”政策，毒害沦陷区人民的体质，消沉人民斗志，搜刮民脂。伪满洲国、汪精卫伪国民政府等均将毒品作为敛财的重要手段。在农村，他们规划种植罂粟区域，散放罂粟种子，传授种植技术，提高单位产量；在城市，则广设烟馆，规定销量，鼓励吸食，甚至诬蔑拒绝毒化之人为反日思想犯、“重庆分子”。日本鸦片贩子里见甫与中国人盛幼庵合作建立的宏济善堂，是战时日军占领区最大的贩毒机构。

大敌当前，中国民间社会呼吁救国先强种，强种须禁烟。在国民政府控制区，尤其是西南地区，在政府主导、民间力量参与的情况下，瘾民改造成壮丁，烟地换种为粮田，禁烟运动取得初步实效，社会经济发生巨大变化。西南地区提供了大量壮丁、粮食和其他物资，为抗战提供了人力及物质保障，禁烟运动的展开与西南成为抗日大后方，有着密切的关系。当然，某些地方的禁毒实效十分有限。中国共产党领导的敌后抗日根据地，继续实行禁毒政策，建立禁毒专门机构，颁布《禁烟禁毒条例》，全面实行禁毒。

第一节　六年禁烟后期

禁烟总监的裁撤　1937 年 7 月，日军向卢沟桥中国守军发动攻击，侵华战争全面开始。中国政府尽管组织了大规模的淞沪会战等，但因实力悬殊，上海、南京相继失守，遂迁都重庆。重庆政府所辖范围约 14 省及浙、粤、闽等省的部分地区。在全面抗战开始后，政府的重心转移到了抗战方面，从而对禁烟也做了相应的调整。蒋介石和行政院院长孔祥熙于 1938 年 1 月 28 日联合发布《各省市领照烟民分期戒绝实施办法》，宣布原定禁烟政策不改变。2 月 1 日行政院召开第 348 次会议，通过《内政部禁烟委员会组织条例》，决定：解除军事委员会委员长的禁烟总监的兼职；禁烟委员会总会改隶属于内政部；禁烟委员会总会仍设常务委员，主管会务；原派遣的各省禁烟特派员一律取消。3 月 1 日，蒋介石正式解除禁烟总监之职。

这一变化的原因主要是中国已从内战完全转变到抗战上来了，蒋介石原垄断禁烟税收的目的是掌握特税，为其内战服务；而现在，抗战经费尽可公开支取，因此原来的那套已无必要；另外，抗战伊始，战事繁忙，蒋已无精力顾及禁烟事项。

这一调整的最大改变就是烟政的领导权，由蒋介石一人集权而向分权转变，以军事力量禁烟改变为以行政管理部门为主。1938 年 12 月，内政部制定《抗战建国期间禁烟最后两年计划》，作为六年禁烟后期的禁政依据。除了继续推行前期的既定法规外，还先后制定了几十个补充措施(见表 11－1)。

表 11－1　六年禁烟后期颁布的禁烟措施

法　规　名　称	公布时间	制 定 者	公布者
修正禁烟治罪暂行条例	1938 年 4 月	军政部、内政部	国民政府
修正禁毒治罪暂行条例	4 月	军政部、内政部	国民政府
修正特许商人采办烟土暂行规则	6 月	财政部	行政院
各省市领照烟民分期戒绝实施办法	7 月	内政部	内政部
各省市领照烟民分期戒绝实施办法施行细则	11 月	内政部	内政部
各省市筹办强民工厂办法	1939 年 1 月	行政院	行政院
各省市县禁烟专款管理通则	1 月	行政院	行政院
肃清私存烟土办法大纲	7 月	行政院	行政院
肃清私存烟土办法大纲施行细则	8 月	行政院	行政院
二十八年查禁种烟办法五项	10 月	内政部	行政院
检查各省市烟民暂行办法	10 月	内政部	行政院
贫苦劳动烟民戒烟时期生活救济办法		内政部	行政院
消灭各省私存烟土办法	1940 年 3 月	内政部	行政院

资料来源：赖淑卿：《国民政府六年禁烟计划及其成效》，第 198 页。

禁烟总监取消后，由内政部负责禁种、禁吸，由财政部负责禁运和禁售。实际上这些职能是很难截然分开的，因此禁烟机构便有叠床架屋之弊(禁烟机构见图 11－1)。

禁烟督察处是征收烟税的主要机构，原隶属于军委会重庆行营。自 1938 年

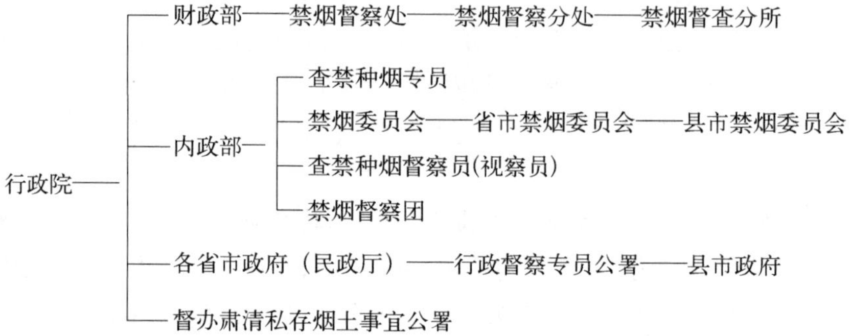

图 11－1　六年禁烟后期禁烟组织系统

3月1日起，改隶财政部，此前该处经手的烟税，仍由军委会负责。时该处处长为黄为财，副处长俞凤韶，总监察陈希曾。

关于禁烟委员会，内政部议定了《内政部禁烟委员会组织条例》，经国防最高会议第53次会议通过，于3月1日实行，并同时废除《国民政府军事委员会禁烟总会组织规程》。新的禁烟委员会总会成员有许世英、张伯苓、刘瑞恒、茹欲立、范石生、钟可托、林翼中等23人，其中指定甘乃光、李仲公、吕苾筹为常务委员[①]。其后吕苾筹于1939年3月26日病逝，遂由内政部常务次长黄季陆继任常委。禁烟委员会原定每年召开两次常会，但因战争关系，迟迟未能举行，直到1940年6月3日才召集第一次常会。出席者有张伯苓、钟伯毅、马亮、邹琳、李基鸿等12人，中央各部和各省代表列席。会议分成法制组、禁政组、战区禁烟组与边区禁烟组等四组进行讨论，最后通过45项决议。

各省原有的禁烟委员会仍继续沿用，但由于战乱，东南各省多被日军占领，因此那些地方的禁烟委员会大多已徒有虚名，仍在活动的禁烟机构只有西部地区了。

1941年国民政府宣布六年禁烟计划完成。蒋介石在重庆行营设立军法执行总监部，违反禁烟法令的，种运售吸之人均由该部严惩。在重要的鸦片产区如灌县、雅安、西昌等地设立了分监部。地区专员、各县县长一般均兼任行营军法官，专门办理禁烟案件，惩治烟毒罪犯。为示禁烟决心，四川省从1937年起逐渐停止烟土公卖，取消官膏店、烟土行等公营的烟土业务，省政府也被迫从预算上勾销了每年占全省预算40%的2 400万元的禁烟收入。蒋介石要求各县市官吏保甲狠抓禁烟，取缔烟馆，逮捕烟商瘾民等，至少在表面上，西南这个烟毒泛滥地区也轰轰烈烈地开展起禁烟来了。

---

① 《国民政府公报》，渝字第27号，1938年3月2日。

查禁烟苗机构 禁烟首先要铲除烟苗,禁烟首在禁种。不仅如此,战时后方粮食奇缺,因此,将过去的种烟地改种粮食,对坚持抗战,具有深远意义。为此,政府设立查禁种烟专员、查禁种烟督察团和禁烟督察团实施铲烟工作。

1938年3月27日内政部制定《查禁种烟专员服务规则》,决定向湖南、湖北、四川、云南、贵州、陕西、甘肃和福建等八省派遣查禁种烟专员,专员任职期为三个月,必要时可延长一月。对内政部的决定,行政院于3月29日第356次会议决议:"除云南、福建外,其余六省照(内政)部拟规则办理,分派查禁种烟专员。"[①]次年,内政部再派叶光亹、黄朋豪、游瀛、李发全、刘澄、潘照廉等6人,分赴湘鄂、川康、粤桂、陕豫、赣黔六区视察禁政推行实况。

1939年3月,国民参政会第三届大会组织川康建设访视团,由李璜和黄炎培任正副团长,去川康地区视察。7月视察结束后,该团向国民参政会提出报告,针对禁烟现状提出改进意见:一、健全禁烟机构;二、实行连坐切结,严厉禁种;三、严厉缉私;四、应严格统制、管理官方的烟土推销,按瘾民之需要量配售;五、严禁军政人员有吸烟、购烟、售烟、包运及庇护烟商走私各情;六、健全并普设戒烟机构,贫民应免费施戒。为加强查禁烟苗工作,1939年10月,内政部组成川、康、云、贵、陕、甘、闽七个查禁种烟督察团,进行督查。同时还派40名视察员随团到指定县份查核。

1940年是六年禁烟计划的最后一年,为对此进行总检讨,是年9月,行政院公布《禁烟督察团组织通则》,下令西康、云南、贵州、陕西、甘肃等五省组设禁烟督察团,四川则由禁烟督办公署自行组设烟毒总检查督察团。

另外,1939年9月,行政院为处理民间的鸦片烟土,责令川、康、贵三省成立督办肃清私存烟土事宜公署(表11-2)。

表11-2 川、康、贵督办烟土公署概况

省 份	督 办	会 办	成立地点	成立日期	结束日期
四 川	王瓒绪	贺国光	成 都	1939.9.5	1939.12.15
西 康	刘文辉	张笃伦	西 昌	1939.9.1	1940.4
贵 州	吴鼎昌	—	—	1939.9	—

三省之中最重要的是四川,因阻力较大,督办一职于成立不久的1939年10月由蒋介石兼任。为了统一禁烟机构,并提升其权力,12月四川督办肃清私存

① 赖淑卿:《国民政府六年禁烟计划及其成效》,第182页。

烟土事宜公署改称四川禁烟督办公署，蒋介石兼任督办，贺国光和徐孝刚兼任会办。

对于禁烟机构方面的变化，我们不能仅以国民政府的文件为依据。应该说蒋介石始终是对其十分重视的。例如表面上禁烟已归内政部门负责了，而事实上蒋介石并没有撒手不管，连烟毒案件也仍是由各地的军事法庭审理的，其权威的依据就是蒋介石去职前的声明，该声明指出："嗣后仍由各地有军法职权之机关依法讯办。"[①]蒋虽辞去了总监之职，但禁烟像其他的内政外交事务一样，对此作为军委会委员长的蒋介石仍有最后的决断权。

虽然，内政部的禁烟也充满着贪污与腐败。例如所派的禁烟考察团是个肥缺，这些官员一到各地照例索贿不误。如所得满意，即不铲一根烟苗均可通过；如索贿不遂，便脸色一变，强逼当地铲烟，这种丑闻屡见不鲜。如 1940 年 3 月，内政部禁烟考察团懋靖小组组长游瀛一到靖化，便向县长游辅国索贿，遭拒绝后便派三组人下乡铲烟，结果被恶霸杜铁樵杀了数人，游组长仅以身免。

大后方的禁烟宣传 为肃清烟毒，1939 年下半年始，官方和民间开始加强禁烟宣传及禁烟措施，以期在六年禁烟的最后时刻扩大战果。

第一是各级发动，开展宣传攻势。内政部要求各级官员上山下乡，利用图画文字及化装宣传方法，宣示禁烟法令，并发动学校、新闻报刊、医院等共同参与。

第二是肃清罂粟种子。罂粟种子为毒卉之源，留有毒根，必然会有播种。因此在 1939 年 9 月 1 日至 10 月 15 日间，为收缴罂粟种子时期。政府责成县区镇保甲长逐层查明民间种子持有状况并进行收缴，罂粟种子收缴后，还要逐级具结，表示"境内罂粟种子，确已完全肃清，如果查有不实，愿受处分"。

第三是奖励人民检举揭发。内政部颁发《奖励人民举发种烟案件办法》，鼓励民众踊跃举发违法者。

抗战前期大后方的禁烟，取得了一定的成果。我们仅以罂粟地的改种为例。1938 年，前实业部部长吴鼎昌出任贵州省主席，他邀中国农业研究所负责人沈宗瀚成立贵州农业改进所，此后四川、湖北、湖南、甘肃等省也成立农业改进所，致力于农业试验推广工作。[②] 其较有成效的试验之一，是对罂粟种植进行调查，试验用其他作物来替代罂粟，并努力降低成本，从而受到农民的欢迎，一定程度上为减少罂粟的种植做出了贡献（表 11－3）。

---

① 赖淑卿：《国民政府六年禁烟计划及其成效》，第 170 页。

② 薛光前：《八年对日抗战中之国民政府》，第 209 页。

表 11－3　后方各地罂粟改种情况

省　份	年　份	改　种　作　物
四　川	1938	大麦、小麦、油菜、桑树、豌豆
贵　州	1938	小麦、油菜、棉花、甘蔗、油桐、茶树
云　南	1939	大麦、小麦、荞麦、萝葡子(又名红子)
广　西		水稻、棉花、小麦
湖　南		水稻、绿肥、油菜、荞麦
甘　肃		小麦、烟草、小米、玉米,大麻、当归等药材
陕　西		小麦、棉花
河　南		小麦、豌豆及其他越冬作物

资料来源：赖淑卿：《国民政府六年禁烟计划及其成效》,第 262—267 页。

土膏行店概览　在六年分期禁烟时期,官营的土膏行店也按计划分期关闭。到 1939 年 12 月,根据政府指令,各地的土膏行店大体上均裁撤,但由于一些地方还有不少瘾者,因此,仍允许若干地方设立烟土管理所,作为 1940 年 6 月前鸦片烟土的临时供应点。根据档案,各地公栈、土膏行店的概况如表 11－4。该表数据多由各省禁烟部门上报,有些省份和年份明显残缺。即使是有统计的,该项统计的可靠性,也令人怀疑。如烟毒最烈的省份之一的四川省,公营的土栈只 5 家,土膏行仅 70 家,而土膏店竟然全无。实际情况是,公营行店之外,还有大量的半公开和公开的鸦片土膏行店存在。

表 11－4　各地销售鸦片店栈概况

类别 / 年份 / 省市别	公　栈			土　膏　行			土　膏　店		
	1936	1937	1938	1936	1937	1938	1936	1937	1938
河　南				15	15	14	220	326	386
江　西				4	3	4	85	68	66
安　徽				11	24	20	464	416	555
江　苏	2	2		60	60		302	302	
湖　北	1	1		8	14	14	187	185	238
福　建	2	2		6	4	2	56	84	87
湖　南			4		4			339	
广　东			2	18	25	30	616	623	503

续 表

省市别 \ 类别 / 年份	公栈 1936	公栈 1937	公栈 1938	土膏行 1936	土膏行 1937	土膏行 1938	土膏店 1936	土膏店 1937	土膏店 1938
四　川			5			70			
贵　州	1	3	3		5	5	9	114	95
陕　西	1	1							
汉　口	1	1		23	20	23	34	40	
常　德			1						
宜　昌			1						
上　海				12	12		73	73	
共　计	8	10	16	157	186	182	2 046	2 570	2 930

资料来源：《禁烟概要》，附表，《民国二十五年禁烟年报》，第 61—63 页。

总之，六年禁烟计划取得了一定的成效，尤其在禁种方面，减少了罂粟的种植。在以往的国际禁烟会议上，中国每次遭到各国代表的批评。但到第二十二、二十三届禁烟会议时，美国代表等已对中国的努力作了肯定，并赞扬所送的禁烟公报"颇多详明具体之记载，足证明中国政府在是年内对于禁烟之努力"①。但是，由于官吏队伍的素质、抗战以及动荡的局势，六年禁烟运动还远远没有达到完全铲除毒祸的目标。

六年禁烟计划愈到后期，工作就愈是疲软。由于地方政治的不统一，各地执行重庆政府命令的情况，有天壤之别。尤其在西康、川北等边远地区，以及龙云控制的云南，禁烟照例是大打折扣。而且禁烟机构叠床架屋，政出多头。以后期的四川为例，国民政府在此，应该政令划一。实际上机构众多，如除禁烟督办公署最有势力外，还有设计委员会、禁烟监察委员会、禁烟专款保管委员会等，不胜枚举。政出多头因此产生文件规定多如牛毛，且相互冲突，使百姓无所适从。后期，因禁烟总监废除，由内政部和财政部共同执掌，两部之间不能紧密配合，也严重妨碍了禁烟工作的顺利进行。

打击日伪毒化政策　抗战时期，无论是国民党控制区，还是共产党根据地，都对日军占领地的统治实行了形式多样的斗争。在以军事打击为主的前提下，他们也开展了打击日伪毒品的政策，铲除罂粟苗，破坏日伪的鸦片生产，为减少敌占区的烟毒做出了贡献。

① 《禁烟纪念特刊》，1939 年 6 月。

1939年8月15日,国民政府制定查禁敌区烟毒办法,内容为:一、战区收复地方如查有敌伪强迫农民种烟,在种烟季节,烟苗出土至收浆时,应即派队督铲净尽。农民所存之罂粟种子应收缴,所存私土应收缴焚毁。二、邻近战区各省,如查获敌土输入,应将输运人犯,依照《禁烟治罪暂行条例》将敌土没收。三、战区收复地方如有敌伪方所设之烟膏店和烟馆,应一律封闭,财产没收。四、战区收复地区,如有吸食鸦片者,应具结连保,在两月内自行戒绝;违者依法惩处。五、所缴毒品须解送禁烟督察处,或予以焚毁。[①]

蒙疆地区是日伪的鸦片供应地,所种罂粟满山遍野。与其相邻的共产党抗日根据地对日伪的毒化政策实行针锋相对的斗争。1938年8月,贺龙率领的八路军第120师挺进大青山地区,建立抗日根据地,他们经常进击日伪蒙疆地区的巴音格勒盟和察南厚和县等地,大大破坏了日伪的鸦片收购计划。[②] 1939年夏,晋察冀边区建立后,八路军向察南进军,致使当年日伪在察南收购的鸦片,只有预想量的0.6%。[③] 1940年后,晋察冀边区在晋南设立第十四专员公署,建立了巩固的抗日根据地。从而沉重打击了日伪在张北、崇礼等地的罂粟种植和鸦片征收。

抗日根据地的禁烟政策 中国共产党领导的各抗日根据地相继颁布各种禁烟法令,成立禁烟专门机构,继续坚持禁烟政策。陕甘宁边区政府颁布的《禁烟禁毒条例》第一条指出:"本条例依据国民政府颁布禁烟禁毒各种法令并参酌特殊情形而制定。"[④]1942年又公布《陕甘宁边区查获鸦片毒品暂行办法》。1939年6月,中共中央北方局在《关于解决河北问题的八大纲领》中明确指出:必须"禁绝毒品",限制奢侈品的输入。[⑤] 如陕甘宁边区成立禁烟督察处,在各县建立禁烟督察分处,晋察冀边区成立禁烟督察局,新四军的淮南抗日根据地则设立禁烟局。1940年3月《晋察冀边区县区村组织法条例》规定,吸食或贩卖鸦片、麻醉品者不能取得公民资格。

首先,根据地政府严禁播种罂粟。有些新区刚从日占区或国民党控制区转变过来,种植罂粟仍时有发生。如在晋察冀边区,"无知愚民,竟有受其(敌寇)欺骗秘密偷种者,……毒氛日炽,影响抗战殊非浅鲜"。[⑥] 1939年2月19日,晋察

---

① 赖淑卿:《国民政府六年禁烟计划及其成效》,第229页。
② 朴橿:《日本の中国侵略とアヘソ》,第134、115页。
③ 朴橿:《日本の中国侵略とアヘソ》,第134、115页。
④ 《抗日根据地政策条例汇集——陕甘宁之部》,上册,1942年版。
⑤ 《晋察冀抗日根据地》,第1册,上,中共党史资料出版社1988年版,第266页。
⑥ 《晋察冀边区行政委员会关于严禁播种罂粟的命令》,摘自《抗日根据地政策条例汇集——晋察冀之部》。

冀边区政府颁令要求各县政府“认真查禁，彻底肃清，倘有偷种，一经查获，即按中央《禁烟治罪暂行条例》严重处办”。[①] 1944 年 4 月 25 日，边区政府再次发布命令，要求军民严厉打击日军的毒化政策，注意禁烟禁毒，并在日伪强迫种植罂粟的地方，发动群众进行拔苗运动。[②]

其次，严禁制造毒品。边区政府宣布：“制造毒品者，处死刑，没收其财产全部或一部。”[③]晋西北根据地在《禁烟治罪暂行条例》中规定，贩运毒品者处十年以下有期徒刑，如数量在 200 两以上者将处死刑。而军政工作人员犯法，“加倍处罚”。

第三，查缉毒品。禁止贩售毒品，在新四军控制的苏南抗日根据地（包括江苏省的长江以南地区和浙江、安徽两省的一部），坚决“禁止毒品输入”[④]。1939 年 1 月，林伯渠在《陕甘宁边区政府工作报告》中介绍，已没收生鸦片 7 000 余两。浙东抗日根据地也把毒品作为禁运物。对贩售者刑罚也极严，“贩卖毒品者，处死刑或无期徒刑，并没收其财产全部或一部”[⑤]。发动民众协助查拿，并给予重奖，如陕甘宁边区“查获烟毒不满五十两者，每两以二十元给奖”[⑥]。在晋察冀边区，查获者可得到毒品款额 30%—50%的奖励。

最后，禁止或限制吸食毒品。一般分两步走，对吸食吗啡、海洛因者实行严厉惩处，而对鸦片采取较为缓和的分期禁绝办法。根据吸毒者的具体情况区别对待，在晋察冀吸毒者必须于 1941 年 9 月 1 日到村公所登记，凡 25 岁以下者，限 3 个月内戒绝；25—40 岁者，限 6 个月内戒绝；40 岁以上者，限 9 个月内戒绝。限期内未戒除者，将处以劳役和罚金，如再吸达 3 次以上者，处死刑。在晋西北根据地，要求瘾君子一年内戒除烟瘾，戒烟期间须购买政府提供的戒烟丸。在陕甘宁，对 60 岁以上者较为宽容，戒烟期限为登记后的 2 年，而且，“倘因年老力衰经政府指定医生证明者不在其例”。政府在各县设有戒烟所，并配制戒烟药丸发售。新四军第七师开辟的皖江根据地，政府最初严禁吸食鸦片，枪毙烟馆老板，使一些吸鸦片成瘾的开明士绅、有威望的族长和不愿与日伪合流而逃至乡间的上层人士产生畏惧心理，个别还因此逃往敌占区。后来根据地政府吸取教训，区

---

① 《晋察冀边区行政委员会关于严禁播种罂粟的命令》，摘自《抗日根据地政策条例汇集——晋察冀之部》。

② 魏宏运：《华北抗日根据地纪事》，天津人民出版社 1986 年版，第 462 页。

③ 《晋察冀边区毒品治罪暂行条例》。

④ 《苏南抗日根据地》，中共党史资料出版社 1987 年版，第 274 页。

⑤ 《晋察冀边区毒品治罪暂行条例》。

⑥ 《陕甘宁边区查获鸦片毒品暂行办法》，1942 年 1 月公布。

别不同情况，做出具体安排，做到既实行禁烟，又不妨碍抗战大局。[①]

在战时，日军不仅在占领区推行“毒化政策”，还往往向抗日根据地倾销毒品。如在淮南抗日根据地的路东地区，每年因吸食鸦片而流出的资金就达300万元以上。当时，淮南抗日根据地的民主政府指出：“我们要禁绝烟毒，去保证人民身体的健康，以便利抗战；同时又可减少资金外流，杜绝漏卮。”[②]

在禁烟过程中，部分抗日根据地实行“寓禁于征”之策，暂时允许土店烟馆的存在，并课征税金。在淮南根据地，烟民须领照支付灯照费才能吸食，灯照费根据贫富分为5、10、30元三等；土膏店也要交纳土税才能营业，这种税收奇重，以迫使烟价提高，目的是让“烟民自感经济困难，而不得不自行戒绝”[③]，从而取得了显著的效果。该根据地的路东地区，烟民数自此锐减。皖江抗日根据地在敌我边缘地区也大力征税，其中包括鸦片税，其用意与淮南根据地相同。有人记载，鸦片的事情，就是说罂粟的种植与加工，大部分将由部队来管理。

第二节　日军占领区的毒品泛滥

伪满洲国的鸦片断禁政策　日军发动全面侵华战争后，逐渐占领了中国东部和东南沿海地区。日军认为推销鸦片既可牟利，又可磨灭中国人的抗日斗志，因此丧心病狂地实行毒化政策，勒种罂粟，输入毒品，鼓励甚至胁迫占领区内的中国居民吸食毒品，他们称鸦片为“宣抚物资”，将鸦片烟鬼视为“大大的良民”，以诱使人们为“安全感”而去吸毒。另外，战争的持续进行，使日本的财政严重恶化，在1936年的财政总支出中，军费达47.2%，而到1942年，军费高达77.2%。为弥补财政赤字，日本便在占领区勒种罂粟，贩卖鸦片，把鸦片的生产与贩卖作为“以战养战”的手段之一，从而将毒品泛滥推向了新的高潮。

日本发动全面侵华战争后，对东北的统治政策有了很大改变。日本认为，在东北的统治已确立，大规模经济掠夺的准备也已完成，今后的目标是将东北建成日本的可靠的战略物资供应地；为此需要大量劳动力和较为稳定的社会秩序。另外，伪满洲国到处是罂花盛开，招来国际舆论的抨击。这样，原来纵容人们吸

① 《皖江抗日根据地》，中共党史资料出版社1990年版，第333页。
② 《淮南抗日根据地》，第78页。
③ 《淮南抗日根据地》，第87页。

毒并聚取财产的鸦片政策,也转变为有阶段的禁烟,尤其强调防止新瘾者的产生,以及对青少年瘾者的矫治。

1937 年 10 月 12 日,日伪统治者颁布《鸦片麻药断禁方策要纲》,提出从 1938 年起 10 年内断禁烟毒。主要内容是:一、将禁烟作为学校和社会的教育内容之一,实行"禁烟教化";二、对 25 岁以下青少年禁发吸烟许可证,对现有瘾者未登记者严禁吸食,外来瘾者限制进入;三、取消私营零卖所,加强对瘾者的矫治等。为实施断禁,伪满当局强化行政机构,于 1940 年在伪民生部内设立禁烟总局,取代原来的专卖局,由袁庆濂为局长,日人梅本为副局长。1945 年又取消禁烟总局,在伪厚生部内设禁烟司主管烟政。禁烟总局掌管鸦片的统制与断禁,在各地设烟政科、禁烟股,在铁岭、绥化设立烟膏制造厂,将各地的 1 800 个鸦片零卖所改为"管烟所",将戒烟所改为康生院。

首先缩减罂粟种植面积。鉴于伪三江省和吉林省的罂粟和烟膏经常被抗日联军所铲除焚毁,故从 1937 年春始,重新确定伪兴安西省为鸦片种植区,①其余地区为禁种区(见表 11－5)。

表 11－5　伪满各地罂粟种植概况　(单位:顷)

地　域	1933	1934	1935	1936	1937	1938	1939
热河省	5 800	3 930	3 100	6 000	7 000	6 600	6 500
兴安西省	不明	400	100	500	500	600	600
滨江省	860	禁止	禁止	禁止	禁止	禁止	禁止
牡丹江省	520	4 861	500	300	300		
三江省	2 230		1 350	2 000	2 500		
间岛省			1 450	禁止	禁止		
安东省		800	100				
锦州省	不明	600	300				
合　计		10 591	6 900	8 800	10 300	7 200	7 100

资料来源:满洲帝国政府编:《满洲建国十年史》,东京原书房 1969 年版,第 109—110 页。

上表只是"满洲国"当局的官方统计,其实伪满洲国各地的罂粟栽培仍然十分严重(表 11－6)。

① 广声:《毒在东北》,转引自《日本帝国主义在中国沦陷区》,第 298 页。

表 11－6　伪满洲国罂粟种植概况　（单位：顷）

年　份	种植面积	年　份	种植面积
1932	7 000	1940	5 300
1937	6 000	1941	5 200
1938	5 900	1942	5 000
1939	5 400	共计	39 800

资料来源：王承礼主编：《中国东北沦陷十四年史纲要》，中国大百科全书出版社 1991 年版，第 524 页。

到 1940 年伪满洲的鸦片种植面积约已下降到 5 300 顷，1942 年更降至 5 000 顷。鸦片产量下降后，日伪当局为了满足市场需要，也从国外进口鸦片。如 1938 年，仅一次就从伊朗进口 1 500 箱。从 1939 年起，罂粟栽培限于热河省和兴安西省，其他省区禁止种烟，但实际上伪满地区种植罂粟还是很普遍的。热河指定种烟的就有朝阳、阜新、绥东、开鲁、林东、赤峰、建平、围场、凌源、平泉、承德、滦平、丰宁、青龙等 16 个县。

为生产烟膏，1940 年 1 月，日伪在铁岭、绥化等地增设烟膏制造厂，强化各省的专卖署、县专卖局及下属的分局或分驻所。①

由此可见，日伪所实施的鸦片政策，是日本侵略者对中国东北进行殖民统治和掠夺的总政策的组成部分。日伪一方面为了掠夺人民财富，毒害东北人民，实行鸦片统制政策；另一方面，要让东北成为其巩固的战略物资供应基地，强化殖民统治，又实施了鸦片断禁政策。本来鸦片的统制可有利于鸦片的断禁，可以避免鸦片的自由生产和贩卖，但由于鸦片的生产和贩卖又是掠夺和毒害中国人民的重要手段，如果彻底断禁，则将使其掠夺政策受到影响。因而决定了伪满洲国的鸦片政策的本质是贩烟掠夺，禁止则是表面的、暂时的和虚伪的。

伪满的鸦片瘾者　为戒除烟毒，伪满当局最初设有 10 所康生院，其中的 2 所为“国立”，其余为“地方国营”。自《鸦片麻药断禁方策要纲》颁布后，各地纷纷成立各种类型的康生院。到 1941 年，康生院已达到 189 个，收容瘾者 12 370 人。1942 年康生院增加到 200 余个，收容矫治人数达 196 314 人。

各康生院的治疗方法不尽相同。但从 1943 年起由于伪满当局以 100 万元购买了大阪制药会社的治疗烟瘾的专利——“东光剂”，各地的康生院遂相继采

① 《黑龙江历史大事记》，黑龙江人民出版社 1986 年版，第 165 页。

纳这种救瘾剂进行治疗。经过断禁政策的实施，鸦片瘾者的登记人数有所下降(表 11－7)。

表 11－7 伪满洲国鸦片瘾者的登记人数表

年 份	鸦片瘾者登记数	年 份	鸦片瘾者登记数
1937	811 005	1941	460 734
1938	700 235	1942	506 938
1939	566 339	1943	468 360
1940	410 490		

资料来源：1940 年《民生年鉴》，第 103 页；《满洲建国十年史》，第 274 页。

从该表来看，1937 年登记的瘾者为 81 万人，次年开始有所降。尽管有些轻微的瘾者没有登记，但这一数字也多少表明断禁政策推行后，鸦片瘾者是有所减少的。而事实上伪满的瘾者数量要比统计数字高得多，如日军资料估计："三千万民众中有百分之三吸食鸦片，其数约达九十万人。"[①]1944 年伪满征用的劳工达 160 万人，1945 年预定征用的劳工达 180 万人，他们中相当部分是鸦片瘾者。据日本在伪满的鸦片方面的最高负责人古海忠之估计，鸦片瘾者和准鸦片瘾者共计 120 万人。[②] 实际情况要严重的多，蒋介石指出，根据日本官方消息，东北四省烟民登记有 1 300 万人，占东北总人口的三分之一。[③]

1938 年 1 月 21 日，伪满在中央和地方成立禁烟促进委员会，由有关的官署、协和会及民间绅士组成。每个禁促会设有常会，下设矫治、管理、教化和取缔四科。其职能是对禁烟进行调查研究、审议立案、提出建议，为行政机构提供咨询。禁促会还利用学校青少年团及宗教、道德团体和新闻、杂志、电影、戏剧、演讲等进行宣传。1939 年底，日伪又在各地设立禁烟协会。

禁烟虽有些效果，但烟毒远没有肃清。这种鸦片统制政策，实质是将私卖变为公卖；在某种程度上成了公开的贩毒，不仅掠夺了难以估算的财产，而且使东北人民蒙受了巨大的身心危害。从 1939 年到 1944 年，伪满地区因鸦片中毒而死亡的人数达 74 000 人。仅据哈尔滨卫生局的资料，1937 年 1 月至 7 月间，在

① 《日伪档案》，第 262 号第 105 页，转引自彭明生：《奴隶的枷锁——日本统治东北手法述略之二》，《承德民族师专学报》，1993 年第 2 期。

② 《金名世证词》，第 820 页。

③ 蒋介石：《八一三周年纪念日告沦陷区民众书》，程契生编：《蒋委员长抗战言论集》，生活书店 1939 年版。

该城区内发现的因吸毒品致死的无主尸体就有 1 993 具。[①] 而数十万鸦片瘾者，由于吸食鸦片，农村不少男劳力体质下降，丧失劳动能力，成为肩不能担担、手不能提篮的残废人；有些妇女因中毒太深不能生育，有的婴儿在胎中已先天成瘾，出生后就得往嘴里喷烟，否则就不会吃奶。1944 年，伪四平省当局在征兵身体检查时，发现应征青年里鸦片瘾者占 3％以上。一个进入过零卖所的市民描写道：楼有二层，底楼是卖鸦片和散座，楼上是雅座。胡琴，京戏，十八扑，男人的笑声，女人的叫声，还有满屋子的鸦片味，臭汗味，真是个泯灭民族心理、腐化堕落的销魂场所！[②]

日伪不仅对汉族青年进行毒害，还把毒品推销到少数民族地区。伪禁烟专署伙同日商将鸦片运到鄂伦春人居住区，在呼玛县，日伪宣布凡 20 岁以上的鄂伦春人每人每月可领到 20 份鸦片（约 6 钱），有的地方一天就供给 3 份，从而导致很多鄂伦春人染上烟瘾。此后，日伪以鸦片来换取鄂伦春人所猎得的珍贵皮毛，从而完全控制了鄂伦春人的贸易。而在鸦片的毒害下，不少鄂伦春人因鸦片瘾而失去劳动能力，冻死或饿死；其死亡率远远高于出生率，整个民族处于濒临灭绝的悲惨境地。[③]

伪满虽号称实行鸦片断禁政策，实际上直到日本战败为止，鸦片并未断禁。相反，鸦片收入一直是伪满当局的重要收入来源。其手法之一就是低进高出。纯度 90％鸦片的收购价格，1945 年为 1933 年的 2.4 倍，而销售价格则上涨了 2.75 倍；销售价与收购价之比，1933 年为 38，1945 年竟为 62.5，由此可见鸦片利润之高。伪满的鸦片收入是相当高的，如 1939 年，其鸦片收入达 3 393.2 万元，占伪满财政收入的 5.6％，占专卖税的 50％；1940 年的鸦片收入更高达 12 600 万元。

伪满成了东亚鸦片的供应基地 太平洋战争爆发后，日本由于战场的扩大，麻醉品的需要量剧增，因此于 1942 年 8 月在东京召开大东亚鸦片会议，决定伪满洲国和伪蒙疆作为鸦片生产基地，负责供应整个东亚地区的鸦片需要。该会议决议指出："大东亚的鸦片政策，是在日本国领导之下，以恢复鸦片战争前的状态为目标，并以长期计划进行拯救为其指导方针。而且，为使上述政策符合实际并能稳步实行起见，大东亚各地的需要务必在最小限度内自给自足，由满洲国和

---

① 转引自王德溥：《日本在中国占领区内使用麻醉品戕害中国人民的罪行》，《民国档案》，1994 年第 1 期。

② 展览：《满洲国的鸦片零卖所》，《鸦片之今昔》，第 9 页。

③ 《鄂伦春族简史》，内蒙古人民出版社 1983 年版，第 131 页。《鄂伦春族社会调查》，（一），第 107 页；（二），第 64 页。

蒙疆生产并保证供应大东亚各地区所需鸦片。”①日本要求制订增加鸦片生产的计划。这样，连表面上的鸦片断禁政策也彻底地抛弃了，原定于8年后罂粟禁绝栽种不仅不能实现，相反还有扩大，用古海忠之的话来说，就是实行“彻底的鸦片政策”②。于是，伪政权立即决定扩大罂粟种植面积。不仅热河省已减种的又恢复，而且，在奉天、吉林、四平三省也逐年扩种(见表11－8)。

表11－8　三省罂粟种植概况　　(单位：顷)

年　份	奉　天	吉　林	四　平
1942	500	500	300
1943	700	700	500
1944	1 000	1 000	700
1945	1 500	1 500	1 000

资料来源：王承礼：《中国东北沦陷十四年史纲要》，第525页。

实际上，到1934年后，除了南满洲、北满、安奉铁路沿线以外，“东北几乎弄得遍地罂花”了。③ 禁烟总局要求各地在平原上用上等田种罂粟，所以，鸦片产量仍有增长。以热河省为例，1943年的产量为1 000万两，而据禁烟总局的调查，热河省鸦片的最高产量达1 400万两。④ 伪满收购的仅471万两⑤，除本地消费约100万两以外，其余多走私运往伪满各地和华北等地了。

伪满为了实现建设鸦片基地的目的，驱赶千百万农民改种罂粟，人民所受剥削罄竹难书。农民刘德纲1942年被勒种罂粟5亩，每亩须交鸦片20两。恰遇该年雨水过多，淹死4亩烟苗，最后难完成，县烟政科派人毒打刘本人和他的祖父、母亲，有孕在身的刘妻惨遭灌凉水等毒刑，患病而死。⑥ 呼兰农民辛玉昌，被警察动员领四张鸦片吸食证，此后因家中9口人吸烟，1944年将3间老屋卖掉，次年其妻、其兄、其弟3人死去，1945年，其母、婶母及两个弟弟均因吸毒太深而死。⑦

为了完成日本提出的伪满作为鸦片出口基地的任务，同时也为了获得大量

① 日本帝国主义侵华档案资料选编：《东北经济掠夺》，第815页。
② 《古海忠之笔供》，第837页。
③ 广声：《毒在东北》，《反攻》，第2卷第4期，1938年6月16日。
④ 保安局：《热河的鸦片与密输》，1944年6月，第50页。
⑤ 《热河鸦片与走私》，《东北经济掠夺》，第840页。
⑥ 《查问刘德纲笔录》，《东北经济掠夺》，第846页。
⑦ 《查讯辛玉昌笔录》，《东北经济掠夺》，第848页。

财富，日伪不仅在东北境内搞鸦片交易，而且还将大量鸦片运往关内和日本国内。热河的鸦片每年有数百万两流入华北。关东军为获取华银券（当时华北的伪币），就以第四课为中心，操纵鸦片的走私。他们曾将 3 吨鸦片运至上海，与日本驻沪舰队交换物资。[①] 鸦片贸易不仅在中国国内进行，还扩大到世界各地，如 1941 年伪满总务厅次长古海忠之亲自将 50 万两鸦片送往日本国内，以后每年的运送量有增无减。1941 年，古海忠之还把一千数百万两鸦片密输给华北"三井"系统的商行。据伪满秘密档案，1941 年 10 月末，满洲国为偿还德国 700 万马克的借款，卖给德国鸦片 7 吨，每两价格为 30 元；[②]1943 年，关东军为了获取急需的战略物资钨，向香港输出了 1 吨鸦片。[③] 1944 年，又经古海忠之售给南京汪精卫政权鸦片 50 万两，每两为 50 元。同年伪满总务厅长官武部六藏出售给德国希特勒政府鸦片 60 万两。[④] 1945 年 2 月，武部六藏和古海忠之又将 1 吨吗啡卖给了伪华北政务委员会。[⑤]

由此，伪满当局获得大量金钱。如 1944 年禁烟总局的收入就达 3 亿多元[⑥]。有人估计伪满洲国通过毒品聚敛的收入，占其财政收入的 5%以上[⑦]。

战后远东军事法庭判决书指出："日本从事麻药交易的真正目的，不仅是要腐化中国人民，并且有比这更为阴险的性质。"这就是"把满洲所栽培的以及朝鲜与其他地方输入的鸦片，在满洲精制后，再运往世界各地"[⑧]。

蒙疆地区的"杨贵妃" 日本对中国发动全面侵略战争后，由于日军占领地扩大了，日本侵略者决定继续发展蒙疆地区的鸦片生产，并将蒙疆的鸦片运往占领地。

战时日本对蒙疆地区的鸦片政策和蒙疆的鸦片生产经历了几个时期。

1937—1938 年是日本蒙疆鸦片政策的形成时期。中日战争全面爆发后，日本决定将蒙疆建设成为日本势力圈的鸦片供应地，而要求蒙疆三个伪政权继续勒种罂粟。日本侵略者将罂粟称为"杨贵妃"。但 1937 年由于处于战争初期，鸦片生产并没有多大起色。1938 年才有所发展，是年蒙疆地区共生产鸦片 560 万两；其中晋北 60 万两，察南 250 万两，内蒙古 870 万两。[⑨]

---

① 《古海忠之难忘的满洲国》，日本经济往来社 1978 年版，第 126 页。
② 《古海忠之笔供》，《东北经济掠夺》，第 846 页。
③ 《古海忠之笔供》，《东北经济掠夺》，第 846 页。
④ 《东北十四史纲要》，第 522 页。
⑤ 《金名世证词》，《东北经济掠夺》，第 819 页。
⑥ 《民生年鉴》，第 4 次，第 70 页。
⑦ 李守贞译：《日本帝国覆灭记》，《参考消息》，1995 年 9 月 5 日。
⑧ 《远东国际军事法庭判决书》，中译本，第 300 页。
⑨ 满铁北支经济研究所：《蒙疆阿片》，资料五，第 205 页。

根据日本的指令蒙疆输出的鸦片共计 9 854 799 两(合 354 800 公斤),其中除少量(946 739 两)向伪满洲国出口外,主要部分 8 908 040 两向北京、天津输出,占 90.4%。[①] 鸦片的出口在蒙疆伪政权的总出口金额中占有极大的比例(表 11－9)。从表中可见,蒙疆的鸦片出口在两年中增加了近一倍。

表 11－9　蒙疆地区鸦片输出与商品总输出的比例　(单位:日元)

年　份	鸦片输出	商品总输出	鸦片在商品总输出中的比例
1936	2 200 万	11 950 万	18.4%
1938	4 382 万	10 839 万	41%

1939—1942 年,日本在蒙疆实施鸦片专卖制度。1939 年蒙疆三个傀儡政权合并为"蒙疆联合自治政府"。4 月,日本蒙疆联合委员会制定《阿片政策施行要纲案》,认为蒙疆即是鸦片生产地,又是鸦片转运地;为适应伪满洲国和北京政府,应该在蒙疆三地实现一元化的阿片政策。为确保扩大鸦片生产,6 月 6 日起,公布《暂行阿片管理令》《土药公司法》等一系列法令,实行由以下环节构成的鸦片专卖制度:罂粟种植者—蒙疆土药股份有限公司—清查处—鸦片配给人—鸦片吸食者。

首先蒙疆联合委员会设立清查总署,傀儡政府内设立禁烟科,负责鸦片事宜。在指定地域内,勒逼农民种植"杨贵妃",并收取禁烟特税。烟农所收的鸦片由土药公司收买,土药公司是蒙疆政权的国策公司,它利用原鸦片商组织和资本,总资本 150 万日元。总公司设在张家口,并在厚和、张北、崇礼、兴和、多伦、集宁、托克托、萨拉齐、包头、丰镇等地设立分公司。鸦片的分配由清查总署担当,清查总署指定原鸦片膏商为配给人,并收取营业税。日伪采用公司制,原是为了激发蒙疆地区鸦片生产者和经营者的热情,但由于鸦片征收价格过低,结果导致 1939 年鸦片的收购和销售量跌至低谷(见表 11－10)。

1940 年日本放弃公司制而改用组合制。所谓组合制,就是按照组合员的鸦片收购成绩,允许给予组合员一定比例的蒙疆以外地区贩售权的经营方式。这一新措施对提高鸦片收购数量起了很大作用,组合制一直维持到 1942 年。蒙疆伪政权出于财政上的需求,调整了鸦片专卖价格,并使鸦片生产区以外的贩售逐渐转变为官方主导的方式,由于这种倾向增加政府收入而影响了鸦片生产者和销售者的积极性,因此烟农们仍设法将鸦片通过地下渠道而贩往京、津地区,以牟高利,从而造成鸦片收购量在 1942 年再次降低。

① 《蒙疆新闻》(张家口),1939 年 8 月 7 日。

表 11－10　1939—1942 年蒙疆各区鸦片收购概况　　（单位：两）

年份	收购实绩	巴音格勒盟	察哈尔盟	察南政厅	晋北政厅	共　计
1939	收购实绩	601 533	197 888	3 766	83 832	887 019
	A	4.0(%)	6.4(%)	0.2(%)	41.9(%)	4.3(%)
	B	10.9(%)	28.1(%)	0.6(%)	139.7(%)	12.7(%)
1940	收购实绩	2 119 215	1 422 294	454 825	929 625	4 925 989
	A	18.1(%)	58.8(%)	23.8(%)	29.1(%)	25.6(%)
	B	65.7(%)	204.7(%)	93.6(%)	104.8(%)	93.2(%)
1941	收购实绩					11 145 866
	A					60.9(%)
	B					147.6(%)
1942	收购实绩	2 042 069	142 100	836 500	887 000	3 907 669
	A	23.1(%)	6.0(%)	30.1(%)	23.0(%)	21.9(%)
	B	43.3(%)	8.5(%)	37.6(%)	38.6(%)	35.8(%)

备注：1. 根据朴橿：《日本の中国侵略とァヘン》，第 24 页。
2. A 为完成预期生产量的比率，B 是完成与预期收购量的比率。

尽管面临诸多的困难，但日本为了支撑战争的扩大进行，仍一再坚持提高鸦片收入在蒙疆财政中的比重。1942 年日本兴亚院决定扩大蒙疆的罂粟种植和鸦片输出，以保证每年能向日本控制区输出 1 000 万两鸦片。但是，由于以下原因，使 1943 年以后的蒙疆鸦片生产出现了衰退。第一，鸦片的收购价格仍过低，如官方的鸦片收购价格每两为 8.20 元，而走私价格可达每两 19.75 元，这样烟农自然要追求高价而设法走私。第二，粮食价格过高，使烟农的鸦片利润化为乌有，因而对种罂粟也失去了兴趣。第三，种植罂粟要缴极高的税额，它通常是种植高粱的 3.2 倍和小麦的 2.4 倍，此外，种罂粟还要缴纳各种摊派。第四，中共领导的抗日武装对日伪的打击，使蒙疆的鸦片生产有所萎缩。

这样，自 1942 年后，蒙疆地区的鸦片进入了低潮时期。

华北日益严重的毒况　1937 年 12 月，在日军的策划下，成立了以王克敏为首的“中华民国临时政府”，辖四省三市。为搜刮鸦片烟税，伪临时政府成立华北禁烟总局，各省设有禁烟局共九处，县设分局或办事处或分驻所①。当然和其他的傀儡政权一样，烟政也是由日军控制的。

北平原来白面（海洛因）已十分严重，日军占领后，首先将毒品犯人全部释放，贩毒因此大兴。在日军的纵容和控制下，韩国人几乎控制了该城的毒业。到 1939 年 3 月，该城的烟馆已达 500 多家，吗啡、海洛因、可卡因和红丸随处可见。

① 《申报年鉴》，1944 年，第 629 页。

原东方饭店的韩国经理车阴轩在1939年夏曾对韩国毒枭金井川、崔松茂等宣称:“大日本帝国的意图是要求我们通力合作,要让所有的北平人都抽上白面儿,使他们的体力慢慢衰退,意志消沉,成为三分像人,七分像鬼的废物,真正变成坐以待毙的亡国奴。”[①]这段话不打自招地暴露了日本侵略者的灭华之心。于是在北平,“每一条大街陋巷,都有着日人与朝鲜人开设的‘白面房子’‘毒品制造厂’与‘烟馆’,公开地贩卖白面、海洛因、鸦片、红丸、吗啡一类的烈性毒品,供给我们的民众吸食,以实现其‘毒化政策’”。[②]

天津仍是重要的毒品枢纽之一。日军占领华北后,日本浪人的贩毒极为猖獗。他们有的开设工厂制造海洛因和吗啡;有的在洋行或药店贩售各种毒品。青帮头目袁文会,成立“会德号”,搜集情报,还收编土匪无赖,组织“袁部队”,专事清乡和贩毒。[③] 天津是个拥有众多瘾君子的港口城市,甚至两三岁的孩子也染有吗啡瘾。在寒冷的冬季,每天都有因毒发而倒毙的尸体。到1945年8月,该市有烟馆180家、土行30家,平均日销鸦片4万两,吸鸦片的人数达15万人。

1939年11月13日,青岛伪政权颁布《警察局取缔膏店暂行规则》称:“各膏店营业时间,为每日午前六时起至午后十一时半止,午后十二时一律熄灯。”[④]营业时间长达18小时,而所谓的取缔,只是指取缔违法营业如逾时营业、雇用女招待、留宿吸客等,根本不是禁烟。

1937年11月日军占领安阳后,收买一批民族败类成立“河南省自治政府”,主席为肖瑞臣。首先在开封建立禁烟局,在商丘和新乡设办事处,各县设禁烟局或禁烟所。日军在河南占领区施行毒化政策,制造和贩卖毒品。制造毒品方面包括强迫农民种大烟和建立制毒厂。河南伪政权初规定安阳、汤阴、武安、临漳(今属河北)、浚县、孟县、清化、鹿邑等8县为罂粟种植区,共栽种6万余亩,每亩交8元罚金;后来日占区扩大,日军又强迫襄城、宝丰、鲁山、舞阳、叶县、许昌、陕县等8县种鸦片,所植面积达耕地总面积的30%(表11-11)。

表11-11 河南8县罂粟种植面积统计 (单位:亩)

彰德	汤阴	武安	临漳	陕县	滑县	西华	夏邑
8 000	6 000	6 000	2 000	3 000	3 000	1 000	7 000

资料来源:《河南省政府1942年3月11日和6月29日呈文》,转引自王德溥:《日本在中国占领区内使用麻醉毒品戕害中国人民的罪行》,《民国档案》,1994年第1期。

---

① 成善卿:《天桥史话》,第393页。
② 华棠:《魔手下的北平》,《半月文摘》,第3卷第4期,1939年2月15日。
③ 刘静山:《汉奸恶霸袁文会的一生》,《天文》,第18辑。
④ 《青岛市政公报》,第5期,民国二十八年(1939年)十一月。

鸦片收割后，日军规定农民不准私售，必须将鸦片卖给指定的机构，再集中到中心城市，作为制造吗啡、海洛因的原料。日伪在河南各地设有制毒厂，最著名的就是博爱的忠河公司。该公司每天可生产红丸 5 000 袋，每袋装红丸 10 000 粒，每袋售价达 3 万元，每日可得 5 000 万元。毒品制成后，便分运豫北、晋南销售。在日占区，毒品经销店可谓星罗棋布，无处不在。在洛阳，同益货栈和道义商栈是颇为有名的商栈，专门经营收购鸦片并贩卖毒品。日军每占领一地就利用日本浪人和朝鲜人，在县城、乡镇开设纸烟店，实际是销售毒品。白面、红丸、小磨、砂子等毒品充斥市场，人人皆知。在黄河的百里渡口上，到处是日本人、朝鲜人的洋行、药房和汉奸开设的大烟馆。重压下农民苦不堪言，一般种一亩罂粟须交税金 150 元，在日伪的放纵下，吸毒人口增多，伪省长陈静斋、秘书长孙思仿、建设厅厅长岳迹樵等均是烟瘾极大的黑籍人物。[①]

在战前，日本人已在山西经营贩毒业了。日军占领后，山西成为日本用毒品毒害中国人民最猖獗的地方之一。据统计，1939 年，晋北的罂粟面积超过 1 万亩，1940 年大同等 12 县的罂粟种植面积为 16 万亩。1942 年此处鸦片产量达 2 369 000 两。以后罂粟种植面积仍在增加，仅太古县就种了 6 000 亩。烟馆充斥山西城乡，无论如何偏僻的乡村，都能买到鸦片、吗啡和海洛因，全省有一半以上的居民成了瘾君子，80％的伪政权的公务员都吸食鸦片，甚至不满 9 岁的小孩也出没于烟馆。[②]

1937 年 10 月，日军占领包头，次年指使伪军开设俱乐部，大开烟赌。伪军军官郭玉书在哥老会郗孝同的配合下，在东前街洋井院（今东汉区解放路 17 号）设立东俱乐部；在神庙街“天德源”后院（今东汉区和平戏园）设立西俱乐部。里面上演低级黄色戏曲，各种赌具齐备，并免费提供大烟和海洛因，每日进出的赌徒有 1 200 人，其中 90％有毒瘾。这两个俱乐部经营近 8 年榨取钱财在 4 000 万元以上；因吸毒和赌博而家破人亡者不计其数。[③] 在这两个俱乐部的带头下，大烟馆层出，多达 300 余家，几乎每条街都可看到烟馆作为幌子的红灯笼。药房也出售毒品，如规模最大的中西药房即公然摆设着本地产的料面、日本产的“巴毕那尔”、朝鲜制的“西巴诺露”等各色毒品。[④] 内蒙古也是日伪重要的罂粟种植区。日伪在此规定，农民每户少则 1—2 亩，多则 30—40 亩，必须种大烟。此外还有不少汉奸武装、土匪和帮会占地开种罂粟。汉奸武装“大汉义军”总司令王

---

① 邢汉三：《日伪统治河南见闻录》，河南人民出版社 1986 年版，第 85 页。

② 《新闻日报》（重庆版），1942 年 1 月 26 日。

③ 韩祥符：《罪恶的渊薮——介绍日伪时期开设的东、西俱乐部》，《包头史料荟要》，第 5 辑。

④ 马从中：《绥西中西药房始末》，《包头史料荟要》，第 3 辑。

英率部在西公旗强迫农民种罂粟,他曾邀哥老会头领卢占魁在乌兰脑包逼使农民合作种大烟。每年约植1.3—1.5万亩。收割鸦片后,王英每年都要召开分配大会,给日本顾问每人500两,翻译100两,部分卖给"土业组合",部分精制成海洛因,由王英亲自去天津销售。[①] 伪省市政府设特产科,伙同"土业组合"负责收购。由于烟价较高,多种即可发财,但与此相连的是吸毒者也增加,农民因此而倾家荡产。故俗语有"谁种谁威(意发了横财,抖威风),谁抽谁灰"之说。[②]

在察哈尔,日军的财政来源之一是鸦片烟税,为得到更多的钱财,日军广泛推广罂粟的种植。鸦片管制总局的职能就是负责清丈烟地,视察烟苗,征收烟税,收购鸦片等。在1942年,除怀来县外,所有的县均大面积种罂粟。仅南插种烟区,罂粟面积就达50万亩。所购鸦片大多运往上海。在绥远,1941年仅归绥、陕霸、包头、托克托和清水河等5县就种烟60万亩。所有鸦片均要交给禁烟局。鸦片在绥远成了一种社会必需品,被日伪广泛地用于宴会、馈赠、节日庆贺等活动。[③]

汪伪政权的"禁烟" 汪伪政府成立之初不设禁烟委员会,只有新国民运动促进委员会。1939年5月1日,在上海成立戒烟总局,局长章骏,由内政部管辖。后改伪军事委员会禁烟总监署、禁烟总局,陈秋实为局长。然后在各地成立地方戒烟局和烟毒售吸场所。1941年11月12日,汪记国民党第六次大会期间,汪精卫提出发动新国民运动,此后成立以汪精卫为首的新运会总会。该委员会设常务委员7—9人。其职掌主要是童子军、青年团、青年模范团等,也兼宣传禁烟禁赌。名义上日汪管区实行禁烟,伪行政院曾颁布《关于禁烟治罪暂行条例》《禁毒治罪暂行条例》等所谓法令。汪伪中央政治委员会第九次会议议决,由军委会、行政院及华北政务委员会分别饬全国各省市分期禁种或绝对禁种;并进行烟民登记,设置戒烟戒毒设施;军委会对烟贩进行审判。[④] 各地的警察局名义上要负责缉毒,但其责任主要是查处未列入其"专卖"系统的"走私者",如果"走私者"是日本人,他们就无权处置而只能转交给侵华日军,在上海,日本人、日本公司乃至日本军人贩毒并不鲜见,最后当然就不了了之了。[⑤]

但是,汪伪政权本身就是一个成分复杂的混合体,其中的大部分人抱着只要

---

① 《恶霸、土匪、汉奸——王英》,《包头史料荟要》,第4辑。

② 《白麻村考察记》,《包头史料荟要》,第4辑。

③ 王德溥:《日本在中国占领区内使用麻醉毒品戕害中国人民的罪行》,《民国档案》,1994年第1期。

④ 《申报年鉴》,1944年,第472—477页。

⑤ 关于日军贩毒的档案可参考上海市档案馆编:《日本帝国主义侵略上海罪行史料汇编》,上海人民出版社1997年版,第471—488页。

有钱可捞，什么都做得的信念做事。因此，他们视鸦片为税收的一大来源，推行鸦片不遗余力。除开设土行烟馆需要纳税外，连烟民也要重新登记，领办执照，每照收费 150 元，后至 600 元。为大力推行毒化政策，汪伪干脆取消了“六三禁烟日”。

汪伪管辖的城市成了毒品泛滥的海洋，像镇江，毒品由日本洋行华中振兴公司等垄断，几乎每条街都设有变相的烟馆“谈话室”。安徽亳县城内，从北门到南门的大街上，到处是日本人开设的海洛因商店，因此吸毒者日众，据统计因成瘾破产、流浪街头的，仅城关一地就有 1 200 人；学会制造海洛因技术并以此为业者，有 500 余家；一条南京巷住户 48 家，其中有 46 人制贩毒品。[①]

尤其在上海，闹市区的曹家渡、静安寺路、九亩地、南阳桥、闸北、沪南等地，无一处不是烟馆林立。特业公会所属的大同行增加到 52 家，小同行 200 余家，仅在极司菲尔路(今万航渡路)一带，就有 29 家[②]。汉奸“大道政府”苏锡文与伪上海市政府傅筱庵为争夺鸦片公卖权而你争我抢。帮会头子张啸林在日伪时期靠操纵鸦片获取巨利，后欲投靠日伪，出任伪浙江省省长，而被军统除奸人员击毙。鸦片贩子叶清和也在香港和广州开设福兴公司，在日伪地区贩卖毒品，为虎作伥，1944 年被中共领导的东江纵队逮捕枪毙。汉奸钱国荣在南汇开设吗啡厂，大量制造销售于华中地区。在南京，汪伪的鸦片所每月仅销售鸦片所得就达 300 万元。那里的土行分为 3 级，一级土行月纳税 4 200 元，二级纳税 2 800 元，三级纳税 1 420 元。烟馆也有 3 种，有 9 盏烟灯的纳税 150 元，6 盏烟灯纳税 100 元，3 盏烟灯纳税 50 元。除了 40 家烟馆外，还有大量的私人烟馆、妓院和旅馆，以及日本人和韩国人经营的分支机构。在浙西的乌镇、南浔、新市、西塘、乍浦等富庶之镇，“到处可闻得浓烈之罂粟香味，烟具亦陈列各地，摊贩公开出售，价甚便宜”[③]。在苏南“凡大一点的村子都有贩卖鸦片、白面、红丸等物，这样来腐化民众，以消除抗日情绪”。“每个市镇和大乡村都设有烟馆，警察保护。吃白面、吃红丸的人往来都很方便。”[④]日军占领广东后，实行毒化、赌化、奴化政策，唆使汉奸大开烟馆赌场，使广东成为罪恶的渊薮。

日军占领一地，就逼使农民栽种罂粟。日军把上海郊区的川沙、南汇两县作为罂粟种植区，规定农作物的比例是“五稻四棉一罂粟”，烟农须把鸦片浆交由禁

① 张荫庭：《鸦片在亳县的流行和危害》，《旧时黑幕》，安徽人民出版社 1987 年版。

② 上海市档案馆编：《日本帝国主义侵略上海罪行史料汇编》，上海人民出版社 1997 年版，第 490 页。

③ 翁北溟：《血债》，《胜利》第 7 号，1938 年 12 月 24 日。

④ 《苏南抗日根据地》，第 163 页。

烟局验质收购。日军占据福建的厦门、壶江等地后，便逼迫农民改种罂粟，金门、五里海开辟为“罂粟示范园”，金门、晋江和广东的南澳各植罂粟达 6 000 亩，被称为种烟模范县。日本人还在厦门成立了华南株式会社，专门设厂制膏，所制毒品多运入福州，由鸦片公卖处负责销售。并在厦门成立公膏专卖局，由台湾总督府派员到厦门主持，倾销满洲土和外国土。日军还指使台湾浪人和当地流氓广开烟馆，并引入女招待和妓女，使福建的社会风气更加恶劣。除此之外，日伪又在广东花县组织“福民堂鸦片生产中心”，大举生产海洛因。

陈公博眼看鸦片专卖有巨利可图，于是在 1945 年初亲兼禁烟总监，从内务部梅思平手里夺得了鸦片专卖权。

伪海军也染指贩毒。他们持军用物资通行证，所谓的“医疗用品”，就是鸦片、吗啡、海洛因；运气佳时，一次即可成为富翁。伪海军部上海中央海军学校的不少军官也利用军舰走私白面和鸦片。

伪政权的大小官员不仅从毒品中大捞油水，有很多人还是瘾君子。如伪中央储备银行行长钱大櫆的鸦片烟瘾就很大，他在上海愚园路公馆里，特设吸烟室，陈设极其豪华：“红木茶几镶上赤金台面，全套大烟盘、烟具、小茶壶、果盆，全是赤金的。”[①]还有像伪汉口市市长张仁蠡，终日一榻横陈，连日本人也认为他太老朽昏庸了。汪伪军官吸毒成风。稍有能力的伪军官大多清楚日伪来日无多，因此悲观失望，不少人吸鸦片，玩女人，投机，受贿，贪污，醉生梦死。海军学校的中校陈连柯吸毒嫖妓，竟荒淫而死。腐化的风气使沪宁一带日益消沉。

就是在伪政权“首都”的南京，也到处可见鸦片、海洛因等毒品，仅禁烟局设立的鸦片零卖店就达 17 家，烟民人数远远超过战前，据金陵大学美籍教授贝特司(M.S. Bates)的估计，南京至少有 5 万人吸食海洛因，而吸食鸦片者更众。[②]

在此醉生梦死之中，汪伪内部一些企图挽救伪政权恶运的人，利用青年的政治热情，于 1943 年底发动了三禁运动。是年 12 月 17 日，南京方面首先召集各校学生会议，决定严厉实行禁烟、禁舞、禁赌，会后即到各售吸所及舞厅等进行劝导。接着，上海的青少年予以响应，他们组织宣传队，到烟馆赌场要求禁绝。此后，三禁运动波及汪伪其他统治区。但是，这个运动对伪政权的上层几乎不起作用。以上海为例，烟赌娼舞与日伪实权人物有千丝万缕的联系，有些像沪西的娱乐场所本身就是 76 号特务机关所，因此他们当然不肯主动关门。而且随着末日的临近，他们更加花天酒地，及时行乐。是年圣诞夜，旧官新贵们依然狂吸狂赌

① 罗君强：《伪廷幽影录》，载黄美真编：《伪廷幽影录》，中国文史出版社 1991 年版，第 48 页。
② 《烟毒弥漫的南京上海》，《禁烟纪念特刊》，1939 年 6 月。

狂舞。上海青年万人在12月27日集会再次向汪伪政府和新运会请愿,并到烟馆赌场游说。由于此时日军在太平洋战场节节失利,日军需要汪伪的切实合作,因此为加强汪伪的实力和社会影响,日方承诺在蒙疆等地减少罂粟的种植。1944年4月1日,日方公布《阿片吸烟禁止处理经过事情》,内容为:一、1944年3月,清除在上海的麻醉剂制造厂,枪毙麻醉剂商人曹五成;二、1944年4月起到年末,从蒙疆输入的鸦片为每月平均10万盎司,宏济善堂减少鸦片输入40%;三、阻止鸦片贸易;四、委托在南京、上海等地的公私医院协助禁烟,毒品吸食者登记;五、关闭各种吸烟所,汪伪所征收的鸦片烟税缴给日本大藏大臣。①虽然这个文件在执行过程中大打折扣,但由于汪伪控制区鸦片输入的减少,使蒙疆地区的鸦片因销路受阻而萎缩了。

武汉戒烟局的黑幕 武汉历来是鸦片转运中心,日军占领后,日伪即实行寓禁于征的政策,实际上是大量推销烟土和极力扩大毒化范围。1939年初,日伪首先成立武汉市戒烟局,由马行素任局长;下设总务、事务、监理3科。此外,还有武汉市检查所、武汉市土膏公栈、九江戒烟分局和岳阳戒烟分局。日军特务部仅向戒烟局派出一名代表,然实际此人是太上皇。

机构设立后,马行素即根据原来南京国民政府禁烟督导处的特业商户名册,召集他们开会,勒令各户登记领照,准备开业;同时下令将所有的烟土烟膏全部封存,限期补税,标准是每两须交1元日钞。日伪把土膏店分为三类登记收税,一类是土膏行,每季交税1 000元;二类是土膏店每季交税100元;第三类是售吸所(烟馆),又根据规模大小,分成甲、乙、丙、丁四级,执照费由几元到几十元。

戒烟局开张后,日伪即运来大量波斯土、印度土制成烟膏发售。但最初阶段却营业呆滞。原来,瘾民们吸惯了云土川膏,对火性大的外国烟土并不习惯。日军见搜刮受阻,当然对马行素极为不满,遂调盐政局局长沈竹痕接替。沈原本是无业游民,贩吗啡出身,对毒业之经营可说颇有心得。沈上台后,千方百计地推行统制政策,严厉打击鸦片走私活动,在武汉城乡遍设售吸所。他还组织鸦片商人建立土膏行店公会和售吸所商业公会,并伙同日军对吸毒者大加鼓励,称吸毒者为良民,对拒吸者反而刁难迫害。在沈竹痕的精心策划下,湖北全省烟毒泛滥,烟民大增,鸦片供不应求,尤其是规定吸户办照除具有吸烟合法身份外,还可起"护身符"作用;外出遇日伪宪警检查,只须出示烟照即可。有此便利之处,经常外出者人人争办烟照;而且由于官土黑市高涨,持吸户照每月可购3两大烟,转手倒卖即可获利;如自己吸一半售一半,等于白吸,这样吸户照登记量大增,日

① 朴橿:《日本の中国侵略とアヘン》,第213页。

伪从中攫取了无数的金钱。

1940年,汪伪政府成立武汉特别戒烟局,直属于伪中央财政部湘鄂赣财政委员会驻汉特派员管辖。该局规定,凡愿意吸食鸦片者,均可向戒烟局领取户照,凭照可到公卖处购买配价烟土3两。为倾销鸦片,戒烟局又在三镇遍设土膏店、吸烟所,并成立土膏店联合公司,由戒烟局统一发售烟土,从而形成了戒烟局、土膏公司、土膏店、吸烟所推销鸦片的"一条龙"服务。从此被毒化的人口和区域扩大,全市的土膏店达32家、吸烟所100家,每日官土供应量达3万—4万两仍供不应求,1942年增加到10万两,还是一抢而光。原来由于局势日蹙,社会游资将鸦片视为乌金而竞相争购,官土黑市涨60%。连公务员的工资也是用鸦片来支付的,可谓是千古奇闻了。① 1943年后,由于上海宏济善堂所进蒙疆鸦片减少,因此武汉地区烟土过紧,于是私货偷运而入,日军一方面加强缉私,另一方面在黄陂、孝感、鄂城、阳新、京山、应山等地勒种罂粟②。此处战前国民政府禁烟颇有效果,罂粟、鸦片几乎绝迹,因此日军督制的质地差劣的下等鸦片居然也成为了紧俏货。有证据表明,日本统治者对鸦片买卖极为重视。在日军殖民统治下,一片萧条的武汉经济荒漠中,竟然出现了一块"毒品业绿洲"。在华中地区的一些朝鲜人也在日军的卵翼下,从事贩毒。史料记载:"高丽人到处开设白粉窝、燕子窝,并派浪人兜售烟毒代用品,人民因吸染烟毒,以致倾家荡产者为数甚多。"③

沈竹痕主事数年,搜刮无数,仅1941年在武汉一地的鸦片销售量就达635 203两,销售总额20 644 097日元,纯利润为7 622 436日元。④ 沈还时常以钱财孝敬上司。1944年沈病死,其职由汪晦庵继任。整个日伪统治期间,武汉社会风气日益败坏,烟毒日张,售吸所人头攒动,不少妇女也身染毒瘾而不能自拔,清晨上街买菜,须先到售吸所过个瘾,中毒之深由此可见一斑。⑤ 时人报道:(在汉口)"你无论走到那家旅馆,只要你是为了烟、赌、娼而来,总不会使你失望……汉口的大烟馆与吸售所,比比皆是,每天有川流不息的顾客,鸦片烟的气息处处都可以闻到。"⑥日伪军还以鸦片和烈性毒品强行与居民"调换"金属物

---

① 王德溥:《日本在中国占领区内使用麻醉毒品戕害中国人民的罪行》,《民国档案》,1994年第1期。

② 武汉戒烟总局局长沈竹痕:《折陈湘鄂禁政推行现状及此后整顿要纲》,1943年4月24日,中国第二历史档案馆藏。

③ 上海市档案馆编:《日本帝国主义侵略上海罪行史料汇编》,上海人民出版社1997年版,第504页。

④ 江口圭一:《日中鸦片战争》,第139页。

⑤ 夏国尧、黄少吟:《日伪武汉戒烟局的黑幕》,《武汉文史资料》,第7辑,第76页。

⑥ 梁方:《汉口社会的内幕》,《解放日报》,1941年6月28日。

资。抗战胜利后，湖北省政府于1945年9月11日派员接收伪武汉戒烟总局及其附属机构。又于次年9月16日，在汉口中山公园焚毁敌伪烟土10万两，[①]日伪在武汉实行的7年鸦片毒化活动，才告结束。

毒业奇葩宏济善堂 近代上海一直是中国最大的毒品交易中心。1937年底，日军占领上海后，即开始从毒品中捞钱。1937年底出笼的傀儡政府——上海大道市政府，贴出的第一张通告，竟是征收鸦片烟税，这形象地说明了这类政权的性质与使命。不久后登场的维新政府为争夺鸦片烟税，不惜与其日军主子大动干戈。1938年2月，经日军批准，上海公卖处成立，方达璋、蒲剑英为正副主任，隶属于苏浙皖特税处。日军当然不会将利润丰厚的鸦片烟税拱手让人。驻沪的日海军指挥部派运输船只到东北，将察哈尔和绥远等地的鸦片运至上海，藏于台湾银行。为长期有效地贩毒，日本大使馆和亚洲共荣协会，在日酋楠本的策划下，指使汉奸盛幼庵（人称盛老三），创办宏济善堂，它成为日本设在中国的最大的贩毒机构。

宏济善堂原是大连中国人的慈善团体。1904年日俄战争后，日军恃胜而向中国借得关东州，并特设关东都督府进行管理，因财政拮据而实行鸦片专卖制度。1915年为了避免国际舆论对关东州鸦片专卖的抨击，日本取消了专卖制度，但财政问题仍没有解决，日本遂特许中国人设立慈善团体宏济善堂，这个建在大连的善堂设有事业部、慈善部和禁烟部，尤其这个禁烟部实际并不禁烟，而是日本关东都督府特别指定的鸦片专卖部门，它负有输入鸦片，并且把鸦片贩卖到关东州及其他地区的使命。所得之利润自然作为特别费而缴给关东都督府，关东都督府每年所得的这项“地方杂费”约400万—500万日元。[②] 1919年关东都督府改称关东厅，从宏济善堂等机构得到的鸦片税收约占其整个财政收入的三分之一。[③]

中日战争爆发后，日军既要从毒品专卖里捞到好处，又企图遮遮掩掩，因此再次让宏济善堂来充当这一角色。奉陆军省第8课长影佐祯昭大佐的指令，陆军驻上海特务部的楠本实隆大佐（陆士第24期生）通过日本驻华使馆武官的斡旋，选中了日本人里见甫，决定让他负责此项任务。起初，里见甫曾把鸦片工作的重点寄托在了“青帮”老大杜月笙身上，然而，此时的杜月笙却已秘密离开上海

① 《湖北省政府焚毁敌伪烟毒烟具报告表》，湖北省档案馆藏。

② 大井静雄：《鸦片事件的真相》，1923年3月，冈田芳政等编：《続現代史資料》，(12)，《阿片问题》，东京みすず书房1986年版，211—213页。

③ 山田豪一：《1910年前后日本对华走私鸦片吗啡的秘密组织的形势》，《国外中国近代史研究》，第12辑。

前往香港和重庆，此举使得里见甫与杜月笙的约会化为泡影。无奈之下，里见甫只得又推出上海租界内的另一重要人物盛幼庵。

当时，汉奸之间勾心斗角严重，而汪伪政权的财源则日益枯竭，于是日军干脆取消上海公卖处，于 1939 年批准成立上海宏济善堂，由楠本实隆大佐为顾问，里见甫为理事长[①]，在长宁支路、金神父路（今金陵路）等设立办事处，以百老汇大厦（今上海大厦）为据点，并在南京、苏州、嘉兴、芜湖、松江、镇江等地设立分堂。当然，在前台操办的是盛幼庵，盛是清末邮传大臣盛宣怀的侄子，原来靠变卖古董度日，他依仗日本人作后台，指使亲信罗洪义、汪奉时、吴振华等为宏济善堂的理事，大发烟毒财，一句“这是盛老三的货”，便可在日本统治区通行，盛也成了上海滩上的“烟毒霸”。表面上宏济善堂是个慈善机关，声称将用贩卖毒品的盈余来接济灾民，骨子里却是将民脂民膏搜刮而去。后来盛幼庵担任后期宏济善堂理事长，他把江南一带的鸦片经销权，又分包给他的同伙和幕僚，并与军警勾结，雇流氓为打手，严厉打击私贩毒品者，[②]垄断了上海及江南地区的烟毒市场。宏济善堂在华中各地设立 400 家分店。因为有日军撑腰，连伪政权的禁烟总局也要受其钳制。

战时任职于特务教导队的高野洁后来回忆日军以汉口为鸦片中转站一事说：“我的重要任务是每月去汉口购买鸦片，然后把它运回我兼任县政指导官的湖北省的一个县贩卖。每月总要成交 1 000 两，县里用赚来的钱筹措日本军队的粮秣。”[③]

宏济善堂的鸦片主要有三个来源。第一是利用伪蒙、伪满当局强迫当地人民种植鸦片，从北方如张家口、热河等地买入鸦片；第二是从印度和伊朗购入；第三是来自台湾等地，《宏济善堂纪要》载，1942 年 6 月 1 日通过日占台湾总督府获得 277 公斤可卡因，主要是精炼毒品。进口鸦片具体由三井公司操作，1937 年 12 月该公司从伊朗买来鸦片 1 500 箱运至上海，[④]在 1938—1940 年间又多次购入鸦片（表 11 - 12）。

---

① 复姓里见，名甫，日本东亚同文书院第 13 期生，即毕业于 1916 年。日本投降后，被远东国际军事法庭以 A 级战犯的罪名逮捕并关押在东京的巢鸭拘留所。在东京审判中，里见甫曾承认自己从事鸦片贸易。1965 年 3 月 20 日病死。

② 《申报》1939 年 5 月 6 日报道：“本年度抄获鸦片，将创最高纪录；沪市毒氛弥漫消耗激增，鸦片运沪由伪‘警’护送。大陆报云：昨（四日）悉，公共租界警务处预科本年度抄获之鸦片，将破记录，本年最初四个月中，业已从事搜捕而抄获鸦片七千八百盎司。查去岁全年所获为一万二千五百盎司，就抄获鸦片一节而论，本年度之第一月已破记录，盖是月落入探员之手者，共计不下四千二百盎司也。其次为四月份，计一千六百盎司，恰合一百磅。”

③ 李守贞：《日本帝国覆灭记》，《参考消息》，1995 年 9 月 5 日。

④ 《国联第二十三届禁烟会议美代表福勒演说词》，载《禁烟纪念特刊》，1939 年 6 月。

表 11-12　宏济善堂向三井公司购买鸦片概况

购买年月	装载船舶名称	购买数量		购买金额（日元）
		箱	磅	
1938 年 4 月	新加坡	428	68 480	2 808 000
1939 年 1 月	赤城山	972	155 520	
4 月	赤城山	1 000	160 000	4 114 286
10 月	玉　川	1 000	160 000	
1940 年 10 月	最上川	500	80 000	2 469 136
11 月	加茂川	500	80 000	2 291 000
总　计		4 400	704 000	11 682 422

资料来源：江口圭一：《日中鸦片战争》，第 104 页。

上海的烟馆均由宏济善堂供应鸦片，1943 年 1 月据伪府当局统计，上海全市有公开的烟馆 235 家。仅南市九亩地露香园路周围就有大小土行烟馆百余家之多，尤其是沪西，土店烟馆达到五步一楼，十步一阁。这些烟馆老板组成特业公会，由盛的亲信蓝芑荪任会长，他们从伪政府那里领取执照，规模大的还雇用日本浪人担任保镖。宏济善堂每天批发 3 箱鸦片，每箱有 160 枚鸦片，每枚值 132 元（12 两），后来涨至 332 元，盛幼庵个人每卖一枚鸦片，加价 66 元中饱私囊，其资财达 2 000 多万元，居住在上海顶尖的私人花园马立斯别墅（今瑞金宾馆）①。因贩毒获利之丰为各业之冠，连 76 号特子机关头子吴四宝也在沪西开设吗啡制造厂，自己当起了贩毒老板。

除伪满洲国以外的日军占领区的鸦片，都是由日军特务部从宏济善堂转运的，因此，宏济善堂的收入是惊人的。宏济善堂的收益，主要用于填补日本陆军的军费缺口，如情报工作所需，还有一部分用于扶植伪政府，根据里见甫的供认，包括汪精卫伪政权、伪满当局和伪蒙当局。据战后调查，宏济善堂至少赚了 2 000 万美元，这笔巨款交给了日军特务部和兴亚院，在当时，足可以建造一艘航空母舰。② 据盛幼庵回忆，这些利润多归日本所有，伪政权所得极少。③ 其数额大得惊人，据汉奸梅思平受审判时供认，贩毒所得，“大部分收入都送往东京……作为东条内阁的秘密资金”。④ 里见甫也因此被称为“鸦片王”。宏济善堂气焰

① 日本战败后，盛文颐被判处无期徒刑，新中国成立后死于提篮桥监狱。
② 李守贞：《日本帝国覆灭记》，《参考消息》，1995 年 9 月 6 日。
③ 江口圭一：《日中鸦片战争》，第 106 页。
④ 邢建榕：《老上海珍档秘闻》，上海辞书出版社 2007 年版，第 223 页。

嚣张，要求伪司法部对“官土行经上海市所属各区及旧租界地段时，务均一体放行，不得再予没收”，[①]部长罗君强只得照办。

日军统治下的上海风气极坏。1943年，上海登记在册的烟民达20多万人，冬天的清晨，倒毙街头的烟鬼随处可见，人称“路倒尸”。《申报》报道：“烟土公卖总局，统制四郊烟土全沪土行百二十家，毒化政策变本加厉。自某方在沪西实行毒化政策以来，曹家渡一带土行林立，公开售卖烟土，毒氛弥漫全沪。近更变本加厉，烟土来源，完全由某方统制，施行公卖，设公卖总局于虹口并在南市、闸北、浦东、沪西等处，设立四分局，由郑洽记土行主郑士侠、蓝义兴土行主蓝记生为正副总局长，郑传英、江禹门为沪西正副分局长。平日烟土由某方在热河华北一带用兵舰运来，其种类分红土、北土（即热河土）数种。四郊共设大中小土行一百二十家，须领营业执照，大土行每家先缴保证金五万元，中等土行一万元，小土行五千元，先由郑、蓝等垫付保证金一百五十万元，业经凑足付缴某方（闻垫款老板为常州人，盛老三）。大小土行均由郑等一手包办。各区设立公卖分局与土行地点，业经择定，南市在九亩地，闸北天宝里舢板厂新桥北槐，浦东东昌路洋泾等，沪西仍在曹家渡。各家承销之烟土，由某方交与公卖总局分别供给，据此则沪市毒化蔓延益广矣。”[②]

如今，由于资料缺乏，我们已经很难准确勾勒出抗战时期日军上海贩毒的分布区域，只能从一些零星的地方志资料中了解到当时毒域之广、毒害之深。《虹口区志》记载：“民国三十三年八月，伪虹口警察分局抄报的出售毒品和供人吸食毒品户，达41户（处），其中业主中国人29户、朝鲜人12户。”《卢湾区志》记载：“沦陷时期，盛幼庵投靠侵华日军，于其宅（今瑞金宾馆北楼）设立专售毒品的宏济善堂，网罗杜月笙的徒弟罗洪义、徒孙蓝芑荪等贩运，蓝芑荪勾结其师法捕房外勤股一等督察任文桢，与侵华日军沪南宪兵队长杉原中佐，每天11时到15时运毒品至法租界销售。据《文献》杂志披露，民国二十七年十月至二十八年二月，在兰馨里（今自忠路112弄）、新新里、西门路永福里、恺自尔路（今金陵中路）、贝勒路（今黄陂南路）、敏体尼荫路（今西藏南路）等处，均屡有烟毒案发生。”《闵行区志》记载：“汪伪时期闵行镇有烟馆10余家。”《川沙县志》记载：“日军侵占时期，公开倾销毒品，吸毒场所到处可见，洋泾一地就有烟馆41处。”仅小小的洋泾一地就有41个烟馆，可见毒雾之炽。《宝山县志》记载：“‘八一三’后沦陷期间，烟毒成为合法商品，烟馆遍布各城镇，不少人吸毒成瘾，倾家荡产，家破人亡。”除

① 上海市档案馆编：《日本帝国主义侵略上海罪行史料汇编》，上海人民出版社1997年版，第498页。

② 《申报》1939年4月20日。

了贩卖毒品，据《川沙县志》记载："民国二十八年(1939 年)汪伪'兴亚建国军'在横沙岛强迫三千多农户种植罂粟。"

确实的史料记载，能够告诉我们上海沦陷后毒品泛滥的惨状，除此之外，目睹、亲身经历的证人的证词也无可辩驳地展现着历史的真相，下面就是来自于东京审判的奎尔证人(上海公共租界巡捕房官员)的证词：

萨顿检察官：日军占领前，在上海地区，公然买鸦片的情况，有，还是没有？

奎尔证人：根本没有。因为……在严厉的法律下，上海的人们不愿冒着被处以非常严厉刑罚的危险。……如果做这种买卖的话，有的会被处以死刑、无期徒刑。

萨顿：日军占领以后，有关鸦片的状况，在上海地区发生了怎样的变化？

奎尔：状况恶化了。……1938 年 10 月前后，日本官宪及傀儡政权的官吏之间，就有关设置鸦片局或专卖机关的问题，进行了交涉。……交涉的事项之一，就是在上海西部，设置 2 处鸦片吸食所。……条件之一是这些鸦片吸食所每家应有 20 名鸦片贩卖者……。1939 年初前后，在公共租界外，向人民贩卖鸦片的贩卖所开始一个接一个出现了。

萨顿：你知道宏济善堂吗？

奎尔：宏济善堂是 1939 年 5 月建立的组织，是为分配上海地区的鸦片而设立的组织。

萨顿：他们是怎样活动的？请简单介绍一下。

奎尔：就我的职务上所知，在上海，鸦片几乎肯定是由日本的船输送来的。这些船到了上海，就在日本方面的码头上卸货。……鸦片就是从这些码头运到仓库的。然后，是从那里弄到鸦片贩卖所去的。

萨顿：日本占领以前，上海地区麻醉品……的贩卖情况如何？

奎尔：1938 年以前，在上海没有看到过大量的麻醉品。关于麻醉品，中国人有个习惯，就是吸食红色块状的鸦片，它是由鸦片的渣滓、海洛因、糖精以及染色的药做成的。但是，这种习惯被逐渐清除，到 1938 年至 1939 年前后，已经很难看到。

但是，就在这年以后，海洛因的数量逐渐多了起来。[①]

在上海，几乎所有地方都是日军贩卖毒品所染指的区域，足可见日军贩毒之猖狂，上海这座城市，又一次陷入了毒品的汪洋之中。

日军的毒化政策　日军每到一地便实施毒化政策，将毒品作为毒害人民的

---

① 江口圭一著，宋志勇译：《日中鸦片战争》，第 65 页。

工具,从中榨取中国人民的血汗。1942 年 5 月,日军占领滇西龙陵,也立即实行毒化政策。龙陵原是产烟区,但此时已经基本禁绝,昔日种植罂粟之地已改种了豆麦菜黍。日军占领后,即宣布逃难者如能返回即奖励栽种罂粟,不收任何捐税。接着,日军命令伪县政府,强迫民众大量栽种罂粟,并以粮油与烟民换大烟。于是,民众无可奈何,只能赖鸦片为生。据统计,一般民众经济上 80%靠鸦片维持。日伪收取大烟时,要被伪县政府抽收 20%烟税。一切均以鸦片作等价之物,如日伪征用役夫,也以鸦片充工钱,在这样的烟风毒雾之下,很多青年学会了吸毒。①

日军占领香港后,一面标榜严厉禁毒,废除英、美带入中国的恶习;一面却推行鸦片专卖制度,以搜刮民脂。垄断港岛鸦片专卖的是日侨经营的裕祯公司,由于鸦片来源短缺,故烟膏价格高昂。据说日本的香港总督矶谷廉介也通过汪伪政府参与倒卖鸦片,以谋暴利。②

战争期间,日本为提高鸦片产量,曾派遣被称为日本"鸦片王"的二反长音藏到伪满洲、蒙疆各地,检测鸦片的吗啡含量,指导如何提高鸦片产量,二反长音藏还被亲日的蒙奸德王聘为顾问。③

日军占领下的地区,无论是何地,宏济善堂、戒烟总局之类机构均获得了高额利润。

1937 年 11 月,"八一三"淞沪抗战经三个月激战后,日军占领上海,此后南京等地也相继沦陷。与此同时,由于中国军民的顽强抵抗,使得日本"三个月灭亡中国"的计划破产,日军不得不以更多军队和军费开支投入中国战场。为此,日本在华中地区推行了"以毒养战"的政策。上海是当时最大的毒品集散地,也是日本开辟华中毒品贩卖市场的中心。据档案资料的记载,"八一三"抗战之后,日军在上海最早设立的贩毒机关就是上海公卖处,成立于 1938 年 2 月,参与这项事务的中国人有盛幼庵、蒲剑英、方达璋等。这一公卖处的实际主持者是日军上海特务部机关长楠本实隆。对于这一公卖处的具体情况,在 1940 年 12 月 2 日,蒲剑英呈伪上海市市长的一份文件里有着详细的记载:"谨略者,窃按沪上特货之承销,战前早已实行多年,而战事发生后之民国二十七年二月间,由蒲剑英、方达璋、盛幼庵等发起,召集土商公呈友军军部所委苏、浙、皖特税处批准筹备,奉处长陈奇谋令,委方达璋为上海公卖处正主任,蒲剑英为副主任,盛幼庵者居间幕后,专负交际之责。经过四月余,遂在沪西正式发货出售。参加土商均系前

---

① 许颖贤:《敌人在龙陵之毒化》,《禁毒工作手册》。

② 关礼雄:《日占时期的香港》,香港三联书店 1993 年版,第 151 页。

③ 二反长半:《战争と日本阿片史——阿片二反长音藏の生涯》,第 5、157、185 页。

沪南出售零膏之大埔帮，其经济雄厚之潮帮不与焉。当时特税处冀其速成，乃特许免费登记给照之土商十户，旋增征费登记者六户，继又增至二十户，最后增至共计三十二户。其登记费初为每户五百元，后至二千元，其手续费初为万元，后至三万元，保证金每户二万元，且由盛幼庵指定上海公卖处营业科长蓝芑荪为公会会长，日向宏济善堂领销红土三箱，每箱计有一百六十枚，每枚十二两，计每枚官价三百三十元，但初办时，由特税处发货，每枚包括印花及手续费不过一百三十二元，外加盛幼庵名下费用若干，每枚也仅一百七十元而已。其后金价高涨，在盛幼庵操纵之下，最后遂有上开三百三十二元之价格，然尚须由盛幼庵增加其个人利益每枚六十六元后，始归土商分配承销，则市上价格，开从来未有之新纪录，良有以也。盖该宏济善堂与公会间尚有居间之盛幼庵介乎其中，乃成今兹状态。不特此也，盛幼庵根基初定，即设计排挤，于是有裁撤公卖处之命，剑英幸得洁身引退。继将苏、浙、皖特税处改组为宏济善堂，专司征税发货。斯时惟盛幼庵名义得向宏济善堂领货，惟蓝芑荪有权支配，操纵之势已成，私囊之入纷纷，闻幼庵已富至二千万元以上。”①这份档案不仅反映了上海公卖处的内幕，也引出了日军在华中地区最大的贩毒机关——华中宏济善堂的创建过程，据蒲剑英所言，宏济善堂是盛幼庵设计排挤、裁撤公卖处，由苏浙皖特税处改组而成的。实际上，随着日军战事的推进，仅有的上海公卖处已经不能满足日军庞大经济开支的需要，华中宏济善堂的设立是日军在华中地区实行毒化政策的重要据点。与此同时，从这份档案中我们也可以看出，在上海公卖处时期，盛幼庵这位清末豪门盛宣怀的侄子（因排行老三，又被称为盛老三）不仅为自己聚敛不少钱财，而且也建立起与日军的密切关系，成为日后华中宏济善堂助纣为虐的关键人物。

1939 年 6 月，华中宏济善堂总部在上海虹口设立，由盛幼庵任理事长，担任副理事长的是日本人里见甫。里见甫早年毕业于设在上海的日本东业同文书院，毕业后的里见甫经由院长根津一的介绍，任职于四川省特种贸易会社的新利洋行。后在同文书院学友的帮助下，进入了天津的京津日日新闻社，开始作为新闻记者的生涯。九一八事变后，里见甫北上奉天（今沈阳），在奉天关东军第四课中担任宣传工作，创建了“满洲国通讯社”，简称“国通社”。在此过程中，里见甫也逐渐得到日本军方的看重。其后，里见甫还化名李鸣在天津创办了《庸报》，由于多年在中国的生活与工作，是个地地道道的中国通。1937 年 10 月，里见甫在影佐祯昭的推荐下，到上海负责鸦片贩卖工作。实际上，“在中国的鸦片、麻药交

---

① 《华中宏济善堂设立纲要及贩毒史料选》，《档案与史学》1999 年第 5 期，第 21 页。

易是由同日军特务机构一体化的兴亚院驻各地机构一手独揽的”。[1] 之后，宏济善堂相继在上海、南京等地设立了地方宏济善堂，从而建立起了华中宏济善堂的网络体系。

关于华中宏济善堂的运作体系，《华中宏济善堂设立纲要》规定："华中宏济善堂由向在上海经营鸦片批发业之商人中资本充裕者组织之"，并且"限定十名以内"，每个烟商各提缴 20 万元法币保证金。宏济善堂总部的主要业务是采办各类毒品，并将毒品运售到地方宏济善堂。地方宏济善堂则由"该地方经营鸦片之商人中资力充裕者组织之"，"限定五名以内"。加入宏济善堂总部的中央土行，以戒烟总局核定之烟土售价加收每法币一元取八分的手续费售给地方宏济善堂的土膏行。[2] 然后再由地方宏济善堂"加征由华中宏济善堂购得时价格之一成相等之手续费"分售给各鸦片零售商进行销售，鸦片零售商也受宏济善堂的控制，需向地方宏济善堂提缴一千元[3]。在伪维新政府期间，华中宏济善堂在上海一地隅的销售量，每月约达六万余两，到汪伪政权时期，每月仅上海一隅就达四万两，外埠各地约六万两[4]。

由宏济善堂售出的烟土，必须贴上禁烟总局的特税印花，盖有"宏总验讫"印戳，才被视为官土。各级伪政权对于这些烟土必须准予放行。就此问题，禁烟总局曾特别致函上海特别市政府："迳启者，案据华中宏济善堂呈称，宏济善堂所售盖印官土屡被警察局扣留，特请备文交涉，并检同暂用印花式样及戳记图式，恳请迅予转发各查缉机关，嗣后如见有该项印花及戳记之官土，不得任意扣留，以恤商艰等情。附呈印花式样及戳记图式。据此，查戒烟条例自奉行政院公布施行后，所有运售烟土之土膏行店，业经敝局严加审核，凡准予营业者均发给特许执照为凭，并规定于纳税后逐件实贴印花，以资证明而便查缉各在案。兹据华中宏济善堂呈送印花式样前来，相应检同该项印花五十纸，函送贵市府，请烦查照转饬所属各局队一体查明。嗣后于检查烟土时验明已贴该项印花者，即予放行，如有未贴印花者，即属私土，仍请照章查扣，移送敝局估价变卖，提奖充赏。事关法令，尚祈惠予协助。至纫公谊。"[5]除此之外，日伪还给予宏济善堂以法律特权，宏济善堂曾致函伪司法部："凡属特业公会常董、监查各委员及员司人等，与领有营业执照之土膏行店经理及员司人等，如遇有讼事必须传案问讯，应由法院

① 陈正卿：《日本华中毒化和汪伪政权》，《抗日战争研究》1999 年第 1 期，第 121—122 页。
② 《华中宏济善堂设立纲要及贩毒史料选》，《档案与史学》1999 年第 5 期，第 15 页。
③ 《华中宏济善堂设立纲要及贩毒史料选》，《档案与史学》1999 年第 5 期，第 16 页。
④ 上海市档案馆编：《日本帝国主义侵略上海罪行史料汇编》，第 506 页。
⑤ 《华中宏济善堂设立纲要及贩毒史料选》，《档案与史学》1999 年第 5 期，第 19 页。

咨请上海地方法院转知蔽堂，再饬其即日到案。”[①]伪司法部也竟然作出批文：“凡特业公会等职员如有诉讼事件须传案讯问，请咨上海地方戒烟局转知应讯，祈俯准由。”[②]

宏济善堂如此堂而皇之地贩卖毒品，在华中地区掠夺了大量的资金，有关华中宏济善堂的收入问题，有不少零星的资料透露了这方面的情况。如报道披露：“仅 1941 年一年，它就向沦陷区的中国人卖出了 222 吨鸦片，获利 3 亿元（伪储备券），而当时南京汪精卫傀儡政权一年的预算，也不过这个数字。”[③]也有学者做过一些粗略的估算：“据不完全统计，日本通过在华中贩售毒品，每年约从中国人民身上榨取 3 亿日元的资财，整个 8 年中约计 21.75 亿日元。”[④]目前据笔者所掌握的资料，对宏济善堂的收入问题做过较为详细分析和计算的是曹大臣撰写的《日本侵华毒化机构——华中宏济善堂》一文，作者在文中通过大量的数据计算指出，在 1939 年 6 月至 1944 年 4 月间，宏济善堂至少销售 9 675.4 万两鸦片。宏济善堂五年中，共盈利 9.68 亿日元左右即 2.42 亿美元，为侵华战争提供了相当于 12 艘航空母舰的物力支持，并且在这笔收入中，尚不包括缉私所得和手续费。[⑤]

惊人的毒品贩卖收益，使得染指这一交易的盛幼庵，成为当时上海滩富甲一方的人物，他搬进了当时上海最大、最漂亮的私家花园——马立斯花园（今瑞金宾馆），并雇了日本宪兵做保镖，看守大门。1944 年，盛幼庵 70 大寿时，曾大摆宴席，并邀请南北名伶大唱堂会，连演 3 天 3 夜。[⑥]

华中宏济善堂从 1939 年 6 月设立，到 1944 年 4 月结束，前后存在了 5 年时间，华中宏济善堂不仅通过贩卖鸦片的方式掠夺中国人的大量资金，同时，也使鸦片泛滥到了惊人的地步，仅上海一地因吸食烟毒而破产的商民即逾万户。[⑦]它使得中国“二年禁烟，六年禁毒”计划的成效付之一炬，更多地流毒侵害了中国人民的身心。

英国人弗莱彻（R. Fletcher）曾揭露说：“1937 年日本占领的众多中国城市里，鸦片和海洛因交易公开进行，烟馆和海洛因沙龙接连出现，鼓励开办烟馆、沙龙的办法五花八门，没钱买烟之穷人可赊账吸食。只要想吸食鸦片，到处可以得到支持。日本‘鸦片贸易总行’在各地有分支机构，实际上遍布各地。日本人的

---

① 邢建榕：《盛文颐与宏济善堂助日军贩毒》，《世纪》2003 年第 6 期，第 33 页。
② 上海市档案馆编：《日本帝国主义侵略上海罪行史料汇编》，第 499 页。
③ 萨苏：《日侵华时期贩毒收益惊人》，《环球时报》2007 年 8 月 31 日。
④ 邢建榕：《盛文颐与宏济善堂助日军贩毒》，《世纪》2003 年第 6 期，第 34 页。
⑤ 曹大臣：《日本侵华毒化机构——华中宏济善堂》，《抗日战争研究》2004 年第 1 期，第 129 页。
⑥ 邢建榕：《盛文颐与宏济善堂助日军贩毒》，《世纪》2003 年第 6 期，第 34 页。
⑦ 曹大臣：《日本侵华毒化机构——华中宏济善堂》，《抗日战争研究》2004 年第 1 期，第 136 页。

报纸充满广告,鼓励鸦片销售,他们把鸦片叫作'长寿丸'。在各家鸦片销售点门前,烟瘾者排长队,等候购买他们所需的麻醉毒品,这些人都是由日本警察引导来的。普通烟卷是由浸泡海洛因的烟叶制成,凡吸这样烟卷的人自然会染上吸食鸦片之习惯。含有毒品成分之药物几乎每个乡村都有销售,但他们都标榜此药可以治愈肺病。妓院和舞厅是最易销售鸦片的地方。烟瘾者得到鸦片如同我们在上午得到牛奶和报纸一样,只要他们有鸦片和提炼物,就不会一蹶不振。中国劳工之薪饷以鸦片替代。所有这些勾当都是日本人或朝鲜浪人所为,他们与日方政府有密切的关系,享有特权。"[①]

日伪统治时期对中国人民犯下的罪行可谓罄竹难书,正如战后江苏高等法院在对陈公博的起诉书中所指出的:"抗战军兴,各地区之沦陷于敌寇者,范围甚广。敌寇在其占领区以内,实施麻醉政策,大量贩卖毒品。伪南京政府不设法制止,乃从而抽收捐款,容许各地开设烟馆,公然吸食。据三月十四日上海《新闻报》所载,在沦陷区内吸食毒品者,数在三千万人以上。"[②]又据国民政府内政部统计,日本在占领区内,强迫农民种植的罂粟面积达1 500万亩,占领区内吸毒者在3 200万人以上。这一数字是较为确切的。日本侵略者推行毒化政策的目的,诚如当时国际正直人士所指出的:"一为由贩卖毒品所获之收入,可作为侵略中国之费用;二为用强迫手段,毒化中国人民,使之日趋衰弱退化。"[③]对此,日本爱知大学学者江口圭一指出:"日本的鸦片政策是由以首相为总裁,外务大臣、大藏大臣、陆军大臣、海军大臣为副总裁的兴亚院及兴亚院以后的大东亚省制定和掌握的,是作为国策由国家有组织、有系统、有计划地推行的",在世界历史上"像日本这样在占领区和殖民地大规模地进行鸦片生产、贩卖和使用的情况,在战争史上实为罕见"。[④]

日军不仅用毒品去毒害中国人民,而且,也把它作为兴奋剂,去刺激其军队的士气。到战争后期,日本军阀为刺激日军的战力,除军妓以外,还以毒品辅助。1943年后,东方战场形势逆转,日军败象已露,为鼓舞士气,加紧生产,军方从中国输入鸦片等原料,制成各种毒品,向军民提供。在军工厂,日军向每个工人配发"猫眼锭"这种含有安非他命的药丸,服后能使人精神振奋,以生产更多的军需品。在前线,军方向特攻队员提供兴奋剂,使这些发动自杀性攻击的"神风队"员产生幻觉,从容赴死。这种兴奋剂因此而被称为"突击锭"。

---

① 王德溥:《日本在中国占领区内使用麻醉毒品戕害中国人民的罪行》。
② 何卓改编:《汪精卫集团沉浮记》,四川人民出版社1989年版,第244页。
③ 《远东毒化情形》,《禁烟纪念特刊》,1939年6月。
④ 江口圭一:《日中鸦片战争》,第205页。

第三节　国统区的鸦片

禁烟的盲区　由于处在战争的特殊状态，全国分为日占区、国统区和共产党抗日根据地，而且三种区域犬牙交错，从而客观上给国民政府继续执行禁烟政策带来了很大的不便。

处在日占区边缘的一些军政势力，因天高皇帝远，往往将禁烟法令抛在脑后，而视鸦片经营为发财良机。例如淮南地区的国民党实力派韩德勤、李本一、秦庆霖等在中共与日军之间周旋，对百姓强加苛捐杂税，并且迫种罂粟。①

还有一种情况是国民党政权对农村的控制十分薄弱，对西南更是缺少经营。因此，在西南推行包括禁烟在内的各项法令，效果必然大打折扣。例如在陪都所在的四川省，禁烟的盲区就随处可见。四川十六专区位于川西，辖有松潘、茂县、理番(后称理县)、汶川、懋功、靖化等 6 县。这些地方政权力量相当薄弱。其鸦片交易中心在马尔康，每年买卖的鸦片达到百万两，购土的烟帮主要是青海马步芳的代表和贡唐喇嘛的代表。由于国民政府的势力尚不能达到马尔康，因此，百姓自由种植罂粟，并公开买卖。1938 年四川各地实行禁烟后，各处哥老会帮会势力和不法之徒纷纷涌入这贫瘠僻远之地，大力发展罂粟种植业，从而使鸦片烟毒肆虐。各县长对此眼开眼闭。理番县县长黄莘牧更是直言说："这里禁啥子烟啊！不过纸面公文，应付了事。"其前任徐剑秋本身就是终日一榻横陈的瘾君子，连公文也是在烟榻上处理的。靖化县有职员 15 人，以县长刘绍绪为首的 12 人是瘾君子，号称"12 条枪"，占其职员人数的 80%。懋功的县长 1939 年因全县遍种植罂粟而向省主席王赞绪报告，并指出：此处的彝民有枪二万条，若要铲烟，除非派三个团来。王竟敷衍道："现在抗战期间，哪有三个团人到懋功铲烟，你相机行事，禁多少，算多少。"结果是一苗未铲。靖化县县长米庆云还算尽职，于 1941 年在本县断然实行铲烟，岂料遭到地方势力的顽强抵抗，所派区长也被杀掉，烟帮还围攻县城。最后告到省府，米庆云被省主席张群横眉怒斥，并被免职了事。② 军政的腐败和无能，也是禁烟不力的原因之一。1942 年，王元辉出任四川十六区专员，手下有蒋介石派来的数个保安团，王元辉决心扑灭烟毒，铲除恶势力。岂料保安部队极其腐败，大小军官均贩烟谋私，吞饷吃缺，战斗力极弱，在

① 《淮南抗日根据地》，第 52 页。
② 米庆云：《蒋介石政权在川西边区禁烟的真相》，《文史资料选辑》，第 33 辑。

与哥老会土匪的冲突中,几乎每战必败。当王元辉率部到懋功铲烟时,一营武装被缴械,自己被围困于县城,城将破之时,被迫写下字据:不动全县一苗烟土,于三日内离开懋功。

再如抗战时的柳州为大西南与华南及东南亚诸地物资转运枢纽,商市繁盛更胜战前,在此国难深重之际,一些国民党军阀勾结奸商,以此为发财致富场所,贩卖鸦片,大捞横财。广西银行柳州分行经理吴祖谋串通商人,用商店名义,向银行贷款,然后从后方收购鸦片,长途贩运,牟取暴利。[①] 1943 年,四川靖化县县长秦汉初携带搜刮到的金银烟土去专署开会,打算会后到成都隐藏,再设法高价倒卖,结果被贪财的卫兵打死。[②]

再说西北的不少地区也仍是烟毒泛滥。1942 年起,马步芳借口禁烟,在青海各地大肆搜刮民脂。仅在西宁市和湟中、互助两县收得的禁烟罚款就达 285 300 元。[③]

吴铁城广东"禁烟" 1937 年 5 月,吴铁城出任广东省主席。吴铁城曾在上海主政,深知鸦片之"妙处",他上任伊始,便加强省禁烟委员会的职能,任命 70 余人为各县查禁委员,并将各区禁烟委员会所辖的烟土公司和各县市的烟馆,一律改为土膏店和售吸所。名为办理禁政,实是攫夺鸦片利源。

吴铁城与大烟商陈学淡相勾结,合作贩卖鸦片。陈学淡从云南购买鸦片后,经吴铁城介绍,与军政部打通关节,将鸦片运回广东,煎膏装盒,运入自己的"大司马"和"天成"两艘轮船。这两艘船均设有暗舱,一次可载烟膏 300 万两。陈学淡用该两船轮流运鸦片去南洋群岛、印尼和菲律宾等地。后因内部分赃不均被人告发,才被菲律宾当局查获,搜出鸦片烟膏 200 多万两。吴铁城从陈学淡那里捞得的贿赂也无可计数。

由于吴铁城的纵容与默许,各县禁烟委员纷纷放手营私舞弊,毫无顾忌,一时珠江大地毒雾弥漫。

此情况被戴笠侦所知,认为是进一步插手广东禁政、以求分肥的良机,遂派梅光培于 1938 年 2 月到广东,以协助整理禁烟为名,其实是向吴铁城敲竹杠。吴因私囊中饱,心中有虚,遂招待殷勤,将梅光培引入吴的别墅同住,并送 3 万元做梅的活动费;不仅如此,吴还特为梅光培在民政厅设第六科,拨一辆新式轿车供其使用。对戴笠自然不能冷落,吴每月通过梅向军统提供 15 万元烟款,这样,

---

① 萧泽昌、张益桂:《柳州史话》,广西人民出版社 1983 年版,第 110 页。
② 米庆云:《蒋介石政权在川西边区禁烟的真相》。
③ 陈秉渊:《马步芳家族统治青海四十年》,青海人民出版社 1991 年版,第 324 页。

才相安无事。[①]

吴铁城于 1939 年 1 月被免去广东省主席职，由李汉魂继任。其间，他从鸦片里搜刮的金钱不知有多少。至于其他的党国要人仍然从中捞好处，如孔祥熙一直与贩毒有牵连。1940 年，四川酉阳县县长冯英得知有一批鸦片经过此地，便带军警堵截以分肥，结果了解到这批鸦片的主人是孔祥熙，只得连声道歉。

刘文辉西康大抽烟税　1939 年初，国民政府迁到重庆，蒋介石设法削弱地方军阀势力。对西康的刘文辉，蒋介石以建立抗日根据地为由，设立西昌行辕，行辕主任是张笃伦，与刘文辉争权夺利。鸦片是双方长期斗争的一个方面。

西康因位处边地山区，财政收入匮乏，常年入不敷出。如 1939 年财政预算为 5 357 996 元，而本省收入部分不足 100 万元，只能向中央政府和四川省政府要补助。但从 1942 年起，国民政府废除省级财政，省无独立预算，由国民政府核定的开支数字按月汇发，四川省政府也停止对西康的补助。这样，西康财政更窘。刘文辉号称“多宝道人”，其最后的法宝就是鸦片税。

西康地处僻远，清末民初烟禁最厉之时，也未受影响，因此有 80％的人口吸食鸦片。刘文辉此时重拾生财之道，要求各县对罂粟的种植、鸦片的贩卖出售等环节抽取重税。于是，西康县县有罂粟花，税名有烟苗税、懒税、印花税、起运税、出售税、内销税、外销税、红灯税等。种罂粟的有税，不种的也要纳税。此后，西康之鸦片产量日增。1942 年后，西康各县每年派收的烟税就达 100 担(每担 1 000 两)，丰产的竟达数百担；执牛耳的是荥经县，刘文辉的五哥刘文彩从云南、西昌引来良种，劝民种烟，产量剧增，鸦片的质量可与云南丽江货媲美争雄。全省每年的烟税虽无确数可考，但至少在 3 000—4 000 担间。在贩运方面，利润更丰。康定或雅安每两鸦片价仅 1—2 元，运至成都便涨至 3—4 元，再运他处烟价更高。

刘文辉在禁烟问题上与蒋介石处处抵抗。1940 年，蒋介石在西昌设立禁烟督办公署，直接征收烟款。刘文辉立即针锋相对，自兼督办主任。不久蒋任命一个禁烟督察到西康，刘文辉也推出一名督察。刘在烟税这一巨大利益上丝毫不让步，甚至一度与西康的中央军 24 军武装对峙，几乎兵戎相见。

但在表面上刘文辉采取“又禁又铲又收税”的方针，铲烟自然是表面文章了。每年秋获之后，西康省政府照例贴出“鸦片流毒，危害民生……”的韵文告示，奇怪的是这种文告必贴于大小烟馆门首，一般瘾哥往往以禁烟文告为烟馆指南。一时，各种中央官员、西南禁烟要人、军警等纷纷下乡。民间撰联曰：“冠盖往还，

---

① 梁国武：《吴铁城统治广东时期“禁烟”黑幕》，《文史资料选辑》，第 16 辑。

每过烟区都驻马；云烟吞吐，纵然茅屋也停车。”

因此，刘文辉始终抓住鸦片税一项，得以安于一隅。他自己也坦率承认：从鸦片中增辟财源，是饮鸩止渴之法。他后来回顾说：“1933年退守荒僻的西康，成了一个破落户，财政陷入极度困难，加之蒋介石又唆使刘湘在政治上给我制造了许多乱子，弄得我终日焦头烂额，无法应付。有一时期在无奈之中，竟至从鸦片中去增加收入。这种饮鸩止渴的办法，曾经引起国内舆论的非议，那已经是穷极无聊了。”“苛捐杂税，人有我有，竭泽而渔，不恤民困。”①

在鼓励与重税之下，西康诸县鸦片泛滥。一个调查团在报告中描写了少数民族的烟毒：“大小凉山夷人，在清时无何武力，故无大乱。一入民国，因内地迭次禁烟，烟价大涨，夷人遂利用时机，大量播种，以图厚利。而一般匪徒及不肖军人，系得十百倍之利益，私带枪械前往夷地换烟，络绎不绝。夷人经过此辈汉人不断输入枪械之后，遂如虎生两翼，为所欲为。”②1939年，黄炎培作为贵、康考察团成员到西昌、越隽时，目睹鸦片泛滥之惨景，作诗两首。过越隽时诗曰：“红红白白回望平，万花捧出越隽城。此花何花不忍问，我家即倾国亦倾。”过西昌时诗曰：“我行郊甸，我过村店。车有载，载鸦片。仓有储，储鸦片。父老唏嘘而问我曰：杀人哉鸦片！青年痛哭而告我曰：亡我哉鸦片！但愿他年吾辈来都不见，勿忘敌骑已过湖湘线。”③

其他少数民族地区也屡有种植罂粟的现象。四川的茂县，羌族地区遍地罂粟，1942年，县政府假借铲烟为名，实行搜刮，派军队到各村勒索，连鸡猪均被夺杀，羌族人民忍无可忍，聚众进行反抗，县政府令哥老会从中调解，后杀害了羌族领袖刘扬同，是为“茂北事件”。④

港记公司 在抗战时期的后方，以杜月笙为首的集流氓帮会、戴笠的军统及政府豪门合作的港记公司，是实力最强的贩毒机构。

港记公司成立于1938年，在香港和重庆设立机构，表面上由顾嘉棠任负责人，实际上仍是杜月笙主持和控制。该公司成立后，香港的鸦片商人争相向杜月笙订购鸦片，港记公司将内地出产的鸦片运至香港和日军占领区，然后换回大量的火油、布匹、汽车、轮船、香烟、抽纱等紧缺物资。⑤

六年禁烟原定至1940年结束，四川的军阀为在最后时刻捞一票，指令烟商

---

① 彭迪先等主编：《刘文辉史话》，四川大学出版社1990年版，第146、147页。
② 《川康边区禁种暂时治标办法》，转引自赖淑卿：《国民政府六年禁烟计划及其成效》，第232页。
③ 许汉三编：《黄炎培年谱》，文史资料出版社1985年版，第129页。
④ 西南民族学院民族研究所：《羌族调查材料》，1984年，第43页。
⑤ 范绍增口述、沈醉整理：《关于杜月笙》，《文史资料选辑》，第84辑。

组织“江巴合昌土行”，搜集川中存土，准备外运发一笔大财。蒋介石为打击四川地方势力，尽快完成禁烟，于 1939 年初宣布所有烟商存土一律封存，禁止启运。此令一出，大后方震动。尤其是四川军阀的大批鸦片和烟商的存土均被封存，当时集中在涪陵白岩洞的鸦片共计 3 800 担。眼看着这黑色的金子被冻结，四川的军队首领们自然不甘心，遂对重庆实行粮食禁运，于是，陪都发生粮荒。

1941 年 3 月，杜月笙与潮帮大土商、华成企业公司负责人郑应时由香港来到重庆，探知这一情况，遂欲包揽这批鸦片生意。于是，杜月笙首先与川康绥署副主任潘文华的胞弟重庆银行的潘昌猷联络，取得川军的支持，然后杜分别求见蒋介石、戴笠、孔祥熙（行政院院长兼财政部部长）和刘航琛（经济部部长、四川军阀的代表）等。蒋介石也希望存土变成资金，表示同意。

杜月笙即向孔祥熙表示，愿意承担涪陵鸦片的外运发卖，把货款还给川人，重庆的粮食问题即可迎刃而解。正在为烟土和粮食而大伤脑筋的孔祥熙对此当然赞成，但如何处理这笔巨土呢？杜的计划是把鸦片运至香港，卖给英美以做麻醉药的原料。孔要求杜草拟办法，杜即让郑应时拟就具体办法：一、所有鸦片由港记公司负责运到国外销售，绝对不在国内销售；二、限期 6 个月内把涪陵存土全部运出完毕；三、鸦片运至边界时，须将烟土上禁烟督察处的印花全部清除，以免落入敌人之手；四、备足货款，向原来的四川烟商承购；五、全部鸦片由港记公司自筹汽车运输，但由财政部税务署派员押运；六、到边界地带，由当地军警监督出口。

这六条计划由杜交孔祥熙，孔要杜在渝等候蒋介石批复，实际上，蒋介石早已批复，但孔扣押不发。老于世故的杜月笙即知孔祥熙要“敲竹杠”，这个曾在上海不可一世的帮会大亨也不得不屈服于权贵，他转请范绍增给孔祥熙塞上一张 500 万元法币的支票，孔接过一看，立即笑道“太多了，太多了”，一边塞入口袋。第二天，公司即拿到了财政部放行这批烟土的执照。此后，郑应时与潘昌猷商定港记公司向川方支付每两 3 角 2 分的烟价，并支付印花税金。潘昌猷知杜月笙是唯一的买主，遂在讨价还价失败后被迫签订合同，并约定全部货款交给香港重庆银行办事处。

1941 年夏，港记公司开始运出鸦片，杜月笙与戴笠合作，由军统派一队武装特务押运，并负责沿途安全。于是，第一批装载着涪陵川土 2 700 箱的 40 辆汽车，浩浩荡荡穿过硝烟弥漫的战区，运至广西镇南关交货，然后转售于香港。此后不久香港沦陷，鸦片遂运至广东连县，因外销渠道堵塞，而变成内销，主要是由杜月笙的徒弟罗洪义负责，运至上海，卖给了日伪。

港记公司承运这笔烟土，先后向香港重庆银行办事处支付港币 120 万元，给戴笠军统付费 300 万元，给余汉谋所部支付 80 万元，李汉魂所部 60 万元，余下数百万元作了各方的利润。参与其事的范绍增一人就分得 100 万元，[1]杜月笙至少得到 300 万元，从而大大改善了杜家人马在港、渝的处境。

1941 年底，香港沦陷后，财源断绝，于是，杜月笙又与老搭档戴笠合作，筹集资金 12 000 万元，于 1943 年创办通济公司，杜月笙任董事长，钱新之为副董事长，实际的老板是戴笠。总公司设在重庆，河南商丘、浙江淳安设有分公司，杜月笙还令徐采丞、万墨林在上海开设民华公司，他们利用手中的特权，大力开展“互通有无”“物物交换”，大发国难财。除了把鸦片贩至日军占领区外，还倒卖各类物资。范绍增后来回忆说：“通济公司倚仗戴(笠)的特权，做尽了任何汉奸所不能做的生意。”[2]

---

① 范绍增口述、沈醉整理：《关于杜月笙》，《文史资料选辑》，第 84 辑。
② 范绍增口述、沈醉整理：《关于杜月笙》，《文史资料选辑》，第 84 辑。

第十二章　解放战争时期的毒品与新中国的禁烟运动

抗战胜利后，百废待兴。连年的战火，区域的分治，官吏的懈怠，国民的无望，毒品问题达到一个新的顶峰。当民众期盼的和平到来后不久，内战又起。于是，国民政府的禁毒令再度成为废纸。1949 年，中华人民共和国成立，新政权将毒品问题视为与旧传统告别的重要标志，因而着力实施禁毒政策。在人民的支持下，运用军事力量和高效的行政系统，三年基本解决了近代百年遗留的毒品问题。中国成为"无毒之国"。

第一节　战后国民政府的烟政

两年禁断计划　1935 年，国民政府实行六年禁烟计划，到 1941 年底，六年禁烟计划完成，实际上在国统区，尤其是西南地区，烟毒仍十分严重，于是重庆政府又提出三年禁烟善后计划。抗战胜利后，政府机构东返，继续实行禁烟政策，蒋介石宣布两年断禁烟毒，并为加强禁烟而将烟毒案件列入军法案件，由军事法庭审理。

但由于内战纷起，军政警特人员值存亡之秋，纷纷利用职权为己谋利捞钱，早已把"党国"命运抛在了脑后。因此从抗战结束到国民党逃离大陆的四年里，禁毒根本没有很好地实行过。各地的种、运、售、吸仍十分猖獗。1948 年，四川省政府电令各县时，不得不承认"各地烟民愈戒愈多，纯属奉行故事"，"其能厉行禁烟禁毒之县，尚属不多"。[①]

广西在省主席黄旭初的主持下，设立禁烟督办处，由韦云淞任督办，隶属于民政厅。广西实行的仍是"寓禁于征"的老套，督办处设在南宁，黄旭初为切实掌握烟税，便又在鸦片通道的百色、桂林、柳州、玉林、贵县和梧州设立禁烟处，对过往的鸦片实行征税。禁烟处的收入由黄旭初亲自掌握，尽管实数未能闻其详，但

① 何志恩、王成德：《峨嵋禁烟概况》，《峨嵋文史》，第 10 页。

若以战前烟税相比，肯定是笔巨款。因此，平日里黄旭初出手大方，每遇官员进见，黄均送礼，官职高的可得百两黄金以上，一般的也可得到200银两。其实这些金银均是禁烟所得。[①] 如此禁烟自然是徒具虚表了。不仅如此，省政府还时常经营鸦片。1948年，省政府就曾将一大批鸦片交省银行保管，11月10日，广西银行总行在开出的收据上写有："兹收到广西省政府交来民政厅原封烟土计大木箱10只，又大洋铁箱1只，又小洋药箱10个，又小木箱45个，又布包小箱17个，合计大小共83箱，遵饬代为原封保管，此据。"[②]1949年4月10日，黄旭初向该行发出手令："广西省银行，本府办事员梁先球均览：查本府前寄贵行保管之烟毒共八十三箱，着交该员领回，仰各遵照办理具报。主席黄旭初。"[③]

有些地方官员实行禁烟也是方法简单，工作草率。1946年，毛森担任汤恩伯第三方面军第二处长兼无锡城防指挥部指挥官。是年5月，毛森心血来潮，宣布要将无锡城的烟毒一扫而尽。遂利用保甲制度，首先调查城区的烟民人数，得到名单后，毛森突然于一天深夜下令按址逮捕，然后将大批烟民押送到独山万年禅寺禁闭，实行所谓的"硬性戒烟"。独山是太湖中的一座小山，时设有禁烟所，当时拘押者共451人，其中女性占10%，烟民的身份从官员到和尚无所不包，年龄则老者78岁，小的仅18岁。自抓入禅寺后，即实行军事化管理，只有医师2人分发戒烟药品。到6月7日，毛森宣布戒烟结束，也不管是否真正戒除，将羁押人员全部释放。事后调查，仅半数不到戒除烟瘾。此事曾轰动一时，无锡城内外的烟民远远不止451人，但毛森此后对禁烟不问不闻，烟毒又悄悄在市民中蔓延开来了。

上海的禁烟　抗战结束时，上海的烟毒为害仍相当惨烈，鸦片、吗啡和海洛因到处有售，贩毒的规模惊人。1945年9月，在天潼路157号，一次就查获烟土135箱，计5 129斤。一般穷人无钱购毒，只能以罂粟壳、罂粟花煎汤解瘾。据上海警察局统计，当时上海有烟毒瘾者10万人。上海是远东第一大城市，国民党的"第二首都"，而烟毒如此盛行，不免令国民政府十分难堪，于是，南京再度要求上海市政府认真展开禁烟工作。

上海市政府便于1946年1月2日发布禁烟布告，宣布禁烟工作由市警察局负责，市警察局即公布了该局制定的《肃清上海市烟毒计划大纲》《上海市肃清烟毒总检查实施办法》和《上海市烟毒调验规则》等文件，规定"自即日起至三月底止，实施烟毒总检查。凡种植、制造、运输、销售或吸食烟毒者，在本年三月底以

① 苏乐民：《禁烟和禁赌》，转引自广西文史研究馆编：《八桂香屑录》，上海书店1992年版，第177页。
② 郑家度：《广西金融史稿》，广西民族出版社1984年版，下册，第171页。
③ 郑家度：《广西金融史稿》，下册，第171页。

前准许具结自新。吸食烟毒者发给登记证，限本年六月底以前戒绝”。①

1946年3月5日，市警察局鉴于毒品瘾者自行登记者为数甚少，要求市政府对保甲人员科以责任，规定连坐。于是便于4月4日，市政府再次发布告示，在全市实行居民连坐，居民须将烟毒瘾者限期登记。但是，这一招也并不灵，“户长连坐”之后，截至1946年6月底，前去登记的烟民仍只有6 060人，其中男性4 370人，女性1 690人。这个数字距离警察局的估计数目相去甚远。

按照规定，这些已登记的烟民须于当年6月底前一律戒绝，而办法是烟民自己投医施戒。实际上，整个上海在当时只有一所横浜路市立戒烟医院，根本无法完成戒烟计划。于是，市政府于4月决定，烟民戒烟由卫生局指定医师负责施戒，戒绝后由医师出具证明书，并由卫生局盖章证明。这一办法也未起什么作用。到12月底，市立戒烟医院才调验烟民1 068人，仅占已登记者的六分之一，这与估计中的10万烟民比较，还不到一个零头。

1946年5月20日，吴国桢出任上海市市长后，即要求警察局加强力量，彻底执行禁烟。9月13日，内政部也派出江苏兼上海区禁烟特派员到上海督导烟禁工作。组织上海市肃清烟毒委员会和上海禁烟协会。肃清烟毒委员会于11月25日成立，由吴国桢兼任该委员会主任，委员由国民党在上海的要员担任，包括市政府秘书长何德奎、上海市参议会议长潘公展、国民党上海市党部主任委员方治、三青团上海支部主任吴绍澍、淞沪警备司令宣铁吾、市警察局局长俞叔平和市社会局局长吴开先等19人，并于12月16日起举行扩大禁烟宣传周。为加紧推行禁烟，又于1947年3月20日成立上海禁烟协会。

由于烟禁工作的加强，上海的禁烟有所起色。1947年全年，共查获烟毒案件1 152件。6月3日，上海市法院和市警察局在浙江路养济院和外滩公园（今黄浦公园）焚毁收缴的烟具3 024件、烟馆账册17本、海洛因11两、白粉367两、烟土632两又大小26块、烟泡47个、烟膏1罐约30两等。到是年年底，又将625家药店的罂粟花、壳限期呈缴，共得1 749斤，于1948年4月5日，在外滩公园当众焚毁。吴国桢为进一步加强宣传，将说明鸦片危害的材料分别编入高、初级成人班国语教材，并利用公私广播电台宣传禁烟，甚至还在马路上张贴标语，号召“不与吸食烟毒者结婚！”“强国必先强种，强种必须肃清烟毒！”

然而，因物价上涨，烟民之戒烟费用也日益看涨。在戒烟药剂中，甲种药剂需8 800元，乙种为5 760元，丙种为4 320元，一般市民戒烟多因此而作罢。另外，开烟馆者获利颇多，一般一家烟馆每天约有20余人吸食鸦片或白粉。1948

① 本小节的资料见刘光清：《抗战后的上海禁烟》，载《旧上海的烟赌娼》，上海百家出版社1988年版。

年烟泡每只售价 5 000 到 1 万元，白粉每包 1.5 万元至 2 万元。而贩卖鸦片，每两进价为金圆券 20 元，再以法币 8 000 万元转售，每两就可获利法币 2 000 万元。利之所在，于是流氓地痞等争相趋之，连公务人员、警察、军人也厕身其间，追逐厚利。市长吴国桢也承认“公务员军警包庇烟犯坐地分赃”“中下级员警敲诈之积弊”是“禁政推行之大碍”。但是军政人员中腐败日盛，对此，市政府也只有哀叹“公务员办事不力”，而毫无良策。

政府对独成系统、专横跋扈的军人，就更是一筹莫展了。因此，军人制贩毒品也十分猖獗。1947 年 7 月 25 日至 1947 年 12 月 17 日的 5 个月里，就查获 5 起案件，其中一次搜得吗啡 77 瓶半、白粉 61 瓶、鸦片 50 两。

关于上海的禁政，国民政府内政部禁烟委员会主任在视察了江苏兼上海区禁烟特派员办公处后，向内政部报告说：“沪市环境复杂，交通便利，所有贩运制造烟毒，悉以该地为东南各省集散之地，办理禁政困难较多。一为贩卖制造烟毒地下组织查缉不易；二为贫苦烟民一身而系全家生计，施戒困难；三为市府无专设禁烟机构，不能全力专注。”

所以到了 1947 年，高潮过去后，禁烟的呼声已渐衰弱，而“偏僻隘道及里弄的烟窟供人吸食，铲除实无止境”，“禁得越凶，吸得越凶”，“烟民利用登记之名，秘密开灯供人吸食”，“烟贩均站于街头巷尾，双方不言语袖手交易”，于是，上海市政府不得不承认，肃清上海烟毒“尚难逆料”。确实，终国民党在上海统治，烟毒一直没有被禁绝。据统计，全市仍有毒品加工厂 30 余家，吸毒者 10 万人。

安徽的“官烟” 战后，安徽省国民政府高喊“禁烟”，派军警搜查鸦片，严禁私烟，实际上仍实行“寓禁于征”的老套，开设官膏店，鸦片从生坯、熟膏到批发、零售，一律由政府独家经营。官膏店下设土膏行，仅阜阳城的土膏行，就有鼎新、兴盛、协和等 5 家。土膏行不但贩卖鸦片，还制造海洛因。土膏行为了贩卖毒品，又设有若干个分销处，并雇用数以百计的单帮推销毒品。烟民必须向政府领取吸烟证，并凭证到官膏店购烟；吸烟证上虽然规定限期戒绝，实际这纯属欺人之谈，其结果只能越禁越盛。据统计，新中国成立前夕阜阳一地就有烟馆 211 家，每月贩卖的鸦片达 4 626 两，海洛因 7 872 两，吸毒成瘾者达 3 789 人。[①] 各级警察局内都设有“特费处”，专门稽收鸦片税。

所以，社会上烟毒并无任何好转，安徽全省登记的新烟民达 17 272 人，实际数字要比它高得多。许多善良人家由于吸食毒品，弄得倾家荡产，有的甚至被迫全家自杀。阜阳的资本家王某某，开有三家丝铺，然吸毒不过数年，生意破产，衣

---

① 李恩敏、傅达昌：《阜阳解放前的“禁烟”》，《阜阳史话》，第 4 辑。

食无着。类似的还有很多，阜阳城内，男性因吸毒沦为小偷的有 58 人，女性因吸毒沦为娼妓的达 23 人。①

川康的烟政与军政 抗日战争后期，四川的烟毒再度发展开来。战后，国民政府重返南京，四川又是地方势力的天下。四川省主席邓锡侯对省内之烟毒眼开眼闭，各级官吏重又将禁烟视为搜刮民脂民膏的绝好机会。而作为维持全省禁烟的武装力量的地方军队和保安部队，因内战前线的日益吃紧而陆续外调，这对禁烟来说不啻是釜底抽薪。

原来，地方部队已十分腐败，常常用换下来的坏枪劣弹与地方换大烟，抽吸或贩卖，时间久了，有些部队逐渐发展到用好枪好弹来换大烟。而烟匪方面也胃口渐大，非有佳枪良弹则不给换大烟。于是，其结果是烟匪的武装一天天地强大，种植罂粟的田地也日益扩大。久而久之，军队与烟匪的关系也发生了变化。留在省内的团队因实力有限，不仅无力吓阻、剿灭控制烟毒的哥老土匪，而且有些僻远地区如松潘、茂县、理番等地的保安部队，甚至连自身的安全也有赖于与驻地周边的烟匪讲交情，讲私谊，否则就有被缴枪消灭的危险。如保安部队的左权团奉命去懋功，他们自恃实力强大，而没有与当地烟匪办好交涉，结果在进军途中，便被烟匪任升高、孔锡之等部截住，竟丢失了一个大队。此后，保安部队连开拔行动也已举步维艰，更不用说是进行铲烟作战了。

军队如此，治政的各级政府也并非认真禁烟，而是借此作为敛钱的良机。产烟区的县长几乎都有一杀手锏，即在每年罂粟花开时节，加委各乡镇长。乡镇长必须给县长献上一笔大款，才会得到加委状。如果献礼厚了，便可得到大任。川西常见的礼物是 20 只金圈。等到乡长的委任状到手，该乡长便回乡故伎重演，对保甲长们照搬这一套方法来索取更多的金银。当然，这些金银均出自烟农和吸食者。

综上所述，政府、军队等均以禁烟为利源，并非认真禁烟。当然偶尔也有例外。有一次，西康省主席刘文辉来到重庆，遭西康旅渝同乡会的责难，质问刘文辉为何种烟毒民，刘被当面诘责，十分难堪。他愤而回西康，即将保安司令撤职，任命张律宾继任，命其全体出动，对种烟区进行武力进剿。张律宾即率所部进击荥阳，宣布彻底铲烟，如敢抗铲，见人就杀，见房就烧，并给每个士兵发了一盒火柴。一时，人心惶惶。张律宾来势汹汹，实际上也是借机敲诈更多的钱财。果然，北区的实力人物与张律宾谈妥了价格：送 20 担烟土，保安队不查北区。不久南区也如法炮制。只有东区不买张司令的账。张律宾即重兵压境，但围剿的

① 李思敏、傅达昌：《阜阳解放前的"禁烟"》，《阜阳史话》，第 4 辑。

结果却出乎意料，在装备精良的烟匪面前，保安部队丢盔弃甲，曾不可一世的张律宾也化装潜逃，结果仍被识破抓获，并被处死。从此，各股烟匪分别回乡，烟毒"秩序"再度恢复。

川康的种种禁烟黑幕，正如亲身经历此事的陈耀伦所言："政府不禁烟，农民也就少种烟，军政人员不贩烟，商人也就少买烟了。不禁烟就无黑市，价也就不能高，鸦片就成了普通商品，不需要的人就不买了。但是吸烟的人越来越多，烟盘成了招待客人必需之品。社会上不拘男女老幼，终日云里雾里，呼吸相通，甚至成了生活中的必需品。作为一个瘾士来说，吸烟比吃饭更重要得多。因而社会日益不安，哥老、土匪、恶霸、土豪、劣绅、地主，凡有武器，不拘多寡都可以横行一地，军民之间，尽管美其名曰合作，不过只是彼此不打仗而已。但是沟那边，河这边，各霸一方，各行其政，当时西康成了多政府状态。"①

云南的禁烟与铲烟 云南的边远地区，历来烟毒盛行。地方官多以此为最大的利源，历来禁烟与铲烟都是表面文章，战后，云南省政府尽管也高唱禁烟口号，但实际上毫无作用。表面上收烟税比战前要少得多，但敲诈烟农的现象仍随处可见。1947 年，楚雄县来了一位黄愚生县长。黄与大烟商李长久有同乡之谊，双方即臭味相投，策划如何勒种罂粟，扩大利源。黄愚生即派人深入山区，号召民众种植罂粟，并保证收购鸦片。然后，李长久运来大批罂粟种子，以每升种子还 5 两大烟赊销，由保甲长逼令各户摊派认购。此地种烟已有百年历史，百姓们经官绅勾结、软硬兼施，抱一丝找寻活路的希望，将地里的豆麦犁翻，改种烟苗。冬去春来，烟苗长成，不料此时黄愚生调走，新县长周仲上任，因未得任何好处，于是周仲严令 18 乡同时禁烟，并亲率 120 人的常备队下乡铲烟，发现烟苗不仅铲烟，而且还要上缴罚款。一时，闹得各乡鸡飞狗跳。有些农民不仅分文难收，还要变卖耕牛、驮马或田产缴款。常备队每到一村即打家劫舍，大捞油水，奸淫妇女。最后，农民们忍无可忍，揭竿而起，组织"抗铲队"，由小学教师李文仕率领，展开武装反抗，打得常备队狼狈逃窜。1948 年 2 月，周仲又搬来云南省保安团的一个营实行镇压，抗铲队在大关山凭险死守，击败保安营。这支反暴政的农民后与共产党建立了联系，在共产党的领导下，队伍发展到 7 个抗铲大队。发动民众实行三抗：抗兵、抗款、抗粮。1948 年秋，建立了南华山区滇西第一块解放区，这支由抗铲队发展而来的武装，成为滇西人民自卫团，后来又组建为中国人民解放军滇、桂、黔边区纵队第 8 支队。②

---

① 陈耀伦：《西康鸦片流毒造成荥经事变的经过》，《文史资料选辑》，第 33 辑。

② 李太来、普言昌：《滇西抗铲队史话》，《昆明文史资料选辑》，第 4 辑。

第二节 国统区毒品的再度泛滥

各地罂粟种植的兴盛 国民政府为聚敛内战经费,变本加厉地劫掠农民,从而严重摧残农业经济,再加上天灾人祸,就更加速了中国农业经济的破产。

农村耕地荒废、劳动力和生产工具空前匮乏,依靠种植普通的作物已无法完成缴税、维持再生产和生活,于是,在农业生产大幅度下降的情况下,罂粟种植就再度兴盛起来了。

安徽罂粟产区亳县、阜阳,在国民政府"寓禁于征"的幌子下,种烟面积比抗战前还有所扩大。据 1945 年的统计,仅阜阳一地,就植有罂粟 127 万亩,占耕地总面积的 49%。①

四川的川西松潘等六县,直到 1938 年后才益发种植罂粟。到抗战结束后,不仅未禁断,反而面积更广。罂粟多由哥老烟匪控制。

四川的安岳县政府于 1946 年宣布全县禁烟"成功",实际此乃瞒骗上司。号称禁断后的安岳县,烟毒四起。如 1947 年,查获烟案 46 起,抓捕人犯 328 人,全县仅登记的烟民就达 10 260 名,占全县人口 659 256 人的 1.56%。登记的烟民被逼戒毒,但须付出大笔金钱,贫民无法,只能逃逸深山,但仍有人被缉捕甚至丧命。时人目睹此景,作联曰:"一支竹枪,'杀'尽妻室儿女不见血;三更灯火,'烧'完田土房屋未得灰。"②

各地的土豪劣绅仍打着"寓禁于征"的旗号,勒逼农民栽种罂粟。如川东、湘南地区,保靖县恶霸地主徐世弟、徐世发兄弟,强迫农民每户至少栽种罂粟 1 000 棵,并征收 50%以上的烟税;如有违抗不种,除吊打外,仍须交纳 2 两鸦片的"懒捐"③。该县的"水田乡隘口一带,烟苗遍地"。五峰县的民族、民权、民生三乡及其交界处,"烟苗千亩,地主豪绅组织武力保护种烟"④。大庸、桑植、永顺、龙山等县的农村,"鸦片年产约在一千担左右,……按现价格,每年收入至少在一千亿至二千亿之间"。⑤

1947—1948 年间,在全国各省均发现了罂粟种植。罂粟的再度兴盛,使日

---

① 李思敏、傅达昌:《阜阳解放前的"禁烟"》。
② 米庆云:《蒋政权在川西边区禁烟的真相》,《文史资料选辑》,第 33 页。
③ 《湘西日报》,1950 年 5 月 11 日。
④ 《武汉日报》,宜昌版,1946 年 7 月 31 日,1947 年 4 月 7 日。
⑤ 《武汉日报》,宜昌版,1946 年 7 月 31 日,1947 年 4 月 7 日。

益破败的农业雪上加霜，不少地区的农业完全破产。此种新闻报道屡见不鲜。如《前卫日报》曾指出：烟毒致使有些地区“一村一乡，百业荒废，倾家荡产者不可胜数”。①

土匪与鸦片 民国社会是一个土匪横行的世界，也是鸦片泛滥的渊薮；而且，土匪和鸦片几可说是民国社会的两个畸形的孪生兄弟。

中国近代社会是土匪广泛生成的时代。尽管土匪在中国可说是古已有之，但在辛亥革命以后，由于中央政府对社会的控制能力下降，社会状况日益混乱，以及政治腐败等原因，土匪在各地纷纷集结。土匪主要来源是破产的农民和离开了军队的士兵。整个民国时期农业的连续萧条，也为土匪队伍的壮大提供了稳定的条件。土匪团体因其来源与性质、活动的差异，有惩恶除霸、参加革命的可能，但更多的则是从游民阶层中带来为非作歹的习气。不管土匪团体、个体之间的差别有多么大，有一点却是共同的，即与价高利厚的鸦片有着千丝万缕的联系。

因此可说，鸦片招来了土匪，土匪护卫着鸦片；土匪出没的地方也是鸦片泛滥之处。东北是著名的土匪世界，自晚清时起，那里的拓荒史就与鸦片、土匪交织在一起。从张作霖、马占山到20世纪40年代的“座山雕”之流，东北的“红胡子”、马贼通常控制着能种植罂粟的边远山谷，并逐渐扩大势力。张作霖16岁加入绿林时，已染有烟瘾，他与张景惠、张作相以及汤玉麟是把兄弟，罂粟和鸦片是其经费的来源之一。1927年，张作霖在奉天设“禁烟局”，垄断从罂粟的种植到烟膏的贩卖的整个过程，当年就攫取了1 000万元的巨利。那些闯关东的农民，为保护生命和抵抗官府的严厉镇压，只能加入土匪队伍。而在鸦片产地的吉林和热河，土匪更是赖鸦片为生存之根本。西北的陕西和甘肃为贫瘠之地，许多农民被迫铤而走险，拉起土匪队伍。他们活动的地区呈东西走向，而这正是鸦片贩运的通道。② 在华北，以“鲁国多盗”闻名的山东，自张宗昌之后，匪患连绵；河南、安徽和苏北等地，军阀的走马灯式的统治及长年战争，致使工农业凋零，社会出现“土匪化”倾向。仅河南一省，据国民政府剿匪司令张钫称，1937年有土匪武装40万人。③ 河南是土匪鸦片走私的一个中心：鸦片从郑州的地下市场，由武装的匪徒押送到山西，地方官员因其势力强大而只能保持沉默；往南则经过豫西南的土匪控制区而到达汉口，当然，土匪也走私其他物资。据记载，这

---

① 《前卫日报》，沅陵版，1944年8月4日。
② 三谷孝：《国民革命运动时期的北方农民暴动》。
③ 陈洪进：《民众力量在豫东》，载《抗战中的中国农村动态》，1939年，上海，第86页。

条路线有时每月通过的就有 30—50 车皮的物资。[①] 两湖是民国时期战乱重地，难以计数的逃兵，在这里转向非法活动。湘西各县，几个世纪以来因土匪猖獗而声名狼藉，土匪与湖南众多的军阀相勾结，将湘西的鸦片生产发展到顶峰。在云、贵、川三省，往往很难清楚地将武装者划分为土匪或军队。1931 年时，有人估计仅仅四川一地，就有土匪 150 万人。[②] 贵州的土匪，强大到一度曾占据省城贵阳。在这块罂粟生长特别茂盛的土地上，土匪与鸦片有着千丝万缕的联系，可以说，他们与军队、帮会一样，是用罂粟果浆喂大的。解放战争时期，各地大量的土匪武装，以国民党别动队、地方武装的名义而盘踞一方，欺压百姓，并控制鸦片生产。

鸦片是土匪的利源。在土匪看来，鸦片就是武器，鸦片就是钱财。在弛禁和无禁的时代和地区，占山为王的土匪常常是一个地区的罂粟和烟农的当然保护者，当然，烟农必须用鸦片来供养他们。为得到更多的鸦片，土匪常想尽办法来迫使农民种罂粟。有的"土匪强迫群众把大烟种在盆子里，把盆子放在背篓里。背着随土匪的行动转移"[③]。不仅如此，土匪还是鸦片贩运的积极参与者和保护者。他们还经常袭击拒绝他们"保护"的烟帮。自 19 世纪末开始，华北的鸦片走私就几乎全部操纵在大股土匪的手里。在严禁时期，罂粟种植者在官方的压力下，也会变成土匪。他们以武装保护罂粟，并将收获的鸦片贩运以换取金钱和武器。一旦遭到政府武装围剿，他们只能被迫上梁山，成为职业土匪。在山寨里，鸦片是其公积金，与银元、金钱具有同等的价值；甚至有些土匪集团还专门设立一名"鸦片财务主管"，来管理匪帮的鸦片收入。[④] 在某些地区，土匪绑票所勒索的也是鸦片。[⑤] 甚至他们的绝大部分财产，包括武器均来自鸦片和其他毒品。四川的土匪因势力扩大，常常与政府对抗。如川西松潘等六县的鸦片，均由哥老土匪控制，经年的贩毒使他们换来成千上万的枪弹，政府如要禁烟围剿，便武力对抗，并多次击败保安团队。靖化县的土匪恶霸竟将前来禁烟的县长活捉并处死。[⑥] 1947 年春，剑阁行政专员燕德炎下县铲烟，土匪竟乘机杀入城内，破监狱、抢鸦片，从此当地官员谈匪色变，再也不敢轻言剿匪铲烟了。该年国民政府主席重庆行辕，在严令查禁哥老土匪的电文中指出："查哥老帮会分子复杂。作奸犯

---

① 菊池一隆：《陕西的军阀控制和鸦片》，日本《近代中国》，1978 年 10 月。
② 吕登平：《四川农村经济》，上海 1936 年版，第 159 页。
③ 《新湖南日报》，1962 年 9 月 25 日。
④ 《顺天日报》，1914 年 2 月 7 日。
⑤ 上田荣一：《绿林故事：土匪生活的断面》，第 72 页。
⑥ 米庆云：《蒋政权在川西边区禁烟的真相》，《文史资料选辑》，第 33 辑。

科，资为凭借，以烟、赌、盗匪潜滋，……应即予以取缔。"[①]有些政府禁政要员虽也认识到："要禁烟必先剿匪，必剿匪方可禁烟。"[②]但终国民政府在大陆统治止，土匪问题丝毫没有得到解决。

鸦片也是土匪生活的必需品。土匪往往活动于缺医少药的山区，一旦患病，只能靠鸦片来治病解痛。此外，土匪的生活艰苦而紧张，而鸦片几乎是缓解紧张情绪的唯一良药。鸦片所特有的舒畅感还能在短期内增强土匪的凝聚力和战斗力。因此，土匪普遍具有吸食鸦片烟的嗜好。这在被土匪绑架的众多外国人的传记作品里，有大量的描写。如霍华德曾写道：几乎每一个土匪据点都吸食鸦片，"抽鸦片似乎满足了他们的一切需要。它常常可以取代他们的吃饭、睡觉和娱乐活动。事实上，比起在腾云驾雾中吸食鸦片来，其他任何欲望和消遣都是相形见绌的了"[③]。

酷烈的西南烟毒 1948 年，四川省政府针对峨嵋县的毒况指出："该县贩运烟毒极为严重，烟馆到处皆是，吸食烟毒者众多。又警察局局长罗少云有吞没烟土情事。饬令县府彻查明确。"[④]

四川的金阳县原无罂粟，民国初期才有少量种植，到 1930 年，罂粟种植面积已增至耕地总面积的 20%，而在 1940—1950 年间，罂粟面积又扩大到 40%。最高的亩产鸦片达 300 两，一般的也有 50—60 两。[⑤]

贵州城乡，到处弥漫烟毒之风。居民家中大多备有成套的烟具，有些尚不止一套。既以自用，又用以待客。甚至政府机构的办公室里，也可以看到黑油油的烟枪和如豆的烟灯。吸食鸦片是十分普遍的习俗。贵州街头，随处可见形容枯槁、面色憔悴的来往行人。吸食者中包括官员、警察、士兵、职员、工人、车夫、教师、学生等。而全省只有一所省立医院，不到 20 张病床，连有公职之人的生老疾病治疗都难以满足，更遑论戒烟。因此，民众亦只能用鸦片来医治病态的身体和精神。

云南的商业在抗战胜利后发展很快，商家由 1 000 家上升到 2 000 余家，大理、鹤庆、永平、祥云等城因商而扩大和繁华起来，各地商路也迅速畅通，如下关有商路 4 条：下关—保山—畹町—瓦城—仰光；下关—昆明—百色—南宁—广州；下关—昆明—重庆—武汉—上海；下关—维西—拉萨—印度。当然，鸦片贸

---

① 王守义：《民国时期剑阁专区的贫、烟、匪的现象》，《剑阁文史》，第 7 辑。
② 李仲公、程维嘉：《烟禁问题》，正中书局 1941 年版，第 96 页。
③ Heward Harvey James: *Ten Weeks with Chinese Bandits*, New York, 1926, p.162.
④ 何志愚、王成德：《峨嵋禁烟概况》，《峨嵋文史》，第 10 辑。
⑤ 《四川文史资料选辑》，第 10 辑。

易也得到了同步发展。不少商贩在瓦城购入鸦片贩至下关。下关是著名的云土集散市场,在此贩烟的大商家就有德泰昌(老板罗顺臣)、复协和(老板周守正等)、兴盛和(老板舒金和)、文华号(老板杨钟秀)、福兴昌(老板华吉天)等,其分号遍及印度、缅甸和我国上海,鸦片是其主要商品。① 下关本地抽大烟的也为数众多,新街、紫云街一带几乎都是烟馆,共有百余家,真是“家家烟枪响,户户赌博声”。

少数民族地区的烟毒也有新发展。彝族土司强迫彝民种植罂粟,进行高额烟租的剥削。较大的地主、土司每年收入的烟租达数千两到数万两。1948 年,景东安定区的“东山大王”李成堂、“西山大王”罗庆云等强逼农民犁掉已长高了的蚕豆、麦子,改种罂粟。

由于政治腐败,官官相护,各级官吏借口禁烟而捞钱财。1949 年,四川万县警察局局长谭佩庚见国民党高官们,尤其是驻万县的川鄂绥靖公署的官员大批贩毒,便抱着“你贩得我也贩得”的心态,将警察局内历年积存的没收来的鸦片、吗啡暗中售与烟贩,然后将所得部分用于改善警员伙食,部分与部下私分,结果案发,川鄂绥靖公署以执法犯法,罪加一等,将谭佩庚判处死刑。不明底细之人还以为公署执法如山。实际上,这一轰动全国的案件,实际是双方争夺鸦片贩运权的争斗。谭被处死前长叹道:“死就死吧,像这样窃国者侯,窃钩者诛,只许州官放火,不许百姓点灯的黑暗社会,我真活得不耐烦了。”②

总之,国民党上台后,先是局部禁烟,继以六年禁烟,抗战后期追加三年禁烟,抗战胜利后,又有二年禁断计划,前前后后禁了 22 年,结果仍屡禁不止,烟毒泛滥。在新中国成立前夕,全国的罂粟地有 2 000 万亩,全国种植罂粟的农民有 1 000 万人以上,从事贩毒制毒以及制售吸毒工具者超过 60 万人,而瘾君子人数达 2 000 万人。千百万民众在这毒气迷天、烽火铺地的黑地狱里,如密林中的枯草,看不见一线天光。

这是一个国民政府留给新中国的烂摊子。

第三节　新中国的禁毒运动

向毒品宣战　中华人民共和国成立后,国家面临着种种棘手的问题。经济

---

① 《白族社会历史调查》,第 131、133 页。

② 严觉生:《万县警察局长谭佩庚被枪毙内幕》,《万县文史资料选辑》,第 2 辑。

上的赤贫、社会秩序的混乱和军事上的压力，给新生的政权造成了巨大的障碍。人民政府领导民众逐步克服困难，为彻底荡涤旧社会的污泥浊水而奋斗。

为指导在全国开展禁毒工作，中央人民政府政务院于 1950 年 2 月 24 日发布《关于严禁鸦片烟毒的通令》，通令指出："自帝国主义侵略我国，强迫输入鸦片，危害我国已有百余年。由于封建买办的官僚军阀的反动统治，与其荒淫无耻的腐烂生活，对于烟毒，不但不禁止，反而强迫种植，尤其在日本帝国主义侵略下，曾有计划的实行毒化中国，因此戕杀人民生命，损耗人民财产，不可胜数。现在全国人民已得解放，为了保护人民健康，恢复与发展生产，特规定严禁鸦片烟毒及其他毒品的办法。"[①]该通令主要内容有七条：一、各级政府应协助人民团体，进行广泛的禁烟禁毒宣传；在烟毒较盛地区，各级人民代表大会应作专题讨论，提出禁绝烟毒的方法和期限。二、各级政府民政部门可设立禁烟禁毒委员会，公安部门及人民团体可派员参加禁烟禁毒委员会。三、在战事结束地区，1950 年春起应禁绝种罂粟；在少数民族地区，如有种烟者应斟酌实际情况，采取慎重措施，有步骤地进行禁种。四、今后各地不准再有贩造售卖烟土毒品，犯者除没收烟土毒品外，还须从严治罪。五、限期缴出民间之烟土毒品，政府为照顾其生活，得分别酌予补偿；如逾期不缴出者，除查出没收外，并应按其情节轻重分别治罪。六、吸毒者限期登记，并定期戒除；隐不登记者、逾期而未戒除者，查出后处罚。七、各级人民政府卫生机关应酌制戒烟药品，及宣传戒烟戒毒药方，对贫苦瘾民得免费或减价医治；在烟毒较盛的城市设戒烟所。最后通令要求各大行政区人民政府或军政委员会、中央直辖省、市人民政府依据本禁令，制定查禁办法及禁绝种吸日期。

该通令详细规定了全国禁毒的提纲，尽管仍沿用原来的禁烟禁毒的说法，但具有鲜明的特色，例如，发扬全党动员、深入民众，强化思想教育工作的传统，在全社会范围内号召民众一致行动；为有效实行禁毒，各地可根据实情制定具体办法，设立禁绝种吸的最后日期；考虑具体情况，政府将免费为贫苦瘾民戒烟，对少数民族地区慎重地有步骤地进行禁种。

到 1952 年，由于在一部分地区仍存在烟毒现象，为严惩毒品犯，政务院于 10 月 3 日通过了《中华人民共和国惩治毒犯条例(草案)》，全文共 18 条。它将毒犯的处罚定为三类：对犯有六种行为的严重毒犯可处十年以上有期徒刑或无期徒刑、死刑；对犯有九种罪行的毒犯可处五年以上至十年以下的有期徒刑；对犯有五种罪行的毒犯可处三年以下的管制。从而在法律上完善了对毒品犯罪的

① 《禁毒工作手册》，上海三联书店 1993 年版，第 97 页。

量刑与处罚，为彻底铲除毒祸提供了法律的依据。

东北地区率先禁烟 早在抗战刚结束时，中共中央就确定了“向北发展，向南防御”和建立东北根据地的方针。1945 年 8 月起，中央陆续调集大批干部和军队北上，在东北建立根据地。是年底，中共东北局组织大批干部深入北满、东满和西满等广大农村，进行剿匪、清算减租、禁烟禁毒、生产运动等工作。

为贯彻禁烟禁毒政策，肃清境内之烟毒，在各省市县成立禁烟总局或禁烟局，作为专门的禁烟领导机构。

东北人民根据地的辽吉区人民政权为全面实行禁烟，于 1946 年 8 月 25 日公布了《查获鸦片毒品暂行办法》(11 条)和《禁烟禁毒条例》(14 条)两个文件，非常具体地规定了各项细则。如贩运毒品者在 100 两鸦片以下的，处 3 年至 5 年的徒刑，贩运 500 两鸦片以下的，处 5 年至 10 年的徒刑，贩运 500 两以上鸦片的，处无期徒刑或死刑；而贩运吗啡、海洛因等烈性毒品者，无论多寡，均处无期徒刑或死刑。关于吸食者，条例把吸食鸦片的称为烟民，而食用烈性毒品者称为毒民；烟民在县禁烟局登记后，不能戒除者可领取登记证，在公烟店购烟，但须在一定时限内戒除；而毒民则规定不得吸毒，如暂不能戒除的，可改吸鸦片。烟民在戒烟期间，只准食用禁烟局发给的定量鸦片，不得购买私烟。①

东北地区禁烟的成功，使数十万瘾君子脱离了苦海，清洁了社会风气，有力配合了根据地的其他工作，使大批青年健康踊跃地参加了军队，为自卫战争的胜利，提供了重要保证。同时，也为其他地区的禁烟禁毒积累了经验。

华东地区的扫毒战 华东的根据地早在解放战争时期，就开展了禁烟运动。如苏北区行政公署发布了《禁烟禁毒暂行办法》，严禁毒品的种运售吸，并向各地派出了工作队，以“坦白从宽，抗拒从严”震慑，在烟毒严重的县市设立戒烟所。许多烟民在戒烟所接受教育，进行戒毒，扫除了旧社会的不良风气。

安徽烟毒最严重的地区是亳县和阜阳。亳县于 1952 年 8 月开展肃毒运动，取得相当的成绩，但并没能铲除毒根，烟民暗中吸毒的仍为数不少。直到 1956 年，政府经调查得知，散在农村的毒品达 1 000 斤，因此到 1958 年，再次发动肃毒运动，经过多年深入工作，才使得这一地区的烟毒彻底肃清。②

阜阳县政府于 1950 年 2 月 24 日宣布全县禁烟，8 月 17 日，县人民代表会议作出禁毒决议，并专设肃毒办公室，该室作为禁毒运动的领导机构，设有宣传、外勤、秘书三个股，由三十多名干部负责肃毒教育工作。自 10 月起，禁毒运动推向

---

① 《辽吉区禁烟禁毒条例》，辽吉区行政公署：《法令辑要》，第 1 辑，1947 年 1 月版。

② 张荫庭：《鸦片在亳县的流行和危害》，《旧时黑幕》，安徽人民出版社 1986 年版。

全县。一时，全县人民纷纷检举毒犯，控诉烟毒的危害。接着，县政府又将960名积极分子组成120个规劝小组，动员亲友、家属等交出毒品、烟具。然后，县政府在三府街（原体育场）召开全城民众大会，当众焚烧毒品、毒具。经过戒毒，全县2 400多名吸毒成瘾者戒除了恶习，成了自食其力的劳动者。仅短短的数年间，泛滥百余载的烟毒便扫除净尽了。[①]

上海市人民政府本着“严厉惩办与教养改造相结合”的方针，惩处毒贩，肃清烟毒，区别对待吸毒者与贩毒者、制毒者。在三年之内，查获烟毒案7 733件，逮捕烟毒犯3 548人，经群众揭发又发现烟毒犯21 000人。对近10万吸毒者，限制其一年内自动戒绝，而对一些烟瘾大、年老体弱的吸毒者则提供免费住院戒毒。

新中国成立初期的剿匪斗争 新中国成立之初，各地的匪患十分严重。国民党在撤退时，有计划地留下了大批的武装人员和特务，他们勾结恶霸地主，搜罗散兵游勇、地痞流氓，并利用反动会道门，采取土匪的游击战争的方式，与新生的人民政府较量。

在西北新疆、青海、陕西、宁夏和甘肃五省，有股匪约45 000人，尤以甘肃为重点，组织大规模的武装叛乱，曾一度造成区域性的社会混乱。中南地区的匪特达35 600人，仅豫西就有匪特2万人，匪首程秀之在胡宗南的指挥下，控制卢氏地区，企图与政府长期对抗。大别山的匪特，在白崇禧的策划下，组成拥有18 000人的“鄂豫皖边人民反共自卫军”，活动于金寨为中心的地区。蒋介石曾把这两支匪特称为插进“中原两把利刃”。湘西23个县境内，共盘踞着大小股匪约8万人。广西也有2万余土匪活动。1950年初，西南的四川、西康和贵州三省就有股匪约20万人，其中最大的为川东的川湘鄂“人民自卫军”“中国人民自救军黔北游击队”等。华东六省有股匪850股，共6万余人。最严重的是福建，4万土匪盘踞着9座县城。华北的绥远地区的骑匪也十分猖獗。据不完全统计，中华人民共和国成立初期，全国共有土匪60余万人。而且，随着国民党主力军的连续溃败，匪特的人数也急速地增加。

这些土匪武装对社会危害极大，他们破坏基层政权，占领城市，或封锁城市，控制农村，干扰解放军后方，袭击、绑架、杀害我军外出人员，抢劫人民财产，发展匪特武装。在昔日毒品泛滥的西北、西南等地区，土匪们携有大量的鸦片。于是，剿匪成为一个时期内，保卫新生革命政权，保卫人民安全，建立新社会秩序，包括禁烟禁毒顺利进行的头等重要的任务。毛泽东和中央军委即指示解放军，

---

① 李思敏、傅达昌：《阜阳解放前的“禁烟”》，《阜阳史话》，第4辑。

确立“军事打击，政治争取，发动群众相结合”的剿匪基本方针。

1949 年 5 月开始，各大军区先后抽调 39 个军 144 个师的兵力，在地方武装、民兵和广大人民的密切配合下，展开了轰轰烈烈的剿匪斗争。剿匪分三个阶段，即军事进剿、分兵驻剿、最后肃清。到 1951 年，经过约三年的艰苦斗争，共歼灭国民党匪特武装 240 余万人（东北地区在 1946 年 6 月至 1947 年 4 月进行了剿匪，歼灭土匪 2 万余人）。[①] 在全国范围内，不仅消灭了国民党的匪特武装，同时彻底清除了中国存在已久的匪害，从而保卫了革命胜利果实，安定了社会秩序，巩固了新生的革命政权，保证了经济恢复和生产建设的顺利进行。在剿匪的同时，也大规模地打击了毒品业，并为彻底铲除毒患打下了基础。

西南地区的禁烟禁毒运动 新中国成立初期，在烟毒最严重的西南地区还存在相当程度的烟毒情况。部分烟农仍栽种罂粟，城乡各地仍可较方便地购买到鸦片、白面、金丹、唆唆等毒品，有些地方烟馆还在照常营业。更有甚者，在植烟严重的四川，烟农以鸦片抵冲公粮税款，而地方政府亦视鸦片为等价物。山区因小股土匪还在活动，他们勾结烟商实行武装贩烟。所有情况表明，烟毒仍在一定范围内存在与泛滥。

中央政务院《关于严禁鸦片烟毒的通令》公布后，西南军政委员会对此问题十分重视，即在第一次全体委员会会议上对此进行讨论，会议认为：“西南鸦片烟种植面积之广，吸毒人数之多，为全国之冠，其流毒之大，非言语所能形容。”为厉行禁烟，于 1950 年 7 月 31 日，通过《关于禁绝鸦片烟毒的实施办法》，制定了 13 项具体措施，要求各级尽快成立禁烟、禁毒委员会，一县应设立一所或数所戒烟所，政府卫生机构应配制戒烟药品。命令自本办法公布之日起，严禁种植鸦片，凡已种植之烟苗，一律全部铲除，改种农作物，严禁制造及贩运各类毒品，所存毒品须在 10 日之内上缴政府或公安机构。针对各地仍有开设烟馆的情况，勒令立即关闭，并没收烟馆的全部财产。办法还规定：“各省政府机关不得收购鸦片，亦不得允许用以抵缴公粮税款，在种烟过多而致形成灾荒地区，为照顾灾民生活起见，得呈中央财委会拨出一部分粮食酌予救济”，但灾民须先“交出相当数量的烟土，当众焚毁”。[②]

到 1950 年底，为深入开展禁烟斗争，西南区军政委员会又于 12 月 28 日公布了《西南区禁绝鸦片烟毒治罪暂行条例》15 条，有效地指导了各地民众的禁烟斗争。

在西南地区，四川是开展禁烟禁毒运动较早的省份。1950 年下半年各县已

---

① 石玉山：《建国初期的剿匪斗争》，《党史研究资料》，第 6 辑，四川人民出版社 1985 年版，第 696—711 页。

② 《西南军政委员会关于禁绝鸦片烟毒的实施办法》，1950 年 7 月 31 日。

开始全面禁烟。如峨嵋县经过清查，查出烟民 2 793 人，烟馆 85 家，烟土 4 197.17 两，烟具 501 件。此后政府针对仍有大量偷吸现象，继续严禁，到 1951 年又查出烟民 2 055 人，烟土 7 560 两，烟具 501 件。1952 年再查出烟土 135 两，烟具 108 件。在这三次清查中，共判处 6 名罪大恶极的大烟商死刑，判处 40 名烟商有期徒刑。经这三次严厉打击，为害百年的烟毒得以基本禁绝。[①] 四川各地，如曾是烟毒猖獗地的松潘、理番、茂县、靖化等县均在各级政府的努力下，于三年内基本实行了禁绝毒品的计划。在 20 世纪 50 年代初，这些地区在每年的国庆纪念日，均有不少地方集会，宣传禁烟，焚毁收缴的毒品和烟具等。

贵州地区是烟毒最严重的地区之一。省会贵阳人口不足 20 万，但吸食大烟或在家中备烟具待客的户数，占总户数的 60%—70%。市内烟馆公开接待瘾君子吸食，而且都在门首大书：闻香下马，知味停车。鸦片如香烟一样，是交际应酬的必需品。1950 年春，在贵州省各界人民代表会议上，代表们响应中央政府的号召，提出贵州禁毒，首先在烟毒最烈的省会开始。是年冬，在贵阳市军管会政治部主任石新安、省民政接管部主任谢鑫鹤和贵阳市市长秦天真等主持下，决定采取妥善措施，彻底禁绝烟毒。首先，大张旗鼓地发动宣传攻势。政府以各种形式宣传烟毒对国家、民族危害的罪恶历史，并且通过烟毒给民众带来危害的具体事例，使民众尤其是瘾君子们，认识禁烟禁毒的重要性和必要性。

同时还注意宣传共产党对禁烟禁毒的各项政策、法令，宣示政府的禁毒决心，劝导瘾君子自动戒绝，如继续种、贩、售、吸的，将视情节之轻重予以严惩。为此，还公审罪大恶极的大烟犯，筹办禁烟禁毒展览会，将所缴的 4 万两鸦片和吗啡、红丸、烟具等在河滨公园当众焚毁。宣传攻势发动后，贵阳市又在市区的 5 个区全部建立戒烟所。每所均配备医生、护士，一切药品均免费供应，各所收容的瘾君子多则 300—400 人，少则 100—200 人。由于政府狠狠打击了大烟的来源，断绝了毒品的来源，因此，大部分瘾民在家里自动戒绝。经过医务工作者的努力，戒烟取得很大成效，贵阳市内大部分瘾民先后均戒绝，相当部分的人在戒烟后身体健康，精神饱满，真心实意地感谢共产党，并现身说法，积极参与戒烟的宣传工作。街道、里弄为本段居民戒掉烟瘾后，敲锣打鼓地到戒烟者家中庆贺，显示了朝气蓬勃的社会新风尚。

为巩固戒毒成果，贵阳市政府在帮助瘾民戒烟后，按不同情况分别安排其工作，其中很多人娶妻生子，建立了幸福美满的家庭。经过一年余的努力，泛滥近百年的烟毒在贵阳市基本绝迹了。

---

① 何志愚、王成德：《峨嵋禁烟概况》，《峨嵋文史》，第 10 辑。

对少数民族地区的烟毒，政府采取特殊的政策，逐步禁烟。尤其西南地区，因较迟开展民主改革，禁烟也就较迟推行。四川的羌族地区，原来有些人对汉族干部心存怀疑和恐惧，经耐心工作，才日益融洽。共产党的领导在西南地区取得了巩固的地位后，西南地区自1952年起，开展了禁烟运动。[①] 四川甘孜州藏族，在抗战后也流行鸦片，但当地不种植罂粟，因此鸦片由云南输入。据记载：1955—1956年间，甘孜州藏族的喇嘛寺庙控制着当地的商业，兼做枪支、子弹、鸦片生意，他们经营的传统路线是到云南他朗地区，以每两大烟8元收进，接着运至理塘县以每两30元的价格卖出一部分，余下的除当地消费外，贩运到甘肃、青海，以每两50—60元卖出，往往可获利6倍以上。直到20世纪50年代末期，有些藏商仍从印度购运鸦片，但由于中华人民共和国各级政府持久不懈的禁烟工作，藏民中吸食大烟的也日益减少了。[②] 北方的鄂伦春族人在20世纪50年代初也多吸食大烟，据调查，"九一八"事变前，新鄂村全村有24人吸食大烟，抗战结束时增加到42人，而1953年仍有34人吸食大烟。[③] 到1953年，政府在鄂伦春族中发动禁毒后，才基本扫清了烟毒。[④]

然而，与全国相比，云南地区的少数民族区域的禁烟工作开展状况较为迟缓，原因恐怕主要是民族政策问题。云南怒江地区的怒族，新中国成立后很长一段时期，鸦片仍然流行，商品流通中鸦片仍占很大的比例。1954年，当地的9户商人尚囤积大烟12 800两，价值76 800元，占其总资财的20%。[⑤] 笔者在云南采访时，有一参加当年民主改革的汉族老人回忆，那时的怒江坝子，栽培罂粟尚较普遍，数十里的田野，阳春三月，罂花盛开，为平生所仅见。可见晚至20世纪50年代中期，怒族的鸦片烟毒尚未得到大规模的肃清。

云南勐海县布朗人在汉族恶霸的推动下，吸食鸦片也较普遍。1953年仍种植罂粟。[⑥] 云南的拉祜族在新中国成立前，种植罂粟相当普遍，直到新中国成立后仍有部分人种植。[⑦] 云南小凉山的彝族地区，至20世纪50年代上半期仍栽种罂粟，吸食大烟还是十分普遍。[⑧] 而佤族直到1957年还广植罂粟，玉和衙门仍发"烟课"，以及"买青烟"，所谓"买青烟"即向种罂粟户须付钱若干，待收得鸦片

---

① 《羌族调查材料》，第48页。
② 《四川省甘孜州藏族社会历史调查》，第295、296页。
③ 《鄂伦春族社会历史调查》，第2册，第93页。
④ 《鄂伦春族社会历史调查》，第2册，第305页。
⑤ 《怒族社会历史调查》，云南人民出版社1981年版，第94页。
⑥ 《布朗族社会历史调查》，云南人民出版社1982年版，第8页。
⑦ 《拉祜族社会历史调查》，第1册，第147页。
⑧ 《云南小凉山彝族社会历史调查》，云南人民出版社1984年版，第114页。

后再缴纳。烟农所得自然较少，一般 40 两左右只可得 12 元半开（云南地方铜钱名称），玉和衙门所得烟税相当可观。

西北地区也迅速发动禁毒斗争。1950 年，西北军政委员会制定了《西北区禁烟禁毒暂行办法》共 17 条。要求各县市以上的政府机构成立禁烟禁毒委员会，并对毒品的种运售吸等各个环节进行了规定，对少数民族地区的禁烟禁毒政府的态度相当慎重，要求有少数民族代表参加禁烟禁毒委员会，其聚居地区的禁烟禁毒工作由有关省（市）人民政府另订具体办法实施。1951 年，西北军政委员会又发布《关于切实注意进行没收烟毒的通知》，要求各地加强宣传教育，焚毁所缴之毒品。为贯彻中央政府和西北军政委员会的禁烟规定，西北各地掀起了禁烟高潮。西安市曾先后两次召开大会，焚毁所缴毒品。在强大的宣传攻势和严厉的法律贯彻下，西北为患甚重的烟毒，也得到了基本肃清。

1952 年全国禁毒运动 新中国成立两年半以来，各地虽遵照中央政府的指示，进行了不同规模的禁烟斗争，但至 1952 年春，各地仍存在一定的毒患残余，一些流氓、地痞、国民党特务警宪、地主恶霸等仍在利用地下贩毒网进行贩毒。他们建立大规模的贩毒路线和推销网，沿途设站，专人交接，并用暗语联络。另外，这些犯罪集团还拉拢腐蚀国家干部作掩护，如华东、华北、中南及东北地区，查明的毒犯中属国家工作人员的即占 10.9%（绝大多数为留用人员）。

针对上述情况，1952 年 4 月，中共中央决心在下半年发动一场全国规模的禁毒运动，以便将残存而又顽固的毒犯彻底肃清，以防止毒患死灰复燃。6 月 10 日，中共中央责成公安部主要负责，其他部门加以配合；由彭真定期召开公安、铁道、交通、邮电、海关、内务、卫生、法院、监委等部门会议汇报情况，并处理有关事务。7 月 30 日，中央批准了公安部的《关于开展全国规模的禁毒运动的报告》。

该报告对禁毒运动作了部署：一、目前运动主要集中力量在城镇进行，农村暂时不动。二、运动分为三期，第一期为“大破案”，即先逮捕、审讯一批有证据有价值的毒犯；第二期为“继续深入和铺开其他重点”；第三期为“追捕漏网毒犯和处理结束工作”。三、大举破案后，须迅速召开群众大会，向群众宣讲禁毒运动的政策和意义，动员民众积极参加，与毒犯作斗争。四、在禁毒运动中，各省市之间可直接交换材料和联合缉毒；各大行政区和省市应每 5 天向公安部汇报一次情况。关于惩治毒犯方面，报告制定了具体的政策，并要求对单纯的吸毒者，除号召他们检举毒犯外，暂不要忙于过问，亦不要求登记。①

① 武力：《建国初期：世界禁毒史上的奇迹》，载喻晓东、李云东编：《大禁毒》，团结出版社 1993 年版，第 237 页。

1952年8月10日，根据中央政府的部署，全国1 202个禁毒重点部门和地区同时进入第一期破案行动，禁毒运动由此展开。在50天的时间里，全国共查出毒犯近37万人，其中被逮捕者达82 056人，占毒犯总数的22%，在已经处理的51 627名被逮捕的毒犯中，处决880名（占被逮捕人数的5%），判刑33 786人，劳改2 138人，管制6 843人，释放3 534人，未报分类统计的4 337人。同时，还缴获毒品折合鸦片为400万两，以及大批的制造、贩运、吸食毒品的工具。接着又展开第二、三期，到11月底，禁毒运动胜利结束。1952年的禁毒运动共召开各种宣传会议765 428次，直接接受教育的人数7 500人，全国共收到群众检举信131万件，共检举毒犯22万余名。在运动中向公安机关坦白悔过并登记的毒犯达345 463名。城镇禁毒运动接近尾声时，政府又开展了农村的禁毒运动。

据统计，1949年至1953年，中国各地人民法院共判处毒品案22万件，依法惩办了8万多名制贩毒品的罪犯。其中罪大恶极的800余名罪犯被处以死刑。[①]与此同时，还采取强制自戒的办法，使2 000万吸毒者戒除了恶习。

新中国禁毒成功的原因　中国的禁烟史几乎与鸦片的泛滥同步，但在200余年间，历届政府虽时有禁烟举措，但烟毒却屡禁不止、禁而不绝，且危害日深。究其主要原因，其一，在新中国未成立之前，旧中国的历届政府，尤其是清至民国前期，处于国际殖民性资本主义列强的重压或控制之下，无法真正独立地行使主权，平等地与他国相处，致使20世纪国际禁毒运动开始，毒品走私从高峰跌入谷底后，受某些利欲熏心的列强政府暗中支持，走私毒品仍得以绵延不绝地进入中国境内，毒品之源无法塞绝。其二，中国政府从维持集团统治角度出发，始终不肯放弃从毒品中得到的经济利益，总是从“税烟”一途侈言“禁烟”，结果烟越禁越多，毒越禁越烈。其三，从整个的发展过程来看，清末开始中国即处于分裂状态，中央政府无法在一个较长时期内有效地控制地方，彻底地贯彻其禁烟意图，即使是国际环境好转而政府又有绝大决心禁烟，一旦面对因内乱而失控的局面，只能束手无策，前功尽弃。其四，统治阶层已腐朽到了极点，烟毒曾经给他们带来了数之不尽的好处，要他们向自己开刀，牺牲一己的利益而保全民族，是绝对不可能的事，于是，无数的严刑峻法经过他们之手，无不化为沉甸甸的金银财宝，而烟毒依旧。其五，由于上行下效，一般的民众始终对毒品（尤其是鸦片）的认识有偏差，无法真正理解禁毒的重大意义，反而在贫苦无告的生活中，把吸毒当作了一种聊以解愁的娱乐活动；而在山区农村，相当部分走投无路的农民，更是把种烟

---

① 欧阳涛、陈泽宪：《毒品犯罪及对策》，第187页。

当作了生存的救星。所以，作为禁绝毒品的主要内容——戒种戒吸，缺乏广泛的呼应，禁毒运动自然难以持久与彻底。

而新中国成立以后，一切都从根本上得到了改观。

新中国结束了内外混战百余年的历史，建立了完全独立自主的、统一的政权。新生的人民政府以工人与农民——占全国绝大多数人口的民众为自己的统治基础，的确与整个民族同呼吸、共命运。共产党没有集团的利益，只有民族与国家的利益。换言之，民族的利益与政党的利益是一致的。对于为害惨烈、陷民众于深重苦难的毒祸，政府决心无论花多大的代价，也要坚决地把它铲除。因此，在新中国成立伊始，百废待兴的情况下，政府即在全国范围内，开展了轰轰烈烈的禁毒运动。具体说来，采取了以下几条基本的措施，从而保证了禁毒的成功。

第一，建立强有力的具有禁毒职能的地方基层政权。新中国成立初期，各地在彻底摧毁旧政权的基础上，首先建立了过渡性的政权——军事管制委员会。而军管会的职能之一，便是没收一切隐藏在民间的反革命分子的武器及毒品等违禁品。而且，根据1950年颁布的《关于严禁鸦片烟毒的通令》，各县市均成立专门的禁烟禁毒委员会；在环境逐步安定后，又在这一基础上，通过选举，产生了各级人民政府。基层组织的稳定过渡，保证了禁烟禁毒政策贯彻的连续性。据统计，到1951年9月，各地已建立2 087个县人民政府，以及数十万个乡人民政府。这些由共产党员直接领导的基层组织有效地控制了地方，中央政府在数年间一步深一步的禁烟禁毒政策，都是通过县乡政府的积极操作取得了极好的效果，这在行政上保证了禁烟禁毒运动的成功。

第二，制定了严密周全的法律。对待吸毒及种毒人员，既有严刑峻法，又有区别对待的政策；而对制毒贩毒者，则予以坚决打击，毫不留情。

中央政府于1950年、1952年分别制定了《政务院关于禁绝鸦片烟毒的通令》与《中华人民共和国惩治毒犯条例》；地方政府则有《西南军政委员会关于禁绝鸦片烟毒的实施办法》《西北军政委员会关于禁绝鸦片烟毒的实施办法》《华北区禁烟禁毒暂行办法》《东北区禁烟禁毒贯彻实施办法》等禁烟禁毒的地区性法令，这些法令针对本地区的具体情况，详细地规定了禁烟禁毒中各种情况的处理办法，考虑得极为周全，如《西南区禁绝鸦片烟毒治罪暂行条例》中的第九条规定："各药商所出卖可资制造白面、金丹、唆唆、吗啡或其他类似之毒品原料存货（例如非那西汀、氯化乙胺、氯化亚、退热冰、咖啡因、乳糖、氢氧化锌、氢氧化钠、醋酸钠，及其他醋酸盐类），应向当地卫生主管机关办理登记取得凭照后，方准出售，凡购上项药品超过250克以上者，须备专簿载明购者姓名、居处、数量、用途，以供随时检查，违者得按情节轻重，处三年以下徒刑，或科以罚金。”区分到如此精密的程度，是从清末经民国以来历届政府的各类禁毒条例中所仅见的，它无疑地提高了依法量刑的科学性。在其他方面，各类法令法规也十分注意“教育面大，打击面小”，使严刑峻法针对怙恶不悛者，比较符合当时染烟毒民众的特殊情况，如对种植鸦片烟的农民，一般只要接受铲除，只给以训诫及少量罚金即可，但如是惑众种烟、聚众抗铲的首犯，则判以死刑。少数民族地区，除选少数民族成员参加禁烟委员会外，还根据少数民族的习惯另订规则。如政务院在其禁毒通令中，就明确规定：“在某些少数民族地区，如有种大烟者，应斟酌当地实际情况，采取慎重措施，有步骤地进行禁种。”西北地区的《禁烟禁毒暂行办法》之第 15 条也有“少数民族聚居地区的禁烟禁毒工作，由有关省（市）人民政府另订具体办法”，以保证禁烟禁毒工作的顺利进行。对于吸毒人员，更是劝戒与强制双管齐下，在戒烟限期之内，政府以宣传、动员的方法劝其戒除，逾期者或戒后复吸者，则采取集中管制劳动改造，或强制送入戒烟所强制戒瘾，如系贫苦人员，伙食医费由政府补贴。

各级政府设立了大量戒烟所，让毒品瘾者能进入所内，彻底戒除。在三年期间，全国有数十万吸毒者戒除了毒瘾，成为健康的公民，他们参加了工作，精神愉快地为国家和民众努力，并生儿育女，建立了美满的家庭。社会风气有了根本的好转，人们普遍称赞道：“旧社会把人变成了鬼，新社会把鬼变成了人。”

一些旧时代过来的名人或难以割舍，或体弱多病，对一些吸食鸦片年代已久，身体羸弱而又知名度较高的人士，政府采取了特殊的政策，允许他们在一定的时期或在一定的范围内吸食鸦片。北京民政部门还对个别名人按时配给鸦片烟膏，并免费供应。也有些染有芙蓉癖的著名人士断然戒烟，跟上时代的步伐。如“云南王”龙云长年独钟情于云南麻栗坝出产的绝品烟膏，其烟瘾至少也有半个世纪的历史了。1949 年秋，受蒋介石排挤，蛰居香港，中共即派人敦劝龙云与国民党决裂，早日北上，以免遭不测。龙云回电：“因病未克就道。”[①]这病就是芙蓉之癖。龙云此时下决心不把中共坚决主张铲除的恶习带往新中国。闻知此事中共特派代表诚劝垂暮之年的龙云，到北京后再慢慢戒除；如戒除不易，也决不勉强。但龙云决心已定，他请一孙姓良医配方调理，每过 4 小时服药一次，仅一个多月即告成功。他曾自述道：“自戒烟日起，已月余之久，除开始之一二日，感觉不适外，以后则陆续减轻，不甚痛苦，与往年疾病大小相同。自戒断后，精神与旧日大异，七时以后，不再睡眠；九时即行起床，日间精神，自晨至夜，毫无疲倦。

① 转引自江南：《龙云传》，中国友谊出版公司 1989 年版，第 166 页。

饮食虽未大量增加，但体重较事先陆续增进。最显著者，气色与往昔大异，就以两手而言，以前焦枯皮皱，今则油润而□□，为戒断后之一大进步也。”[①]这位与鸦片关系密切的老人以实际行动告别了旧时代，于1950年1月离港北上，开始了新的旅程。

第三，发动强大的宣传攻势，教育广大民众自觉行动，禁绝烟毒。

禁烟禁毒归根到底是一场民众自救运动，如果不能提高民众对烟毒的认识而不配合禁种禁贩禁吸的话，“禁绝”二字只是纸上谈兵而已。因此，中央及各级政府要求政府公职人员在宣传禁毒、提高人民觉悟方面花大力气，如《西北区禁烟禁毒暂行办法》第三条说：“各级人民政府应深入宣传禁烟禁毒法令，发动群众，订立公约，互相规劝、监督，以造成群众性的禁烟禁毒运动，彻底禁绝烟毒。”西南区禁毒《实施办法》也有“各级人民政府应协同人民团体进行广泛的禁烟禁毒宣传，一切科学文化教育机关亦应进行广泛的宣传教育工作，以使人民充分切实了解，而达彻底禁毒之目的”的内容。所以当时各地的宣传禁烟的展览、销烟大会、民众控诉烟毒大会如春潮汹涌，滚滚不断。各区域均规定凡收缴烟土，除转解上级处理外，应定期当众予以销毁，以宣示政府的决心，广泛教育民众；一些城市县乡对戒绝烟瘾的人员敲锣打鼓地欢迎道喜，让他们现身说法，以提高民众“改做新人”的光荣感。所有这些宣传、教育、鼓动工作，均取得了民众广泛的心理共鸣，人们相信政府，感谢共产党真心实意地帮助陷入毒渊的人告别过去、站起来重新做人，这使得新中国的禁烟禁毒运动得以声势浩大地进行并能持续到底。

第四，发展农业由政府贷给种子，帮助烟农以油菜、玉米、小麦来代替罂粟的种植，从而解决了烟农的生计，使禁烟能在一个切实可行的基础上进行。在西南、西北以及其他地区，昔日数以千万亩计的罂粟地种上了各种粮食和经济作物。

第五，在解决禁烟问题的同时，中央政府扫除了地方残余的国民党势力——亦即原存的大小军阀部队。如前所述，烟毒与军阀本是一对不可分割的孪生兄弟，地方武装势力一日不除，作为其生活来源的鸦片就一日不得禁绝。中央政府在三年时间里，抽调百万人马将军阀、帮会武装彻底扫除净尽；另一项了不起的工作，即是将寄生于都市中的毒瘤——反动会道门、帮会流氓势力肃清，使毒品的生产、流通丧失了引进者、保护者，原先贯通整个中国的四通八达的黑色网络，至此被拦腰斩断，毒品的巢穴彻底倾覆。这是禁烟禁毒工作得以顺利进行的重

① 《龙云致龙蝇文家书》，转引自江南：《龙云传》，第167页。

要保证。

在新生的共产党政权廉洁、严明的行政作风中，在严厉的法律措施与强大的宣传攻势面前，数千万烟民脱胎换骨，百余年毒雾弥漫不散的中国社会，竟在数年间得以澄清。这一变化，令世界各国瞠目结舌，叹为奇迹。

1953年，中国政府向世界庄严宣告：中华人民共和国为“无毒国”。这是中华人民共和国发展史上极为辉煌灿烂的一页。

第十三章　港台金三角的毒况

1949年后，中国大陆实行严厉的禁毒政策，完全改变了此前海内外毒品传输便利的状态。随着一些帮会、黑社会势力从上海、广州等移居港澳台，港澳台地区逐渐成为毒品的生产和流通中心，尤其是以海洛因(前期)、合成类毒品为中心，发展迅猛，成为亚洲的毒品中心。而在金三角地区，在国民党残军的经营下，异军突起，成为罂粟种植和鸦片、吗啡、海洛因的中心产区，其毒品输运到世界各地。

第一节　香港：世界毒品中转站

战后香港的黑社会　第二次世界大战结束后，香港的黑社会组织再度发展，老牌的黑社会恢复元气，而新产生的黑帮也日益壮大。20世纪40年代末，成员500人以上的黑社会组织有和安东、和胜和、和利和、和洪胜、和义堂、和胜堂、和勇义、和合图、和义和、同新和、联英社、单义、粤东等。20世纪50年代又出现了14K、敬义、马交仔、青帮等集团。潮州人的帮会组织有福义兴、新义安等。由粤帮人士集合起来的“同乐”，成立于20世纪60年代，其成员多是由东南亚各地到香港谋生的青年。“义群”则是潮州籍的职业司机的帮会组织。20世纪70年代后，随着内地偷渡到港人数的增加，形成了“大圈帮”。“大圈”原是帮会黑话，黑道称“城”为“圈”，内地偷渡者初多为广州人，老香港多有称广州为“大城”者，故而得名。大圈帮因无技谋生，故多从事贩毒、凶杀、抢劫等犯罪活动。

香港黑社会成员共计19万人以上，规模较大的有和胜堂(成员为5 500人)、和义堂(5 000人)、和安乐(3万人)、和胜和(1.7万人)、单义(1万人)、同新和(5 000人)、福义兴(2万人)、新义安(1.5万人)、联英社(7 000人)等。[①] 其时，青帮也曾企图在香港扎根。1949年4月，当共产党和解放军进入上海之时，

① 参见《百姓半月刊》采访组：《香港档案》，香港百姓出版社版；章盛：《香港黑社会真相》，香港天地图书有限公司1981年版。

杜月笙带着亲信离沪赴港，而长期以制毒贩毒为业的潮州帮，也来到了香港。年老体衰的杜月笙在香港并不如意，1951年8月杜归西后，青帮势力在香港连遭打击。其后青帮中辈分最高者为上海来的李裁法，李正当壮年，手段也八面玲珑，拥有不少徒众。李裁法企图东山再起，1951年初，他定于在跑马地举行青帮“开坛盛典”，不料遭警方干预而被迫取消。此后，李裁法转入地下，秘密收徒纳众，扩展实力。但无奈广东人对青帮了解甚少，并无兴趣。为争夺地盘，李裁法率部与“陀地”帮对垒斗殴，结果大伤元气，终于猛虎不敌地头蛇而偃旗息鼓。

黑社会大多从事贩毒。李裁法就曾将从鸦片中提炼吗啡的技术带到了香港。黑道曾出现大毒枭，如跛豪夫妇为新义安的大阿哥，号称“毒玫瑰”的陈燕卿及其保镖陈军堡是敬义的首领，马惜如、马惜珍兄弟为福义兴的头目，沙尘超则是“水房”的中坚分子。而其中能量最大的是拥有8万徒众的14K。

14K的贩毒经历　14K原是国民党组织的地下外围机构。1949年春，解放军挥师南下，国民党在华南的统治已岌岌可危，国民党军统局局长毛人凤为部署后备力量，密令第二处联络洪门头目葛绍煌，以广西一洪门山头为基础，设立“洪发山”，重建内八堂。其总部门牌为广州西关宝华路14号。这个新山头即称14K，K为KARAT的缩写，取其纯正坚硬之意。1950年，葛绍煌率领各堂香主及骨干到香港。他以洪门正统自居，将洪门历史上的“反清复明”改为“反共复国”，后带心腹跑到台湾效忠去了。于是剩下的徒众便成了香港14K的开堂元凶。

14K为在香港发展，曾与当地黑社会进行了30余次大火并，终于在黑道上占有了一席之地。此后，14K便开始招兵买马，势力迅速扩大，到20世纪60年代已有8万成员(包括“挂篮灯笼”者在内，即未履行香堂手续，仅获得某头目承认为门下弟子者)。到20世纪70年代它又向境外发展，很快成了澳门最有势力的帮派组织。

14K分为六个“堆”：忠、孝、仁、勇、毅、义。其招牌诀为：“龙飞凤舞振家声，招牌一出动天庭，K金14为标记，誓保中华享太平。”初代香主是陈仲英，后由欧标继任。20世纪50年代在台湾国民党的支持下，为非作歹，曾制造如1956年“港九大暴动”等暴行。14K的许多新辈虽然还扛着洪门字号，使用帮会制度，但以往“重江湖规矩”的传统却被排除，取而代之的是不择手段聚钱谋利。于是，贩毒逐渐成为14K的中心活动。

由于香港的毒业已被“潮州帮”控制，14K便转向海外发展，与台湾黑帮携手合作，共同谋求国际贩毒市场。他们首先派人到泰国，与金三角贩毒集团取得联系。然后从曼谷走私海洛因入境。14K着力开拓海外市场，荷兰便是其选定的一大基地。他们把金三角的海洛因运入荷兰的阿姆斯特丹，然后走私到德国、法国、比利时和丹麦等国。在整个欧洲的毒品市场中，14K等香港黑帮组织已经可与当地的黑手党分庭抗礼。1971年到1975年间，荷兰的海洛因市场甚至几乎全由14K包办。此间的头领是一般姓华人，后被黑帮暗杀；接着，14K派一首领接替，但又遭刺杀。此后14K在荷兰一蹶不振，其地位被新加坡的华人三合会替代。14K转而在鹿特丹和海牙发展，直到20世纪80年代他们才又收复失地，再度占据过去的毒品市场。

潮州帮药剂师 潮州帮是支撑中国近代鸦片业的主要支柱之一，他们垄断鸦片业近百年，即使是在杜月笙的时代，也独占一席。而当代海洛因的兴盛与泛滥，说起来仍与潮州帮药剂师有千丝万缕的关联。

抗战前后，以上海为中心的潮州帮鸦片商已开始生产海洛因，他们不仅控制了中国的海洛因市场，而且，还将产品推向了世界各地，如美国已是中国海洛因的一个重要市场。国民党势力退出大陆时，在上海的潮州帮毒品商人也纷纷南下到了香港。潮州帮的鸦片商很快在此地获得了新生：一方面，香港有无数的潮州人，上海潮州帮很快与这些地头蛇融为一体；另一方面，香港这个亚洲的贸易港商业繁荣、车水马龙，毒品的需要量极大，于是他们再操旧业，依靠雄厚的资金，更依靠高超的制毒技术，在香港的鸦片业站稳了脚跟。同时，着手恢复制造海洛因，到20世纪60年代，潮州帮生产的2号、3号海洛因不仅在香港，而且在东南亚的瘾君子里赢得了声誉。他们遂与帮会合作，打入了泰国，在曼谷附近建起了海洛因工厂，生产3号海洛因，逐渐控制了曼谷的鸦片和海洛因市场。越南战争时期，香港的海洛因是美军士兵最向往的“神品”。

20世纪60年代起，金三角毒品王国渐成雏型，国民党残军、毒品王国的超级人物罗星汉及后来的昆沙，均邀请香港的潮州帮药剂师到金三角试制并生产海洛因。金三角丰收的罂粟、强大的贩毒集团的武装，再加上潮州帮药剂师精湛的技艺，使金三角的海洛因品质飞速提高，到20世纪60年代后期，纯度达到90%以上的4号海洛因也应运而生。从此，金三角的海洛因远销欧美，那时，4号海洛因的主顾几乎都是欧美人。[①] 潮州帮药剂师因与金三角毒枭联合而另辟新径，但其在香港的老巢遭到警方的无情打击。香港自设立廉政公署后，向黑恶势力发动进攻，一举摧毁了高级警官中的毒枭包庇网，从此潮州帮一蹶不振，毒品贩运业遂转移至14K等新生代黑帮的手中。

世界最大的海洛因实验室 20世纪40—50年代的香港，鸦片流行。后来

---

① 阿尔弗雷德·W.麦考、卡瑟琳·B.丽德：《海洛因内幕》，第152—156页。

警方展开禁毒，有浓重气味的鸦片烟膏常常被警犬所发现。于是，瘾君子们转向了吗啡和海洛因，从而刺激了香港的海洛因生产，战后的香港也因之替代上海成为海洛因的毒窟。

此时的香港早已成为著名的国际毒品中转站。世界各国的毒枭均企图打入香港，人类所有的毒品品种几乎都可在香港找到。

秘密贩入香港的海洛因来源于金三角。20 世纪 80 年代由于金三角罂粟丰收，因此大量的海洛因原料走私到香港。以 1986 年香港查获的海洛因案件来看，仅秘密加工厂就破获 9 座，缴获海洛因原料 67 公斤和 3 号海洛因 322 公斤。1989 年 6 月 23 日，香港地区警方联合泰国警方，成功地破获一起自泰国偷运毒品来港的大案，查获 4 号海洛因 396 公斤。

泰国向香港地区贩毒的手法多样，但贩运途径主要分为海路和空路。海路是将毒品藏匿于货柜，如家具、冰柜、雕像内，由货轮运往香港，或直接销往各地；有些也靠渔船运出，曾使用拖网渔船，大规模贩毒。而空路主要靠观光客托带、夹带，虽一次所带有限，但人海战术，积聚起来的数量便十分可观了。

大麻则主要来自菲律宾和泰国。1985 年香港缉获的大麻树脂为 167 公斤，1986 年是 92 公斤。其中的大麻叶来自菲律宾和泰国，大麻树脂和大麻油则来自尼泊尔。1990 年 7 月 12 日，又破获一起香港开埠以来最大的大麻走私案，缴获大麻 980 公斤。

此后，南美的毒枭也打入了香港，企图在这个世界最繁忙的毒品中转站立足。1993 年港警在沙田破获一个国际贩毒集团，毒枭配备了自动步枪，警方从一持有秘鲁护照的男子处查获可卡因 11.5 公斤，价值 1 300 万港元。这是香港查获的最大的可卡因案。①

其他毒品也时有发现，如滥用安眠酮也是香港较突出的社会问题。1986 年收缴的安眠酮粉有 34 公斤，片剂达 27 万粒以上。② 此外，国际贩毒分子还将香港作为安非他明的中转站，向日本、美国等地走私安非他明。20 世纪 90 年代起，“冰毒”也侵入香港，1994 年 8 月，香港警方破获了世界第二大“冰毒”案，缴获原拟运往日本的“冰毒”100 公斤。

毒品的优厚利润，驱使一代代亡命之徒加入贩毒队伍。从泰国贩鸦片到港零售，一般即可获得十余倍的暴利（表 13－1）。

---

① 《解放日报》，1993 年 10 月 4 日。

② 《解放日报》，1993 年 10 月 4 日。

表 13 - 1　中国香港、泰国两地 1 公斤鸦片价格比较　（单位：港币）

地区＼年月	1981 年 1 月	1981 年 6 月	1982 年 1 月	1982 年 6 月
中国香港	19 800	18 550	14 600	15 500
泰　　国	1 600	930	675	330

资料来源：香港海关资料，转引自《香港档案》，第 161 页。

贩毒组织有着高效率的零售网络。在 20 世纪 70 年代，他们就已使用 BP 机呼叫系统，后来这一方法被手机替代。贩毒者为安全起见，常临时通知顾客，顾客接到通知后按其指示提货。有时也利用邮递员，把毒品直接送到顾客手里。顾客多时，贩毒者还利用电影院进行交货。当他们收到货款和订货单后，便将电影票分赠顾客，待顾客按号入座，电影开场后，他们就会把毒品送到顾客手上。总之，零售的方法随时会变化更新。

毒品瘾者群　20 世纪 90 年代前，在香港的 400 多万人中，吸毒者约有 10 万人，所占比例居世界首位。多数吸毒者是地位低下的劳工阶层，他们住在狭窄拥挤的贫民窟里，繁重的工作、单调的生活，使他们很容易与毒品亲近。在旧式屋村里，人口稠密，如荃湾的大窝口和石篱，东九龙的慈云山、黄大仙和观塘等地，均是底层体力劳动者的集居地。那里老年和壮年人吸毒状况严重。毒品泛滥时，在慈云山、黄大仙的茶档、公园等处，都是毒贩与吸毒者出没的地方，甚至有人公开叫卖毒品。

在战前，香港的吸毒者几乎全部是抽鸦片的，而警方的长期禁烟，却意外的将多数吸毒者赶入海洛因的怀抱。到 1971 年时，使用海洛因的人占吸毒者总数的 80%—90%。香港的吸毒者初使用 3 号海洛因，方法是“追龙”“吹口琴”和“放高射炮”。将几粒 3 号海洛因放在一块铝箔上，点燃火柴，当海洛因粒熔化散发出烟气时，使用一纸筒吸烟的即“追龙”，若用火柴盒盖吸的称“吹口琴”，将海洛因粉末放入香烟内吸食，叫“放高射炮”。

值得注意的是，香港青少年吸毒现象日趋严重（表 13 - 2），尤其是小学五六年级以上的学生。他们吸毒的原因，有的是出于好奇心，自认不会上瘾，结果坠入毒窟而难以自拔；有的是帮会引诱青少年吸毒，上瘾后便被控制利用。

表 13 - 2　1977—1982 年香港吸毒者年龄分布　（单位：人）

年龄＼年份	1977	1978	1979	1980	1981	1982
15 岁以下	7	10	17	14	33	16
15—19 岁	497	377	351	373	694	397

续 表

年龄＼年份	1977	1978	1979	1980	1981	1982
20—24 岁	2 705	2 550	2 141	1 786	1 858	1 117
25—29 岁	3 245	3 407	3 271	3 008	3 246	2 050
30—39 岁	2 890	3 044	3 228	3 206	3 655	2 702
40—49 岁	3 425	3 018	2 660	2 101	2 232	1 347
50 岁以上	4 927	4 443	3 758	2 705	3 324	1 970

资料来源：香港布政司署禁毒处档案，转引自《香港档案》，第 165 页。

此后，在香港青少年的犯罪中，贩毒吸毒高居第一位。1994 年在香港新增加的 4 000 余吸毒者里，21 岁以下者就有 2 000 多人。而且，年龄继续下降，最小的仅 7 岁。①

第二节　台湾的毒况与戒毒

台湾黑社会的概况　抗战结束后，台北市已出现黑社会的萌芽。到 20 世纪 50 年代，台北的黑社会开始逐渐向各地扩散，他们霸占地头，为非作歹。到 60 年代，随着台湾经济的起飞，对外开放的加强，文化娱乐事业及旅游业的飞速发展，台湾的黑社会也进一步扩展。他们经营烟、赌、娼等，并聚敛起大量的金银财富。70 年代，是台湾黑社会成为严重社会问题的时代。台湾当局为制止黑帮势力的蔓延，自 1973 年起，曾多次发动扫黑行动(表 13 - 3)。

表 13 - 3　台湾三次扫黑行动概况

次序	年份	自动登记解散的黑帮组织(个)	自动登记解散的黑帮成员(人)
1	1973	568	3 334
2	1978	189	961
3	1984	651	3 000 余

资料来源：《台湾发动扫黑行动》，香港《华人》月刊第 11 期，1984 年 12 月版。

---

① 《法制日报》，1995 年 6 月 12 日。

然而，黑帮组织并没有被消灭，相反，“这不过是表面文章，迄今黑社会组织不但没有削弱，且有愈益猖狂之势”①。

20 世纪 80 年代，黑社会组织几乎遍及台湾岛的各个角落，其中以台北市最多(表 13 - 4)。

表 13 - 4　台湾黑社会组织概况

地　区	黑社会组织名称
台北市	竹联帮、四海帮、厦门帮、飞鹰帮、芳明馆帮、一百间帮等
台中市	大湖帮、十五神虎帮、第一市场帮、公馆十三帮、十五兄弟帮等
高雄市	七贤帮、西北帮、后衙帮、沙仔帮、城中城、沙地帮等
台北县	天台帮、长泰帮等
新竹县	三光帮、风飞砂帮、农会口帮、院口帮、三环帮等
高雄县	新庄仔帮、龙凤阁帮等
屏东县	大埔帮、大同帮、潮洲帮、公馆帮等
台南县	血龙量帮、天马派帮等
彰化县	联英帮、公园帮、西北帮等

资料来源：茅家崎主编：《台湾三十年》，河南人民出版社 1988 年版；
池宗宪：《夜壶——台湾黑社会真相》，华艺出版社 1987 年版。

此外，大陆原有的秘密结社青红帮在台湾也有一定的势力。红帮至少有五圣山、南华山、中华山、九龙山等 15 个山头，其分布范围较广，活动也非常频繁。青帮分子尽管人数不多，但能量很大，主要是杜月笙的恒社子弟，如陆京士、潘士浩是国民党的“立法委员”，王兆槐、万墨林是台湾的“国大代表”，朱士刚是商业巨子。恒社子弟此后保持着阴历正月初五在台北市中山堂聚会团拜的习俗。

台湾黑社会组织大多模仿传统帮会，使用暗语和手势，内部等级森严，设有残酷的刑罚。他们从事的各种犯罪活动主要有：围标大工程、凶杀、绑架、偷运军火、破门抢劫、放高利贷、敲诈勒索、开设妓院、结伙为盗、操纵地下经济、扰乱市场、勾结外国黑社会等。尤其是 20 世纪 90 年代，黑社会组织的政治化倾向十分引人注目，他们以雄厚的财力干预政治，左右舆论宣传和选举，在 1994 年全岛选出的 800 个县市议员中，与黑社会组织有关的就达 300 余人。在南台湾的高雄市、台南县、屏东县、云林县和嘉义县等地，从最基层的乡民代表、乡镇长、代表

① 朱江、达业：《台湾黑社会组织及其危害》，福建社会科学院东亚研究所编：《台湾与东亚》，1984 年第 2 期。

会主席等，到县市议会，几乎全被黑道所控制。20 世纪 70 年代，台湾民谚就有“白天是国民党的天下，晚上是黑社会的天下”之谓，而 90 年代，有许多地方连白天也已是黑社会的天下了。很多政客，亦以结交愈多的黑道人物为荣。这场被岛内人称作是“黑色革命”的旋风，仍在扩大之中。具有黑道背景的议员们正在全省范围合作，串联交往，与国民党、民进党展开争夺台湾未来之战，90 年代以来有所衰弱。

而贩毒便是黑社会的垄断性的传统行当之一。

发展中的毒品业　自国民党对台湾实行统治时起，台湾社会的毒品犯罪问题就一直存在。伴随着社会经济的迅速发展，个人收入的日益增加，道德伦理观念的淡薄，享受之风大盛其行，加上台湾岛内外黑社会力量的膨胀及大肆从事毒品业，使得台湾的毒品泛滥，并日趋严重和猖獗，已名副其实地成为令民众忧心忡忡、令当局十分头痛的严重社会问题和突出的犯罪问题，也成为台湾潜在的一大社会危机，以至有人惊呼台湾成了“被毒品麻醉”的社会。

台湾毒业经过了 40 年的演进、发展过程。20 世纪 50—60 年代是毒品犯罪的起步阶段。据台湾司法当局的统计，警方在 1955—1964 年共破获毒品犯罪案 5 769 件，查获人犯 6 345 人，其中吸毒案件 4 895 件，人犯 5 178 人，贩毒案件 874 件，人犯 1 167 人。十年间，各地检控机构侦查受理的毒品犯罪案件的人犯为 10 806 人，侦查终结后起诉 8 846 人，台湾各地法院同期受理毒品案件 7 010 件，其中定罪判刑 6 365 人。①

20 世纪 70 年代以后，尤其是 80 年代中期以来，台湾的毒品犯罪和吸毒人数急剧增加。据台湾司法当局的统计，1985—1989 年的 5 年间，检控机构办理终结的毒品案件共 6 499 件，其中起诉 5 631 件；人犯达 9 225 人，其中起诉的为 7 791 人，已大大超过 20 世纪 50—60 年代的数字。其中，尤其是 1989 年，共办理毒案及起诉人犯分别为 2 198 件和 2 873 人，比前一年增加 1 378 件和 1 533 人。据估计 20 世纪 90 年代台湾的瘾君子共有 5 万人。

另外，毒品犯罪的地区分布也在逐渐扩大。20 世纪 50—60 年代，毒品犯罪主要集中在台北市，约占毒品犯罪案件和人犯的 68.7%和 63.7%，而在澎湖县、台东县、云林县、花莲县、高雄市等地，均有 5 年甚至 9 年未发现毒品案件的记录。但进入 20 世纪 80 年代后，那种在城市和县中，一年乃至数年没有毒品犯罪案件的情况一去不复返了。此后之台湾，已很难找到没有发生过毒品犯罪的净土了。

---

① 台湾“司法行政部”犯罪问题研究中心编印：《烟毒犯罪问题研究》，第 39—95 页。

从安非他明的基地到“冰毒”的畅销地 安非他明又称苯丙胺，第二次世界大战时是日本制造的主要毒品。后其制造技术流入韩国，韩国一度曾为世界最大的安非他明生产基地。后韩国意识到毒品犯罪的严重危害，定下严刑重法，严格稽查此种毒品。而在台湾地区，制造、销售安非他明的处罚，较之鸦片、海洛因等案件的处罚要轻得多；加之在台湾地区制造安非他明的原料相当便宜，制成后在台湾当地销售，利润就在 10 倍以上，如贩至日本、韩国等地，利润可达 50 倍到 100 倍。于是，安非他明的生产又由国际黑社会组织的中介，从韩国转移至台湾地区。

日本、韩国的黑社会组织将制毒工厂转移到台湾地区后，当地的毒枭也纷纷改营安非他明。一时，台湾地区的安非他明生产十分红火，台湾成了安非他明的主要产地，世界各地的毒品贩子们纷至沓来。1985 年 5 月 2 日，日本前首相中曾根康弘在联邦德国的西方七国首脑会议时指称，日本的“麻药”(即毒品)来自中国台湾。1986 年到 1990 年间，被日本警方查获的安非他明中，几乎有 80%是来自中国台湾。[①] 其中，如 1988 年 3 月 25 日，台湾地区警方与日本警方合作，破获一起 6 人贩运毒品大案，案犯曾先后向日本走私安非他明 500 公斤。

安非他命的生产一直延续到 20 世纪 90 年代，台湾警方还曾在中南部地区相继查获一批制造安非他明的地下工厂，然而，安非他明的供应量有增无减。[②] 台湾的新闻媒介也曾指出：“目前台湾在毒品市场的地位，已从原先的‘中继站’的位置，提升到‘生产国’的层次了。”[③]据统计，1990 年查获安非他明案件 2 271 件，人犯 3 747 名，缴获安非他明 1 101 公斤。[④] 1992 年，台湾共查获安非他明案件 16 054 件，至 1993 年 11 月止，又查获 26 428 件。[⑤]

“冰”(甲基苯丙胺)在 20 世纪 80 年代中期才行销各地，但不久便在台湾得到众多吸毒者的青睐而日趋盛行。1990 年，因使用或藏有“冰毒”而被警方逮捕的人数已达 3 747 人，而 1991 年上半年竟上升到 7 208 人。[⑥] 此后日益盛行。

跨洋越海贩毒来 台湾的贩毒与黑社会有密切的关系，其中，尤以竹联帮最为猖獗。

竹联帮源于“中和帮”，成立于 1953 年，到 1956 年形成三分天下的局面，由

① 《被麻醉的社会》，《远东经济评论》，1991 年 9 月 12 日。
② 《法制日报》，1988 年 9 月 28 日。
③ 徐冠中：《国内犯罪案呈现跨国性组织》，《台湾时报》，1991 年 10 月 27 日。
④ 欧阳涛、陈泽宪：《毒品犯罪及对策》，第 23 页。
⑤ 中国台北《中央日报》，1993 年 1 月 1 日。
⑥ 《被麻醉的社会》，《远东经济评论》，1991 年 9 月 12 日。

赵宁组成“竹林联盟”(简称竹联帮),以后确立“竹叶飘飘片片联,狂沙万里皆竹联,傲笑八方唯竹帮”的帮旨。20世纪60年代它击败“四海帮”,由一个小打小闹的帮派,演变为拥有成千上万徒众的黑帮,号称“天下第一大帮”。后与日本的“山口组”合作,向日本走私安非他明。他们还与美国的华人黑帮组织合作,将触角伸向世界各地。20世纪80年代,竹联帮成功地渗透到美国各地,参与贩毒,大量贩卖海洛因,他们与其他华人帮会占有美国海洛因市场的20%份额。① 其活动引起了美国联邦警察的注意,遂派两名警察经过正式入帮仪式而渗透到竹联帮内部。1985年4、5、6月,竹联帮张安乐、向拔京与伪装探员商谈安排在纽约出售古柯碱和海洛因。7月,成员林苏、黄东尼与卧底探员协商并出售了这批海洛因。到8月6日,竹联帮陈志一与卧底的探员谈话,表示愿意提供150磅大麻,最后以5万美元成交100磅大麻。联邦警察通过卧底探员取得竹联帮贩毒的大量证据的同时,又获悉了竹联帮帮主陈启礼涉嫌枪杀江南命案的极重要线索,最后,竹联帮在美国的多年经营,遭到彻底地打击,由于竹联帮的主要骨干遭逮捕,这个跨国黑帮几近瓦解。

“无毒不丈夫” 自20世纪80年代以来,台湾贩毒势力迅速膨胀,毒品制造和贩运量连年增长,而随着海洛因、吗啡、安非他命等毒品的泛滥,台湾吸食毒品的“瘾君子”亦越来越多。尤其是在台北、高雄、台南等一些大中城市,成年男子吸食毒品的恶习相当普遍,人称“无毒不丈夫”。

根据台湾警察署的分析,吸毒者的职业涉及面极广,无固定职业肯最多,占51%,而工矿职工也占23%;显见无固定职业者及劳动者阶级人员,因谋职不顺,赋闲在家,精神压抑或从事体力劳动过度疲劳,因贫富差别悬殊而感到失望等,需借助药物解闷、提神,从而吸毒成瘾。②

在毒品泛滥的形势下,妇女吸毒也日益严重,特别是与色情业有关的妇女人群。据统计,台湾以外国人为服务对象的“观光妓女”,有22万人,约占人口总数的1.29%。仅台北市就有6万“观光妓女”,占全市人口的3%,如加上那些没有执照的卖淫女,其人数更多。台湾的国际卖淫业,20世纪70年代以前以美国大兵为对象,80年代以后,则以去台湾观光的日本人为主要客人,故而台湾被讥为“外国男人的乐园”。这些卖淫妇为应付特殊的职业和精神上的压力,大多染有吸毒的癖好。

此外,青少年吸毒已成为台湾社会的一大问题。由于种种社会因素、家庭环

① 池宗宪:《台湾黑社会真相》,第155页。
② 中国台北《中央日报》(国际版),1992年12月3日。

境不良或心理缺陷，造成很多青少年生活习性不良，他们或参加少年帮会，或吸毒犯罪，自20世纪70年代以后，少年吸毒状况日趋严重（表13-5）。

表13-5　1976—1981年台湾青少年吸毒统计

	1976		1977		1978		1979		1980		1981	
	人数	%	人数	%	人数	%	人数	%	人数	%	人数	%
总计	296	100	516	100	827	100	1 200	100	1 500	100	1 059	100
男	252	85.1	416	80.6	659	79.7	919	76.6	1 133	75.5	809	76.4
女	44	14.9	100	19.4	168	20.3	281	23.4	367	24.5	250	23.6

资料来源：杨国枢、叶启政：《台湾的社会问题》，第21章。

从上表中可以看出，1976年后，少年吸毒人数逐年增加，1980年达到高潮，为1 500人。在毒品中，被吸食最多的是“强力胶”这种毒品，首次吸毒的年龄以16岁左右的初中生为最多，还有少数10—11岁的儿童。吸毒者中尽管男性青少年占绝对多数，但女性的比例也在迅速增加。据统计，1976年时女性仅占14.9%，而到1980年时已增加到24.5%。20世纪90年代，台湾地区男女少年吸毒比例为8∶1，已超过美国吸毒少年男女的10∶1的比例。

进入20世纪90年代后，青少年吸毒仍有发展的趋势。涉及吸食安非他明者仅次于盗窃案，已查证全台湾吸食安非他明的中学生多达8 000人。

青少年吸毒成瘾后，不仅断送了其学习成长为社会有用人才的前程，而且引起了逃学、离家、偷盗、赌博、卖淫、诈骗、强奸、伤害、杀人等危害活动的增加，直接侵扰社会秩序；日益增长的少年瘾者群体，无疑将成为日后社会的严重犯罪，尤其是毒品犯罪的后备军。

台湾对毒品犯罪的综合防范　治理毒品犯罪与社会治安问题一样，除坚持必要的刑事制裁手段以外，还应当采取综合治理的办法，注意刑事制裁以外的其他治理和防范措施。20世纪90年代，台湾各界面对日益泛滥的毒品犯罪活动，特别是青少年滥用毒品的严重状况，深感反毒害是一场全社会都应参与的严肃的斗争。[①] 全社会都在呼吁，应尽力采取多种防范措施，而不能仅靠刑事制裁。

台湾对毒品犯罪的综合治理，除了刑事惩治以外，还有颁布相关规定、全社会参与、加强教育和宣传，以及戒绝毒瘾等方面。

为有效地治理和防范毒品犯罪，台湾当局推出了一系列具有治理防范毒品犯罪内容和作用的规定（表13-6）。

① 中国台北《中央日报》（国际版），1990年12月6日。

表 13-6　台湾地区关于毒品犯罪的主要规定

年　份	名　　称	备　　注
1954	麻醉药品管理条例	1973、1979 年修正
1970	“药物药商管理法”	1979 年修正
1955	抵瘾物品管理办法	
1980	管制物品项目及其数额	1985 年修正
1955	勘乱时期肃清烟毒条例施行细则	1957 年修正
1973	查禁烟毒奖惩办法	1978 年修正
1973	“儿童福利法”	
1989	“少年福利法”	

这些规定，主要是行政管理方面的，为综合治理尤其是防范毒品违法犯罪活动提供了法律武器和行为规范。

查禁毒品虽是由政府负责，对构成犯罪之毒品案件，由警察机构负责侦查缉获，由各级法院的各级侦察机构办理起诉，由各级法院刑事审判庭审理。此外，还发动有关医疗卫生机构、教育机构、刑罚执行机构等帮助政府实行禁毒。这些部门根据各自的职能，有分工、有侧重地参与禁肃毒品的活动。

由于近年来毒祸的加剧，禁肃毒品已成为台湾地区全社会性的治安及教育问题。国民党曾于 1990 年 12 月 4 日邀请有关单位和公益性社会团体及基金会等，举行专门的全台湾反毒害行动协调会议。① 台湾各界对严厉取缔毒品表示全力支持，特别是对毒品侵入校园的严重形势，予以严重关切。新闻媒介疾呼：遏止毒品泛滥的急迫性和重要性，“绝不亚于宪政改革或经济建设诸端，而且欲求其奏效，必须家庭、学校、社会、教育、卫生、司法、警政、海关、国防、外交等全面动员，通力合作”。②

针对近年来毒品侵袭青少年的严重情况，台湾在法律上规定了这方面的制止防范措施。如“《少年福利法》”规定：少年的父母、养父母或监护人，明知少年吸食注射迷幻、麻醉药品而不加以制止的，处以 3 000 元以上或 1.5 万元以下的罚款。“《儿童福利法》”的修正案里也规定：父母、养父母或监护人，明知儿童吸食注射迷幻、麻醉药品或其他有害身心健康的物品，而不加制止的，处 6 000 元以上 3 万元以下的罚款；凡供售上述毒品或物品给儿童者，处 6 000 元以上 9 万

① 中国台北《中央日报》(国际版)，1990 年 12 月 7 日。
② 中国台北《中央日报》(国际版)，1990 年 12 月 7 日。

元以下罚款,并公告其姓名。[①] 此外,学校方面也制定和实行了一些及时发现和制止青少年学生吸食毒品行为的措施。

台湾的戒毒业 对吸用毒品的罪犯,规定要戒绝毒瘾。《勘乱时期肃清烟毒条例》指出:犯吸用烟毒最有瘾者,应由审判机关先行指定相当场所勒戒。修正后的《麻醉药品管理条例》规定:犯有吸用化学合成麻醉药品瘾者,应由审判机关指定相当场所勒戒。

对戒毒场所及戒毒工作,规定:地方政府应负责指定或设置戒毒场所即戒毒所,如指定公立医院附设戒毒所;无公立医院或公立医院设备不全的地方,应予相当处所,设立戒毒所;无公立医院或相当处所者,应专设戒毒所。有毒瘾者戒毒后,应填绘戒烟证明书,送管辖法院处理,并报地方政府查核。为加强宣传戒毒,1991 年底至 1992 年 3 月,台湾"卫生署"曾举办过一个为期三个月的"毒犯自首免费活动",规定吸毒者在活动期间内向卫生部门自首并接受治疗,可免除刑事责任,结果有 2 000 余人自首并戒毒。

20 世纪 80 年代以来,私人创办的戒毒所在台湾各地兴盛起来。与官办的各种戒毒场所相比,民间戒毒所的收费要贵好几倍,一般需 10 万新台币。但尽管如此,仍生意兴隆。究其原因主要有两个:一是能为治疗者保密。在台湾的瘾君子中,许多是具有一定社会地位者,有的还是社会名流。他们不怕多花钱,就是担心吸毒被曝光而影响到自己的名声和地位。即使是平民百姓也不愿背上瘾君子的名声,更不希望因此而受到刑事处分。二是民间戒毒所服务周到,其戒毒的方法比较实用,时间短而疗效快,一般只需 7 到 10 天就可戒绝毒瘾。

因此,民间戒毒所十分景气,1995 年,仅台北市就有数十家,有些具有相当的规模。如该市第一家私人戒毒中心自 1988 年开张以来,每日顾客盈门,至 1995 年已有 4 000 人到此接受治疗,此后,该中心越办越兴旺,已在其他市县设立了 9 家分所。但是,舆论界对民间戒毒业的看法褒贬不一。反对者认为,吸毒是一项犯罪行为,应该受到法律的惩罚,而不应由民间私了。民间戒毒业的出现,使瘾君子们减轻了心理负担,从而有恃无恐。另外,有些民间戒毒所为达到短期戒毒的目的,加重药量,致使戒毒者产生严重的副作用,从而损害戒毒者的身体健康,有的甚至成为植物人;个别的戒毒所还采取"以毒攻毒"的方法,给戒毒者提供类似毒品的药物,使之留下后遗症。而赞成者指出,私人戒毒业的兴起,对日益严重的吸毒活动无疑起到了一定的遏制作用,有关部门不应干涉,而应加以扶持。

---

① 中国台北《中央日报》(国际版),1991 年 2 月 8 日。

第三节　毒品王国金三角

金三角的罂粟小史　关于罂粟种植的问题，众所周知，改革开放初期中国没有罂粟种植的问题，也没有海洛因加工的问题，危害中国的海洛因毒源主要是在境外。在个别的山区、林区，人迹罕至的地方，也有少量的罂粟种植。我们通过卫星遥感监测有过发现，例如在黑龙江大兴安岭地区，在甘肃的莲花山地区，在福建的宁德地区，发现以后组织铲除，防止形成毒源地，防止形成社会危害，这都是及时发现、及时铲除，减少危害。20 世纪 80 年代以来，中国毒品的来源在金三角，因此有必要来回溯一下金三角这个当代世界最重要的毒源的历史。

金三角原是指东南亚泰国、缅甸和老挝三国交界的边境地区，为湄公河和南拉河汇流处，它西起大其力，东至孟林，南到楠湄赛河（叶赛河），这块冲积三角洲长约 40 公里，宽约 25 公里，总面积约 500 平方公里，以后由于盛产鸦片而将金三角扩大指称，包括泰国的清莱府、清迈府北部，缅甸的掸邦东部，老挝的琅南塔省、丰沙里省、乌多姆塞省及琅勃拉邦省西部等，面积达 15 万平方公里。

这里泥沙淤积，土地肥沃，气候宜人。每年 3—4 月间，水稻迎风摇曳，已是一片金黄。6 月至 11 月为雨季，年降水量为 1 500 毫米。四周为山地，多海拔 1 000—1 500 米。

金三角地区居住着约 45 万山地民族，主要有苗族、瑶族、傈僳族、阿卡族、拉祜族、傣族等。

金三角地区的鸦片生产始于 19 世纪中期。当时，在华南地区加紧鸦片生产的同时，云南商人以及中国山地移民如苗族和瑶族等，将罂粟带入了这里，稍后拉祜族、佤族、傣族和傈僳族等也跨越缅北和云南之间的边界进入印度支那山区。云南商贩进入金三角后，与那里的山地民族进行交易，不久，罂粟即在金三角地区种植开来，并得到英国人的赞许，例如英国人最早鼓励掸邦的农民种植罂粟。在 19 世纪 90 年代，一位英国探险家在缅东山地部落群旅行时，曾看见“几英里长的山坡上种满了罂粟”，他还注意到“罂粟田沿裂谷上行，处在山脊的阴面”。[①] 无独有偶，法国的殖民行政官员在老挝和北越一带旅行时，也看到苗民和瑶民耕耘着罂粟，时间是 19 世纪末。对于山地部落而言，鸦片的生产，不仅给他们带来经济上的好处，而且也是生活的必需品。在缺医少药的山地，鸦片几乎

---

① 转引自阿尔弗雷德·W.麦考、卡瑟琳·B.丽德：《海洛因内幕》，第 45 页。

是他们能得到的唯一的药品，他们用它来治病、疗痛，这种习俗沿袭了百年。

据说19世纪80年代末，英国人占领缅北后，也曾作过减少中缅边境一线鸦片生产的努力。1923年，英国发动了一场精心组织的战役，意在压缩该地区的鸦片生产，但显然并无什么效果。而法国人来到此地后，却对罂粟果表现出极大的兴趣。他们在吞并越南东京(1884年)和老挝(1893年)之后，曾大规模试种罂粟，对金三角山地部落的鸦片生产则取默认的态度。法国让一些殷实富商从事鸦片专卖，并从中收取可观的税金。20世纪20年代后，法国是世界上唯一公开贩毒的国家，他们不仅纵容华人烟商进行合法的毒品买卖，还派遣专家到越南西北部和老挝东部等地，向本不知罂粟、鸦片为何物的苗族、瑶族等山地部落，传授罂粟种植的秘诀，以扩大鸦片的来源。当时的泰国王朝垄断了鸦片贸易，他们也鼓励山地部落种植罂粟，并从中抽取大量捐税。直到20世纪40年代，泰国政府一直为非法的鸦片贸易提供着良好的市场。第二次世界大战时期，日本军队极力怂恿鸦片走私，使金三角的罂粟客观上有着非常好的出路。

战后，曾被日本人打垮并驱逐而丧失尊严的法国人，重返越南，企图恢复战前的“正常”秩序，当然也包括毒品。他们收买山地民族的鸦片，诱使山地民族的酋长率部协助他们伏击越南反抗军。但最终奠边府一战，法国殖民者被逐出了越南。

第二次世界大战前，金三角的鸦片总产量约为40吨，战后，法国人控制毒品业时，亦与此不相上下，但比起后来的举世闻名的毒品王国的毒品业，这一数字实在是小巫见大巫了。

国民党残军与鸦片　1950年初，国民党第26军一部在团长李国辉的率领下，作为国民党军在大陆的最后一支部队，由云南边境进入缅甸东部大其力市的村寨。经过短期休整，残兵们决定打出“复兴部队”的旗号，由李国辉担任总指挥兼709团团长，谭忠担任副总指挥兼278团团长，总指挥部设在小孟棒。但在6月遭到为捍卫缅甸主权尊严而出动的缅军的优势兵力的进剿，被迫躲入深山，风餐露宿。后“复兴部队”为争取生存而反攻出山，再夺孟果和大其力。经过激战和交涉，缅军同意残军在撤离公路沿线和大其力后，可暂时驻扎。残军即选定孟撒为“复兴部队”的根据地。①

这时，台湾当局为经营这一反攻大陆的基地而遣派原第8军军长、“云南省主席”李弥飞临指挥。1951年3月19日，李弥撤销“复兴部队”番号，组建“云南反共救国军”，自任总指挥，李国辉任副总指挥，设有4个处和几个支队。据说那

---

① 参见徐军：《流亡异国的蒋军残部》，中国华侨出版社1990年版。

时有个叫罗兴汉的小孩拖着鼻涕，挤在人群中看热闹。谁也没有料到，十几年后，他会成为后来的金三角第一毒枭——“鸦片将军”。

总指挥部成立后，李弥在台湾当局的指令下，决定反攻大陆。美国人运来了大量的经费和武器。5 月 14 日，5 000 余人兵分两路，攻入思茅、临洛地区，解放军采取“诱敌深入”的战术，于 5 月底包围进剿，6 月，残军稍作抵抗即溃逃遁入缅甸。从此残军不敢再与解放军较量，而专事经营基地。李弥在孟撒设立“反共抗俄大学”，收编土司武装，修筑飞机场，并把势力扩展到掸邦的科康、佤邦和景栋三个省。到 1953 年 1 月，残军已扩充至 18 500 人。

面对残军咄咄逼人的态势，缅军为保卫主权和领土完整，一方面，实施军事围剿，另一方面，向联合国控告台湾地区和美国的侵略行径。结果发动了萨尔温江战役，被孤注一掷的残军击退，而外交努力却颇有成效。在国际舆论的压力下，美国在曼谷召开所谓的美、泰、缅、台“四国军事会议”，残军副总指挥李则芬作为台湾代表出席了会议。经漫长的谈判，最后决定国民党残军全部撤往台湾。1953 年 11 月 18 日，残军 5 473 人，加上家属 1 030 人开始撤往台湾，撤退一直延续到次年 3 月。

但残军还是留下了以 93 师为主的兵力，缅军为完全收复属地，于 1954 年 4 月和 1955 年 1 月分别发动“贝英豪攻势”和“杨芝昂攻势”。此时的残军余部已无还手之力，只得作鸟兽散。但台湾当局不甘心失败，遂趁云南民主改革之际，派李弥和柳元麟再返缅甸，搜罗 4 500 人组建第 3、5、7 军，成立“云南人民反共志愿军”。为调解内部的纷争，整编工作直到 1957 年初才完成。1958 年冬，该部曾窜入云南境内，但仍告失败。到 1961 年残军又发展到 9 000 人，建有 2 个军区和 5 个军。此时，缅甸政府要求中国政府予以合作，消灭这股残军。1961 年 1 月，缅军的精锐部队在中国人民解放军的配合下，扫清残军。残军第 3 军军长李文焕、第 5 军军长段希文率部逃入泰缅边界。在国际舆论的压力下，残军不得不再次撤往台湾。①

段希文、李文焕所部此时对台湾当局已心灰意冷，决定向泰国政府缴枪投降。此后，泰国曾要求段、李所部协助边防警察保卫山区治安，并出兵消灭叭当的泰国反政府武装。因此，残军获得在泰国居住的权利，并与泰国国防部的坚塞少将等结下友谊。后坚塞少将升任上将、国务总理，残军被改编为泰北山区民众自卫队，段希文为总指挥，李文焕为副总指挥，所辖 1 500 人，集结在唐窝、美斯乐地区。

---

① 弗兰克·罗伯特：《死亡金三角》，中国卓越出版公司 1989 年版，第 33 页。

国民党残军在向泰北民众自卫队数十年的曲折演变中，为谋生存和发展，也致力于鸦片业。残军首领段希文曾说过："我们必须继续与共产主义邪恶作斗争。要战斗，你就必须拥有军队。军队必须有枪支弹药。要有枪支弹药，你就必须有钱。在这些山上，唯一的钱就是鸦片。"于是，残军鼓励当地的傈僳族人种植罂粟，鸦片由他们收购。同时，他们还把缅北的鸦片集中到泰北，然后通过与泰国当局的合作，将鸦片贩运出去。

残军势力削弱后，金三角的土司头人、土匪强盗、贩毒帮头等，纷纷揭竿而起，他们各霸一方，一面发展武装，一面疯狂贩毒。疯狂的贩运刺激了疯狂的种植，疯狂的种植又促进了更疯狂的贩运，于是，在这繁荣的毒品贸易里，催生出一代大毒枭——罗兴汉。

"鸦片将军"罗兴汉 1934年，罗兴汉（Lo Hsing-han）生于缅甸果敢县，其父人称罗四老板，为村中首富。罗兴汉是罗家最幼的儿子，1948年考入果敢县官立小学校，毕业后，入军事进修班，是该班最年轻的学员。他成绩平平，但野心极大。毕业后任土司部队分队长，但不久土司裁军，罗兴汉闲散在家，便染上了赌博恶习。因其输钱举债，同父亲闹翻，穷途之中因敏捷能干而被本地的权势人物杨二小姐看中，资助其跳出赌场，开设一专门销售大烟的公司。

罗兴汉做的是无本生意，办法是向百姓借大烟，即开白条收大烟。大烟到手后再易地倒卖，如此捣腾，竟然也发起财来。但是好景不长，1961年，缅甸政府将杨二小姐和罗兴汉等逮捕入狱，可是，没过多久，即国民党残军撤退后，缅甸政府不仅释放了罗兴汉，而且还让他指挥一支部队，任务是打散当地反政府独立武装。原来，掸邦反政府武装（包括缅共）对政府的反抗，此起彼伏，缅甸政府又无力于僻远地区的控制，因此让罗兴汉在1965年设立自卫部队，以充当打手。罗兴汉首先策动担任独立部队先锋的大队长苏文尤归顺。反叛武装在罗的部队的打击下，跑的跑，降的降。政府以罗兴汉有功而任命其为果敢县人民主席，罗的武装也从150人扩大到了1 500人，并从泰国和老挝得到一批美式武器。

然这位主席本性难移，主要精力仍在经营鸦片，因有职有权，自然生意兴旺。其贩毒的特点，一是利用权力从鸦片的种植、收购、加工、运输到贩卖，织成一张网，无所不包，实行对瘾君子与毒贩子的"一条龙"服务；二是结束了金三角地区古老的鸦片加工工艺，开创了提炼海洛因的新时代。他设立巨大的鸦片仓库和海洛因工厂，在这些海洛因工厂里，可生产纯度40%的"三九牌"3号海洛因。三是他组成四通八达的贩毒网，将毒品贩运到世界各地。其中一条主要路线就是金三角—香港—阿姆斯特丹。由于海洛因相对于鸦片来说，体积小，易运输，且价值高，从而受到各地毒品瘾者的青睐。在罗兴汉鼎盛时期，他至少控制了金三角鸦片总量的三分之一。

于是，罗兴汉成为世界知名的“大人物”。香港的杂志用他的半身像做封面，美国的《读者文摘》刊文向世界介绍这位金三角的“鸦片将军”。毒品界将 20 世纪 60 年代称为“罗兴汉的时代”。

罗兴汉为发展其毒品业，与经常袭击其鸦片商队的掸邦叛军达成协议，他给后者一部分利润作为回报，但叛军必须保护罗兴汉的鸦片商队。这种新的同盟使缅甸政府大为愤怒，1973 年 4 月，缅甸政府命令将过去批准集结的 20 个自卫队全部解散。大部分私人武装的首领俯首听命，唯有罗兴汉拒不执行。于是，政府出动军队，捣毁了罗的海洛因精制厂。6 月 18 日，泰国政府将越境的罗兴汉予以逮捕，并将他引渡给缅甸，罗兴汉在仰光被判处死刑，但这一判决因大赦令而被取消。直到 1976 年 11 月，罗兴汉被宣布为“不受欢迎的人”，旋被判处无期徒刑。1980 年 5 月罗获特赦，并得到了 200 万缅甸元(约 30 万美元)的退赔款，他很快重整旗鼓，东山再起，在腊戍和南泡附近重建地方武装，取代 7 年前被解散的自卫队，后任缅甸果敢县民族文化会主席。

海洛因与越南战争 1954 年法国退出印度支那后，美国人立即进入越南，填补了这一“空白地区”。他们作为越南共和国(南越)政府的顾问和保镖，继承了法国人的路线，继续与山地民族维持密切关系：训练他们与越共对抗，同时收购他们的鸦片。1961 年，面对日益强盛的越共，美国公然撕毁《日内瓦协议》，在越南南方发动了“特种战争”；1965 年侵越战争又升级为以美军为主的局部战争。从此美军陷入了泥潭。数十万美军不仅无法征服小小的越南，而且伤亡惨重，情绪低落，精神萎靡，于是海洛因便成为他们最好的伙伴，大量粗制的 3 号海洛因从各处运至美军兵营。1969 年，金三角的毒品加工厂成功地实验了危险性极大的乙醚沉淀工序后，纯度高达 80%—90%的 4 号海洛因试制成功。这种白色粉末能使失败中的美军官兵忘却烦恼，产生快感，陶醉在虚幻的胜利与愉悦之中。

很快 4 号海洛因在美军中风靡开来。1970 年 9 月，美国陆军医生检查了 1 个师的 3 103 名士兵，结果发现竟有 11.9%的士兵一到南越就使用海洛因，6.6%的士兵已定期在使用海洛因。估计美军官兵实际使用海洛因的比例还要高。据一位美军的工程兵透露：驻地的 14%的美国人是海洛因嗜毒者。1971 年，据一些美国陆军医生估计，有 10%—15%即 25 000—37 000 名官兵吸食海洛因。[①]

吸毒使美军战斗力下降，士气低迷，厌战反战情绪日益抬头。为此，美国企

① 阿尔弗雷德·W.麦考、卡瑟琳·B.丽德：《海洛因内幕》，第 105 页。

图在美军中清除海洛因。但这种努力完全失败了。他们禁止美军士兵外出，结果只使得军营里的海洛因价格，从每瓶3美元上升到40美元，而且军队不可能不活动，只要一接触外界，海洛因价格便回落到每瓶4美元。一些美军部队的海洛因吸食比例还上升到了20%。

关于美军中海洛因的主要来源，战时及战后的美国指责是越南共产党的有计划的预谋，说河内拥有大型的海洛因工厂，载着海洛因塑料瓶的卡车护送队，沿着“胡志明小道”，隆隆驶向南方，有些人甚至攻击中国也参与了其中的活动。但这种指责连美军也不相信，美军宪兵主任在1971年的一份报告中否认了这种流言：“北越的鸦片种植区主要集中在中国边界的北方多山省份。政府严密控制鸦片种植，也没有把鸦片非法运至国际市场。大部分鸦片被制成吗啡作为药用。”[①]实际上，海洛因的主要提供者是南越政权。

南越的毒品来自两个方面：鸦片来自安南弥特以北地区；而海洛因来自金三角，西贡曾是金三角毒品的主要走私通道。南越的毒品交易主要控制在三大集团手里：一、南越空军，特别是空军运输联队；二、国家官僚机构如警察、海关、港务局等；三、陆军、海军和国会下议院。从这份名单上可以看到，几乎南越的行政、司法、立法等机构均卷入了毒品交易。南越政府每年至少从中得到8 000万美元的利税，这笔钱“相当于一个穷困潦倒、深受战争创伤的国家一年的全部收入”。[②] 而从吴庭艳到阮文绍，历任总统也从毒品中得到难以估算的好处。人们把南越政权称之为“海洛因王朝”或“海洛因政治”。由此可见这个政权与毒品的关系之密切。在南越各界的经营下，海洛因像潮水一样包围着美军兵营。美军基地周围的任何商店都暗售海洛因，连一些小孩的口袋里也装着随时出售的海洛因。海洛因贩者还上门出售：在美军基地内工作的女佣、孤儿，到南越士兵，均参与其中。

美军吸食海洛因不仅使其战斗力下降，士气低落，而且还对战后的毒品发展产生了很大影响。其一，当1975年美军退出越南、数十万美军回国后，也将海洛因带回到美国，他们曾是美国吸毒的一支生力军。其二，有不少吸毒的美军士兵在美国无力维持毒瘾，而重返越南，并加入了贩毒者的行列。20世纪70年代，美国各地查获的大量寄自印度支那的毒品邮包，多是退伍军人所为。其三，退伍美军回到美国后，使美国的海洛因消费呈急速发展，而且品种也从3号海洛因提升为4号海洛因，从而在美国掀起了毒品新浪潮。

---

① 阿尔弗雷德·W.麦考、卡瑟琳·B.丽德：《海洛因内幕》，第105页。
② 阿尔弗雷德·W.麦考、卡瑟琳·B.丽德：《海洛因内幕》，第106页。

昆沙的崛起 罗兴汉的失败曾使世界运行已久的毒品贩运网络出现了一个空白，但是，这个空白很快被昆沙所填补，并将罗的“事业”发展到一个新的顶峰。

昆沙[①]原名张其夫，生于1934年，父张铁尧为云南汉族的第七代移民，祖先是曾受中国册封的莱莫部落的土司，并世代相袭；母嫩向宗是掸族。昆沙3岁时，父亲因病死亡，两年后母亲也告别了人世。[②] 昆沙生于掸邦莱莫，但并不精通土语，而主要讲汉语，这也是金三角毒品交易的主要语言。昆沙从小由祖父张纯武抚养。1954年昆沙接任莱莫土司的职务。

时缅甸尼温政府采取“以夷制夷”的策略，通令掸邦民众只要效忠于政府便可建立民间武装，以对抗那些急欲独立的土司。1957年昆沙已掌握了大量的资金，并建立了一支400名掸族人组成的私人军队。他与罗兴汉相同，自卫队是得到缅甸政府许可的武装，缅甸政府正式任命他为弄亮地区民众自卫队指挥官。昆沙迎合缅甸政府的需要，不断扩充兵力，同时，攻击令国防军也头痛的山地反政府武装。不过，那时的金三角有罗兴汉支撑着，昆沙的羽翼尚未丰满，他悄悄地吸收国民党残军入伙，请来原残军第1军第6师第18团团长张苏泉担任参谋长。这对增强昆沙部队的战斗力，并在众多的杂牌武装集团中脱颖而出，具有重要意义。

1967年“鸦片战争” 20世纪60年代，在金三角从事贩毒的，除了武装集团外，一些政府的军政要人也卷入了这利润丰厚的交易。例如当时老挝军队司令欧安·拉特贡就是一名富有经验的“毒品将军”，他是老挝政府负责毒品的最高指挥官。1967年初，他与昆沙签订了一份合同：由昆沙派人将16吨缅甸鸦片运送到位于会晒省湄公河上的一个小村庄，那里有欧安的两座海洛因工厂。16吨鸦片价值50万美元，这对当时的昆沙也是一笔巨大财富。

昆沙组织了500人的剽悍的自卫队员，以及300驮马匹，于7月如约向目的地挺进。这场交易一旦成功，昆沙将成为金三角最有势力的人物，因此，7月29日，在泰国境内的国民党残军为争夺金三角的霸主宝座，而对昆沙的马帮进行了突然袭击。就在双方进行拼死决战时，欧安将军以双方在泰国境内非法作战为罪名，派出6架T-28战斗机，对双方阵地实施狂轰滥炸，并投入伞兵部队参战。结果，残军留下70具尸体，而昆沙则丢下82具尸体和16吨鸦片。这巨量鸦片被欧安不费任何代价而得到了。[③]

昆沙退入缅甸，经短期的休整，又恢复了元气，并逐渐显出霸主相。昆沙还不失时机地与掸邦独立运动领导人进行了接触，这使缅甸军方十分恼火。在貌

---

① 昆沙又作坤沙、坤萨。

② 小田昭太郎：《昆沙》，日本情报中心出版局，第141、193页。

③ 小田昭太郎：《昆沙》，日本情报中心出版局，第141、193页。

随上校的策划下，1969 年，貌随以召开军事会议的名义诱使昆沙到腊戍，逮捕后在曼德勒法院判处无期徒刑，昆沙被送入监狱。然后缅军出动围剿自卫队，靠参谋长张苏泉的经验，昆沙所部总算保存了 100 来人的实力。张苏泉权衡利弊，打出了“掸邦革命军”的旗号。这不仅赢得了掸邦 33 个土司的同情与拥护，而且连美国联邦调查局也对此十分好感。1973 年 4 月 16 日，张苏泉派出 49 名战士潜入掸邦首府，绑架了两名苏联医生要求政府交换昆沙。次年 9 月 7 日，缅甸政府释放了昆沙，两名苏联医生也返回了仰光。释放后的昆沙仍被软禁于曼德勒，他仿效中国古人，实行韬晦之计，表示服从缅甸政府的法令，并与一位缅族姑娘结婚。1976 年 2 月 6 日，经精心策划，昆沙在酒会上灌醉了监视他的士兵，乘夜色逃出曼德勒，回到了掸邦。

金三角毒王昆沙 昆沙对张苏泉信任有加，选定泰缅边境作为基地，司令部设在泰国清莱府欣德村以北的崇山峻岭之中，这里是三国交界处，军事上可进退自如；同时又是金三角罂粟种植区的中心地带，便利对毒品的控制。昆沙给欣德村起了一个充满诗意的名字：满星叠。

昆沙布置自卫队在金三角他所控制的地区广布路卡，收取保护税，其“税则”是 1 公斤鸦片收 10 美元。于是昆沙逐渐控制了金三角大部分的鸦片生意。昆沙吸取了前辈罗兴汉的教训，他只抓最能赚钱的两个环节：加工和运输。加工方面，昆沙高薪聘请化学家指导海洛因的提纯与生产；运输方面，建立了四通八达的走私通道。

经过数年的努力，昆沙成为金三角的毒品大亨。他把金三角的毒品生意发展到一个新的高度(表 13－7)。

表 13－7 金三角地区毒品生产简况

年 份	罂粟种植(亩)	鸦片产量(吨)	海洛因产量(吨)
1949		40	
1985		500—600	50—60
1989	2 832 158	2 000	200
1993	2 919 340		

资料来源：1. 小田昭太郎：《昆沙》；
2. 陈文：《访金三角探寻鸦片政治新形势》，《90 年代》，1991 年第 11 号；
3. 黄明堂：《毒王昆沙发迹传奇》，台湾《独家报道》。

此后在国际禁毒组织的努力下，老挝、泰国境内的罂粟种植面积已有下降。如表 13－8 所示。

表 13-8　金三角地区罂粟种植比较　　（单位：公顷）

年　份	泰　国	老　挝	缅　甸	共　计
1989	4 075	42 130	142 700	188 905
1993	2 880	26 040	165 800	194 720

资料来源：《金三角的末日到了》，《远东经济评论》，转引自《上海译报》1994 年 3 月 17 日。

三国之中，泰国、老挝的毒况正在好转，罂粟种植面积在减少之中；唯有缅甸的毒况不仅毫无减少的痕迹，鸦片的产量反而呈上升趋势。在掸邦，每年除了当地人自用的鸦片外，供走私、制毒的鸦片至少有 400—500 吨，而昆沙能控制的有 200—250 吨。这给他带来极大的利益。这些鸦片能制成 20—25 吨 4 号海洛因，如在东南亚出售，仅此一项，就能有 2 亿到 2.5 亿美元的收入（表 13-9）。

表 13-9　1 公斤 4 号海洛因在流通中的价格　　（单位：美元）

金三角	东南亚	西　欧	日　本	美　国
1 000	10 000	5—10 万	12 万	15—20 万

资料来源：1. 小田昭太郎：《昆沙》；
2. 陈文：《访金三角探寻鸦片政治新形势》，《90 年代》，1991 年第 11 号；
3. 徐军：《流亡异国的蒋军残部》。

在漫长的岁月里，昆沙为了生存，曾与美国方面和掸邦独立运动有过联络。

1977 年，美国联邦调查局的沃尔夫（Lestor Wolff）负责泰国禁毒局时，曾派助手到满星叠与昆沙淡判。昆沙要求美国向他统购鸦片，他的要价是每年 4 800 万美元。此后，昆沙还通过中间人与美国国务卿基辛格及美国议会接触。美国政府经过研究后，予以拒绝，并宣布不再与罪犯打交道；同时协助泰国政府，对昆沙实施围剿。据统计，自 1980 年 7 月 23 日至 1985 年底止，泰国军队就向昆沙所部发动了 37 次攻击，[①]但仍没有实效。

昆沙逃出曼德勒后，与掸邦的独立运动方面加紧联络。早在 1958 年 3 月，掸族领袖召光正就与昆沙有过联合。召光正创立掸邦爱国团结委员会，昆沙的六叔昆相（汉名张秉云）任国会主席，召光正任总理，传说昆沙每月接济该委员会 4 000 美元。

1991 年 4 月 26 日，掸邦爱国团结委员会举行大会，改称掸邦重建委员会，仍由昆相任国会主席，召光正任总理，而昆沙出任第一副总理。其手下的蒙泰军武装军队有 5 000 人，而随时可以穿上军装的后备役要比这多得多。

---

① 小田昭太郎：《昆沙》，第 151 页。

对于昆沙的贩毒和独立倾向，缅甸政府在国际社会的支持下，20 世纪 90 年代对昆沙发动了三次大规模的攻击。尤其是 1993 年冬季，缅军出动 3 个师向昆沙的两个军事基地蒙塔和蒙陶发动迅猛攻击，捣毁了昆沙的一个海洛因工厂，使昆沙势力受到惨重的损失。①

在昆沙势力减弱之际，金三角又冒出了一些新毒枭。如赵益来和蔡小石的联合部队，所能支配的毒品已与昆沙不相伯仲。张芝明、林明宪这对"文革"时的红卫兵，在支援世界革命的洪流中加入缅共，后来张为缅共武装第 2 旅旅长，林任 815 战区司令。他们从 20 世纪 80 年代开始贩毒，实力日益扩大。而彭家声兄弟，组织缅甸国家民主阵线，以盛产鸦片的孟科为基地，大做毒品生意。已有迹象表明，他们继昆沙之后，成为了金三角新一代毒王。

彭家声 1931 年出生于果敢红石头河，祖籍四川，清末落籍果敢。父亲彭积昌共生七子，彭家声是长子，次子夭折，三子彭家富，四子彭家贵，五子彭家荣，六子彭家华，七子彭家振。后来兄弟六人全部在果敢身居要职，彭家声任缅甸掸邦第一特区政府主席，彭家富跟随彭家声常年征战，颇通用兵之道，有"战神"之称，担任民族民主同盟军(果敢武装)总司令，彭家贵是执法处处长，彭家荣是老街市市长，彭家华是同盟军某连连长，彭家振是同盟军副参谋长。

1989 年 3 月 11 日，彭家声成立"果敢同盟军"，实行果敢民族自治，实行民族和解，提出了禁毒口号。从此缅甸境内的 16 支民族武装中，有 15 支放下了武器与政府讲和。"果敢之父"彭家声一时成了缅甸的"民族英雄"。

1992 年 11 月，因推行禁毒，彭家声与掌握兵权、大肆贩毒的副司令杨茂良发生内讧，双方兵戎相见。1993 年 5 月，彭家声被迫退出了果敢地区。杨茂良开始主政果敢。在杨茂良主政期间，果敢地区的毒品问题变得更加突出。

1995 年 11 月 12 日，经过谋划，彭家声与其女婿"果敢东部同盟军"司令林明贤，联合缅政府军数营兵力，入驻果敢。杨氏兄弟逃离果敢，彭家声重新控制了果敢。而缅政府军则趁机控制了老街至清水河 42 公里地区几乎所有的军事制高点。是年 12 月 20 日，缅政府、彭家声、果敢三方成立了"果敢临时政府"，彭家声任领导人。

此后，金三角地区的毒品时盛时衰，但要断绝禁除，还需各方共同努力。

---

① 《参考消息》，1995 年 12 月 3 日。

第十四章　当代中国的毒况和禁毒斗争

1978年中国进入改革开放的新时期，由于边境的开放，外资引进，人员交往急速增加，这些条件使得境外贩毒集团意识到有机可乘。再加上东南亚各国对金三角贩毒集团的打击，使得他们实施北上战略，于是，中国再度出现毒品问题。一些富裕起来的中国人追求享乐和刺激，吸食毒品。不仅传统毒品泛滥，新型毒品更是迅速蔓延。

中国在面对突如其来毒品的冲击之时，应对不力，低估了毒品的危害及其影响力。但20世纪80年代后期以来，中国政府和民间通过建立缉毒警察队伍，成立各级禁毒委员会，修改刑法等，严厉打击毒品犯罪。当然，尽管当代中国的禁毒斗争取得了令人瞩目的成绩，但要彻底禁绝毒品，还有很长的路要走。

第一节　毒潮再兴

金三角的北移　20世纪70年代后期，金三角的毒品集团遭到了沉重的打击，这种打击一方面来自得到美国支持的泰国，另一方面来自香港地区。泰国位于金三角的南部，几十年来深受金三角毒品势力的侵扰之苦，20世纪70年代后期，他们得到美国也包括联合国的财力与军力援助，便连续发动了扫除毒品生产及加工基地乃至毒品集团巢穴的凌厉攻势；而地处金三角巨量毒品外运通道处的香港地区，当局也动用大批警力，破获多起来自金三角的贩毒案，抓获一批专业贩毒人犯，从而使金三角的传统贩毒路线受到严重冲击。在双重的夹击中，金三角的贩毒集团开始考虑新的对策，他们把毒品经营的重点悄悄地从金三角的南部转向了北方。北方，便是中国的南部——云南省、广西壮族自治区和广东省等地。

毒品集团选择中国的南部，是有他们的理由的。首先，中国当时是尚未受毒品污染的极个别大国之一，相对而言，对毒品的防范措施较为落后和迟缓，边防、海关等机关缺少专业的设备，关防、警察人员也缺乏缉毒的经验，这使得毒品的进入较其他区域为易；尤其是中国的南部边境线长，山高林密，对走私活动来说是天然的屏障。其次，中国是一个腹地广阔的内陆国家，人口众多，市场前景极大，如果毒品能经南部而蔓延至内陆，将会大大刺激毒品的出产。再次，中国海岸线长，口岸城市与国际商贸来往频繁，如果能将中国内地作为一个毒品贩运的中转站而替代香港，那无疑可让毒品集团"重获新生"。

这一北上战略，的确是金三角毒品集团的一次历史性的选择。后来毒品世界之大局完全是他们这一规划的实践。

20 世纪 80 年代初期，金三角的毒品集团在与中国云南省接壤的缅甸一方，建立了贩毒的滩头阵地。据不完全统计，在中缅边境的缅甸一方，至少有 30 余家大小不一的毒品加工厂。在云南省临沧、保山、德宏三地州南部边界外的果敢、崇岗、金竹林、捧线、勐古、班泊、邦中、卡坡、大勐龙、黑勐龙等地，金三角毒贩建立了一批毒品销售点。以德宏为例，入境毒品呈急速发展趋势，即可看出入境毒品增速之一斑(表 14－1)。

表 14－1　1983—1990 年德宏州缉获毒品统计　(单位：克)

年 份	1983	1986	1987	1988	1989	1990
数 量	625	25 272	68 833	206 197	361 806	471 859

资料来源：《人民日报》《法制日报》等。

由金三角毒品集团走私入境的毒品经云南流向全国，或经云南而转至广东，再经广州、香港贩至欧美及世界各地。在 20 世纪 80 年代初期，毒品走私尚属零零星星，以后渐渐扩大：80 年代中期开始形成小气候，到 1991 年，据最保守的估计，中国境内走私毒品量已经在 7 000 公斤以上，比 1990 年增长了近 2 倍，而到 1992 年，毒品走私更加猖獗，走私各类毒品数量超过 10 000 公斤。事实表明毒品集团成功开辟了中国南方的"黄金走廊"。

"南方走廊"主要有以下这些路径：金三角—瑞丽—昆明—广州—香港；金三角—昆明—台湾，金三角—云南—中国内地；金三角—云南—上海—欧美、日本。

"金三角"缅北地区是臭名昭著的国际毒源地，毒品泛滥给全世界都带来危害。不但使本地区受到毒品危害，而且也影响到全世界。中国紧邻缅甸，危害中国的毒品主要是来自"金三角"缅北地区。这种情况，20 世纪 80 年代中期已经引起中国政府和有关禁毒部门的极大关注，并已采取一些措施，来防止这些地区毒品对我国的危害。主要的措施有以下几个方面：

第一，在边境地区和有关地区采取堵源截流的措施，陆路、海路、空路、邮路，建立查缉体系，最大限度地查缉堵截毒品入境。

第二,禁毒执法公安机关加强侦查破案,打击贩毒活动。我国在铁路上查过集装箱贩毒,在公路上查处过汽车运输毒品,在机场查到过用飞机贩运毒品,另外还查过用地毯、货物夹带毒品。

第三,我国与有关国家开展情报交流、执法合作,合作打击毒品犯罪。同时我国与有关国家开展了资金、设备、技术的援助和人员培训,共同合作,打击走私贩运毒品的行为,进一步减少毒源、减少危害。

长期以来,中国和缅甸有着友好的合作关系,双方在情报交流、打击毒品犯罪,尤其是与缅北重大贩毒集团的斗争当中,在共同组织情报交流、执法合作、打击跨国毒品犯罪方面,我国和缅甸合作还是比较密切的。缅甸也帮助中国抓了一大批毒枭,有一些及时遣返中国,收缴了大量毒品,打掉一些贩毒集团,减少了毒品的危害。

在缅甸政府的努力下,缅甸的罂粟种植有了大幅度的下降。20 世纪 90 年代以来,由于缅甸政府的努力,也由于中国和国际社会的帮助,缅甸罂粟种植已经从前几年的高峰期每年种植 248 万亩,下降到 27.9 万亩。缅甸有 150 多年罂粟种植的历史,能够大面积减少,这确实是来之不易的。因为毒源在外,光堵截打击是不够的,我国和缅甸政府合作,支持缅甸政府在缅北地区开展禁种罂粟、替代种植,发展替代产业的工作。几年之中,中国政府投入人民币 1 亿多元,地方政府(云南)投入 5 亿—6 亿元,在缅北地区开展罂粟替代种植 100 多万亩,能够解决烟民的生计问题,减少毒源,减少对国际社会的危害。

云南毒品犯罪的状况 云南省因地处西南边陲,与"金三角"地区毗邻,为中国毒品泛滥最严重的地区。20 世纪 90 年代,云南省缴获的毒品数量约占全国缴获量的 90%,精制毒品数量占 80%。其毒品犯罪的主要特点是:

一、毒品犯罪上升势头猛、蔓延快、精制毒品增多。仅从 20 世纪 80 年代后期以来云南公安机关查获的毒品犯罪数量来看,1989 年比 1988 年上升 12%,1990 年比 1989 年上升 10.7%,1991 年又比 1990 年上升 13.9%。从公安机关缴获的精制毒品数量上分析,1989 年比 1988 年上升 12.8%,1990 年比 1989 年上升 16%,1991 年比 1990 年上升 2%。这个数字,一方面表明了云南的禁毒工作取得重大成效;但另一方面,也表明毒品犯罪的势头仍有增无减。

二、毒品流向内地区域广泛,跨省跨国毒品犯罪案件增多。早在 1991 年的 1 月至 9 月间,云南省就抓获外国籍贩毒分子 594 人。[①] 据统计,到云南购买毒品的案犯及毒品流向已涉及全国 25 个省、市、自治区,尤以广东、广西、甘肃、宁

---

① 《人民日报》,海外版,1991 年 10 月 28 日。

夏等为甚。

三、贩毒领域扩展，不仅仅是原来的鸦片、吗啡、海洛因等，还出现了“冰”、盐酸二氢埃托啡口含片等。如1991年9月1日昆明市公安局查获张树华、吴融梅贩卖“冰”毒品1 247克。另外，非法贩卖药用麻醉品案件也时有发生。

四、贩毒手段不断翻新，对抗性增强，贩毒组织程度提高。跨国跨省贩毒案件多为黑社会性质的贩毒集团所为。武装贩毒有所增加，在查缉中经常发生枪战。贩毒手法也十分狡猾。

五、吸毒人数增加，毒况愈益严重。吸毒现象蔓延全省，且向省外扩展。云南毒况的严重还表现在戒吸率低而复吸率极高，戒断后帮教工作难以落实，复吸率占80%以上。吸毒人员涉及社会各层面，而尤以青少年吸毒者占绝对多数，35岁以下的吸毒者占85%左右。同时，吸毒给社会治安带来严重危害。毒品价格昂贵，上瘾后难以戒断，正常收入无法承担吸毒之资来维持吸毒生涯，从而诱发犯罪行为。昆明的吸毒人员中，男性80%靠偷、抢、骗，女性80%靠卖淫。

毒祸肆虐滇西南 20世纪80年代以后，德宏州是滇西南毒况最严重的一个地区。在那里，仅由缅甸贩入中国的海洛因数量就已相当惊人了。由于毒品的大量涌进，吸毒人员急剧增加，以吸食海洛因为例，其人数在1983年到1989年的六年间增加120倍。1985年时，德宏州吸毒人员已达2万人，其中尤以瑞丽县为突出，吸毒人数占全县总人口的3.4%。①

贩毒和吸毒者无心或无力从事农业生产，致使大片农田荒芜，严重影响当地的农业生产和民众生活。如瑞丽姐勒乡某村的34户178人，其中33户共62人有吸毒、贩毒行为。不少家庭因此吃了上顿没下顿，人均收入从1987年的1 000元下降到1989年的400元。澜沧县下军勐寨43户拉祜族住户，由于吸毒而变得好吃懒做，盗窃成风，田地荒芜。其中的36户人家没有房屋，常年栖身岩洞，如同原始人一样生活。

吸毒不知造成了多少惨绝人寰的家庭悲剧。保山市27岁的家具店老板吴清华，吸毒仅一年余，就把家产全部卖光，离婚后，前妻所给的3 200元女儿的抚养费，也被他吸光。一次女儿得病无钱医治，其母给他10元钱为孩子看病，他却抱着孩子去买海洛因吸了。后来毒瘾发作，竟将女儿以500元卖给他人，去吸食毒品；吴的父母得知后把孩子赎回并送入幼儿园，吴清华竟又把女儿第二次卖掉，吸毒使他丧失了人性。

吸毒还助长了艾滋病的传播，吸毒者多使用注射器注射毒品，他们成为最容

---

① 欧阳涛、陈泽宪：《毒品犯罪及对策》，群众出版社1992年版，第29页。

易感染艾滋病的群体。中国边境地区也出现了因注射毒品而导致性病、艾滋病传播的严重情况。内蒙古已发现因在大腿上注射毒品而感染淋病的病例。更为严重的是1989年10月云南省卫生防疫部门在滇西部分地区吸毒人群的检测中发现艾滋病病毒感染者，至1990年10月，在云南边境地区注射海洛因的吸毒者中，已发现感染艾滋病毒300多人。①

云南省毒况严重之原因 云南省近年来，毒品犯罪严重的原因主要有以下数点。

第一，处于我国禁毒前沿的云南省，国境线长达4 060公里，有24个边境县，13个少数民族跨境而居。边民通婚互市，往来自由，特别是云南的边境，地缘地貌多茂密森林，山径小道多不可数。且自中国改革开放以来，带来了国与国之间人、财、物的大流动，此诸多因素，造成云南省切断境外毒源供给工作的极大困难。

第二，20世纪80年代中期以后，由于美国等国家协助，缅、泰摧毁了金三角的贩毒基地，使金三角毒品集团竭尽全力经营“中国通道”，从而造成毒品蜂拥入境，毒祸愈演愈烈之势。

第三，边疆山民生活水平极低，又少其他改善生活的条件与基础，因此，毒品贩子的佣价以及直接贩卖毒品的巨额利润，对他们具有难以抵抗的诱惑力。首先让我们来分析毒品的价格与利润(表14-2)。

表14-2 1公斤海洛因各地价格与利润 （单位：人民币元）

地区或国家	价格	利润
缅甸	1万	
保山	1.7—2.5万	0.7—1.5倍
大理	3.0—3.5万	2—2.5倍
昆明	4.0—5.0万	3—4倍
广州	30—50万	29—49倍
香港	10—20万美元	79—159倍
美国	100万美元	799倍

从上表可见，假设缅甸的1公斤海洛因直接贩至美国，可得800倍的利润。因此，毒品贩卖具有任何正当商业或其他不法商业所不可比拟的高额利润，它是

① 欧阳涛、陈泽宪：《毒品犯罪及对策》，第31页。

驱使犯罪分子从事贩毒的唯一动力。在山区，一个农民背一天毒品，只要不被抓住，也可得上千元(相当于其一年的收入)。故贩毒分子，特别是屡犯不改的毒品贩子，都公开宣称："杀了我一人，幸福几代人。"他们认为自己是在给子孙后代积金造福。1992年，中共云南省委对著名毒巢平远镇发动武装扫毒，从民间缴获了巨量的毒品、毒资，小小的一个镇几乎人人贩毒。凡稍有规模者，缴获的毒资均在百万与数百万之间。一个名叫王粉英的女毒贩，公开宣称，自己的丈夫必须是毒贩，其两任丈夫，均因贩毒而被判死刑，故被称为"白粉世家"。由于生存环境、居住条件的反差，造成身处毒品世界中的人们价值观念的扭曲。为了钱，一些人不惜赴汤蹈火，以身试法，贩毒群体不断扩大，这一特点使云南的毒况迅速深化。

第四，历史上，云南曾是中国毒品最严重的地区之一，尤其是边疆地区的人们对毒品的危害认识不足，心理上具有一定程度的相容性。中华人民共和国成立初期虽基本禁绝了烟毒，但云南为少数民族聚居区域，政策限制较松，故毒品的影响并未完全绝迹。新中国成立后很长一段时期，那里的人们仍普遍用鸦片治病疗痛，药店也允许出售鸦片，其限制仅是一人一次限购1元钱的鸦片；后来在许多交通不便、医疗条件差的地方仍保留着用鸦片来治病、治疗牲畜的习惯。长期以来，在一些山区，人们依然偷偷摸摸地种植罂粟，吸食鸦片。还有极少新中国成立前就染上烟瘾又未完全戒绝的人，这些年来，利用去缅甸探亲的机会，购烟过瘾，从而令人难以置信地保留了这种陋习。

第五，由于中国长期处于封闭状态，又处于无毒国的环境之中，面对迅速蔓延的毒况，政府有关部门一时在思想上、禁毒措施上、禁毒技术上均准备不足。毒品在云南泛滥之初，也未引起足够的警觉和重视。例如作为量刑主要依据之一的《刑法》，却没有对毒品犯罪规定死刑，待毒品泛滥后才拔出严惩的利剑，客观上拖延了禁毒的时间和机会，导致了毒品犯罪活动在一个相当长的时间自由发展。

罂粟花再开南北　由于受境内外贩毒活动的刺激和毒品暴利的诱惑，自20世纪80年代初期始，多年不见的罂粟在边境、山区等冒出，一小片、一小片，逐步扩大为山区整片种植，就像难以遏制的瘌痢头一样，吞食着那些长满青草荒林乃至庄稼的地区。很显然，贩毒分子不再满足于从缅甸、泰国、老挝等国输入罂粟干果予以加工，他们企图在中国扎根，而那些人迹罕至的山林地区，无疑提供了优良的基地。于是，近万亩的罂粟苗出土生长。不仅如此，罂粟、大麻等在各地的田野里也开始蓬勃生长起来。

种植罂粟的现象除云南以外，昔日传统的罂粟种植区贵州和四川也开始有局部栽培。如 1990 年 7 月，四川茂县一次就被铲除罂粟 6 000 株。[①] 以后又在西北诸省、东北的森林地带发现有人非法种植罂粟。到 20 世纪 80 年代后期，逐步推进到内地和沿海地区。甘肃省在 1988 年还只发现有 6 个市种植罂粟，到 1990 年时，种植罂粟的县市已增加到 14 个。过去较少种植的广西，20 世纪 90 年代竟有大面积栽种。如 1992 年仅广西公安缉毒机关缴获的罂粟干果就达 11 吨。内蒙古呼伦贝尔盟的鄂伦春旗、达斡尔旗、阿荣旗三旗交界处的"黑三角"，甘肃省的莲花山等地都出现了大面积的种植现象。有些地方甚至流行"想致富，种罂粟；快翻番，种大烟"的奇谈怪论。有的村干部、党员带头栽种罂粟，并以此作为发家致富的门路。还有的地方竟然全村公开栽培罂粟，甚至出现了罂粟专业户和雇人种植的罂粟庄园主。

在一些地方，还出现了秘密毒品加工厂。"冰毒"具有强烈的中枢神经兴奋作用，可口服，也能吸食或注射。1989 年广东的毒品贩子黎志明等与香港的黑社会分子李秋萍合作，在广东江门市一个三面临水的半岛上设立"冰毒"工厂，所产毒品转道上海、福建、深圳等地输往境外。毒贩们经常改变运输线路，用救护车来运输这些"药品"。数年之中，已有近 1 000 公斤的"冰毒"被制成和运往海外，投资者因此而获得巨大的利润。于是，李秋萍决定扩大投资，1991 年 9 月，指使陈伟堂、黄培等在东莞市五龙镇建立第二家"冰毒"加工厂，不久，因分赃不均，李秋萍将该厂迁往福建省长乐县。陈伟堂又与李振华合作，11 月在清远市石坎镇一化工厂加工"冰毒"半成品，然后再运往广州的两个秘密点进行深加工。1992 年 5 月，广州警方联合福建、上海的警方，一举将这些"冰毒"加工厂全部破获。[②] 1992 年 9 月，警方又在福建破获制"冰"工厂，搜获冰毒 310 公斤，是全球破获的最大的冰毒案。[③]

广东因其所处的特殊地理位置亦被国际贩毒集团视为贩毒通道。毒品往往出云南然后进入广东，再通过走私渠道转运香港，从而使广东深受毒害。从 1987 年到 1990 年，广东共破获重大贩毒案件 1 000 多起，抓获境内外贩毒分子 2 500 人，缴获海洛因 400 公斤，鸦片、大麻等 1 400 公斤。最初毒品案件犯罪地尚局限在广州和深圳，近几年已蔓延到韶关、清远、河源、汕头等地。伴随着贩毒活动的增加，吸毒现象也在广东省蔓延开来。1990 年查获的吸毒人数比 1989 年增加 3 倍，1991 年上半年查获的吸毒人数又比前一年同期上升了 3 倍。吸毒现象已波及 18 个市，连贫困的河源市也发现了 100 余名吸毒者。有些地方甚至

① 孟明：《共和国鸦片战争秘闻》，团结出版社 1993 年版，第 60 页。
② 原野：《大地狱——认识毒品业》，贵州人民出版社 1994 年版，第 270 页。
③ 《新民晚报》，1994 年 12 月 19 日。

出现了有组织的集团化、职业化的地下毒品销售网和地下烟馆。广州市1992年以来,吸毒活动已从隐蔽角落蔓延到公共场所;从单独吸食发展到三五成群,如在一些舞厅、酒家和饭店里,瘾君子有固定的角落聚集吸毒。[①]

西北地区的毒况 1992年,国家禁毒委员会主任王芳在纪念"六二六"国际禁毒日座谈会上指出,国内毒品问题是卷土重来,愈演愈烈。其标志之一就是毒品犯罪从滇、黔、川、桂、粤扩展到陕西、甘肃和内蒙古等地。西北地区也被毒品所侵染,毒品犯罪出现了泛滥范围广、毒品种类多、吸毒人员复杂等特点。

自20世纪80年代中期以来,吸毒贩毒已成为陕西的一大公害。在西安,每年的毒品犯罪呈上升趋势,各类吸毒案件报道连篇累牍。如报道,一个叫李洪军的吸毒青年负债累累,为抢财物而用斧头将父亲活活劈死。自1986年起,西安的一些市民吃了个体户的火锅、羊肉泡馍后,就如喝了迷魂汤,几天就要去跑一次,否则就像丢了魂,抽了筋似的,后来卫生和公安部门才揭开谜底:火锅汤和泡馍汤里加入了大量的罂粟壳和罂粟籽。公安部门即予严惩,从1991年以来,打击处理贩毒人员2 000余人,缴获、销毁鸦片、海洛因等毒品56 673.2克。西安市一地就建立了10余家全封闭、强制性的戒毒医院和戒毒康复中心。[②] 在政府的强力压制下,1992年吸毒案件开始略有下降。

甘肃 受国际贩毒集团的影响,毒品通过云南、四川流入甘肃,并由兰州、临夏蔓延到其他各地。吸毒者急剧增加,而且有50%—60%的吸毒者是以盗养吸、以贩养吸、以抢养吸、以卖淫养吸。到1990年,甘肃各县设立戒毒所,但吸毒者一般恶习较深,由于戒毒时间短,这些人出去后,复吸率达70%—80%。在1989—1991年的三年间,甘肃省共破获贩毒案件3 700件,抓获4 000余人,缴获毒品187 000克,缴获毒资300多万元。[③] 由此可见毒况之深。

宁夏 进入20世纪90年代后,毒祸在宁夏呈急速发展趋势。几个拥有巨量资金的大毒枭控制了全区的毒品交易。例如遭公安部通缉的同心县回民周彦吉,年仅29岁,且是从1989年才涉足毒业的,但能量颇大,短短三四年间,其贩毒足迹遍及大半个中国,并建立庞大的贩毒网络。毒患的迅速蔓延与当地基层某些干部的认识有关。有些干部对缉毒干警说:"贩毒源头在云南、在境外,出售在广州,两头在外,对宁夏利大害小,管它干啥。再说,赚的是外国人的钱,背回宁夏的是现金。你们何苦绝贫困地区群众的一个致富门路。"[④]这种认识在地方

---

① 方仁:《白色瘟疫在粤省蔓延》,《澳门日报》,1992年6月21日。
② 《法制日报》,1993年8月14日。
③ 《法制日报》,1992年8月6日。
④ 莫大年编著:《1993年:中国"匪情"报告》,警官教育出版社1993年版,第250页。

上具有一定的代表性。因此，公安干警下乡追捕时，甚至遭到民众围堵。

有些贫困县的民众视南下贩毒为摆脱贫困的捷径。如同心县一些人成群结队上云南、广州贩毒，当地人称此为“上前线”。有很多人甚至参与到国际贩毒网络之中。宁夏各地的受害群众纷纷写信给各级政府，要求重视毒品犯罪。1992年7月27日，国务委员、国家禁毒委员会主任王芳在关于宁夏外流贩毒的报告上批示：“第一次看到宁夏的禁毒工作情况，奇闻很多。请禁毒办研究并提出工作意见。”[①]此后，一场严打活动即在六盘山下、黄河两岸展开。先后逮捕大毒枭周彦吉、马世新等，缴获毒品万余克。捣毁一批地下烟馆，追缴毒资数以百万计。

其他地区也有受毒品污染的情况。如湖南破获以张继跃等为首的特大贩毒集团，他们从1981年起贩毒，从云南先后购入3万多克海洛因，运至广州等地出售，获赃款50多万元。[②] 杭州、上海、北京等地也发现了毒品污染。

贩毒手段种种　从贩毒犯罪的手段来看，狡诈隐蔽和武装护卫兼而有之。毒贩使用的贩毒手段狡猾多变。如有的把水果掏空将毒品藏入其内，有的把木材掏空暗藏了毒品后再制成家具。有的用婴儿作掩护，甚至把死婴腹腔掏空作工具。有的用人体的特殊部位隐藏毒品，如云南省祥云县公安局有一次在4天内连续查获52起贩毒案，当场缴获的海洛因达4 686克，毒贩们将毒品搓成条状，装入乳胶手套和气球内，塞入肛门或阴道进行贩运。还有在假肢中藏匿毒品；利用书籍、唱片、宗教圣物和鞋底后根夹藏毒品；利用鱼类、冷冻食品、橡胶片、信函、牙膏、水果、乐器、木器、花瓶、衬衫、壁装饰品等藏带毒品；还发现有的毒贩将海洛因塞入头发，然后做成高髻，蒙混过关。[③]

也有毒贩采用改变毒品形状的方法贩毒，如将毒品液化后瓶装或用吸水的棉毛、纸板等物品浸吸毒液，待过关后再提炼还原；还有将海洛因溶解于药水里，再混入柴油，到目的地后，再还原成海洛因。将毒品吞入体内蒙混过关，也是常见的手法。

同样，武装走私贩毒也相当突出。中国边境一带，有的贩毒集团既贩毒又贩枪。1989年，仅云南、广西两省区就查获武装贩毒案件16起，缴获长短枪支19支，子弹1 208发，手榴弹12枚。1990年3月，昆明、宜良等地又破获武装贩毒案，武装贩毒使毒品犯罪进一步深化。

吸毒者分析　吸毒队伍的迅速扩大是当代毒品泛滥史上的一大特点(表14－3)。

---

① 莫大年编著：《1993年：中国“匪情”报告》，第240页。

② 《民主与法制画报》，1995年8月23日。

③ 欧阳涛、陈泽宪：《毒品犯罪及对策》，群众出版社1992年版，第27页。

表 14-3 20世纪80年代以来中国吸毒人数统计

1982年	1989年	1991年	1992年	1993年	1994年
数百人	7万人	148 539人	14.8万人	25万人	38万人
1995年	1999年	2004年	2009年	2014年	2015年
52万人	68.1万人	114.04万人	133.5万人	295.5万人	234.5万人

资料来源:《人民日报》,1992年6月26日、1996年4月4日;原野:《大地狱》;2000年6月《中国的禁毒》白皮书;《2005年中国禁毒报告》;《2010年中国禁毒报告》;《2014年中国毒品形势报告》;《2015年中国毒品形势报告》。

实际吸毒人数应超过该统计,甚至大大超过。如早在20世纪80年代末,西南一个大城市的吸毒人数就有10万之众。[①]

在吸毒者的队伍中,可以找到各种职业的人员,如列车员、干部、个体户、警察、士兵、戒毒工作人员、医生、文艺体育工作者等。演艺界人士比常人更多愁善感,情绪变化大,精神不安定,各种欲望也比一般人强烈,因此容易寻求刺激,安非他明、大麻等具有兴奋、致幻功能的毒品便很容易成为他们的追求物。如摇滚乐歌手吸食兴奋剂在国外十分普遍,他们在近似疯狂中找到感觉。这几年在中国也已发现摇滚乐歌手吸毒现象。例如在北京闯世界的"北漂"摇滚乐手中,有不少已染上吸毒恶习。报纸报道说,1995年6月8日晚,有人看见"旋风"乐队的鼓手李峰和另外几个乐手在北京一大饭店的迪斯科舞厅里吸食大麻。[②]

近年来,戒毒工作人员成为毒品受害者的报道也时有所闻。如云南某市戒毒所的一名女医生,她自以为早就从理论上和临床实践上了解了毒品,不相信海洛因能够征服自己,一次,当武警警官的丈夫把刚缴获的100克海洛因暂放在她的办公室,又匆匆去追击毒贩。这时,她心里突然冒出了要创造一个文明人征服海洛因的奇迹的想法,结果就这么一试,再也没有离开过毒品,丈夫离她而去,公职被开除,最后沦为了娼妓。还有位专业的戒毒研究人员,为了写治毒论文,去尝试吸毒的生理、心理变化,结果数次以后,他自己成了一个瘾君子,再也不能从事研究了。[③]

除了少部分人在自觉的情况下尝试毒品外,绝大部分人吸毒是由于对毒品的无知以及由于无知而产生的好奇。云南潞西县曾对49名吸毒者进行调查,其中,出于好奇者42人,占85.71%。

从吸毒者的年龄来看,青少年特别多,一般占到60%—70%。据兰州市的

① 原野:《大地狱——认识毒品业》,贵州人民出版社1994年版,第2页。
② 《生活导报》,1995年7月20日。
③ 原野:《大地狱——认识毒品业》,贵州人民出版社1994年版,第247页。

一项调查,16—25岁的青少年吸毒占该市吸毒总人数的72.6%,26—35岁的占22.3%,两项合计达94.9%。昆明市对1991年1月初查获的300名海洛因吸食者进行分析,其中绝大多数是青少年,年龄最小的才11岁。[①]

从吸毒者的文化程度来看,文盲及文化水平低的较多。云南瑞丽县的吸毒者中,文盲占59.55%,仅能读民族文字以及小学、初中文化的占40.41%,而高中以上文化的仅占0.04%。

从吸毒者的性别来看,男性虽占绝对多数,但女性吸毒问题也不容忽视。

毒品犯罪的危害罄竹难书,中央和地方政府还不得不为禁毒和戒毒治疗而逐年递增地消耗大量资金。正因为毒品犯罪有如此严重的社会危害,毒品泛滥地区的民众高呼:"我们盼望林则徐!"

第二节　禁毒斗争的展开

禁毒法令的制定与完善　毒品犯罪在中国已经成为一个严重的现实威胁,坚决惩治与预防毒品犯罪,是一场功在当代、利在千秋的伟大斗争,于是,一场禁毒反毒的斗争就此展开。

鉴于严重经济犯罪的猖獗,1982年3月8日,第五届全国人大常委会第二十二次会议通过了《关于严惩严重破坏经济的犯罪的决定》,对《刑法》作了适当的补充。《刑法》第171条规定:"制造、贩卖、运输鸦片、海洛因、吗啡或者其他毒品的,处五年以下有期徒刑或者拘役,可以并处罚金,可以并处没收财产。"《决定》对此条作了补充和修改:"情节特别严重的,处十年以上有期徒刑、无期徒刑或者死刑,可以并处没收财产。"从而大大加强了打击力度。

1984年9月20日,第六届全国人大常委会第七次会议通过了《中华人民共和国药品管理法》,该法的第三十、三十九、四十条对麻醉、精神、毒性、放射性药品的管理作了新规定,指出:"麻醉药品,包括原植物,只准由国务院卫生行政部门会同有关部门指定的单位生产,并由省、自治区、直辖市卫生部门会同有关部门指定的单位按照规定供应。"到1987年11月28日,国务院公布了《麻醉药品管理办法》八章三十八条,该办法对麻醉药品的定义、种植、生产、供应运输、进出口、使用以及对违法行为的处罚等,作了详细的规定。一年后的12月27日,国务院又公布了《精神药品管理办法》八章二十八条,指出:"精神药品是指直接作

① 欧阳涛、陈泽宪:《毒品犯罪及对策》,第31页。

用于中枢神经系统，使之兴奋或抑制，连续使用能产生依赖性的药品”，它因“人体产生的依赖性和危害人体健康的程度，分为第一类和第二类”，对精神药品实行严格的管理与控制。

此后，还颁布了《中华人民共和国治安管理条例》(1986 年 9 月 5 日)、《中华人民共和国外国人入境出境管理法实施细则》(1986 年 12 月 3 日)、《中华人民共和国海关法》(1987 年 1 月 22 日)等，都从各个角度对毒品犯罪作出了打击和处理的规定。1988 年 1 月 21 日，鉴于走私犯罪的继续发展，为严惩此类犯罪，第六届全国人大常委会第二十四次会议通过《关于惩治走私犯罪的补充规定》，强调：走私鸦片等毒品、武器、弹药或者伪造货币的，处七年以上有期徒刑，并处罚金或者没收财产；情节特别严重的，处无期徒刑或者死刑，并没收财产；情节较轻的，处七年以下有期徒刑，并处罚金。

《关于禁毒的规定》 以上各项法规的颁布，为禁毒斗争提供了法律依据。但一些不法分子和境外毒品犯罪势力仍大量贩毒，从而使中国的毒况日益严重。为迅速制止毒品犯罪进一步扩大的趋势，运用法律武器，严惩毒品罪犯，全国人大常委会第十七次会议于 1990 年 12 月 28 日通过了《关于禁毒规定》，共 16 条。该规定对刑法再次作了进一步的修改和补充，其主要特点有：

一、对毒品罪规定了严厉的刑罚，如走私、贩卖、运输、制造鸦片 1 000 克以上、海洛因 50 克以上或者其他毒品数量大的处 15 年有期徒刑、无期徒刑或者死刑，并处没收财产。再如对走私、贩卖、运输、制造鸦片 200 克以上不满 1 000 克、海洛因 10 克以上不满 50 克或者其他毒品数量较大的，处 7 年以上有期徒刑，并处罚金。

二、根据禁毒斗争的需要，《规定》增加了一部分新的量罪名称。如非法持有毒品罪，非法运输、携带经常用于制造麻醉药品、精神药品的物品进出境罪，非法种植毒品原植物罪，非法提供麻醉药品、精神药品罪等。以更科学的态度、更严格的法律进行禁毒斗争。

三、关于从严处罚和对立功者从宽处理的规定。《规定》指出，国家工作人员犯本《规定》者，从重处罚；因走私、贩卖、运输、制造、非法持有毒品罪被判过刑，又犯本《规定》者亦从重处罚。体现了对毒品罪犯从严、从重打击的精神。与此相反，《规定》增加了如犯罪者有检举与揭发其他毒品犯罪立功表现的，可以从轻、减轻处罚或者免于处罚。这一规定有利于瓦解犯罪团伙，查获毒品，并集中打击罪大恶极的犯罪分子。

四、关于管辖。《规定》规定：中国公民在中国领域外犯走私、贩卖、运输、制造毒品罪的，适用于本《规定》而不再受刑法规定的“最低刑为三年以上有期徒刑”

的限制。对外国人在中国领域外犯上述罪后进入中国领域的，不论其是否针对中国犯罪，亦不受“最低刑为三年以上有期徒刑”的限制，中国司法机关对其采取刑事强制措施，除依据国际公约、双边条约予以引渡的以外，应适用本《规定》处以刑罚。

五、关于戒毒措施。为了挽救吸毒者，帮助他们戒毒，《规定》除规定了对吸毒者予以较重的治安处罚外，还对吸毒成瘾的，规定予以强制戒除，进行治疗、教育。强制戒除后又吸毒的，可以实行劳动教养，并在劳动教养中强制戒除。

这部具有中国特色的禁毒法的颁布，对严厉打击毒品犯罪、减少并最终消灭毒品犯罪提供了有力的法律依据。它的施行对于严惩毒品犯罪分子，保护公民的身心健康，维护社会秩序，保障现代化建设具有重要的意义。

中国禁毒委员会的成立　1989 年 11 月 13 日，国务院召开电话会议，部署在全国范围内开展包括扫除吸毒、贩毒在内的“除六害”运动。这是新中国成立以来，中国政府第二次号召进行反毒斗争。为统一部署禁毒行动，协调各有关部门，指挥全国各个方面协同作战，与国际禁毒组织和机构配合交流，1990 年 11 月成立了国家禁毒委员会，该委员会由国务院的公安部、海关、民政部、卫生部等 16 个部委组成，由公安部部长王芳任主任，副部长俞雷任秘书长。不久，为加强全国禁毒的领导，国家禁毒委员会又进行了改组。

1991 年 6 月，中国召开全国禁毒会议。这是从 1952 年开展扫除毒患以来，首次召开的专门研究解决禁毒问题的全国性高层会议。会上王芳作了《三禁并举，标本兼治，打一场禁毒的人民战争》的报告，指出：“当前要花大力气加强禁毒斗争，力争在两三年内把毒品泛滥的势头压下去”，“做到有毒必肃，贩毒必惩，种毒必究，吸毒必戒。”会议提出禁贩、禁吸、禁种的“三禁并举、堵源截流、严格执法、标本兼治”的禁毒工作方针，要求实行综合治理，推动禁毒斗争在全国范围内广泛深入展开，并在从提高党政领导机构对禁毒重要性的认识，到配备缉毒人员编制、经费、装备等各方面，都有具体的指示与重要的措施。

平远“八三一”扫毒战　平远镇位于云南文山州砚山县与文山县的接合部，面积为 75.5 平方公里，设有 16 个办事处，126 个自然村，聚住着汉、苗、壮、京、土、回、彝、白、哈尼等十多个民族，总人口 63 000 人。全镇以坝区为主，公路四通八达，是昆明、平远通往广西百色和云南麻栗坡县的咽喉要道。

自 20 世纪 80 年代初以来，平远地区的群体犯罪活动愈演愈烈，逐步形成黑社会恶势力。他们控制基层政权，任意欺压民众，横行乡里，与人民政权进行顽固对抗，暴力抗拒执法，被称为“中国的西西里岛”。

平远地区黑社会首领主要有 5 人：林洪恩，平远地区的副镇长，主管政法工作；军师马惠春，是清真寺大管事；林洪舟，平远镇办事处党支部副书记；王宝恩，平远镇党支部书记；保国，清真寺大管事，省政协委员。他们披着人民代表、政协委员、党员干部的外衣，而行流氓盗匪之实。其主要罪行有三：

第一是贩毒吸毒。1989 年统计，平远镇从事贩毒的达 127 人，且为武装的大规模贩毒。他们与缅甸、港澳地区的贩毒集团建立了供销关系，然后将毒品大量贩往各地。有个毒品贩子一次走私海洛因 110 公斤。如马惠春从 1978 年到 1985 年间，先后 8 次向大毒贩沙柱国等人购入 25 000 克海洛因，运到贵阳等地贩卖，1988 年 5 月，他又从芒市购入海洛因 700 克。该地区吸毒也相当严重，据对田心、松毛坡、茂克三村的调查，吸毒者有 200 余人。其中最小的仅 9 岁，最大的有 87 岁。吸毒又引发了偷盗、贩枪等犯罪活动。

第二是贩卖武器。这里如“兵工厂”一般，罪犯从越南贩入枪支武器，转手倒卖。在平远地区，私藏枪支习以为常，一个田心村就私藏枪支 100 支，手榴弹近千枚，子弹上万发。平远地区成为全国的贩枪中心，有 24 个省、市发现了平远贩去的枪支。1990 年 3 月 12 日，公安部曾专门就平远镇贩枪犯罪发出通报，指出：云南省边境地区非法贩卖枪支的犯罪活动增多，走私枪支有的流入内地，被暴力集团用以杀人抢劫；有的流向港澳，造成极坏影响，贩枪活动尤以平远镇最为突出。福建、陕西、辽宁等地所破案件中发现，枪支均来自平远镇。①

第三是恶霸地方，为非作歹。黑社会恶势力成了平远镇的主宰。他们用犯罪所得的钱，修建了数百座碉堡型住宅，借此保护贩毒贩枪，并攻击政府。1986 年 1 月 16 日，文山州公安局派员到松毛坡村逮捕毒贩马会礼，遭到数百人围攻，负责在一线指挥的公安局局长为保护部下生命安全，被迫缴出手枪，全体缴械后退出，被称为“中国公安史上的奇耻大辱”。从此，警察不但不能入村执法，而且公安机关也屡遭冲击。如 1987 年 6 月 28 日，不法分子煽动数十人打砸平远派出所，抢走和烧毁户口底册、档案，打伤 8 名干警。同年 12 月 30 日，省委工作队和公安干警到车白泥村抓捕犯人，遭罪犯袭击，文山州政法委员会书记金寿平和省委工作队员王明良牺牲。自 1988 年至 1991 年的 4 年里，共发生 311 起冲击公安机关事件，有百余名警官血洒平远。

这里成了贩毒集团的乐土，军火走私者的中转站和负案在逃者的避风港；成了水泼不进、针插不进的“国中之国”。据统计，6 万人的平远，有 14 000 人曾参与犯罪。② 在那里，政府形同虚设，镇民不需纳税，不需交公粮，不搞计划生育，不办结婚证、身份证，平远成了危害云南、影响全国、波及海外的大毒瘤，有人甚

① 万静华、刘新春：《虎、虎、虎》，《法制与社会》第 1 期，第 14 页。

② 原野：《大地狱——认识毒品业》，贵州人民出版社 1994 年版，第 260 页。

至称平远镇是“一块阳光照不进的土地”“国旗覆盖不了的地方”。

1992年8月7日,党中央、国务院专门听取了云南省委和省政府关于平远地区的情况汇报,中央领导指出:该地区的问题既不是民族问题,也不是宗教问题,而是贩毒、贩枪的严重刑事犯罪问题,这些问题已危及全省、全国的治安形势,到了非解决不可的时候了。

按照中央政府的要求,由省委、省政府及有关厅局警组成平远地区严打小组,由省禁毒委员会主任刘选略任总指挥。于8月31日,集中3000余公安干警、武警官兵在水城集结,凌晨5时,在总指挥刘选略的命令下,向平远镇进发,开始了当代中国规模最大的扫毒行动,并使用了探雷器等武器。当天参战官兵进入指定位置,控制了平远所有的通道,占领了村寨外围的制高点,形成分割包围的态势。然后突击抓捕骨干分子。在强大的攻势下,一些毒贩纷纷自首交代。到11月20日止,共历时82天。在这场斗争中,林洪恩等黑恶势力头目及重要毒贩全部被抓获,揭露犯罪人员854人,依法处理656人,其中判处死刑7人,死缓1人,无期徒刑2人,有期徒刑3人,缓刑和管制30人,免于起诉的83人,免于刑事处分的530人。在抓捕战斗中,击毙罪犯2名,罪犯畏罪自杀1名。收缴毒品1000多公斤;收缴军用枪支353支(其中机枪5挺、步枪5支、冲锋枪119支、手枪224支),非军用枪611支,各种子弹近4万发,手榴弹、手雷、地雷共278枚;收缴赃款共1047万元,黄金2.5公斤,白银14.4公斤;收缴赃车94辆,依法没收用毒资建造的豪华住宅60幢。10月14日和11月12日,两次召开宣判大会,随后,镇、乡领导班子进行了改组。通过“八三一”之战,平远犯罪势力土崩瓦解,首恶分子受到严惩,彻底摧毁了犯罪的社会基础和经济基础。9月10日,江泽民在中共中央政治局常委会上称赞说:“云南平远镇的严打活动搞得好。”①12月17日,乔石委托国家禁毒委员会主任王芳在人民大会堂召开平远“严打”汇报会,公安部部长陶驷驹等高度赞扬了平远“严打”所获得的成果及其深远的意义。

南北大缉毒 在人民的支持下,各地政府和公安部门展开了一场禁毒的人民战争。

在39万平方公里的云南高原上,缉毒战线战果辉煌,南北大缉毒在人民支持下,各地政府和公安部门展开了一场禁毒的人民战争。1990年,就破获武装贩毒案8起,抓获外国国籍和港澳台毒犯600余名,在公安部的协调下,云南与四川、广东和甘肃四省警方联合作战,破获一起新中国成立以来的特大贩毒案,缴获海洛因221.3公斤,毒资人民币160万元,美金2万元,港币4万元,以及一

① 转引自万静华、刘新春:《虎、虎、虎》,第93页。

批黄金，抓获国内外毒犯 51 人，是为“8911”大案。云南省组织了 70 多个缉毒专业队伍，成为禁毒的主力军。1990 年 6 月 26 日，昆明市举行新中国成立以来首次禁毒销烟大会，将 14 名贩毒重犯判处死刑，在 20 口特制的销烟大铁锅里焚烧了 1 000 公斤毒品。1992 年的同一天，又焚毁 8 000 公斤毒品。

在贵州省，1990 年 11 月，破获李欣、杨文碧等 6 人特大贩毒集团案，缴获海洛因 3 000 克。接着又侦破陈和平、沈兴春、刘震起等 9 人贩毒集团。在深圳，警方于 1992 年 4 月破获一起内外勾结的贩毒大案。香港“14K”骨干林庭贤偷渡至粤，一面发展内地成员，一面与“和胜和”的曹东汉、黄冠中、刘永明等联络，从事贩毒。警方经周密部署，在沙头角一举摧毁了该贩毒集团。利用铁路贩毒是毒枭惯用的手法。有个以包头籍人为主的集团曾在全国 37 对列车上作案。1991 年 7 月，北京铁路公安局经三个月奋战，实施“夏一号”作战方案，端掉了这个作恶多端的犯罪集团。

在中国最大的城市上海，连续破获国际贩毒案。1988 年 3 月，上海警方与香港警方和美国警方密切合作，破获一起企图利用锦鲤鱼将海洛因走私美国的国际贩毒案。该月 9 日，警方在虹桥机场发现 25 箱拟于当天 CA981 航班运往美国旧金山金鱼水族馆的锦鲤鱼，从中查出藏于鱼肚内的海洛因 3 300 克，该贩毒集团的美籍华人、美籍越南人及香港毒贩分别在上海、香港和旧金山被捕。

依法严审贩毒案　针对某些地区贩毒猖獗的状况，为狠狠打击毒贩，最高法院依据法律，授权下一级法院可以审理死刑案件。1991 年 6 月，最高人民法院首先授权云南省高级人民法院核准部分毒品犯罪死刑案件。1993 年 6 月，最高人民法院授权广东省高级人民法院可核准部分毒品犯罪死刑案件。

据统计，1989 年中国查获的走私贩运毒品案件比 1988 年增加 55.9%（表 14－4）。

表 14－4　20 世纪 90 年代全国法院审理毒品案件数量举例

1990 年	1991 年	1992 年	1993 年
3 864 件	4 307 件	69 060 件	5 020 件

注：1992 年的案件数量包括走私、绑架、卖淫嫖娼等。
资料来源：历年最高人民法院工作报告。

1994 年全国法院共判处贩毒、杀人、绑架等严重刑事犯罪人员 276 809 人，其中判处五年以上有期徒刑、无期徒刑和死刑的达 167 648 人。① 缴获的鸦片、

① 《人民日报》，1995 年 3 月 24 日。

海洛因分别增加了 12.6%和 177%;抓获的贩毒分子人数上升了 33%。特别是贩运大宗精制毒品案和缴获的海洛因案连年成倍增多。1988 年侦破的精制毒品案和缴获的海洛因比 1987 年分别上升 1.6 倍和 2.3%,1989 年又比 1988 年上升 92%和 177%。[①] 到 1995 年,中国执法机关破获毒案达 5.7 万多件,抓获涉案违法犯罪人员 7.3 万人。

表 14-5　20 世纪 90 年代初期中国处理毒品犯的概况

年份	经检察院批准逮捕人数	经法院审判的人数	判处无期徒刑、死刑的人数
1991	8 080	5 285	866
1992	7 025	6 588	1 354

资料来源:原野:《大地狱——认识毒品业》,贵州人民出版社 1994 年版,第 13 页。

1989 年,全国查处的私种罂粟案件比上一年上升 2.5 倍。[②]

又有报道指出,1994 年缴获的鸦片和海洛因分别比 1993 年下降 45%和 19%,注册吸毒者 3.9 万人,比 1990 年下降三分之一。[③]

表 14-6　1980—1995 年搜缴毒品概况　　(单位:公斤)

年份	罂粟	鸦片	吗啡	海洛因	大麻	制毒化学剂	毒品共计
1980		1 900					
1984		3 400					
1989		200 余		600			
1990		700		1 600			
1991	300 万株	2 026	33	1 959	450	49 吨	4 400
1992				3 000			8 700
1995		1 110		2 376	466	冰毒 1 304	

资料来源:人民日报(海外版),1992 年 3 月 23 日、7 月 24 日,1996 年 6 月 26 日。欧阳涛、陈泽宪:《毒品犯罪及对策》。原野:《大地狱——认识毒品业》。

戒毒事业的进取　戒毒是根除毒品祸患关键环节,中国政府在厉行扫毒的同时,极为重视戒毒工作,为此投入大量的人力物力,取得了令人瞩目的成果。

云南瑞丽县面对急速增长的毒祸,号召全县不惜代价地进行戒毒。县成立

① 欧阳涛、陈泽宪:《毒品犯罪及对策》,第 27 页。
② 欧阳涛、陈泽宪:《毒品犯罪及对策》,第 20 页。
③ 《美国基督教箴言报》,1995 年 6 月 15 日。

康复中心，又开办了 60 多个戒毒所，建立起县、乡、村三级戒毒网络。在各级党政部门、公安、民政、卫生、工会、妇联、共青团等合作下，全县形成了一个纵横交错的戒毒网。到 1991 年止，使 40%的吸毒者脱离了吸毒，两年后，戒毒率达到了 50%。[①] 世界卫生组织顾问森内博士于 1989 年 10 月对瑞丽县戒毒工作考察后指出，这种政府与民众合作的“瑞丽模式”，值得各国仿效。

云南是戒毒所建立最早、最多的省份。1989 年 12 月，昆明市就设立强制戒毒所，到 1994 年共收治海洛因瘾者 6 232 人，其中女性占 25.6%，男性占 74.4%。[②]

1992 年，建立县以上戒毒所 252 个，强制戒毒 4.6 万人次。1991 年强制戒毒 41 227 人。到 1995 年春止，云南共建立强制戒毒所 85 个。[③] 仅昆明市长坡强制戒毒所，在 1990—1995 年间，就已收治吸毒者超过一万人次。

但是，戒毒毕竟是项缺乏经验的工作，它还需要不断完善。有些地方复吸率较高。1989 年，德宏州曾对戒毒所戒断半年之后的 93 名吸毒者进行回访，结果发现离所后两个月内已有 73 人重新吸毒，复吸率达 78.5%。这一比率还不算高。就在那年，德宏州有 4 000 人被强制戒毒，但 1990 年统计，94%的又复吸了。不少戒毒者已多次进出戒毒所了。有些地区，最高的复吸率达 100%。尤其女性的复吸率较男性更高，有些地方达到 85%—100%。[④] 在各类毒品中，复吸率以吸食海洛因的为最高。原因是海洛因使人的抗痛系统、镇静系统受到破坏，一旦停用，就会出现狂躁不安、情绪失控、周身疼痛等一系列戒断综合征，而且毒瘾的潜伏期相当长，可达 5—10 年。

为加强戒毒工作，1990 年 4 月，卫生部和公安局联合召开戒毒工作会议，制定戒毒工作方案。一些省区的公安、民政、卫生等部门互相配合，建立和完善戒毒场所，经过摸索，云南省确立了“以防为主，防戒结合”的指导思想，在戒毒中做到四个层次（即群众监督戒毒、基层组织戒毒、政府强制戒毒和依法劳教戒毒）和三个结合（即药物治疗、心理治疗和社会巩固）相配合，同时还开展药物戒毒的实践和研究工作。

医药学、心理学和犯罪学等学科的专家学者也在不同领域研究戒毒方法。浙江省宁波微循环专家杨国栋发现吸毒者不用毒品时出现的戒断症状，系植物神经功能失调后迷失神经与乙酰胆碱分泌过多，与全身微循环衰竭十分相似。

---

① 袁冰西：《扫毒——跨世纪的战争》，第 85 页。
② 《法制月刊》，1994 年第 7 期。
③ 《法制月刊》，1995 年 6 月 25 日。
④ 原野：《大地狱——认识毒品业》，贵州人民出版社 1994 年版，第 250 页。

他创立“杨氏戒毒疗法”,采用药物调节乙酰胆碱的分泌来达到戒毒的目的,在科研和临床上都取得了重要成果。天水戒毒所研制的“戒毒 919”,以人体的生理和解剖病理分析为依据,不仅能破坏人体内的烟毒抗体,而且服量少,疗程短,效果明显。江苏省无锡县医院的徐大立发掘中国医学宝库,也把改善微循环障碍的方法应用于戒毒。更多的中草药处方在戒毒中发挥了神奇的疗效。昆明强制戒毒所摸索出一套中西结合的安全、简便、经济、有效的戒毒方法,使戒毒者顺利度过狂躁期、放毒期而进入康复期,周期仅需 40 天;他们研制的“六二六戒毒中药”,对海洛因瘾者有一定效果。西安一安药物有限公司研制的“一安口服液”等,毒副作用小,能很快提高戒毒者的身体免疫力。

然而,一个完整的戒毒治疗应包括三个阶段,即药物脱毒、康复治疗、善后辅导。而我国目前大多停留在药物脱毒阶段,在戒毒者的心理康复、行为校正、技能培训和善后辅导方面,还没有很好地开展起来,而且,目前中国的戒毒器材、物资、设备均远远跟不上毒瘾蔓延的速度,一部分戒毒所还出现了仅为收钱而开设的现象,所以目前中国戒毒现状尚未达到令人满意的程度。

中国:反毒斗争正在继续 经过多年来公、检、法和全国人民的努力,中国的毒品犯罪遭到了沉重的打击。但要在短期内彻底消灭贩毒、吸毒的社会丑恶现象,显然是难以做到的。1994 年 8 月 29 日,全国人大内务司法委员会主任委员孟连昆在视察广东、广西、河南和河北贯彻实施《全国人大关于社会综合治理的决定》情况后,向人大报告说:“毒、黄、赌等社会丑恶现象蔓延。”①他建议各级领导都要树立“两手抓,两手都要硬”的思想,进一步落实社会治安综合治理的领导责任制,继续对毒品犯罪进行毫不手软的打击。

多年来,中国缉毒工作已取得不小的成绩,如 1996 年 4 月,深圳、广州警方密切配合,成功侦破了“9601”特大贩毒集团案,抓获毒枭 39 名,缴获 4 号海洛因 598 公斤。又如在广西壮族自治区,1994 年 1 月至 1995 年 5 月,破获的毒品案件就达 8 564 起,抓获罪犯 9 855 人,缴获海洛因 170 公斤,鸦片 261 公斤;1995 年 6 月 23 日,在百色等地区枪毙贩毒犯 34 人。② 四川的各个部门同期破获的毒品案件达 2 819 起,逮捕罪犯 3 853 人,缴获海洛因 185 公斤。③ 湖南公安干警在同期内破获的贩毒案也达 6 873 起。连毒品犯罪较少的吉林省自 1991 年以来,也抓获贩毒者 1 424 人,并缴获了大批鸦片、海洛因、吗啡和“冰毒”等。④ 20 世

① 《人民日报》,1994 年 8 月 30 日。
② 《法制日报》,1995 年 6 月 25 日。
③ 《法制日报》,1995 年 6 月 26 日。
④ 《法制日报》,1995 年 6 月 24 日。

纪90年代中期，广东省与东莞市禁毒委员会合作，在当年虎门销烟的原址——虎门镇林则徐纪念馆前，进行了4次联合销毒。

但中国的缉毒形势仍十分严峻。在一些老“烟区”，土制的鸦片、海洛因日益增多。如“黄皮”“兰州面”“料面”等在陕西、甘肃、内蒙古等地不断被发现。地下烟馆也屡禁不绝，如1986年，贵州省取缔了700多个地下烟馆，但此后，在一个织金县就又冒出115个。[①]

再以上海为例，乍浦路美食街的个别酒家老板，为吸引客人，竟从四川买来罂粟壳，加工成粉后配制火锅调料。数年前，市郊个别农民得知罂粟壳粉可治鸡鸭瘟病，偷偷地种上几棵，不料，后来已呈几何倍数的发展趋势。据公安部门统计，1993年种植罂粟蔓延到郊县的近百个乡镇，占全市乡镇总数的三分之一，铲除的罂粟已达数十万棵。1993年上海审理的毒案比1992年增加了57%，批准逮捕的毒贩比1992年上升了110%。当年缴获的海洛因竟比1992年增加了21倍。毒源也从原来的滇、粤，扩展到四川、贵州、新疆、陕西、黑龙江、江苏、浙江和内蒙古等省区以及缅甸、巴基斯坦等国。[②] 由于毒品犯罪的剧增，上海于1994年6月建立了禁毒领导小组。1995年6月23日，上海这个国际大都市在殷高路建立了上海市戒毒康复中心。这里原是上海市公安局所属的戒毒所(1992年建立)，由于吸毒者的增加，上海市政府耗资300万元，将此扩建为上海市戒毒康复中心。

1995年10月28日，公安部部长陶驷驹在向全国人大常委会第十六次会议报告社会治安时指出，贩卖毒品等仍是当前社会治安的主要问题之一。而全国人大常委会副委员长李沛瑶在介绍同年9月人大组织3个执法检查组，赴云南、广西和四川检查对禁毒决定的执行情况时，认为四川、广西、广东等地，现在毒品犯罪仍呈迅速增长趋势，有些地区的情况触目惊心。其表现有三：境外毒源威胁严重，毒品犯罪猖獗，境内吸毒人员仍在成倍地增长。而禁毒方面主要存在四个问题：对禁毒斗争形势的严峻性认识不足；有些地区对毒品犯罪活动执法不严、打击不够有力；戒毒的巩固率低，复吸率仍然很高；缉毒专业队伍不健全，经费不足。中国将在适当时候，再次召开全国禁毒工作会议，并增加缉毒和强制戒毒所需的经费，增加缉毒公安干警编制。将毒品案件的死刑审核权下放给有关省、自治区高级人民法院行使，以推动缉毒工作的进一步展开。[③]

为了进一步遏制毒品犯罪的蔓延，1992年，中国禁毒委员会参加了联合国

---

① 孟明：《共和国鸦片战争秘闻》，第4页。
② 《法苑杂志》，1994年第7期。
③ 《人民日报》，1995年10月9日。

禁毒署倡导的金三角地区的禁毒合作。3月,中国海关与国际海关合作理事会联合在广州举办缉毒培训班,有18个国家和地区的海关代表接受了培训。6月12日,中国、缅甸、联合国禁毒署三方在仰光签署了禁毒合作项目。该项目旨在帮助缅甸用经济植物取代毒品植物,减少中国的过境贩毒量。① 这种农业改良工作,自1993年起,已取得很大的成果。

1995年5月,中国政府与东南亚五国达成协议,发起一个耗资1 000万美元的联合行动,以协调缉毒行动并控制生产毒品所用的化学品。② 与此同时,中国已同泰国、缅甸、日本、美国、澳大利亚等国建立了缉毒办案和情报线索查办的合作关系。1996年3月18日至20日,中缅两国的有关部门在昆明达成协议,以期进一步禁种罂粟,打击贩毒,实施缅甸乡村的试点计划和教育计划,并设立中缅联合工作组。为加强国际合作,1996年6月,中国常驻联合国代表王学贤大使代表中国政府,提出了国际禁毒合作的三点主张:一、与毒祸作斗争是生产国、消费国和过境国的共同责任。需要国家、区域和国际三级共同努力。国家努力是基础。二、发展中国家在禁毒斗争中困难更多更大,应从国际合作中得到更多的财力和技术援助。三、应严格尊重各国的主权和领土完整,不得以禁毒合作为借口干涉别国内政。

为对青少年进行反毒防毒的教育,国家禁毒委员会主编、国家教委审定出版了禁毒教科书,通过介绍毒品传入中国的历史、中国历史上的烟毒和禁烟运动、当前的毒品回潮以及中国当前的禁毒工作等内容,使青少年牢固树立禁毒意识,抵御毒品的侵袭。

禁毒斗争已取得了不小的胜利。据统计,在1991年至1995年9月间,中国政府共破获贩毒案12.8万件,逮捕毒贩18.9万人,缴获了15.8吨海洛因、12.7吨鸦片、3.3吨大麻、2.3吨安非他明以及企图偷运出境的制毒化学品289.5万吨。在4年中,共有5 300名毒枭被判处死刑或无期徒刑。同时,还创立了将近2 000个戒毒中心,对吸毒成瘾人员强制戒毒18万人次,劳动教养戒毒10万人次。但是,正如时任中共中央书记处书记、中央政法委员会书记任建新所指出的:"贩毒吸毒等社会丑恶现象仍在不少地方继续蔓延。"③禁毒形势仍相当严峻。

目前,一场全面、深入、持久的禁毒斗争,正在中国大地上展开。

禁毒工作的新局面　2008年6月,国家禁毒委员会常务副秘书长、公安部

---

① 《人民日报》,海外版,1992年6月27日。

② 《中国向鸦片贸易宣战》,《美国基督教箴言报》,1995年6月15日。

③ 《人民日报》,1996年4月29日。

禁毒局局长杨凤瑞指出，经过三年禁毒人民战争，有效遏制了毒品来源、毒品危害和新吸毒人员的大量滋生，控制了海洛因问题快速发展蔓延的势头，扭转了一些地方毒情严重的状况，禁毒斗争形势整体上有了明显好转。实践证明，党中央、国务院关于全国开展禁毒人民战争的决策是完全正确的。尽管我们禁毒斗争的形势有了明显的好转，但是我们禁毒斗争的任务仍然十分艰巨。胡锦涛、温家宝对禁毒工作作出重要批示，各有关部门认真贯彻落实中央领导的重要批示，以贯彻实施《禁毒法》为主线，以巩固和扩大海洛因治理成果、遏制新型毒品发展蔓延为目标，全面推进禁毒人民战争向纵深发展，努力实现我国禁毒斗争形势持续好转，在新的起点上开创中国禁毒工作的新局面。①

经过三年的禁毒人民战争，我国的禁毒工作取得了明显的成效，毒品形势也发生了一些积极的变化，尤其是海洛因毒品形势，出现以下五个方面积极的变化：

第一，"金三角"缅北地区的罂粟种植面积大幅度减少，对我国的海洛因威胁有明显的减轻。缅甸毒品大幅度减少，主要是缅甸政府和人民努力的结果，与中国和国际社会的帮助也是分不开的。

第二，从缅北地区流入我国的海洛因明显减少。我国缴获的海洛因从2004年的10.8吨，逐年减少到7.1吨、5.8吨、4.6吨，工作力度加大了，缴获的毒品减少了，说明流入的还是减少了。

第三，市面上流通的海洛因毒品减少，价格提高了，买毒品更难了。

第四，吸食海洛因人员的增长幅度变小。和高峰期相比，每年新滋生吸食海洛因人员增长幅度已经从30%下降到5.6%。吸食海洛因的人员，长时间戒断巩固的人员增多，吸食人员减少，社会对吸毒人员帮教的措施落实比较好。

第五，海洛因的毒品危害减轻。比如传播艾滋病的比例，几年前经吸毒传播艾滋病的比例是68.7%，减少到38.5%。

《禁毒法》的颁布与实施 2007年12月29日，中国十届全国人大常委会第三十一次会议审议通过《禁毒法》，并于2008年6月1日起施行。这是第一部全面规范中国禁毒工作的重要法律，是指导中国禁毒工作的基本法。它的颁布实施，进一步彰显了中国厉行禁毒的立场和坚定决心，完善了中国预防和惩治毒品违法犯罪的法律体系，对依法全面推进中国禁毒事业，具有里程碑的意义。

《禁毒法》共7章71条。主要包括六个方面的内容：一是规定了禁毒工作领导体制、工作机制和保障机制；二是规定了"预防为主，综合治理，禁种、禁制、

---

① 《人民日报》，2008年6月23日。

禁贩、禁吸并举”的禁毒工作方针；三是规定了麻醉药品、精神药品和易制毒化学品管制的种类、范围、措施和办法；四是规定和改革了戒毒体制和措施；五是规定了加强禁毒国际合作的措施；六是规定了违反《禁毒法》及相关法律法规的法律责任。

《禁毒法》颁布实施，充分体现我们国家对禁毒工作的重视和坚决禁毒的决心。和以往的一些法律相比，过去禁毒的法律主要是一些单独的法规，虽然有全国人大关于禁毒的决定，但只是侧重于打击毒品犯罪，禁毒的内容散见在多个法规之中，而《禁毒法》是禁毒基本法，它规定了禁毒的领导体制、工作机制、保障机制、各项业务工作等。

《禁毒法》还有很多亮点，随着《禁毒法》的深入实施，中国的禁毒工作必将进入依法全面推进的新的历史阶段。

第一，《禁毒法》明确规定，禁毒是全社会的共同责任。一是政府的责任，二是有关部门的责任，三是全体人民的责任。

第二，把“禁毒委员会”写进了《禁毒法》，《禁毒法》规定国务院设立国家禁毒委员会，县以上地方各级人民政府根据工作需要设定禁毒委员会，负责本辖区指导，协调本辖区的禁毒工作，禁毒委员会是党和政府加强禁毒工作的体现，是我国实践经验的总结。

第三，规定预防为主，综合治理，禁种、禁制、禁贩、禁吸并举的禁毒工作方针，这里尤其突出的是预防教育为本。

第四，规定禁毒的保障机制、保障体制。县以上各级人民政府应当把禁毒纳入社会经济发展的总体规划，把禁毒经费列入地方财政预算，这就保障了禁毒工作的需要。

第五，改革完善我国戒毒工作体制。由原来的主要靠强制戒毒、劳教戒毒为主，改变成有社区戒毒、有强制隔离戒毒、有社区康复和场所康复，还有其他的如自愿戒毒、美沙酮维持治疗等多种措施，关键是体现了以人为本的戒毒理念。

贯彻《禁毒法》，还需要做很多工作。

首先是《禁毒法》要进基层。全国要全面掀起学习、宣传《禁毒法》的热潮，营造贯彻实施《禁毒法》的浓厚氛围。各级禁毒部门要以 6 月 3 日至 26 日的“禁毒宣传月”为契机，紧紧围绕“依法禁毒、构建和谐”主题，组织开展内容丰富、形式多样的《禁毒法》宣传活动，充分发挥广播、电视、报纸、网站、视频等媒体作用，努力扩大宣传覆盖面，将《禁毒法》宣传工作做到家喻户晓，妇孺皆知。

同时，各级各有关部门要把《禁毒法》的宣传纳入本部门、本系统年度培训工作计划，确保职能部门工作人员都能熟练掌握、正确运用《禁毒法》。《禁毒法》的培训工作要深入基层组织，要通过培训，努力提高社区工作人员、禁毒志愿者参与禁毒工作的能力和水平。突出重点场所和重点人群的宣传，进一步增强易涉毒行业、场所从业人员和易涉毒高危人群的法律意识。

其次，各部门形成合力推进禁毒工作。各级各部门要根据《禁毒法》的相关规定，认真履行职责，完善工作机制，努力形成在各级人民政府统一领导下，相关部门各司其职、各负其责、齐抓共管的禁毒工作新格局。在这方面，各级新闻出版、文化、广电等部门应积极开展禁毒宣传工作，各级教育行政部门要加强对在校学生禁毒预防教育工作，食品药品监督、商务、安监、海关、公安等部门应加强对麻醉药品、精神药品、易制毒化学品生产、运输、储存、进出口等关节的监管。省、市、自治区要组织好社区戒毒、社区康复试点工作，确保社区戒毒、社区康复工作的顺利实施。

最后，要加大禁毒投入。《禁毒法》在加强禁毒工作组织领导方面和保障方面做出了很多新的规定。各级禁毒委及其办公室要以贯彻实施《禁毒法》为契机，积极争取支持，逐步解决长期困扰禁毒工作的重点和难点问题。要加强各级禁毒委及其办事机构建设，完善工作机制，指导城市街道办事处和乡镇成立禁毒机构，配备社区禁毒专干。各级人民政府要按照《禁毒法》的规定，将禁毒工作所需经费列入本级财政预算，按照禁毒工作需要，加大禁毒经费投入。

附录一

附表一　外国鸦片及其他毒品输入中国状况　　(单位：箱)

年　份	数　量	年　份	数　量	年　份	数　量
1800	4 500	1870	70 000	1910	20 000
1810	4 968	1880	100 000	1920	40 000
1820	12 050	1895	56 000	1930	80 000
1830	33 906	1899	64 000	1932	100 000
1839	50 350	1900	55 000	1940	50 000
1850	55 000	1905	56 000	1945	10 000
1860	63 000	1906	60 000		

资料来源：据马士：《中华帝国对外关系史》、《海关报告书》、《拒毒月刊》等推算而成。

附表二　中国近代罂粟种植面积和土烟生产状况

年份	罂粟(万亩)	土烟(万担)	年份	罂粟(万亩)	土烟(万担)
1840	30—40	1.1	1906	1 871	58
1866	183	5.5	1910	430	15.8
1870	256	7.7	1925	1 800	37.6
1880	1 330	40	1929—1933	8 000	120
1894	1 330	40	1935	4 000	70
1896		33. 4	1938—1939	2 500	60
1900	1 800	37.6	1949	2 000	50.5
1905	1 800	37.6			

资料来源：1.《益闻录》,第 145 号,光绪八年二月十四日。
2. 光绪《东华续录》,卷 185,页 5—6。
3.《国际鸦片委员会报告书》,第 2 卷,第 57 页。
4.《中华年鉴》,1928 年,第 526 页。
5.《中国烟祸年鉴》,第 3、4 辑。
6.《拒毒月刊》,第 1—110 期。

附表三　中国近代吸毒者数量统计　　（单位：万人）

年　份	吸毒人数	年　份	吸毒人数
1839	200万以上	1929—1933	8 000
1850	300	1938—1939	5 000
1880	2 000	1949	2 000
1905—1906	2 000	1952	1万人以下
1910	400—500		

资料来源：据《拒毒月刊》、《中国烟祸年鉴》、《禁烟月刊》、《中华年鉴》等资料制成。

附表四　中国近代亩产鸦片统计　　（单位：两）

年　份	地　区	平均亩产	年　份	地　区	平均亩产
1928	河南唐河	50	1929	云南武定	30
	贵州荔波	800		山东益都	32
	云　南	37—40		陕　西	90
1929	贵州普安	25—30		福建清流	30
	广东花县	30		贵州水城	20
	广东高明	20		湖　北	24—100
	云南江城	100		安徽巢湖	20

资料来源：1.《中国烟祸年鉴》，第3、4辑。
2.《拒毒月刊》，第1—110期。

附录二　参考书目

（一）中文

古籍

《旧唐书》。

《新唐书》。

《全唐诗》。

李时珍：《本草纲目》。

《明史》。

《明会典》。

《清实录·宣宗实录》。

陈琮：《烟草考》。

黄炎培等：《川沙县志》，1937年版。

梁崇鼎等：《贵县志》，1934年版。

民国《巴县志》，1939年刊。

俞正燮：《癸巳类稿》。

余文仪：《台湾府志》。

《古今图书集成·博物汇编草木典》。

王硕：《易简方》。

张岱：《陶庵梦忆》。

公报

国民政府公报，1925—1940年。

内政公报，内政部总务司编印，1934年至1937年。

四川省政府公报，1935—1937年。

政治官报附内阁官报宣统条约，台湾文海出版社影印，1965年版。

报刊

申报。

新闻报。

大公报(天津版、汉口版、重庆版)。
中央日报。
人民日报。
解放日报。
参考消息。
云南日报。
新民晚报。
东方杂志。
拒毒月刊,第1期至第113期,1924—1937年。
禁烟半月刊,南京国民政府军事委员会禁烟总会印行,第1卷,1936年。
禁烟专刊,上海市禁烟委员会印行,第1、2期,1935年。
禁烟汇刊,南京国民政府军事委员会禁烟总会印行。
禁烟宣传汇刊,国民党中央执行委员会宣传部印,1929年。
四川禁烟月刊,1938年。
广东禁烟季刊,第1期,1937年。
禁烟纪念特刊,国民政府内政部禁烟委员会,1935年。
河南省六年禁烟总报告,河南省民政厅编印。
社会月刊,第1卷,1931年。
杂志,1943年,第12卷。
新中华杂志,第1—4卷,上海中华书局。
法制月刊,1985—1995年。
民主与法制,1985—1995年。

年鉴和百科全书

中国经济年鉴,上海商务印书馆1934年版。
上海市年鉴,1936、1937、1947、1948年。
内政年鉴,1933年。
申报年鉴,1933—1936年。
中国烟祸年鉴,第1、3、4辑,1924、1926、1927年。
简明不列颠百科全书,第2、5卷。

著作

中国史学会编:《鸦片战争》,上海人民出版社1957年版,1—6册。
姚薇元:《鸦片战争史实考》,人民出版社1984年版。
牟安世:《鸦片战争》,上海人民出版社1982年版。

列岛编:《鸦片战争论文专集》,三联书店 1958 年版。
杨国桢:《林则徐传》,人民出版社 1981 年版。
张馨保:《林钦差与鸦片战争》,福建人民出版社 1989 年版。
罗东玉:《中国厘金史》,上海商务印书馆 1936 年版。
张肖梅编:《四川经济参考资料》,上海中国国民经济研究所 1939 年版。
罗伯特·A.柯白:《四川军阀与国民政府》,四川人民出版社 1985 年版。
鲁子健:《清代四川财政史料》,四川省社会科学出版社 1988 年版。
徐珂编撰:《清稗类抄》,中华书局 1986 年版。
夏德:《大秦国全录》,上海商务印书馆 1925 年版。
德空多尔著,俞德浚、蔡希陶译:《农艺植物考源》,商务印书馆 1940 年版。
瓦格勒著、王建新译:《中国农书》,上海商务印书馆 1936 年版。
卜凯(John,L. Buck):《中国土地的利用》,金陵大学农学院农业经济系 1941 年版。
田中忠夫著、汪馥泉译:《中国农业经济资料》,上海大东书局 1934 年版。
桑原骘藏:《唐宋贸易港研究》,上海商务印书馆 1925 年版。
罗运炎:《中国鸦片问题》,上海兴华报社 1929 年版。
于恩德:《中国禁烟法令变迁史》。
陶亢德编辑:《鸦片之今昔》,上海宇宙风社 1937 年版。
范长江:《中国西北角》,北京新华出版社 1980 年版。
严景耀:《中国的犯罪问题与社会变迁的关系》,北京大学出版社 1986 年版。
广州广东大学农科学院:《广东农业概况调查报告书》,1925 年。
中国经济情报社编:《中国经济论文集》,第 1、2 集,上海生活书店 1936 年版。
贾士毅:《民国财政史》,商务印书馆 1934 年版。
莱特:《中国关税沿革史》,三联书店 1958 年版。
陈奇鹿:《英国对华贸易》,上海商务印书馆 1930 年版。
连横:《台湾通史》,北京商务印书馆 1983 年版。
朱契编著:《中国人民开发台湾反侵略斗争史略》,湖北人民出版社 1955 年版。
丁名楠等:《帝国主义侵华史》,第 1 卷,人民出版社 1973 年版。
绍溪:《十九世纪美国对华鸦片侵略》,三联书店 1952 年版。
刘彦:《帝国主义压迫中国史》,上海太平洋书店 1927 年版。

马士：《中华帝国对外关系史》，第1、2、3卷，北京三联书店1957、1958年版。

泰勒·丹涅特：《美国人在东亚》，姚曾广译，商务印书馆1962年版。

陈舜臣著、卞立强译：《鸦片战争实录》，中国友谊出版公司1885年版。

田中正俊等：《外国学者论鸦片战争与林则徐》，福建人民出版社1989年版。

王铁崖编：《中外旧章约汇编》，三联书店1957年版。

德·希·珀金斯：《中国农业的发展(1368—1968)》，宋文海等译，上海译文出版社1984年版。

姚贤镐编：《中国近代对外贸易史资料》，3册，中华书局1962年版。

严中平等编：《中国近代经济史统计资料选辑》，科学出版社1955年版。

李文治编：《中国近代农业史资料(1840—1911)》，三联书店1957年版。

章有义编：《中国近代农业史资料(1912—1927)》，三联书店1957年版。

章有义编：《中国近代农业史资料(1927—1937)》，三联书店1957年版。

黄希源：《中国近现代农业经济史》，河南人民出版社1986年版。

财政部：《农民负担史》，第1、2、3册，中国财政经济出版社1992年版。

彭信威：《中国货币史》，上海人民出版社1965年版。

汪敬虞：《赫德与近代中西关系》，人民出版社1987年版。

《文史资料选辑》，全国、上海、天津、四川、贵州、山西、陕西、宁夏、辽宁、广东、广西等省市自治区，以及西安、广州、武汉、丰都、川沙等市县。

中央档案馆、中国第二历史档案馆、吉林省社会科学院合编：《东北经济掠夺》，中华书局1991年版。

王承礼主编：《中国东北沦陷十四年史纲要》，中国大百科全书出版社1991年版。

张仲礼、陈曾年：《沙逊集团在旧中国》，人民出版社1985年版。

茅海建：《天朝的崩溃——鸦片战争再研究》，三联书店1995年版。

格林堡：《鸦片战争前中英通商史》，北京商务印书馆1961年版。

阿甫基耶夫：《古代东方史》，上海三联书店1956年版。

司徒卢威编：《古代的东方》，人民教育出版社1955年版。

阿里·玛扎海里：《丝绸之路——中国波斯文化交流史》，北京中华书局1993年版。

颜清湟：《新马华人社会史》，北京中国华侨出版社1991年版。

约翰·F.卡迪：《东南亚历史的发展》，上海译文出版社1988年版。

陈辉燎:《越南人抗法八十年史》,三联书店 1973 年版。

萨努西·巴尼:《印度尼西亚史》,商务印书馆 1972 年版。

吴世璜:《印度尼西亚史话》,印尼椰城世界出版社 1951 年版。

林天佑:《三宝垄历史》,暨南大学华侨研究所 1984 年版。

尼.瓦.列勃里科瓦:《泰国近代史纲》,商务印书馆 1974 年版。

苏联大百科全书选译:《古代罗马》,三联书店 1959 年版。

利瓦略夫:《古代罗马史》,三联书店 1957 年版。

景振国:《古代美洲的玛雅文化》,北京商务印书馆 1983 年版。

欧亨尼奥·陈-罗德里格斯:《拉丁美洲的文明与文化》,北京商务印书馆 1990 年版。

莫黑塔尔:《非洲通史》,中国对外翻译公司版。

任雪芳:《印第安人史话》,商务印书馆 1981 年版。

刘文龙:《古代美洲的印加文化》,商务印书馆 1983 年版。

严中平:《老殖民主义史话》,北京出版社 1984 年版。

谢成科:《药用植物学》,北京人民卫生出版社 1986 年版。

陈松峰、陈文峰:《烟史闻见录》,中国商业出版社 1989 年版。

徐雪筠等译编:《上海近代社会经济发展概况——海关十年报告译编》,上海社科院出版社 1985 年版。

《天津租界》,天津人民出版社 1986 年版。

《旧上海的帮会》,上海人民出版社 1986 年版。

《旧上海的烟赌娼》,百家出版社 1988 年版。

《旧上海的外商与买办》,上海人民出版社 1987 年版。

《上海近代西药行业史》,上海社会科学院出版社 1988 年版。

王树槐:《中国现代化的区域研究·江苏省 1860—1916》,台湾中央研究院近代史研究所专刊。

山西地方志委员会:《山西大事记》,山西人民出版社 1987 年版。

马曜主编:《云南简史》,云南人民出版社 1983 年版。

《西南军阀史研究丛刊》,贵州人民出版社 1983 年版。

贵州军阀史研究会:《贵州军阀史》,贵州人民出版社 1987 年版。

编写组:《井冈山革命根据地的经济斗争》,江西人民出版社 1978 年版。

《左右江革命根据地资料选辑》,人民出版社 1984 年版。

《川陕革命根据地史料选集》,人民出版社 1986 年版。

朱顺佐:《邵力子传》,浙江大学出版社 1988 年版。

张国焘:《我的回忆》,第 3 册。

《东北抗日联军史料》,中共党史资料出版社 1985 年版。

《红军长征过广西》,广西人民出版社 1986 年版。

《红军长征在贵州史料选辑》,贵州社会科学丛书,无版本。

《黔山红迹——红军在贵州的革命活动》,贵州人民出版社 1981 年版。

欧阳涛、陈泽宪:《毒品犯罪及对策》,北京群众出版社 1992 年版。

原野:《大地狱——认识毒品业》,贵州人民出版社 1994 年版。

孟明编:《大战平远街:共和国鸦片战争秘闻》,团结出版社 1993 年版。

莫大年:《1993:中国"匪情"报告》,中国警官教育出版社 1993 年版。

阿尔弗雷德·W.麦考、卡瑟琳.B.丽德著、廖若等译:《海洛因内幕》,北京警官出版社 1989 年版。

朱庆葆、蒋秋明、张士杰:《鸦片与近代中国》,江苏教育出版社 1995 年版。

弗兰克·罗伯特著、何晓琪等译:《死亡金三角》,中国卓越出版公司 1989 年版。

蔡小洪:《世界毒品之战》,北京昆仑出版社 1988 年版。

池宗宪:《台湾社会传奇》,台北联合月刊杂志社 1986 年版。

池宗宪:《夜壶——台湾黑社会真相》,华艺出版社 1987 年版。

邝碧华编著:《台湾黑帮内幕》,香港广角镜出版社 1988 年版。

古蒙仁:《台湾社会档案》,台北九歌出版社 1983 年版。

刘峰、沈默:《台湾黑社会揭秘》,北京知识出版社 1989 年版。

陈长风:《竹联帮与台湾黑社会》,北京档案出版社 1988 年版。

《百姓半月刊》采访组:《香港档案》,香港百姓出版社版。

章盛:《香港黑社会真相》,香港天地图书有限公司 1981 年版。

论文

艾约瑟:《罂粟源流考》,《万国公报》1889 年,第 12 期。

何引流:《中国的毒品问题》,《中国经济论文集》,第 2 集,中国经济情报社 1936 年版。

周宪文:《中国之烟祸及其对策》,《东方杂志》,第 23 卷,第 20 号。

述之:《军阀统治下之灾荒与米荒》,《向导周报》,第 164 期。

李行:《涪陵大柏镇的鸦片经营》,《东方杂志》,第 32 卷第 14 期。

俞宁颇:《中国鸦片流祸的概观》,《时事月报》,第 5 卷第 4 期。

《鸦片与鸦片问题之研究》,《云南旅平学会会刊》,1933 年第 7 期。

丁名楠等:《第一次鸦片战争——外国资本主义侵略中国的开端》,《中国科学院历史研究第三所集刊》。

严中平：《英国资产阶级纺织集团与两次鸦片战争史料》，《经济研究》1955年第2期。

林满红：《清末本国鸦片之替代进口鸦片(1858—1906)》，台北《近代史研究所集刊》，第9辑。

黄麟根：《威尔士亲王的包税制，1805—1830年》，《南阳学报》第1卷第1—2辑，1965年。

约翰·G.布切：《马来联邦包税制度的不动产转让》，《现代亚洲研究》，第17卷第3期，1983年。

J.F.理查兹：《印度帝国与19世纪农民的鸦片生产》，《当代亚洲研究》，1981年第2期。

王德溥：《日本在中国占领区内使用麻醉品戕害中国人民的罪行》，《民国档案》，1994年第4期。

山田豪一：《1910年前后日本对华走私鸦片吗啡的秘密组织的形势》，《国外中国近代史研究》，第12辑。

郦永庆：《有关禁烟运动的几点认识》，《历史档案》，1986年第3期。

李伯祥、蔡永贵、鲍正廷：《关于十九世纪三十年代鸦片进口和白银外流的数量》，《历史研究》，1980年第4期。

石玉山：《建国初期的剿匪斗争》，《党史研究资料》，第6辑，四川人民出版社1985年版。

朱江、达业：《台湾黑社会组织及其危害》，《台湾与东亚》，1984年第2期。

王金香：《张之洞山西禁烟述略》，《山西师大学报》，1988年第1期。

(二) 外文

日文

外务省、兴亚院档案，东京外交资料馆。

东亚同文会编：《支那省别全书》，大正六年版。

东亚同文会编：《支那经济全书》，1918—1920年版。

根岸佶：《清国商业综览》，1906年版。

马场鱿：《阿片东渐史》，满洲事情案内所1942年版。

鹤见佑辅：《后藤新平》，昭和12年版。

大内丑之助秘件：《支那鸦片问题解决办法》，大正8年版。

东亚同文会：《支那》，1925—1937年。

加藤佑三:《东アジアの近代》,株式会社讲谈社 1985 年版。

加藤佑三:《イギリスとアジア——近代史原画》,岩波书店 1989 年版。

《これはジヤンブだ》,日本《周刊大众》1992 年第 2 期。

日本外务省:《阿片事情调查书》。

野波静雄:《国际鸦片问题》,平凡社 1925 年版。

菊池酉治等:《阿片问题の研究》,国际联盟协会 1928 年版。

冈田芳政等编:《续现代史资料》之十二《阿片问题》,东京みすず书房 1986 年版。

太田宇之助:《支那に于る阿片禁绝政策の进行》,《东亚》,第 8 卷第 6 期,1935 年。

兴亚院政务部:《国民政府时代の阿片根本政策と法规の变迁》,《兴亚院调查月报》,第 1 卷第 11 号,1940 年。

在上海大日本帝国大使馆事务所:《戒烟制度に关する调查报告书》,1942 年版。

仓桥正直:《日本の阿片.モルヒネ政策》,《近きに在りて》,第 4、5、6 号。

新村容子:《清末四川省におけるアヘン商品生产》,《东洋学报》,第 40 卷第 3、4 号。

山内三郎:《麻药と战争——日中战争の秘密武器》,《人物往来》,1965 年第 9 期。

千田夏光:《皇军"阿片"谋略》,汐文社 1980 年版。

二反长半:《战争と日本阿片史》,すだる书房 1977 年版。

刘修明:《台湾统治と阿片问题》,山川出版社 1983 年版。

朴橿:《日本の中国侵略と鸦片》,三一书房 1994 年版。

赵甲济:《シヤンブ!》,东京研文社 1991 年版。

小田昭太郎:《クンサ—》,东京情报クンタ—出版局 1987 年版。

英文

China Year Boor, H. G. Woodhead, 1912 - 1919, George & Sons, Limited, London; 1912 - 1928, Tientsin Press, Limited, Tientsin.

Decennial, Reports on the Trade, Industries, etc., of the Ports Open to Foreign Commerce, and on Conditions and Development of the Treaty port Provinces (海关十年报告), 1922 - 1931, the Statisaical Department of the Inspectorate General of Customs, China Maritime Customs, shanghai, 1933.

后　记

上海社会科学院出版社希望《中国毒品史》再版，此前我还曾接到不下5家出版社的再版邀请；这不仅说明《中国毒品史》一书在出版20年后仍具有一定的学术价值，更重要的是，说明毒品仍是当今中国严重社会问题之一。

我是在20世纪80年代初开始关注中国当代的毒品问题的。那时我在华东师范大学历史学系攻读硕士学位，在中缅边境的瑞丽境内，出现了改革开放时期中国首批吸毒者，并出现了艾滋病患者。对于毒品问题和艾滋病问题，我当时都有浓厚的兴趣，后来考虑到精力所限和知识素养，决定专攻毒品史。

本书的初版至今已20个年头，中国发生了翻天覆地的巨变。但在禁毒领域，我们的长进并不令人满意。记得20多年前，一位公安部部长激愤而坚决地承诺：3年内中国将禁绝毒品！我听后当时断言，这是目前我们无法做到的，尽管我们曾经有新中国成立初3年禁毒的成功事例。一个数字令我十分沮丧。当年我关注毒品问题时，云南的吸毒者只有两位数，而现在已达到数十万人了。全国登记在册的吸毒人口早已超过300万人了！

完成《中国毒品史》之后的10多年里，尽管我将主要精力移至"慰安妇"调查和研究等课题方面，但20多年的积累，加之现实社会中毒品犯罪的日益猖獗，迫使我不得不继续努力。我除了写过一些文章外[①]，还担任了中国第一个禁毒社工团体——上海市自强社会服务总社的董事，致力于实际的禁毒、戒毒斗争，探索一种新颖的禁毒斗争的样式。2009年初参与筹备联合国和中国政府合作主办的纪念世界禁毒百年活动，主持编写《上海禁毒史》，出版了《全球禁毒的开端——1909年上海万国禁烟会》。现在每年仍在参与国内外一些禁毒活动。

近20年间，随着毒品问题的扩大，研究毒品史的队伍也在扩展，出现了一批有分量的研究者和研究著作，如仲伟民、龚缨晏、吴义雄、秦和平等。原来的马模

---

① 如《毒品与近代中国》，《新华文摘》，2004年第16期；在我主编的上海市中学历史教科书（华东师范大学出版社版）中，加入禁毒内容。

贞、王宏斌、王金香等教授更是老当益壮。本书修订时,吸收了他们诸多的研究成果,在此谨表谢意。

有一天,中国能禁绝毒品吗?

这个问题既是我在自问,也是在问读者你。

苏智良于桃源清水居

2016年6月26日

图书在版编目(CIP)数据

中国毒品史 / 苏智良著 .— 上海 ：上海社会科学院出版社，2017
（禁毒研究）
ISBN 978-7-5520-1633-8

Ⅰ. ①中… Ⅱ. ①苏… Ⅲ. ①禁毒—历史—中国
Ⅳ. ①D669.8

中国版本图书馆 CIP 数据核字(2016)第 276796 号

中国毒品史

著　　者：苏智良
责任编辑：唐云松　袁钰超
封面设计：夏艺堂
出版发行：上海社会科学院出版社
上海顺昌路 622 号　邮编 200025
电话总机 021-63315947　销售热线 021-53063735
http：//www.sassp.cn　E-mail：sassp@sassp.cn
排　　版：南京展望文化发展有限公司
印　　刷：上海景条印刷有限公司
开　　本：710 毫米×1010 毫米　1/16
印　　张：28
插　　页：1
字　　数：498 千
版　　次：2017 年 7 月第 1 版　2023 年 6 月第 3 次印刷

ISBN 978-7-5520-1633-8/D·414　定价：88.00 元